法 学 阶 梯
INSTITUTIONES | 普通高等教育**法学规划教材**

金融法

Finance Law

| 第五版 |

主 编 | 朱崇实 刘志云

撰稿人 | 刘志云 黎四奇 阳建勋
以撰写章节先后顺序排列 | 王 俊 温长庆 毛海栋
许多奇 唐士亚

法律出版社
——北 京——
始创于 1954 年

好书，同好老师和好学生分享

图书在版编目(CIP)数据

金融法 / 朱崇实, 刘志云主编. -- 5版. -- 北京 : 法律出版社, 2022(2025.7 重印)
ISBN 978 -7 -5197 -6877 -5

Ⅰ. ①金… Ⅱ. ①朱… ②刘… Ⅲ. ①金融法-研究-中国 Ⅳ. ①D922.280.4

中国版本图书馆 CIP 数据核字(2022)第116827号

金融法(第五版)
JINRONGFA(DI-WU BAN)

朱崇实　刘志云 主编

责任编辑 宋丽娜
装帧设计 鲍龙卉

出版发行 法律出版社
编辑统筹 法律教育出版分社
责任校对 杨锦华
责任印制 刘晓伟
经　　销 新华书店

开本 787毫米×1092毫米　1/16
印张 24.5　　**字数** 576千
版本 2022年8月第5版
印次 2025年7月第4次印刷
印刷 三河市兴达印务有限公司

地址:北京市丰台区莲花池西里7号(100073)
网址:www.lawpress.com.cn
投稿邮箱:info@lawpress.com.cn
举报盗版邮箱:jbwq@lawpress.com.cn

销售电话:010-83938349
客服电话:010-83938350
咨询电话:010-63939796

书号:ISBN 978-7-5197-6877-5　　**定价**:52.00元

凡购买本社图书,如有印装错误,我社负责退换。电话:010-83938349

出 版 说 明

法律出版社在其奋进发展的六十年光辉历程中，秉精诚之心，集全社之力，服务于我国法学教育事业，致力于法学教材出版。尤其在改革开放三十余年间，本社以"传播法律信息，推进法制进程，积累法律文化，弘扬法治精神"为宗旨，协同司法部法学教材编辑部，规划并组织出版了国家"八五""九五"期间的法学规划教材，为我国改革开放之初的法学教育和法治建设做出了开创性贡献；进入21世纪之后，法律出版社又根据教育部的部署和指导，相继规划并组织出版了"十五"、"十一五"和"十二五"法学规划教材，为我国法学教育事业的发展与改革付出了艰辛努力。

承蒙法学教育领域专家作者的信任，以及广大法律院校师生的支持，法律出版社经过三十年的发展与积累，相继出版各类法学教材达四百余种。在学科范围方面，完成以法学核心课程为重心，涉及法学诸学科的"全品种"横向结构；在培养层次方面，健全以本科教育为根本，兼顾职业教育和研究生教育的"多层次"纵向结构，进而打造"法律版"法学教科书体系，以期更好地为法学教育服务，为法治建设贡献绵薄之力。

近年来，法律出版社应因法学教育的发展变化，在教材编写体例及系列安排方面做出相应调整。在教材编写体例方面，结合当前教学实际与培养方案，将系统、全面的理论知识讲授与灵活、丰富的法律实践和能力训练相结合，倡导教材内容差异化，增加教材可读性，以期更好地培养法科学生的思维能力和法学素养。在教材系列安排方面，全力推进新品教材编写与注重既有教材修订相结合，根据教材风格与特色进行适当的套系整合，集中现有的国家级规划教材和在编的规划教材，形成以"普通高等教育法学规划教材"为名的全新教材系列。

本系列教材多为出版多年并广受好评的经典教科书。此次全新推出，既是向长期以来关心支持法学教育出版事业的专家作者的崇高致敬，也是法律出版社为中国当代法学教育事业发展拳拳努力之情的真诚表达。法律出版社将以高度的精品意识和质量标准，不断丰富、完善本系列教材的结构和内容；除教材文本之外，还将配有多层次、多形式的教辅材料，更好地为广大师生服务。

"好书，同好老师和好学生分享"，法律出版社愿与法律共同体诸同仁，分享好书，分享智识，分享法治进程中的点点滴滴！

法律出版社　谨识

2014年10月

主 编 简 介

朱崇实 1954年生，福建建瓯人。现为福耀科技大学（暂定名）校长。厦门大学原校长，厦门大学法学院教授、博士生导师，厦门大学经济法学研究中心主任。1985～1990年于南斯拉夫贝尔格莱德大学国际经济系学习，获经济学博士学位；1999～2000年作为富布赖特学者于美国波士顿大学法学院、哈佛法学院访问、进修。研究领域为金融法、投资法、法律经济学、经济法基础理论等。已在《经济研究》《厦门大学学报（哲学社会科学版）》《现代法学》等刊物上发表论文40余篇，个人独著1部，主编教材或专著10余部。代表性作品包括：《共和国六十年法学论争实录（经济法卷）》（主编，厦门大学出版社2009年版）；《中南两国外国人投资法比较研究》（个人专著，厦门大学出版社1990年版）。先后主持了国家社科基金、教育部、司法部等6项课题，创立并联合主编"经济法学文库"。科研成果曾获"孙冶方经济科学奖"、"国家首届人文社科优秀成果奖"和"福建省社会科学优秀成果奖"等。

刘志云 1977年生，江西瑞金人。厦门大学法学院教授、博士生导师，金融法研究中心主任、经济法学科学术带头人。研究领域为金融法、投资法、国际关系与国际法交叉问题等。至今已在《中国社会科学》等国内外杂志以中英文发表法学论文180余篇，出版个人专著5部，主著4部。代表性著述有：《新发展理念下中国金融机构社会责任立法问题研究》（2019年）、《国家利益视角下的国际法与中国的和平崛起——一种基于大国视角的思考》（2015年）、《法律视角下商业银行的社会责任：原理研究与实证分析》（2012年）、《当代国际法的发展：一种从国际关系理论视角的分析》（2010年）、《现代国际关系理论视野下的国际法》（2006年）、《国际经济法律自由化原理研究》（2015年）。先后入选教育部"新世纪优秀人才支持计划"（2009年）、中共中央组织部"万人计划——首批青年拔尖人才支持计划"（2013年）。创立并主编（或联合主编）："金融法学文库"、"经济法学文库"、"国际关系与国际法跨学科研究文库"、《国际关系与国际法学刊》。

第五版序言

本教材自1995年第一版出版至今,已在近30年中历经4次修订,深深地影响了几代学子。最近十几年,国内外金融市场与金融法制发生了翻天覆地的变化,2008年爆发的国际金融危机至今余波未了,在这次危机爆发与持续的过程中,诸多金融法律理念、原则与制度得以革新,将“危机孕育变革”的社会规律展现得淋漓尽致。与此同时,在全面深化改革与“防范系统性金融风险”的目标下,2017年以来,国内金融体制发生了重大变化,相关金融法律制度也在不断地调整、修正以及完善。互联网金融的崛起与迅猛发展是近些年来国内外金融市场的一个突出现象,金融科技正在改变传统金融的理念与模式,也对传统金融体制与相关法律制度提出了重大的革新要求。此外,在互联网时代成长的新一代学子的学习方式、阅读习惯乃至思维模式也日新月异。

由于国内外金融市场以及金融法律制度的巨大变化,以及互联网时代成长的新一代学子的个性特点变化,传统的教材编写方式已经无法满足新时代的需求。以习近平法治思想为指导,我们对新版教材进行了较大篇幅的重写或添补。除了内容、观点、制度、数字的更新,在表达形式上的革新主要体现在以下几方面:(1)改变传统的单一文字表述方式,使用图片、表格、模型、二维码等新型表达方法,提高整部教材的可读性与趣味性,以符合新一代学子的阅读习惯;(2)增加典型案例,兼有拟制教学案例与司法考试真题案例,尝试推广案例教学方法;(3)最大限度地兼顾最新理论动态、实践趋势以及立法前沿;(4)为让老师更方便地开展教学活动,本教材配备了电子课件;(5)涉及引用的观点、数据、时事等,均用规范的脚注标出。

同时,第五版也沿袭了我们从第三版开始推动的一个学习理念。即我们认为,大学教学与中学教学完全不同,如果说当前的高考制度导致中学教学始终无法克服传统教学与应试教育的弊病,那么大学教学就要治愈这种基础教育制度带给学生的后遗症——“学习缺乏主动性与创新性”的问题。因此,与传统教材不同,本书的编写体现了我们所主张的大学教学应该培养学生“阅读”、“思考”以及“表达”能力的理念。本书包含的庞大信息量远非课堂讲授时间所能涵盖,这时就需要做到“师傅领进门,修行靠自身”,即课堂上老师引导与课后学生自学紧密结合,着重培养学生的课外阅读能力。所以,我们在每一章节尽量提出该领域存在争议的学术或实务问题,培养学生的思考兴趣,并在每一章节最后列出了进一步推荐阅读的书目及具有启发性的思考题。也正因如此,本书不止于对金融法律制度的泛泛介绍,而是适当提出一些来自理论或实践的有深度的问题,甚至很多无法在书中找到直接或完整的答案的思考题,需要学生进行外延性的自主阅读,借此来提高思考与表达能力。此外,为适应互联网时代发展与阅读习惯变化,本书用二维码的形式增加了大量的拓展阅读内容,将一些重大理论争议、独特观点或需要掌握的丰富材料,以更加趣味且具有时代感的方式表达出来。当然,虽然我们对第五版的修订期许高远,但现实总是不尽如人意。无论我们如何谨慎，其中谬误总是难免，恳请读者多多谅解、批评与指正。

朱崇实教授、刘志云教授作为主编，负责第五版修订的策划、协调、分工、定稿等工作。按照撰写的章节先后次序，作者简介与具体分工如下：

刘志云（厦门大学法学院教授、博士生导师）	撰写第一章、第二章、第十一章（第4版、第5版）
黎四奇（湖南大学法学院教授、博士生导师）	撰写第三章、第四章
朱大旗（中国人民大学法学院教授、博士生导师	撰写第五章（第3版）、第十一章（第3版）
阳建勋（厦门大学法学院教授、硕士生导师）	撰写第五章（第5版）、第六章
王　俊（厦门大学知识产权研究院副教授、硕士生导师）	撰写第七章
肖　伟（厦门大学法学院教授、硕士生导师）	撰写第八章（第4版）
温长庆（中南财经政法大学法学院副教授、硕士生导师）	撰写第八章（第5版）
毛海栋（厦门大学法学院助理教授、硕士生导师）	撰写第九章
许多奇（复旦大学法学院教授、博士生导师）	共同撰写第十章
唐士亚（福州大学法学院副教授、硕士生导师）	

无疑，本书第五版的写作是艰辛而枯燥的，同时也充满了挑战与乐趣。在写作的过程中，我们不仅得到了来自法律出版社的帮助，也借鉴了许多学界同仁最新的研究成果与资料。在此，我们要对法律出版社与宋丽娜老师，以及各位学界同仁所表示衷心的感谢！

朱崇实　刘志云

2022 年 8 月 1 日

目　　录

第一章 总 论

金融是社会经济长期发展的产物。在生产力的推动下,商品经济与货币相伴而生。随着商品经济的深入发展,以货币为交易客体的借贷业务与借贷中介机构广泛出现,金融由此登上人类社会的历史舞台。此后,经济基础与社会制度不断变革,使金融经历了由简单到复杂、由低级到高级的演变过程。时至今日,金融业已经成为现代经济运行的最核心领域。与之相对应,涵盖银行法、证券法、保险法等多个方面的金融法也成为各国经济立法的重中之重。就我国而言,金融业与金融法的发展之路坎坷曲折。但是,自改革开放以来,中国金融市场蓬勃兴起,金融领域的法律规范亦在1995年金融法体系初步建立。习近平总书记指出:“法治是国家治理体系和治理能力的重要依托。”[1]近年来,我国金融法治日臻完善,已成为金融治理体系与治理能力提升的重要依托。本章作为总论部分,将详细地介绍、分析金融法的一般理论与1949年以来的金融体制变迁趋势。

第一节 金融法的概念、体系及调整对象

一、货币、金融以及金融机构

在了解金融法的概念之前,我们必须先探究货币、金融以及金融机构的情况。货币是一般等价物,是开展金融活动的前提条件。没有货币,就谈不上金融运行。在货币与金融法之间,我们可以看到一条清晰的逻辑线路:商品交易带来货币创制的需要;货币的出现使资金交换成为可能;资金交换是金融活动的最初形式;货币发行以及相关金融活动,为金融法的产生提供现实基础。

(一)货币的产生与发展

金融法的产生是国家意志的表达。与金融法相比,货币的历史显得更为悠远,在国家形成之前即已存在。原始社会晚期,随着生产力的提高,人们逐渐有了一些剩余产品,使部落之间的商品交换成为可能。在商品交换过程中,人们逐渐认识到,需要用一种固定的、得到普遍认可的商品来表现其他商品的价值。这种商品就是一般等价物,也就是最早的货币。历史上,粮食、动物、布匹、贝壳等诸多商品都充当过一般等价物。例如,汉字中与钱有关的文字,基本都以“贝”为偏旁部首或者组成部分,这真实反映了贝壳在某些地区充当一般等价物的历史现象。随着商品交换的进一步发展,包括黄金、白银在内的贵金

---

〔1〕 习近平:《坚定不移走中国特色社会主义法治道路 为全面建设社会主义现代化国家提供有力法治保障》,载《求是》2021年第5期。

属,凭借自身的稀缺性以及在锻造、分割、携带、保存等方面的便利性,长期扮演了货币的角色,即金属货币。

为了维持全球自由贸易秩序,英国于 1816 年率先实行金本位制,将货币币值与贵金属价值挂钩。自此以降,金本位制在主要资本主义国家先后确立,盛行一时。1914 年,“一战”爆发,各国为了筹集巨额军费,纷纷发行不可兑现的纸币,禁止黄金自由输出,金本位制随之终结。“一战”结束以后,主要资本主义国家的经济生产秩序相对稳定并有所发展,遂企图恢复金本位制。但是,此时金铸币流通的基础遭到严重削弱,再加上 1929 ~ 1933 年世界性经济危机的猛烈冲击,典型意义上的金本位制已然不可恢复。于是,各国纷纷实行“不可兑现信用货币制度”。“二战”后,国际社会建立了以美元为中心的国际货币体系,这实际上是一种非典型的金本位制——金汇兑本位制。之所以“非典型”,是因为美国国内不流通金币,但允许其他国家政府以美元向其兑换黄金,美元是其他国家的主要储备资产,“美金”的称谓便由此而来。然而,20 世纪 60 ~ 70 年代,金汇兑本位制开始动摇。1971 年 8 月,美国政府宣布停止美元兑换黄金,随后两次将美元贬值,这种非典型的金本位制也走向了崩溃。自此,世界彻底进入“不可兑现信用货币制度”的时代。

货币制度从“可兑现信用货币制度”即金本位制到“不可兑现信用货币制度”的转变原因如下:一是随着经济规模的扩张,尤其是“二战”后各国经济的迅猛发展与贸易量激增,货币需求量大增,无论是国家还是得到授权的银行,都不可能拥有足够的贵金属来满足货币兑换的需要;二是国家与被授权银行在发行可兑现的信用货币时逐渐发现,即使没有足够的贵金属维持,人们也相信并使用法定货币,即“不可兑现的信用货币”能够发挥“可兑现的信用货币”的自由流通作用。当然,“不可兑现的信用货币”的自由流通,需要建立在国家信用与银行信用的基础上。国家不能滥用这种“信用”,一旦滥用,将造成货币超发与通货膨胀,进而使人们对货币“信用”失去信心,转而储存其他抗通胀物品。

值得一提的是,计算机和互联网的发明、普及,给人类打开了一个崭新的信息网络世界,电子货币、数字货币也应运而生,成为经济全球化的重要表现与驱动力。凭借便捷、安全、卫生等方面的优势,电子货币将在日常生活中发挥越来越重要的作用,并有望成为未来货币的主要形态。与此同时,区块链技术的出现与成熟,为数字货币的发展提供了技术基础。以比特币、以太币为代表的私人数字货币,是一种以区块链为底层技术的虚拟加密货币,其特点是“去中心化”与不受管制。近年来,私人数字货币的发行与流通极大地挑战了法定货币的权威性,改写了“货币”的传统定义。面对这种挑战,许多国家也在酝酿发行官方数字货币。2019 年年末以来,中国人民银行在国内部分地区陆续开展数字人民币试点测试工作[2],某种程度上预示了法定货币的未来发展方向。当然,数字人民币在大规模普及之前,还需要解决一系列问题,比如,中央银行如何在高频交易中保持系统的稳定性、可靠性。

---

〔2〕 中国人民银行于2021 年7 月在其官方网站发布了《中国数字人民币的研发进展白皮书》。据介绍,2019 年年末以来,中国人民银行遵循稳步、安全、可控、创新、实用原则,在深圳、苏州、雄安、成都及 2022 年北京冬奥会场景开展数字人民币试点测试,以检验理论可靠性、系统稳定性、功能可用性、流程便捷性、场景适用性和风险可控性。自 2020 年 11 月起,增加上海、海南、长沙、西安、青岛、大连 6 个新的试点地区。《中国数字人民币的研发进展白皮书》的下载网址为:http://www.pbc.gov.cn/goutongjiaoliu/113456/113469/4293590/index.html,最后访问时间:2022 年 4 月 28 日。

（二）金融的内涵

作为最基本的金融工具，货币具有价值尺度、流通媒介、价值贮藏、支付手段等职能。当货币履行前述职能时，“金融”便出现了。

一般来讲，金融的概念有广义与狭义之分。广义的金融就是指资金流通，即资金在供给者和需求者之间流转。按照这个定义，一切涉及资金流通的活动都可称为金融。狭义的金融是指货币资金的融通，是与金融机构有关的各类信用活动以及在信用基础上组织起来的货币流通。

依照筹资者与投资者的关系，狭义的金融又可以分为直接融资和间接融资。直接融资，是指资金的最终需求者通过金融市场直接从资金的最终供给者那里取得所需资金，如企业通过证券市场发行股票或债券筹资。（见图1－1）这种金融活动强调的是资金供给者与需求者之间的直接联系，没有商业银行之类的中介机构作为资金链条上的中转站。当然，在此类直接融资活动过程中，也需要商业银行、证券公司、会计师事务所、评估公司等机构的参与，但它们并不发挥资金中转作用，而仅仅是通过提供某种专业服务来收取服务费用。

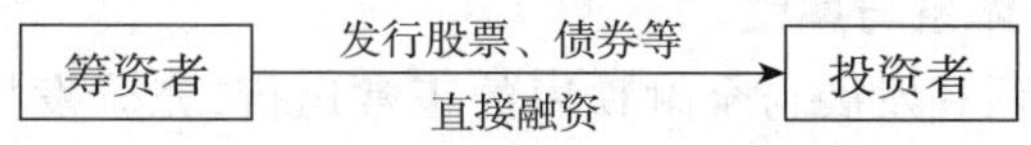

图1－1 直接融资各方主体关系

间接融资，是指资金的最终需求者和最终供给者之间存在金融中介的资金融通。（见图1－2）有无金融中介，是间接融资与直接融资的最显著区别。例如，储户将资金存入银行，银行再以贷款方式将资金发放给企业或个人。在这种间接融资关系中，银行充当了资金链上的中介者，一方面，储户成为银行的债权人，银行是储户的债务人；另一方面，这笔资金成为银行的资产，当银行将其贷出时，银行成为债权人，借款人成为债务人。

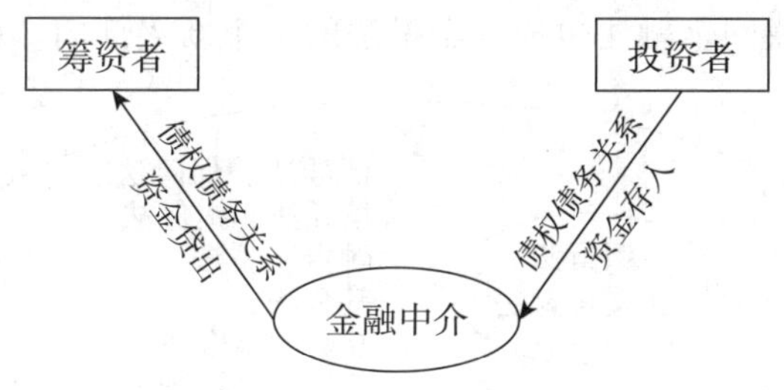

图1－2 间接融资各方主体关系

（三）金融机构

银行业是金融业中最重要、最核心的部分。随着商品经济的发展，货币兑换商增加了保管和收付业务，货币兑换业由此演变成货币经营业。当货币兑换商进一步拓展经营范围，开始兼营保管、收付、结算、放贷等业务时，货币经营业便正式转变为现代意义上的银行业。

在货币流转与资金融通过程中，一个从事存款、放款、汇兑、储蓄等业务，承担信用中介功能的金融组织——商业银行产生了。“商业银行”是英文“commercial bank”的意译，是历史遗留下来的习惯称谓。因为这类银行最初主要吸收活期存款，相应资金只适用于发放具有“商业”性质的短期自偿性贷款，故称为“商业银行”。这里的“商业”，既指该类银行的业务范围，又表明其自身的性质。一般认为，最早的商业银行在1407年成立于意大利威尼斯。其后,荷兰阿姆斯特丹、德国汉堡、英国伦敦也相继设立商业银行。1694 年,在政府支持下,英国成立了世界上第一家股份制银行——英格兰银行。18 世纪末 19 世纪初,商业银行得到了普遍发展。

随着社会经济发展与国家职能变化,银行机构也从单一的商业银行,演变出中央银行、政策性银行、信用社等多种组织形态。1844 年,英国公布了世界上最早的银行法——《英格兰银行法》,赋予了英格兰银行货币垄断发行权,正式的中央银行制度由此产生。20 世纪以后,随着国家干预理念在经济领域的盛行,由政府创立、参股或保证的,不以营利为目的的政策性银行也纷纷出现,其成为专门贯彻、配合政府政策或计划的金融机构,在特定的业务领域内,直接或间接地从事政策性融资活动,充当政府发展经济、促进社会进步、进行宏观调控的重要工具。

此外,随着社会经济的发展,保险机构、证券机构、信托机构等也相继产生并发展,与银行机构共同构成了现代金融机构的主要组织形式。

二、金融法的概念、体系与属性

为了保证金融业的顺利发展与金融秩序的正常运行,充分发挥金融活动对国民经济的促进作用,国家制定了一系列调整金融关系的法律规范。这种凭借国家意志对金融关系进行规制的法律规范就是金融法。简言之,金融法就是调整货币流通和信用活动中所发生的金融关系的法律规范总称。金融活动是通过各类金融机构及客户来进行的,这些主体在从事金融活动的过程中,必然形成各种各样的金融关系。其中,专门调整银行参与的金融关系的法律规范即为银行法。银行法是金融法的最核心部分,狭义的金融法就是指银行法。广义的金融法不仅包括银行法,还包括证券法、保险法、信托法、担保法、融资租赁法、基金法等。近年来,随着互联网金融的迅速发展以及相关法律、法规、规范性文件的不断发布与实施,互联网金融法也成为金融法的一个新兴部门。(见图 1-3)

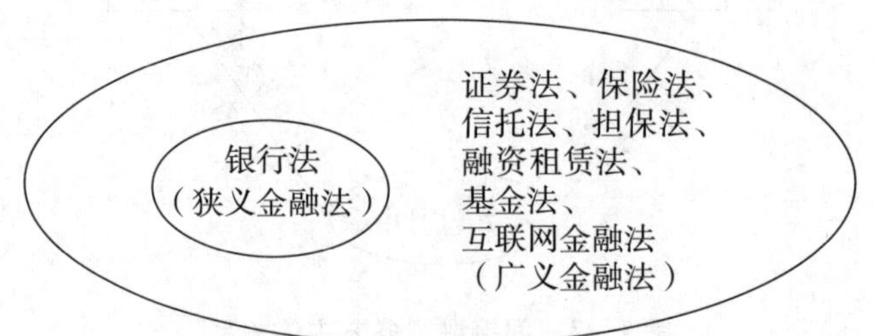

图 1-3 广义金融法与狭义金融法关系

所谓金融法体系,是指调整不同方面金融关系的法律规范,按照属性分类与位阶分层,组合形成的一个有机联系的统一整体。金融法体系中的法律规范,不仅包括金融法律,也包括根据法律授权而制定的具体规范。前者是指国家立法机关依照法定权限和程序制定或认可、以国家强制力保障实施的、调整特定金融关系的法律制度。在我国,金融法律是指由全国人大及其常委会颁布的法律文件,如《中国人民银行法》《商业银行法》《保险法》《证券法》等,这是金融业执法与司法的基本依据。后者则是指有关机构以授权立法方式制定的具体可操作性规范,如行政法规、部门规章、司法解释、地方性法规等。如果国家加入了涉及金融领域的国际条约并使其在该国生效,或国家承认了涉及金融领域的国际惯例,则国际条约或国际惯例也构成金融法体系的一部分。需要注意的是,以上只是金融法体系的狭义界定。宽泛而论,许多民商法、刑法、行政法、诉讼法等非金融领域法律规范也对金融关系起到调整作用,同样可以视为金融法体系的组成部分。而且,如果站在法律社会学的角度,金融法体系还包括众多由国际组织、行业自治组织、非政府组织发布的,一定程度上得到社会认可与遵守的"金融软法"。其特点是:一般由非国家主体制定,由市场、道德、社会力量驱动,缺乏国家强制力保障,但得到不同程度的认可并在一定范围内有效适用。巴塞尔协议、赤道原则、金融领域行业自律规范与操作标准等,都可以归入"金融软法"之列。

由于调整的金融关系复杂多样、性质迥异,金融法体系可以按照不同标准进行分类。例如,按照规范对象不同,金融法体系可以划分为银行法、证券法、保险法、信托法等;按照规范内容不同,金融法体系可以划分为金融主体(组织)法、金融调控法、金融监管法、金融业务法等,或者划分为金融主体法、金融客体法和金融业务管理法等。根据法理学相关理论,同一法律部门的调整对象(社会关系),应当具有单一性。因此,我们认为,金融法并不是独立的法律分支,而是由民商法、经济法乃至行政法、刑法、国际法等多方面法律规范构成的复杂组合。比如,在金融交易关系中,各主体之间法律地位平等,所享有的权利和应履行的义务也是对等的,主体之间的金融交易活动必须遵循平等、自愿、等价有偿等民商法基本原则。所以,调整金融交易关系的金融交易法应属民商法范畴。然而,无论是金融监管关系,还是金融调控关系,都与金融交易关系存在明显性质差异。两者皆是国家动用公权力对金融主体、金融业务等进行规制或干预而产生的,其目的在于解决个体营利性与社会公益性之间的矛盾,并通过兼顾效率与公平,促进金融业的良性循环和协调发展。所以,调整这两种关系的金融监管法和金融调控法都属于经济法范畴,具体来说,前者属于市场规制法范畴,后者属于宏观调控法范畴。

三、金融法的调整对象

金融法的调整对象是金融关系,主要由在金融调控、金融监管[3]以及金融业务经营中产生的各种社会关系组成,包括但不限于:(1)金融交易关系,即金融机构与客户之间在存款、贷款、同业拆借、票据贴现、银行结算、外汇买卖、证券发行与交易、保险信托业务等经营活动中产生的各种关系;(2)金融监管关系,包括金融监管机构对金融机构的准入与退出,对金融业、金融业市场主体的行为以及相关交易活动实施监管而发生的关系;(3)金融调控关系,即为稳定金融市场、实现货币政策目标,中央银行对相关金融变量实行调节和控制而产生的社会关系,其实质是货币政策的制定和实施所产生的各种关系。另外,金融法还包括金融组织法,其主要负责对金融组织的法律地位、组织架构、职责权限、业务范围进行规范调整。

金融关系属社会关系的一种,不同的社会关系涉及不同领域,包括经济、政治、文化、宗教、家庭、民族等各个方面。事实上,即使在某一领域,社会关系的范围也是极其广泛

〔3〕 金融监管一般会分为外部监管与内部监管。其中,外部监管包括官方金融监管、行业自律监管、社会监管等,内部监管指的是企业自身的内部监管等。为了表述方便,如果没有特别说明,本章所提到的"金融监管"仅包括官方金融监管。

的,就经济领域而言,同样存在多种不同性质的社会关系。按照不同标准,经济领域的社会关系可以有多种分类法,但比较合理的划分应是“民间社会经济关系”和“国家对经济的管理关系”两种。[4] 所谓民间社会经济关系,是指民间社会的自然人和法人在从事经济活动时,相互之间发生的经济关系,亦称为“平等主体间经济关系”;而国家对经济的管理关系,又可进一步分为一般行政管理关系与国家经济调节关系,后者是国家对经济实行调节管理过程中发生的社会关系。[5] 金融调控法、金融监管法之所以能与金融交易法相区别,根本原因就在于前两者属于国家经济管理关系,而后者为民间社会经济关系。

一般来说,在国家干预经济过程中会产生两种内涵迥异的社会关系,即宏观调控关系和市场规制关系。金融调控关系是金融主管机关在运用各种金融杠杆调节货币供给的总量和结构,进而影响非货币形态的经济资源配置、市场主体行为的过程中形成的关系,显然属于宏观调控关系性质;而金融监管关系是金融主管机关针对金融机构的市场准入与退出,以及在对金融业务进行监督与管理过程中产生的各类监管关系,显然属于市场规制关系性质。具体而言,金融调控关系不仅具备国家经济管理关系的一般特征,还蕴含宏观经济调控关系的特殊性质:其一,宏观性和总体性。金融调控着眼于社会经济的宏观结构和总体运行态势,所实行的措施对社会经济全局产生影响,而不仅仅触及某些局部和个体。国家应当在充分把握社会经济总体结构和运行状况的基础上,根据需要和可能,遵循客观经济规律,确定国家调节的目标,通过实施某些重大和广泛适用的措施,使社会经济发生某种变化,产生宏观性和总体性的效应。其二,促导性。金融调控在方式和手段上重视引导、促进社会经济活动。当前,各国的国家计划基本上是指导性的,经济政策都强调对经济活动主体予以引导和促进,各种经济杠杆和政策工具的导向性、间接性也十分明显。[6]

同理,金融监管关系既然属于市场规制关系的性质,就必然具有异于金融调控关系的某种特征。市场规制关系是国家在规制市场主体准入、运行、变更、退出以及市场秩序的活动中产生的各种社会关系,可分为市场主体规制关系和市场秩序规制关系。前者是国家从维护社会整体利益出发,在对市场主体的组织以及相关行为进行必要干预过程中发生的社会关系。[7] 后者是国家在特定市场环境中为贯彻某种特定经济政策,对原有各种交易关系与竞争关系进行特殊安排,以求获取实质公平和社会效率,由此产生的社会关系。其不具备平等特征,却“起到限制的作用”[8]。推而论之,金融监管关系也可以分为金融业的市场主体规制关系、金融业的市场秩序规制关系。

至此,我们可以看到,按照调整对象的不同属性,金融法至少可以细分为金融交易法、金融监管法与金融调控法。其中,金融交易法属于民商法范畴,金融调控法与金融监管法属于经济法范畴。经过金融调控法与金融监管法调整后的金融关系为金融调控法律关系与金融监管法律关系。金融监管法律关系与金融调控法律关系,在主体、客体、内容等方面都存有重大差异。出于对金融风险的防范,金融法体现出强烈的国家干预性,具有鲜明的公法性质或公法倾向。即使是属于民商法范畴的金融交易法,依然具有明显的强行法

---

〔4〕 漆多俊:《经济法基础理论》(第5版),法律出版社2017年版,第109页。

〔5〕 漆多俊:《经济法基础理论》(第5版),法律出版社2017年版,第109页。

〔6〕 漆多俊主编:《经济法学》(第4版),高等教育出版社2019年版,第229－230页。

〔7〕 李昌麒主编:《经济法学》(第3版),法律出版社2016年版,第44页。

〔8〕 [日]金泽良雄:《经济法概论》,满达人译,中国法制出版社2005年版,第45页。

特征，金融市场主体的意思自治受到很大程度的约束。

四、金融法律行为

法理学认为，法律关系并不是一成不变的，而是处于一个持续生成、变更和消灭的运动过程中。导致这种变化的根本动力是法律事实，而法律行为在法律事实中占据了主要地位，这在金融交易法律关系、金融监管法律关系以及金融调控法律关系的变化中表现得尤为明显。可以说，包括金融交易行为、金融监管行为、金融调控行为在内的金融法律行为，是促使金融法律关系变化的最主要力量。考虑到金融交易行为与金融调控行为、金融监管行为区别明显，学界对此问题的争论点也主要集中于后两者的区分上，因而在这里我们应着重比较后两者。无疑，探究金融调控行为与金融监管行为（以下简称金融调控与金融监管）的异同是分析金融调控法与金融监管法两者关系中极为重要的一面。

目前，金融调控与金融监管同为许多国家中央银行的两大基本职能。就我国来说，即使是在2003年原银监会成立以后，中国人民银行也依然在负责货币政策，同时兼顾部分金融监管职能。这种实践情况，有力表明了金融调控与金融监管之间超常紧密的联系。一方面，金融监管是金融调控的前提条件和基本保障。理由有二：其一，强有力的金融监管能确保金融统计数据和其他金融信息的真实、准确和及时，这是制定正确的货币政策的前提；其二，强有力的金融监管能确保金融机构的稳健运行和金融体系的稳定，这是货币政策有效传导的关键，也是货币政策有效实施的基础。另一方面，金融调控的一些手段或工具，如存款准备金、公开市场业务，在一定程度上可为金融监管当局所利用。而保持币值稳定与促进经济增长等货币政策目标的实现，有利于金融监管工作的顺利开展。〔9〕不过，金融调控与金融监管之间的紧密联系并不意味可以将其混同，两者的具体内涵、经济学基础、权力主体皆有差异。

（一）金融调控与金融监管的不同内涵

金融调控实质上是货币政策的制定和实施。所谓货币政策，是指货币政策当局（一般是指各国中央银行）根据确定的经济发展目标，运用货币政策工具对货币供应量和信贷总量、结构的调节、控制，以保证社会经济从整体上实现总供给与总需求的平衡。当然，货币政策本身并不是严格意义上的法律，但其制定和实施活动必须在法律框架内进行，这个法律框架就是金融调控法。各国金融调控法律所规定的货币政策工具，既包括存款准备金政策、再贴现政策、公开市场操作等一般性货币政策工具，也包括直接信用管理、间接信用管理、消费信用管理、证券市场信用管理等特殊货币政策工具。在不同国家、不同历史阶段，立法者对货币政策目标的表述各不相同。理论界也一直存在“单一目标说”“双重目标说”“多重目标说”的分野，争论范围涉及“维持币值稳定”“促进充分就业”“促进经济增长”“保证国际收支平衡”等方面。不过，“维持币值稳定”通常是各国货币政策共同追求的、最核心的目标。

金融监管包括金融业监督与金融业管理。前者是指国家金融监管机构或其他监管主体，通过对金融机构及其业务经营进行全面、经常性检查，以促使其依法稳健经营、安全健康发展。后者则是指国家金融监管机构根据相关法律法规，授权有关部门制定和颁布有

---

〔9〕 张忠军：《金融监管法论——以银行法为中心的研究》，法律出版社1998年版，第4页。

关金融机构组织结构、业务活动的特殊规定和条例。这些规定和条例的目的在于使金融机构的组织结构与业务活动步入正轨,由此建立一个安全和完备的金融体系。[10] 总的来说,金融监管着眼于维护金融体系的安全与稳定,保护存款人、投资者和社会公众的利益,促进金融业公平、有效竞争。金融监管的实施手段主要包括:对金融机构的审批、检查、稽核;对金融机构和金融业的统计管理;对金融机构的财务会计管理;对金融市场主体的强制处罚。其中,对金融机构资本充足性、流动性与贷款集中度的监管尤为重要。

相较而言,金融调控着眼于金融总量,金融监管着眼于金融机构运行。前者属于国家宏观调控措施之一,作用于宏观经济领域;而后者属于外部市场管理行为,作用于微观经济领域。

(二)金融调控与金融监管的经济学基础

依据萨缪尔森的观点,从宏观经济学角度来看,货币供给的变动对产出、就业和价格具有至关重要的影响。[11] 但是,当年立足于自由资本主义的古典自由经济学理论却不这样认为,其主流观点(如"萨伊定律"、"看不见的手"理论)皆认为有货币支付能力的需求将自发地与社会有效供给相平衡。例如,"萨伊定律"认为,供给会创造它自己的需求,任何供给都总是首先用自己的商品去交换货币,然后再用货币去购买别人的商品。这样,有支付能力的需求与供给相等,只会在局部上由于生产结构的失衡导致货币供需均衡紊乱。但这种局部失衡并不要紧,因为"看不见的手"会通过价格作用自动地加以调节,使之恢复平衡。[12] 事实上,该理论成立的前提必须是完全竞争市场,但完全竞争市场只是经济学家的假设。如果说,自由竞争资本主义时代的市场尚且与完全竞争市场有点接近,那么,垄断资本主义时代的市场便与完全竞争市场相差甚远,其缺陷已经暴露无遗。此时,凯恩斯的"国家干预理论"堂皇登场。该理论与"萨伊定律"的看法相反,认为由于"边际消费倾向递减规律"、"边际利润率递减规律"和"货币灵活偏好"的作用,有货币支付能力的需求总是小于有效供给。市场经济不可能自动实现均衡,需要国家通过调节货币供给量来促使有货币支付能力的需求和有效供给之间达成平衡。自此,金融调控开始登上历史舞台,逐渐成为与财政措施并驾齐驱的宏观经济调控手段之一。即使到20世纪70年代,西方主要发达国家陷入"滞胀",凯恩斯主义政策宣告破产,新古典自由主义兴起,新一轮的管制与放松的论辩开启,也没有动摇金融调控作为主要宏观经济调控手段的地位。

与金融调控不同的是,金融监管始终受到经济学家的青睐,在自由竞争资本主义时期也不例外。比如,亚当·斯密虽然对政府干预深恶痛绝,却对为禁止低面额银行券发行、确保所有银行券到期偿付而实行的管制做法赞赏有加。实际上,即使在自由经济时代,美国各州也要求银行遵循资本充足的规定,并对州银行的运行情况进行定期或不定期的检查。[13] 从历史上看,"社会利益论""特殊利益论""多元利益论""社会选择论"等经济理论,在不同时期或不同侧面都对金融监管的发展产生了很大影响。例如,"社会利益论"认为,纯粹的市场经济并不存在,完全自由竞争的市场机制不能带来资源的最优配置,却易

---

〔10〕 张忠军:《金融监管法论——以银行法为中心的研究》,法律出版社1998年版,第2页。

〔11〕 [美]保罗·萨缪尔森、威廉·诺德豪斯:《经济学》(第19版),萧琛主译,商务印书馆2013年版,第443-444页。

〔12〕 李力:《宏观调控法律制度研究》,南京师范大学出版社1998年版,第4-10页。

〔13〕 张忠军:《金融监管法论——以银行法为中心的研究》,法律出版社1998年版,第59页。

造成资源的浪费和社会福利的损失;管制可纠正或消除市场缺陷,不仅惠及整个社会,同时也仅由极小部分的社会成员来承担成本。[14] 该理论立足于20世纪30年代资本主义经济大危机爆发的历史背景,在当时,社会迫切需要政府通过金融监管来改善金融业,恢复公众对金融机构和金融产品的信心。客观地说,"社会利益论"确实对官方机构金融监管职能的确立和加强起到了关键性作用。20世纪80年代初,新古典自由主义在众多资本主义国家占据优势地位,以"放松管制"为特征的金融自由化成为立法与政策的主导趋势,也埋下了2008年国际金融危机的隐患。

实际上,金融监管比金融调控更早获得理论与实践的支持,原因在于,金融业除了具有外部效应、垄断和信息偏在等一般性市场缺陷外,还有一些自由竞争资本主义时代即已存在的特殊考量因素:(1)金融业本身存在高风险和内在不确定性,客观上需要金融监管,以保证存款人、投资者和其他社会公众的利益;(2)金融业有发生支付危机连锁效应的潜在可能性,容易导致系统性危机,需要进行监管来保证金融业的安全和稳健;(3)金融体系是整个国民经济的神经中枢,作为社会经济的调节机构,其在国民经济中具有牵一发而动全身的地位,并且兼具公共性与社会性的特点,需要特殊监管。易言之,金融监管的产生最初是金融业本身防范风险的要求,目标是实现金融业的稳定与健康发展;而金融调控的产生却是整个市场经济失灵时的要求,着眼于货币币值的稳定与宏观经济的增长。

(三)金融调控与金融监管的权力主体

金融调控的权力主体相对单一,制定和执行货币政策的职权通常由各国中央银行掌握。虽然,实行二元制中央银行的国家存在联邦中央机构与联邦成员单位(或称"共和国""州""邦"等)区域机构两个级别。但是,随着时代变迁,区域性中央银行正逐渐演化为中央机构的分支机构,它们的独立性越来越小,权力日益集中于中央机构。中央银行在各国的职能与地位颇有差异,但作为货币发行者和货币供应量的最终调节者,都是通过对货币及其运行的调节,实现对整体经济的强有力控制,进而使自己成为宏观调控的主要权力主体。正如萨缪尔森所指出的那样,联邦储备系统——美国的中央银行,已经是制定宏观经济政策的最重要部门。[15] 事实上,国家宏观调控主要是通过财政政策、货币政策以及产业政策进行。在我国计划经济时代,货币政策依附于财政政策,几乎不能构成独立于财政政策之外的宏观调控手段。但随着经济体制改革的日益深入,金融逐渐成为与财政并存的、独立的资金供给渠道。在发达的市场经济体制中,市场主体的资金更多源于金融市场,财政资金在资金供给结构中的地位则相对下降。因此,货币政策与财政政策在国家宏观调控行为中的效用性对比逐渐发生变化,货币政策的作用有明显上升的趋势,中央银行在国家宏观调控体系中的地位也越发重要。

金融监管主要有两种模式,分别为中央银行的监管、政府专门机构的监管。后者又可分为以下几种类型,具体包括:(1)单层多头监管模式,即在中央一级设立两个以上的监管机构。例如,在中国,由中国人民银行、银保监会、证监会、国资委等共同对金融业进行监督管理。(2)双层多头监管模式,即由中央和地方数家金融监管机构进行监管。例如,在美国,联邦和州都有权对银行发照注册并进行监管。联邦层面,存在美联储、金融稳定监

〔14〕 张忠军:《金融监管法论——以银行法为中心的研究》,法律出版社1998年版,第60页。

〔15〕 [美]保罗·萨缪尔森、威廉·诺德豪斯:《经济学》(第19版),萧琛主译,商务印书馆2013年版,第433页。

管委员会、货币监理署、联邦存款保险公司、全国信用联社管理局、证券交易委员会等多个监管机构;地方层面,也存在相应的州级金融监管机构。

虽然货币政策与金融监管联系紧密,但两者性质迥异且存有冲突。因此,理论与实践一度达成共识,认为不宜由中央银行单独承担前述两项职能。换句话说,货币政策的运用应当是中立、持续的,不应受违背经济规律的因素干扰,所以必须让一个相对独立于政府与监管机构的中央银行来行使此项职权。具体理由包括:(1)货币政策和监管职能可能存在利益冲突,中央银行可能会考虑到被监管机构的财务稳健性而放松货币政策,或推迟执行从紧的货币政策;(2)监管失效引发的公信力损失可能会损害中央银行的声誉,进而对其货币政策的权威性造成负面影响;(3)中央银行的职能范围越宽,承担的涉及产权问题的监管职能越多,其所面临的政治压力或政治控制力就越强,从而导致货币政策的独立性减弱;(4)最后贷款人与监管职能必须分离,如果最后贷款人同时负责日常监管,它对被监管机构的救助有可能是为了掩盖其监管不力。而且,由两家不同的机构来决定是否救助,有利于提高决策的质量。实际上,两大职能集中于中央银行一身,将迫使中央银行扮演金融机构的监管者和"保护人"这两种互相排斥的角色。[16]

五、冲突与协调:金融调控与金融监管之间的基本关系

金融调控和金融监管是金融当局调节和管理金融活动的两大手段,是一个国家金融运行的基本要素,二者互为前提和基础,根本目标一致,实施方式又紧密联系。一国的经济发展需要有良好的货币金融环境,这既包括货币币值稳定,又包括金融秩序稳定。金融调控以维持币值稳定为直接目标,金融监管以保证金融秩序稳定为直接目标,目标都是营造良好的货币金融环境、促进经济增长与社会的进步。

虽然金融调控与金融监管关系紧密、互为依托,但并不意味着两者不存在冲突。除适用对象和使用方法不同外,两者之间的冲突集中体现在以下方面:(1)两者目标在具体操作上存在矛盾。从宏观上讲,中央银行制定货币政策的主要目标是保持货币币值的稳定,并以此促进经济增长;金融监管的主要目标是保持金融机构的安全稳健经营。两者在具体的实施过程中会有冲突,甚至产生截然相反的效果。(2)金融调控与金融监管的作用机理不同。前者对经济的调控通常是逆经济周期的,而后者通常是顺经济周期的,这种矛盾在金融体系中自然会产生不同的影响。例如,下调利率能够降低金融机构的筹资成本、增强流动性,但也会加大通货膨胀的压力。在经济高涨时期,金融机构经营效益好、风险低,金融监管部门的风险约束相对宽松,金融机构本身的经营难度也较小。此时,货币政策需要预警性地进行适度反向操作,如提高利率水平、控制货币供应量、对特定部门进行信贷控制等,这显然会加大金融机构的经营成本。在经济衰退时期,金融机构业务拓展困难,金融监管部门的风险约束较紧,容易提高对金融机构的流动性、安全性指标要求,客观上阻碍货币政策的逆周期调节。比如,受金融危机影响,银行业监督管理机构对商业银行的新增不良贷款更为关注,商业银行因而更加谨慎地发放贷款,进而导致扩张性货币政策在银行系统内传导受阻。

---

〔16〕［英］霍华德·戴维斯、大卫·格林:《全球金融监管》,中国银行业监督管理委员会国际部译,中国金融出版社2009年版,第101－103页。

从全球范围来看,2008年以前,金融调控与金融监管两大职能相互分离的趋势已相当明显,中央银行逐步专注于履行制定与执行货币政策的职能。[17] 然而,金融监管职能是否应当从中央银行完全分离,一直是一个充满争议的问题。反对方认为,金融调控与金融监管联系紧密,由某一机构集中行使将更有效率。特别是,2008年国际金融危机爆发后,世界各国普遍转向"宏观审慎"与"微观审慎"并重的金融监管模式,在此背景下,由中央银行承担宏观审慎管理职能以维护金融稳定,已经成为一种新的改革潮流。

中国人民银行最新的职责变化也反映了这个趋势,其一方面必须从"制定与执行货币政策"转变为"货币政策与宏观审慎管理并重",另一方面必须加紧建设与专业金融监管机构之间的协调机制。中共中央办公厅、国务院办公厅在2019年发布的《中国人民银行职能配置、内设机构和人员编制规定》中,明确强调了这一"职能转变",即中国人民银行除原有制定与执行货币政策的职能外,还要强化宏观审慎管理和系统性金融风险防范职责,同时增强货币政策、宏观审慎政策、金融监管政策的协调性。[18]

第二节　我国金融体制的改革与发展

一、我国金融体制的改革历程及面临的问题

金融体制泛指各个从事金融活动的主体的法律地位、职责权限、业务范围、内部构成及其之间的相互关系。一般来讲,成熟的现代金融体制应包括金融机构组织体系、金融市场体系、金融监管体系和金融调控体系等多方面内容。

(一)我国金融体制的改革历程

中国金融体制从建立到现在,根据中央银行职能的变化与发展,共经历了三种体制形态:第一种,复合式中央银行制。所谓复合式中央银行制,是指在一个国家或地区内,没有将中央银行与商业银行分开,而把中央银行与商业银行的业务、职能全部集中于中央银行。这时,中央银行与商业银行的角色叠合在一起,既是承担货币发行和金融管理职能的国家机关,又是从事信贷、储蓄、结算、外汇等业务经营活动的经济组织。这一体制在我国从1948年12月1日起一直延续到1978年12月。第二种,混合式中央银行制。所谓混合式中央银行制,是指在一个国家或地区内,既设有中央银行,又设有专业银行,但中央银行不仅行使中央银行职能,也办理专业银行的部分业务,其余业务由专业银行办理。这一银行体制在我国从1979年1月起延续到1983年12月。第三种,单一式中央银行制。所谓单一式中央银行制,是指在一个国家或地区内设立中央银行,但不从事一般的金融业务,专门作为发行的银行、银行的银行、政府的银行。从1984年起,我国开始采用单一式中央银行制。根据1993年12月国务院颁布的《关于金融体制改革的决定》,我国自1994年起

---

〔17〕 据统计,至2008年国际金融危机爆发前,在143个国家样本中,50个国家的中央银行没有监管职能,29个国家的中央银行与其他监管机构共担监管职能,而64个国家的中央银行为主要监管机构。当时的数据显示,由中央银行作为单一或主要监管机构的国家数量呈下降趋势。参见[英]霍华德·戴维斯、大卫·格林:《全球金融监管》,中国银行业监督管理委员会国际部译,中国金融出版社2009年版,第105页。

〔18〕 参见中共中央办公厅、国务院办公厅于2019年发布的《中国人民银行职能配置、内设机构和人员编制规定》第4条第20项"职能转变"。

开始进行金融体制的全面改革,从而建立适应社会主义市场经济发展需要的金融体制,即建立在国务院领导下、独立执行货币政策的中央银行宏观调控体系;建立政策性金融与商业性金融相分离,以国有商业银行为主体、多种金融机构并存的金融组织体系;建立统一开放、有序竞争、严格管理的金融市场体系。党的十八大报告提出,要全面深化金融体制改革,健全促进宏观经济稳定、支持实体经济发展的现代金融体系,加快发展多层次资本市场,稳步推进利率和汇率市场化改革,逐步实现人民币资本项目可兑换,加快发展民营金融机构。完善金融监管,推进金融创新,提高银行、证券、保险等行业竞争力,维护金融稳定。党的十九大报告强调继续深化金融体制改革,并明确提出金融体制改革与加强金融监管并重,必须守住不发生系统性金融风险的底线。党的二十大报告进一步提出,深化金融体制改革,建设现代中央银行制度,加强和完善现代金融监管,强化金融稳定保障体系,依法将各类金融活动全部纳入监管,守住不发生系统性风险底线。总而言之,我国金融体制改革历程,呈现出以下特点:

1. 改变了单一银行体制,建立了以中央银行为核心,国有专业银行为主体,多种金融机构并存,分工协作的多元化金融机构组织体系。2012 年党的十八大召开后,深化金融体制改革的进程不断加快,主要体现在两个方面:(1)有序放宽金融机构市场准入,允许具备条件的民间资本依法发起设立中小银行等金融机构。鼓励和引导民间资本进入金融领域,通过增加竞争性供给,为基层提供更有效的金融服务。加强监管,强化以资本充足率监管为核心的风险约束,根据机构属性、业务和地域范围的不同实施差别化监管,为民营中小金融机构健康发展创造良好的外部环境。(2)不断推进政策性金融机构改革,健全可持续运营机制。我国政策性金融机构存在治理结构需要完善、业务和财务规则不够明晰、约束机制有待健全、可持续性需进一步加强等问题。当前和未来一段时期,我国仍有政策性金融需求,应加快改革,健全政策性金融机构的可持续发展机制,最终形成符合中国实际、能更好地为经济社会发展服务的政策性金融机构。截至 2021 年 12 月末,我国银行业金融机构法人共 4602 家;[19] 保险机构法人 235 家。[20] 截至 2022 年 3 月,我国共有 140 家证券公司[21],81 家证券投资咨询机构[22],58 家证券投资基金托管人[23],138 家公募基金

〔19〕 参见中国银行保险监督管理委员会官网(http://www.cbirc.gov.cn/cn/view/pages/govermentDetail.html?docId=1043881&itemId=863&generaltype=1)发布的《银行业金融机构法人名单》(截至 2021 年 12 月末)。这 4602 家银行业金融机构法人包括 1 家开发性金融机构,2 家政策性银行,6 家国有大型商业银行,12 家股份制商业银行,128 家城市商业银行,19 家民营银行,41 家外资法人银行,1 家住房储蓄银行,1596 家农村商业银行,23 家农村合作银行,577 家农村信用社,1651 家村镇银行,39 家农村资金互助社,13 家贷款公司,68 家信托公司,5 家金融资产管理公司,71 家金融租赁公司,255 家企业集团财务公司,25 家汽车金融公司,30 家消费金融公司,6 家货币经纪公司,33 家其他金融机构。

〔20〕 参见中国银行保险监督管理委员会官网(http://www.cbirc.gov.cn/cn/view/pages/govermentDetail.html?docId=1043885&itemId=863&generaltype=1)发布的《保险机构法人名单》(截至 2021 年 12 月末)。这 235 家法人包括 13 家保险集团(控股)公司,1 家出口信用保险公司,87 家财险公司,7 家再保险公司,75 家寿险公司,9 家养老保险公司,7 家健康险公司,33 家资产管理公司,3 家农村保险互助社。该名单仍在更新。

〔21〕 参见中国证券监督管理委员会官网(http://www.csrc.gov.cn/csrc/c101900/c1029659/content.shtml)发布的《证券公司名录》(截至 2022 年 3 月)。该名单仍在更新。

〔22〕 参见中国证券监督管理委员会官网(http://www.csrc.gov.cn/csrc/c101900/c1029656/content.shtml)发布的《证券投资咨询机构名录》(截至 2022 年 3 月)。该名单仍在更新。

〔23〕 参见中国证券监督管理委员会官网(http://www.csrc.gov.cn/csrc/c101900/c1029660/content.shtml)发布的《证券投资基金托管人名录》(截至 2022 年 3 月)。该名单仍在更新。

管理机构[24]。截至2022年3月,我国共有150家期货公司。[25]

2. 直接调控与间接调控相结合的金融调控体系初步建立,探索发展规划、财政、金融等政策协调和工作协同机制的建设。1984年,中国人民银行开始专门行使中央银行职能,不再从事一般金融业务。1985年,中国人民银行开始使用存款准备金、再贷款、再贴现、基准利率等货币政策工具进行金融调控。1988年第四季度,原来的贷款限额开始成为指令性计划指标。随后,我国又进行了一系列的金融体制改革,其重点之一仍然是逐步减少行政性的直接调控,增强经济性的间接调控,形成直接调控与间接调控相结合的金融宏观调控体系。1994~1997年是货币政策从直接调控向间接调控过渡的时期。1998年1月1日,中国人民银行取消国有商业银行贷款规模限额,实行适应市场经济的以"计划指导,自求平衡,比例管理,间接调控"为主的新的贷款管理制度。2004年,鉴于货币供应量的快速增长,中国人民银行采取了一些紧缩银根的措施。例如,中国人民银行于2004年10月底进行了9年来的首次加息,虽然幅度不大,却标志着我国终于开始启动最重要的经济杠杆来调控经济运行。至今,中国人民银行为了达到市场上货币供应量的目标,已经娴熟地运用公开市场业务、存款准备金、利率、再贷款、再贴现等传统货币政策工具,也逐渐发展出包括常备借贷便利、中期借贷便利、抵押补充贷款、定向中期借贷便利等新型货币政策工具。[26] 金融调控的间接性、经济性特征明显,行政性与直接性的特征逐渐淡化。

同时,国家不仅通过以货币政策为主的金融调控体系对经济进行干预,还经常使用发展规划、财政政策、产业政策等其他调控体系与手段。不同的调控体系与手段之间既有配合协调的可能,又有冲突掣肘的可能。例如,货币政策的定向调整可以配合产业政策的落地,积极的财政政策需要宽松的货币政策配合;反过来,不受节制的财政政策或失败的产业政策,不仅可能影响货币政策的决策和实施,还可能埋下系统性金融风险的隐患,影响金融稳定。在改革开放的早期,不同调控体系之间的冲突与掣肘现象较多,干扰了国家调控目标的实现。随着我国社会主义市场经济建设进入深化改革的阶段,有必要探索建立一个不同调控体系与手段之间的妥善协调机制。中共中央办公厅、国务院办公厅在2019年发布的《中国人民银行职能配置、内设机构和人员编制规定》要求中国人民银行实现职能转变,包括完善宏观调控体系,创新调控方式,构建发展规划、财政、金融等政策协调和工作协同机制,强化经济监测预测预警能力,建立健全重大问题研究和政策储备工作机制,增强宏观调控的前瞻性、针对性、协同性。

3. 利率、汇率的市场化改革不断推进。1996年后,中国人民银行运用利率水平的升降

---

[24] 参见中国证券监督管理委员会官网(http://www.csrc.gov.cn/csrc/c101900/c1029657/content.shtml)发布的《公募基金管理机构名录》(截至2022年3月)。该名单仍在更新。

[25] 参见中国证券监督管理委员会官网(http://www.csrc.gov.cn/csrc/c101920/c1039268/content.shtml)发布的《期货公司名录》(截至2022年3月)。该名单仍在更新。

[26] 参见中国人民银行官网(http://www.pbc.gov.cn/zhengcehuobisi/125207/125213/index.html)"货币政策工具"栏目。

和利率结构的调整,调节货币的流量和流向,调节货币政策的中介目标 M_1 和 M_2[27],使利率更能反映管理层决策倾向和市场现状。这表明中国人民银行运用利率工具进行间接调控机制运行的成功。同时,随着利率期限、种类的不断丰富,金融机构定价自主权也不断扩大。2012 年 6 月 7 日,中国人民银行决定扩大利率浮动区间,将存款利率浮动区间的上限调整至基准利率的 1.1 倍,贷款利率浮动区间的下限调整至基准利率的 0.8 倍。同年 7 月,再次将贷款利率浮动区间的下限调整至基准利率的 0.7 倍。2013 年 7 月 19 日,金融机构贷款利率下限被取消,农村信用社贷款利率也不再设立上限。2014 年 11 月,存款利率浮动区间的上限调整至基准利率的 1.2 倍。2015 年 3 月 1 日,金融机构存款利率浮动区间的上限上调至基准利率的 1.3 倍。2015 年 5 月 11 日,金融机构存款利率浮动区间的上限再次调整至基准利率的 1.5 倍。2015 年 8 月 26 日,中国人民银行决定放开 1 年期以上(不含 1 年期)定期存款的利率浮动上限,活期存款以及 1 年期以下定期存款的利率浮动上限(1.5 倍)不变,体现了按照“先长期、后短期”的基本顺序,渐进式放开存款利率上限的改革思路。2015 年 10 月 24 日,经国务院批准,中国人民银行决定对商业银行和农村合作金融机构等不再设置存款利率浮动上限。至此,我国的贷款利率上、下限已经放开,但仍保留存贷款基准利率,出现了贷款基准利率和市场利率并存的“利率双轨”问题。银行发放贷款时大多仍参照贷款基准利率定价,特别是个别银行通过协同行为以贷款基准利率的一定倍数(如 0.9 倍)设定隐性下限,对市场利率向实体经济传导造成了阻碍。2019 年 8 月 16 日,国务院常务会议提出改革完善贷款市场报价利率形成机制。紧接着第二天,中央银行正式宣布新的贷款市场报价利率(LPR)形成机制。2019 年 8 月 20 日,全国银行间同业拆借中心公布了新机制下贷款市场报价利率。至此,贷款利率“双轨制”逐渐消解,这有助于进一步完善市场利率定价自律机制,不断提高金融机构自主定价能力,加快培育形成较为完善的市场利率体系。

与利率的市场化改革一样,汇率市场化改革也不断推进,外汇市场不断扩大,一方面,不断发展外汇市场,丰富外汇产品,扩展外汇市场广度和深度;另一方面,根据外汇市场发育状况和经济金融形势,有序扩大人民币汇率浮动区间,增强人民币汇率双向浮动弹性,保持人民币汇率在合理均衡水平上的基本稳定。至今,为进一步发挥市场汇率的作用,中央银行基本退出常态式外汇市场干预,建立了以市场供求为基础、有管理的浮动汇率制度。此外,人民币资本项目可兑换也在有序推进中:进一步转变外汇管理方式,便利境内主体“走出去”,允许居民直接投资境外项目和资产,促进国际收支平衡;推动资本市场双

---

〔27〕 我国现行的货币供应量统计有三个层次:第一层次为流通中现金(M_0);第二层次为狭义货币(M_1),即流通中的现金加商业银行活期存款的总和,计算公式为 $M_1 = M_0$(流通中货币)+企业活期存款+机关团体部队存款+农村存款;第三层次为广义货币(M_2),即狭义货币(M_1)加商业银行定期存款的总和,计算公式为 $M_2 = M_1$ +城乡居民储蓄存款+企业存款中具有定期性质的存款+信托类存款+其他存款+证券公司客户保证金。另外还有 M_3, $M_3 = M_2$ +金融债券+商业票据+大额可转让定期存单等。其中,$M_2 - M_1$ 是准货币,M_3 是根据金融工具的不断创新而设置的。M_1 反映着经济中的现实购买力,但由于各种定期存款一般可以提前支取转化为现实购买力,把它算作货币,可以更全面地反映货币流通状况,便于分析和控制市场金融活动。因此 M_2 不仅反映现实的购买力,还反映潜在的购买力。若 M_1 增速较快,则消费和终端市场活跃;若 M_2 增速较快,则投资和中间市场活跃。M_2 过高而 M_1 过低,表明投资过热、需求不旺,有危机风险;M_1 过高 M_2 过低,表明需求强劲,投资不足,有涨价风险。参见中国人民银行官方网站有关狭义货币、广义货币的定义以及相关文告。

向开放,有序提高跨境资本和金融交易可兑换程度;建立健全宏观审慎政策框架下的外债和资本流动管理体系。

4. 金融监管体系实现从混业监管到分业监管的转变,目前正由机构性监管向功能性监管过渡,并探索宏观审慎管理制度,加快金融稳定机制与监管协调机制的建设,完善金融消费者保护制度。中国金融体制改革的核心之一就是要建立起一个完整而有效的金融监管体系,这一重大改革大致分为两个阶段:第一阶段是从 1983 年 9 月国务院发布《关于中国人民银行专门行使中央银行职能的决定》开始,到 1995 年 3 月第八届全国人大第三次会议通过《中国人民银行法》为止。这一时期实现了中国人民银行职能的转换,将中国人民银行变成了一个真正的中央银行。第二阶段是从 1992 年 10 月国务院批准设立国务院证券委员会和中国证券监督管理委员会(以下简称证监会)(二者于 1998 年 4 月合并)开始,到 1998 年 11 月国务院批准设立中国保险监督管理委员会(以下简称保监会),再到 2003 年 4 月国务院批准设立中国银行监督管理委员会(以下简称银监会)为止。这一时期按照"分业经营,分业管理"的原则,建立起一个相对完整、有效的金融监管体系。2003 年 12 月,第十届全国人大常委会第六次会议通过《关于修改〈中华人民共和国中国人民银行法〉的决定》,并制定了专门的《银行业监督管理法》,明确了中国人民银行及各个金融业专门监管机构的职责。然而,近年来,随着我国金融业的进一步发展,银行、保险、证券之间的业务交叉以及相互持股现象增多。这种新的转变趋势,正在推动原有的机构性监管向功能性监管过渡。

较之机构性监管,功能性监管的优势主要体现在以下几个方面〔28〕:(1)它更能适应新形势下金融业发展对监管体制的要求。功能性监管可以根据金融产品所实现的特定金融功能来确定该产品的监管机构,可以通过专门的原则和标准来对新出现金融产品的功能进行定性,从而决定监管权的归属,避免监管真空和多重监管现象;(2)它能够实现对金融业跨产品、跨机构、跨市场的协调,可以对跨行业的金融创新产品实施有效监管,从而更加有利于金融产品的创新,实现混业经营的内在比较优势;(3)主张设立统一的监管机构来对金融业实施整体监管,可以使监管机构不仅关注各行业内部的金融风险,而且能关注到同一金融机构或金融集团从事不同金融业务的整体风险,从而更有效地防止金融风险的跨行业感染与积聚;(4)金融产品所实现的基本功能具有较强的稳定性,使得据此设计的监管体制和监管规则更具连续性和一致性,能够更好地适应金融业在未来发展中可能出现的各种新情况;(5)被监管金融机构只需与一个监管机构"打交道",可以大大减少其服从成本(compliance costs),即所谓的"间接监管费用"(indirect regulatory costs)。从总体上说,功能性监管符合金融业自由化经营对金融监管的内在要求。当然,功能性监管也并非完美无缺,其存在的问题如下:其一,综合监管者的权力过大,无疑为权力滥用埋下了隐患;其二,即便在金融混业背景下,银行、证券及保险公司等金融机构之间仍然存在本质区别,机构性监管体制仍然能够适应新形势的要求;其三,统一的超级监管者在监管目标上可能不甚明确,而专业性的监管者往往具有清晰的监管侧重点;其四,有可能滋生新的道德风险,从而引发公众的逆向选择;其五,有可能导致监管者不能获取监管所需的信息。因此,要发挥功能性监管的优势,构建一个多重性的、与之相制衡的监督机制是必不可少

---

〔28〕 黎四奇:《金融企业集团法律监管研究》,武汉大学出版社 2005 年版,第 80 – 84 页。

的。对此,英国2000年通过的《金融服务与市场法》就给各国立法者提供了良好借鉴,即借助功能性法律框架,构建包括内部监督、财政部与议会的监督、公共监督在内的制衡机制,对金融服务局的监管权力形成制约。[29]

2007年爆发的美国次贷危机及其继而引发的全球性金融危机也表明,在混业经营趋势下,分业监管面临一定的困境。由此,我国的"一行三会"近年来一直在摸索如何建立交流机制,以加强部门间的信息共享与协调合作,减少摩擦成本,强化合力监管,避免监管真空与监管重叠,促使金融业监管从原来的机构性监管向功能性监管过渡。2017年11月,党中央、国务院决定设立国务院金融稳定发展委员会(以下简称金融委),作为国务院统筹协调金融稳定和改革发展重大问题的议事协调机构,其办公室设在中国人民银行,主要职责是:落实党中央、国务院关于金融工作的决策部署;审议金融业改革发展重大规划;统筹金融改革发展与监管,协调货币政策与金融监管相关事项,统筹协调金融监管重大事项,协调金融政策与相关财政政策、产业政策等;分析研判国际国内金融形势,做好国际金融风险应对,研究系统性金融风险防范处置和维护金融稳定重大政策;指导地方金融改革发展与监管,对金融管理部门和地方政府进行业务监督和履职问责等。2018年3月,原银监会与原保监会合并成银行保险监督管理委员会(以下简称银保监会)。至此,我国由原来的"一行三会"监管机制转变为"一委一行两会"的新监管机制。中共中央办公厅、国务院办公厅在2019年发布的《中国人民银行职能配置、内设机构和人员编制规定》,强调了中国人民银行的职责转变,维护金融市场稳定与宏观审慎管理的职能得以强化,并明确了中国人民银行负责牵头建立系统性金融风险处置机制、货币政策与金融监管政策、宏观审慎管理与微观审慎监管的协调机制。

面对层出不穷的金融创新,处理好金融创新与金融监管的关系,尤其是促进互联网金融业务健康发展,也是相关金融主管部门的重要工作。同时,随着金融体制市场化改革不断推进,风险也在不断加剧。为防控风险,我国于2015年正式建立存款保险制度,加强了对存款人的保护,有效防止了银行挤兑,提升了公众对银行体系的信心,有利于推动形成有效的风险约束和市场退出机制,避免个案风险演化为系统性、区域性风险。同时,存款保险制度也为推进利率市场化、发展民营银行和中小银行等改革,提供了配套制度支持。

此外,近些年来,金融消费者保护问题得到了格外重视,相关组织与制度在不断建设中。中国人民银行内设"金融消费权益保护局"、银保监会内设"消费者权益保护局",证监会内设"投资者保护局",依法开展各自职责内的金融消费权益保护工作。2019年修改通过的《证券法》,在金融消费者(投资者)保护制度方面有了质的突破。

5. 金融业务不断拓展与创新,金融业务的市场运作机制逐步构建。例如,银行业务由原先仅有的存、贷、结算扩展到现在复杂的业务结构体系,各种银行理财产品与金融衍生品种也相继出现。在负债业务方面,出现了3个月、6个月、9个月等不同期限的定期存款、保值储蓄存款、住房储蓄存款、委托存款、信托存款;引入了同业存款、同业拆借、回购交易、向中央银行借款等同业间融资业务;开发了次级债券、混合资本债券、普通金融债

---

〔29〕 参见黎四奇:《金融企业集团法律监管研究》,武汉大学出版社2005年版,第99-101页;曾筱清:《金融全球化与金融监管立法研究》,北京大学出版社2005年版,第140页。

券、香港人民币债券等债券发行业务。在资产业务方面，出现了抵押贷款、质押贷款、按揭贷款等新品种；开发了债券投资、黄金投资、非银行金融机构投资等投资业务；开办了信贷资产证券化业务等。在中间业务方面，出现了多功能信用卡；创新了个人理财业务，推出了外币理财产品、信托型理财产品、QD 型理财产品等；引入了代销国债、基金和保单、代管住房公积金和企业年金等代理业务。无疑，金融业务的不断丰富，不仅便利了广大人民群众的生活，也完善了价格形成机制，从而推动了市场化程度的进一步深化。近些年，包括资产管理业务、投资银行业务、经纪业务、自营业务与股权衍生品业务、证券金融业务、托管业务、新三板业务在内的证券公司业务增长迅速，满足了投资者的不同投资需求。

6. 建立多层次资本市场体系，推进首次公开发行股票（IPO）注册制，规范资本市场运行秩序，强化退市制度与投资者保护制度。随着市场经济建设的不断推进，过分依赖货币市场融资的各种弊端显现，为满足实体经济的多元化融资需求，资本市场的改革提上日程。党的十八大明确提出，要建立多层次资本市场体系与推进 IPO 注册制度的改革。2013 年 1 月，全国中小企业股份转让系统（简称全国股转系统，俗称新三板）经国务院批准，依据《证券法》正式设立。这是继上海证券交易所、深圳证券交易所之后第三家全国性证券交易场所，也是我国第一家公司制运营的证券交易场所。其主要为创新型、创业型、成长型中小企业发展服务，符合条件的股份公司均可通过主办券商申请挂牌，公开转让股份，进行股权融资、债权融资、资产重组等。2020 年 3 月 1 日正式施行的新《证券法》进一步明确了新三板作为“国务院批准的其他全国性证券交易场所”的法律地位，夯实了新三板场内、集中、公开市场的性质。2019 年 10 月 25 日，中国证监会正式启动全面深化新三板改革。本次改革围绕改善市场流动性、强化融资功能、优化市场生态、加强多层次资本市场有机联系等四条主线，重点推出向不特定合格投资者公开发行并设立精选层、优化定向发行、实施连续竞价交易、建立差异化投资者适当性制度、引入公募基金、确立转板上市制度和深化差异化监管等改革举措。2020 年 7 月 27 日，精选层正式设立并开市交易。随着改革举措陆续落地，新三板市场定位进一步明晰、市场结构进一步完善、市场功能进一步提升、市场生态进一步优化、市场韧性活力进一步显现。截至 2022 年 4 月 21 日，新三板存量挂牌公司 6806 家。[30] 此外，2021 年 9 月 3 日北京证券交易所注册成立，也是新三板改革中的“里程碑”事件。北京证券交易所依法为证券集中交易提供场所和设施、组织和监督证券交易、提供证券市场管理服务，其坚持服务创新型中小企业的市场定位，尊重创新型中小企业发展规律和成长阶段，提升制度包容性和精准性。北京证券交易所与沪深交易所、区域性股权市场坚持错位发展与互联互通，发挥好转板上市功能。北京证券交易所与新三板现有创新层、基础层坚持统筹协调与制度联动，维护市场结构平衡。北京证券交易所致力于实现“三个目标”：一是构建一套契合创新型中小企业特点的涵盖发行上市、交易、退市、持续监管、投资者适当性管理等基础制度安排，提升多层次资本市场发展普惠金融的能力；二是畅通北京证券交易所在多层次资本市场的纽带作用，形成相互补充、相互促进的中小企业直接融资成长路径；三是培育一批“专精特新”中小企业，形成创新创业热情高涨、合格投资者踊跃参与、中介机构归位尽责的良性市场生态。

党的十八大以来，监管部门不断出台有关资本市场秩序整顿的规章制度，提出内幕交

---

〔30〕 数据来源于全国中小企业股份转让系统官方网站（http://www.neeq.cc/）。

易"零容忍",打击"老鼠仓",强化信息披露制度。上市公司退市的各项制度相继出台完善,涵盖范围从原来的亏损退市扩大到违规退市、主动退市等情形。2019 年上海证券交易所科创板成立并实施注册制,2020 年深圳证券交易所的创业板实施注册制,启动了首次公开发行股票从核准制到注册制的全面过渡。新《证券法》,将首次公开发行股票从核准制改为注册制。新《证券法》在企业上市、交易、退市,信息披露、投资者保护等方面进行了较为彻底的改革,构建了一个崭新的资本市场法律体系,有利于促进资本市场健康稳定发展。

7. 金融信用体系初步建立。在社会信用体系中,金融信用处于核心地位,金融信用的发达程度决定了一国社会信用体系的发达程度。因此,金融信用的建设已成为我国经济发展规划着重打造的领域。作为我国社会信用体系建设重要组成部分的征信系统,已在中国人民银行的组织与推动下,取得了长足的进步。1997 年,"银行信贷登记咨询系统"开始筹建,于 2002 年初步建成并投入运行。2004 年年初,中国人民银行加快了个人信用信息基础数据库的建设,2014 年 4 月成立了银行信贷征信服务中心。2014 年 12 月底,个人信用信息基础数据库实现了 15 家国有和股份制商业银行、8 家城市商业银行在北京、重庆、深圳、西安、南宁、绵阳、湖州 7 个城市的试运行。2005 年,个人信用信息基础数据库在全国范围内逐步推广。2006 年 1 月,全国集中统一的个人信用信息基础数据库建成并正式运行。2006 年 3 月 20 日,中央机构编制委员会办公室批复同意设立"中国人民银行征信中心",为中国人民银行直属事业单位。2006 年 7 月底,银行信贷登记咨询系统升级成为全国集中统一的企业信用信息基础数据库。至此,中国人民银行的企业和个人征信系统都实现了全国联网运行。2008 年 5 月 9 日,中国人民银行征信中心在上海举行揭牌仪式。2008 年 12 月,经中国人民银行总行批准,征信中心启动"融资租赁登记系统"建设工作。2009 年 5 月,征信中心在北京市海淀区注册成立了"人民银行征信(北京)开发有限责任公司"[31],其为征信中心的全资子公司。2010 年 6 月 26 日,企业和个人征信系统成功切换至上海运行,并正式对外提供服务。2013 年 3 月 15 日,首部征信业法规《征信业管理条例》正式实施,明确了征信系统是由国家设立的金融信用信息基础数据库的法律定位。目前,征信中心在全国 31 个省和 5 个计划单列市设有征信分中心。作为专业化征信机构,征信中心依法履职,积极推进征信系统建设,保障系统安全稳定运行,加快系统升级优化,深入推进服务转型,加强产品研发与应用,切实维护信息主体合法权益,充分发挥征信系统作为我国重要金融基础设施的作用,为推动社会信用体系建设作出了积极的贡献。

中国人民银行组织金融机构建成全国集中统一的企业和个人征信系统,全面收集企业和个人的信息,成为世界上规模最大、收录人数最多、收集信息全面、覆盖范围和使用广泛的信用信息基础数据库,基本上为国内每一个有信用活动的企业和个人建立了信用档案。截至 2020 年 12 月底,征信系统共收录 11 亿自然人、6092.3 万户企业及其他组织。其中,收录小微企业 3656.1 万户、个体工商户 1167 万户。[32] 征信系统以银行信贷信息为核心,囊括社保、公积金、环保、欠税、民事裁决与执行等公共信用信息;接入了商业银行、

〔31〕 后更名为中征(北京)征信有限责任公司。

〔32〕 葛孟超:《截至去年底,央行征信系统收录 11 亿自然人》,载《人民日报》2021 年 1 月 26 日,第 10 版。

农村信用社、信托公司、财务公司、汽车金融公司、小额贷款公司等各类放贷机构;信息查询端口遍布全国各地的金融机构网点,信用信息服务网络覆盖全国,形成了以企业和个人信用报告为核心的征信产品体系。征信中心出具的信用报告已经成为国内企业和个人的“经济身份证”。毋庸置疑,征信系统已经在金融机构信用风险管理中广泛应用,有效解决了信息不对称问题,提高了社会公众融资的便利性,创造了更多的融资机会,促进了信贷市场发展。不仅如此,征信系统的广泛应用还显著提高了社会信用意识,在全社会形成“守信激励、失信惩戒”的激励约束机制,这对于维护金融秩序稳定、防范金融风险和提高社会信用水平都将起到重要作用。

(二)当前我国金融体制存在的问题

尽管我国在金融体制改革方面已取得诸多成就,但现行金融体制还有许多不适应市场经济发展要求的地方,主要表现在以下几个方面:

1. 金融调控与国家发展规划、财政政策、产业政策、就业政策、环保政策、区域政策等工作协同机制尚未建立,货币政策的制定与实施的独立性不够,货币稳定的目标经常被其他经济发展的目标所虚化,导致金融业不断发展壮大的同时,风险也在不断加剧,防范系统性金融风险成为当前金融业稳定发展的首要问题。货币政策的首要目标是维持币值的稳定,因此,货币政策需要保持相对独立性,不受其他政策因素的干扰。但在我国,政府承担着维持经济稳定与促进经济增长的重任,国家发展规划、金融政策、财政政策、产业政策等成为政府干预经济的主要手段。为了达到“促进经济增长”之目标,货币政策的首要目标经常被虚化,甚至被牺牲,即“促进经济增长”异化为货币政策的实质目标。反过来,信贷的天量扩张带来人民币在国内币值的严重不稳定,处于较高的通货膨胀状态,同时也给金融市场与金融机构的运营带来更多的风险,尤其是隐藏着系统性风险。而且,即使都是围绕“促进经济增长”这一目标,由于分属不同的主管部门,货币政策与国家发展规划、财政政策、产业政策之间,既有彼此促进的一面,又存在互相矛盾与冲突之处。以上问题,影响着经济发展的质量与效率,拖累了改革进程。在社会主义市场经济体制全面深化改革的背景下,不仅需要矫正货币政策的实际目标,还要建立与国家发展规划、财政政策、产业政策、就业政策等其他国家宏观调控政策之间的协同机制,维护货币的稳定,并以此促进经济稳定与健康发展。

2. 金融市场主体的金融创新能力不强,金融要素流动不畅。现代金融市场的发达程度主要由金融市场主体的创新能力来衡量,这主要体现在金融制度是否完善、金融业务手段是否先进、金融产品种类是否齐全等方面。改革开放以来,我国金融市场取得了巨大的发展,但总体而言还不发达,在很多方面较为落后。金融创新能力不强,最直接的影响就是社会资金的使用效益不高,金融效率有待提升。在过去的几十年,虽然资本市场不断发展壮大,但社会融资主要还是依靠银行系统,融资成本较高,中小微企业融资难的问题一直难以得到有效解决,“普惠金融”的发展也很缓慢。尤其是2008年国际金融危机爆发以来,实体经济的发展举步维艰。在严格的特许经营制度下,金融机构的竞争不充分,业务雷同化明显,竞争格局尚未形成,特别是商业银行的利润严重依赖存贷差,中间业务还很薄弱,国际竞争力欠佳。近年来,我国致力于资本市场的发展,一方面努力做大做强资本市场,为实体经济开辟更多更低成本的融资方式,另一方面不断规范资本市场,提升投资者保护力度。虽然已取得很大成效,但资本市场仍然处于发育不健全的状态。资本市场乱象比较严重,市场化严重不足,政策性周期与行政干预过强等特征明显。此外,金融产品的品种还相对单一,金融创新产品不足,无法满足市场主体的多元化投资需要;与此同时,金融产品的科学性与合理性尚待提升,投资者风险防范意识不足,投资者保护工作需要进一步加强。

3. 金融机构的准入制度尚不明确,市场退出机制长期缺位,金融创新能力不强,金融产品与金融要素的市场化配置机制尚不健全,统一开放的金融市场体系尚未成型。严格的特许经营制度导致市场竞争不足,"牌照红利"制约了金融效率的提升,金融成本难以降低,金融业务下沉缓慢,影响"普惠金融"建设。同时,金融机构的退出机制也不健全,相关的金融机构破产制度尚未建立,经营失败的金融机构无法通过法律程序退出市场。由于金融机构准入与退出机制存在诸多问题,整个国家金融市场的运营基本上处于封闭状态,"市场化"严重不足,进而导致金融机构缺乏金融创新能力。例如,现行《商业银行法》和《公司法》对设立银行业金融机构的要求并不高,可在现实环境中却很少有企业或资本能依法进入这一领域,致使国内至今未建立起与实体经济结构和融资需求相适应的多层次、广覆盖、有差异的银行体系。另外,我国尚未建立规范、透明、开放、有活力、有韧性的资本市场体系,新《证券法》中许多制度规定有待于具体落地。在未来,还需进一步加强资本市场基础制度建设,推动以信息披露为核心的股票发行注册制的全面改革,完善强制退市和主动退市制度,提高上市公司质量,强化投资者保护。事实上,在目前这种金融市场竞争不够充分的情况下,金融效率非常低下,无论是通过货币市场还是资本市场,金融要素的市场化配置机制都未建立,融资渠道单一、效率低下、成本高昂,严重制约着实体经济的发展。此外,距离"普惠制金融"建设目标尚远,中小微企业以及处于弱势地位的自然人通过正规金融渠道融资的机会仍然匮乏,这也是导致民间金融畸形繁荣且利率高昂的重要原因之一。

4. 金融调控和金融监管的手段相对落后,宏观审慎管理尚在摸索中,涉及金融稳定的法律制度缺乏整体设计和跨行业跨部门的统筹安排。《中国人民银行法》《商业银行法》《银行业监督管理法》《证券法》《保险法》的颁布和修改,以及其他一系列相关法律、法规的出台,标志着我国已经建立起基本的金融调控与金融监管的法律体系,并正由机构监管向功能监管转变。虽然有了法律制度的保障,但制度的执行能力不足,金融调控与金融监管的手段仍然落后。金融调控方面存在的问题包括:(1)中央银行货币政策决策机制尚不科学,货币政策委员会的地位与作用模糊,数量型调控仍然是货币政策的主要特征,向价格型调控转型缓慢。(2)金融调控的目标错位,"促进经济增长"的附带目标很可能对"维持币值稳定"这个首要目标的实现产生不良影响。在实践中,也经常发生中国人民银行为促进经济增长而超发货币的现象,引发了人民币在国内大幅度的贬值,致使币值不稳定。(3)金融调控手段单一,"一统就死、一放就乱"的现象仍然存在。一方面表现为货币政策工具比较单一,新型货币政策工具创新不够;另一方面表现为货币政策手段使用不当,长期以来依赖存款准备金率与利率等影响力巨大的货币政策工具,导致金融市场逐渐对这些货币政策工具失去敏感性。此外,新技术推动着金融创新与金融市场变化,尤其是数字货币的发展，将对传统金融调控手段与调控作用机制提出新的挑战。[33]

金融微观审慎监管方面主要存在以下问题：(1)中国人民银行的货币政策、宏观审慎管理职能与两个专业金融监管机构所承担的微观审慎监管职能之间的界限不是很清晰。它们之间的协调机制运作效率有待提升，监管真空与监管重叠的现象大量存在。(2)监管理念落后，仍然停留在违规监管层面，风险监管、功能监管、综合监管、行为监管、交叉金融产品的联合监管等新型监管理念运用不足，无法满足金融混业经营的监管要求。(3)金融监管部门的监管水平和监管效率亟须提高，一个由监管部门外部监管、金融机构内部控制、中介机构市场约束的监管体系尚未完全形成。(4)金融监管严重滞后于金融创新，监管科技发展迟缓，制约着金融市场的效率，不利于金融市场的稳定与健康发展。当前，随着科技的进步，互联网金融成为金融创新最活跃的部分，但金融监管对此有很大的脱节。比如，点对点网络借贷(P2P)是线下民间借贷向线上发展的一个重大进步，可以更好地满足市场的融资与投资需求，提升金融效率。但自 2007 年 P2P 进入中国以后，P2P 行业长时间处于“野蛮成长”的状态。P2P 行业在不断壮大的同时，也蕴藏着巨大的市场风险与法律风险。到 2015 年监管部门开始关注并着手治理之时，这种风险已经难以遏制。2020 年年底监管部门宣布整治完成——整个 P2P 行业“团灭”。“整治”的结果是“团灭”，让人扼腕。(5)中央与地方金融监管权限、分工以及风险处置责任尚未理顺，地方金融监管机构的监管能力与监管经验亟待提升。(6)金融协调机制缺乏必要的法律规范。从 2013 年由中国人民银行牵头建立的金融监管协调部际联席会议到 2017 年新设的金融委，始终存在机构组织法缺失的问题。

面对 2008 年国际金融危机的影响，各国纷纷重视中央银行的宏观审慎管理问题，金融稳定变得越发重要。在此背景下，中国人民银行的职能由货币政策向货币政策与宏观审慎管理双支柱框架转变，其成为落实金融委所提出各种措施的主要执行单位。但中国人民银行在宏观审慎管理方面的能力尚在建设之中，宏观审慎政策框架以及系统重要性金融机构评估、识别和处置机制等都有待检验、完善，针对金融控股公司等金融集团和系统重要性金融机构的基本规则拟订、监测分析、并表监管工作也在摸索中。总的来讲，虽然我国在防范化解重大金融风险攻坚战中取得了阶段性成果，有效处置了长期积累的风险点，也颁布实施了《中国人民银行法》《银行业监督管理法》《商业银行法》《证券法》《保险法》等一系列涉及金融稳定的法律，但是这些涉及金融稳定的法律制度缺乏整体设计和跨行业、跨部门的统筹安排，相关条款较为分散，相关规定过于原则化，对一些重要问题缺乏明确规范。因此，有必要专门制定金融稳定法，建立金融风险防范、化解和处置的制度，

---

[33] 近些年来，私人数字货币发展迅速，冲击着原有的货币发行机制以及货币政策体系。私人数字货币可能改变货币结构，从而导致基础货币减少，显著放大货币乘数，加快货币流通速度，最终有可能削弱中央银行的职能，导致传统货币政策失效。为了顺应技术变革，中国人民银行也试验性推出数字人民币，为今后大规模推广做准备。但数字人民币的发行与调控将面临跟以往不一样的问题，如中央银行数字货币比货币存款更具吸引力，可能造成金融中介规模收缩乃至金融脱媒，引发银行信用收缩，在危机时可能会加剧商业银行挤兑问题，加剧金融波动性，从而加大金融调控的难度。

与其他金融法律形成各有侧重、互为补充的金融风险防控格局。[34]

5. 金融信用体系亟待完善。市场经济本质是信用经济,中国市场经济目前仍处于很不发达的状态,信用缺位已成为中国市场经济进一步发展的重大障碍。作为我国社会信用体系重要组成部分的征信系统,已在中国人民银行的推动下取得了长足进步,现今已初步建立起信用信息基础平台。2006 年中国人民银行征信中心的成立、2013 年《征信业管理条例》与《征信机构管理办法》的颁布实施、2017 年中国人民银行《企业征信机构备案管理办法》的印发、2021 年《征信业务管理办法》的出台,有力地推动了社会信用体系建设。不过,目前我国银行信用体系乃至更广泛意义上金融信用体系的建设,仍然滞后于市场经济发展的需要。在宏观上,国家缺少统筹规划,制定法尚付阙如,各行业内与行业间信用信息也未实现充分共享,资源没能整合。在微观上,信用体系建设缺乏标准规范,无论是对守信的褒奖,还是对失信的惩罚,抑或是在观念塑造、资信采集等方面都还十分落后。因此,如何完善金融信用体系,是促进中国市场经济进一步发展亟须解决的问题。无疑,金融信用体系是社会信用体系建设的核心部分,完善金融信用体系是"构建适应高质量发展要求的社会信用体系和新型监管机制"[35]的重要工作。

总而言之,我国现行金融体制还存在不少问题,许多关系尚未理顺,不能适应市场经济的进一步发展需要。以上问题的解决,不仅需要金融体制的深化改革,也需要法治建设的全面推进。也就是说,我国亟需建立起一个与市场经济发展相适应的金融体制和运行机制,把金融业的管理和运营都纳入规范化、法治化的轨道。中共中央、国务院《关于新时代加快完善社会主义市场经济体制的意见》对金融体制改革提出了两个方面的要求,其不仅要求构建有效协调的宏观调控新机制,强化货币政策、宏观审慎政策和金融监管协调,也要构建更加完善的金融要素市场化配置体制机制,建立健全统一开放的金融要素市场。以上改革要求,都必须以金融法治建设为落实手段。实际上,无论是金融体制改革还是金融法治进步,都是加快完善新时代社会主义市场经济体制的重要部分。

二、市场经济条件下的金融体制

市场经济条件下的金融体制由四个体系组成,即金融调控体系、金融监管体系、金融业组织体系与金融业务体系。

(一)金融调控体系

市场经济条件下,国家对经济的宏观调控主要是通过金融手段与财政手段来进行的。其中,金融手段的宏观调控即金融调控,一般是授权中央银行来完成。1995 年通过的《中国人民银行法》,第一次在法律层面明确中国人民银行是我国的中央银行,承担金融调控

---

[34] 2022 年 4 月,中国人民银行发布了《中华人民共和国金融稳定法(草案征求意见稿)》,并向社会公开征求意见。该草案共六章 48 条,分为总则、金融风险防范、金融风险化解、金融风险处置、法律责任、附则。草案旨在建立健全高效权威、协调有力的金融稳定工作机制,进一步压实金融机构及其主要股东、实际控制人的主体责任,地方政府的属地责任和金融监管部门的监管责任;加强金融风险防范和早期纠正,实现风险早发现、早干预;建立市场化、法治化处置机制,明确处置资金来源和使用安排,完善处置措施工具,保护市场主体合法权益;强化对违法违规行为的责任追究,以进一步筑牢金融安全网,坚决守住不发生系统性金融风险的底线。

[35] 具体可参见中共中央、国务院发布的《关于新时代加快完善社会主义市场经济体制的意见》(2020 年 5 月 11 日)。

与金融监管的职责。在宏观调控方面,中国人民银行垄断了货币发行权,是金融机构的最后贷款人,负责制定与执行货币政策,履行金融宏观调控职责。2003 年经过较大修改的《中国人民银行法》将中国人民银行原来承担的日常金融监管职能大部分剥离。自此,中国人民银行主要执行金融宏观调控职能,其主要职责是通过货币政策调控货币总量,维持币值稳定。虽然其还承担外汇市场管理、反洗钱等局部金融监管职能,但这些监管职能往往与货币总量控制,即金融调控紧密相关。在国际金融危机之后,由中央银行承担的宏观审慎管理职能开始得到各国重视。同样,中国人民银行的职能也应当转变,必须建立、健全货币政策和宏观审慎政策双支柱调控框架。与此同时,中国人民银行还要建立货币政策与国家发展规划、财政政策、产业政策、环保政策、就业政策、投资消费政策等其他宏观调控政策之间的协同机制,以及货币政策、宏观审慎政策和金融监管之间的协调机制。无疑,以上协同机制与协调机制是影响金融调控职能决策、行使及效果的重要方面,也构成了金融调控体系的外延部分。

(二)金融监管体系

金融监管是指对金融业市场主体与交易活动的监督和管理,其具有双重含义:一是指国家金融管理部门以及行业自律组织等对金融业务活动的外部监督管理;二是指金融机构对其业务活动的自我管理。金融监管一般是指对金融机构的外部监管,特别是指官方监管,即国家金融监管部门依据金融法律法规、政策等,对金融业的市场主体及其经营活动进行领导、监督、稽核、组织和协调等一系列行为,以达到保护存款人的利益、维护金融业的市场秩序、促进金融业健康发展的目的。在 1995 年以前,我国曾长时期地实行由中国人民银行负责的"单层单头"金融监管模式,但随后向"单层多头"监管模式过渡。至 2003 年原中国银监会成立,由"一行三会"即中国人民银行、原银监会、证监会、原保监会组成的官方金融监管体系正式形成,并一直延续至 2017 年。之后,随着 2017 年金融委成立以及 2018 年原银监会和原保监会的职责整合,我国重新形成了"一委一行两会"的新金融监管体系。

(三)金融业组织体系

我国金融业组织体系包括官方金融管理机构与金融经营机构,前者包括金融委、中国人民银行、银保监会、证监会等监管机构,后者主要包括银行类机构、证券类机构、保险类机构、非银行金融机构等。同时,网络小贷公司、第三方支付公司以及互联网金融中介公司等互联网金融交易机构纷纷兴起,也构成金融经营机构组织体系的一部分。(见图 1-4)

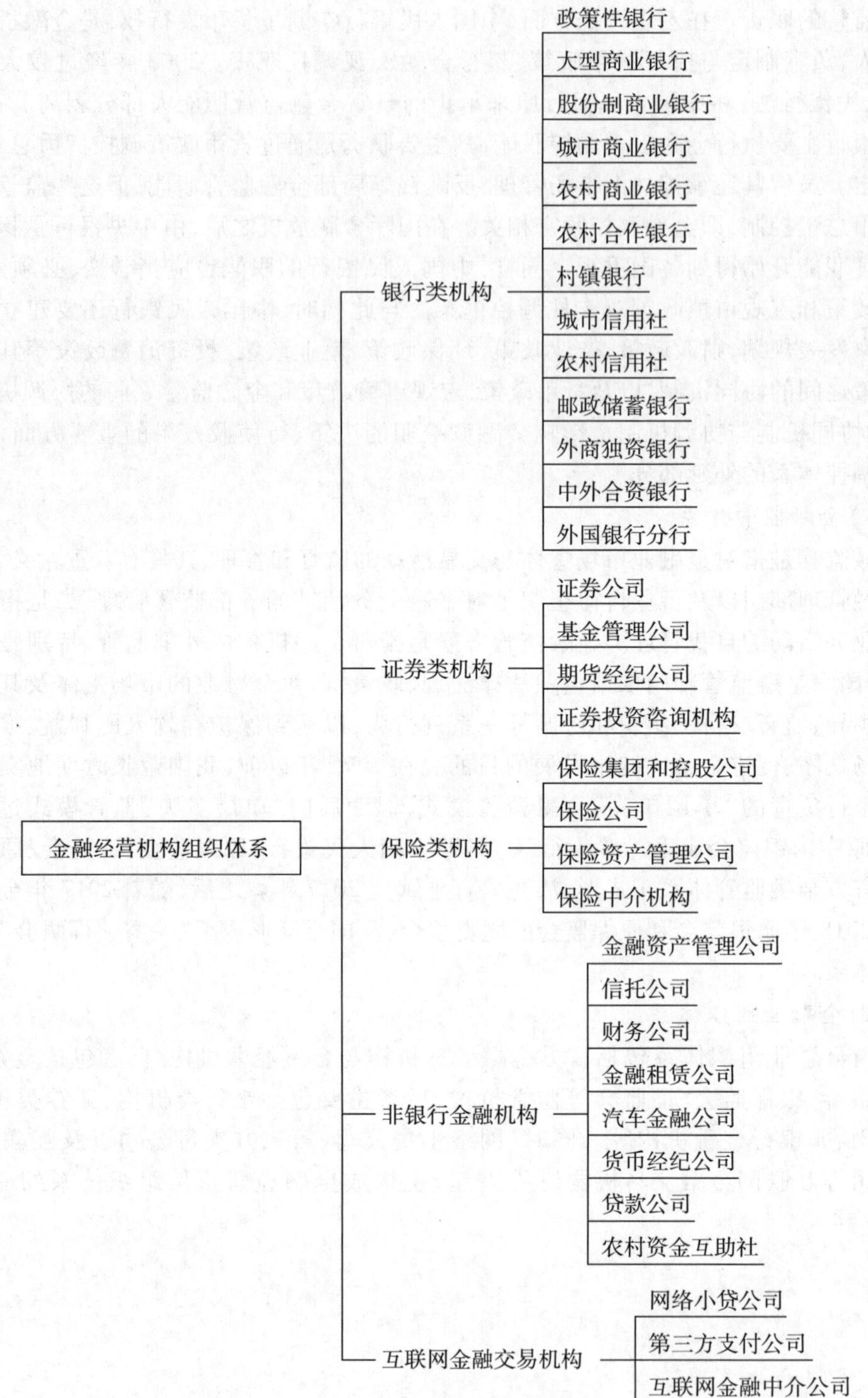

图1-4 中国金融经营机构组织体系

(四)金融业务体系

作为国家金融体系的重要组成部分,金融业是金融活动产生的重要中介,是市场主体进行货币借贷以及开展票据、证券、外汇、保险、信托等业务活动的场所或领域。所谓金融业务体系，即金融机构办理业务的范围与品种。例如，按照商业银行资产负债表的构成，其业务体系通常分成负债业务、资产业务、中间业务三大类。负债业务主要由存款业务、借款业务构成，是商业银行形成资金来源的业务。资产业务是商业银行运用资金的业务，包括贷款业务、证券投资业务、现金资产业务等。中间业务又称表外业务，是指不构成商业银行表内资产、表内负债，形成银行非利息收入的业务，包括交易业务、清算业务、支付结算业务、银行卡业务、代理业务、托管业务、担保业务、承诺业务、理财业务、电子银行业务。此外，商业银行的其他业务还包括代客业务、信托业务、租赁业务、咨询业务，为客户提供保管箱服务等。通过建构“防火墙”的方式，商业银行越来越多地参与到证券、基金、保险业务中，混合经营趋势越来越明显，现在对商业银行混业经营的禁止性法律规定越来越不符合市场发展需要，对其修改与更新势在必行。

第三节　金融法的基本原则与法律渊源

一、金融法的基本原则

金融法的基本原则是指在金融立法及法律适用中应遵循的基本行为准则，它贯穿于金融法治的全过程。在市场经济条件下，金融法要遵循以下几个基本原则。

（一）兼顾金融安全、金融自由以及金融公平原则

正义是法律的永恒追求，金融法也一样。但正义有多种价值维度，包括安全、自由以及公平等。具体到金融领域，即为金融安全、金融自由以及金融公平。金融法的作用，正是在于维护金融安全、金融自由和金融公平。但在实际生活中，金融安全、金融自由、金融公平并不总是协调的，过分地追求金融安全，就可能会产生“金融压抑”现象，损害金融自由，从而影响到金融市场的效率；过分地追求金融自由，虽能够在一定程度上提高金融市场的效率，但可能会对金融安全与金融公平造成负面影响，从而出现金融危机或“金融排斥”的现象；过分地追求金融公平，又可能损害金融市场的效率以及金融市场主体的自主权，使金融自由遭受负面影响。在金融法的发展史上，金融安全、金融自由以及金融公平都有可能成为一段时期或某一部分立法的侧重点，但历史经验以及金融市场的发展规律表明，现代金融法必须坚持兼顾或协调金融安全、金融自由以及金融公平的原则，任何顾此失彼的金融法律制度，都将违背正义这一法律的永恒价值追求。晚近兴起的法金融学（Law and Finance）研究，尤其关注法律制度在形塑各国不同金融市场发展路径上的作用，以此来为金融市场的发展提供更有建构意义的制度体系，在维护金融安全的同时提升金融效率与金融公平。

法金融学

（二）促进金融业发展原则

金融法是为市场经济发展服务的，它通过对市场经济条件下金融活动所形成的各种社会关系调节，维护金融秩序，促进金融业发展。这一原则的具体要求包括：

1. 金融法不仅能实现现代法治要求的公平正义，而且有助于提高金融业的效率，实现公平与效率的统一。因此，金融法必须反映市场经济规律的要求，明确各金融主体的法律地位、权益和责任，克服政企不分的弊端，强化金融机构与企业的约束机制，提高金融机构

经营风险意识,提升资金使用效率,实现资源的最佳配置。

2. 金融法必须具有稳定性,不能朝令夕改,使各市场主体疲于应付。在很长的一段时期里,我国没有统一、专门的金融立法,对金融关系的调整主要依靠政策和行政命令,政策波动幅度大,缺乏稳定性。政府对金融业的宏观调控主要依靠行政手段,而非法律手段,导致金融业管理上的主观随意性较大,国家宏观调控时而失灵,陷入"一放就乱,一乱就收,一收就死"的恶性循环。有鉴于此,金融法必须具有稳定性,而且立法要具有前瞻性,不能跟着形势走,更不能以政代法。要尽可能地减少行政干预,维持金融秩序的稳定。

3. 不断完善金融立法、执法,提高金融司法的效能,做到"有法可依、有法必依、执法必严、违法必究"。金融法的功能在于维护良好市场秩序,创造一个优良的投资环境。只有完善法制、严格执法、公正司法,才能创造良好的经济发展环境,维护各主体的合法权益,维护公平竞争。

(三)功能性监管原则

经过40多年的金融体制改革,我国形成了以中国人民银行为中心,各商业银行为主体,包括其他金融机构在内的"分业经营、分业管理"的金融体制。根据我国现行立法,金融业经营实行分离制:银行业、信托业、证券业、保险业按照法定的分工范围开展业务,分业管理,禁止银行业、信托业、证券业、保险业之间交叉混合,不能越权经营。2003年原银监会的成立以及2007年《银行业监督管理法》的实施,意味着我国金融业"分业经营、分业监管"模式正式形成。虽然,我国现有金融法律制度对金融混业行为持"普遍禁止、特殊例外"的态度,不过,近年来的金融混业经营趋势越发明显,使得"分业经营"模式遭受强烈冲击。实际上,中国金融体系从机构本位转向市场本位已是大势所趋,相应地,"功能监管"(functional regulation)理念也开始被引入我国金融市场。

"功能监管"理论起源于美国,要求根据金融体系的基本功能来设计监管制度,实现对金融业跨产品、跨机构、跨市场的协调。相较于"机构监管"而言,"功能监管"更关注金融机构开展的经营活动,而并非金融机构本身。一方面,我国金融混业经营趋势明显。例如,在金融机构组织形态上出现了金融控股公司模式,证券业、银行业、信托业和保险业的业务界限也变得越来越模糊,重新出现融合趋势。商业银行、证券公司、保险公司之间的大规模并购行为,更使得各金融行业实现了产品互通甚至股权交叉,混业经营趋势向更高阶段迈进。同时,随着外资金融机构的逐步进入,"分业经营"模式遭受到强烈冲击,混业经营成为金融发展的方向之一。另一方面,金融体系的基本功能比金融机构本身更具稳定性。尽管,金融功能的具体表现形式可能是多种多样的,但保持金融监管方式与金融基本功能之间的制度适应性,可以实现有效监管,避免陷入监管真空与监管重叠的双重困境。

(四)保护投资者利益原则

金融是投资者与生产者沟通的桥梁,一端连接着拥有闲散资金、积极寻找增值出路的投资大众,另一端连接着组织安排生产的资金需求者——企业。作为中介的金融机构,一方面组织闲散资金,以其信誉为投资者提供担保,形成资金聚集;另一方面向企业提供资金,同时代表投资者利益,对企业经营活动进行监督,以确保资金安全。因此,金融关系到千家万户的利益,保护投资者利益是金融法需要遵循的一项基本原则。

维护投资者的利益,就必须保证金融活动中资金的营利性、流通性和安全性。营利性就是要保证资金在营运中能够按照投资者的预期实现增值,保护投资者取得合法投资收入的权利。流通性就是投资者能够转让其投资，使其手中投资利益能够迅速变现。因此，法律上允许各种有价证券在市场上自由转让，并为广大投资者交易提供指定的交易场所。流通性的另一个作用是保护投资者对投资的选择权、对所投资金管理者的选择权，投资者可以通过投资权是否转让来表达对经营管理者的信任与否。安全性就是保护投资者投资利益的安全，金融机构资格认证、资信评级、信息公开、资本与货币市场交易、储蓄保险、金融市场监管等制度规范的重要作用就是维护广大投资者投资利益的安全。

（五）与国际惯例接轨原则

作为经济全球化的重要部分，金融全球化正在如火如荼地展开，外国金融机构进入本国市场以及本国金融机构参与国际金融市场的竞争同步进行，各国金融业呈现"你中有我，我中有你"的发展态势。在这种背景下，无论是金融调控法，还是金融监管法，乃至金融交易法，都需要互相借鉴、彼此吸收、与国际惯例接轨。所谓与国际惯例接轨，是指一国金融法律制度要与国际通行做法尽量保持一致，以减少由此产生的金融纠纷或摩擦，从而降低金融业市场主体之间的交易成本。根据这一原则，我国在金融立法时要尽量吸收国际通行做法，按照国际惯例来规范各种金融关系。

二、金融法的法律渊源

法理学一般认为，法律渊源是指具有法的效力和意义的外在表现形式，又称为法的形式。[36] 据此，金融法渊源是指金融法律规范的表现形式。如果按照金融法律规范的层次、属性、内容，我们可以对金融法渊源开展不同视角的讨论。

（一）按照金融法律规范的层次对金融法渊源的分类

按照金融法渊源的表现层次，可以分为国际层次的国际金融条约、国际金融惯例等，国内层次的涉及金融领域的法律、行政法规、部门规章、规范性文件等。

1. 国际法渊源

我国参加或缔结的国际公约、多边条约、双边条约和协定，除作出保留的条款外，只要与金融业相关，都属于金融法渊源。我国加入和缔结的金融相关的国际条约主要有：《国际货币基金协定》（1945 年 12 月 27 日）、《国际复兴开发银行协定》（1945 年 12 月 27 日）、《国际复兴开发银行协定附则》（1980 年 9 月 26 日）、《国际金融公司协定》（根据 1961 年 9 月 21 日、1965 年 9 月 1 日和 1980 年 2 月 18 日生效的决议修订）、《国际金融公司协定附则》（1980 年 2 月 18 日）、《国际复兴开发银行贷款和国际开发协会信贷采购指南》（1985 年 5 月）；国际双边支付协定和贸易支付协定、贷款协定（主要涉及国际双边贸易支付、结算方式、手段、计算方法等内容）；国际双边投资保护协定与国际双边税收协定（主要涉及外汇管制、资本返还、利润转移、银行开户、投资保险等金融活动）；世界贸易组织的有关协定。

国际惯例是在国际经济交往中逐渐形成，为国际社会广泛接受并认可的，一经双方确认就具有法律拘束力的习惯性规范。许多国际惯例都经过长期反复适用，形成了相对稳定的文字性内容，因此一经援引，便对当事人产生法律拘束力。一些国际惯例已经被政府间国际组织或民间组织制定为统一规则，如国际商会的《商业单据托收统一规则》、《商业

---

〔36〕 张文显主编：《法理学》（第 5 版），高等教育出版社 2018 年版，第 87 页。

跟单信用证统一惯例》,世界银行的《国际复兴开发银行贷款协定和担保协定通则》、《合同担保统一规则》。

2. 国内法渊源

具体包括:(1)根本法。《宪法》对我国的政治、经济、社会制度作出了基本规定,是金融立法的基础。(2)基本法,即由国家最高权力机关——全国人民代表大会制定的法律规范,包括《民法典》《刑法》《民事诉讼法》《刑事诉讼法》等,是调整社会关系的基本法律制度。它们与金融领域专门立法之间是一般法与特别法的关系。(3)专门法,即国家最高权力机关——全国人民代表大会及其常务委员会制定的跟金融业有关的专门法律,如《中国人民银行法》《银行业监督管理法》《商业银行法》《证券法》《保险法》等。(4)行政法规、部门规章和地方性法规,即由国务院、中国人民银行、金融监督管理部门与具有立法权的地方权力机关,以"条例""规定""决定""通知""实施办法"等形式制定的具有不同效力的法律规范。(见图1-5)

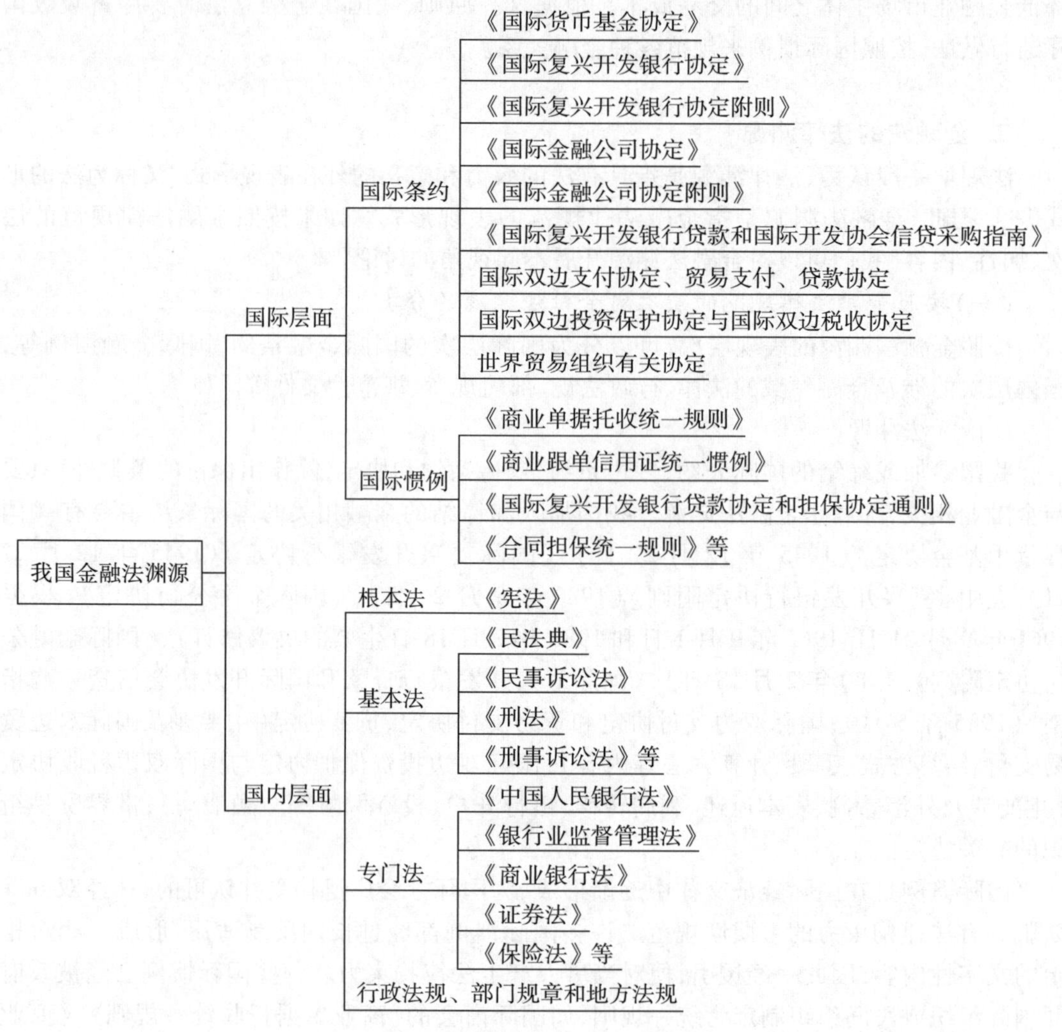

图1-5 我国金融法的渊源

（二）按照金融法律规范的属性对金融法渊源的分类

按照金融法律规范的不同属性，我们可以将其分成金融调控法、金融监管法以及金融交易法。

1. 金融调控法的渊源

第一，金融调控是中央银行的基本职能，因此，规定金融调控机构的性质、地位、职责、调控方法、工具以及法律责任等事项无疑是中央银行法的重大任务。事实上，中央银行法是金融调控法的核心和基础，并指导金融调控法体系的整体建构。在我国，《中国人民银行法》无论是2003年修改之前，还是修改之后，都具有此种属性与地位。第二，政策性银行的功能是直接或间接地从事政策性融资业务，充当政府发展经济、调整产业结构、进行宏观经济调控的手段和工具。所以，政策性银行的特殊性质决定了其与客户之间并非完全平等、自愿、公平、等价有偿的金融交易关系，更多是体现了国家宏观经济目标和产业政策的金融调控关系，相应地，政策性银行法也属于金融调控法的范畴。第三，货币法是调整在货币发行、货币流通和管理活动中所发生社会关系的法律规范总称。制定货币法的目的是加强国家对货币的管理、调节货币的流通，以保证货币的统一与币值的稳定。因此，货币法应当属于金融调控法范畴。与货币法一样，外汇管理法也是金融调控法的重要渊源。

另外，按照现行立法体制与实践做法，一旦我国签署或参加的国际条约在国内生效，其都将成为国内法的一部分。所以，包含金融调控内容的国际条约也可以成为金融调控法的正式渊源。例如，我国是《国际货币基金协定》的成员国，该协定第1条规定国际货币基金组织的职能包括：促进国际货币领域的合作与发展、促进汇率稳定、协助会员国调节国际收支平衡等。因此，该协定内容及国际货币基金组织行使的各种金融职能（尤其是有关汇率制度、贷款条件性和特别提款权等）能够对成员国的金融调控产生重大影响。例如，我国在1996年从“第14条成员国”转成“第8条成员国”，就不得不将经常性外汇支付的限制取消。值得注意的是，虽然该协定中许多使用“促进”“尽量”“有义务合作”等弹性措辞的规定尚属“软法”范畴，但它们对其成员并非“无刃之剑”，亦可视为正式的法律渊源。

2. 金融监管法的渊源

《银行业监督管理法》《中国人民银行法》《证券法》《保险法》《信托法》等法律中涉及金融监管的条款，是金融监管法最主要的法律渊源。不过，与金融调控法相比，金融监管法的渊源更加复杂。原因是，金融调控机关一般局限于各国中央银行，但金融监管主体却差异颇大，除官方监管机构外，还有行业监管部门、金融机构内部监管部门等。即使是官方监管机构，可能专指中央银行，也可能是政府专门监督机关，后者又可能涉及许多层次与不同部门。而任何监管主体，都必然存在对其性质、地位、机构设置、权责、手段等作出规定的相关立法，这将导致金融监管法的渊源更加复杂化。事实上，绝大多数金融法律、法规都可能包含着调整金融监管关系的法律规范，如《中国人民银行法》《商业银行法》《票据法》《证券法》《保险法》等。同时，金融监管当局为履行监管职能，根据法律授权制定和实施的规则、政策等，也可能成为金融监管法的渊源。另外，正在制定中的《金融稳定法》，也将成为金融监管法的最重要渊源之一。

值得探讨的是，在国际银行业监管领域影响深远的巴塞尔协议，能否成为金融监管法的法律渊源？巴塞尔协议是巴塞尔银行监管委员会通过的一系列对全球跨国银行业监管具有极强指导意义的文件总称。[37] 按传统国际条约的标准,巴塞尔协议并不符合国际条约的基本特征,因其本身并未按条约的程序予以正式签署或批准,也不具有强制实施的效力。不过,巴塞尔协议已在一定程度上符合国际惯例的一般标准,即具有重复类似实践的客观因素和法律确信的主观因素。[38] 从客观因素来看,其来源于金融发达国家的长期实践,而且经由巴塞尔委员会发布后,为各国金融监管当局明示接受和默许,并被国际银行界广泛推行和适用;从主观因素来看,各国金融监管当局在实践中至少是将其作为一种必要的国际原则或必须遵守的行业标准,事实上许多国家都已直接或间接依照其规定重构国内金融监管体系,而银行业无不感到其威慑力。鉴于以上因素,应当将巴塞尔协议看作金融监管法的非正式渊源,特定条件下可以转化成正式渊源。我国的立法实践对巴塞尔协议进行了内容吸收。例如,《银行业监督管理法》有关审慎经营、并表监管、风险评估、风险预警机制等内容的规定,便是直接借鉴了巴塞尔协议的相关内容,客观上已经把巴塞尔协议的有关内容从金融监管法的非正式渊源转变为正式渊源。同样,在 2008 年国际金融危机的治理过程中,金融稳定理事会对金融业的秩序恢复以及金融监管作出了卓有成效的贡献。其发布的包括《增强国际金融标准实施的框架》在内的一系列国际金融监管新规,性质上与巴塞尔协议一致,都可以看作金融监管法的非正式渊源,一旦被我国立法吸收,就可以从"非正式渊源"转化为"正式渊源"。[39]

3. 金融交易法的渊源

金融交易法是调整金融交易关系的法律规范总称。金融交易关系是指金融业市场主体之间因存款、贷款、同业拆借、票据贴现、资金结算、证券买卖等金融活动而发生的各种关系。在市场经济国家与法治社会,金融业市场主体之间的法律地位应是平等的,所享有的权利和应履行的义务也是对等的。市场主体之间的金融交易活动必须遵循平等、自愿、等价有偿等民商法基本原则。市场主体在进行金融交易行为时,可能会适用规范市场交易行为的民商事法律,如《民法典》《公司法》等,这些法律规范就成为金融交易法最基本的法律渊源。由于金融交易行为与一般的市场行为不同,因此立法机构可能对它们作出专门立法或特殊规定。此时,这种专门立法或特殊规定也就成为金融交易法的基本法律渊源。具体地讲,在我国有关商业银行业务、存贷款管理、支付结算、外汇管理、证券交易、信托保险业务、涉外金融业务等方面的法律文件中,涉及金融业市场主体之间交易行为的条款,都构成了金融交易法的渊源。

(三)按照金融法律规范的内容对金融法渊源的分类

按照内容划分,金融法的渊源至少包括以下几个方面:

1. 银行法。银行法是金融法的核心,主要包括中央银行法、商业银行法、政策性银行

---

〔37〕 2009 年 3 月,原主要由发达国家中央银行或金融监管当局组成的巴塞尔银行监管委员会吸收澳大利亚、巴西、中国、印度、韩国、墨西哥和俄罗斯等为该组织的新成员。

〔38〕 国际惯例由两个因素构成,一是各国的重复类似行为,二是被各国认为有法律约束力(参见王铁崖主编:《国际法》,法律出版社 2015 年版,第 14 页)。巴塞尔协议显然并没有完全达到这两个标准,只是在一定程度上具备这两个因素。也鉴于此,只能看作金融监管法的"非正式渊源"。

〔39〕 2009 年 4 月在伦敦举行的 G20 金融峰会,决定将金融稳定理事会(FSB)成员扩展至包括中国在内的所有 G20 成员。

法及非银行金融机构管理法等内容。

2. 货币管理法。其主要包括人民币发行与管理、外汇管理、金银管理等内容。

3. 信贷法。它是调整信贷关系的法律规范,包括存贷款管理制度、借款合同制度等内容。

4. 银行结算与票据法。它是调整银行结算与票据关系的法律规范。银行结算往往离不开票据这种流通工具,票据法是否健全与银行结算是否安全有直接的因果关系。

5. 信托法。它是调整金融信托关系的法律规范,主要包括信托机构的设立条件与法律地位、信托业务规范、信托合同制度等内容。

6. 融资租赁法。它是调整融资租赁关系的法律规范,主要包括融资租赁公司的成立条件与法律地位、融资租赁合同等内容。

7. 保险法。它是调整保险关系的法律规范。

8. 证券法。它是调整证券机构、证券发行与交易活动等金融关系的法律规范。

9. 涉外金融法。它是调整具有涉外因素的金融关系的法律规范。

10. 互联网金融法。它是调整传统金融机构与互联网企业利用信息网络技术,开展资金融通、支付、投资和信息中介服务等新型金融关系的法律规范。

思考题

1. 金融法的概念是什么?
2. 分析金融法产生与发展的原因。
3. 浅谈对金融法体系的理解。
4. 金融法的调整对象有哪些?
5. 简述我国金融体制改革的成就与不足。
6. 怎样理解“兼顾金融安全、金融公平以及金融自由”这一基本原则?
7. 混业经营趋势如何对国内“分业经营、分业管理”的金融体制产生冲击?
8. 怎样理解功能监管?
9. 当前金融调控与金融监管存在什么样的问题?
10. 浅谈对金融法渊源的认识。
11. 货币政策是否为金融调控法的渊源?
12. 怎样理解巴塞尔协议的性质?
13. 浅谈对“金融软法”的认识。

扩展阅读

1. 陈志武:《金融的逻辑》(上、下),中信出版集体股份有限公司 2020 年版。

   本书偏重从历史与国家的宏观角度,通过金融在不同文化背景、不同历史时期、不同国家的发展情况,展现金融的内在运行逻辑,阐述金融的本质以及它对人类进步、国家经济增长的作用,帮助读者形成深刻且立体的认知。

2. [美]斯科特·贝斯利、尤金·F. 布里格姆:《金融学原理》(第 5 版),吴先红、徐春武、王宇等译,北京大学出版社2016年版。

作为金融学入门教程,本书介绍了金融学研究领域的三个关键概念:金融市场和金融机构、投资以及财务管理。章节内配有相关的案例、例题和图表来解释核心概念,能够使读者循序渐进地掌握金融学的实质,可以作为对金融学感兴趣的人士的参考读物。

3. 彭兴庭:《金融法制的变迁与大国崛起》,法律出版社2014年版。

本书从金融公平、金融自由和金融安全的角度,考察近代以来世界主要大国崛起、衰退的历史经验和教训,对当今中国发展具有重大借鉴意义。

4. [英]霍华德·戴维斯、大卫·格林:《全球金融监管》,中国银行业监督管理委员会国际部译,中国金融出版社2009年版。

本书讨论了各种金融监管的构架、组成和运作模式,以及不同的监管理念,审视了当前主要问题对监管体制形成的挑战,并提出了一些重要的改革建议。本书能够帮助读者理解2008年美国次级抵押贷款市场如何演变为席卷全球的金融危机,以及应该如何改革全球金融监管体系等问题。

5. 黄韬:《公共政策法院:中国金融法制变迁的司法维度》,法律出版社2013年版。

本书描述、解释了司法机关在中国金融法制变迁过程中所彰显出的公共政策属性,意在强调法院和法官的行为决策是由自身利益以及转型金融市场和司法结构中的各种现实约束条件共同决定的,并试图探讨这些现实约束条件的具体类型与表现途径。

第二章　中央银行法律制度

中央银行法是规定中央银行的性质与法律地位、组织机构、具体职责与权限，以及法律责任，调整中央银行在履行职责过程中所发生各种社会关系的法律规范的总称。中央银行法是一个国家金融法律制度的基础部分，对该国的金融调控以及相关金融监管的法治化具有重要意义。从内容来讲，中央银行法主要由中央银行组织法、货币发行与管理制度、货币政策制度、利率与汇率制度、中央银行的法定业务以及金融监管制度等部分组成。于1995年3月颁布的《中国人民银行法》是我国第一部有关中央银行的单行立法，也是第一部由国家最高权力机关制定的金融基本法律。为了适应原中国银监会分设后中国人民银行职责调整的需要，2003年12月，第十届全国人大常委会第六次会议通过了《关于修改〈中华人民共和国中国人民银行法〉的决定》。本次修改，强化了中国人民银行关于制定和执行货币政策方面的职责，增加了反洗钱等部分职能，从而实现了中国人民银行从直接金融监管职能向维护金融稳定职能的转换。2008年国际金融危机爆发后，各国重新审视中央银行职能定位，普遍从法律层面强化中央银行在加强宏观审慎管理、维护金融稳定中的职能，突出中央银行防范和化解系统性金融风险的作用。在我国，党中央、国务院对中国人民银行履职提出了新要求，如强化宏观审慎管理和系统性金融风险防范，统筹监管系统重要性金融机构、金融控股公司和重要金融基础设施，统筹负责金融业综合统计，加大金融违法行为处罚力度等。在此背景下，对《中国人民银行法》进行较大的修改势在必行，其已被列入第十三届全国人大常委会立法规划。[1] 党的二十大报告也提出了"建设现代中央银行制度"的要求。此外，我国中央银行法的渊源除《中国人民银行法》外，还包括与中国人民银行履行职责有关的法律制度。

第一节　中央银行概述

一、中央银行的概念、名称及发展史

（一）中央银行的概念与名称

中央银行，简称央行，是指按照货币政策目标，依法制定和执行货币政策，调控金融市场上的货币流通，实施金融监管，以及确保金融体系稳定的特殊金融机构。其居于一国金融体

---

〔1〕 为贯彻党的十九大、十九届四中全会、第五次全国金融工作会议等重要会议和习近平总书记关于金融工作的重要论述精神，落实第十三届全国人民代表大会常务委员会立法规划，健全金融法治顶层设计，支持金融业稳健发展，中国人民银行积极推进《中国人民银行法》修改工作，起草了《中国人民银行法（修订草案征求意见稿）》，并于2020年10月向社会公开征求意见。

系的核心位置。

在不同的国家或地区,中央银行的名称并不相同。有的直接以"中央银行"命名,如俄罗斯联邦中央银行、伊朗中央银行、意大利中央银行、欧洲中央银行等;有的被称为"国家银行",如马来西亚国家银行、丹麦国家银行、瑞士国家银行等;有的被称为"储备银行",如美国联邦储备系统、澳大利亚储备银行、新西兰储备银行、印度储备银行等;有的被称为"人民银行",如中国人民银行;有的被直接冠以国名,如日本银行、泰国银行、蒙古银行、加拿大银行、德意志联邦银行、韩国银行和法兰西银行等。因此,识别一国的中央银行,不能单纯视其名称而定,而应具体考察其地位与职能。

当然,在不同的国家或地区,不仅中央银行的名称有差异,其职权与特征在各国或地区的法律规定中也多有不同。在某些国家或地区,中央银行并不享有货币政策的决策权,仅具有执行权;在某些国家或地区,中央银行不承担金融监管的职能,或者只承担部分与金融调控紧密相关的监管职责;在某些国家或地区,中央银行或者类似中央银行的机构甚至不承担或不完全承担发行货币的职责,如在 1993 年 4 月 1 日成立的香港金融管理局只行使中央银行的部分职能,除拥有 10 元纸钞的发行权外,并不负责货币发行,而是由汇丰银行、渣打银行及中银香港负责履行该项职责;澳门金融管理局也只行使中央银行的部分职能,货币发行由大西洋银行和中国银行澳门分行负责。至于中央银行的法律性质,各国或地区的法律规定也不尽一致,有的将其定性为国家机关或公法人,有的则定性为股份有限公司,有的甚至并未对其作出明确的定性。

(二)中央银行的发展史

中央银行的前身是大型商业银行,故其起源也晚于商业银行,但其发展却颇为迅速。在当今世界,绝大多数国家都已设有中央银行,甚至有些国家联合成立中央银行,如欧洲中央银行。

商业银行向中央银行的演化,最早可以追溯到 17 世纪中后期的欧洲。始创于 1668 年的瑞典国家银行,是世界上历史最悠久的中央银行,其前身是 1656 年由私人创立的斯德哥尔摩银行,该私人银行于 1661 年开始发行银行券。1694 年由英国国王特许成立的英格兰银行,也是世界上最早的中央银行之一,是世界各国中央银行体制的鼻祖。当然,这一时期的瑞典国家银行与英格兰银行只能算是中央银行的雏形,直到 1833 年英国议会规定英格兰银行发行的银行券为无限法偿币才标志着真正意义上的中央银行制度的诞生。自瑞典国家银行创立至今的 300 多年间,中央银行制度经历了一个形成、发展、普及和完善的漫长过程。一般认为,从 1668 年瑞典国家银行成立到 1913 年美国建立联邦储备系统这一期间为中央银行的形成时期。而美国联邦储备系统的创立,标志着较为完善的中央银行制度正式形成。从时间上划分,一般将"一战"爆发到"二战"结束这段期间作为中央银行制度的发展时期。"一战"结束后,为尽快结束战争所导致的混乱金融秩序,世界各国于 1920 年在比利时首都布鲁塞尔召开国际金融会议,要求凡未设立中央银行的国家应尽快建立中央银行,这对推动中央银行的迅速发展发挥了重要作用。这次会议所提出的负责货币发行的银行应脱离各国政府控制的观点,成为各国建立中央银行并保持其一定的独立性的重要理论根据。"二战"结束以后,中央银行制度进入普及和加强时期,已建立中央银行的国家将之国有化以及新独立的国家纷纷建立中央银行成为这一时期中央银行制度发展的两大特征:一方面,各国政府加强了对中央银行的控制与利用,如法国于 1945 年、英国于 1946 年,将中央银行收归国有,中央银行的职能和作用得到更大的重视,在国内和国际经济领域的地位日趋提高;另一方面,新成立的社会主义国家和新独立国家纷纷建立了中央银行。时至今日,世界上绝大多数国家或地区都建立了中央银行或类似于中央银行的机构,中央银行制度得到了世界性的普及和不断的完善。

我国的中央银行制度始建于20世纪初。在1904年,清政府因整理币制的需要,由户部奏准设立户部银行并于1905年8月在北京开业。1908年,户部更名为"度支部",户部银行也由此改名为"大清银行",承担经理国库、发行纸币等中央银行的职能。清朝灭亡后,大清银行在1912年1月被改组为中国银行,与交通银行一起受北洋政府控制,承担中央银行的部分职能。1924年,孙中山在广州组成中央政府时曾经设立中央银行。1926年,北伐军攻克武汉,同年12月在武汉设立中央银行。但这两大中央银行是因军事需要而设立的,并没有全部执行中央银行的职能。1927年,南京国民政府制定并颁布了《中央银行条例》,并于1928年11月成立中央银行,总行设在上海;并于1929年3月将原广州的中央银行改为其分行,1933年改称广东银行。这一时期中央银行承担国库管理职能,并与中国银行、交通银行以及1933年成立的中国农民银行一起履行货币发行的职责。1937年7月,成立四行的"四联总处",统一行使中央银行职能。1942年7月,货币发行权收归中央银行,同时中央银行集中黄金、外汇储备统一管理,统一经理国库,直至1949年退出大陆。

中国人民银行的历史,可以追溯到第二次国内革命战争时期。1931年11月7日,在江西瑞金召开的"全国苏维埃第一次代表大会"上,通过决议成立的"中华苏维埃共和国国家银行"(以下简称苏维埃国家银行)承担了中央银行与商业银行的职责,并发行货币。苏维埃国家银行于1932年正式营业,毛泽民任行长,该银行隶属于财政部,各根据地银行则逐渐转变成国家银行的省分行。各根据地建立了相对独立、分散管理的根据地银行并各自发行在本根据地内流通的货币。1948年12月1日,以华北银行为基础,合并了北海银行、西北农民银行,在河北省石家庄市组建了中国人民银行,并发行人民币,成为中华人民共和国成立后的中央银行和法定本位币。中国人民银行成立至今已70余年,其间,由于经济体制的改变,相较于成立初期,在体制、职能、地位、作用等方面都已经发生了巨大而深刻的改变。

(三)中央银行的发展规律以及政治经济根源

分析中央银行制度形成与发展的历史,可以发现以下几个规律:(1)早期的中央银行,是随着资本主义商品经济及货币信用的发展,在私人商业银行的基础上逐步演变而来的;而后期的中央银行,多半是借鉴别国经验,立足本国实际,经国家立法人为创设而成。(2)中央银行制度的形成与发展,是中央银行的职能不断充实与完备的过程。中央银行最初仅承担垄断货币发行、服务政府财政的职能,后来发展到主持全国清算系统、承担金融机构的最后贷款人责任,现今则代表国家调控货币供应、管理金融事业,成为政府干预经济的工具。(3)在中央银行制度形成与发展的过程中,存在所有权"私有为主"向"国家公有为主"转化的明显轨迹。早期的中央银行,是在私人商业银行的基础上发展起来的,后来一些国家陆续对中央银行实行了国有化改造;新建立的中央银行,则多由政府直接投资。目前,绝大多数国家中央银行的资本全部或部分为国家所有。(4)中央银行制度的形成与发展过程,是中央银行不断舍弃自身营利目的并与国家政权逐步结合的过程。在这个过程中,中央银行的法律地位也发生了相应的变化,由最初的特权商业银行发展到准国家机关,最终成为国家机关。

同时,我们可以看到,大商业银行演变成中央银行具有深刻的经济和政治根源,它是商品经济条件下货币和信用发展的产物,是经济、金融领域矛盾运动的必然结果。具体分析,主要包括以下四点原因:

第一,货币发行之需要。在资本主义银行业发展的初期,许多商业银行在办理存款、贷款、汇兑等一般银行业务的同时,也从事利润丰厚的银行券的发行。但是,由于它们的信用和实力良莠不齐,有的经营地域狭小,导致货币币值难以稳定,货币流通缺乏统一性,阻碍了全国大市场的建立,不能适应商品经济发展的内在要求。鉴于此,一些国家通过颁布法令,逐步将货币垄断发行的特权赋予一家资金雄厚、信用卓著而且经营审慎的大商业银行,这便开启了大商业银行向中央银行演变的进程。

第二,政府融资之需要。国家机构的膨胀、自然灾害和内外战争的频繁发生,使政府财政时常陷入困境。为此,政府在授权大商业银行垄断货币发行的同时,作为交换条件,往往要求它们向政府融资或代为筹资,并提供经理国库等金融服务。这进一步促进了大商业银行与政府之间的联系。

第三,票据清算和最后贷款人之需要。随着商品经济的发展与银行业务的扩大,商业银行每日收受的票据数量不断增多,彼此之间的债权债务关系日趋复杂。同时,银行在经营过程中会不时出现资金头寸的临时性短缺,尤其是在金融危机发生时,更易因存款人挤兑而陷入严重的流动性困境。为了维护支付系统的正常运转,保障金融业的稳健发展,客观上需要一个机构,出面主持全国金融机构之间的清算事宜,并承担最后贷款人的责任。此项使命便历史性地落在了中央银行身上。

第四,金融调控与金融监管之需要。当资本主义发展到一定阶段时,商品经济逐步繁荣,金融活动开始变得频繁,金融市场初步形成。这时,政府有了监管金融市场的需要。金融活动的监管是一项专业性极强的职能,需要专业背景雄厚的中央银行来承担。当资本主义发展到垄断阶段以后,市场的缺陷开始暴露,尤其是20世纪30年代资本主义大危机发生以后,政府开始认识到其不能再仅仅扮演“守夜人”的角色,而应对国民经济积极施加干预,用“政府之手”弥补市场失灵的缺陷。这时中央银行开始承担金融调控的职能。随着金本位制瓦解并为管理纸币制度所取代,货币供应更为灵活、更富弹性,更能深刻地影响经济活动。伴随着金融事业迅速发展,金融危机发生得更为频繁,金融调控和金融监管的重要性变得异常突出。要实现政府的经济目标,维护金融业的安全与稳定,必须强化中央银行在宏观调控和金融监管上的职能与作用。

二、中央银行的性质与法律地位

(一)中央银行的性质

中央银行的性质是指中央银行区别于其他机构的根本属性。综观各国中央银行立法,分析各国中央银行的实际运作,可以将中央银行的性质归纳为以下两点:其一,虽然有些国家在立法中对中央银行的法律性质未予明确或作其他定性,有的中央银行甚至采用股份有限公司的组织形式,但从根本上讲,在现代经济条件下,各国中央银行都具有国家机关的性质,这是中央银行法律地位的核心内容。其二,与一般的国家机关相比,中央银行还是特殊的金融机构,其开展金融业务,参与金融活动,且与政府保持相对的独立性,这些性质构成它作为国家机关的特殊性。

1. 中央银行具有国家机关的性质。从瑞典国家银行成立至今,中央银行的发展已走过了300多年的历史。在漫长的发展过程中,伴随着政府在国家经济生活中地位与作用的逐渐变化,中央银行经历了一个与政权的结合日益加深,承担的具体职能不断扩大,并由国家利益目标逐渐取代私人营利目的的过程。在这一过程中,中央银行的性质也由最初的特权商业银行逐步演化为准国家机关;进入20世纪以后,则进一步向国家机关的性质转变。

中央银行作为国家机关的性质主要体现在以下两个方面:一方面,作为国家金融调控与监管的主要机构,中央银行行使的是国家公权力,依法享有相应的金融行政管理权,这是其作为国家机关的重要标志;另一方面,公开市场业务是各国中央银行执行货币政策的重要手段,这种手段在形式上跟商业银行经营的金融业务并无差别,但其目的却与商业银行完全不同,即不以营利为目的,而是基于履行职能的需要。因此,中央银行在进行公开市场业务时,与其国家机关的性质并不矛盾,而是完全融为一体,这构成了中央银行相对其他国家机关的独特之处。

中央银行性质的转变有着深刻的经济和政治根源。19世纪末20世纪初,西方资本主义进入垄断时期,政府动用公权力对经济进行干预已经势在必行,而20世纪30年代资本主义大危机以及金本位制的崩溃则成为中央银行性质转变的关键点。20世纪30年代,席卷整个资本主义世界的金融危机爆发,这一时期,凯恩斯主义的国家干预理论逐渐成为经济政策的主导理论,政府开始一反以前对经济发展的放任态度,转而加强对社会经济的干预。在这种背景下,中央银行的货币政策有了长足发展的空间。在危机爆发以及之后的治理过程中,资本主义国家的金本位制彻底瓦解,由信用货币即纸币制度取而代之,中央银行调节货币供应量的空间大大增加。这不仅提高了中央银行在国家经济中的地位,而且也加深了社会对中央银行的依赖。随着中央银行作用的增强,货币政策最终与财政政策一道成为政府干预经济的主要工具之一。

与此同时,随着货币政策的作用加大,各国政府也着力加强了对中央银行的控制和利用,中央银行的国有化政策也成为主流模式。反过来,信用货币制度建立与运作的基础是国家信用,而中央银行只有具备国家机关的性质之后才能代表国家信用,其所发行的纸币才能够获得社会的充分信任。

2. 中央银行是特殊的金融机构。与一般的政府管理机关不同,中央银行还是金融企业,而且是特殊的金融企业,它为政府与普通金融机构办理银行业务和提供服务,不是单凭政治权力行使职权,而是依据货币流通规律进行管理。它不仅可以运用行政手段,还可运用强有力的经济手段,如货币供应量、再贴现、再贷款等。但是,中央银行经营银行业务与普通金融机构有着本质的不同:一方面,在绝大多数国家采用的单一中央银行制下,中央银行的业务经营对象并不包括普通工商企业和个人,而仅限于政府和普通金融机构。因此,中央银行的业务经营并不与普通金融机构构成金融竞争。另一方面,中央银行的业务经营是以执行货币政策为重要目的,并不以营利为经营目标。

总而言之,中央银行既是国家机关,又是特殊的金融机构,这使它明显区别于一般国家机关。换句话说,中央银行是具有银行特征的国家机关。必须强调的是,它的国家机关性质不是其本身所固有的,而是与国家政权相结合后的附加内容。这些内容随着国家干预经济功能的强化不断增加,而办理货币信用业务的银行特征则逐渐减弱。

(二)中央银行的法律地位

中央银行的法律地位,是指通过法律形式规定中央银行在国家机构体系中的地位,主要解决中央银行与国会、政府和财政的关系问题,特别是中央银行在制定和执行货币政策、开展业务过程中的独立性和权限大小的问题。

各国对中央银行立法的主要目的,在于规定中央银行在制定和执行金融政策等业务活动中应该享有多大的权力,或者说有多大的独立性。因此,各国立法对中央银行地位的规定不尽相同,概括起来主要有以下三种类型:

1. 直接对议会或者国会负责,独立性较大。这一类中央银行直接对议会或者国会负责,可以独立地制定和执行货币政策,政府不得对中央银行发布命令和指示。当二者出现冲突时,通过协商来解决。这一类型的国家主要有德国、美国、瑞典、瑞士等。

2. 名义上属于政府,独立性居中。这种类型的中央银行的法律地位较前者低,名义上隶属于政府,但由于政府极少使用这一权力,中央银行在实际操作过程中仍有较大的独立性。法律往往规定政府可以对中央银行发布指令,监督其业务活动,并有权任免其高层领导。英国、日本、加拿大等即属于这一类型。

3. 直接受控于政府,独立性较小。该类型的中央银行无论是在组织管理的隶属关系上,还是在货币政策的制定、执行上,都受到政府的严格控制。中央银行制定货币政策必须依据政府的指令,有的中央银行甚至无权制定货币政策,在采取重大金融措施时也必须经过政府的批准。属于这一类型的国家有意大利、澳大利亚、比利时等。

中央银行的独立性,历来是一个颇具争议的问题。过分强调中央银行的独立性,容易使中央银行与政府关系不协调。但如果中央银行丧失独立性,政府很可能会滥用货币政策,使货币政策沦为财政政策的附庸,中央银行难以保持货币币值的稳定。因此,如何保持中央银行的相对独立性,是一个十分重要的问题。上述三种类型体现了各国对中央银行相对独立性理解的不同,以及各国经济、金融和政治体制的差异。然而,为了维护货币币值的稳定,赋予中央银行相对于政府的独立性,使之免受过多的行政干预,以及政府财政政策与短期经济发展目标的影响,是现代中央银行制度发展的基本趋势。主要依据在于以下两点:

一方面,国民经济的持续和健康发展,有赖于货币币值的稳定,因而这成为中央银行货币政策的根本目标。但在实践中,由于政府的经济发展政策与其在政治上能否获取普遍支持密切相关,政府官员有可能为了追求任期内的经济成就,而以牺牲货币的稳定和经济持续发展的长远利益为代价。由此,必须确保中央银行一定的独立地位,使之能够立足于国民经济持续发展的需要,相对自主地制定和执行货币政策,维护币值和物价的基本稳定。研究表明,一个国家或地区的通货膨胀率与该国家或地区的中央银行独立程度有着明显的对应关系。

另一方面,中央银行的金融调控主要通过制定和执行货币政策,调节金融市场的货币供应量来实现。但货币有其自身特殊的运动规律,客观经济形势也处于不断变化之中。因此,从技术上讲,中央银行对货币供应量的调节,应做到准确、及时、细致并富有弹性。如果中央银行制定和执行货币政策的职权严重受制于政府,囿于烦琐的行政程序,那么势必会削弱中央银行的金融调控功能,不利于其灵活、有效、及时地运用各种调节手段,进而影响货币政策目标的实现。

近年来,加强中央银行独立性已成为各国中央银行制度改革的重要方面。例如,在

1997 年以前,韩国银行实际上是在财经部的严格控制之下,缺乏应有的相对独立性。东南亚金融危机爆发以后,韩国政府意识到加强中央银行独立性的必要性和紧迫性,当年就修改了其《银行法》,强化了中央银行的独立性,切断了财经部对中央银行的实际控制。在加强中央银行相对独立性的同时,各国也更加注重对其独立性的制衡,强化对中央银行的问责制便是其中表现之一。所谓中央银行的问责制,即要求中央银行依法向社会公众和特定的公共机构陈述其政策与行为,并论证其合理性。近年来,对中央银行问责制的强化主要表现在对货币政策目标的量化、问责对象的多元化以及透明度的不断提高等方面。这种强化的目的和意义不仅在于促使中央银行审慎地履行其职责,还在于加强对其监督。因此,将问责制与独立性相结合,是中央银行制度走向成熟的重要标志。

(三)中国人民银行的性质与法律地位

中国人民银行是中华人民共和国的中央银行,其全部资本由国家出资,属国家所有。在隶属关系上,中国人民银行是国务院组成部门,是正部级单位。中国人民银行在国务院领导下,制定和执行货币政策、宏观审慎政策,防范和化解金融风险,维护金融稳定。中国人民银行应当向全国人民代表大会常务委员会提交有关货币政策情况和金融业运行情况的工作报告。

中国人民银行虽然隶属于国务院,但跟国务院的其他部门相比,具有相对的独立性,主要表现在货币政策的制定与执行上。按照《中国人民银行法》的规定,体现在以下六个方面:

1. 中国人民银行的货币政策目标是保持货币币值的稳定,并以此促进经济增长。单纯从法律条款看,中国人民银行货币政策的首要目标是保持货币币值的稳定,进而界定了货币币值稳定与经济增长的关系。

2. 中国人民银行在国务院领导下依法独立执行货币政策,履行职责,开展业务,不受地方政府、各级政府部门、社会团体和个人的干涉。这一规定,确保了中国人民银行履行职能的相对独立性。

3. 中国人民银行就年度货币供应量、利率、汇率和国务院规定的其他重要事项作出的决定,报国务院批准后执行;中国人民银行就其他有关货币政策事项作出决定后,即予执行,并报国务院备案。这条规定赋予了中国人民银行在制定货币政策方面一定的独立决策权。

4. 为了避免地方政府的行政干预,确保中央银行货币政策的统一实施,中国人民银行根据履行职责的需要设立分支机构,作为中国人民银行的派出机构。中国人民银行对分支机构实行统一领导和管理。中国人民银行的分支机构根据中国人民银行的授权,维护本辖区的金融稳定,承办有关业务。

5. 为了确保货币发行的独立性,中国人民银行不得对政府财政透支,不得直接认购、包销国债和其他政府债券。中国人民银行不得向地方政府、各级政府部门提供贷款,不得向非银行金融机构以及其他单位和个人提供贷款,但国务院决定中国人民银行可以向特定的非银行金融机构提供贷款的除外。中国人民银行不得向任何单位和个人提供担保。

6. 在财务预算上,中国人民银行实行独立的财务预算管理制度。中国人民银行的预算经国务院财政部门审核后,纳入中央预算,接受国务院财政部门的预算执行监督。

三、中央银行的资本结构

(一)中央银行的资本结构

中央银行是政府的银行,但其资本却不一定为国家所有。由于历史的原因,中央银行的资本构成很复杂,大体有以下五种类型:

1. 纯国家资本,即中央银行的全部资本归国家所有。“二战”以后新建立的中央银行的资本大多数都为国家所有。而一些历史更为悠久的中央银行,最初为私人持有股份,后由国家实行国有化改造,收买私人股份,最后也变为纯国家资本的中央银行,如英格兰银行、法兰西银行等。

2. 国家与私人资本合营,即国家持有部分股份、私人股东持有部分股份。这种资本结构是中央银行对私人持有的中央银行的股份国有化不彻底的结果。根据日本《银行法》的规定,日本银行属于法人,类似于股份公司,其资本金为1亿日元,其中5500万日元由日本政府出资,其他资本以股票方式上市流通。不过,与一般股票不同的是,私人股东没有决议权,分红也限制在5%以内。

3. 集体资本或私人资本,即中央银行的资本由金融机构集体提供,典型的如美国联邦储备系统的资本。美国联邦储备系统由位于华盛顿特区的美国联邦储备委员会和12家分布在全国主要城市的地区性联邦储备银行组成,各联邦储备银行的股本全部由储备区的会员银行提供,故为储备区的会员银行集体所有。实际上,所谓的集体所有,就是私人所有,资本金由国家与私人共同持有或者纯粹由私人持有并不会影响中央银行的性质,私人股东并不能直接参与中央银行的管理活动。

4. 多国资本,即区域性的国际中央银行的资本并非为一国所独有,而是由各成员共同持有。例如,欧洲中央银行的资本是由其各成员国中央银行认购和持有,认购的数量以各成员国的国内生产总值(GDP)和人口分别占欧盟的比例为基础来确定,各成员国缴纳资本的数量不得超过其份额。各成员国认购的份额5年调整一次,于份额调整后的下一年生效。

5. 无资本金,即中央银行在建立时根本就没有资本,或者是因为中央银行法没有关于资本金的规定,或者中央银行法直接规定所建立的中央银行无须固定资本金。目前,韩国银行属于此类。不过,无资本金并不会影响中央银行履行职责的能力,存款准备金制度的存在,使中央银行的资本金与它所能控制的货币量相比微乎其微。

(二)中国人民银行的资本结构与财务会计制度

中国人民银行的全部资本由国家出资,属于国家所有。中国人民银行实行独立的财务预算管理制度;其预算经国务院财政部门审核后,纳入中央预算,接受国务院财政部门的预算执行监督。中国人民银行每一会计年度的收入减除该年度支出,并按照国务院财政部门核定的比例提取总准备金后的净利润,全部上缴中央财政;其亏损由中央财政拨款弥补。中国人民银行的财务收支和会计事务,应当执行法律、行政法规和国家统一的财务、会计制度,分别接受国务院审计机关和财政部门依法进行的审计和监督;应当于每一会计年度结束后的3个月内,编制资产负债表、损益表和相关的财务会计报表,并编制年度报告,按照国家有关规定予以公布。中国人民银行的会计年度自公历1月1日起始至12月31日止。

第二节　中央银行的体制类型与具体职能

一、中央银行的体制类型

（一）中央银行的体制类型

目前世界各国的中央银行体制，大致可分为四种类型。（如图 2－1 所示）

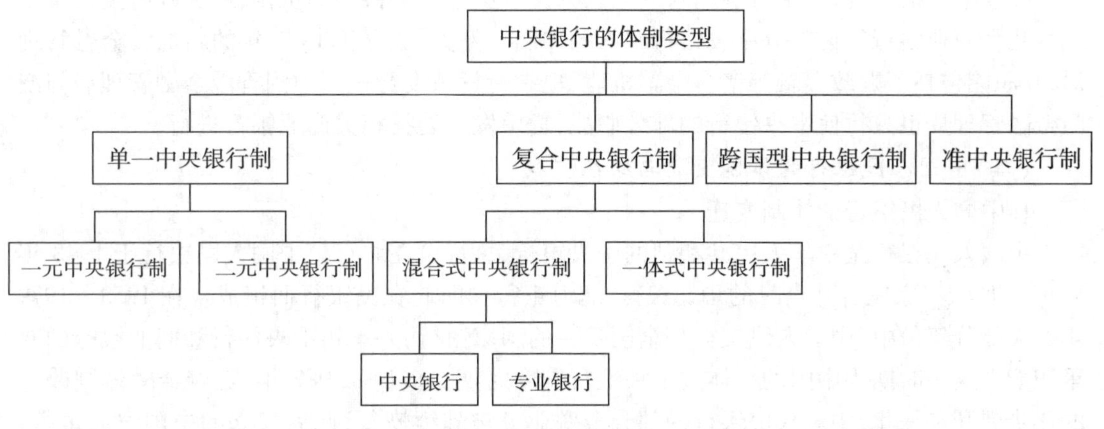

图 2－1　中央银行的体制类型

1. 单一中央银行制，即指国家单独设立中央银行，专司中央银行职能，并能领导全国的金融事业的制度。单一中央银行制又可分为一元中央银行制和二元中央银行制。一元中央银行制只设立独家中央银行和众多的分支机构执行其职能，大多数国家属于此类。二元中央银行制则是在中央和地方设立两级中央银行机构，中央和地方两级分别行使权力，两级中央银行具有相对的独立性。这种体制为部分联邦制国家所采用，美国是采用二元中央银行制的典型代表。同时，欧洲中央银行在组织结构上也类似美国联邦储备体系，欧盟成员国的中央银行类似于美联储中的 12 家联邦储备银行。

2. 复合中央银行制，即指一个国家没有设专司中央银行职能的银行，而是由一家大银行集中央银行职能和商业银行的经营职能于一身的银行体制。根据在该银行之外是否设立其他专业银行或商业性金融机构为标准，又可细分为混合式中央银行制和一体式中央银行制。前者分设中央银行与专业银行，中央银行业务与专业银行业务互相交叉办理。后者是集中央银行与商业银行的全部业务、职能于一身的中央银行。复合中央银行制是集中计划经济的产物，表现出国家对信用的高度垄断。现在采用复合中央银行制的国家日益减少，苏联以及东欧前社会主义国家都曾采用这种体制。在 1983 年以前，中国也实行这种中央银行制度。

3. 跨国型中央银行制，即指中央银行是由某一货币联盟的所有成员国联合组成的中央银行制度。这种跨国的中央银行可以发行共同的货币和为成员国制定金融政策，宗旨在于推进联盟各国经济的发展及避免通货膨胀。跨国型中央银行的主要职能是发行统一货币，制定和执行统一的货币政策与外汇政策，监管各加盟国的金融机构和金融市场，为加盟国提供金融服务。例如，1962 年，西非货币联盟成立西非八国共同的中央银行即西非中央银行，成员包括贝宁、布基纳法索、科特迪瓦、马里、尼日尔、塞内加尔、多哥和几内亚比绍;1973年,中非货币联盟成立了六国共同的中央银行即中非国家银行,成员包括喀麦隆、乍得、刚果、赤道几内亚、加蓬和中非共和国。西非中央银行、中非国家银行都为跨国型中央银行。欧洲中央银行也属于跨国性中央银行,其是根据1992年《马斯特里赫特条约》的规定于1998年7月1日正式成立的。欧洲中央银行是为了适应欧元发行流通而设立的金融机构,同时也是欧洲经济一体化的产物。欧洲中央银行的职能是"维护货币的稳定",管理主导利率、货币的储备和发行以及制定欧洲货币政策。其职责和结构以德国联邦银行为模式,独立于欧盟机构和各国政府之外,总部位于德国金融中心法兰克福。欧洲中央银行与欧盟各成员国中央银行一起,共同构成了欧洲中央银行体系。

4. 准中央银行制,即指有些国家或地区只设置类似中央银行的机构,或由政府授权某个或某几个商业银行行使部分中央银行职能的体制。例如,成立于1971年的新加坡金融管理局,其职能包括了财政金融等诸多金融机能,也掌握货币发行权。中国香港金融管理局与澳门金融管理局也只行使中央银行的部分职能,货币发行委托相关商业银行进行。

(二)中国人民银行的体制变迁与组织机构

1. 中国人民银行的体制变迁

中国人民银行是中华人民共和国的中央银行,总行设在北京。中国人民银行于1948年12月1日在石家庄合并当时的华北银行、北海银行和西北农民银行而组成。在1953~1979年的大部分年份中,中国人民银行是全国唯一的国家银行,并承担中央银行和商业银行的双重职能。这一时期为中国的一体式中央银行制度时期。1979~1983年,随着金融体制改革的逐步展开和深化,中国人民银行的部分金融业务被陆续恢复,此后建立的中国农业银行、中国银行、中国人民建设银行(后改称中国建设银行)、中国人民保险公司等专业银行或非银行金融机构也分担了中央银行部分职能,但其本身仍兼办工商信贷和城镇储蓄。因此,这个时期为中国的混合式中央银行制度时期。

无疑,无论是一体式还是混合式中央银行制度,其都是高度集中的计划经济体制下的产物。在这种中央银行体制下,由于宏观调控目标与微观经营目标之间的冲突,中国人民银行实际上无法同时扮演好金融调控者与金融监管者的角色。随着改革开放的进行,我国客观上需要一个名副其实的中央银行,履行金融调控与监管的职责,从而适应经济和金融体制改革的需要。鉴于此,国务院于1983年9月发布了《关于中国人民银行专门行使中央银行职能的决定》,决定中国人民银行自1984年1月起专门履行中央银行的职能,集中力量研究和做好全国金融宏观决策工作,其原先承担的商业银行业务由新成立的中国工商银行承接。从此,国内的中央银行制度进入单一中央银行制度时期。1986年1月,国务院颁布《银行管理暂行条例》(已失效),明确了中国人民银行的性质与法律地位,即我国的中央银行,是国务院领导和管理全国金融事业的国家机关,由此正式确立了我国真正意义上的中央银行制度。

2. 中国人民银行的组织机构

《中国人民银行法》就中国人民银行的领导机构、咨询机构、分支机构等作了原则性规定。

中国人民银行实行行长负责制。行长领导中国人民银行的工作,副行长协助行长工作。中国人民银行设行长1人,副行长若干人。中国人民银行行长的人选,根据国务院总理的提名,由全国人民代表大会决定;全国人民代表大会闭会期间,由全国人民代表大会常务委员会决定,中华人民共和国主席任免。中国人民银行副行长由国务院总理任免。

中国人民银行设立货币政策委员会,其职责、组成和工作程序,由国务院规定,报全国人民代表大会常务委员会备案。中国人民银行货币政策委员会应当在国家宏观调控、货币政策制定和调整中，发挥重要作用。根据1997年4月15日国务院发布的《中国人民银行货币政策委员会条例》，货币政策委员会是中国人民银行制定货币政策的咨询议事机构，其职责是，在综合分析宏观经济形势的基础上，依据国家宏观调控目标，讨论货币政策的制定和调整一定时期内的货币政策控制目标、货币政策工具的运用、有关货币政策的重要措施、货币政策与其他宏观经济政策的协调等涉及货币政策的重大事项，并提出建议。

在1995年《中国人民银行法草案》的讨论中，货币政策委员会的设置有三种方案：一是为全国人民代表大会下设机构，直接对全国人大负责；二是国务院下设机构，直接对国务院负责；三是中国人民银行下设机构，作为其咨询议事机构。由于中国人民银行实行行长负责制度，前面两种方案都可能与此产生冲突，因此我国最后选择了第三种方案。选择第三种方案的结果是，货币政策委员会的实际作用大打折扣。虽然2003年修改后的《中国人民银行法》第12条增加了第2款有关"中国人民银行货币政策委员会应当在国家宏观调控、货币政策制定和调整中，发挥重要作用"的规定，从而将行政法规（《中国人民银行货币政策委员会条例》）对货币政策委员会职能的规定上升到法律层次，并将其作用范围延伸至国家经济宏观调控领域，但是由于货币政策委员会没有足够的独立性，其功效无法得到理想发挥。

《中国人民银行法》对中国人民银行的内设机构未予规定。根据中共中央办公厅、国务院办公厅在2019年发布的《中国人民银行职能配置、内设机构和人员编制规定》，中国人民银行设下列内设机构：(1)办公厅（党委办公室）；(2)条法司；(3)研究局；(4)货币政策司；(5)宏观审慎管理局；(6)金融市场司；(7)金融稳定局；(8)调查统计司；(9)支付结算司；(10)科技司；(11)货币金银局（保卫局）；(12)国库局；(13)国际司（港澳台办公室）；(14)征信管理局；(15)反洗钱局；(16)金融消费权益保护局；(17)会计财务司；(18)内审司（党委巡视工作领导小组办公室）；(19)人事司（党委组织部）；(20)党委宣传部（党委群工部）；(21)参事室。（如图2－2所示）此外，金融委办公室设在中国人民银行，接受金融委直接领导，承担金融委日常工作，设金融委办公室秘书局，负责处理金融委办公室日常事务。中国人民银行的内设机构根据工作需要承担金融委办公室相关工作，接受金融委办公室统筹协调。

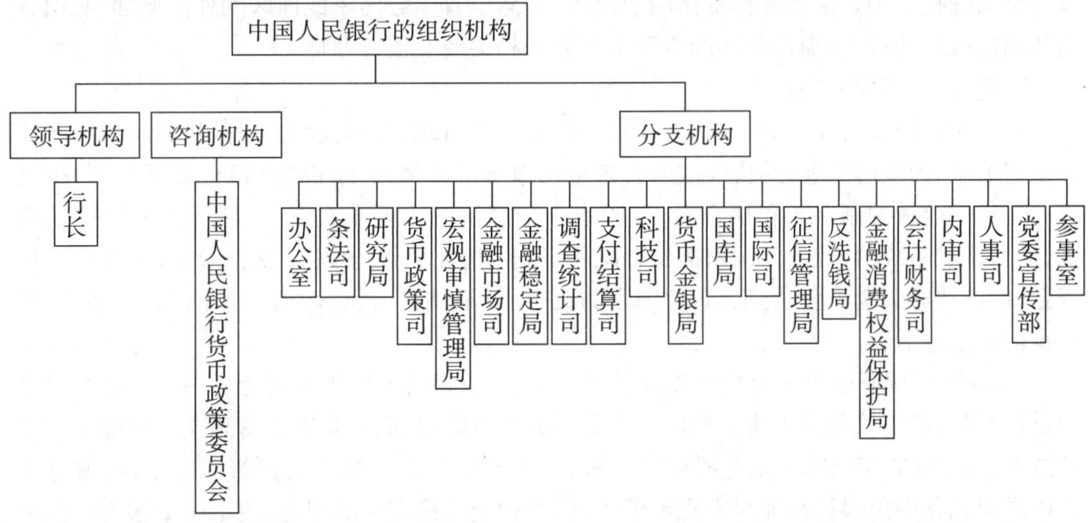

图2－2　中国人民银行的组织机构

同时,《中国人民银行法》规定,中国人民银行根据履行职责的需要设立分支机构,作为中国人民银行的派出机构。中国人民银行对分支机构实行统一领导和管理。中国人民银行的分支机构根据中国人民银行的授权,维护本辖区内的金融稳定,承办有关业务。1998 年年底,中国人民银行为了增强其独立性,减少地方政府对中央银行各分支机构执行货币政策及银行监管方面的干预,经国务院同意,对管理体制进行了重大改革。根据地域关联性、经济金融总量和金融监管的需要,参照美联储大区行的模式,撤销了 31 个中国人民银行省级分行,成立 9 大区行,作为中国人民银行的派出机构。在北京、重庆设立中国人民银行营业管理部,承担原北京分行、重庆分行的管理职能,对其下级分支机构作相应的调整。至此,中国人民银行分支机构的设置,实现了由按行政区域划分到按经济区域分布的转变。但在特殊国情以及其他原因下,大区制改革并不是很成功,其何去何从仍待时间检验。

中国人民银行
大区制改革

此外,2005 年 8 月,根据中央机构编制委员会办公室《关于设立中国人民银行上海总部的批复》的精神,中国人民银行上海总部正式挂牌成立。中国人民银行上海总部主要承担中央银行公开市场业务、金融市场监测、金融信息分析研究、金融产品研发和交易、区域金融合作等职责。

二、中央银行的具体职能

(一)中央银行的具体职能概述

关于中央银行的具体职能,目前主要有两种归纳方法:一是按照中央银行的性质,将其具体职能归纳为调控、管理、服务三大类;二是按照中央银行在国民经济中的地位,将其具体职能归纳为发行的银行、政府(或国家)的银行、银行的银行三大类。以下按照第二种归纳法进行简单介绍。

1. 发行的银行

从中央银行的发展史来看,取得货币发行垄断权是中央银行较早获得的职能之一。中央银行垄断货币发行权,对于调节货币供应量、稳定币值具有重要作用。目前,域外几乎都以立法明确授予中央银行发行货币的垄断权,当然也有少数国家或地区例外。例如,我国香港特别行政区、澳门特别行政区的货币发行委托相关商业银行办理。

2. 政府(或国家)的银行

其之所以被称为政府的银行,并非指中央银行是由政府投资设立,而是指其与本国政府有密切关系,为政府服务,并代表政府管理金融事务。具体体现在中央银行如下职能:中央银行是货币政策的制定者和执行者,是国家干预经济的主要工具之一;履行金融监管的职能,维系金融系统的稳定;为国家提供金融服务,代理国库,代理发行政府债券,为政府筹集资金;代理政府买卖黄金、外汇,管理国家的黄金、外汇储备;代表政府参加国际金融组织和各种国际金融活动。

在 2008 年国际金融危机爆发以前的几十年,中央银行的监管职能走过一个被逐渐弱化的进程,将微观审慎监管职能分离出去曾是一种主流趋势,而宏观审慎管理这一职能也一度被忽视。但 2008 年国际金融危机爆发以来,各国开始重新审视中央银行职能定位,普遍从法律层面强化中央银行在加强宏观审慎管理、维护金融稳定中的职能,突出中央银行防范和化解系统性金融风险的作用。许多国家的中央银行(货币当局)在处理金融危机过程中实行了变革,增加新的职责,创新监管手段。例如,美国《多德－弗兰克法案》将美联储的监管职责范围扩展至系统重要性的银行和非银行金融机构。英国《2012年金融服务法》在英格兰银行内部建立金融政策委员会和审慎监管局,前者负责宏观审慎政策制定、识别并防范化解系统性金融风险,后者负责对金融机构进行审慎监管。

3. 银行的银行

中央银行作为银行的银行,集中保管银行的准备金,并对它们发放贷款,充当“最后贷款者”,并主持全国金融机构之间的票据清算。

（二）中国人民银行的具体职责

1995年以前,我国金融业管理遵循的是“混业经营,统一监管”制度,中国人民银行曾经集金融调控与金融监管于一身。1995年《中国人民银行法》《商业银行法》的实施,确立金融业管理转型为“分业经营,分业监管”制度。中国人民银行逐渐将微观审慎监管这一块职能分离出去,尤其是在2003年原银监会成立以后,中国人民银行的职责集中在制定和执行货币政策,兼顾的部分监管职能都直接或间接与货币政策的制定和实施关联。2008年以后,国内外金融业的发展以及管理要求发生很大变化。鉴于此,党中央、国务院对中国人民银行逐渐提出了新的职责要求,包括强化宏观审慎管理和系统性金融风险防范,统筹监管系统重要性金融机构、金融控股公司和重要金融基础设施,统筹负责金融业综合统计,加大金融违法行为处罚力度等。根据中共中央办公厅、国务院办公厅在2019年发布的《中国人民银行职能配置、内设机构和人员编制规定》,中国人民银行的具体职责包括:

1. 拟订金融业改革、开放和发展规划,承担综合研究并协调解决金融运行中的重大问题、促进金融业协调健康发展的责任。牵头国家金融安全工作协调机制,维护国家金融安全。中国人民银行内设“研究局”,其主要职责是:综合研究金融业改革、发展及跨行业重大问题,牵头起草金融业改革发展规划,研究促进金融业对外开放的政策措施。围绕中央银行职责,研究分析宏观经济金融运行状况,以及货币信贷、金融市场、金融法律法规等重大政策或制度执行情况,提出政策建议。同时,金融委办公室设在中国人民银行,接受金融委直接领导,承担金融委日常工作,负责推动落实党中央、国务院关于金融工作的决策部署和金融委各项工作安排,组织起草金融业改革发展重大规划,提出系统性金融风险防范处置和维护金融稳定重大政策建议,协调建立中央与地方金融监管、风险处置、消费者保护、信息共享等协作机制,承担指导地方金融改革发展与监管具体工作,拟订金融管理部门和地方金融监管问责办法并承担督导问责工作等。设金融委办公室秘书局,负责处理金融委办公室日常事务。中国人民银行的内设机构根据工作需要承担金融委办公室相关工作,接受金融委办公室统筹协调。

2. 牵头建立宏观审慎管理框架,拟订金融业重大法律法规和其他有关法律法规草案,制定审慎监管基本制度,建立健全金融消费者保护基本制度。中国人民银行内设条法司与宏观审慎管理局。前者的主要职责包括:拟订相关法律法规草案,拟订、审核规章;拟订银行业、保险业重要法律法规草案和审慎监管基本制度;承担合法性审查和中央银行法律事务;承担行政复议和行政应诉工作。后者的主要职责是:牵头建立宏观审慎政策框架和基本制度,以及系统重要性金融机构评估、识别和处置机制;牵头金融控股公司等金融集团和系统重要性金融机构基本规则拟订、监测分析、并表监管;牵头外汇市场宏观审慎管理,研究、评估人民币汇率政策;拟订并实施跨境人民币业务制度,推动人民币跨境及国际使用,实施跨境资金逆周期调节;协调在岸、离岸人民币市场发展。推动中央银行间货币合作,牵头提出人民币资本项目可兑换政策建议。

此外,中国人民银行内设金融消费权益保护局,其主要职责是:综合研究金融消费者保护重大问题,拟订发展规划和业务标准,建立健全金融消费者保护基本制度;牵头建立金融消费者保护协调机制,统筹开展金融消费者教育,牵头构建监管执法合作和非诉第三方解决机制;协调推进相关普惠金融工作;依法开展中国人民银行职责内的金融消费权益保护具体工作。

3. 制定和执行货币政策、信贷政策,完善货币政策调控体系,负责宏观审慎管理。中国人民银行内设货币政策司,其主要职责是:拟订货币政策,参与健全货币政策和宏观审慎政策双支柱调控框架工作;推进利率和汇率市场化改革;拟订并组织实施公开市场操作、存款准备金、再贷款、再贴现等货币政策工具调控方案,调控利率和流动性水平;创新货币政策工具;牵头宏观审慎评估,拟订并实施外汇市场调控方案;拟订并实施货币政策委员会工作制度。

4. 牵头负责系统性金融风险防范和应急处置,负责金融控股公司等金融集团和系统重要性金融机构基本规则制定、监测分析和并表监管,视情况责成有关监管部门采取相应监管措施,并在必要时经国务院批准对金融机构进行检查监督,牵头组织制定实施系统重要性金融机构的恢复和处置计划。中国人民银行内设金融稳定局,其主要职责是:监测和评估系统性金融风险,牵头提出防范和化解风险的政策建议、处置方案并组织实施;牵头跨市场跨业态跨区域金融风险识别、预警和处置,以及资产管理业务等交叉性金融业务的基本规则拟订、监测分析和评估;推动实施国家金融安全审查工作;承担运用中央银行资金的金融机构重组方案的论证审查工作,参与有关机构市场退出或重组等工作;按规定管理中国人民银行在金融风险处置中形成的资产,对因化解金融风险而使用中央银行资金机构的行为进行检查监督。组织实施存款保险制度,根据授权管理存款保险基金。

5. 承担最后贷款人责任,负责对因化解金融风险而使用中央银行资金机构的行为进行检查监督。最后贷款人是负责在金融机构出现危机或者流动资金短缺的情况时扮演最后的资金提供者的专门机构。在实践中,中央银行并不是唯一的最后贷款人,其他机构也可以成为最后贷款人,如美国的财政部、清算中心和加拿大的财政部、外汇管理局等,都曾对出现危机的银行进行援助,成功承担最后贷款人职能。当中央银行扮演最后贷款人的角色时,可以通过公开市场业务或再贴现等方式给暂时周转不灵的银行提供贷款。《中国人民银行主要职责内设机构和人员编制规定》规定中国人民银行必须扮演最后贷款人的角色,即“承担最后贷款人责任,负责对因化解金融风险而使用中央银行资金机构的行为进行检查监督”。

6. 监督管理银行间债券市场、货币市场、外汇市场、票据市场、黄金市场及上述市场有关的场外衍生产品;牵头负责跨市场跨业态跨区域金融风险识别、预警和处置,负责交叉性金融业务的监测评估,会同有关部门制定统一的资产管理产品和公司信用类债券市场及其衍生产品市场基本规则。中国人民银行内设金融市场司,其主要职责是:拟订金融市场改革、开放和发展规划;监督管理银行间债券市场、货币市场、外汇市场、票据市场、黄金市场及上述市场有关的场外衍生产品;拟订公司信用类债券市场及其衍生产品市场基本规则;承担重要金融基础设施建设规划并统筹实施监管的具体工作;统筹互联网金融监管,评估金融科技创新业务;拟订并组织实施宏观信贷指导政策,承担国务院交办的小微、“三农”、科技创新等结构性金融政策协调具体工作。

银行间债券市场是银行、非银行金融机构作为机构投资者进行债券交易的场所,也主要用于解决市场参与者的短期资金流动性需要。该市场的交易工具包括政府债券、金融债券和其他债券,交易方式有现券买卖、债券回购和远期合约。货币市场是进行短期资金融通的市场,具有风险性低和流动性高的特征,包括同业拆借市场、商业票据市场、国库券市场、大额可转定期存单市场、回购协议市场等。其主要功能在于保持金融资产的流动性,以随时转换为现实的货币。一方面可以满足借贷者的短期资金需求,另一方面也为暂时闲置的资金找到了出路。银行间外汇市场(以下简称外汇市场)是指经国家外汇管理局批准可以经营外汇业务的境内金融机构(包括银行、非银行金融机构和外资金融机构)之间通过中国外汇交易中心(以下简称交易中心)进行人民币与外币之间交易的市场。任何境内金融机构之间不得在交易中心之外进行人民币与外币之间的交易。外汇市场由中国人民银行授权国家外汇管理局进行监管。交易中心在国家外汇管理局的监管下,负责外汇市场的组织和日常业务管理。黄金市场是指黄金买卖与兑换的交易市场。除上海黄金交易所和上海期货交易所外,任何地方、机构或个人均不得设立黄金交易所(交易中心),也不得在其他交易场所(交易中心)内设立黄金交易平台。中国人民银行会同相关部门负有指导上海黄金交易所和上海期货交易所做好产品创新和交易系统建设各项工作、引导金融机构规范开展黄金业务、建立健全黄金市场法律法规,加强黄金市场服务体系建设,推动黄金市场对外开放,稳步推进黄金市场健康发展的职责。

7. 负责制定和实施人民币汇率政策,推动人民币跨境使用和国际使用,维护国际收支平衡,实施外汇管理,负责国际国内金融市场跟踪监测和风险预警,监测和管理跨境资本流动,持有、管理和经营国家外汇储备和黄金储备。我国实行以市场供求为基础、参考一篮子货币进行调节、有管理的浮动汇率制度。通过对外汇市场进行监管与对人民币汇率实施宏观调控、中国人民银行实现对外汇市场必要的市场干预。不过,我国人民币汇率形成的市场机制存在很多不完善之处,比如当前中央银行处于频繁入市干预和托盘的被动局面,银行还未建立做市商交易制度等。我们应当尝试建立市场化条件下的中央银行外汇市场干预模式,改进中央银行汇率调节机制,建立一套标准的干预模式,给市场一个比较明确的干预信号,尽量减少直接干预,让市场主体通过自主交易形成公平价格,强化中央银行的服务职能。

国际储备是一国政府拥有的可以直接用于对外支付的储备资产,主要包括黄金储备、外汇储备、在国际货币基金组织的储备头寸、特别提款权和使用基金信贷等。其中,外汇储备是我国主要的储备资产,其是指一国政府所持有的国际储备资产中的外汇部分,即指一个国家货币当局持有并可以随时兑换外国货币的资产,包括现钞、政府在国外的短期存款或其他可以在国外兑现的支付手段,如外国有价证券,外国银行的支票、期票、外币汇票等。外汇储备是一个国家经济实力的重要组成部分,对于平衡国际收支,稳定汇率,偿还对外债务等方面具有重要作用。《中国人民银行法》赋予中国人民银行持有、管理和经营国家外汇储备与黄金储备的职权,中国人民银行授权国家外汇管理局代为经营管理国家外汇储备。我国外汇储备的主要来源是巨额的国际贸易顺差以及国外直接投资,由于实行外汇管理制度,我国的国家外汇储备数额节节攀升。外汇储备的增加对于增强我国对外支付能力、促进改革开放、提升我国国际地位具有积极意义。但外汇储备增长过快和规模过大,也给外汇储备经营管理带来了一定的挑战,除外汇储备本身的效益问题,还包括货币政策独立性、本国货币的购买力、国际收支平衡、本国生产者与消费者的福利乃至整个国家的经济结构转型等问题。为此,我国应加快转变经济发展方式,按照“扩内需、调结构、减顺差、促平衡”的思路,加快人民币汇率形成机制改革,在更大程度上发挥市场在资源配置中的决定性作用,促进国际收支趋向基本平衡。

黄金具有货币属性,是一国国际储备的重要组成部分,不同于一般的贵金属。黄金储备对于平衡国际收支,维持或影响汇率水平,抑制通货膨胀,提高国际资信等有着特殊作用。正因为黄金储备在维护经济金融安全和社会稳定方面具有重大意义,《中国人民银行法》赋予中国人民银行持有、管理以及经营黄金储备的职权。从储备资产来看,中国外汇储备结构较为单一,即使在目前美元贬值的情况下,仍以美元资产为主,黄金储备所占份额太小。因此,从保值、增值的角度来看,应促进中国外汇储备结构多元化,尤其是提高黄金的储备比例。

8. 牵头负责重要金融基础设施建设规划并统筹实施监管,推进金融基础设施改革与互联互通,统筹互联网金融监管工作。这项职能由中国人民银行内设金融市场司负责。

9. 统筹金融业综合统计,牵头制定统一的金融业综合统计基础标准和工作机制,建设国家金融基础数据库,履行金融统计调查相关工作职责。中国人民银行内设调查统计司,其主要职责是:拟订金融业综合统计规划,制定统一的金融统计标准与制度;承担金融统计,采集数据、编制报表;建设国家金融基础数据库并实现信息共享;按规定公布统计调查结果并提供咨询;承担服务中央银行政策的调查分析及预测。

10. 组织制定金融业信息化发展规划,负责金融标准化组织管理协调和金融科技相关工作,指导金融业网络安全和信息化工作。中国人民银行内设科技司,其主要职责是:拟订金融业信息化发展规划,承担金融标准化组织管理协调工作;指导协调金融业网络安全和信息化建设以及金融业关键信息基础设施建设;编制并推动落实金融科技发展规划,拟订金融科技监管基本规则,指导协调金融科技应用;承担中国人民银行科技管理、信息化规划和建设等工作。

11. 发行人民币,管理人民币流通。中国人民银行内设货币金银局(保卫局),其主要职责是:拟订并组织实施货币发行、现金管理、黄金及其制品进出口管理的有关政策制度;承担人民币管理工作,维护人民币流通秩序;牵头组织反假货币工作,收集监测假币情报信息,研究分析形势及规律特点;拟订并组织实施人民币发展规划和生产计划,承担人民币调拨和发行库管理工作;管理现金投放、回收和销毁;保管国家储备金银。负责中国人民银行系统安全保卫工作。

12. 统筹国家支付体系建设并实施监督管理。会同有关部门制定支付结算业务规则,负责全国支付、清算系统的安全稳定高效运行。中国人民银行内设支付结算司,其主要职责是:组织国家支付体系建设并实施监督管理;拟订支付结算业务规则及银行账户和支付账户管理规章制度,组织落实银行账户和支付账户实名制;拟订电子支付、数字支付及其他支付工具业务规则;组织建设和监督管理中国境内及跨境支付、清算、结算系统;组织开展金融市场基础设施评估,推动基础设施互联互通并拟订相关业务规则;监督管理非银行支付机构、清算机构及其他支付服务组织。开展支付信息运用和监管;组织中国人民银行会计核算。

从实践来看,中国人民银行作为中央银行,一直肩负着支付清算的管理和服务这一重要职责。中国人民银行负责支付清算体系的统一规划和发展方向,不断改进支付清算系统,组织规范了各地同城票据交换系统、各商业银行的行内资金汇划系统,建立了全国电子联行系统,并且正在抓紧建设推广现代化支付系统,推进社会资金快速流动的渠道建设。2003 年原中国银监会成立后,这个管理体制有了细微变动:2003 年修正的《中国人民银行法》规定,中国人民银行会同国务院银行业监督管理机构制定支付清算规则。同时,中国人民银行与原银监会于 2004 年 12 月 17 日联合发布的《中国人民银行、中国银行业监督管理委员会公告》规定,《支付结算办法》《银行卡业务管理办法》等转为由中国人民银行和原银监会共同监督实施的规章制度。这样,银监会也成为支付管理体制中的一个监管主体。

2015 年 10 月 8 日,人民币跨境支付系统(一期)成功上线运行。人民币跨境支付系统(Cross – broder Interbank Payment System,CIPS)为境内外金融机构人民币跨境和离岸业务提供资金清算、结算服务,是重要的金融基础设施。随即,中国人民银行发布了《人民币跨境支付系统业务暂行规则》[2],规定了参与者准入条件、账户管理要求和业务处理要求等,为 CIPS 稳定运行奠定制度基础同时,推动成立了跨境银行间支付清算(上海)有限责任公司,负责独立运营 CIPS。该公司接受人民银行的监督和管理。CIPS 的建成运行是我国金融市场基础设施建设的又一里程碑事件,标志着人民币国内支付和国际支付统筹兼顾的现代化支付体系建设取得重要进展。作为重要的金融基础设施,CIPS 符合《金融市场基础设施原则》等国际监管要求,对促进人民币国际化进程将起到重要支撑作用。

13. 经理国库。国库即国家金库的简称。经理国库的职责主要包括:预算收入的收纳,预算收入的划分以及预算收入的退付;中央银行作为政府的银行,一般都被授权经理国库,即财政的收支由中央银行代理完成,那些依靠国家财政拨款的行政、事业单位,必须将有关款项交由中央银行保存,中央银行对此一般不支付利息;金库存款、行政事业单位存款构成了中央银行资金的主要来源;中国人民银行内设国库局,其主要职责是:经理国家金库业务,组织拟订国库资金银行支付清算制度并组织实施,参与拟订国库管理制度、国库集中收付制度;为财政部门开设国库单一账户,办理预算资金的收纳、划分、留解和支拨业务;对国库资金收支进行统计分析;定期向同级财政部门提供国库单一账户的收支和现金情况,核对库存余额;按规定承担国库现金管理有关工作;按规定履行监督管理职责,维护国库资金的安全与完整;代理国务院财政部门向金融机构发行、兑付国债和其他政府债券。

14. 承担全国反洗钱和反恐怖融资工作的组织协调和监督管理责任,负责涉嫌洗钱及恐怖活动的资金监测。中国人民银行内设反洗钱局,其主要职责是:组织协调反洗钱和反恐怖融资工作;牵头拟订反洗钱和反恐怖融资政策规章;监督检查金融机构及非金融高风险行业履行反洗钱和反恐怖融资义务情况;收集分析监测相关部门提供的大额和可疑交易信息并开展反洗钱和反恐怖融资调查,协助相关部门调查涉嫌洗钱、恐怖融资及相关犯罪案件。承担反洗钱和反恐怖融资国际合作工作。

洗钱是指将毒品犯罪、黑社会性质的组织犯罪、恐怖活动犯罪、走私犯罪或者其他犯罪的违法所得及其产生的收益,通过金融机构以各种手段掩饰、隐瞒其来源和性质,使其在形式上合法化的行为。洗钱是严重的经济犯罪行为,不仅破坏经济活动的公平公正原则,破坏市场经济有序竞争,损害金融机构的声誉和正常运行,威胁金融体系的安全稳定,而且洗钱活动与贩毒、走私、恐怖活动、贪污腐败和偷税漏税等严重刑事犯罪相联系,对一个国家的政

---

〔2〕 2018 年 3 月,中国人民银行发布了《人民币跨境支付系统业务规则》(银发〔2018〕72 号),《人民币跨境支付系统业务暂行规则》同时废止。

治稳定、社会安定、经济安全以及国际政治经济体系的安全都构成严重威胁。“9·11”事件之后,国际社会加深了对洗钱犯罪危害的认识,把打击资助恐怖活动也纳入打击洗钱犯罪的总体框架之中,并加强了世界范围内的反洗钱合作。金融行动特别工作组(FATF)是当今世界最具权威性和影响力的反洗钱与反恐融资领域的政府间组织,是全球反洗钱与反恐怖融资标准的制定者。FATF 肇始于 1989 年 7 月,是西方七国集团为专门研究洗钱危害及其预防并协调反洗钱国际行动而成立的政府间机构。目前,该组织已拥有 39 个正式成员(37 个国家和地区及 2 个区域性组织)以及 32 个联系成员和观察员。

由于洗钱犯罪活动主要通过金融机构完成,[3]2003 年修改后的《中国人民银行法》规定,中国人民银行指导、部署金融业反洗钱工作、负责反洗钱的资金监测。自 2007 年 1 月 1 日起施行的《反洗钱法》,也进一步强调了中国人民银行在反洗钱工作中的作用与职能。2004 年,我国建立和完善了由中国人民银行牵头,23 个部委[4]参加的国务院反洗钱工作部际联席会议制度;建立了由中国人民银行、证监会、外汇管理局、原银监会与原保监会(现为银保监会)参加的金融监管部门反洗钱协调制度。反洗钱工作部际联席会议各成员单位在国务院确定的反洗钱工作机制框架内开展工作。其中,在联席会议制度中,中国人民银行的具体职责是:承办组织协调国家反洗钱的具体工作;承办反洗钱的国际合作与交流工作;指导、部署金融业反洗钱工作,会同有关部门研究制定金融业反洗钱政策措施和可疑资金交易监测报告制度,负责反洗钱的资金监测;汇总和跟踪分析各部门提供的人民币、外币等可疑资金交易信息,涉嫌犯罪的,移交司法部门处理;协助司法部门调查处理有关涉嫌洗钱犯罪案件;研究金融业反洗钱工作的重大和疑难问题,提出解决方案;协调和管理金融业反洗钱工作的对外合作与交流项目;会同有关部门指导、部署非金融高风险行业的反洗钱工作。

此外,根据《中国人民银行法》,尤其是《反洗钱法》的具体规定,中国人民银行先后制定了《金融机构反洗钱规定》、《金融机构大额交易和可疑交易报告管理办法》、《中国人民银行反洗钱调查实施细则(试行)》、《金融机构报告涉嫌恐怖融资的可疑交易管理办法》(已失效)、《金融机构反洗钱监督管理办法(试行)》等文件,进一步落实中国人民银行在反洗钱工作中的职能。[5]

---

[3] 常见的洗钱途径或方式有:通过境内外银行账户过渡,使非法资金进入金融体系;通过地下钱庄,实现犯罪所得的跨境转移;利用现金交易和发达的经济环境,掩盖洗钱行为;利用别人的账户提现,切断洗钱线索;利用网上银行等各种金融服务,避免引起银行关注;设立空壳公司,作为非法资金的“中转站”;通过买卖股票、基金、保险或设立企业等各种投资活动,将非法资金合法化;通过购买彩票进行洗钱;通过购买房产进行洗钱;通过珠宝古董交易和虚假拍卖进行洗钱。

[4] 后因机构调整,现国务院反洗钱工作部际联席会议有 21 家成员单位,包括中央纪委国家监委、最高人民法院、最高人民检察院、国务院办公厅、外交部、公安部、国家安全部、民政部、司法部、财政部、住房和城乡建设部、商务部、人民银行、海关总署、税务总局、市场监管总局、国家新闻出版广电总局、银保监会、证监会、外汇管理局、军委联合参谋部。

[5] 当前,我国立法已经初步建立一个反洗钱的制度体系,但仍然有很多地方亟须完善。例如,《反洗钱法》确立了金融机构反洗钱义务的三项基本制度,包括建立健全客户身份识别制度、客户身份资料和交易记录保存制度、大额交易和可疑交易报告制度等。为了使各项反洗钱制度成为金融机构日常运营机制的一部分,并使各项职责落实到具体的机构和个人,根据《反洗钱法》第 15 条规定,金融机构应当建立反洗钱内部控制制度,金融机构的负责人应对反洗钱内部控制制度的有效实施负责。并要求金融机构设立反洗钱专门机构或指定内设机构负责反洗钱工作。无疑,这些制度的设置对于金融机构履行反洗钱义务是必要的,但也极大地增加了它们的运营成本。因此,反洗钱制度构建与实践操作的最大问题是,一个恰当的金融机构反洗钱的激励机制需要得以合理构建。只有在该激励机制有效运转的情势下,金融机构在履行反洗钱义务中的消极性问题才能被克服。

15. 管理征信业，推动建立社会信用体系。中国人民银行内设征信管理局，其主要职责是：组织拟订征信业和信用评级业发展规划、法律法规制度及行业标准，推进社会信用体系建设；推动建立覆盖全社会的征信系统，承担征信市场准入及对外开放管理工作；监督管理征信系统及其接入机构相关征信行为，维护征信信息主体合法权益并加强个人征信信息保护。为了更好地管理信贷征信业，推动社会信用体系的建立与完善，中国人民银行先后制定了一系列征信管理的规章制度，包括：《银行信贷登记咨询管理办法（试行）》（1999 年，已失效）、《个人信用信息基础数据库管理暂行办法》（2005 年）、《中国人民银行信用评级管理指导意见》（2006 年）、《信贷市场和银行间债券市场信用评级规范》（2006 年）、《应收账款质押登记办法》（2007 年，已失效）、《征信数据元注册与管理办法》（2007 年）；与原质检总局共同制定了《关于将企业质检信息纳入企业和个人信用信息基础数据库方案》（2007 年）、《关于加强银行间债券市场信用评级作业管理的通知》（2008 年）等。2013 年 3 月 15 日，首部征信业法规《征信业管理条例》正式实施，明确企业和个人征信系统为国家金融信用信息基础数据库。

16. 参与和中国人民银行业务有关的全球经济金融治理，开展国际金融合作。中国人民银行内设国际司（港澳台办公室），其主要职责是：承担金融业开放相关工作，参与相关全球经济金融治理；承担中国人民银行与相关国际金融组织、各金融当局及港澳台的交流合作；承担中国人民银行系统外事管理和驻外机构业务指导；协调相关国际金融合作和规则制定，参与对外投融资合作；开展国际金融调研。

17. 管理国家外汇管理局。国家外汇管理局是中国人民银行领导的具有相对独立地位的机构，中国人民银行通过国家外汇管理局及其分支机构具体实施外汇管理。目前，国家外汇管理局主要通过中国外汇交易中心对银行间外汇市场实施管理。在 2003 年设立银监会后，两者在外汇管理上的职责如何分工的问题凸显。外汇存储、外汇的汇入汇出、购入外汇、人民币与外汇的兑换等活动，以及银行间的外汇买卖等，均由国家外汇管理局负责。而外汇之间的买卖、兑换等由银监会监督管理。前者表面是监管问题，但实质与货币政策密切相关，影响到金融市场货币总量的控制。相比之下，后者主要是监管问题，与货币政策关系不大。目前，在中国人民银行的外汇管理方面，现行的外汇管理体制沿袭的是改革开放初期外汇相对短缺、经济发展又需要大量外汇资金的背景下实行的“宽进严出”的指导思想，导致很多管制措施已经不符合当前经济发展水平以及建立国际金融大国的战略需要。具体包括：对经常性项目外汇流出的真实性审核要求严格和具体，而收、结汇政策就比较宽松，对结汇资金来源和性质基本上不作真实性审核的要求；对资本项目下的外汇管理仍然很严格，不利于国际资本的自由流动；对汇率管制的自由度不够，名为实行“有管理的浮动汇率制”，但仍然有变相的“固定汇率制”的嫌疑；等等。无疑，以上方面都是中国人民银行在外汇管理方面今后需要进一步完善之处，也是改革方向。

（三）中国人民银行与其他职能交叉部门的协调机制

改革开放以后，我国曾实行完全混业监管体制，即由中国人民银行统一监管银行业、证券业和保险业。1992 年，证券市场监管权转到国务院券委和中国证监会；1995 年，证券公司监管权转到中国证监会；1998 年，保险业监管权转到新成立的中国保监会；2003 年，银行业监管权转到中国银监会。自此，中国人民银行对银行业、保险业、证券业的微观监管职责移交完毕，形成了“一行三会”的中国金融业分业监管格局。

在金融机构跨行业、金融产品跨领域、金融业态跨市场、互联网金融跨平台、地方金融跨区域、金融市场跨国界的背景下,我国金融监管框架进行了改革。2018 年 4 月,原中国银监会和原中国保监会合并成中国银保监会。2018 年 8 月中共中央办公厅、国务院办公厅印发《中国银行保险监督管理委员会职能配置、内设机构和人员编制规定》。中共中央办公厅、国务院办公厅在 2019 年发布《中国人民银行职能配置、内设机构和人员编制规定》等相关规范性文件。两个文件都强调了两个机构要实现的"职能转换"。中国人民银行的"职能转换"的要求是:完善宏观调控体系,创新调控方式,构建发展规划、财政、金融等政策协调和工作协同机制,强化经济监测预测预警能力,建立健全重大问题研究和政策储备工作机制,增强宏观调控的前瞻性、针对性、协同性。围绕党和国家金融工作的指导方针和任务,加强和优化金融管理职能,增强货币政策、宏观审慎政策、金融监管政策的协调性,强化宏观审慎管理和系统性金融风险防范职责,守住不发生系统性金融风险的底线。按照简政放权、放管结合、优化服务、职能转变的工作要求,进一步深化行政审批制度改革和金融市场改革,着力规范和改进行政审批行为,提高行政审批效率。加快推进"互联网 + 政务服务",加强事中事后监管,切实提高政府服务质量和效果。继续完善金融法律制度体系,做好"放管服"改革的制度保障,为稳增长、促改革、调结构、惠民生提供有力支撑,促进经济社会持续平稳健康发展。中国银保监会"职能转换"的要求是:围绕国家金融工作的指导方针和任务,进一步明确职能定位,强化监管职责,加强微观审慎监管、行为监管与金融消费者保护,守住不发生系统性金融风险的底线。按照简政放权要求,逐步减少并依法规范事前审批,加强事中事后监管,优化金融服务,向派出机构适当转移监管和服务职能,推动银行业和保险业机构业务和服务下沉,更好地发挥金融服务实体经济功能。

无疑,中国人民银行的货币政策、宏观审慎管理职能跟银保监会的微观审慎监管职能紧密相关,休戚与共,只有两者工作都能做到卓有成效,才能维持金融稳定与发展,防范住系统性金融风险。因此,两个机构在履行各自的职能时,毫无疑问要有合适的协调机制。同时,中国人民银行还承担着部分跟货币政策、宏观审慎政策有着直接紧密关联的微观监管职能,比如支付结算、反洗钱、外汇管理等。这些职能跟银保监会的职权划分并非全然清晰,在实际操作上更是存在模糊或交叉的情况。如果不加以协调,无论是货币政策、宏观审慎政策还是微观审慎监管,都会陷入困境。就支付清算的监管来说,巴塞尔银行监管委员会在 2006 年颁布的《有效银行监管的核心原则》指出,"安全、有效的支付和清算系统,确保金融交易的清算,并且控制交易对手风险"是有效的金融监管的前提之一,支付清算的管理关系着银行监管的成效,而对支付清算进行管理又是中央银行货币流通管理的一个重要方面。从实践来看,中国人民银行作为中央银行,一直肩负着支付清算的管理和服务这项重要职责。在 2003 年原银监会成立以后,根据法律授权,其也成为支付管理体制中的一个监管主体。不过,中国人民银行与原银监会在支付清算系统中的权责分工却一直没有清晰明确,在现实中两者之间的冲突不可避免。因此,中国人民银行与银保监会在支付清算业务管理上必须分清各自的监管权责,建立协调合作机制并以规范性文件的方式明确下来,避免监管对象无所适从,否则监管权责的不确定必将影响货币政策与金融监管的有效性。当然,支付清算管理的分工含糊只是一个方面,目前中国人民银行在分离后所保留的与货币政策、宏观审慎政策紧密联系的其他金融监管职责都存在与中国银保监会分工不清的现象,这样后者的微观监管容易呈现一种"真空"状态,在实践中摆脱不了中国人民银行的制约,监管的独立性与有效性受到严重影响。

实际上，对于因机构分设带来的中国人民银行与专业金融监管机构之间，尤其是与银保监会之间的协调问题，早在原银监会正式成立时就已经引起了理论界以及决策层的高度重视。2003 年颁布《银行业监督管理法》和 2003 年修改后的《中国人民银行法》均将原银监会和中国人民银行之间的协调问题作为重要条款加以列出。《中国人民银行法》第 9 条规定："国务院建立金融监督管理协调机制，具体办法由国务院规定。"《银行业监督管理法》第 6 条规定："国务院银行业监督管理机构应当和中国人民银行、国务院其他金融监督管理机构建立监督管理信息共享机制。"但是，中国人民银行与银监会的协调问题牵涉方方面面，是一个艰巨而且复杂的问题，《银行业监督管理法》和《中国人民银行法》等法律的简单规定无法在短时间内彻底解决问题。

当前中国人民银行与专业金融监管机构的协调机制存在的缺陷，严重地影响了货币政策与金融监管措施的有效性，不利于金融市场的稳定与风险化解。2008 年国际金融危机的爆发，也让我们意识到了中国人民银行与金融监管机构之间缺乏良好协调机制的严重后果。事实上，在后危机时代，世界各国纷纷认识到宏观审慎管理与微观监管结合与协调的重要性，从而在世界范围内掀起了包括中央银行与监管机构之间的协调机制在内的金融体制改革的浪潮。对我国来说，完善包括中国人民银行与专业金融监管机构在内的国内金融体制以顺应新形势的需要，也成了必然的选择。而且，货币政策的有效性与金融市场的稳定不仅仅是金融政策本身的事情，也跟财政政策、产业政策、区域发展政策等其他宏观调控政策的工作效果紧密相关。与此同时，财政政策、产业政策、区域发展政策等其他宏观调控政策的具体落实也需要货币政策的紧密配合。因此，中国人民银行与其他宏观调控部门的协调机制的建设也必须重视。

2008 年 8 月，国务院印发的旨在强化中国人民银行宏观管理职能的新"三定方案"正是对这种改革需求的反映之一。这个方案从防范和化解金融风险，维护国家金融安全的战略高度赋予了中国人民银行"拟订金融业改革和发展战略规划，参与评估重大金融并购活动对国家金融安全的影响并提出政策建议，促进金融业有序开放"等主要职责，并从两个层面要求建立"协调机制"：一是发改委、财政部、中国人民银行等部门建立健全协调机制，综合运用财税、货币政策，形成更加完善的宏观调控体系，提高宏观调控水平；二是在国务院领导下，作为"牵头人"的中国人民银行"会同"原银监会、证监会、原保监会建立金融监管协调机制，以部际联席会议制度的形式，加强货币政策与监管政策之间以及监管政策、法规之间的协调。2013 年 8 月 15 日，国务院正式批复中国人民银行提交的《关于金融监管协调机制工作方案的请示》，同意建立由中国人民银行牵头的金融监管协调部际联席会议制度。其职责和任务包括：货币政策与金融监管政策之间的协调；金融监管政策、法律法规之间的协调；维护金融稳定和防范化解区域性、系统性金融风险的协调；交叉性金融产品、跨市场金融创新的协调；金融信息共享和金融业综合统计体系的协调；国务院交办的其他事项。随着市场经济发展与改革的深化，中共中央办公厅、国务院办公厅在 2019 年发布的《中国人民银行职能配置、内设机构和人员编制规定》中对中国人民银行提出"职能转变"的要求，即从"制定与实施货币政策"向"制定和执行货币政策、宏观审慎政策，防范和化解金融风险，维护金融稳定"双重并重的"职能转变"。在这种背景下，中国人民银行需要与相关部门建设完善的协调机制的问题更为迫切。

具体地讲,当前中国人民银行需要建立健全的协调机制,其中包括三重内容:第一,对金融委统筹协调金融改革发展和稳定工作的落实。金融委办公室设在中国人民银行,协调建立中央与地方金融监管、风险处置、金融消费权益保护、信息共享等协作机制。中国人民银行的内设机构根据工作需要承担金融委办公室相关工作,接受金融委办公室统筹协调。第二,中国人民银行必须完善宏观调控体系,创新调控方式,构建发展规划、财政、金融等政策协调和工作协同机制,强化经济监测预测预警能力,建立健全重大问题研究和政策储备工作机制,增强宏观调控的前瞻性、针对性、协同性。第三,中国人民银行必须围绕党和国家金融工作的指导方针和任务,加强和优化金融管理职能,增强货币政策、宏观审慎政策、金融监管政策的协调性,强化宏观审慎管理和系统性金融风险防范职责,守住不发生系统性金融风险的底线。牵头建立宏观审慎管理框架,拟订金融业重大法律法规和其他有关法律法规草案,制定审慎监管基本制度,建立健全金融消费者保护基本制度。牵头负责系统性金融风险防范和应急处置,负责金融控股公司等金融集团和系统重要性金融机构基本规则制定、监测分析和并表监管,视情责成有关监管部门采取相应监管措施,并在必要时经国务院批准对金融机构进行检查监督,牵头组织制定实施系统重要性金融机构恢复和处置计划。牵头负责重要金融基础设施建设规划并统筹实施监管,推进金融基础设施改革与互联互通,统筹互联网金融监管工作。

第三节 中央银行的货币政策

货币政策是宏观经济管理的工具,是国家为了实现一定的经济目标而确立的组织、管理、调控、干预社会信用的一种金融措施。在宏观经济学中,货币并不是只包括现钞与铸币,还包括银行存款等。我国现行的货币供应量统计共有三个层次:第一层次为流通中的现金(M_0);第二层次为狭义货币(M_1),即为流通中的现金加商业银行活期存款;第三层次为广义货币(M_2),即狭义货币(M_1)加商业银行定期存款的总和。因此,中央银行与商业银行都扮演着货币供应者的角色。为了实现中央银行对货币供应量的调控,就需要运用货币政策工具,引导商业银行信贷资金流向,维持货币币值稳定,促进经济发展。

一、货币政策目标

货币政策目标是指中央银行制定和执行货币政策所要达到的经济目标,是货币政策所要达到的最终目标。在中央银行发展史的不同阶段,各国中央银行法对货币政策目标的规定不尽一致,理论界也存在诸多观点,归纳起来主要有:(1)单一目标论,即认为稳定货币币值是货币政策的唯一目标;(2)双重目标论,即认为货币政策目标除应维持币值稳定外,还必须兼顾经济发展;(3)多重目标论,即认为货币政策目标应是由多重目标有机结合,不仅应包括维持货币币值稳定、促进经济增长,还应该促进充分就业,维持国际收支平衡等。

中央银行的货币政策目标从单一目标到双重目标继而发展到多重目标,主要是由于凯恩斯主义的国家干预思想在20世纪30年代以后逐渐占据了欧美国家经济发展主导地位。

不过,中央银行在履行货币职能维持货币币值稳定时综合考虑国民经济的诸多方面,包括经济增长、充分就业、国际收支平衡等,是一厢情愿的想法。因为这些目标之间本身就可能互相排斥,尤其是维持货币币值稳定跟其他三个目标之间存在固有的冲突。例如,失业率较高的时候往往物价稳定,而通货膨胀率较高时就业却能充分;经济增长缓慢时物价一般较为稳定,但通货膨胀率较高时却能刺激经济繁荣;本国通货膨胀较严重时可能会出现国际收支逆差,而本国物价稳定时可能会出现国际收支顺差。因此,如果中央银行的货币政策顾及太多,反而可能冲击货币政策制定和实施的稳定性,连最根本的目标即维持货币币值稳定都无法实现。随着20世纪70年代西方主要资本主义国家陷入"滞胀"状态,凯恩斯主义逐渐丧失了在国家经济政策中的主导地位,越来越多的国家或地区的中央银行立法已将中央银行的货币政策目标缩小,甚至转移到维持货币币值稳定的单一目标。

国务院在1986年颁布的《银行管理暂行条例》(已失效)中并没有对中国人民银行的货币政策目标作出明确的规定,但该条例第3条提到,"中央银行、专业银行和其他金融机构,都应当认真贯彻执行国家的金融方针政策;其金融业务活动,都应当以发展经济、稳定货币、提高社会经济效益为目标"。因此,可以理解为这个时候的立法要求中国人民银行的货币政策目标是"发展经济、稳定货币、提高社会经济效益",属于多重目标的界定。不过,《中国人民银行法》第3条则已明确规定:"货币政策目标是保持货币币值的稳定,并以此促进经济增长。"显然,这种表述并没有将"保持货币币值的稳定"与"促进经济增长"并列,而是将"保持货币币值的稳定"作为"促进经济增长"的前提,因此其对中国人民银行的货币政策目标的界定属于单一目标类型。

二、货币政策工具

所谓货币政策工具,是指中央银行为达到预定的货币政策目标而采取的措施或手段。一般来说,货币政策工具可以分为一般性货币政策工具、选择性货币政策工具以及补充性货币政策工具。(如图2-3所示)一般性货币政策工具多属于间接调控工具,主要包括:存款准备金制度、再贴现政策以及公开市场业务;选择性货币政策工具多属于直接调控工具,主要包括证券信用控制、消费信用控制、不动产信用控制、特种存款、优惠利率等。此外,中央银行有时还运用一些补充性货币政策工具,对信用进行直接控制和间接控制。直接控制的补充性货币政策工具主要有信用分配、直接干预、流动性比率、利率限制、特种贷款,间接控制的补充性货币政策工具主要有窗口指导、道义劝告等。在过去较长时期内,中国货币政策以直接调控为主,即采取信贷规模、现金计划等工具。[6] 1998年以后,主要采取间接货币政策工具调控货币供应总量。按照《中国人民银行法》的规定,现阶段中国人民银行的货币政策工具主要有存款准备金制度、利率政策、再贷款与再贴现、公开市场业务等。

---

〔6〕 不过,在2007年年底,为了有效控制中国经济的高通胀水平,实行适度从紧的货币政策,中央银行再度启用信贷规模控制,并且按季度控制。自此,信贷规模控制又走进了中央银行货币政策"工具箱"。之后操作变化是:2008年第四季度放松信贷规模控制,2009~2010年年初严格信贷投放规模,2011年中央银行开始使用"合意贷款规模"来管理商业银行发放贷款的总体数量,从2016年年末开始到2017年、2018年从严管控信贷规模,2019年、2020年放松管控,2021年着力保持信贷稳定增长。信贷规模的控制属于指令性的货币政策工具,对此争议较大,因为其与市场化改革进程有所冲突。

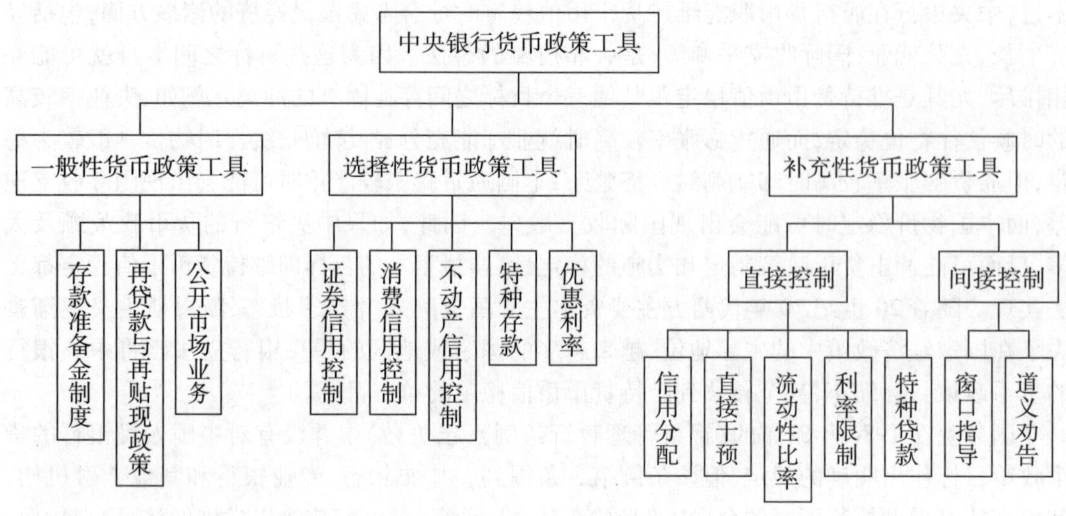

图2-3　中央银行货币政策工具

(一)一般性货币政策工具

中央银行的一般性货币政策工具包括"存款准备金制度"、"再贷款与再贴现政策"以及"公开市场业务"等,俗称中央银行货币政策工具的"三大法宝",主要用于全社会货币供应量和信贷规模的调节和控制。

1. 存款准备金制度

所谓存款准备金,是指按照法律规定,特定的金融机构有义务从自己吸收的存款中,按照法律所确定的比例存入中央银行的这部分资金。中央银行依法确定的提取存款准备金的比例就是"存款准备金率"。从历史上讲,将存款准备金集中于中央银行的做法始于18世纪的英国。英国1928年通过的《通货与银行券法》、美国1913年的《联邦储备法》和1935年的《银行法》,将存款准备金制度以立法形式确立下来。在经历了1929~1933年世界经济危机后,各国普遍认识到调节商业银行信用规模的重要性,纷纷仿效英美等国的做法,以法律形式确立了存款准备金制度,授权中央银行按照货币政策的需要加以运用。我国的存款准备金制度建立于1984年,不过一直到20世纪90年代末其主要功能都不是调控货币总量,而是集中资金用于中央银行再贷款。21世纪以来,这种状况得以改变,升降存款准备金率成为中国人民银行最常用的货币政策工具之一。

存款准备金制度的初始意义在于保证商业银行的支付和清算能力,在性质上属于金融监管的范畴,之后逐渐演变成中央银行调控货币供应量的政策工具,其功能演变成调节和控制货币供应量。存款准备金制度之所以能够调节货币供应量,依赖的是存款准备金率的升降。在现代经济社会,商业银行吸收的存款货币不仅在货币供应量中占有很大比重,而且依赖商业银行的特殊的经营方式,其还具有"乘数效应"的作用,即具备创造出一定倍数的派生存款的能力。[7] 存款准备金制度的实质在于通过存款准备金率的调整,控制商业银行创造货币的基础(超额准备金头寸)和能力(货币创造乘数),实现对货币供应量的调节和控

〔7〕 乘数效应(multiplier effect)是一种宏观上发生的经济效应,是指经济活动中某一变量的增减所引起的经济总量变化的连锁反应程度,属于宏观经济控制手段之一,具有正反两个作用方向。

制。从理论上讲，有了存款准备金，商业银行创造存款的能力就受到限制，存款准备金率越高，商业银行创造存款的能力就越弱；反之，商业银行进行存款创造的能力就越强。因为提高法定存款准备金率，商业银行就必须多向中央银行缴纳存款准备金，能够用来发放贷款的资金变少，创造派生存款的能力便会减弱，货币供应量就会成倍减少。反过来，降低法定存款准备金率，货币供应量会成倍增加。由于“乘数效应”的存在，存款准备金率的微量变动，亦足以使货币供应量发生巨额变化。因此，为了确保金融市场的稳定，在金融调控中，存款准备金制度是一种威力巨大而必须慎用的武器。

凡采用存款准备金制度的国家，都授权中央银行根据抽紧或松动银根的需要，决定变更或终止存款准备金率。因为，唯有存款准备金率能够根据货币政策的需要适时调整，存款准备金制度才能成为有效的货币政策工具。但许多国家的中央银行只能在法定幅度内调整存款准备金率，有的国家还要求中央银行调整存款准备金率必须渐进并事先通知。存款准备金制度适用的范围，一般限于金融机构吸收的存款，但有的国家要求金融机构以存款以外的其他形式取得的资金，亦须提存存款准备金。

在许多国家，中央银行要求金融机构按照特定比例缴存的“存款准备金”是由法律强制规定的，因此也称“法定存款准备金”。法定存款准备金率的高低，往往因金融机构的性质和规模以及存款的种类、币别、期限和数量的差别而有所不同。一般来说，流动性高的，存款准备金率也高；反之便低。中央银行可以根据货币政策的需要，随时调整存款准备金率。提高意味着货币量减少，缩减投资；经济衰退期间，降低则刺激投资扩大。与“法定存款准备金”相对的是“超额存款准备金”。所谓超额存款准备金，是指金融机构的准备金存款中超过中央银行要求缴纳的部分。产生超额存款准备金的原因多是金融机构吸收的存款超过借贷业务的要求，暂时放到中央银行赚取利息，其也是金融市场化程度不高的体现。大部分国家的中央银行不对存款准备金支付利息，但中国人民银行例外。基于长期以来我国对吸纳储蓄的鼓励政策，中国人民银行对法定存款准备金与超额存款准备金都支付利息。过高的超额存款准备金利率，一方面抬高了我国利率水平的底线，缩小了中国人民银行利率政策操作的空间；另一方面也扭曲了商业银行的行为，对中国人民银行法定存款准备金政策的实施效果造成负面影响。近年来，中国人民银行曾数次调高法定存款准备金率，但调控效果并不明显，很大程度上是因为受到过高的超额存款准备金的影响。因此，这些年的改革措施之一就是通过逐步降低超额存款准备金利率的方法，来降低商业银行在中国人民银行的超额存款准备金，这一措施取得了明显的效果。此外，一些国家的中央银行法还有“紧急存款准备金”的规定，即在经济形势发生变化或紧急情况下，授予中央银行征收紧急存款准备金的权力。如依据美国法律，美国联邦储备委员会有权对各种存款征收任何比率的紧急存款准备金。当然，作为一种应急措施，必须在特殊情况下实施，而且时限一般很短，程序也很严格。

｜案例｜

2022 年 4 月 15 日，中国人民银行宣布，决定于 4 月 25 日下调金融机构存款准备金率 0.25 个百分点（不含已执行 5% 存款准备金率的金融机构）。本次下调后，金融机构加权平均存款准备金率为 8.1%。

思考：(1)怎样理解存款准备金制度？其传导机制为何？(2)2022 年 4 月 25 日中国人

民银行降低存款准备金率的背景是什么？是否意味着我国长期以来实施的稳健货币政策取向发生改变？

2. 再贷款与再贴现政策

再贷款,是指中央银行向商业银行的贷款,是中央银行为实现货币政策目标而对普通金融机构提供的短期信贷,通常以借款人提供合格的抵押为条件,并且适用惩罚性利率。中国人民银行于1993年3月3日发布的《中国人民银行对金融机构贷款管理暂行办法》(已失效)第8条曾规定,中国人民银行对金融机构贷款根据贷款方式的不同,可以划分为信用贷款和再贴现两种。信用贷款是指中国人民银行根据金融机构资金头寸情况,以其信用为保证发放的贷款。《中国人民银行法》第23条将中国人民银行给予商业银行的再贷款与再贴现并列为两种货币政策工具。因此,《中国人民银行法》所指的再贷款,实际上是指中央银行向商业银行提供的信用贷款。

贴现,是指银行承兑汇票的持票人将未到期的票据向银行兑取现款;再贴现,是指商业银行或者其他金融机构以贴现所获取的未到期的票据所做的票据转让。商业银行或者其他金融机构以贴现得来的票据,背书让与中央银行兑取现款,中央银行于票面金额中扣除自兑取日至到期日之间的利息及贴现费用后,将其余额支付给商业银行或者其他金融机构。

再贷款和再贴现虽然法律性质不同,一为借贷,一为票据买卖,但实质上都是中央银行对普通金融机构的放款。因此,广义再贷款的概念包括了票据再贴现,而票据再贴现在性质上属于质押贷款。目前在我国,再贷款主要是指中国人民银行给予金融机构的信用贷款。中央银行对普通金融机构经办再贷款和再贴现业务,一是基于最后贷款人的责任,二是为了调节货币供应量。在现代经济中,后者成为主要目的。因此,再贴现与再贷款政策实际上是中央银行以再贷款和再贴现业务为基础,以调节货币供应量为目的而进行的一系列政策性操作。

中央银行运用再贷款与再贴现政策来调控信用的主要机制是:通过调整再贷款利率和再贴现率〔8〕,提高或降低商业银行自中央银行借款或贴现票据的成本,并间接带动金融市场利率的升降,进而达到对货币供应量调控之目的。如果中央银行认为货币供应量过多,即可采取提高再贷款利率或者再贴现率的方法,增加商业银行向中央银行借款或贴现的成本。在中央银行的这种信用收缩的政策下,面对借款或贴现成本的上升,商业银行会减少借款或贴现数量,并提高对客户的贷款利率和贴现率,增加客户的借款成本,抑制客户对信贷资金的需求。反过来,如果中央银行认为必须实施信用扩张政策,就可以采取降低再贷款利率或再贴现率的方法,刺激商业银行增加借款量或进行更多的再贴现的动力,从而达到信用扩张、增加金融市场上的货币供应量的效果。

再贴现作为西方中央银行传统的三大货币政策工具之一,被不少国家广泛运用。再贴现率的变动,在一定程度上反映了中央银行的政策意向,因而具有一定的告示作用:提高再

---

〔8〕 再贴现率是商业银行将其贴现的未到期票据向中央银行申请再贴现时的预扣利率。商业银行将已贴现未到期票据作抵押,向中央银行借款时预扣的利率。如商业银行用客户贴现过的面值100万元的票据,向中央银行再贴现,中央银行接受这笔再贴现的票据时,假定商业银行实际取得贴现额88万元(贷款额),票据到期日为180天,则按月利率计算,再贴现率 = (100 - 88)/100 × 1/6 × 100% = 2%,即中央银行对商业银行的再贴现回扣了2%。

贴现率表明紧缩意向;反之,则为扩张意向,这对短期市场利率具有较强的导向作用。当然,再贴现能够得到世界各国的如此重视和运用,不只是因为其具有影响商业银行信用扩张与调控货币供应总量的作用,还因为其可以按照国家产业政策的要求,有选择地对不同种类的票据进行融资,促进经济结构的调整。不过,再贴现率虽然具有调节灵活的优点,但也不宜频繁变动,否则难以形成稳定预期,使商业银行无所适从。而且,再贴现率的调节空间有限,贴现行为的主动权又掌握在商业银行手中,如果商业银行出于其他原因对再贴现率缺乏敏感性,则会使再贴现率的调节作用大打折扣,甚至失效。因此,随着时间的推移,中央银行越来越倾向于以参与者的身份进入市场,而不是作为一个指导者来调节和引导市场,因而再贴现率逐渐让位于公开市场业务这一政策手段而退居其次,但其仍不失为一种重要的而且可行的宏观调节手段。中国人民银行 1988 年 9 月 1 日首次公布再贴现率,比对金融机构贷款利率低 5% ~10%。由于发展的历史不长,商业票据也不发达,再贴现率政策的效果还不明显。

与再贴现相比,再贷款是一种计划性较强的数量型货币政策工具,具有行政性和被动性的特点。1993 ~ 1997 年,再贷款是中国调控货币量最灵活的手段。但在 1997 年后,作为基础货币主要支持对象的商业银行对资金需求不大,再贷款作为基础货币发行的主渠道的作用已经退居次位,调整货币信贷结构和履行中央银行最后贷款人职责则上升为再贷款的主要职能。在这种职能转变的背景下,2003 年中国人民银行又与银监会正式分立,再贷款政策面临诸多挑战〔9〕,致使其运用以及效果必须重新评估。不过,通过借鉴发达国家的金融发展经验可以发现,任何一种单一的、独立的货币政策工具都不可能完成全部的宏观调控,而必须根据不同时期的货币政策目标,选择合适的工具进行配合和协调。结合中国人民银行运用再贷款进行宏观调控的实践进行分析,再综合考虑中国货币政策工具的适用环境,再贷款仍然会是我国体制转型过程中一种有效的间接调控手段,在调节基础货币总量与优化信贷结构、支持金融体制改革和维护国家信誉等方面,其还将继续发挥其他货币政策工具所不可替代的作用。

---

〔9〕 目前,中国人民银行的再贷款政策面临着诸多挑战:第一,银行监管职能与货币政策相分离后对再贷款管理的挑战。2003 年成立的原中国银监会接管中国人民银行的大部分银行监管职能,本意是为了中国人民银行货币政策的独立性,使之不会为了履行银行监管职能而拖累货币政策的独立实施。但中国人民银行仍然责无旁贷地扮演着风险最终承担者——最后贷款人的角色,一旦发生金融风险,中国人民银行作为贷款人需要对借款机构的整体状况进行谨慎地评估与判断,这与化解危机的时间性要求恰好是相矛盾的,如果缺乏充分和准确的信息,再贷款的发放将无法执行科学、合理的操作程序。同时,再贷款被动性的发放还将强行破坏货币政策的传导,严重干扰货币政策的实施。而一旦再贷款没办法按期收回,必将影响到中国人民银行当年货币总量控制,从而影响到货币政策的效果。第二,再贷款带着计划体制阶段背景下强烈的行政色彩的调控手段之痕迹,而在市场经济环境下,中国人民银行的货币政策的特点由直接性向间接性转变,这种转变对再贷款的管理和使用提出了不同于以往时期的更高要求,如何主动、灵活使用再贷款以有效支持经济的快速健康增长、如何处理维护金融体系稳定和确保中国人民银行资产安全的关系,这些都成为再贷款管理中的新课题。第三,货币政策工具之间是会互相影响的,有时甚至会互相冲突,这将直接影响到货币政策的实施效果。因此,必须建立货币政策工具的内部协调和工具之间的相互制约机制。如果一种工具在实行货币扩张的同时,另一种工具却在收缩货币,无疑将造成货币政策的无效。随着国内经济的发展,中国人民银行需要且能够使用的货币政策工具越来越多元化,这时,如何建立再贷款与其他货币政策工具之间协调机制的问题便凸显出来。无疑,推动货币政策由数量型为主向价格型为主转变是我国货币政策下一步改革的重点。做好再贷款与公开市场操作、再贴现、利率、存款准备金等其他货币政策工具之间的协调配合,具有重大意义。

| 案例 |

为了防止通货膨胀抬头,A国中央银行提高了再贴现率,国际金融市场随之作出反应。A国货币的利率由2.5%上升到3%,即期汇率变为1单位B国货币兑换1.2单位A国货币,B国货币的利率保持5%不变。

思考:(1)中央银行可实施的一般性货币政策工具有哪些?本案中,中央银行采取的是何种货币政策工具?(2)提高再贴现率与防止通货膨胀之间存在何种关系?其传导机制为何?(3)通货膨胀率会影响汇率吗?其影响的路径为何?

3. 公开市场业务

公开市场业务是指中央银行通过买进或卖出有价证券,吞吐基础货币,调节货币供应量,影响货币供应量和市场利率的行为。与存款准备金等影响力极强的货币政策工具相比,公开市场业务具有主动性、灵活性和时效性等特点,而且属于一种比较温和的调节方式,充分体现出经济性、间接性的特征。由此,公开市场业务成为西方发达国家中央银行用来吞吐基础货币,调节市场流动性的主要货币政策工具,通过中央银行与指定交易商进行有价证券和外汇的交易,实现货币政策调控目标。自20世纪50年代以来,美国联邦储备委员会货币吞吐量的90%都是通过公开市场业务进行。从20世纪80年代开始,许多发展中国家也逐渐将公开市场业务视为货币政策的主要工具之一。

与普通的金融机构为了营利而从事证券买卖所不同,中央银行公开市场业务的目的不是营利,而是调节货币供应量。中央银行通过在金融市场买进或卖出有价证券,来影响商业银行控制资金的数量,继而影响它们的货币创造能力。当中央银行认为金融市场上的货币供应量不足而必须进行信用扩张的时候,其可以从商业银行购进证券从而扩大基础货币供应,商业银行在证券减少的同时在中央银行账户上的资金增加,其就可以扩大金融市场的信贷业务。反过来,如果中央银行认为必须进行信用收缩,那么其可以向商业银行抛售有价证券,商业银行购进证券的同时资金量减少从而收缩金融市场的信用规模。在影响信贷规模的同时,中央银行的公开市场业务也影响着市场利率。此外,公开市场业务也为政府债券买卖提供了一个有组织的方便场所,并通过影响利率来影响汇率和黄金的流动。

中国人民银行为执行货币政策,可在公开市场上买卖国债、其他政府债券、金融债券及外汇。具体而言,我国公开市场业务包括人民币操作和外汇操作两部分。人民币公开市场业务于1998年5月恢复交易,规模逐步扩大,外汇公开市场业务于1994年3月启动。之所以将外汇列为中国人民银行公开市场业务买卖的对象,一是因为外汇的吞吐可以起到调节本币供应量的作用,二是因为中央银行可以借此干预外汇市场上本币和外币之间的供求关系,达到稳定人民币汇率的目的。从1998年起,中国人民银行开始建立公开市场业务一级交易商制度,选择了一批能够承担大额债券交易的金融机构作为公开市场业务的交易对象,包括商业银行、证券公司、保险公司、农村信用联社等。2021年,中国人民银行公布的公开市场业务一级交易商共50家,这些交易商可以把国债、政策性金融债券等作为交易工具与中国人民银行开展公开市场业务。

从交易品种上看,中国人民银行公开市场业务债券交易主要包括回购交易、现券交易和发行中央银行票据等。其中回购交易分为正回购和逆回购两种,正回购为中国人民银行向一级交易商卖出有价证券,并约定在未来特定日期买回有价证券的交易行为,正回购为中央银行从市场收回流动性的操作,正回购到期则为中央银行向市场投放流动性的操作;逆回购为中国人民银行向一级交易商购买有价证券,并约定在未来特定日期将有价证券卖给一级交易商的交易行为,逆回购为中央银行向市场投放流动性的操作,逆回购到期则为中央银行从市场收回流动性的操作。现券交易分为现券买断和现券卖断两种,前者为中央银行直接从二级市场买入债券,一次性地投放基础货币;后者为中央银行直接卖出持有债券,一次性地回笼基础货币。中央银行票据即中国人民银行发行的短期债券,中央银行通过发行中央银行票据可以回笼基础货币,中央银行票据到期则体现为投放基础货币。中国人民银行根据公开市场业务不同的操作品种,选择不同机构类型的公开市场业务一级交易商进行交易。中国人民银行开展发行中央银行票据操作,所有的公开市场业务一级交易商均可参加;开展回购操作,公开市场业务一级交易商中的存款类金融机构,即商业银行和农村信用合作联社可以参加;开展现券操作,优先考虑与中国人民银行批准的公开市场业务一级交易商中的债券做市商进行,也可根据市场情况和操作需要决定与所有公开市场业务一级交易商进行。自 1999 年以来,公开市场业务已成为中国人民银行货币政策日常操作的重要工具,其对于调控货币供应量、调节商业银行流动性水平、引导货币市场利率走向等发挥了积极的作用。

值得注意的是,2013 年以来,中国人民银行还陆续创新了公开市场短期流动性调节工具(Short - term Liquidity Operations,SLO)、常备借贷便利(Standing Lending Facility,SLF)、抵押补充贷款工具(Pledged Supplementary Lending,PSL)、中期借贷便利(Medium - term Lending Facility,MLF)等货币政策调控工具。公开市场短期流动性调节工具本质上仍是一种公开市场操作,它是一种以 7 天期以内的超短期逆回购为主(reverse repo)的流动性调节工具。常备借贷便利是全球大多数中央银行都设立的货币政策工具,但名称各异,如美联储的贴现窗口(discount window)、欧洲中央银行的边际贷款便利(marginal lending facility)、英格兰银行的操作性常备便利(operational standing facility)、日本银行的补充贷款便利(complementary lending facility)、加拿大中央银行的常备流动性便利(standing liquidity facility)等。常备借贷便利一般以包括高信用评级的债券类资产及优质信贷资产等在内的合格抵押品作为抵押的方式向金融机构发放,主要功能是满足金融机构期限较长的大额流动性需求,操作对象包括政策性银行和全国性商业银行,期限为 1 ~ 3 个月。利率水平根据货币政策调控、引导市场利率的需要等进行综合确定。抵押补充贷款工具是一种新的储备政策工具,有两层含义:在量的层面,其是基础货币投放的新渠道;在价的层面,它通过商业银行以抵押资产从中央银行获得融资的利率,实现中央银行在短期利率控制之外,对中长期利率水平进行引导和调控。中期借贷便利是中央银行提供中期基础货币的货币政策工具,对象为符合宏观审慎管理要求的商业银行、政策性银行,可通过招标方式开展。中期借贷便利采取质押方式发放,金融机构提供国债、央行票据、政策性金融债、高等级信用债等优质债券作为合格质押品。中期借贷便利利率发挥中期政策利率的作用,通过调节向金融机构中期融资的成本来对金融机构的资产负债表和市场预期产生影响,引导其向符合国家政策导向的实体经济部门提供低成本资金,促进降低社会融资成本。

这几种新型货币政策调控工具的期限不同。资金投放期限从短到长分别为:SLO(1 ~ 6 天)、正/逆回购(7、14、28 天)、SLF(一般 1 ~ 3 个月,个别情况会有 1、7 天)、MLF(3 个月 ~ 1 年)、PSL(3 ~ 5 年)。前两者丰富了公开市场操作的手段,便于更灵活管理中短期的流动性,也被解读为中国人民银行探索进行更有效的价格指导。而于2014年创设的PSL,除了引导中期利率的意义,与再贷款类似,也属于定向的货币投放工具。同时PSL主要运用于政策性银行,MLF主要运用于政策性银行和商业银行、SLO与SLF主要运用于大中型金融机构。

| 案例 |

2022年4月8日,中国人民银行以利率招标方式开展了100亿元逆回购操作,限期为7天期。

思考:(1)中国人民银行公开市场操作与政策调控取向有何关系?其传导机制如何?(2)中国人民银行公开市场操作与资金流动性的关系如何?其实施效果如何?

(二)选择性货币政策工具

所谓选择性货币政策工具,是指中央银行为实现对某些特殊的信贷或某些特殊的经济领域的信用控制而采用的货币政策工具。常见的选择性货币政策工具有五种。

1. 证券市场信用控制工具

证券市场信用控制工具,是指为了稳定证券市场有价证券的实际交易价格,控制和调节流向证券市场的资金,防止证券市场上的投机行为,中央银行可以通过规定和调节信用交易、期货交易和期权交易中必须支付现款的比例,即法定保证金比例,以刺激或抑制证券交易活动的货币政策手段。例如,中央银行规定保证金比例为20%,则买方要缴纳购进证券价格20%的现款,只能向银行贷款80%。中央银行根据经济形势和金融市场的变化,随时调整保证金比例,最高可达100%。这样,中央银行间接地控制了流入证券市场的资金数量。作为对证券市场的贷款量实施控制的一项特殊措施,证券市场信用控制工具最早出现在美国的货币政策之中,此后也有一些国家仿效此法,目前美国仍继续使用。在我国,无论是股票的现货交易,还是融资融券,其保证金比例都由证监会规定,因此,目前证券市场信用控制并不是中国人民银行的货币政策之一。当然,中国人民银行在实践中也会运用一些类似于证券市场信用控制工具的货币政策工具,如通过规定债券远期交易保证金的存款利率来调节银行债券市场等。

2. 消费信用控制工具

所谓消费信用控制,是指中央银行对不动产以外的各种耐用消费品的销售融资予以控制,从而影响消费者对耐用消费品的支付能力。中央银行进行消费者信用控制是经济运行的客观需求,适时适当地运用它可以抑制消费者信用的过度使用和通货膨胀,对维持经济的稳定发展、减轻经济周期的震动有重要作用。主要控制手段为:规定以分期付款方式购买耐用消费品时第一次付款的最低金额;规定用分期付款等消费信贷购买各种耐用消费品借款的最长期限;规定用分期付款等消费信贷方式购买耐用消费品的种类;以分期付款等消费信用方式购买耐用消费品时,对不同的耐用消费品规定不同的放款期限。具体调整方法为:当经济处于需求过旺或通货膨胀时期,中央银行可以通过提高首次付款的比例、缩短分期付款期限等措施加强对消费信用的控制;当需求不足或经济衰退时,可以放松管制以刺激消费量的增加。目前,随着消费信贷的发展,这种选择性货币政策工具通过广泛的消费信贷参与者,改善传导效果,扩大了中央银行货币政策作用的基础面,最终实现中央银行通过选择性的货币政策工具的运用影响特定市场的目的。消费信用控制工具也为中国人民银行货币政策所采用,如为规范汽车贷款业务管理,防范汽车贷款风险,促进汽车贷款业务健康发展,中国人民银行与原银监会在2017年10月发布了《汽车贷款管理办法》,对汽车贷款的具体操作作出了详细规定。

3. 不动产信用控制工具

不动产信用控制是指中央银行对金融机构办理不动产抵押贷款的限制措施。为了抑制房地产投机,降低金融机构的资产风险,中央银行可以对金融机构的房地产融资予以限制。不动产信用控制的常见方法包括:规定金融机构房地产贷款的最高限额、最长期限、首期付款、分期还款的最低金额等。不动产信用控制的机理为:当经济过热,不动产信用膨胀时,中央银行可通过规定和加强各种限制措施,减少不动产信贷,进而抑制不动产的盲目生产或投机,减轻通货膨胀压力,防止经济泡沫的形成;当经济衰退时,中央银行也可以通过放松管制,扩大不动产信贷,刺激社会对不动产的需求,进而以不动产的扩大生产和活跃交易带动其他经济部门的生产发展,从而促使经济复苏。近年来,在对房地产金融市场的调控中,规定商业银行房地产贷款的首付比例、优惠利率或惩罚性利率等,已成为中国人民银行经常运用的手段。

4. 优惠利率

优惠利率是一国利率体系的重要组成部分,是指中央银行为配合国家产业政策的需要,对国家拟重点发展的某些经济部门、行业或产品制定较低的利率,以此来刺激这些部门的生产,调动其积极性,实现产业结构和产品结构的调整。优惠利率的形式主要有以下两种:一是中央银行对需要重点发展的部门、行业和产品制定较低的贷款利率,由商业银行执行;二是中央银行对需要重点发展的部门、行业和产品的票据制定较低的再贴现率,通过再贴现政策来实现对相关产业或产品的扶持。优惠利率常为发展中国家所青睐,也为中国人民银行货币政策广泛采用。

5. 特种存款

特种存款是指在特定的经济形势下,中央银行为调整信用规模和结构,为支持国家重点建设或其他特殊资金需要,从金融机构的存款中集中的一部分资金。特种存款是中央银行选择性货币政策工具之一,具有直接控制方式之性质。特种存款属于选择性信用控制工具,不是一项普遍性措施,也不是一项长期的、连续的措施。对于中央银行来说,特种存款的运用实际上等于多了一种回笼流动性的货币政策工具,这样可以更灵活地开展公开市场业务。特种存款的期限较短,一般为1年,其利率完全由中央银行确定,具有特殊的规定性,金融机构只能按规定利率及时足额地完成存款任务。〔10〕

(三)补充性货币政策工具

补充性货币政策工具既包括信用直接控制工具,也包括信用间接控制工具。前者是指

---

〔10〕 在我国历史上,中国人民银行曾于1987年和1988年,分别两次开办特种存款各50亿元,以达到调整信贷结构的目的。2007年10月23日,由中国人民银行向各地城市商业银行及农村信用社发出通知,重启已20年未用过的特种存款来吸收银行体系的流动性。2007年12月27日,中国人民银行开办特种存款,期限为3个月期和1年期,年利率分别为3.37%和3.99%,开办对象主要是公开市场一级交易商以外的部分城市商业银行及农村信用社等金融机构。

中央银行依法对商业银行创造信用的业务进行直接干预而采取的各种措施,主要有信用分配、直接干预、流动性比率、利率限制、特种贷款;后者是指中央银行凭借其在金融体制中的特殊地位,通过与金融机构之间的磋商、宣传等,指导其信用活动,以控制信用,其方式主要有窗口指导、道义劝告。

1. 利率上下限

为防止银行为吸收存款过分提高利率和为谋取高利润而进行风险投资和放款,从而控制银行的贷款能力和限制货币供应量,中央银行可根据法律的授权,规定金融机构存款利率的上限和贷款利率的下限。规定利率的上下限,也为商业银行的市场竞争提供了一定的灵活空间。

2. 信用分配

根据金融市场状况和执行货币政策的需要,中央银行对金融机构的信用规模加以分配,要求其在信用规模范围内开展经营活动。目前发展中国家的中央银行,鉴于本国亟待投资的项目很多、对资金需求非常迫切但资金不充裕的现状,根据经济建设的轻重缓急程度,以资金限制的方式,分配更大资金额度给亟需发展的项目。中国人民银行的信用分配,并不是对各商业银行的信贷规模的简单分配,而是根据国家的国民经济和社会发展计划、货币政策的决策和金融宏观控制的客观要求,并立足于商业银行的业务能力,在对总量、部门、地区和项目等方面进行综合平衡之后所进行的一种信贷规模的分配。

3. 流动性比率

为了促使金融机构调整资产结构,压缩长期信贷规模,增加易变现资产之目的,中央银行可规定金融机构流动性资产应占其流动性负债的最低比例。流动性比率是用来测量企业偿还短期债务能力的最常用的财务指标,其计算公式为:流动性比率 = 流动资产/流动负债,其计算数据来自资产负债表。一般来说,流动性比率越高,企业偿还短期债务的能力越强。为了保持中央银行规定的流动性比率,商业银行要缩减长期放款,扩大短期放款,同时,还必须保持部分应付提现的资产。

4. 窗口指导或道义劝告

中央银行可以凭借其在金融体系中的特殊地位和威信,通过与金融机构之间的磋商指导其信用活动,这就是补充性货币政策工具中的窗口指导或道义劝告。中央银行的窗口指导或道义劝告不具有强制性,而是将货币政策的意向与金融状况向商业银行和其他金融机构提出,使其能自动地根据中央银行的政策意向采取相应措施。窗口指导产生于 20 世纪 50 年代的日本,其直接目的是通过贷款额度的控制,影响银行同业拆借市场利率,保持信贷总量的适度增长,维护经济的稳定,有时也具有指示贷款的使用方向的作用。它虽然只是一种指导,而非法律规定,也不具备强制性,但是实际上具有很强的约束性。中国人民银行与国有商业银行行长联席会议制度,是中国人民银行进行窗口指导的特殊形式。

第四节　宏观审慎政策

“宏观审慎管理”是中国人民银行适应改革需要“职能转变”最重要的一部分,主要是通过制定与执行宏观审慎政策进行。宏观审慎政策必须具备“宏观、逆周期、防传染”的视角，在防范化解系统性金融风险方面发挥着关键作用，这是国际社会反思2008年国际金融危机的广泛共识和危机后主要经济体的普遍实践。货币政策的目标是稳定币值，促进经济发展；宏观审慎政策的目标是化解系统性风险，促进金融稳定。近年来，主要国际组织就建立健全宏观审慎管理框架发布了一系列标准和最佳实践，主要国家也先后构建了宏观审慎政策框架。我国亦如此。2017年7月，我国召开的第五次全国金融工作会议明确要求人民银行牵头建立宏观审慎政策框架。中国人民银行立足我国实际，结合国际经验，于2021年12月发布了《宏观审慎政策指引（试行）》，明确了建立健全我国宏观审慎政策框架的要素。这是建立健全我国宏观审慎政策框架的重要举措，有助于构建运行顺畅的宏观审慎治理机制，推动形成统筹协调的系统性金融风险防范化解体系，促进金融体系健康发展。在此基础上，中国人民银行将按照该指引构建的总体框架，认真履行宏观审慎管理牵头职责，不断探索与完善宏观审慎政策框架，推动宏观审慎政策落地见效，守住不发生系统性金融风险的底线。

一、宏观审慎管理机构与适用范围

在金融委的统筹指导下，中国人民银行作为宏观审慎管理牵头部门，会同相关部门履行宏观审慎管理职责，牵头建立健全宏观审慎政策框架，监测、识别、评估、防范和化解系统性金融风险，畅通宏观审慎政策传导机制，组织运用好宏观审慎政策工具。

宏观审慎政策适用于依法设立的、经国务院金融管理部门批准从事金融业务或提供金融服务的机构，以及可能积聚和传染系统性金融风险的金融活动、金融市场、金融基础设施等。

二、宏观审慎政策框架

宏观审慎政策框架包括审慎政策目标、风险评估、政策工具、传导机制与治理机制等，是确保宏观审慎政策有效实施的重要机制。

宏观审慎政策的目标在于防范系统性金融风险，尤其是防止系统性金融风险顺周期累积以及跨机构、跨行业、跨市场和跨境传染，提高金融体系韧性和稳健性，降低金融危机发生的可能性和破坏性，以促进金融体系的整体健康与稳定。

系统性金融风险评估，是指综合运用风险评估工具和监管判断，识别金融体系中系统性金融风险的来源和表现，衡量系统性金融风险的整体态势、发生可能性和潜在危害程度。及时、准确识别系统性金融风险是实施宏观审慎政策的前提和基础。

根据系统性金融风险的特征，结合我国实际并借鉴国际经验，开发和储备适用于我国国情的一系列政策工具，建立健全宏观审慎政策工具箱。针对评估识别出的系统性金融风险，使用适当的宏观审慎政策工具，以实现宏观审慎政策目标。不断丰富和完善的宏观审慎政策工具，是提升宏观审慎政策执行效果的必要手段。

宏观审慎政策传导机制，是指通过运用宏观审慎政策工具，对金融机构、金融基础设施施加影响，从而抑制可能出现的系统性金融风险顺周期累积或传染，最终实现宏观审慎政策目标的过程。顺畅的传导机制是提高宏观审慎政策有效性的重要保障。

宏观审慎政策的治理机制，是指为监测识别系统性金融风险、协调和执行宏观审慎政策以及评估政策实施效果等，所进行的组织架构设计和工作程序安排。良好的治理机制可以为健全宏观审慎政策框架和实施宏观审慎政策提供制度保障。

三、系统性金融风险的监测、识别和评估

系统性金融风险,是指可能对正常开展金融服务产生重大影响,进而对实体经济造成巨大负面冲击的金融风险。系统性金融风险主要来源于时间和结构两个维度:

第一,从时间维度看,系统性金融风险一般由金融活动的一致行为引发并随时间累积,主要表现为金融杠杆的过度扩张或收缩,由此导致的风险顺周期的自我强化、自我放大。

第二,从结构维度看,系统性金融风险一般由特定机构或市场的不稳定所引发,通过金融机构、金融市场、金融基础设施间的相互关联等途径扩散,表现为风险跨机构、跨部门、跨市场、跨境传染。

系统性金融风险的监测重点包括监测宏观杠杆率,政府、企业和家庭部门的债务水平和偿还能力,具有系统重要性影响和较强风险外溢性的金融机构、金融市场、金融产品和金融基础设施等。

宏观审慎管理牵头部门建立健全系统性金融风险监测和评估机制,会同相关部门开展监测和评估,定期或不定期公开发布评估结果。针对特定领域系统性金融风险,宏观审慎管理牵头部门组织开展专项评估。

宏观审慎管理牵头部门根据系统性金融风险的特征,建立健全系统性金融风险监测和评估框架。完善系统性金融风险监测评估指标体系并设定阈值,适时动态调整以反映风险的发展变化。丰富风险监测方法和技术,采取热力图、系统性金融风险指数、金融压力指数、金融条件指数、宏观审慎压力测试、专项调查等多种方法和工具进行监测和评估,积极探索运用大数据技术。

四、宏观审慎政策工具

宏观审慎政策工具主要用于防范金融体系的整体风险,具有“宏观、逆周期、防传染”的基本属性,这是其有别于主要针对个体机构稳健、合规运行的微观审慎监管的重要特征。宏观审慎政策会运用一些与微观审慎监管类似的工具,如对资本、流动性、杠杆等提出要求,但两类工具的视角、针对的问题和采取的调控方式不同,可以相互补充,而不是替代。宏观审慎政策工具用于防范系统性金融风险,主要是在既有微观审慎监管要求之上提出附加要求,以提高金融体系应对顺周期波动和防范风险传染的能力。宏观审慎管理往往具有“时变”特征,即根据系统性金融风险状况动态调整,以起到逆周期调节的作用。

针对不同类型的系统性金融风险,宏观审慎政策工具可按照时间维度和结构维度两种属性划分(如图2-4所示),也有部分工具兼具两种属性。时间维度的工具用于逆周期调节,平滑金融体系的顺周期波动;结构维度的工具,通过提高对金融体系关键节点的监管要求,防范系统性金融风险跨机构、跨市场、跨部门和跨境传染。

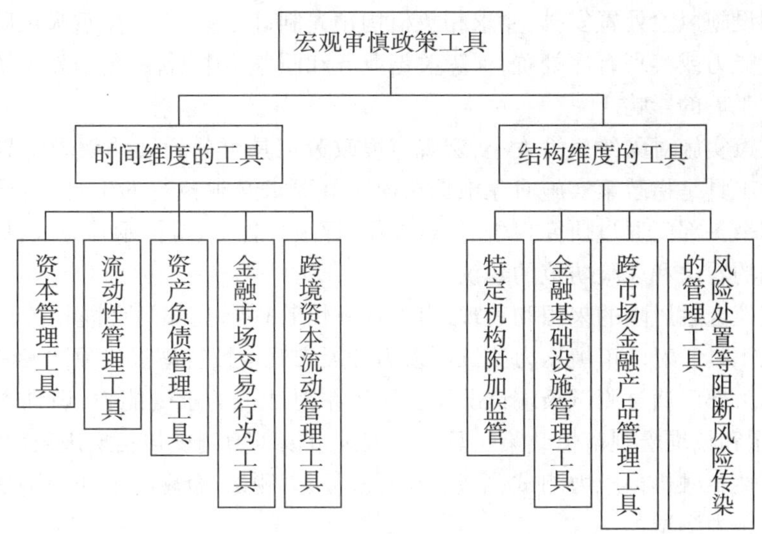

图2-4　宏观审慎政策工具

(一)时间维度的工具

1. 资本管理工具,主要通过调整对金融机构资本水平施加的额外监管要求、特定部门资产风险权重等,抑制由资产过度扩张或收缩、资产结构过于集中等导致的顺周期金融风险累积。

2. 流动性管理工具,主要通过调整对金融机构和金融产品的流动性水平、资产可变现性和负债来源等施加的额外监管要求,约束过度依赖批发性融资以及货币、期限严重错配等,增强金融体系应对流动性冲击的韧性和稳健性。

3. 资产负债管理工具,主要通过对金融机构的资产负债构成和增速进行调节,对市场主体的债务水平和结构施加影响,防范金融体系资产过度扩张或收缩、风险敞口集中暴露,以及市场主体债务偏离合理水平等引发的系统性金融风险。

4. 金融市场交易行为工具,主要通过调整对金融机构和金融产品交易活动中的保证金比率、融资杠杆水平等施加的额外监管要求,防范金融市场价格大幅波动等可能引发的系统性金融风险。

5. 跨境资本流动管理工具,主要通过对影响跨境资本流动顺周期波动的因素施加约束,防范跨境资本"大进大出"可能引发的系统性金融风险。

(二)结构维度的工具

1. 特定机构附加监管规定。通过对系统重要性金融机构提出附加资本和杠杆率、流动性等要求,对金融控股公司提出并表、资本、集中度、关联交易等要求,增强相关机构的稳健性,减轻其发生风险后引发的传染效应。

2. 金融基础设施管理工具。主要通过强化有关运营及监管要求,增强金融基础设施稳健性。

3. 跨市场金融产品管理工具。主要通过加强对跨市场金融产品的监督和管理,防范系统性金融风险跨机构、跨市场、跨部门和跨境传染。

4. 风险处置等阻断风险传染的管理工具。例如,恢复与处置计划,主要通过强化金融机构及金融基础设施风险处置安排,要求相关机构预先制订方案,当发生重大风险时根据预案恢复持续经营能力或实现有序处置,保障关键业务和服务不中断,避免引发系统性金融风险或降低风险发生后的影响。

按照对政策实施对象约束力大小,宏观审慎政策工具可分为强约束力工具和引导类工具。强约束力工具是指政策实施对象根据法律法规要求必须执行的工具;引导类工具是指宏观审慎管理牵头部门通过研究报告、信息发布、评级公告、风险提示等方式,提出对系统性金融风险状况的看法和风险防范的建议。

根据系统性金融风险的来源和表现,由宏观审慎管理牵头部门会同相关部门开发新的宏观审慎政策工具。宏观审慎压力测试可以为开展宏观审慎管理提供重要参考和支撑。宏观审慎管理牵头部门通过测试极端情况下金融体系对冲击的承受能力,识别和评估系统性金融风险,启用和校准宏观审慎政策工具等。宏观审慎压力测试包括宏观层面压力测试,还包括系统重要性金融机构压力测试、金融控股公司压力测试、金融行业压力测试等针对特定机构和行业的压力测试。

五、宏观审慎政策工具的使用

使用宏观审慎政策工具一般包括启用、校准和调整三个环节,相关流程由宏观审慎管理牵头部门会同相关部门制定。

当潜在的系统性金融风险已触及启用宏观审慎政策工具阈值时,宏观审慎管理牵头部门会同相关部门结合监管判断,适时启用应对系统性金融风险的宏观审慎政策工具。在风险未触及启用宏观审慎政策工具阈值时,宏观审慎管理牵头部门会同相关部门通过综合分析评估,认为可能出现系统性金融风险时,也可基于监管判断启用宏观审慎政策工具。

宏观审慎政策工具启用后,宏观审慎管理牵头部门会同相关部门开展动态评估,综合判断宏观审慎政策工具是否达到预期、是否存在监管套利和未预期后果等。根据评估结果对宏观审慎政策工具进行校准,包括工具适用范围、指标设计和政策要求等。

宏观审慎管理牵头部门会同相关部门,动态评估系统性金融风险态势,根据评估结果并结合监管判断,适时调整宏观审慎政策工具的具体值。

六、宏观审慎政策治理机制

宏观审慎管理牵头部门会同相关部门推动形成适合我国国情的宏观审慎政策治理机制,并根据具体实践不断完善。

宏观审慎管理牵头部门可推动建立矩阵式管理的宏观审慎政策架构,针对特定系统性金融风险,通过组建由宏观审慎管理牵头部门和相关部门组成的跨部门专项工作组等方式,跟踪监测、评估系统性金融风险,并对宏观审慎政策工具的使用提出建议。

根据系统性金融风险涉及的领域,宏观审慎管理牵头部门会同相关部门讨论和制定宏观审慎政策工具的启用、校准和调整。

宏观审慎管理牵头部门会同相关部门根据职责分工,组织实施所辖领域的宏观审慎管理工作,并对宏观审慎政策执行情况进行监督和管理。

宏观审慎管理牵头部门会同相关部门,及时跟踪评估宏观审慎政策工具实施效果,将评估结果以适当形式向社会披露。

在金融委指导下,建立健全宏观审慎政策监督机制,加强对宏观审慎管理牵头部门及相关部门履行宏观审慎管理职责情况的监督,确保宏观审慎管理牵头部门及相关部门有效履职。

宏观审慎管理牵头部门建立健全宏观审慎政策沟通机制,做好预期引导,定期或不定期以公告、报告、新闻发布会等方式与市场进行沟通。沟通内容包括宏观审慎政策框架、政策立场、系统性金融风险评估、宏观审慎政策工具使用,以及未来可能采取的政策行动等,增强宏观审慎政策的透明度及可预期性。

七、支持与保障

在金融业综合统计工作机制下,宏观审慎管理牵头部门推动开展宏观审慎政策相关统计数据的采集与共享。相关统计数据的采集、使用与对外披露必须严格遵守有关保密规定。

宏观审慎管理牵头部门根据防范系统性金融风险的需要,建立、维护和管理宏观审慎相关信息采集和监管系统,实现数据共享。

宏观审慎管理牵头部门会同相关部门制定和完善宏观审慎管理相关制度规定。

宏观审慎管理牵头部门会同相关部门建立突发性系统性金融风险应急机制,及时有效防控突发性系统性金融风险,降低次生风险。

八、政策协调

宏观审慎管理牵头部门组织会同相关部门建立宏观审慎工作协调机制。宏观审慎政策执行中如遇重大问题,提交金融委研究决定。跨部门协调议定的事项可通过会议纪要、备忘录等形式予以明确。

健全货币政策和宏观审慎政策双支柱调控框架,强化宏观审慎政策与货币政策的协调配合,促进实现价格稳定与金融稳定"双目标"。宏观审慎政策可通过约束金融机构加杠杆以及货币、期限错配等行为,抑制金融体系的顺周期波动,通过限制金融机构间关联程度和金融业务的复杂程度,抑制风险传染,促进金融机构、金融基础设施稳健运行,从而有利于货币政策的实施和传导,增强货币政策执行效果。货币政策环境及其变化也对金融稳定构成重要影响,是制定宏观审慎政策需要考虑的重要因素。加强宏观审慎政策和货币政策协调配合,包括加强经济形势分析、金融风险监测方面的信息沟通与交流;在宏观审慎政策制定过程中考虑货币政策取向,充分征求货币政策制定部门的意见,评估政策出台可能产生的溢出效应和叠加效应,把握政策出台的次序和节奏;在政策执行过程中,会同货币政策制定部门定期评估政策执行效果,适时校准和调整宏观审慎政策。

强化宏观审慎政策与微观审慎监管的协调配合,充分发挥宏观审慎政策关注金融体系整体、微观审慎监管强化个体机构稳健性的优势,形成政策合力,共同维护金融稳定。宏观审慎政策从宏观视角出发,可对金融机构的一致性预期及其行为开展逆周期调节,提高对金融体系关键节点以及可能引发风险跨市场传染的金融产品、金融活动的管理要求,从而与微观审慎监管形成互补。微观监管部门较为全面地监管数据有助于提高系统性金融风险评估的准确性,有效的微观审慎监管措施有助于提高宏观审慎政策执行效果。

加强宏观审慎政策和微观审慎监管协调配合,包括加强金融风险监测方面的信息沟通与交流;在宏观审慎政策制定过程中综合考虑微观审慎监管环境,充分征求微观监管部门意见,评估政策出台可能的溢出效应和叠加效应,涉及微观监管部门所辖领域时,会同微观监管部门共同制定宏观审慎管理要求;在政策执行过程中,会同微观监管部门定期评估政策执行效果,适时校准和调整宏观审慎政策。

加强宏观审慎政策与国家发展规划、财政政策、产业政策、信贷政策等的协调配合,提高金融服务实体经济能力。宏观审慎政策通过影响金融机构行为可能会对实体经济产生溢出效应,制定和执行宏观审慎政策时,需要做好与其他宏观调控政策制定部门的信息沟通,促进形成政策合力。

第五节　中央银行的外汇管理

外汇管理制度是关于外汇的流通、收支、兑换、转移管理的规则总称。它的主要内容包括:确定外汇管理的范围和外汇管理的机关;规定对外汇的买卖、收支、汇率、进出国境的管理等。

一、外汇、汇率及外汇管理制度

(一)外汇的概念及其分类

外汇是指以外币表示的用于国际结算的支付凭证,包括外国货币、外币存款、外币有价证券(政府公债、国库券、公司债券、股票等)、外币支付凭证(票据、银行存款凭证、邮政储蓄凭证等)。包括中国在内的大多数国家或地区在其有关法律规定中,并未对外汇赋予一个明确的定义,而只是根据本国或本地区外汇管理的实际需要,采取列举的方式具体界定外汇的范围。例如,我国《外汇管理条例》规定:“本条例所称外汇,是指下列以外币表示的可以用作国际清偿的支付手段和资产:(一)外币现钞,包括纸币、铸币;(二)外币支付凭证或者支付工具,包括票据、银行存款凭证、银行卡等;(三)外币有价证券,包括债券、股票等;(四)特别提款权;(五)其他外汇资产。”

外汇可以根据不同的标准进行分类。与外汇管理有关的,主要有以下几种:

1. 根据是否能自由兑换,可以分为自由兑换外汇、有限自由兑换外汇和记账外汇。自由兑换外汇是指无须经货币发行国或地区的有关机关批准,就可以自由兑换成其他国家或地区的货币,或者可以向第三国或地区办理支付的外汇。自由兑换外汇在国际结算中可以自由使用,如美元、欧元、加拿大元、英镑、澳大利亚元、新西兰元、日元、新加坡元、港元等属于此种外汇。与自由兑换外汇相对,必须经货币发行国批准,才能自由兑换成其他货币或对第三国或地区进行支付的外汇即为有限自由兑换外汇。世界上有一大半的国家货币属于有限自由兑换货币,包括人民币。记账外汇,也称“协定外汇”,又称清算外汇或双边外汇,是指记账在双方指定银行账户上的外汇,不能兑换成其他货币,也不能对第三国或地区进行支付。因此,从严格意义上讲,记账外汇不是外汇。

2. 根据来源和运用的不同,可以分为贸易外汇、非贸易外汇和金融外汇。贸易外汇是指属于进出口商品贸易收支结算范围内的外汇,即由于国际商品流通所形成的一种国际支付手段,主要包括商品进出口贸易中的货款以及相关的佣金、运费、保险费、宣传费、推销费等方面收入和支出的外汇。非贸易外汇是指非源于或用于进出口贸易的外汇,主要包括侨汇、劳务外汇、捐赠外汇等。金融外汇是指以某种金融资产形态表现的外汇,既非来源于有形贸易或无形贸易,也非用于有形贸易,而是为了各种货币头寸的管理。银行同业间买卖的外汇、资本项目下资金流动等,都形成于国家之间流动的金融资产外汇。我国将非贸易外汇与金融外汇都统称为非贸易外汇,其主要包括:侨汇、旅游、港口、民航、保险、银行、对外承包工程等外汇收入和支出。

3. 根据持有人的不同,可以将外汇划分为居民外汇和非居民外汇。居民外汇是指一个国家或地区内的居民,以各种形式持有的外汇。由于居民的外汇收支直接影响到居住国家或地区的国际收支,因此,在实行外汇管理的国家或地区,对居民外汇一般会实行比较严格的管理。在我国,境内的机关、部队、团体、企事业单位以及住在境内的中国人、外国侨民和无国籍人所收入的外汇属于居民外汇。非居民外汇是指在一个国家或地区临时居留的境外旅游者、留学生、短期回国的侨民、外国驻本国外交机构及外交人员、驻本国的国际机构和组织及其工作人员等非居民,以各种形式所持有的外汇。一般情况下,各国或地区对于非居民外汇的管理相对比较宽松。在我国,驻华外交代表机构、领事机构、商务机构、驻华的国际组织机构和民间机构以及这些机构常驻人员从境外携入或汇入的外汇都属非居民外汇。

4. 根据在国际收支发生项目的不同,可以划分为经常项目外汇和资本项目外汇。经常项目指本国与外国进行经济交易而经常发生的项目,是国际收支平衡表中最主要的项目,包括对外贸易收支、非贸易往来和无偿转让三个项目。经常项目的外汇是指国际收支中经常发生的交易项目所产生的外汇。资本项目是指国际收支中因资本输出和输入而产生的资本与负债的增减项目,包括直接投资、各类贷款、证券投资等。资本项目的外汇是指国际收支中因资本的输出和输入而产生的外汇。对经常项目与资本项目外汇的限制,多数国家持有宽严不一的标准。目前,我国对经常项目的外汇交易基本不实行外汇管制,但对资本项目的外汇交易进行一定的限制。

5. 根据外汇汇率的市场走势不同,可区分为硬通货和软通货。由于多方面的原因,在国际市场上的货币币值总是经常变化,由此导致汇率的变动。根据币值和汇率走势,外汇可以分为“硬通货”(“硬外汇”,或称“强势货币”)和“软通货”(“软外汇”,或称“弱势货币”)。前者是指国际信用较好、币值稳定、汇价呈坚挺状态的自由兑换货币;后者是指币值不够稳定、汇价呈走低趋势的自由兑换货币。硬通货通常是由经济高度发达的国家发行的,汇价非常稳定,因而在外汇市场具有极高的流动性,在国际贸易支付中被全球广泛接受。当然,由于国内外政治、经济千变万化,各种货币币值的稳定也会受到影响,因而“硬通货”“软通货”的状态也并非一成不变。例如,在20世纪50年代,美元一直是硬通货,但到60年代后期和70年代,美国国内的高通货膨胀以及巨额的国际收支逆差,使美元汇价呈下降趋势,美元由硬通货变为软通货。20世纪80年代初,随着美国实施的高利率政策和紧缩银根政策,美国经济逐渐走出“滞涨”状态,美元汇率又不断上浮,再度成为国际金融市场上的硬通货。

(二)汇率的概念及其分类

汇率又称“汇价”或“外汇行市”,是一国或地区的货币兑换另一国或地区的货币的比率,是以一种货币表示另一种货币的价格。各国或不同地区的经济发展状况及经济实力不同,导致不同国家或地区所发行货币的购买力也不相同。因此,要根据不同货币所代表的价值规定一个兑换率,即汇率,各国或地区的货币才能进行兑换。在实行市场汇率的国家或地区,该国或地区的汇率由对该国或地区的货币兑换外币的需求和供给所决定。不同的货币在进行兑换前,先要确定用哪个国家的货币作为标准,这就形成了汇率的两种标价方法,即直接标价法和间接标价法。

直接标价法又称"应付标价法",它是以一定单位的外国货币(1 单位、100 单位、1000 单位、10000 单位)为标准,将外国货币折算成一定金额本国货币的标价方法。采用直接标价法公布汇率时,外国货币的单位固定不变,本国货币的金额随该单位的外国货币或本国货币币值的变化而变化。如果一定单位的外国货币所折算成本国货币的金额增加,说明外币币值上升或本币币值下跌,这就叫外汇汇价上涨;如果一定单位的外国货币所折算成本国货币的金额减少,则说明外币的币值在下降或本币币值在上升,这叫外汇汇价下跌。目前,包括中国在内的绝大多数国家或地区在公布汇率时,采用的是直接标价法。2005 年 7 月 21 日,中国人民银行宣布废除原先盯住单一美元的货币政策,开始实行以市场供求为基础、参考一篮子货币进行调节、有管理的浮动汇率制度。自此,中国人民银行于每个工作日闭市后公布当日银行间外汇市场美元等交易货币对人民币汇率的收盘价,作为下一个工作日该货币对人民币交易的中间价格。[11] 例如,中国人民银行授权中国外汇交易中心公布,2022 年 4 月 6 日银行间外汇市场人民币汇率中间价为:1 美元对人民币 6.3799 元,1 欧元对人民币 6.9564 元,100 日元对人民币 5.159 元,1 港元对人民币 0.81418 元,1 英镑对人民币 8.3425 元,1 澳大利亚元对人民币 4.841 元,1 加拿大元对人民币 5.11 元。

间接标价法又称"应收标价法",它是以一定单位的本国货币(如 1 单位)为标准,将本国货币折算成一定金额外币的标价方法。采用间接标价法公布汇率时,本国货币的单位金额固定不变,外币的金额随本国货币或外币币值的变化而变化。如果一定数额的本币能兑换的外币数额比前期少,说明外币币值上升,本币币值下降,即外汇汇价下跌;如果一定数额的本币能兑换的外币数额比前期多,则说明外币币值下降,本币币值上升,即外汇汇价上升。即外汇的价值和汇率的升跌成反比。因此,间接标价法与直接标价法相反。在国际外汇市场上,采用间接标价法的较少,目前有美元、欧元、英镑、澳大利亚元等。例如,2022 年 4 月 6 日纽约外汇市场 1 美元兑换 123.6800 日元,与前一个交易日持平;1 美元兑换 0.9318 瑞士法郎,与前一个交易日持平;1 美元兑换 1.2468 加元,与前一个交易日持平。

汇率也可以根据不同的标准进行分类。与外汇管理有关的主要有以下几种:

1. 根据能否浮动,可以将汇率划分为固定汇率和浮动汇率。固定汇率是指由政府制定和公布,只能在一定幅度内波动的汇率。浮动汇率是指政府不规定汇率上下波动的幅度,由市场供求关系决定的汇率,又分为自由浮动和管理浮动两种形式。前者是指政府不采取任

---

[11] 人民币汇率中间价是即期银行间外汇交易市场和银行挂牌汇价的最重要参考指标。自 2006 年 1 月 4 日起,中国人民银行授权中国外汇交易中心于每个工作日上午 9 时 15 分对外公布当日人民币对美元、欧元、日元和港币汇率中间价,作为当日银行间即期外汇市场(含 OTC 方式和撮合方式)以及银行柜台交易汇率的中间价。人民币对美元汇率中间价的形成方式是:中国外汇交易中心于每日银行间外汇市场开盘前向所有银行间外汇市场做市商询价,并将全部做市商报价作为人民币对美元汇率中间价的计算样本,去掉最高和最低报价后,将剩余做市商报价加权平均,得到当日人民币对美元汇率中间价,权重由中国外汇交易中心根据报价方在银行间外汇市场的交易量及报价情况等指标综合确定。人民币对欧元、日元和港币汇率中间价,由中国外汇交易中心分别根据当日人民币对美元汇率中间价于上午 9 时国际外汇市场欧元、日元和港币对美元汇率套算确定。人民币汇率中间价计算:(最高时价位 + 最低时价位)/2。

何干预措施,完全按供求关系自由浮动的浮动汇率;后者是指政府要采取一定的措施进行干预,以保证其相对平稳的浮动汇率。目前,绝大多数国家都实行有管理的浮动汇率制,我国在名义上实行的也是"有管理的浮动汇率制度",但其实质上还不属于浮动汇率制度,而是变相的"固定汇率制度"。

2. 根据是否由政府有关机关制定,可以将汇率划分为法定汇率和市场汇率。法定汇率又称"官方汇率",它是由一国或地区的中央银行或专门的外汇管理机关依法制定并公布的汇率。在外汇管理较为严格的国家或地区,一切外汇交易都必须按照法定汇率进行。官方汇率又可分为单一汇率和多重汇率,前者是指中央银行或相关机构只制定并公布一种汇率,后者是指中央银行或相关机构制定并公布一种以上的对外汇率。在外汇管理比较宽松的国家或地区,一般是实行单一汇率制。多重汇率是外汇管制的一种特殊形式,其目的在于限制资本的流入或流出,奖励出口或限制进口等。市场汇率又称"自由汇率",它是指在自由外汇市场上进行买卖外汇的实际汇率,它随市场供求关系的变化而自由波动。在外汇管理较松的国家,官方宣布的汇率往往只起中心汇率作用,实际外汇交易则按市场汇率进行。

3. 从银行买卖外汇的角度出发,可以将汇率划分为买入汇率、卖出汇率、中间汇率和现钞汇率。买入汇率,也称买入价,即银行向同业或客户买入外汇时所使用的汇率。卖出汇率,也称卖出价,即银行向同业或客户卖出外汇时所使用的汇率。买入、卖出之间有个差价,这个差价是银行买卖外汇的收益。中间汇率是买入价与卖出价的平均数,是不含银行买卖外汇收益的汇率,常用来衡量和预测某种货币汇率变动的幅度和趋势。外汇银行在对外挂牌公布汇价时既有买入价、卖出价,还有一个现钞价,即买卖外汇现钞的兑换率。很多国家或地区不允许外汇在本地直接使用,外汇兑换后需运送回发行地或可自由流动的地域。这样,运送外币现钞将会花费一定的运费和保险费,这种成本必须摊到客户身上。因此,银行在收兑外币现钞时的汇率通常要低于外汇买入汇率,而银行卖出外币现钞时使用的汇率则高于其他外汇卖出汇率。

(三)外汇管理制度

外汇管理也称"外汇管制",在广义上是指一个国家或地区的政府授权中央银行或其他机构依法对该国境内或管辖区域内的外汇收支、买卖、借贷、转移、汇率和外汇市场等方面实行的管理;在狭义上是指对本国货币与外国货币之间的兑换进行一定的限制。本章所称的外汇管理指的是广义上的外汇管理。由于不同的国家和地区经济发展状况与对外开放度不同,外汇管制的宽严程度也不一样。一般来说,发达国家的外汇管制一般都比较宽松,而大部分发展中国家则实行从紧的外汇管制。

根据各国或地区外汇管制的不同项目以及同一项目的宽严程度的差别,可以将外汇管制划分为三种不同的类型:(1)严格的外汇管制,即经常项目和资本项目等国际收支所有项目下的外汇收支都要受到严格的管理,禁止一切外汇的自由买卖。实行这种外汇管制的国家或地区通常经济比较落后,外汇资金短缺,市场机制不发达,本国或地区产品的国际竞争能力较差,因而试图通过集中分配和使用外汇来达到促进经济发展的目的。(2)部分型外汇管制,即对经常项目的外汇交易原则上不实行或基本不实行限制,但对资本项目的外汇交易则仍然加以管理。一些经济发展比较快的新兴市场国家多采取这种外汇管理制度,这些国家经济发展快速,国内市场对外逐渐开放,产品的竞争力较大,外汇储备雄厚,实行外汇管理的主要目的是防止不利于本国经济发展的资本流动,维持本国的汇价。(3)完全自由型外汇管制,即在形式上取消外汇管制,对经常项目与资本项目的外汇收支均不进行限制,外汇可自由兑换、自由流通。发达国家以及一些国际收支顺差较大的石油输出国,往往采用这种类型的外汇管制。

二、我国的外汇管理制度

(一)我国外汇管理制度的立法现状

1996年1月29日国务院颁布了《外汇管理条例》,1996年年底实现人民币经常项目下可兑换之后,国务院于1997年1月14日对《外汇管理条例》进行了修改。2008年8月1日国务院对《外汇管理条例》进行了再次修改。《外汇管理条例》确立了我国外汇管理的原则,具体包括:(1)国家对经常性国际支付和转移不予限制;(2)国家实行国际收支统计申报制度,国务院外汇管理部门应当对国际收支进行统计、监测,定期公布国际收支状况;(3)经营外汇业务的金融机构应当依法向外汇管理机关报送客户的外汇收支及账户变动情况;(4)中华人民共和国境内禁止外币流通,并不得以外币计价结算,但国家另有规定的除外;境内机构、境内个人的外汇收入可以调回境内或者存放境外;(5)调回境内或者存放境外的条件、期限等,由国务院外汇管理部门根据国际收支状况和外汇管理的需要作出规定;(6)国务院外汇管理部门依法持有、管理、经营国家外汇储备,遵循安全、流动、增值的原则;(7)国际收支出现或者可能出现严重失衡,以及国民经济出现或者可能出现严重危机时,国家可以对国际收支采取必要的保障、控制等措施等。此外,围绕着国务院颁布的《外汇管理条例》,中国人民银行、国家外汇管理局等相关单位发布了一系列的有关外汇管理的规章及规范性文件,建构起我国现行的外汇管理制度。

(二)我国外汇管理的主管机关及其职责

我国外汇管理的职能机构是国家外汇管理局及其分支机构。国家外汇管理局为副部级国家局,内设综合司(政策法规司)、国际收支司、经常项目管理司、资本项目管理司、管理检查司、储备管理局、人事司(内审司)、科技司8个职能司(室)和机关党委,设置中央外汇业务中心、外汇业务数据监测中心、机关服务中心、外汇研究中心4个事业单位。国家外汇管理局在各省、自治区、直辖市、副省级市设有34个分局(外汇管理部);在北京、重庆设立外汇管理部;在部分地(市)设有310个中心支局;在部分县(市)设有517个支局,国家外汇管理局的分支机构与当地的中国人民银行分支机构合署办公。

国家外汇管理局的基本职责是:(1)研究提出外汇管理体制改革和防范国际收支风险、促进国际收支平衡的政策建议;研究落实逐步推进人民币资本项目可兑换、培育和发展外汇市场的政策措施,向中国人民银行提供制定人民币汇率政策的建议和依据。(2)参与起草外汇管理有关法律法规和部门规章草案,发布与履行职责有关的规范性文件。(3)负责国际收支、对外债权债务的统计和监测,按规定发布相关信息,承担跨境资金流动监测的有关工作。(4)负责全国外汇市场的监督管理工作;承担结售汇业务监督管理的责任;培育和发展外汇市场。(5)负责依法监督检查经常项目外汇收支的真实性、合法性;负责依法实施资本项目外汇管理,并根据人民币资本项目可兑换进程不断完善管理工作;规范境内外外汇账户管理。(6)负责依法实施外汇监督检查,对违反外汇管理的行为进行处罚。(7)承担国家外汇储备、黄金储备和其他外汇资产经营管理的责任。(8)拟订外汇管理信息化发展规划和标准、规范并组织实施，依法与相关管理部门实施监管信息共享。(9)参与有关国际金融活动。(10)承办国务院及中国人民银行交办的其他事宜。国家外汇管理局的各分、支局，依照其职责权限，在各自的辖区范围内，履行外汇管理的职责。

（三）我国外汇管理的对象

与世界上许多国家和地区相同，我国外汇管理的对象也分为物、人和区域三大类。

1. 对物的外汇管理。根据《外汇管理条例》第3条的规定，我国外汇管理中的物是指以外币表示的，可以用作国际清偿的支付手段和资产。具体包括：外币现钞，包括纸币、铸币；外币支付凭证或者支付工具，包括票据、银行存款凭证、银行卡等；外币有价证券，包括债券、股票等；特别提款权；其他外汇资产。

2. 对人的外汇管理。对人的外汇管理分为居民的外汇管理和非居民的外汇管理。根据《外汇管理条例》第4条的规定，境内机构、境内个人的外汇收支或者外汇经营活动，以及境外机构、境外个人在境内的外汇收支或者外汇经营活动，适用本条例。本条所指的“境内机构”，是指中华人民共和国境内的国家机关、企业、事业单位、社会团体、部队等，外国驻华外交领事机构和国际组织驻华代表机构除外。本条所指的“境内个人”，是指中国公民和在中华人民共和国境内连续居住满1年的外国人，外国驻华外交人员和国际组织驻华代表除外。

3. 外汇管理区域。根据《外汇管理条例》第8条的规定，我国的外汇管理区域为中华人民共和国境内的所有区域。但是，保税区、边境贸易和边民互市地区的外汇管理，则由国家外汇管理局根据《外汇管理条例》的原则另行制定管理规则。

（四）我国外汇管理制度的基本内容

根据现行外汇管理立法，我国外汇管理制度的基本内容包括：经常项目的外汇管理；资本项目的外汇管理；个人的外汇管理；金融机构的外汇业务管理；人民币汇率及外汇市场管理；国际收支统计与监测体系；等等。

1. 经常项目的外汇管理

经常项目是指国际收支中涉及货物、服务、收益及经常转移的交易项目等。1996年，我国正式接受《国际货币基金协定》第8条，实现了人民币经常项目可兑换。《外汇管理条例》第5条规定，国家对经常性国际支付和转移不予限制。当然，不予限制不等于不管理。为了区分经常项目和资本项目交易，防止无交易基础的逃骗汇、洗钱等违法犯罪行为，我国经常项目外汇管理仍然实行真实性审核（包括指导性限额管理），即经常项目外汇收支应当具有真实、合法的交易基础。经营结汇、售汇业务的金融机构应当按照国务院外汇管理部门的规定，对交易单证的真实性及其与外汇收支的一致性进行合理审查。外汇管理机关有权对前款规定事项进行监督检查。根据国际惯例，这并不构成对经常项目可兑换的限制。

(1)经常项目外汇收入实行结售汇或按规定自行保留。以前，境内机构经常项目的外汇收入必须调回境内，按市场汇率卖给外汇指定银行。而到今天，凡经有权管理部门核准或备案具有涉外经营权或有经常项目外汇收入的境内机构（含外商投资企业），经注册所在地国家外汇管理局及其分支局批准均可开立经常项目外汇账户，在核定的最高金额内保留经常项目外汇收入。《外汇管理条例》第9条规定：“境内机构、境内个人的外汇收入可以调回境内或者存放境外；调回境内或者存放境外的条件、期限等，由国务院外汇管理部门根据国际收支状况和外汇管理的需要作出规定。”《外汇管理条例》第13条规定：“经常项目外汇收入，可以按照国家有关规定保留或者卖给经营结汇、售汇业务的金融机构。”为进一步优化营商环境,便利市场主体办理经常项目外汇业务,2020年8月28日,外汇局印发《经常项目外汇业务指引(2020年版)》第162条第1款规定:“境内机构可根据经营需要自行保留其经常项目外汇收入。”(同时废止了2007年8月12日发布的《关于境内机构自行保留经常项目外汇收入的通知》)

(2)取消经常项目外汇支付限制。经常项目外汇支出,应当按照国务院外汇管理部门关于付汇与购汇的管理规定,凭有效单证以自有外汇支付或者向经营结汇、售汇业务的金融机构购汇支付。携带、申报外币现钞出入境的限额,由国务院外汇管理部门规定。根据国家外汇管理局和海关总署联合制定并于2003年9月1日开始施行的《携带外币现钞出入境管理暂行办法》,出境人员(包括居民个人和非居民个人)可以携带外币现钞出境,也可以按国家金融管理规定通过从银行汇出或携带汇票、旅行支票、国际信用卡等方式将外币携出境外。携出金额在等值5000美元以内(含5000美元)的,无须申领《携带证》,海关予以放行。当天多次往返及短期内多次往返者除外。出境人员携出金额在等值5000美元以上至1万美元(含1万美元)的,应当向银行申领《携带证》。出境时,海关凭加盖银行印章的《携带证》验放。对使用多张《携带证》的,若加盖银行印章的《携带证》累计总额超过等值1万美元,海关不予放行。出境人员携出金额在等值1万美元以上的,应当向存款或购汇银行所在地国家外汇管理局各分支局申领《携带证》,海关凭加盖外汇局印章的《携带证》验放。另外,旅客携带人民币现钞进出境限额为2万元,超出限额的禁止进出境。

(3)改革货物贸易外汇管理制度。1991年1月1日,中国开始实行出口收汇核销制度;1994年8月1日起,又实行了进口付汇核销制度,即由外汇管理局对相应的出口收汇或进口付汇进行核销。为大力推进贸易便利化,进一步改进货物贸易外汇服务和管理,国家外汇管理局、海关总署、国家税务总局于2012年6月联合发布《关于货物贸易外汇管理制度改革的公告》,决定自2012年8月1日起在全国实施货物贸易外汇管理制度改革,取消出口收汇核销单,企业不再办理出口收汇核销手续。国家外汇管理局分支局对企业的贸易外汇管理方式由现场逐笔核销改变为非现场总量核查。国家外汇管理局分支局通过货物贸易外汇监测系统,全面采集企业货物进出口和贸易外汇收支逐笔数据,定期比对、评估企业货物流与资金流总体匹配情况,便利合规企业贸易外汇收支,对存在异常的企业进行重点监测,必要时实施现场核查。

国家外汇管理局分支局根据企业贸易外汇收支的合规性及其与货物进出口的一致性,将企业分为A、B、C三类。A类企业进口付汇单证简化,可凭进口报关单、合同或发票等任何一种能够证明交易真实性的单证在银行直接办理付汇,出口收汇无须联网核查,银行办理收付汇审核手续相应简化。对B、C类企业在贸易外汇收支单证审核、业务类型、结算方式等方面实施严格监管,B类企业贸易外汇收支由银行实施电子数据核查,C类企业贸易外汇收支需经外汇局逐笔登记后办理。国家外汇管理局分支局根据企业在分类监管期内遵守外汇管理规定情况,进行动态调整。A类企业违反外汇管理规定将被降级为B类或C类;B类企业在分类监管期内合规性状况未见好转的,将延长分类监管期或被降级为C类;B、C类企业在分类监管期内守法合规经营的,分类监管期满后可升级为A类。同时,国家外汇管理局分支局相应调整出口报关流程,优化升级出口收汇与出口退税信息共享机制。

2. 资本项目的外汇管理

根据外汇体制改革的总体部署和长远目标,中国资本项目外汇收支管理的基本原则,是在取消经常项目汇兑限制的同时，完善资本项目外汇管理，逐步创造条件，有序地推进人民币在资本项目下可兑换。2004 年年底，按照国际货币基金组织划分的 7 大类 43 项资本项目交易中，我国有 11 项实现可兑换，11 项较少限制，15 项较多限制，严格管制的仅有 6 项。但《外汇管理条例》对以上实施较多限制或严格管制的资本项目，进一步放松或取消了限制，尤其是表现在境内机构对外直接投资与放贷、境内机构与个人对外证券投资等方面。《外汇管理条例》对资本项目下的外汇管理也作出了如下原则性规定：(1)资本项目外汇收入保留或者卖给经营结汇、售汇业务的金融机构，应当经外汇管理机关批准，但国家规定无须批准的除外；(2)资本项目外汇支出，应当按照国务院外汇管理部门关于付汇与购汇的管理规定，凭有效单证以自有外汇支付或者向经营结汇、售汇业务的金融机构购汇支付，国家规定应当经外汇管理机关批准的，应当在外汇支付前办理批准手续；(3)资本项目外汇及结汇资金，应当按照有关主管部门及外汇管理机关批准的用途使用。外汇管理机关有权对资本项目外汇及结汇资金使用和账户变动的情况进行监督检查。以下结合《外汇管理条例》等相关规定，按照资本项目类别展开介绍：

(1)外商直接投资

外商直接投资，是指外国投资者(包括境外机构和个人)通过新设、并购等方式在境内设立外商投资企业或项目，并取得所有权、控制权、经营管理权等权益的行为。外商直接投资实行登记管理，直接投资活动所涉机构与个人应在国家外汇管理局及其分支机构办理登记。2013 年 5 月 11 日，为促进和便利外国投资者境内直接投资，规范外国投资者境内直接投资外汇管理，国家外汇管理局发布了《关于印发〈外国投资者境内直接投资外汇管理规定〉及配套文件的通知》，明确外商直接投资业务需办理前期费用基本信息登记，外国投资者货币出资确认登记，外国投资者非货币出资确认登记，前期费用外汇账户的开立、入账和使用，外汇资本金账户的开立、入账和使用，境内资产变现账户的开立、入账和使用，外国投资者清算，减资所得资金汇出，外国投资者先行回收投资资金汇出等 23 项登记。2015 年 2 月 13 日，国家外汇管理局发布了《关于进一步简化和改进直接投资外汇管理政策的通知》，进一步取消境内直接投资项下外汇登记核准、境内直接投资项下外国投资者非货币出资确认登记、外国投资者收购中方股权出资确认登记和取消直接投资外汇年检，改为实行存量权益登记等。同时，为更好地满足和便利外商投资企业经营与资金运作需要，2015 年 3 月 30 日国家外汇管理局发布了《关于改革外商投资企业外汇资本金结汇管理方式的通知》，明确经过天津滨海新区、苏州工业园区、广州南沙新区、横琴新区等部分地区试点后，决定在全国范围内实施外商投资企业外汇资本金结汇管理方式改革，采取对外商投资企业外汇资本金实行意愿结汇，并将意愿结汇所得人民币资金纳入结汇待支付账户管理等措施。

(2)境外直接投资

境外直接投资，是指境内机构经境外直接投资主管部门核准，通过设立(独资、合资、合作)、并购、参股等方式在境外设立或取得既有企业或项目所有权、控制权或经营管理权等权益的行为。为贯彻落实“走出去”发展战略，促进境内机构境外直接投资的健康发展，对跨境资本流动实行均衡管理，维护我国国际收支基本平衡，根据《外汇管理条例》等相关法规，国家外汇管理局于 2009 年 7 月 13 日发布了《境内机构境外直接投资外汇管理规定》，该规定自 2009 年 8 月 1 日起施行。该文件主要就境外直接投资外汇登记和资金汇出、境外直接投资前期费用汇出、境外直接投资项下资金汇入及结汇等事项作详细规定。2012 年 11

月 19 日,为了简化行政审批程序,促进投资贸易便利化,国家外汇管理局发布了《关于进一步改进和调整直接投资外汇管理政策的通知》,明确境内机构境外直接投资需办理境内机构境外直接投资前期费用登记、境内机构境外直接投资外汇登记、非货币形式出资确认登记、债权投资回收登记、境内机构境外直接投资外汇变更登记、境外再投资外汇备案、境内机构境外直接投资清算登记、境内机构境外放款额度登记、境内机构境外放款额度变更与注销登记和境内居民个人特殊目的公司外汇相关登记等 14 项登记。为进一步促进和便利企业跨境投资资金运作,2015 年 2 月 13 日国家外汇管理局发布了《关于进一步简化和改进直接投资外汇管理政策的通知》,取消了境外直接投资项下外汇登记核准、境外再投资外汇备案和直接投资外汇年检,改为实行存量权益登记。

此外,为规范境内银行境外直接投资的外汇管理,进一步完善我国对外直接投资统计制度,加强跨境资金流动监测和分析工作,国家外汇管理局发布了《关于境内银行境外直接投资外汇管理有关问题的通知》,自 2010 年 9 月 1 日起实施。其主要内容如下:一是明确将具有法人资格的境内政策性银行、国有商业银行、股份制商业银行、中国邮政储蓄银行、外资法人银行、城市商业银行、农村商业银行、农村合作银行等境内银行纳入管理范畴;二是取消境内银行境外直接投资项下购汇核准手续;三是明确境内银行境外直接投资外汇登记、变更、注销及结汇核准等业务的办理程序;四是规范境内银行境外直接投资前期费用汇出、利润汇回、减资、清算及转股等事项;五是明确境内银行在该通知发布前已从事的境外直接投资活动应履行的登记备案手续。

(3)对外商业贷款

跟以前相比,2008 年修订的《外汇管理条例》也放宽了境内机构向境外提供商业贷款的限制,该条例规定,银行业金融机构在经批准的经营范围内可以直接向境外提供商业贷款。其他境内机构向境外提供商业贷款,应当向外汇管理机关提出申请,外汇管理机关根据申请人的资产负债等情况作出批准或者不批准的决定;国家规定其经营范围需经有关主管部门批准的,应当在向外汇管理机关提出申请前办理批准手续。向境外提供商业贷款,应当按照国务院外汇管理部门的规定办理登记。为便利和支持境内企业外汇资金运用和经营行为,提高境内企业资金使用效率,拓宽境外企业后续融资渠道,促进境内企业"走出去",国家外汇管理局于 2009 年 6 月 9 日发布了《关于境内企业境外放款外汇管理有关问题的通知》,并于 2015 年 5 月 4 日作出修正,该通知对境内企业(金融机构除外)境外放款行为作了详细规定。2016 年 11 月 26 日,中国人民银行发布《关于进一步明确境内企业人民币境外放款业务有关事项的通知》,进一步规范境内企业人民币境外放款业务。

(4)境外机构与个人投资境内证券的外汇管理

境外机构、境外个人在境内从事有价证券或者衍生产品发行、交易,应当遵守国家关于市场准入的规定,并按照国务院外汇管理部门的规定办理登记。为规范境外机构投资者境内证券期货投资管理,根据《中国人民银行法》《外汇管理条例》等相关规定,2020 年 5 月 7 日,中国人民银行、国家外汇管理局发布了《境外机构投资者境内证券期货投资资金管理规定》,并于 2020 年 6 月 6 日实施,规定合格投资者应当委托境内托管人代为办理本规定所要求的相关手续。中国人民银行、国家外汇管理局及其分支机构依法对合格投资者的资金账户、资金收付及汇兑等实施监督、管理和检查。同时,明确废止《合格境外机构投资者境内证券投资外汇管理规定》(国家外汇管理局公告 2018 年第 1 号)、《中国人民银行、国家外汇管理局关于人民币合格境外机构投资者境内证券投资管理有关问题的通知》(银发〔2016〕227号)和《国家外汇管理局关于调整合格机构投资者数据报送方式的通知》(汇发〔2015〕45号)。

此外,为规范合格境外机构投资者和人民币合格境外机构投资者在境内证券期货市场的投资行为,促进证券期货市场稳定健康发展,经过国务院批准,2020年9月25日,中国证监会、中国人民银行、国家外汇管理局联合发布《合格境外机构投资者和人民币合格境外机构投资者境内证券期货投资管理办法》,自2020年11月1日起施行。同时,废止2006年8月24日中国证监会、人民银行、外汇局公布的《合格境外机构投资者境内证券投资管理办法》和2013年3月1日中国证监会公布的《人民币合格境外机构投资者境内证券投资试点办法》。

(5)境内机构与个人投资境外证券的外汇管理

我国在证券资金流出环节管理较为严格,渠道有限,但近年呈放宽之势。《外汇管理条例》规定,境内机构、境内个人向境外直接投资或者从事境外有价证券、衍生产品发行、交易,应当按照国务院外汇管理部门的规定办理登记。国家规定需要事先经有关主管部门批准或者备案的,应当在外汇登记前办理批准或者备案手续。2007年6月18日,中国证监会颁布了《合格境内机构投资者境外证券投资管理试行办法》,规定符合规定条件的基金管理公司和证券公司,可在境内募集资金进行境外证券投资管理。这标志着以国内投资机构为主体参与海外投资的开始,使得具有专业投资管理经验和投资管理能力的基金公司得以参与全球市场投资,同时也为投资者通过合格境内机构投资者(Qualified Domestic Institutional Investor,QDII)参与海外投资提供了更多选择。

为规范合格境内机构投资者境外证券投资外汇管理,根据《外汇管理条例》及相关规定,2013年8月21日,国家外汇管理局发布了《合格境内机构投资者境外证券投资外汇管理规定》,废止了国家外汇管理局《关于印发〈商业银行代客境外理财业务外汇管理操作规程〉的通知》《关于基金管理公司和证券公司境外证券投资外汇管理有关问题的通知》。该规定明确了国家外汇管理局及其分局、外汇管理部依法对合格投资者境外投资的投资额度、资金账户、资金收付及汇兑等实施监督、管理和检查的权力,并对投资额度管理、账户管理、汇兑管理、统计与监督管理等事项作出了详细规定。

(6)外债与对外担保的外汇管理

目前规范外债与对外担保外汇管理的立法除《外汇管理条例》外,还包括由国家外汇管理局发布的《境内机构借用国际商业贷款管理办法》;原国家计委、中国人民银行《关于进一步加强对外发债管理的意见》;原国家计委、财政部、国家外汇管理局联合发布的《外债管理暂行办法》以及国家外汇管理局于2013年5月13日开始实施的《关于发布〈外债登记管理办法〉的通知》等。具体内容如下:

第一,外债的外汇管理。国家外汇管理局及其分支局负责外债的登记、账户、使用、偿还以及结售汇等管理、监督和检查,并对外债进行统计和监测。国家外汇管理局负责全口径外债的统计监测,并定期公布外债情况。

根据债务人类型实行不同的外债登记方式。外债借款合同发生变更时,债务人应按照规定到外汇管理局办理外债签约变更登记。外债未偿余额为零且债务人不再发生提款时,债务人应按照规定到外汇管理局办理外债注销登记手续。其一,债务人为财政部门,应在每月初10个工作日内逐笔向所在地外汇管理局报送外债的签约、提款、结汇、购汇、偿还和账户变动等信息。其二,债务人为境内银行,应通过外汇管理局相关系统逐笔报送其借用外债信息。其三,债务人为财政部门、银行以外的其他境内债务人,应在规定时间内到所在地外汇管理局办理外债签约逐笔登记或备案手续。对于不通过境内银行办理资金收付的,非银行债务人在发生外债提款额、还本付息额和未偿余额变动后,持相关证明材料到所在地外汇局办理备案手续。同时,《外债登记管理办法》对外债账户、资金使用和结售汇管理、外保内贷外汇管理,对外转让不良资产外汇管理等事项也作出了详细规定。

第二,对外担保的外汇管理。《外汇管理条例》第19条规定:"提供对外担保,应当向外汇管理机关提出申请,由外汇管理机关根据申请人的资产负债等情况作出批准或者不批准的决定;国家规定其经营范围需经有关主管部门批准的,应当在向外汇管理机关提出申请前办理批准手续。申请人签订对外担保合同后,应当到外汇管理机关办理对外担保登记。经国务院批准为使用外国政府或者国际金融组织贷款进行转贷提供对外担保的,不适用前款规定。"对外担保属于或有债务,其管理参照外债管理,仅限于经批准有权经营对外担保业务的金融机构和具有代位清偿债务能力的非金融企业法人可以提供。除经国务院批准为使用外国政府贷款或者国际金融组织贷款进行转贷外,国家机关和事业单位不得对外出具担保。

2014年5月,国家外汇管理局发布了《关于发布〈跨境担保外汇管理规定〉的通知》,明确废止国家外汇管理局《关于境内机构对外担保管理问题的通知》,该通知的"跨境担保"涵盖了对外担保,更加符合现实情况,明确跨境担保是指担保人向债权人书面作出的、具有法律约束力、承诺按照担保合同约定履行相关付款义务并可能产生资金跨境收付或资产所有权跨境转移等国际收支交易的担保行为,并按照担保当事各方的注册地,将跨境担保分为内保外贷、外保内贷和其他形式跨境担保。内保外贷是指担保人注册地在境内、债务人和债权人注册地均在境外的跨境担保。外保内贷是指担保人注册地在境外、债务人和债权人注册地均在境内的跨境担保。其他形式跨境担保是指除前述内保外贷和外保内贷以外的其他跨境担保情形。国家外汇管理局及其分支局负责规范跨境担保产生的各类国际收支交易。对内保外贷和外保内贷实行登记管理。境内机构办理内保外贷业务,应按规定要求办理内保外贷登记,经外汇管理局登记的内保外贷,发生担保履约的,担保人可自行办理,担保履约后应按规定要求办理对外债权登记;境内机构办理外保内贷业务,应符合相关条件,经外汇局登记的外保内贷,债权人可自行办理与担保履约相关的收款,担保履约后境内债务人应按要求办理外债登记手续。境内机构提供或接受其他形式跨境担保,应符合相关外汇管理规定。

此外,为深化外汇管理体制改革,落实资本项目跨境交易分类管理的改革思路,便利企业投融资活动,2015年3月10日,国家外汇管理局发布了《关于对部分非银行机构内保外贷业务实行集中登记管理的通知》。为支持"走出去"企业充分利用"两个市场、两种资源",促进实体经济发展发挥了重要作用,为了引导内保外贷业务健康有序发展,更好地支持真实合规的对外贸易投资活动,2017年11月24日,国家外汇管理局发布了《国家外汇管理局综合司关于完善银行内保外贷外汇管理的通知》。为规范保险集团(控股)公司、保险公司(以下简称保险机构)开展内保外贷业务,加强境外融资业务监管,防范境外融资风险,2018年2月1日,原中国保监会、国家外汇管理局联合发布《关于规范保险机构开展内保外贷业务有关事项的通知》。

｜案例｜

2021年7月和2022年3月,A银行管辖分行为一家A股上市公司外资股东减持股份办理对外付汇业务两笔,金额合计3126万美元。A银行在该公司尚未取得外汇局核准件的情况下,即为其办理了上市公司外资股东减持股份对外付汇业务。外汇局对A行处以人民币5万元罚款。

思考:(1)对非理性的对外投资如何管理?效果如何?(2)资本项目外汇管理如何协调防范对外投资风险与对外投资便利化之间的关系?

3. 个人的外汇管理

近年来随着经济发展,个人外汇收支情况越来越频繁,为便利个人外汇收支,简化业务手续,规范外汇管理,根据《外汇管理条例》和《结汇、售汇及付汇管理规定》等相关法规,中国人民银行于2006年12月25日对外发布了《个人外汇管理办法》,并于2007年2月1日开始施行。2007年1月,国家外汇管理局印发《个人外汇管理办法实施细则》,2007年2月1日开始施行,并于2016年5月29日对第9条第2项作了修正。2020年8月28日,国家外汇管理局发布了《经常项目外汇业务指引(2020年版)》的通知,同时废止了2015年12月的《关于进一步完善个人外汇管理有关问题的通知》。

《个人外汇管理办法》将个人外汇业务按照交易主体区分为境内与境外个人外汇业务,按照交易性质划分为经常项目和资本项目个人外汇业务。[12] 经常项目下的个人外汇业务按照可兑换原则管理,资本项目下的个人外汇业务按照可兑换进程管理。银行和个人在办理个人外汇业务时,不得以分拆等方式逃避限额监管,也不得使用虚假商业单据或者凭证逃避真实性管理。对个人结汇和境内个人购汇实行年度总额管理,年度总额分别为每人每年等值5万美元。国家外汇管理局可根据国际收支状况,对年度总额进行调整。年度总额内的,凭本人有效身份证件在银行办理;超过年度总额的,经常项目下凭本人有效身份证件和有交易额的相关证明等材料在银行办理,资本项目下按照有关规定办理。

(1)经常项目个人外汇管理

个人经常项目下的外汇收支分为经营性外汇收支和非经营性外汇收支,按照可兑换原则管理。个人经常项目下的经营性外汇收支按以下规定办理:第一,个人对外贸易经营者办理对外贸易购付汇、收结汇应通过本人的外汇结算账户进行,其外汇收支、进出口核销、国际收支申报按机构管理。个人对外贸易经营者指依法办理工商登记或者其他执业手续,取得个人工商营业执照或者其他执业证明,并按照国务院商务主管部门的规定,办理备案登记,取得对外贸易经营权,从事对外贸易经营活动的个人。第二,个体工商户委托有对外贸易经营权的企业办理进口的,本人凭其与代理企业签订的进口代理合同或协议购汇,所购外汇通过本人的外汇结算账户直接划转至代理企业经常项目外汇账户。个体工商户委托有对外贸易经营权的企业办理出口的,可通过本人的外汇结算账户收汇、结汇,结汇凭合同及物流公司出具的运输单据等商业单证办理。代理企业将个体工商户名称、账号以及核销规定的其他材料向所在地外汇管理局报备后,可以将个体工商户的收账通知作为核销凭证。第三,境

---

〔12〕 境内个人是指持有中华人民共和国居民身份证、军人身份证件、武装警察身份证件的中国公民。境外个人是指持护照、港澳居民来往内地通行证、台湾居民来往大陆通行证的外国公民(包括无国籍人)以及港澳台同胞。

外个人旅游购物贸易方式项下的结汇,凭本人有效身份证件及个人旅游购物报关单办理。

同时,《个人外汇管理办法实施细则》对境内外个人经常项目下的非经营性结汇超过年度总额的、境外个人经常项目合法人民币收入购汇及未用完的人民币兑回、境内个人外汇汇出境外用于经常项目支出、境外个人经常项目外汇汇出境外等事项的办理条件、所需提供的材料及办理程序作出了详细规定。

(2)资本项目个人外汇管理

境内个人对外直接投资应按国家有关规定办理。所需的外汇经所在地外汇管理局核准后可以购汇或以自有外汇汇出,并办理相应的境外投资外汇登记手续。境内个人及因经济利益关系在中国境内习惯性居住的境外个人,在境外设立或控制特殊目的公司并返程投资的,所涉外汇收支按 2014 年 7 月国家外汇管理局发布的《关于境内居民通过特殊目的公司境外投融资及返程投资外汇管理有关问题的通知》等有关规定办理。

境内个人可以使用外汇或人民币,并通过银行、基金管理公司等合格境内机构投资者进行境外固定收益类、权益类等金融投资。境内个人参与境外上市公司员工持股计划、认股期权计划等涉外业务,应通过所属公司或境内代理机构统一向外汇管理局申请获准后办理。境内个人出售员工持股计划、认股期权计划等项下股票以及分红所得外汇收入,汇回所属公司或境内代理机构开立的境内专用外汇账户后,可以结汇,也可以划入员工个人的外汇储蓄账户。

境内个人向境内经批准经营外汇保险业务的保险经营机构支付外汇保费,应持保险合同、保险经营机构付款通知书办理购付汇手续。境内个人作为保险受益人所获外汇保险项下赔偿或给付的保险金,可以存入本人外汇储蓄账户,也可以结汇。

移居境外的境内个人将其取得合法移民身份前境内财产对外转移以及外国公民依法继承境内遗产的对外转移,按《个人财产对外转移售付汇管理暂行办法》等有关规定办理。境外个人在境内买卖商品房及通过股权转让等方式并购境内房地产企业所涉外汇管理,按国家外汇管理局、建设部《关于规范房地产市场外汇管理有关问题的通知》等有关规定办理。境外个人可按相关规定投资境内 B 股,投资其他境内发行和流通的各类金融产品,应通过合格境外机构投资者办理。

根据人民币资本项目可兑换的进程,逐步放开对境内个人向境外提供贷款、借用外债、提供对外担保以及直接参与境外商品期货和金融衍生产品交易的管理,具体办法另行制定。

(3)个人外汇账户及外币现钞管理

外汇管理局按账户主体类别和交易性质对个人外汇账户进行管理。银行为个人开立外汇账户,应区分境内个人和境外个人。而账户按交易性质则应分为外汇结算账户、外汇储蓄账户、资本项目账户。外汇结算账户是指个人对外贸易经营者、个体工商户按照规定开立的、用以办理经常项目项下经营性外汇收支的账户,其开立、使用和关闭按机构账户进行管理。个人在银行开立外汇储蓄账户应当出具本人有效身份证件,所开立账户户名应与本人有效身份证件记载的姓名一致。个人开立外国投资者投资专用账户、特殊目的公司专用账户及投资并购专用账户等资本项目外汇账户及账户内资金的境内划转、汇出境外应经外汇管理局核准。

个人外汇储蓄账户资金境内划转,按以下规定办理:其一,本人账户间的资金划转,凭有效身份证件办理。其二,个人与其直系亲属账户间的资金划转,凭双方有效身份证件、直系亲属关系证明办理。其三,境内个人和境外个人账户间的资金划转按跨境交易进行管理。本人外汇结算账户与外汇储蓄账户间资金可以划转,但外汇储蓄账户向外汇结算账户的划款限于划款当日的对外支付,不得在划转后结汇。个人提取外币现钞当日累计等值1万美元以下(含)的,可以在银行直接办理;超过上述金额的,凭本人有效身份证件、提钞用途证明等材料向银行所在地外汇管理局事前报备。银行凭本人有效身份证件和经外汇管理局签章的《提取外币现钞备案表》为个人办理提取外币现钞手续。

个人向外汇储蓄账户存入外币现钞,当日累计等值5000美元以下(含)的,可以在银行直接办理;超过上述金额的,凭本人有效身份证件、经海关签章的《中华人民共和国海关进境旅客行李物品申报单》或本人原存款银行外币现钞提取单据到银行办理。银行应在相关单据上标注存款银行名称、存款金额及存款日期。

(4)"关注名单"管理

《经常项目外汇业务指引(2020年版)》第62条规定,个人不得以分拆等方式规避便利化额度管理及真实性管理。外汇局对规避管理的个人实行"关注名单"管理。外汇局对出借本人便利化额度协助他人规避便利化额度及真实性管理的个人,通过银行以《个人外汇业务风险提示函》予以风险提示。若上述个人再次出现出借本人便利化额度协助他人规避便利化额度及真实性管理的行为,外汇局将其列入"关注名单"管理,并通过银行以《个人外汇业务"关注名单"告知书》予以告知。外汇局对借用他人便利化额度及其他方式规避便利化额度及真实性管理的个人,列入"关注名单"管理,并通过银行以《个人外汇业务"关注名单"告知书》予以告知。"关注名单"内个人的关注期限为列入"关注名单"的当年及之后连续2年。在关注期限内,"关注名单"内个人办理个人结售汇业务,应凭本人有效身份证件、有交易额的相关材料在银行办理。银行应按照真实性审核原则,严格审核相关材料。

(5)个人外汇业务监测系统

自2016年1月1日起,个人外汇业务监测系统在全国上线运行,原个人结售汇管理信息系统同时停止使用。具有结售汇业务经营资格的银行,应通过个人外汇业务监测系统办理个人结汇、购汇等个人外汇业务,及时、准确、完整地报送相关业务数据信息。银行应配合国家外汇管理局对规避额度及真实性管理的个人及相关机构的核查,并在个人外汇业务监测系统推送相关信息之日起的20天内,反馈个人结汇资金去向、购汇资金来源及外汇管理局要求的其他信息。

| 案例 |

2022年3月19日,境内居民个人吴某通过其在A银行某支行的借记卡划给在某银行管辖分行网点开户的李某700万元人民币。当日,李某以出境旅游的名义,通过12个人在该网点柜台分拆购汇60万美元。3月20日又通过8个人,在该行网点柜台分拆购汇40万美元,所购外汇100万美元全部汇往吴某在香港特别行政区的账户。

思考:(1)人民币国内市场与外汇市场之间的关系如何?对个人的影响如何?(2)人民币国际化与外汇管制之间的关系如何协调?其发展趋势如何?

4. 金融机构的外汇业务管理

金融机构经营或者终止经营结汇、售汇业务,应当经外汇管理机关批准;经营或者终止经营其他外汇业务,应当按照职责分工经外汇管理机关或者金融业监督管理机构批准。

目前,经常项目的外汇收支基本上直接到外汇指定银行办理,资本项目的外汇收支经外汇管理部门批准或核准后,也在外汇指定银行办理。经营外汇业务的金融机构应当按照国务院外汇管理部门的规定为客户开立外汇账户,并通过外汇账户办理外汇业务。经营外汇业务的金融机构应当依法向外汇管理机关报送客户的外汇收支及账户变动情况。经常项目外汇收支应当有真实、合法的交易基础。经营结汇、售汇业务的金融机构应当按照国务院外汇管理部门的规定,对交易单证的真实性及其与外汇收支的一致性进行合理审查。外汇管理机关有权对金融机构的执行情况进行监督检查。

近年来,外汇管理机关通过加大外汇查处力度,整顿外汇市场秩序,积极推进外汇市场信用体系建设,初步建立起了以事后监管和间接管理为主的信用管理模式。外汇管理机关对金融机构外汇业务实行综合头寸管理,金融机构的资本金、利润以及因本外币资产不匹配需要进行人民币与外币转换的,应当经外汇管理机关批准。

5. 人民币汇率形成机制

人民币汇率实行以市场供求为基础的、有管理的浮动汇率制度。自 2005 年 7 月 21 日起,我国开始实行以市场供求为基础、参考一篮子货币进行调节、有管理的浮动汇率制度。人民币汇率不再盯住单一美元,而是按照我国对外经济发展的实际情况,选择若干种主要货币,赋予相应的权重,组成一个货币篮子。同时,根据国内外经济金融形势,以市场供求为基础,参考一篮子货币计算人民币多边汇率指数的变化,对人民币汇率进行管理和调节,维护人民币汇率在合理均衡水平上的基本稳定。参考一篮子货币表明外币之间的汇率变化会影响人民币汇率,但参考一篮子不等于盯住一篮子货币,它还需要将市场供求关系作为另一重要依据,以此形成有管理的浮动汇率。2014 年 7 月 1 日,为进一步完善人民币汇率市场化形成机制,中国人民银行发布了《关于银行间外汇市场交易汇价和银行挂牌汇价管理有关事项的通知》,明确废止中国人民银行《关于银行间外汇市场交易汇价和外汇指定银行挂牌汇价管理有关事项的通知》、中国人民银行《关于进一步改善银行间外汇市场交易汇价和外汇指定银行挂牌汇价管理的通知》、中国人民银行《关于银行间外汇市场交易汇价和外汇指定银行挂牌汇价管理有关问题的通知》,其规定:

(1)中国人民银行授权中国外汇交易中心于每个工作日上午 9:15 对外公布当日人民币对美元、欧元、日元、港元、英镑、马来西亚林吉特、俄罗斯卢布、澳大利亚元、加拿大元和新西兰元汇率中间价,作为当日银行间即期外汇市场(含询价交易方式和撮合方式)交易汇率的中间价。中国人民银行授权中国外汇交易中心公布的当日汇率中间价适用于该中间价发布后到下一个汇率中间价发布前。

(2)人民币对美元汇率中间价的形成方式为:中国外汇交易中心于每日银行间外汇市场开盘前向银行间外汇市场做市商询价,并将做市商报价作为人民币对美元汇率中间价的计算样本,去掉最高和最低报价后,将剩余做市商报价加权平均,得到当日人民币对美元汇率中间价,权重由中国外汇交易中心根据报价方在银行间外汇市场的交易量及报价情况等指标综合确定。

(3)人民币对欧元、港元和加拿大元汇率中间价由中国外汇交易中心分别根据当日人民币对美元汇率中间价与上午9:00国际外汇市场欧元、港元和加拿大元对美元汇率套算确定。人民币对日元、英镑、澳大利亚元、新西兰元、马来西亚林吉特和俄罗斯卢布汇率中间价由中国外汇交易中心根据每日银行间外汇市场开盘前银行间外汇市场相应币种的直接交易做市商报价平均得出。

(4)每日银行间即期外汇市场人民币对美元的交易价可在中国外汇交易中心对外公布的当日人民币对美元汇率中间价上下2%的幅度内浮动。人民币对欧元、日元、港元、英镑、澳大利亚元、加拿大元和新西兰元交易价在中国外汇交易中心公布的人民币对该货币汇率中间价上下3%的幅度内浮动。人民币对马来西亚林吉特、俄罗斯卢布交易价在中国外汇交易中心公布的人民币对该货币汇率中间价上下5%的幅度内浮动。人民币对其他非美元货币交易价的浮动幅度另行规定。

(5)银行可基于市场需求和定价能力对客户自主挂牌人民币对各种货币汇价,现汇、现钞挂牌买卖价没有限制,根据市场供求自主定价。银行应建立健全挂牌汇价的内部管理制度,有效防范风险,避免不正当竞争。

6. 外汇市场的管理

在计划经济时期,外汇高度集中管理,没有外汇市场。改革开放之初,实行外汇留成制度,建立和发展外汇调剂市场。1994年,实行了银行结售汇,建立全国统一的银行间外汇市场和银行对客户的结售汇市场。2005年7月,汇率形成机制改革以后,继续改进银行间外汇市场交易机制,扩大市场主体,增加市场交易工具,进一步理顺供求关系。经营结汇、售汇业务的金融机构和符合国务院外汇管理部门规定条件的其他机构,可以按照国务院外汇管理部门的规定在银行间外汇市场进行外汇交易。外汇市场交易应当遵循公开、公平、公正和诚实信用的原则,外汇市场交易的币种和形式由国务院外汇管理部门规定。国务院外汇管理部门依法监督管理全国的外汇市场,并根据外汇市场的变化和货币政策的要求,依法对外汇市场进行调节。目前,我国初步形成了外汇零售和银行间批发市场相结合,竞价和询价交易方式相补充,覆盖即期、远期和掉期等类型外汇交易工具的市场体系。2007年8月,中国人民银行宣布,具备银行间远期外汇市场会员资格的境内机构可以在银行间外汇市场开展人民币外汇货币掉期业务,包括开办人民币兑美元、欧元、日元、港元、英镑五种货币的货币掉期交易。从交易主体来看,除银行金融机构之外,符合条件的非金融企业和非银行金融机构都可以进入即期银行间外汇市场,并扩大了远期结售汇业务的试点银行范围;从交易机制来看,改外汇单向交易为双向交易,引进美元"做市商"制度,并在银行间市场引进询价交易机制;从业务品种和范围来看,批准中国外汇交易中心开办外币对外币的买卖,引进人民币对外币掉期业务,增加银行间市场交易品种,开办远期和掉期外汇交易业务;从汇价管理来看,扩大银行间市场非美元货币波幅,取消银行对客户非美元货币挂牌汇率浮动区间限制,扩大美元现汇与现钞买卖差价,允许一日多价等;从结售汇头寸管理来看,实行银行结售汇综合头寸管理,可以大幅增加银行体系的总限额,统一中外资银行管理政策和限额核定标准。

2020年7月,为深化"放管服"改革,优化营商环境,国家外汇管理局更新发布了《现行有效外汇管理主要法规目录》(截至2020年6月30日),进一步提升外汇管理政策透明度,便利社会公众查询使用。2021年11月,国家外汇管理局又发布了《外汇市场交易行为规范指引》,促进外汇市场诚信、公平、有序、高效运行。其主要内容包括:第一,适用于银行间市场和对客户柜台市场;第二,规范对象包括外汇市场参与各方,既包括从事外汇交易的机构,也包括中国外汇交易中心、银行间市场清算所股份有限公司、货币经纪公司等;第三,重点规范外汇市场交易行为,核心内容是交易管理和信息管理;第四,为银行等金融机构对客户在柜台开展的外汇交易设置1年的过渡期。

7. 国际收支统计与监测体系

国家外汇管理部门的职责之一在于,负责国际收支、对外债权债务的统计和监测,按规定发布相关信息,承担跨境资金流动监测的有关工作。国际收支是指一个国家或经济体与世界其他国家或经济体之间的进出口贸易、投融资往来等各项国际经济金融及对外资产负债(或对外债权债务)情况。国际收支风险监测和预警,就是要及时把握国内外经济金融形势变化和市场走势,判断国际收支和外汇收支风险状况,并对国际收支运行中的脆弱性和可能发生的危机做出预警。这是在扩大对外开放过程中,维护我国金融安全的客观需要,也是实现从事前监管到事后监管、从行为监管到主体监管的外汇管理方式转变的迫切要求。

1995年之前,我国国际收支统计数据的收集主要依赖于国家各个行政主管部门从行业统计角度搜集有关数据,再由国家外汇管理局进行超级汇总,并按照国际货币基金组织《国际收支手册(第四版)》编制全国的国际收支平衡表。1996年起,我国遵循国际惯例,正式实施国际收支统计申报制度,并建立国际收支统计监测系统。2004年,建立贸易信贷调查制度。自2005年起,国家外汇管理局每半年发布一次《中国国际收支报告》。我国自此开始编制并对外公布国际收支平衡表,通过金融机构进行国际收支间接申报,以此提高国际收支统计数据透明度。

近年来,国家外汇管理局不断完善国际收支统计与监测体系,具体工作包括:完善银行结售汇统计,启动银行结售汇统计报表改造工作,重新设计和开发了新版银行结售汇统计系统;升级国际收支统计监测系统,加强对跨境资金流动的监测;加快建设国际收支统计监测预警体系,初步建立高频债务监测系统和市场预期调查系统,不断提高预警分析水平。具体而言,我国实行国际收支统计申报制度,国务院外汇管理部门应当对国际收支进行统计、监测,定期公布国际收支状况。国际收支出现或者可能出现严重失衡,以及国民经济出现或者可能出现严重危机时,国家可以对国际收支采取必要的保障、控制等措施。同时,我国国际收支风险监测和预警体系的基本框架是:多层次的国际收支风险监测和预警系统,辅之以市场预期调查系统、企业贸易信贷抽样调查系统以及企业出口换汇成本调查系统,最终形成对外汇收支形势和国际收支形势的分析和风险预警报告。

(五)我国外汇管理制度的变化趋势

在经济全球化、金融活动全球化的背景下,中国经济正在深度融入世界,目前我国已经成为世界第二大经济体、第一大贸易国和重要的直接投资国,但是现行的外汇管理制度尚未完全能够契合投资贸易需求,也与我国大国地位不相称。鉴于此,我国"十三五"规划明确提出,要有序实现人民币资本项目可兑换,提高可兑换、可自由使用程度,稳步推进人民币国际化,推进人民币资本"走出去"。逐步建立外汇管理负面清单制度。放宽境外投资汇兑限制,改进企业和个人外汇管理。

国际货币基金组织的特别提款权(SDR)

近年来,随着加入SDR,人民币国际化进一步提速,自由贸易试验区(以下简称自贸区)与"沪港通""深港通"合力"先试先行",驱动中国资本账户可兑换向深层次发展，国家坚持实施“一带一路”倡议并支持国内企业“走出去”，参与“一带一路”倡议共同建设和国际产能合作以及海外高新技术企业收购，我国跨境资金流动规模不断扩大，客观上要求不断深化外汇管理改革，进一步放松外汇管制，满足市场主体日益增长的贸易和投资便利化需求。

人民币国际化

当前，我国外汇管理的重点从“促进贸易便利化”转变为更具开放性的“促进贸易投融资便利化”。将本外币一体化的全口径跨境融资宏观审慎管理试点由面向27家金融机构和注册在上海、天津、广州、福建4个自由贸易试验区的企业扩大至全国范围内的金融机构和企业。对金融机构和企业不实行外债事前审批，而是由金融机构和企业在与其资本或净资产挂钩的跨境融资上限内，自主开展本外币跨境融资。放宽了境外机构投资者投资银行间债券市场有关外汇管理的限制，对境外机构投资者实行登记管理，境外机构投资者通过结算代理人办理外汇登记；不设单家机构限额或总限额，境外机构投资者可凭相关登记信息，到银行直接办理资金汇出入和结汇或购汇手续，无须再到外汇管理局进行核准或事前的审批；资金汇出没有锁定期及分期汇出的安排。进一步放宽合格境外机构投资者（Qualified Foreign Institutional Investors，QFII）额度限制，并简化审批流程，进一步提高了对人民币合格境外投资者（RMB Qualified Foreign Institutional Investors，RQFII）和QFII机构外汇管理的一致性，推动境内金融市场开放。在支持实体经济发展、促进贸易投资便利化方面，进一步扩大银行持有的结售汇头寸下限、统一中外资企业借用外债政策、简化A类企业收结汇手续、明确货物贸易离岸转手买卖单证审核要求、规范货物贸易风险提示函制度等措施。虽然，外汇管理制度改革是个漫长和复杂的过程，其中不仅涉及境内制度的修改以及境内外制度的对接，更需要有理念上的协调。但可以预见，未来我国的外汇管理将呈现越来越宽松的态势。

同时，需要注意的是，近年来金融科技迅猛发展，不仅降低了金融业交易成本、提高了运营效率，同时也对跨境资金流动渠道、方式和规模等产生影响，对现有的外汇管理形成了一定的挑战。金融科技创新在跨境业务领域的应用主要体现在跨境收付服务、跨境交易展业、外汇交易新模式、交易风险管控等方面。如借助区块链技术，目前环球同业银行金融电讯协会（Society for Worldwide Interbank Financial Telecommunication，SWIFT）以及多家银行陆续实施了针对现有跨境支付清算体系的改造。面对金融科技的普及和深化，外汇管理挑战主要体现在以下两个方面：一方面是数据统计处理所引发的管理问题。目前，外汇数据呈现出几何级增长，数据体量巨大，信息采集难和信息处理难是打通数据分析利用的一大难点。另一方面，无纸化、电子化，货物流与资金流分离的跨境交易模式，冲击着现有的外汇收支真实性与一致性的审核基础，对现有的外汇管理理念和管理技术而言都是挑战。因此外汇管理理念和制度如何适应新时代下金融科技的挑战对于中央银行的外汇管理而言具有至关重要的作用。

思考题

1. 简述中央银行的概念和职能。
2. 简述中央银行制度的演进规律以及政治经济根源。

3. 简述中央银行的性质与法律地位。
4. 简述中央银行的货币政策工具及其调控原理。
5. 简述从法律的视角看中国人民银行货币政策在实践中可能碰到的问题。
6. 简述再贷款政策当前面临的挑战以及未来展望。
7. 简述中国人民银行的金融监管职能以及与银行业监管机构的协调问题。
8. 简述中国人民银行的外汇管理制度以及存在的问题。
9. 简述中国人民银行的黄金管理制度以及存在的问题。
10. 简述中国人民银行的外汇储备与黄金储备在经营中所面临的问题。
11. 简述中国人民银行的反洗钱职责及在实践中遭遇的问题。
12. 简述中国人民银行大区制改革的原因并对其实施效果进行分析。
13. 简述中国人民银行的公开市场业务以及操作原理。
14. 如何从近几年国内货币政策的实施状况看中国人民银行的金融调控的地位、功能和效果?
15. 简述我国外汇管理制度的变动趋势。
16. 金融科技对外汇管理带来的影响与挑战。
17. 数字货币对货币政策的风险与挑战。

扩展阅读

1. 常健:《金融稳定视阈下中央银行法律制度研究》,法律出版社2019年版。

   金融业的快速发展极大地促进了世界各国(地区)经济的发展,但也为各国(地区)金融体系带来了巨大的风险。20世纪80年代以来,金融危机频繁爆发,各国政府和国际金融组织均高度重视金融稳定的维护。面对日益频繁爆发的金融危机,世界各国(地区)中央银行法律制度呈现出新的发展趋势,即中央银行维护金融稳定职能在许多国家呈现出法定化的趋势。

2. 闫海:《货币即权力:货币调控权论》,法律出版社2015年版。

   本书从法学的视角出发,同时结合政治学、经济学工具,对"货币调控权"的基本范畴进行社会科学的综合探索,深入分析了货币调控权的范畴论、合法性、目标论、决策论、工具论、问责论六大问题。

3. 叶文庆:《金融业宏观审慎监管法律问题研究》,法律出版社2015年版。

   本书从金融业宏观审慎基本理论、金融业宏观审慎监管机构设置和职能定位、金融业宏观审慎监管措施、金融业宏观审慎监管机制运行、我国金融业宏观审慎监管机制构建五个部分对金融业宏观审慎监管法律问题进行了深入研究。

4. 陈晓:《中央银行法律制度研究》,法律出版社1997年版。

   市场经济是信用经济和货币经济,而中央银行是调控和管理信用与货币的主要机构,其重要性已得到理论和实践的肯定。本书运用历史分析、比较分析、法解释学和经济分析方法,对中央银行法律制度的产生与演变,中央银行法律制度的构成和法律渊源,中央银行法的性质、地位、基本原则,中央银行组织制度,中央银行公共服务制度,中央银行宏观调控制度,中央银行金融监管制度进行了系统的研究。

5. 谢平、石午光:《数字货币新论》,中国人民大学出版社2019年版。

   数字经济孕育了数字货币,本书结合欧洲中央银行、国际货币基金组织、国际清算银行、中国人民银行等权威机构的数字货币报告,深入研究了数字货币对货币基础理论的启示,论述了数字货币对货币政策的影响,以及数字货币的法律和市场监管问题。

第三章　金融监管法律制度

历史影响、塑造着人们的观念,并指引人们的行为。虽然金融业对国民经济的发展及人们生活的福祉提供了有力的支撑与帮助,但是与此同时,不期而至的金融风险对一国经济的可持续发展、社会稳定等提出了严重的挑战。因此,金融监管法律制度的理性构建、有效性及其能否与时俱进地经受历史考验是评价一国善治与否及水平的重要标志。而且,作为克服与匡正金融市场失灵产物的金融监管并不是纯粹强力的管制或控制,而是服务于市场自由、市场竞争、市场有序等目标。

第一节　金融监管法的基本范畴

范畴代表着最一般的概念与命题,其反映着客观现象的规律与基本性质及某一个特定时代学科理论的思想特点。范畴是人类认知世界思想成果高级形态中最具稳定性、概括性、知识性的表述,其目标在于探究事物的一般原理和原因,属于考察事物本源和根据的知识。在经济金融化已成为当代经济社会发展趋势的情况下,金融安全尤其需要有效金融监管的保驾护航。廓清金融监管法的基本范畴对于制度的演进、改良、学理探讨的意义是举足轻重的。

一、金融监管的概念解析

作为一个复合词,金融监管即金融监督与管理之意。在学理上,金融监管有狭义和广义之分。狭义上,金融监管指法定的金融监管当局根据所在国法律的授权在职责范围内对相关金融业实施的监督、管理,以保证其依法稳健运营行为的统称。广义上,除了法定主管机构的监管外,还包括金融机构为了防范风险与合规经营所进行的内部控制与稽核、行业组织的自律及相关社会中介机构的监督等。

在对金融监管这一概念的系统认知中,金融监督、金融管理、金融管制、金融治理是几个非常重要的关键词汇。在词义上,金融监督是指一国金融主管机构采取现场或非现场的方式对金融市场或金融机构在运行中的某一特定环节、过程进行定期或不定期的监视、检查、督促等,以使其结果达到预期目标的行为;管理通指管束、管辖、经营和处理等,其既有疏通、促进、引导、肯定等积极的语义,又有限制、约束、否定、规避等消极之意。在管理科学中,它特指一个或更多的人有意识、有组织地不断协调他人的活动,以达到任何个人所无法实现的某一共同目标。因此,管理就是指挥他人用最好的办法去工作,即制定决策,这种活动一般由计划、组织、指挥、协调和控制五大因素构成。基于此,金融管理可以被界定为国家根据有关法律,授权有关部门制定和颁布有关金融业的组织机构和业务活动的特殊规定或条例。这些规则的目的在于使金融业务活动能依法合规经营,建立一个可预期、安全、可控、健全的金融体系,并能为金融消费者提供公正的金融服务。

在金融监管法律制度的探讨中,金融管制也是一个比较常用的术语,甚至常与监管混用。虽然在词义上,两者存在一定的交叉性,如都存在管理的内涵,但是在本质上,金融监管与金融管制是两个关注点不同的概念。金融管制是指一国为了达到一定的目的,通过法定的授权对金融机构的经营行为所施加的某种限制和约束,其主旨在于为金融市场和金融行为构建相应的规则,重在制约,以弥补市场失灵,确保微观金融行为的有序运行,实现金融运行效率的最大化。同样作为克服与矫正金融失灵的一种手段,金融监管是一个中性的概念,其更加注重被监管金融机构的自由、权利及市场运行规律,注重金融监管权力与被监管金融机构权利之间的协作、折中与平衡。

时下,金融治理是一个非常流行的概念。其核心在于强调政治国家与市民社会、强制与自愿的合作。治理的语义核心是,在社会治理中,不再是监督,而是分工协作;不再是权力集中,而是权力协调;不再是纯粹的理论管理,而是恪守市场原则的管理;不再是纯粹的政府指导,而是注重公私合作。治理的目的是在各种不同的制度关系中运用权力去引导、控制和规范公民的各种活动,以最大限度地增进公共利益。[1]

基于前述分析,金融监管可以被界定为,在权力与权利、金融自由与金融安全、个体利益与集体利益的博弈关系下,法定的金融主管当局依据法律的授权利用行政权力对金融机构与金融活动所施加的管理与约束,以促使金融机构依法合规稳健运营行为的总称。对这一概念可作如下解析:第一,金融监管主体必须是一国法定的金融主管机关,为一国政府治理体制的重要组成部分。金融监管权力的行使是国家行政权力在金融领域的运用与实施,具有公共产品性、国家意志性与强制性。第二,金融监管的对象是金融机构与金融行为,而监管对象的边界与一国的金融运行模式、金融体制等相关。第三,金融监管必须依法而行。在金融监管活动中,作为公权力机关,金融监管机构必须遵循法无授权不可为的基本准则,监管权力的行使必须依法依规而行。第四,金融监管的目标在于防范与化解系统性的金融风险,维护公平竞争,保护金融消费者的权益,维护金融业高效与稳健的运行,对国民经济的可持续性发展提供强有力的支撑。

二、金融监管法的本位

法的本位反映的是法的基本目的与功能,体现法的价值取向与基本观念,表明法的逻辑出发点与存在意义。金融监管法在法的本位上具有多重特点。

(一)社会本位法

公共福利是最高的法律,它是一切美德与法律的基础。在法律的构建中,每个社会都面临着分配权利、限制权利,并使一些权利与其他权利相协调的问题。公共福利或共同利益这一概念的植入,标志着在分配和行使个人权利时绝不可以逾越利益界限。虽然私人偏好的满足是集体活动存在的首要目标[2],决定了公共利益或类似的表达存在模糊不定的缺陷,

---

〔1〕 俞可平主编:《治理与善治》,社会科学文献出版社 2016 年版,第 5 页。

〔2〕 Buchanan J. M. ,*The Calculus of Consent*,University of Michigan Press,1962,p. 3.

但是金融安全的总体性、系统性、与个体利益的实质连带性等决定了金融监管法在立法初衷及最后所意图实现的结果上,都并不必然以保护个体权利、自由、平等为本位,而是在于突出利益的公共性、整体的安全性与可持续发展性、风险的系统可控性等宏大目标。

(二)公私混合法

公法强调权力、权威、命令与服从,其内容体现为政治、公共秩序与国家利益,而私法强调平等与自治,以权利为核心,在内容上体现为私人利益。虽然两者划分的标准各异,存在利益论、主体论与关系论等观点,但是它两分的基础实为政治国家与市民社会的分离,张扬的是政治国家与市民社会的利益博弈与平衡保护,或者说更多的是防止国家权力借助强力对市民社会利益的合法但不正当的侵害。

不可否认,有效的金融监管必须依托于金融监管权力。监管者与被监管者在关系上彰显的是管理与被管理、服从与被服从的关系。但应然地看,金融监管的终极目的并不是要限制或扼杀被监管金融机构作为商业主体的自由与逐利,相反,是在整体安全的框架下保障与扩大被监管者的自由。在权力、权利、自由、利益等分配上,监管机构与被监管机构表现为一种此消彼长的拉锯性博弈关系。这种关联也决定了金融监管法在属性上属于公私混合法。

(三)利益平衡法

法治理念下,国家治理既非以权力无限扩张为特点,亦非以严格的规范控制为初衷。对于权利的保障而言,法律是稳定器。对于失控的权力,法律则是有效的抑制器。金融监管对于有效性的强调必然会突出监管效率性与监管行为的权威性。为了防止监管权力影响金融市场的正常运行与发展,在利益分配之间必须进行合理的平衡,从而为必要的金融创新预留发展的空间,而要达到这一点,利益相互制衡的法律制度的确立就是一个必不可少的环节。

一个完善且发达的法律制度,对于无政府状态和专制政治这两种截然相对的形式而言,处于居间的位置。通过一个行之有效的私法制度,它可以界定出私人或私人群体的行动领域,以防止或反对相互侵犯的行为,避免或阻止严重妨碍他人自由或所有权的行为和社会冲突。通过一个行之有效的公法制度,它可以努力限制和约束政府的权力,以防止或救济这种权力对获得保障的私人权益领域的不当侵犯。因此,在法哲学层面,金融监管者与被监管者之间的利益平衡、对监管权力的制衡是良法的基础。

三、金融监管法的价值取向

金融监管法的存在与发展必须具有正当性、合理性与科学性,而这一命题与金融监管法律制度在应然与实然上所要体现的价值密切相关。金融监管法的价值具有多样性。

(一)秩序性

人在本质上存在追求与渴望秩序的天然倾向,因为秩序不仅与安全有关,它更意味着社会进程中某种程序关系的稳定性、结构的一致性、人身财产的安全性、行为的规范性、进程的连续性、事件的可预测性、冲突的可控性及纠纷解决的和平性。相应地,无序则表明自然与社会进程中存在着断裂和无规则性现象。经济金融化所展示的不仅是经济发展中的一种特点,或经济本身对金融的依赖,同时它更表明市场中的经济主体的经济行为与财富更多的是以金融的方式体现。从这一点看,经济本身发展的可持续性与社会主体财富的贬值或增值等都与金融秩序的可预期性深度关联。也正是基于这一利害关系的判断,有学者认为影响或决定金融监管法律制度变革的根本原因并不在于能否刺激金融发展,而在于是否会危及金融秩序与稳定。归根结底地看,金融监管法律制度的根本定向在于实现金融稳定,其制度的确立、强弱异动、监管行为等都是紧密围绕金融秩序稳定的诉求而展开的。

为了实现秩序性这一价值取向,金融监管法必须从横向与纵向两个角度来进行制度的构建。在横向秩序上,它必须对金融机构市场行为的正当性与合法性设定相应的交易规则,以保护金融机构自身与金融消费者的权益及规范同业之间的竞争;在纵向秩序上,它必须对金融监管者的资质、监管权力范围、监管程序等作出严格的规定。同时,其也必须对金融机构的设立、变更、终止进行厘定,并明确金融机构的业务范围。为了在安全性、流动性、效益性之间进行有机的平衡,金融监管法也应对金融机构通过命令或禁止性规范的方式,设定最低资本充足率、资产集中程度、资产流动性比率等监控指标与风险预警系统。

金融的秩序性表明金融安全与稳定,但是这种秩序性的追求并非一个极端的表述,在技术日新月异及社会连带效应下,它也必须顺应人类金融业自身发展的规律与要求。秩序性的稳定必须为必要的调整留出足够的空间。在个人生活和社会生活中,一味强调安全,只会导致停滞,最终衰败。从反论的立场来考虑也是如此,即有时只有变革才能维持安全,而拒绝推进变革和发展则会导致不安全与社会分裂。如果在金融监管法律制度的演进中,秩序性的安全变得无所不能,那么就会产生这样一种危险,即金融业的发展就会受到抑制或妨碍,因为某种程度的压力、风险和不确定性往往是作为一种激励金融创新、经济发展、人类福祉提升的因素而起作用的。

(二)效益性

法律所存在的价值,并不限于秩序、公平和自由。许多法律规范首先是以实用性、以获得最大效益为基础的,简言之,就是使社会主体付出的代价减少到最低的限度。经济法的“经济性”更是决定了效益性是整个经济法律制度建设中不可回避的问题。在一定意义上,经济法是经济效益法,通过协调各方的经济行为和经济利益关系以获取最大经济效益的法律。经济法的制度和规定都是以获取经济效益为出发点,以获得经济效益为终点。[3] 虽然在词义上,金融监管包含了限制或约束之意,但是其意图并不是否认或抹杀金融监管法律制度的效益性目标,或者说,在某种程度上,金融监管法律制度的设立是基于实现金融业整体性效益的长远目标。

在现代金融体系中,金融机构的特殊性决定了该类机构必须受到严格的规范性关注、监督与管理。然而,在自然属性上,金融机构属于企业的范畴。既然是企业,那么就具有天然的逐利性。在市场优胜劣汰的丛林法则下,金融机构自身资产的保值与增值也是其存续的基础。从这一视角看,对于金融机构而言,虽然金融监管法律制度具有抑制性与对金融行为一定程度上的否定性,但是效益性的考量是制度构建中的一个重要主题。在制度建设中,这种效益性考虑主要表现在以下几个方面:

第一,必须将成本与效益的对比作为金融监管决策与行为评估的重要指标。在监管计划与市场监管中,计划性的监管制度、决策、行为的正当性与合理性必须兼顾安全与效益之间的平衡。

第二,金融监管法律制度的体系性。体系阐述的是一种政治、经济、社会和人类价值协调成一个结构性的整体安排。如果现实的制度制定不能与法律的基本价值或人类的基本价

[3] 潘静成、刘文华主编,史际春等撰稿:《经济法》,中国人民大学出版社2008年版,第65页。

值诉求相适应，那么它的合理性和正当性不仅会被削弱，而且还会大幅增加制度运作的成本。故而，金融监管法律制度的体系性也必须体现效益性。

第三，资源优化配置的法律化。金融机构的营运直接决定了金融资源的流向与配置的效率。虽然金融行为的市场性使金融机构具有高度的自治性，但是金融机构运行的成败与国民经济发展、社会稳健前进之间的密切关联决定了金融行为具有内在的社会性，金融机构的自治权理应受到一定的约束，而这一特点也必然会在金融监管法律制度中得到反馈。

（三）正义性

虽然正义是一个难以定性的概念，但是"正义依然是社会制度的首要德性，正像真理是思想体系的首要德性一样。一种理论，无论它是多么精致和简洁，只要它不真实，就必须加以拒绝或修正；同样，某些法律和制度，不管它们如何有效率和安排有序，只要它们不正义，就必须加以改造和废除"[4]。正义直接关系到社会的基本结构、分配基本权利与义务的主要社会制度，并决定由社会合作产生的利益分割的方式。在社会日益金融化的当下，金融资源分配与占有的可能性、频率与程度也影响着社会财富的分配与再分配。在现实中，如果金融资源的分配与占有呈现为一种两极化的状态，那么社会中矛盾、冲突、无序等整体性风险就会随之攀升。

理想的社会应该是一个人人平等、相互肯定与相互尊重的社会。金融资源分配机会的均等不仅利于消除贫困，促进金融正义、可持续发展，而且也能极大地促进社会和谐与共存。关注民生、重视民生、保障民生离不开强有力的金融支持，金融监管法律制度应责无旁贷地积极回应民生诉求，以保证金融资源流向与占有的正义性。例如，2015 年 12 月 31 日，我国国务院印发的《推进普惠金融发展规划（2016—2020 年）》旗帜鲜明地确立了"三提高"的总体目标，即提高金融服务覆盖率、提高金融服务可得性、提高金融服务满意度。

中国普惠金融的"囚徒困境"及法律制度创新的路径解析

四、金融监管的核心原则

为了实现预期的金融监管目标，以及保证金融监管的有效性、合理性与效率性，金融监管必须遵循一定的金融监管原则。总体来讲，金融监管的基本原则主要表现在以下几个方面。

（一）金融监管合法原则

金融监管权力实为行政权力，其存在的正当性在于市场缺陷或失灵。虽然在理论上，金融监管是服务于秩序、安全、效率与正义等价值取向，但是如果金融监管权力的行使偏离了法律的轨道，那么也会衍生监管过剩、监管伤害等问题。因此，依法而行是制约金融监管失控与失灵最有效的缰绳，这也是评价金融监管行为正当性的首要因素。法是一个十分严谨的概念，它一般指为了实现社会治理目标，相关有权机关通过一定的程序所颁布的规则。那么，为了预防可能的监管伤害风险，监管合法原则中的"法"就必须具有明确的边界。

在解释学上，监管合法包括以下几方面的内容：（1）金融监管当局对金融机构的监管必须以法律、法规与部门规章等为依据；（2）对金融监管当局的再监管亦必须依法而行；（3）在

〔4〕［美］约翰·罗尔斯：《正义论》，何怀宏、何包钢、廖申白译，中国社会科学出版社 2009 年版，第 3 页。

金融监管中,金融机构必须平等地接受法律的约束。

(二)审慎监管原则

审慎即周密而慎重之意。审慎监管指为了防范与化解金融机构的风险,金融监管机构通过制定一系列被监管的金融机构必须遵守的严密而谨慎的经营规则,客观地评价被监管机构的风险情况,并及时进行风险监测、预警和控制的金融监管理念。该理念源起于巴塞尔银行监管委员会1997年推出的《有效银行监管核心原则》,该文件将审慎监管作为其中一项最重要的核心原则确定下来。该原则主要表现在以下两个方面:(1)金融机构应认真贯彻监管当局制定的审慎经营规则,加强内部的风险治理;(2)金融监管当局应认真检查、核实受监管机构的审慎监管规则执行情况,进行审慎评估,并及时进行风险预警和遏制。

后危机时代对宏观审慎监管理念法律化的冷思考

为了深入认知这一原则,了解两个概念是至关紧要的,即宏观审慎监管和微观审慎监管。微观审慎监管已述及,而宏观审慎监管则指,为了维护金融体系的稳定,防止金融体系崩溃对经济体系产生风险溢出效应而采取的一种自上而下的监管理念,其关注两个关键性指标:一是关注整个金融体系;二是关注系统性风险对机构集体行为的依赖,强调资产价格和宏观经济本身极易受到金融机构行为的影响。宏观审慎监管和微观审慎监管之间的差别在于前者的目标是防范系统性金融风险,保障金融体系的整体稳定可控,而后者的重点在于防范与控制单个金融机构或行业的风险,保护投资者的权益。

(三)监管适度原则

美国2008年次贷危机展示的金融监管与金融创新的关系

金融监管是国家权力对金融市场的强力干预,不适度的国家干预只会扰乱和破坏金融市场的内在自然秩序,抑制金融创新,危及金融机构自身的生存与发展。对此,公共选择理论认为:只有当事实很明显地证明市场解决方法确实比公共干预解决手段代价更高时,才能选择国家干预。为了防止监管权力对金融之合法伤害,金融监管必须保持松紧有度,遵循适度原则。

对这一原则,监管适度应注意以下几个方面:(1)充分尊重市场运行规律,在金融常态下保持监管中立;(2)应明确金融监管机构的法律地位和职责权限,坚决抵制和放弃监管万能的思想;(3)在金融市场失序、金融行为失范、金融异动发生时,应能作出及时反应,必要时可采取特别措施,以维护金融稳定;(4)为了实现监管者与被监管者之间的良性互动,应对监管对象分级分类地"差别化"监管,建立健全"动态调适、激励相容"的金融监管运行体制;(5)监管者不应直接干预金融机构的微观经营活动。[5]

(四)金融监管国际合作原则

国际经济全球化带动了金融的全球化发展,金融自由化也给金融业的发展提供了机遇,但是与此同时,它也加剧了金融风险的全球性流动与交叉传染。另外,随着金融机构的国外拓展,也产生了东道国对跨境金融机构的属地管辖权与其母国属人管辖权之间的对立与紧张,或因权责不清,在跨国金融机构出现支付等危机时而怠于救助,或因监管口径的不一而使跨国金融机构遭受不公正的待遇等问题。为了防范金融风险的跨国扩散,明确监管责任,公平待遇及平等保护跨境金融机构破产时债权人的权益等,国际合作是金融监管法律制度

---

〔5〕　朱大旗:《金融法》(第3版),中国人民大学出版社2015年版,第126页。

建设中必须贯彻的原则。在这一方面,作为对危机反思产物的巴塞尔银行监管委员会无疑是金融监管国际合作的典范。

为了堵塞金融监管漏洞,国际合作主要表现在金融机构跨境设立的许可、监管并表、信息交流、审慎标准等方面。对此,巴塞尔银行监管委员会早在1992年的《对国际银行集团及其境外机构的最低监管标准》即建议了以下四条底线:(1)所有国际银行集团和国际银行应由有能力从事并表监管的母国当局实施监管;(2)跨国银行机构的成立,应事先得到东道国监管当局和银行所在国监管当局的同意;(3)监管当局应有权从其所辖银行的跨国银行机构索取信息;(4)若东道国监管当局认为没有达到前述的任一最低标准,则其有权施加限制性措施。在践行这一原则时,以下几点也是值得思考的:一是各国应该充分认识到金融全球化所引发的金融监管跨国协调的必要性与紧迫性;二是在监管合作中,相关国家应客观地认识到各国金融监管法律、理念、监管效率等方面的差异性;三是对所涉国家的金融主权应予以必要的尊重;四是合作手段应多元性。金融监管的国际合作既可以采取双边或多边国际条约的方式,亦可以仿效巴塞尔银行监管委员会采取示范法的形式。

第二节 金融监管体制与体系

为了保证金融监管的有效性、效率性与合理性,在金融监管制度的顶层规划中,金融监管体制与体系都是关键性的问题。前者决定了金融监管权力在横向与纵向关系上的如何分享、如何组织等宏大事项;后者则决定了金融监管的系统性、闭合性与层次性,或者说,除了正式监管权力之外,基于有效性、交叉制衡等目标,是否需要第三者,如金融行业协会或中立的金融组织或证券交易所等参与或配合金融管理的问题。

一、金融监管体制的类型

在金融监管系统的构架中,金融监管体制属于顶层设计问题,特指金融监管职责和权力分配的方式、组织结构,其主要包括由谁来对金融机构、金融市场和金融业务进行监管、依据何种方式进行监管及由谁来对监管效果负责和如何承担监管责任等问题。虽然世界各国金融制度形成的历史、政治、法律、传统及经济发展水平存在差异性,以及金融监管理论和方法的不同也导致监管体制亦各有千秋,但经过长期的实践,逐渐形成了以下几种基本模式。

对后危机时代金融监管体制创新的检讨与反思:分立与统一的视角

(一)机构型监管体制

即按照金融机构的牌照类型及法律属性,如银行公司、证券公司、保险公司、期货公司等,分别设立监管机构,不同的监管机构对各自的金融机构进行归口管理,各法定的监管机构的监管高度专业化与分工化,其权力的边界只根据金融机构的性质划分,而不考虑所监管的金融机构是否从事跨行业的业务,即在体制设置与运转上严格遵循"分业经营与分业监管"的原则。

(二)功能型监管体制

即作为对机构型监管体制的矫正,依据金融机构提供的产品属性,而不依其机构的性质来确定监管权力的归属,其产生的背景是金融机构之间的业务交叉日益扩大已对传统的分业管理体制产生了严重挑战而导致大量的监管盲区。因此,根据金融体系的基本功能来规划金融监管体制,金融监管更具有连续性与一致性。

(三)目标型监管体制或双峰型监管体制

该体制以突出监管目标为重要特征。虽然经济规模的扩大与经济关系的复杂性直接带动了金融监管价值取向的多样化,但是其主要目标不外乎两个:一是防范与遏制系统性风险,以确保经济金融的稳健与可持续发展;二是对金融机构的冒险投机行为进行规范与约束,切实保障中小金融消费者的权益,防止金融产品销售或服务提供出现循环的断裂。该类监管体制的目标主要通过两个层次来实现,即通过审慎监管机构来维护整个金融体系的稳健,以及通过行为监管机构来保障金融消费者的权益。

当下,采取双峰型监管体制的代表性国家有澳大利亚和荷兰,如前者的金融监管体系由联邦监管委员会、审慎监管署、联邦财政部、联邦储备银行、证券与投资委员会五大机构组成。其中,澳大利亚审慎监管署和证券与投资委员会负主要监管责任,审慎监管署负责金融体系的审慎监管,并有义务就保持金融市场稳定事项与澳大利亚储备银行合作;澳大利亚储备银行下设的支付系统委员会专司支付系统的监管;证券与投资委员会主要负责对各金融机构的商业行为进行监管;联邦监管委员会主要承担各监管机构的协调工作;财政部则负责对支付系统委员会、审慎监管署、证券与投资委员会等机构主要官员的任命,并协助其他机构来推动相关监管政策的实施。

(四)综合型监管体制

综合型监管体制也称为单一型或全能型监管体制,即由一家监管机构来统摄全部的金融监管权力,全面负责对整个金融体系的监管,该机构不仅负责确保辖下的金融机构合规经营、金融市场的稳定与系统风险的防范,还要负责金融消费者的权益保护。

除了上述四种类型之外,也有一些其他分法,比如根据监管主体的多少,可分为一元化监管体制与多元化监管体制;根据监管权限在中央与地方分权的不同,可分为高度集中统一的金融监管体制、双层多头的金融监管体制、单层多头的金融监管体制及不完全统一监管体制等。

二、监管体系

《多德-弗兰克华尔街改革和消费者金融保护法案》

体系泛指一定范围内或同质性的事物依据一定的原则与内在联系所形成的有机整体。虽然在金融安全与稳定的维护中,威权性的监管体制扮演着日益重要的角色,但必须面对的是,无论是以分权制衡见长的机构型监管体制,还是集权型的功能性监管体制,都不可能完全达到有效监管的目的。从市场的观点来考察,传统官僚体制存在的主要问题在于它无法提供充分的激励机制和市场特有的竞争机制。因此,除了体制外,金融善治还必须考虑金融监管者与被监管金融机构之间的中间性机构的体系构建问题。

(一)金融行业协会

行业自律是指金融同一行业的从业组织,基于共同利益与发展,确立同业规则,以实行本行业内的自我约束与自我管理。将银行业协会、证券业协会、保险业协会等纳入监管体系，并致力于发挥这些社会中间层组织的作用也是当下金融监管体系不可缺少的组成部分。之所以如此，其原因就在于这些自律组织比政府监管机构更加熟悉本行业的运行状况，能填补政府监管的漏洞。行业自律组织在形式上代表了行业的整体性利益，行业的自我管理能缓解监管当局与被监管金融机构之间的对立与紧张。此外，作为行业整体利益的代表者，行业协会组织对监管当局的不当监管也能起到一定的制约效应，以防止正式监管权力对金融市场过度的干预与监管饱和。

总体而言，作为政府监管的有力补充，金融行业协会可以发挥以下作用：服务功能、协调功能、沟通功能、制衡功能、行业安全保障及金融消费者权益保护等。

(二)金融性交易所

金融性的交易所是依据所在国相关法律，经过主管机构批准的集中进行金融产品交易的有形场所。无论是采取会员制或是公司制，在现实中，这些交易所都承担了非常重要的金融管理职能，如为公平的集中交易提供保障，实时公布交易行情；具有暂停上市、恢复上市或终止上市的权力；可对交易进行实时监管，并对异常交易情形进行报告；可依据国家法律等规定制定相应的上市与交易规则、会员管理规则等。

(三)金融机构的内部控制

其是指金融机构为了实现其安全性、效益性与流动性的经营目标，根据金融监管者的要求与机构自身内部的规定，协调与规范金融机构整体、各下设职能部门及内部员工在经营与管理活动中关系与行为的内部制度、组织、方法、措施与程序等的总称。其构成因素一般包括金融机构的组织结构、业务机构、风险评估、授权与审批制度、信息与交流、内部检查与稽核等。

除上述之外，在现代科学、规范的金融监管体系中，会计师事务所、律师事务所等中介服务机构的作用亦不容忽视。例如在公司的上市过程中，律师可以协助发行人确定公司的上市方案；就发行人首次公开发行股票与上市出具法律意见书；对重大重组方案发表法律意见等。

第三节 金融监管的实施

立法只是一个致力于使法律理念与未来可能的生活事实相适应的过程，法的理念与制度法的对接只是一种理想，它完全的现实性只有从具体的生活中才能得到考证。虽然主流的金融监管价值、金融监管法的本位、金融监管体制与体系问题在一而再地解析中已获得了渐进式的认同，但是作为一种观念、制度、意图，实施才是检验其效果的“试金石”。

一、监管方法

(一)现场检查

现场检查，是指金融监管机构指派专门人员或专门的工作小组到金融机构进行实地的问题查找，以评价其运营是否合规的监管手段。按检查的范围和内容划分，现场检查可分为全面检查和专项检查。其可以是以发现问题为目的的主动性检查，也可以是根据客户的投诉、知情人的检举或有关部门提供的线索而进行的核实性检查。在检查过程中,金融监管机构可以采取下列措施:查阅、复制金融机构与检查事项有关的文件、资料;对存在可能被转移、隐匿或者损毁风险的文件、资料予以封存;对金融机构的业务数据系统进行检查;根据检查所发现的问题,要求被检查的金融机构及时采取矫正措施。

(二)非现场检查

其又称非现场监管,是指金融监管机构对被监管的机构所报送的各种经营管理和财务数据、报表等运用一定的技术方法进行评估,以发现其运行中可能存在的风险问题,并要求问题金融机构改进的监管手段。非现场检查的重点在于合规检查与风险检查两个方面,前者主要包括资产负债比例执行情况及授信规模等,后者主要体现为资产流动性、营利性、资本充足性及市场风险等内容。非现场检查的有效性必须依赖于有效、完整、准确、及时的信息提供,因而完善的信息监督管理系统是非现场检查必不可少的工具。

(三)结构化早期介入措施

其指金融监管机构根据所发现的问题严重程度,对问题金融机构所采取的由弱渐强、以矫正为目标的系列监管措施。它包括非正式与正式的监管措施,前者多通过不公开的方式与出现问题机构的管理层进行直接的、秘密的沟通,指出其问题所在,并责成问题机构采取相关拯救措施的监管方法,如道义劝说、劝诫、窗口指导等。在非正式的监管措施不足以使问题机构的问题顺利解决之时,监管者便会启动正式的矫正措施,如限制或禁止派发分派、限制或禁止问题机构从事某些特定的业务、要求改良其内部管理结构与组织结构、关停分支机构、免除董事等高级管理人员的职务、接管、重组等。

(四)并表监管

源流上看,并表监管是巴塞尔银行监管委员会对20世纪90年代初期国际商业信贷银行(Bank of Credit and Commerce International,BCCI)倒闭事件反思的成果,现已成为国际通行的商业银行审慎监管标准。并表监管为一种金融机构母国对跨国银行进行持续性监管的方法,它以整个银行集团为监管对象,对银行集团的总体运营风险进行监督和管理,防止出现跨境监管责任不清、监督检查难以有效实施的局面。在并表的基础上的审慎监管还包括对资本充足率的要求、授信集中度、关联交易、流动性覆盖率、跨境资金流动等一系列监管合规要求。并表监管体现的是一种整体性与持续性的监管思维。2008年2月,原中国银监会发布的《银行并表监管指引(试行)》(已失效)便吸收了这一思想,将其界定为“在单一法人监管的基础上,对银行集团的资本、财务以及风险进行全面和持续的监管,识别、计量、监控和评估银行集团的总体风险状况”。其后2014年修订的《商业银行并表管理与监管指引》亦延续了这一精神,其规定:(1)商业银行应当对整个银行集团实施并表管理;(2)并表管理是指商业银行对银行集团及其附属机构的公司治理、资本和财务等进行全面持续的管控,并有效识别、计量、监测和控制银行集团总体风险状况;(3)商业银行并表管理要素包括并表管理范围、业务协同、公司治理、全面风险管理、资本管理、集中度管理、内部交易管理和风险隔离等。

二、金融监管的环节

金融监管是一个系统的、层次性的过程。依据金融机构存续的周期,金融监管可以划分为市场准入、市场运营及市场退出三个环节。

（一）市场准入监管

市场准入监管体现的是事前防范胜于事后救济的监管思维，是金融监管中的重要环节。在狭义上，它指的是为了防止不健康、不规范的金融机构进入金融市场而影响金融秩序、公平与安全，金融监管者依法定的标准对拟设立的金融机构进行甄别与审查，从而确定是否许可其入市的监管行为。在广义上，除了金融机构的入市许可外，还包括新金融产品或服务的提供、新分支机构的设立及金融机构高级管理人员的从业许可等。

市场准入监管，其目的在于防止不合格者进入市场，从而危及金融秩序与安全；防止竞争过度，维护特许价值；优化金融业的结构布局，鼓励与引导金融机构在经济发达地区与欠发达地区分布的合理与均衡；遏制逆向选择的道德风险，防止投机者进入金融市场；督促金融机构审慎经营，预防冒险经营行为。在共识上，市场准入监管因为事项的不同，其标准主要表现如下：

金融机构法人准入的一般要求：(1)符合国民经济发展的整体需要；(2)最低资本金、股权结构和股东资格符合法定要求；(3)符合金融业发展的政策与方向及布局合理、公平竞争的原则；(4)高级管理人员的任职资格和金融从业人员比例与法定要求一致；(5)法人治理结构和内控制度符合法定要求；(6)确定的综合经营计划和预期财务指标合理；(7)办公和营业场所符合安全要求。

分支机构市场准入的一般条件：(1)符合当地经济发展的需要；(2)合理布局与竞争适度；(3)申请者经营稳健，财务状况良好；(4)具有完善的内部控制制度；(5)与申请者的管理水平和发展能力相适应；(6)符合成本核算及经济效益的要求；(7)符合高级管理人员任职资格和营业场所的要求；(8)符合营运资金的要求。

业务准入的一般条件：(1)符合社会和经济发展的需要；(2)与法定的金融业经营模式保持一致；(3)符合金融机构的功能定位与业务发展能力；(4)具有完善的风险控制系统；(5)已建立严格、科学的业务操作规程和安全保障；(6)符合对从业人员专业素质的要求；(7)与监管者的监管能力相适应。

高级管理人员任职资格的基本标准：(1)能正确贯彻国家的经济、金融政策；(2)熟悉并能严格遵守有关经济、金融法律法规；(3)具有与担任职务相适应的学历与经历；(4)具备与担任职务相称的专业知识、组织管理和业务能力；(5)无违法、违规、违纪等失格的不良记录。

（二）市场运营监管

市场运营监管是指金融机构被核准成立后，监管者依照法律、法规等要求，对其日常的市场经营所采取的监管措施。虽然对金融机构市场运营监管的具体内容，各国的表现并不完全相同，但是其监管重点多体现在金融机构运营的合规性、资产质量、盈利能力、资本充足性、流动性、管理水平、敏感性和内控制度等方面。

1. 资本充足性要求。对于金融机构的资本金，除了需要符合规定的注册资本最低限额之外，一般还要求金融机构的自有资本与资产总额、存款总额、负债总额以及风险投资之间保持适当的比例。通过对金融机构实际资本比率、风险资本比率等资本比率的监管，可以达到以资本规模制约资产规模（特别是风险资产规模），进而降低金融机构经营风险的效果。

2. 流动性监管。各国金融监管当局对金融机构的流动性非常重视，其关注点既包括本币的流动性，也包括外币的流动性。同时，金融监管当局对流动性监管的方法亦不尽相同，在流动性指标的设计上存在差异。比如，有的国家分别设计了银行资产负债管理的比例，用以监督检查银行的偿付能力;又如,有的国家并没有正式规定流动性的具体界限,却经常对银行的流动性进行动态检查。

3.业务范围监管。对金融机构业务范围的限制程度,不仅与一国的经济、金融发展程度有关,而且与其金融监管水平、传统习惯等关联。对金融机构业务范围的限制,各国并不完全相同,存在着一定的差异。在一些国家,商业银行的业务与投资银行的业务是分开的,商业银行不能投资股票;而有些国家却限制银行对工商业的直接投资。有的国家虽然禁止银行业务与非银行业务混营,但是却允许通过银行控股公司、附属机构等方式,参与某些经营风险较大的非银行活动;有的国家虽允许银行经营非银行业务,但对其投资规模进行限制。

4.经营活动监管。金融机构经营的直接目的,是追求利润的最大化。因而,金融机构会尽可能地将吸收的资金集中投向盈利高的贷款与投资。然而,在营利性提高的同时,经营风险也随之上升。因此,各国金融监管当局都对金融机构的经营活动进行监管,多通过对资产负债比例与资本流动性管理等方式,限制银行贷款过度集中,防止银行对单个借款者提供过多的贷款。

5.外汇风险管理。由于世界各国的金融领域开放程度不同,金融机构的国际金融业务发展状况和面临的外汇风险也各不相同。有的国家对银行的外汇及外汇业务实行严格的监管,有的国家则实行比较宽松的管理政策。例如,美国、法国和加拿大等对金融机构的外汇及外汇业务的监管相对比较宽松,而英国、日本、荷兰和瑞士等则比较严格。

6.准备金管理。一般而言,银行的资本充足性与中央银行存款准备金政策之间存在一定的内在联系,金融监管当局在对银行的资本充足性进行监管时,必须考虑银行准备金的计提问题,确保银行准备金是在充分考虑谨慎经营和真实评价业务质量的基础上计提,避免准备金提取不实所导致的潜在风险。在世界各国金融相互开放和跨国金融机构快速增长的情况下,各国中央银行准备金政策和准备金提取方法的统一,已成为确保国际金融体系稳定的一个重要因素。

7.存款保险管理。存款保险制度是金融安全网中的一个重要环节。当本国金融机构由于经营不善或受外部环境变化等因素影响而出现信用危机时,存款保险机构将向问题金融机构提供资金支援,或者由存款保险机构直接向存款者支付部分或全部存款,以保护存款者的利益,维护正常的金融秩序。存款保险制度的建立,对促进一国金融业的稳健发展,防止逆向选择风险具有一定的积极作用。

8.其他。金融监管当局还通过其他可行的方式对金融机构的其他方面进行必要的监管。在市场经济条件下,利率作为货币资金的价格反映着信用资金的供求情况,并随着市场供求而上下波动。然而,为了防止金融机构之间的恶性竞争,保证金融体系的稳定与效率,金融监管当局仍有必要在遵循市场规律的基础上,对利率进行统一的监管。中央银行对利率的监管,主要是依法确定基准利率。

| 案例 |

某商业银行违反审慎经营规则,造成资本和资产状况恶化,严重危及稳健运行,损害存款人和其他客户合法权益。对此,根据《银行业监督管理法》,银行业监督管理机构对该银行依法可以采取何种措施?(2013年司法考试案例)

思考:(1)银行业监督管理机构是否可以采取限制分配红利和其他收入?(2)银行业监督管理机构是否可以限制工资总额?(3)银行业监督管理机构是否可以责令调整高级管理人员、责令减员增效?

(三)市场退出监管

这是指金融机构在运营过程中出现特定的事由而被停止金融业务、被吊销金融营业许可证或被取消资质的情形。金融机构退出市场应部分或全部满足下述条件:严重违法违规经营;资产质量严重恶化,资不抵债;不能支付到期债务,或即将发生支付危机;救助不能或救助失败。金融机构市场退出,可分为法人机构退出和分支机构退出两种类型。虽然金融机构市场退出的形式较多,但是一般而言,可以划分为强制性退出和自愿退出。

问题金融机构界定法律问题透视

1. 强制性退出

包括撤销、破产、兼并三种形式。撤销是指发生支付不能或严重违法经营等重大法定事由时,金融监管当局发布行政命令关停金融机构的行为。破产是指在问题金融机构因不能清偿到期债务或资不抵债时,由债权人或债务人诉请法院宣告破产,有管辖权的法院根据《企业破产法》的规定裁定宣告金融机构破产的行为。兼并既可以单纯表现为市场行为,也可以是行政行为与市场行为的结合。后者一般的做法是:对于陷入支付困境的金融机构,由行政机关注资或提供流动性支持,要求问题金融机构的股东削减股权,更换问题金融机构的高级管理人员,使金融机构基本上达到资能抵债,然后向经营情况良好的金融机构整体出售,由后者对原金融机构进行兼并,同时对原金融机构的法人资格进行注销。

广东国际信托投资公司破产事件

2. 自愿退出

其是指金融机构根据其章程或股东大会决议,经监管机构批准,自行终止其金融业务,注销其法人资格的行为。自愿退出可以采取自行解散、吸收合并、分立等形式。根据我国《商业银行法》及《公司法》等有关法律的规定,金融机构自行解散的,应经国务院银行业监督管理机构批准后,依法组成清算组,进行清算,并按照清偿计划及时偿还存款本金和利息等债务。

金融机构的撤销不同于金融机构的自行解散,也不同于金融机构破产。其特点如下:(1)由监管机构依法作出决定;(2)适用于经救助后仍无法恢复正常经营的金融机构;(3)其目的是取消金融机构法人资格,强制其退出市场;(4)金融机构被决定撤销后,其经营活动即予终止,由清算组进行强制清算,清算完毕后,予以解散;(5)撤销的首要目标是最大限度地保护债权人的利益,并保持金融机构的整体稳健运行。

强制金融机构退出市场的前提条件是:该金融机构已经发生严重的支付危机,难以救助或者救助失败。如果不及时退出,金融机构会遭受更大损失,债权人也将面临更大的损失,而且还可能波及其他金融机构,引发连锁性的支付危机,导致系统性或区域性金融风险。

三、技术驱动下的金融监管发展趋势:监管科技

近年来,随着科技与金融开启全方位融合的序幕,科技已经逐渐成为金融创新的核心驱动力。越来越多的科技公司开始凭借技术优势、流量优势和场景优势“跨界”提供金融服

务,金融服务主体呈现多元化发展趋势,金融服务边界越发模糊。这使得金融风险更加隐蔽、复杂,传播范围更广,传播速度呈几何倍数增长,从而导致金融系统整体脆弱性增加,系统性金融风险爆发概率上升,金融监管形势日趋严峻。在金融创新发展日益加速,金融机构数量与日俱增,金融产品和服务复杂程度不断提高的背景下,受人力资源、资金、技术条件约束的金融监管机构面临日趋上升的监管压力。单纯的金融监管体制改革虽然能够从制度层面理顺监管职能、防范金融风险,但仍然无法解决监管责任与监管资源不匹配、监管技术手段不足等问题。当越来越多的科技应用到金融监管领域时,监管科技逐渐受到各国金融监管机构的关注,"以科技改善监管、以科技应对风险"逐渐成为提升监管能效、防范金融风险的重要手段和途径。

(一)监管科技的产生动因与发展演进

随着金融科技(FinTech)在国内外市场的不断发展,特别是以人工智能、区块链、云计算和大数据为代表的现代技术在金融领域的应用,监管科技已逐步下沉到现实应用领域。

对于监管科技产生的动因,主要有以下几种解释:(1)监管科技是监管机构应对金融科技发展带来的问题而产生的监管理念、方式、手段上的变革。(2)监管科技是金融危机发生后,金融机构为应对逐渐趋严的监管要求和降低合规成本而运用的科技手段。(3)监管科技是金融科技的分支,是金融科技在金融监管领域的运用。(4)监管科技是监管机构自身拓展科技运用的结果。事实上,这四种解释并非完全割裂,而是相互联系的。其中,前两种解释从金融行业与金融监管互动的视角,从不同的出发点对监管科技的产生作出了解释,并包含了后两种解释。可以说,金融科技的"破坏式创新"改变了金融风险的特征,并对金融机构的风险管理与合规性要求提出了新的挑战。与此同时,自 2008 年国际金融危机起,全球金融监管机构实施了意义深远而广泛的监管改革与合规要求,复杂、支离破碎和不断演变的金融监管体制导致监管机构承受巨大的监管成本,从追求监管效率的角度也催生了监管科技。

监管科技发展至今经历了三个发展阶段:

第一个阶段是技术层面应用的监管科技 1.0 阶段,本阶段众多技术手段对监管的影响更多是工具层面的应用。这一阶段的监管科技主要依赖金融工程和量化风险模型,一方面支持经济和金融的全球化、国际化,减少跨境支付清算的风险;另一方面督促金融机构进行量化风险管理,满足监管合规要求。

第二个阶段是监管与合规数据报送自动化、流程化的监管科技 2.0 阶段。本阶段监管科技实现了监管合规和技术的结合,完成监管和合规数据报送的自动化和流程化,建立开放式微观标准化金融数据收集和共享系统,实现数据报送的详细度、高精度、高频度,而且能够满足不同市场的不同要求,使监管能够监控到创新产品、复杂交易、市场操纵、内部欺诈等,提高监管合规能力。

第三个阶段是以数据监管为中心的监管科技 3.0 阶段。本阶段是以数据为中心的监管,核心是数据主权和算法监管。物联网、大数据、人工智能、区块链等技术深入应用到监管科技中,不仅能够提供高效低成本的监管,而且还引发金融监管方式的变革,即通过监管数据共享与集成,建立数据驱动的监管和算法监管,最终实现审慎性监管,防范金融风险。

(二)监管科技的技术支撑

从技术层面来讲,金融科技(FinTech)和监管科技(RegTech)是一对"孪生兄弟",是新兴技术在不同场景的应用解决方案。监管科技的技术支撑主要包括大数据、云计算、人工智能、加密技术、API应用程序编程接口、生物识别技术、区块链和物联网等。它们在一定程度上可以赋能金融监管体系，辅助监管机构识别监管套利、防范化解金融风险。

1. 云计算

云计算是分布式计算、并行计算、效用计算、网络存储、虚拟化、负载均衡、热备份冗余等传统计算机和网络技术发展融合的产物，通过云操作系统对计算、存储、网络资源等进行整合，提供丰富的计算、存储、网络、应用等资源服务。目前，通过云、端、边多种技术结合可进行全面技术创新升级，加之可应用现有金融行业场景，金融业云化转型和监管科技发展得到巨大助力。对于监管机构，可利用云计算作为高性能和易扩展基础设施，部署原有监管科技手段，提升监管信息处理流程和速度。

2. 大数据

大数据指的是无法在一定时间范围内用常规软件工具进行捕捉、管理和处理的数据集合，是需要运用新处理模式才能具有更强决策力、洞察发现力和流程优化能力的海量、高增长率和多样化的信息资产，其关键技术一般包括大数据采集、大数据预处理、大数据存储及管理、大数据分析及挖掘、大数据展现和应用等。大数据技术可应用于用户身份识别、市场交易监控、合规数据报送、法律法规跟踪、风险数据融合分析、金融机构压力测试、信息系统安全等多个领域，大幅提高金融监管的计算和分析能力。

3. 区块链

区块链技术并不是单独的一项技术，而是点对点传输、分布式数据存储、加密技术、共识机制、智能合约等多种技术要素的组合，这一组合技术允许交易和数据在不同网络参与者（节点）构成的分布式网络中进行记录、共享和同步。区块链将数据存储在区块中，并以区块的形式传输数据，这些区块按照时间先后顺序彼此相连，形成链式的数据结构。区块链技术有利于整合监管的基础设施，在信息和操作安全的基础上，帮助监管当局提供实时可靠的交易状态，有效提升信息的透明度，同时极大地降低基础设施的重复建设成本。

4. 人工智能

人工智能是计算机科学的一个分支，它试图了解智能的本质，对人的意识、思维等信息处理过程进行模拟，并生产出一种新的能以人类智能相似的方式作出反应的智能机器，其关键技术包括机器人、语言识别、图像识别、自然语言处理和专家系统等。面向金融监管，人工智能的应用集中于识别异常交易和风险主体，检测和预测市场波动、流动性风险、金融压力、房价、工业生产、GDP以及失业率，抓住可能对金融稳定造成的威胁。具体做法包括从证据文件中识别和提取利益主体，分析用户的交易轨迹、行为特征和关联信息，更快、更准确地打击地下洗钱等犯罪活动。

（三）监管科技的主要应用场景

监管机构运用科技化的监管手段，能够对已经科技化的金融机构及其科技化的金融产品和服务实施科技化的监管，准确识别和快速处置风险，避免发生系统性风险和金融机构风险交叉感染。当前以及未来一段时间内，监管科技主要用于用户身份识别、交易行为监控、合规数据报送以及金融压力测试等四个方面。

1. 用户身份识别

用户身份识别是金融监管中识别风险、做好风险防控的一个重要环节。为了遵守用户身份识别原则,需要对投资者进行资格认证和识别。它常使用生物学识别程序,如虹膜识别、指纹扫描、面部识别等,再借助机器学习和自然语言处理等技术,用户身份识别可以进一步提高用户识别效率,预警可疑用户与可疑行为,使金融机构获得强有力的安防赋能。金融监管机构可以成立基于区块链的监管平台,对入链的用户身份信息进行分布式存储和认证共享,实现对金融交易参与者的事中和事后监管。

2. 交易行为监控

在数字金融时代,金融机构在进行交易时面对的往往是海量的用户与数据,众多风险隐藏在数据之中,产生了诸如洗钱、内幕交易、监管套利等违法行为。传统的金融监管方式已不能很好地适应科技金融体系,但监管科技为现代金融交易行为的监控提供了可能。监管机构可以借助大数据、云计算、区块链技术实行全方位的实时监控,覆盖交易前、中、后整个过程,通过对比历史数据与机器学习分析组织的内部行为,并识别欺诈、操纵等不法行为,还能捕捉异常数据,发现风险敞口,以可视化的图表呈现资金运转情况与风险所在。

3. 合规数据报送

对于金融机构而言,业务流程和交易往往贯穿多个实体和功能区块,多个交易实体间以多种格式和传输协议进行数据交换。因此,在数据模型和数据库的设计不尽相同的情况下,必然存在数据在不同系统中"翻译"的不同,这导致海量数据标准化、数字化的合规操作成本高企,难以实现。监管科技可以应用在合规数据的标准化流程中,利用多种新技术帮助金融机构清洗、加工数据,自动生成合规报告。具体来说,监管科技用于合规数据报送的方式是使用统一的数字化监管协议,使监管政策、规定和合规性要求"机器可读"。

4. 金融压力测试

自20世纪90年代以来,金融压力测试已经逐渐被国际银行和各种金融机构所采用,以此进行风险管理。测试人员将金融机构或资产组合置于某一特定的极端情境条件下(如经济增长骤减、股价暴跌等),观察其在压力下的表现,测试其承受能力。经过多年的实践使用,目前的金融压力测试已经形成了一套较为系统和科学的测试流程。监管部门要求的数据对金融机构的建模能力和分析能力提出了更高的要求。监管科技下的金融压力测试将借助人工智能、大数据等手段,更加精准地模拟虚拟情境下的金融状况,反馈监督过程也会更加透明。

监管科技的发展无疑大大增强了金融监管的能力,但由此也可能衍生算法黑箱与垄断风险、系统性金融风险、消费者隐私与数据安全风险等新型金融风险。如何在发展、利用监管科技的同时"扬长避短",有待学者进一步研究与在实践中检验。

第四节 中国金融监管制度的演变与展望

文明和法律是生物有机进化的结果。虽然金融监管法律制度对安全与稳定性的关注间接地对法律规范提出了较严格的稳定性要求,但是确定与稳定本身却并不足以为我们提供一个行之有效的、富有活力的且顺应市场发展的金融监管法律制度。因此,法律还必须服从社会进步所提出的正当要求。此外,金融监管法律制度的完善及其实践效果和一个国家的传统、习惯等密切相关，亦与人们对金融安全、效率、秩序等认知的程度关联。金融全球化下，中国金融监管法律制度在改革与转型中不可避免地会从他国的做法中吸取经验与教训，但是它也不可避免地会反映中国特定的社会、经济与金融特点。

一、中国金融监管的历史演变

（一）过渡期（1979～1991年）

自1978年年底开始实行改革开放以来，我国金融业获得了极大发展，这导致原来以中国人民银行集货币政策、金融经营和金融管理等多项功能于一身的体制发生了革新。改革后，中国人民银行被正式确立为中央银行，对银行业、证券业等具有独立、全面与统一的金融监管权。在这一阶段，中国人民银行对金融业的监管主要依赖于部门规章和行政命令，金融监管法律体系尚未形成，金融监管处于探索之中。

（二）成型期（1992～2003年）

1992年召开的党的十四大明确提出，中国经济体制改革的目标是建立社会主义市场经济体制，这一目标实质上也为我国金融监管体制的革新指明了方向。在这一指引下，我国在这段时间相继出台了《中国人民银行法》《商业银行法》《证券法》《保险法》等规范体系，从而奠定了分业经营与分业管理的法律基础。

在实现金融监管职能与货币政策职能的分离后，中国人民银行在应对金融系统性风险和保障金融市场秩序整体稳定方面，仍起着主导性的作用。在这一阶段，我国金融法律体系的规模已初步形成，在金融治理上，开始踏上了一条金融法治化、规范化与专业化的道路。在金融监管的理念与实践上，已开始逐步具有国际化的思路与元素。

（三）改革期（2004年至今）

在这一时段内，金融全球化、金融创新与金融混业化等发展迅速，而在2008年，全球遭遇了1929年世界经济大危机之后的最大金融危机。这一时期，世界各国都在加快推动金融监管体系变革，调整监管体制，推动监管重点与监管方式转向，注重宏观审慎监管、行为监管、功能监管。在这种背景下，我国“一行三会”的机构型监管体制得到了相应的发展与完善。其主要表现为：（1）对《商业银行法》《保险法》《证券法》《公司法》《银行业监督管理法》等多部位阶较高的法律进行了修改，与时俱进。（2）金融机构进一步整合。2018年，第十三届全国人民代表大会第一次会议批准了《国务院机构改革方案》。同年4月8日中国银保监会正式揭牌，这意味着原中国银监会与原中国保监会退出历史舞台。（3）金融监管机构之间的协调机制得以加强。2017年在全国金融工作会议上，我国宣布成立国务院金融委，其主旨在于强化中国人民银行的系统风险防范职权与宏观审慎监管，强化金融监管的协调，补齐金融治理的短板。（4）监管手段与内容更加丰富，监管国际化合作得以加强，如2009年巴塞尔银行监管委员会正式吸纳中国为成员。

同时，金融科技的出现使金融风险的表现形式和金融监管的重点发生了重大变化，监管机构必须采取更加有效、更加便捷的技术方式，才能适应金融市场瞬息万变的创新业务和风险形势。因此，监管科技得以迅速应用。我国对监管科技的重视始于对互联网金融的监管，监管策略由相对宽松逐步强化，相应的监管政策和措施也不断改进。2016年4月，国务院牵头多个部委共同参与的互联网金融专项整治行动在全国范围内展开。另外，国务院办公厅发布了《互联网金融风险专项整治工作实施方案》，针对科技金融不同的监管对象确定了

广东省监管科技发展案

监管分工。2017 年 3 月,博鳌亚洲论坛发布的《互联网金融报告 2017》中提到"运用监管科技,提升监管技术水平"。2017 年 5 月,中国人民银行成立金融科技委员会,强化监管科技的应用实践。同年 6 月 17 日举行的"金融科技发展与法律前沿国际论坛"上,专家提出针对金融科技的监管可以引入监管科技,在保持金融创新的基础上进行科学监管。

二、中国金融监管的立法模式与《金融稳定法》

金融监管立法模式一般有两种,一是综合性的统一金融监管立法,二是分散在不同的立法中。长期以来,我国的金融监管立法工作稳步推进,有关金融监管条文规范分布在各种相关立法中,形成了《中国人民银行法》《银行业监督管理法》《商业银行法》《证券法》《保险法》等基础法律,为统领多层次金融监管法律体系,推动经济高质量发展和金融体系稳健运行提供了有力的法治保障。

金融监管的首要任务是保障金融稳定。防范化解金融风险,特别是防止发生系统性金融风险是金融工作的永恒主题。金融风险的突发性、外溢性、复杂性、关联性强,一旦发生传染蔓延将对国民经济和社会发展造成破坏性影响。当前我国在金融稳定方面没有专门立法,存在明显弊端,具体来讲,缺乏整体设计和跨行业跨部门的统筹安排,相关条款分散于多部金融法律法规中,规定过于原则化,一些重要问题还缺乏制度规范。因此,有必要专门制定"金融稳定法"。从立法趋势看,2008 年国际金融危机以来,世界主要发达经济体普遍出台专门立法,构建统一协调的金融稳定制度架构。

为了防范化解金融风险、健全金融法治的决策部署,建立维护金融稳定的长效机制,2022 年 4 月 6 日,中国人民银行公布了《金融稳定法(草案征求意见稿)》,向社会公开征求意见。这有助于加强金融稳定法律制度的顶层设计和统筹协调,充分发挥法治固根本、稳预期、利长远的作用。

三、中国金融监管所体现的思维

在开放与市场的指引下,中国金融监管必定会包括普遍性的理念,如并表监管、金融安全、国际协作、审慎监管等。然而,我国市场的发展性与阶段性、法律建设的相对滞后性、金融业发展的整体水平、监管者的经验与素质等直接决定了中国的金融监管法律制度及监管实践也必定受中国政治、经济、社会等影响而具有自身的特色。

1. 金融安全先于效率。国家治理中,我国历来高度重视社会的稳定性。由于金融安全直接关系到经济安全,而经济安全又与社会稳定密切相关。在这一思维的影响下,金融法律制度的建设与改良在金融安全与效率选择中,我国更多地倾向于金融安全。这也导致我国在对民间金融、金融创新等的法律态度上,更多地表现出谨慎、保守、克制、不轻易冒进的特点。

2. 先发展后规范。究竟是先发展,还是先规范?这是金融法治中所必须预先确定的路线问题。金融业的改革与转轨本身就是一个试错性的发展进程。为了加速这一进程,并缩短与金融发达国家在金融业发展程度上的差距,我国在最初便确立了在发展中规范与完善的战略目标。2004 年,国务院发布的《关于推进资本市场改革开放和稳定发展的若干意见》(已失效)便确立了"坚持用发展的办法解决前进中的问题,坚持循序渐进,不断提高对外开放水平”的思路。总体上评价，在金融跨业经营日益频繁、互联网金融日渐模糊，传统金融与金融机构、金融业国际竞争激烈的情况下，我国金融法律制度的调整速度明显滞后于金融业的发展。在法律不能与金融技术创新、金融业务创新同步跟进时，有些金融创新在一段时间内处于一种相对的脱法状态。

3. 调控强度大。资源的分配与经济的调节，是靠计划？还是靠市场？虽然在大方向上，学者们对此争议不大，但无论是在经济学界，还是在法律学界，国家干预论、国家经济协调说、规制说、国家经济调控说等大同小异的理论对制度的建设产生了强烈的辐射效应。由于金融安全与社会稳定实质上是一个问题的两个方面，所以各种国家干预论直接或间接地导致金融业的立法者与监管者都奉行金融市场需要强力管理的思维，认为管理既是责任，更是权力。亚洲金融危机、次贷危机更是加深了我国金融管理者对金融市场严格管控的意识与思维，而这也在某种程度上导致或加剧了我国金融监管体系实体上的不完整与有效性的欠缺。

四、存在的主要问题

虽然受域外环境、金融创新等方面的影响，我国的金融监管无论是从制度建设，还是从经验积累等方面，都已取得很好的发展，但是在新金融形势下，其仍然存在以下亟须解决的问题。

1. 监管目标平衡不足。在市场经济发达的国家，金融监管目标与中央货币政策目标并不相同。货币政策目标是借助货币政策工具调节货币供应量，以保持币值稳定，而金融监管目标则在于保护存款人利益、维护金融体系的安全与稳定及实现金融机构的效益追求。我国的金融监管目标具有多元性和综合性特点，既要保障国家货币政策和宏观调控措施的有效实施，又要防范和化解金融风险，保护存款人利益，维护平等竞争和金融机构的合法权益，维护金融体系的安全。这实际上是将金融监管目标与货币政策目标等同化，在一定程度上会强化货币政策目标，弱化金融监管目标。另外，在监管实践中，金融安全目标优先，而其他目标相对被虚置。

2. 金融监管独立性较差。巴塞尔银行监管委员会的《有效银行监管核心原则》认为，促进有效银行监管，必须具有稳健且可持续的宏观经济政策、完善的公共金融基础设施、有效的市场约束、高效率解决银行问题的程序以及提供适当的系统性保护机制等基本条件。更关键的是，在一个有效的银行监管体系下，参与银行监管的各个机构要有明确的责任和目标，并应享有操作上的自主权和充分的资源。我国银监会等金融监管机构作为国务院的下属机构，在制度制订、监管职责履行时，较多地服从政府指示，独立性差。此外，在实际监管中，由于地方利益保护，金融监管分支机构很难做到不受地方政府的影响，从而弱化了监管效果。

3. 监管协调性差。我国的金融监管体制属于分业监管模式。虽然在这一模式下，各相关监管机构间权责明晰，但是机构之间的监管协调性差。同时，在长期的分业管理中，监管者与被监管者也易形成利益集团，滋生监管宽容、监管姑息、监管俘获与监管寻租问题。再者，金融混业经营也使分业管理体制中所存在的多头、分散问题更加突出与严峻。

4. 金融创新不足。与金融发达国家相比，我国金融机构业务同质化严重、竞争激烈、创新匮乏、发展后劲不足。虽然这种状况的出现与体制相关，同时也与金融监管者“稳定优先”的监管思维密切关联。而且,频发的金融事件与国际性的金融危机更是加深了决策者对金融业严格管控的观念与意识,从而进一步抑制了金融机构创新的积极性与主动性。互联网、大数据时代,创新不足压缩了金融机构自身的生存空间,影响其产品与服务的质量,而且也使得我国金融机构在国际竞争中处于劣势。

5. 金融监管体系不完整。金融监管体系的完整性直接影响到监管效率、监管成本、监管效果与金融创新。虽然我国的金融体系已经过新一轮的调整,但是由于综合因素的影响,在整体上,我国金融监管体系处于一种不够健全的状态,主要表现为金融监管专业性不足、监管效率低、监管适度性不理想等。此外,我国还存在金融行业组织影响力差、自主度弱、中立性差及作用发挥有限等问题。同时,企业的内部治理流于形式,对于金融机构的内部决策不能形成有力的制衡。另外,会计师事务所与律师事务所等更多的是受市场影响,其评价的客观性、可靠性、公正性与中立性不够。

五、中国金融监管的改革

(一)强化对金融消费者权益的保护

金融消费需求决定了金融产品与服务提供的质与量,同时也会激励金融机构的创新与监管法律制度的优化。实际上,随着商业要求、准市场、消费者选择权以及其他的市场准则融入国家福利制度和私有化的行业,消费者保护不仅是一个法律话题,更已成为一个核心的政治议题。在未来的法律革新中,必须强化金融机构对其产品与服务的信息披露义务,切实加大对金融消费者金融隐私权的保护。

为此,我国也成立了一些官方的金融者保护机构,如 2012 年 7 月中国人民银行成立了金融消费保护局,且于 2016 年出台了《金融消费者权益保护实施办法》;在我国金融法律制度修改或出台的新法中,应明确金融消费者的概念及权利保护边界。为了适应机构改革,中国银保监会统合了前期的消费者保护局。虽然这些举措彰显了对金融消费者的权益保护,但是上述机构属于内设机构。客观而言,在上位法律没有突破的情况下,其象征意义大于对金融消费者保护的现实意义。在未来的金融消费者权益保护上,可从以下几个方面推进:(1)在上位法律中,彻底明确消费者与金融消费者及其具体的权利边界等基础性概念;(2)重视对金融消费者金融知识的教育,使其能真正成为“金融人”与“风险人”,并具有基本的金融风险意识与观念;(3)强调金融消费者权利与义务的对称性;(4)强化金融机构对其产品与服务的信息披露义务,并明确不披露的法律责任;(5)着力构建一个由“金融消费者教育 + 金融机构 + 金融行业协会 + 金融监管机构 + 金融仲裁 + 诉讼”组成的立体式的金融消费者保护体系。

(二)金融监管沙盒化实践

科学技术的迅猛发展极大地推动了金融与科技的融合。在这一背景下,无论是在金融界,还是在法律界,金融科技都是一个非常时髦的时代词语。创新即创造性破坏,虽然金融科技化创新了金融业务品种、平台与交易模式,加速了资金循环的效率,但由于金融科技创新自身的特点,包括开放性、互联互通性、科技含量等,使得金融风险更加隐蔽,信用风险和操作风险更加突出。为了解决特定背景下监管的何处去问题,英国首开先河地创造了沙盒监管(regulatory sandbox)这一制度。2016 年 5 月,英国金融行为监管局正式启动了监管沙盒化。在这一示范效应下,澳大利亚、新加坡等先后启动了本国金融监管的沙盒化改革。事实上,沙盒监管制度对维持金融创新与金融安全之间的平衡意义重大。其本质为事前准入监管、差异化监管和临时性监管,促进了金融监管机构与金融创新主体之间沟通与互动,保证金融科技和金融创新的健康有序发展。

(三)监管方式的创新

时下,金融发达国家多建立了比较完善的风险目标监管,其核心是运用先进的技术手段、专业知识和信息平台,评判最新发展趋势和主要风险领域,事先进行风险预警。我国的金融监管方式可考虑从以下几个方面进行改进:从单一的现场检查向现场检查和非现场监督发展,从粗放式监管向风险监管转变,从单一的业务合规监管向合规监管和风险监管并重转变,从对不合规行为的事后处置向事前防范与引导转变。

监管科技将渗入现有的监管方式,同时也将催生新的额外监管方式。监管科技作为金融科技在监管领域应用的“孪生兄弟”,其对于金融监管变革的有效性不言而喻。目前来看,只有监管科技可以在一定程度上实现监管智能化和前瞻性,平衡金融科技创新和金融风险管理,是实现监管理念重塑的关键性工具,新技术的应用将有力拓展金融监管的“生产可能性空间”。就政府治理角度而言,监管科技符合我国简政放权行政体制改革的大趋势,利用先进科技手段在一定程度上减少人力、物力、资源投入和人工监管的环节,降低人为拖慢金融监管流程的可能性,推动监管治理精准化、宏观决策科学化和金融服务高效化。

(四)金融监管主体自身的再造

我国金融业主要的官方监管主体,包括国家金融委、中国人民银行、中国银保监会、中国证监会,以及地方金融监管部门等。为适应金融混业化、金融全球化与金融互联网化的监管需要,应提升监管主体的自身建设。如强化监管的独立性与监管权责匹配制度,以防止地方政府及其他职能部门的干预;加强监管机构人员素质的培育,使监管更加专业化与效率化;重视金融同业协会的监管弥补功能,以在法定监管者与被监管者之间制造监管缓冲,制约和防范权力的滥用与监管不作为,并完善金融监管体系。

平安集团的金融混业之路

(五)金融监管的国际合作

经济全球化带来了金融全球化,而这又催生了金融风险流动的国际化。金融监管的国际协作不仅是一国制度建设中的重要一环,而且也直接与监管效果相关。这种合作主要表现在两个方面:(1)我国应积极主动地与具有全球影响力的国际组织协作,如国际货币基金组织、金融稳定理事会、巴塞尔银行监管委员会、国际证券监管者组织、国际保险监管者组织等,正向影响这些组织所推出的具有示范法性质的文件,以使我国金融机构在国际化竞争中处于比较优势地位;(2)与相关国家通过双边协议或备忘录的方式进行合作。在文件中,两国监管当局应就监管的目标、原则、内容、方法、监管权归属、债权人利益保护、信息交流及突发金融事件的处置等达成事先安排。

上述金融监管改革从某种程度来说都是金融监管针对市场型金融创新的“适应性变化”,几乎都聚焦于具体技术层面抑或金融监管的某个方面。对此,是否可以、是否需要超越金融监管“回应式”的改革,从立法层面对金融监管的理念和制度进行更新,创新金融法的更新机制,创建市场型金融创新合法性裁定制度,完善市场型金融创新的法律责任,从而提升我国对市场型金融创新监管的法治化水平,都还有待进一步研究。

思考题

1. 金融监管如何界定？它涉及哪些问题范畴？
2. 如何理解金融监管的价值定向与基本的监管原则？
3. 有效金融监管的构成要素及评价？
4. 如何评价各种形式的金融监管体制？
5. 如何寻求中央与地方最优的金融监管分权结构？
6. 请比较分析金融机构市场准入监管、运营监管及退出监管的利弊及其联系。
7. 金融监管与金融创新之间的关系应该如何理解？
8. 金融互联网化、大数据化的背景下，中国的金融监管法律制度创新应该如何推陈出新？
9. 浅谈监管科技的产生基础以及应用前景。
10. 如何规避监管科技可能带来的算法"黑箱"与数据安全等问题？

扩展阅读

1. 黎四奇：《金融监管法律问题研究——以银行法为中心的分析》，法律出版社 2007 年版。

   本书对金融法的本质、研究方法以及金融跨国化对中国金融法治的影响问题进行了深入而独到的分析，论述完整，并能够时刻围绕现实问题，实现了艰涩理论与复杂实践的结合。

2. 马勇：《理解现代金融监管：理论、框架与政策实践》，中国人民大学出版社 2020 年版。

   本书通过理论和实证分析，对金融监管的若干核心问题进行了系统阐述。包括金融监管的经典理论、模型框架、主体资格、作用边界和组织结构等基本问题，以及长期中的金融监管动态均衡与路径选择问题，还有金融监管和宏观经济之间的内在关联和传导机制，金融监管和货币政策之间的协调搭配等内容。

3. 武良山、周代数、王文韬主编：《金融大监管：大变局下的监管逻辑与市场博弈》，中国人民大学出版社 2021 年版。

   本书邀请了多位亲身参与监管实践和工作于金融行业一线的资深金融人士，结合切身体会阐述我国金融监管的发展情况，梳理当下金融监管方面的热点问题。分别阐述了银行、证券、保险、私募基金、信托等行业的金融监管新政、影响和趋势，并结合瑞幸咖啡事件分析了跨境金融监管问题，为读者勾画出一幅中国金融监管的全景路线图。

4. 许闲等著：《合规与监管科技》，中国金融出版社 2021 年版。

   本书围绕监管科技与合规科技这一在科技企业、传统金融企业和监管领域蓬勃发展的新方向进行研究，针对有关概念进行整合、辨析、比较，提炼出概念体系，通过梳理发展阶段、技术变化等内容，呈现合规与监管科技的发展历程。

5. 方意、张立莉主编：《民间金融监管理论与实践》，中国财政经济出版社 2021 年版。

   本书主要对民间金融监管理论、地方金融监管实践、监管机制设计等重要问题开展研究，阐述目前我国民间金融发展迅速、规模空前、形式多样及其法律应对之策。民间金融作为正规金融机构的有效补充，推动着金融创新，在一定程度上缓解了中小企业融资难的问题，促进了农村经济的发展。但长期以来，民间金融未得到有效的政策支持，缺少法律地位，更缺少规范的培训模式。随着我国经济的发展和改革开放的推进，民间金融也面临着何去何从的问题。

6. [荷]乔安妮·凯勒曼、雅各布·德汗、费姆克·德弗里斯:《21 世纪金融监管》,张晓朴译,中信出版集团股份有限公司 2016 年版。

本书不仅聚焦于监管规则,也关注监管实践,进一步探讨了如何打造高质量监管、构建新的监管范式,并就原则导向监管、双峰监管、前瞻性监管、分析式监管、金融监管的激励机制、宏观审慎与微观审慎监管之间的有机配合等问题进行了细致入微的阐述。

第四章 商业银行法律制度

在金融机构的体系中,商业银行具有举足轻重的地位。商业银行不仅对中央银行货币政策职能的贯彻与实现具有重要的承上启下意义,而且其负债业务、中间业务与资产业务的特点也决定了其在整个金融风险系统控制与防范中的重要地位。商业银行法既是一个私法问题,如其负债业务、中间业务与资产业务的开展应遵循当事人之间意思自治的原则,同时由于金融风险的公共利益性又决定了其应该是也必须是一个公法问题,在业务开展中,商业银行必须满足法定的监管要求,如存款保险制度、最低资本充足率、内部控制等。

第一节 商业银行法概述

一、商业银行的性质与功能

(一)商业银行的性质

商业银行区别于中央银行、投资银行,是指一种以营利为目的,以多种金融负债筹集资金,以多种金融资产为经营对象,并具有信用创造功能的金融机构。对此,我国 2015 年 8 月修正的《商业银行法》第 2 条规定:"本法所称的商业银行是指依照本法和《中华人民共和国公司法》设立的吸收公众存款、发放贷款、办理结算等业务的企业法人。"[1] 由于历史传统、金融发展程度、法治水平等的不同,商业银行并非一个固定的概念,在功能与业务范围上,存在很大的国别差异性。

从各国有关商业银行的立法看,其一般具有以下共性特征:第一,它的资金来源是各类存款,尤其是吸收活期存款,因而它也常被称为"存款银行"。第二,它属于企业法人,以追求利润最大化为目标。第三,由于金融业务经营模式的不同,它的经营范围亦因分业或混业而存在较大的差别。在分业经营的国家,其业务范围限于负债业务、资产业务与中间业务。在混业经营模式的国家,商业银行是全能型的"金融的百货公司"。

总体而言,商业银行是以逐利为目标的企业,有别于不以营利为目的的国家机关与事业单位;再者,商业银行是金融企业,经特许专门经营存款、贷款、资金结算等金融业务,有别于工业、农业等非金融型企业;此外,商业银行在法律形式上是企业法人,即其是依法设立、有自己的名称、组织机构、场所及独立的财产,并能独立承担法律责任的组织。

---

〔1〕 中国人民银行于2020 年发布的《商业银行法(修改建议稿)》还详细列举了我国商业银行的具体类别,包括全国性商业银行、城市商业银行、农村商业银行以及根据经济社会发展需要设立的村镇银行等其他类型商业银行等。这一改变明确了村镇银行的法律地位,为未来出现的新型商业银行预留了法律空间。

商业银行是社会分工的结果,虽然其产生具有自发性与市场性,但是其合法性与正当性最终必须受国家法律与权力的授予与认可。商业银行负债、资产与中间的业务范围也决定了其和其他金融机构或准金融机构的分工与所扮演的社会角色的不同。例如,虽然支付宝与微信支付等第三方支付机构提供的是资金融通的服务,但是其只是另一类机构。对此,2010年9月开始实施的《非金融机构支付服务管理办法》第2条规定,本办法所称非服务机构支付服务,是指非金融机构在收付款人之间作为中介机构提供的部分或全部货币资金的转移服务。由此可见,金融机构的业务范围影响金融机构的属性与本质。虽然金融机构的属性是一个市场自发的问题,但是金融秩序与安全决定了其属性最终受国家权力与法律支配。

(二)商业银行的功能

1. 信用中介功能

信用中介功能是商业银行最本质、最基本的本位功能。这一功能的实质是银行通过负债的方式将社会中的各种闲散资金集中到商业银行,再由商业银行通过资产业务的方式投向社会经济的各部门。

2. 支付中介功能

支付中介功能是指商业银行借助其客户在商业银行所开立的存款账户,代理客户办理货币结算、货币收付、货币兑换等业务活动。在这一功能发挥中,商业银行为政府、家庭、工商企业等扮演了资金保管人、出纳人和支付代理人的角色,从而使商业银行成为社会经济活动的支付中心、出纳中心、整个社会信用链条的枢纽。

3. 金融服务功能

金融服务功能是金融自由化下商业银行业务综合化与全能化的现实表现。为了实现效益性,在日渐加剧的行业角逐中,商业银行利用其自身行业优势,不断创新其金融品种与服务方式,这主要包括信息咨询、财务管理、融资服务、代收代付、信用证开立、保险箱提供等。

4. 信用创造功能

信用创造功能是商业银行区别于其他金融机构最重要的特征。商业银行在吸收存款的负债业务基础上发放贷款,在支票流通和转账结算时,贷款又会转化为存款,形成新的债权,如此循环就能创造出数倍于原始存款的派生存款,从而导致经济运行中货币供给量的急剧扩张。

二、商业银行的组织结构

作为一个专门的术语,组织结构涉及的是为了实现组织的既定目标,在组织理论指引下,经过组织设计形成的组织内部各个单元、各个层次之间比较固定的排列方式,即组织内部的构成问题。此外,它还关涉关联组织之间的相互关系类型,如经济联合体、专业化协作、企业集团等。对于商业银行的组织结构可以从外部描述与内部规范两个角度展开。

(一)商业银行的外部组织结构

1. 单一银行制

其又称为单元制或单元银行制,即根据国家法律的规定,商业银行只能成立一家独立的银行机构,不设立分支机构。单一银行制在美国比较典型。美国是各州独立性较强的联邦制国家,在历史上经济发展极不平衡,东西部经济发展悬殊较大。为了适应经济均衡发展的需求,特别是适应中小企业发展的需要,防止金融集中,反对银行吞并,美国各州都通过银行法,禁止或者限制银行开设分支行。21世纪以来,这一限制才有所放松。

该种银行体制的优点是:(1)可以防止银行间的吞并和金融垄断,缓和竞争的激烈程度,减缓银行业务集中的进程;(2)有利于协调银行与地方政府间的关系,使银行经营更符合本地区的发展需要;(3)银行的自主性较强,灵活性较大;(4)管理层级少,中央银行的调控传导效率高,有利于实现中央银行的货币政策。

单一银行制的缺点是:(1)对竞争的限制不利于银行的发展和经营效率的提高;(2)单一银行制与经济的外向型发展相矛盾,从而限制了资本的流动;(3)和其他类型的银行相比,单一银行制的金融创新性较差。

2. 分支银行制

其又称为总分行制,是指依法可以在国内外设立分支机构的商业银行体制。除总行外,一般可在国内或国外开设分支机构。大部分总行设于首都或经济比较发达的大城市。由于垄断集团不断采取兼并活动,银行越来越集中而总数量减少,受益于资产更加雄厚,业务范围更加广泛,其分支机构遍及国内外大部分城市及金融中心,形成了庞大的银行分支机构网络。分支银行制优越性较大,既可降低营业成本,资金可互相融通,调剂迅速,又能广泛收集和传递信息,提高银行服务质量与业务能力。银行规模越大,向社会提供的服务范围越广。由于总行利润大部分来自分支机构,所以银行机构网络越是庞大,实力就越是雄厚。

分支银行制的优点是:(1)便于商业银行扩大经营规模,增强银行实力,形成规模效应,提供优质金融服务;(2)便于银行分散风险,提高其安全性;(3)便于采用先进的技术设备和管理手段;(4)便于宏观管理水平的提高。

分支银行制的缺点是:(1)容易形成垄断,不利于金融消费者权益的保护;(2)管理层级过多,代理风险大、合规成本高;(3)商业银行内部有效治理难度大。

时下,多数国家采取的是分支银行制。例如,我国商业银行根据需要可以在中华人民共和国境内设立分支机构。设立分支机构必须经国务院银行业监督管理机构审查批准。在中华人民共和国境内的分支机构,不按行政区划设立。不按行政区划设立,是将分支机构的分管区域交由商业银行的总行根据业务发展需要自行决定。我国商业银行对其分支机构实行全行统一核算,统一调剂资金,分级管理的财务制度。商业银行分支机构不具有法人资格,在总行授权范围内依法开展业务,其民事责任由总行承担。

3. 银行集团制

其又称银行持股公司制,是指由某一集团成立一持股公司,再由该公司控制或收购两家以上银行机构。大银行通过持股公司可以把许多小银行置于自己的控制之下。银行持股公司有两种形式:一种是单一银行持股公司,即持股公司控制一家商业银行的股权。这种形式便于设立各种附属机构,开展多种非银行的金融业务,一般以大银行为主;另一种是持股多家公司,即持股公司控制两家以上商业银行的股权,这种形式便于银行扩张和进行隐蔽性的合并。

该模式20世纪初出现于美国,随后在其他国家得到广泛发展。初期,持股公司本身不从事商品生产或销售业务,主要通过发行股票或公司债券的方式组织货币资本,再用以购买其他公司的股票。后来,其业务范围逐步扩展,包括投资、信托、租赁等业务。1956年美国《银行持股公司法》规定,凡直接、间接控制两家以上银行,而每家银行有表决权的股票在

25%以上的，为持股公司。1970年美国对《银行持股公司法》又作了如下修改：只控制一家银行25%以上股权的持股公司，也要进行登记。因持股公司控制一定比例的银行股权，就能决定银行的重要人事、营业政策，所以持股公司可以是大银行控制小银行的工具。之所以如此，主要原因在于持股公司可逃避州立法中不允许银行跨州设立银行分支机构的限制；持股公司可避开银行法对商业银行经营业务上的限制，扩大经营范围，使银行涉足非银行的业务领域；持股公司能够规避对银行融资的限制性规定，为银行筹集资金，如发行商业票据等。

银行集团制的优点是：(1)母公司可以总揽全局，统一调配资金，提高资金的使用效率；(2)持股公司可以控制大量的非银行企业，为其控制的银行提供稳定的资金来源和客户资源；(3)集团可以经营非银行业务，拓宽盈利途径。

银行集团制的缺点是：(1)因规避了法律禁止性或限制性的监管规则，不利于整个金融行业的稳定；(2)大量关联交易的存在不利于市场竞争的公平与规范；(3)行业合规成本大，且有效性可能降低。

4. 连锁银行制

连锁银行制或称"联合制"，是指由某个人或某集团通过收购若干银行的多数股票达到控制程度而形成的银行集团。在该体制下，这些银行的法律地位仍然是独立的，但实际上其业务和经营政策等因控股而被他人所控制。

连锁银行制的作用和集团银行制一样，都是为了在连锁的范围内发挥分行的作用，弥补单一银行制的不足，并规避现行法律对设置分支机构的限制。这种体制曾盛行于美国的中西部地区，但没有集团银行制普遍。

(二)商业银行的内部组织结构

商业银行属于企业的范畴。客观上，企业的本质是一系列契约关系的综合，是由企业所有者、经营者、职员、债权人、债务人、消费者、供应商等所组成的一个契约网络。在这种契约网的建构中，各利益主体平等化与独立化，所涉主体基于自身的立场具有不同的利益诉求。企业的效益与效率就是建立于尊重与肯定这些关联利益的基础之上。

现代企业制度最大的特点就是公司所有权与控制权的两权分离，贯彻这种精神的公司制企业，都有必要建立一个科学、合理、有效的公司内部组织结构，即通过一种制度安排，来合理地配置所有者与经营者之间的权利与义务关系。公司治理的目标是保证股东利益的最大化，防止经营者对所有者利益的背离。其由股东大会、董事会、监事会及管理层构成公司内部治理结构。总体上说，公司内部治理结构包含两层制衡关系：一是公司内部股东大会、董事会、监事会的三方权力或三个主体的分权结构和内部制衡关系；二是董事会与总经理的经营决策权与执行权的分权结构和内部制衡关系。[2]

---

〔2〕我国现行《商业银行法》相关商业银行公司治理制度的规定基本是按照传统的公司制度设计，没有充分考虑到商业银行的特殊性。股东会、董事会的权利义务划分以及商业银行监管、准入、危机处理的权力分配等均需要进一步研究。中国人民银行于2020年发布的《商业银行法(修改建议稿)》新设第三章"商业银行的公司治理"，参考国际经验，吸收现行监管制度中的有益做法，落实商业银行公司治理要求。该修改建议稿第30条规定："商业银行的组织形式、组织机构适用《中华人民共和国公司法》的规定。商业银行应当建立组织健全、权责明确、制衡有效、运转高效的公司治理机制。"《商业银行法(修改建议稿)》第39～43条对商业银行的内部控制、内部审计、信息披露、激励约束、关联交易管理等事项作出了指引性规定。《商业银行法(修改建议稿)》的这种增补与细化要求说明法律对商业银行公司治理的规范化要求在不断提高。

股东大会是商业银行的权力机关。股东大会必须遵守法律规定的会议频次和投票机制。商业银行的股东应当通过股东大会合法行使权利,遵守法律法规和银行章程的规定,遵守法律规定的股东义务,不得不当干预董事会和高级管理层履行职责;商业银行的实际控制人不得滥用控制权,损害商业银行、股东、债权人以及其他利益相关人的合法权益。股东滥用股东权利给银行或者其他股东造成损失的,应当依法承担赔偿责任及其他法律后果。

商业银行的董事会对股东大会负责。董事会下设专门委员会,各专门委员会根据董事会的授权履行职责。各专门委员会有权直接与高级管理人员及其他工作人员进行交流,以获得足够的银行经营管理信息。根据2021年6月2日中国银保监会印发的《银行保险机构公司治理准则》(银保监发〔2021〕14号)第55条、第56条相关规定,银行保险机构董事会应当根据法律法规、监管规定和公司情况,单独或合并设立专门委员会,如战略、审计、提名、薪酬、关联交易控制、风险管理、消费者权益保护等专门委员会。专门委员会成员由董事组成,应当具备与专门委员会职责相适应的专业知识或工作经验。审计、提名、薪酬、风险管理、关联交易控制委员会中独立董事占比原则上不低于1/3,审计、提名、薪酬、关联交易控制委员会应由独立董事担任主任委员或负责人。审计委员会成员应当具备财务、审计、会计或法律等某一方面的专业知识和工作经验。

监事会是商业银行的监督机构。监事会对股东大会负责,负责对董事、高级管理人员履行职责的行为进行监督,对违反法律法规、银行章程或者股东大会决议的董事、高级管理人员提出罢免建议;当董事、高级管理人员的行为损害银行利益时,可要求涉事人员予以纠正;对银行经营决策、风险管理和内部控制等经营管理行为进行监督。〔3〕

高级管理层是商业银行的执行机关。商业银行高级管理层负责执行董事会决策,在其职权范围内依法独立开展经营管理活动,接受监事会监督。高级管理人员应当定期向董事会、监事会报告经营业绩、重要合同、财务状况、风险状况和经营前景等。本质上,商业银行是经营金融业务的特殊企业,其内部组织结构与现代公司制度的规定相似,在我国主要适用《公司法》的规定。

除此之外,为了规范内部治理,我国还另外颁布了一些针对性的部门规章。2002年5月23日,中国人民银行发布《股份制商业银行公司治理指引》(已失效)与《股份制商业银行独立董事和外部监事制度指引》。原中国银监会自成立以来,为督促商业银行完善内部治理、完善和优化经营组织架构,也先后推出了一系列规范性文件:2005年9月5日,发布《股份制商业银行董事会尽职指引(试行)》(已失效);2006年4月18日,发布《国有商业银行公司治理及相关监管指引》(已失效)。2018年机构改组后,中国银保监会持续对公司治理予以高度关注。2019年11月,中国银保监会发布《银行保险机构公司治理监管评估办法(试行)》,2021年6月发布《银行保险机构公司治理准则》。

三、商业银行的经营原则

(一)安全性、流动性、效益性原则

商业银行作为企业法人,盈利是其首要目标,但是效益必须以资产的安全性和流动性为前提。安全性又集中体现在流动性方面,而流动性则以效益性为物质基础。商业银行在经

〔3〕《商业银行法(修改建议稿)》进一步提升了监事会独立性与监督作用,建立了监事会向监管机构报告机制。

营过程中必须有效地在三者之间寻求合理的平衡。对此，我国《商业银行法》第 4 条第 1 款规定："商业银行以安全性、流动性、效益性为经营原则，实行自主经营，自担风险，自负盈亏，自我约束。"

（二）保护存款人利益原则

存款是商业银行的主要资金来源，存款人是商业银行的基本客户。商业银行作为债务人，是否充分尊重与保护存款人的利益，是否严格偿还自己的债务直接关系到银行自身经营的成败。保护存款人利益是当下商业银行法律制度构建与改良的重要原则。同时，国家建立存款保险制度，依法保护存款人的合法权益，维护金融稳定。商业银行应当按照规定投保存款保险。

（三）依法独立经营原则

这是商业银行作为企业法人的具体体现，也是市场经济机制运行的必然要求。商业银行依法开展业务，不受任何单位和个人的干涉。作为独立的市场主体，商业银行有权依法处理其一切经营管理事务，自主参与民事活动，并以其全部法人财产独立承担民事责任。

（四）平等、自愿、诚实信用原则

商业银行与其客户是平等主体之间的民事法律关系。因此，商业银行与客户间的业务往来，应以平等、自愿为基础，公平交易，不得强卖强买，不得附加不合理的条件，双方在金融交易中均应诚实、守信，正当行使其权利，履行其义务。

（五）公平竞争原则

作为商事主体，商业银行在经营中必须遵守市场内在的竞争规则，各个竞争者在同一市场条件下都应该平等地接受价值规律和优胜劣汰的功能与评判，并各自独立承担公平竞争的结果。

第二节　商业银行的设立、变更、接管与终止

一、商业银行的设立

商业银行的设立是商业银行完成组建的行为，是指具备法律规定的构成要件，完成申请程序，并由主管机关颁发营业执照而取得法人资格的过程。在广义上，它还包括商业银行取得法人资格后的分支机构的设置。商业银行设立主要涉及设立条件、设立程序及其分支机构的设立三个方面的问题。

（一）商业银行的设立条件

为了防患于未然，各国商业银行法都对商业银行的产生从公司章程、最低注册资本要求、内部治理机制、任职人员资质、场地安全等方面设定了严格的遴选要求。在这一点上，根据我国相关法律规定，设立商业银行，应当经国务院银行业监督管理机构审查批准，并应符合下列条件：

1. 有符合《商业银行法》和《公司法》规定的章程。商业银行章程将确定银行机构名称、组织机构、经营范围、注册资本、议事规则等基本事项。商业银行章程一经主管审批机关批

准,即产生法律效力,对商业银行、股东、董事、监事和高级管理人员具有约束力,成为商业银行进行活动的依据和准则,也是商业银行对内、对外的基本法律文件。

2. 有符合《商业银行法》规定的最低限额注册资本。设立全国性商业银行的注册资本最低限额为10亿元人民币。设立城市商业银行的注册资本最低限额为1亿元人民币,设立农村商业银行的注册资本最低限额为5000万元人民币。注册资本应为实缴资本。[4]

3. 有符合条件的股东或者发起人。商业银行的股东应当具有良好的社会声誉、诚信记录、纳税记录和财务状况。商业银行的主要股东、控股股东、实际控制人应当具备履行相应义务的能力和条件。企业法人成为商业银行主要股东、控股股东、实际控制人的,应当具备核心主业突出、资本实力雄厚、公司治理规范、股权结构清晰、管理能力达标、资产负债和杠杆水平适度,并符合其他审慎性条件。商业银行的主要股东是指其出资额或持有股份占商业银行资本总额或股本总额5%以上、50%以下的股东,以及出资额或持有股份的比例不足5%,但对商业银行经营管理有重大影响的股东。境外机构成为商业银行主要股东、控股股东、实际控制人的,该境外机构及其控股股东、实际控制人应当符合《商业银行法》以及其他法律、行政法规、监管规定的要求。

存在负有数额较大的债务到期未清偿,因提供虚假材料、不实陈述或者其他欺诈行为,被有关部门依法追究责任不满5年;因重大违法违规行为,被金融监管部门依法追究责任不满5年;因犯有危害国家安全、恐怖主义、贪污、贿赂、侵占财产、挪用财产、黑社会性质犯罪或者破坏社会经济秩序罪,被判处刑罚,自刑罚执行完毕之日起不满5年等可能对商业银行经营管理产生不利影响情形的法律主体不得成为商业银行的主要股东、控股股东或者实际控制人。

4. 有具备任职专业知识和业务工作经验的董事、监事、高级管理人员。2013年12月起实施的《银行业金融机构董事(理事)和高级管理人员任职资格管理办法》规定,商业银行拟任、现任董事和高级管理人员的任职资格基本条件包括:具有完全民事行为能力;具有良好的守法合规记录;具有良好的品行、声誉;具有担任金融机构董事(理事)和高级管理人员职务所需的相关知识、经验及能力;具有良好的经济、金融从业记录;个人及家庭财务稳健;具有担任金融机构董事(理事)和高级管理人员职务所需的独立性;履行对金融机构的忠实与勤勉义务。

除了正向要求外,我国《公司法》还对公司高级管理人员任职的禁止情形作了规定,主要包括:无民事行为能力或者限制民事行为能力;因贪污、贿赂、侵占财产、挪用财产或者破坏社会主义市场经济秩序,被判处刑罚,执行期满未逾五年,或者因犯罪被剥夺政治权利,执行期满未逾5年;担任破产清算的公司、企业的董事或者厂长、经理,对该公司、企业的破产负有个人责任的,自该公司、企业破产清算完结之日起未逾3年;担任因违法被吊销营业执

---

[4] 现行有关新设商业银行必须符合最低限额注册资本的标准,是1995年通过的《商业银行法》规定的标准,近30年过去,经济形势已经发生很大的变化,这种最低限额注册资本的标准显然已经不符合实际情况。《商业银行法(修改建议稿)》将这个标准大幅度提高。《商业银行法(修改建议稿)》第13条规定:"设立全国性商业银行的注册资本最低限额为一百亿元人民币。设立城市商业银行的注册资本最低限额为十亿元人民币,设立农村商业银行的注册资本最低限额为一亿元人民币。注册资本应当是实缴资本。国务院银行业监督管理机构根据审慎监管的要求可以调整注册资本最低限额,但不得少于前款规定的限额。根据经济社会发展需要设立的村镇银行等其他类型商业银行,注册资本最低限额由国务院银行业监督管理机构确定,报国务院批准。"

照、责令关闭的公司、企业的法定代表人，并负有个人责任的，自该公司、企业被吊销营业执照之日起未逾3年；个人所负数额较大的债务到期未清偿。

由于在法律形式上，商业银行也属于公司的范畴，《公司法》的规定对商业银行高管人员的任职条件理所当然地具有约束力。同时，鉴于商业银行金融的特殊性，对其高管人员的任职资格更应高于《公司法》的一般规定。对此，高管人员的任职资格还必须满足以下消极条件，具体包括：因犯有危害国家安全、恐怖主义、贪污、贿赂、侵占财产、挪用财产、黑社会性质犯罪或者破坏社会经济秩序罪，被判处刑罚，或者因犯罪被剥夺政治权利的；担任因经营不善破产清算的公司、企业的董事或者厂长、经理，并对该公司、企业的破产负有个人责任的；担任因违法被吊销营业执照的公司、企业的法定代表人，并负有个人责任的；个人所负数额较大的债务到期未清偿的；对重大金融风险或者重大金融违规行为负有个人责任，自被追究责任之日起不满5年的，不得成为商业银行的高管人员。

5. 有健全的组织机构和管理制度。

6. 有符合要求的营业场所、安全防范措施及与业务有关的其他设施。

7. 有符合要求的信息科技架构、信息科技系统、安全运行技术与措施。原银监会在2009年3月颁布的《商业银行信息科技风险管理指引》中，要求各商业银行借助计算机、通信、微电子和软件工程等现代信息技术，通过建立有效的机制，实现对商业银行信息科技风险的识别、计量、监测和控制，促进商业银行安全、持续、稳健运行，推动业务创新，提高信息技术使用水平，增强核心竞争力和可持续发展能力。

8. 其他审慎性条件。审慎性是商业银行监管中所必须遵循的原则，这一原则直接体现于商业银行的设立阶段。对此，中国银保监会于2018年8月修正的《中资商业银行行政许可事项实施办法》第7条规定，拟设立的股份制商业银行法人机构至少应当符合的审慎性条件为：具有良好的公司治理结构；具有健全的风险管理体系，能有效控制各类风险；发起人股东中应当包括合格的战略投资者；具有科学有效的人力资源管理制度，拥有高素质的专业人才；具备有效的资本约束与资本补充机制；有助于化解现有金融机构风险，促进金融稳定。

（二）商业银行的设立程序

一般来说，世界各国对商业银行的设立均采取特许制。未经法定监管机构的核准，任何机构和个人不得从事商业银行业务，并不得使用"银行"字样。在实践中，商业银行的设立要经过以下流程：申请→审批→登记→公告。

1. 申请。其是指相关当事方向法定的监管机构提交筹建申请书、可行性报告、章程草案等文件、资料，提请设立商业银行。我国银保监会对商业银行筹建申请的答复期限为4个月。在申请批准后，方可开始筹建事宜，筹建期为6个月。筹建延期不得超过一次，筹建延期的最长期限为3个月。[5]

2. 审批。主要涉及审批机构、审批条件、审批时限与许可证颁发四个环节。在我国，审

---

[5] 《商业银行法（修改建议稿）》将申请设立商业银行的筹建、开业期限都进行了一定幅度的延长。《商业银行法（修改建议稿）》第18条规定："国务院银行业监督管理机构应当对设立商业银行的申请进行审查，自受理之日起六个月内作出批准或者不批准筹建的决定，并书面通知申请人。决定不批准的，应当书面说明理由。申请人应当自收到批准筹建通知之日起一年内完成筹建工作，筹建期间不得从事商业银行业务经营活动。筹建工作完成后，申请人可以向国务院银行业监督管理机构提出开业申请。国务院银行业监督管理机构应当自受理开业申请之日起六十日内，作出批准或者不批准开业的决定。"

批机构为中国银保监会及其派出机构。审批条件,由监管机构严格根据法定条件,在对金融市场的竞争情况进行综合评估后,作出是否准许的决定。审批时限,监管机构应在规定的期限内作出是否许可的决定。如果不予许可,则应说明理由。中国银保监会应在收到开业申请文件之日起2个月内,以书面的方式告知申请人是否准许。许可证颁发,中国银保监会2021年7月起实施的《银行保险机构许可证管理办法》第5条规定,银保监会对银行保险机构许可证实行分级管理。银保监会负责其直接监管的政策性银行、大型银行、股份制银行、外资银行、保险集团(控股)公司、保险公司、保险资产管理公司、保险代理集团(控股)公司、保险经纪集团(控股)公司、金融资产管理公司、银行理财公司、金融资产投资公司、保险兼业代理机构等银行保险机构许可证的颁发与管理。银保监会派出机构根据上级管理单位授权,负责辖内银行保险机构许可证的颁发与管理。

3. 登记。在领取到监管机构颁发的金融许可证后,拟设立的商业银行应凭金融许可证到市场监督管理部门去办理登记手续,领取"企业法人营业执照"。

4. 公告。中国银保监会或其派出机构在审批颁发金融许可证后,应在指定的全国性公开发行的报刊上进行公告。同时,中国银保监会应对商业银行的设立进行统一的公告,市场监督管理机构亦应发布企业登记公告。

(三)商业银行分支机构的设立

商业银行设立后,可根据业务发展的需要在东道国境内外开设分支机构。分支机构的设立必须经东道国和母国银行业监管机构的批准。在这一方面,我国法律有比较详细的规定。

我国《商业银行法》第20条规定,设立商业银行分支机构,申请人应向国务院银行业监督管理机构提交下列文件、资料:申请书、申请人最近2年的财务会计报告、拟任职的高级管理人员的资格证明、经营方针和计划、安全防范措施的资料等。由于分支机构不具有法人资格,其在总行授权的范围内依法开展业务,总行对其分支机构实行全行统一核算、统一调度资金、分级管理的财务制度。商业银行在我国境内设立分支机构,应当按照规定拨付与其经营规模相适应的营运资金。

《中资商业银行行政许可事项实施办法》第20条对分支机构的设立条件规定如下:中资商业银行申请设立分行,申请人应当符合以下条件:具有良好的公司治理结构;风险管理和内部控制健全有效;主要审慎监管指标符合监管要求;具有拨付营运资金的能力;具有完善、合规的信息科技系统和信息安全体系,具有标准化的数据管理体系,具备保障业务连续有效安全运行的技术与措施;监管评级良好;最近2年无严重违法违规行为和因内部管理问题导致的重大案件;银保监会规章规定的其他审慎性条件。

二、商业银行的变更

商业银行经营的稳健与国民经济的平稳发展、社会的整体稳定之间存在紧密的关联。这决定了商业银行许可与登记事项中某一项或多项内容的变动都应被纳入严格监管的范畴。按照相关法律法规的规定,我国商业银行变更名称、修改章程、变更注册资本、变更总行、调整须经批准的业务范围,以及变更主要股东、控股股东、实际控制人与主要股东、控股股东的控股股东、实际控制人,都需要经国务院银行业监督管理机构批准。更换董事、监事、高级管理人员时,应当报经国务院银行业监督管理机构核准其任职资格。商业银行的分立、合并，适用《公司法》的规定，并应当经国务院银行业监督管理机构审查批准。

除《商业银行法》外，中国银保监会 2019 年 12 月通过的《外资银行行政许可事项实施办法》第三章“机构变更”中，对变更注册资本或者营运资金、变更股东、修改章程、变更名称等事宜进行了规定。该办法第 68 条规定：“外商独资银行、中外合资银行申请变更注册资本、外国银行分行申请变更营运资金，应当具备下列条件：（一）外商独资银行及其股东、中外合资银行及其股东以及外国银行的董事会已决议通过变更事项；（二）外商独资银行股东、中外合资银行股东、外国银行所在国家或者地区金融监管机构同意其申请，但外国银行分行营运资金总额不变仅变更币种的除外。”《中资商业银行行政许可事项实施办法》亦在第三章中专门对法人机构变更、境内分支机构变更、境外机构变更进行了规定。

三、商业银行的接管

商业银行接管是指当商业银行发生信用危机，严重影响存款人利益时，由监管机构派员进驻并在一定期间内对问题商业银行进行管理，以使其恢复正常经营能力的监管行为。接管具有以下特征：（1）接管在本质上是一种行政行为；（2）为一种监管干预性质的救济措施；（3）为一种临时性的救助措施；（4）其目的是对被接管的商业银行采取必要措施，保护存款人的利益和维护金融稳定；（5）接管并不改变被接管问题商业银行原有的债权债务；（6）接管存在法定的期间限制。

商业银行发生资产质量持续恶化、流动性严重不足、存在严重违法违规行为、经营管理存在重大缺陷、资本严重不足，经采取纠正措施或者重组仍无法恢复等可能影响商业银行持续经营的情形，严重影响存款人利益的，国务院银行业监督管理机构可以决定对该银行实行接管，并成立或者指定接管组织。需要使用存款保险基金的，应当由存款保险基金管理机构担任接管组织。存款保险基金管理机构可以向国务院银行业监督管理机构提出接管建议，国务院银行业监督管理机构应当积极采纳。

（一）接管的条件

当商业银行已经或者可能发生信用危机，严重影响存款人的利益时，法定的监管机构就可以对该银行实行接管。信用危机的主要表现为，商业银行不能应付存款人的取款要求、不能清偿到期的债务、同业拒绝拆借资金，或市场普遍拒绝接受其提供的服务。当涉事的商业银行存在以上情形之一的，即可被视为发生信用危机。

（二）接管的目的

接管的目的在于保护存款人的利益，恢复商业银行的正常经营能力，以避免“多米诺骨牌效应”，从而引发系统性风险。由于绝大多数存款人缺乏法律知识和专业知识，加之商业银行独立自主经营，难以知晓商业银行真正的运营情况，从而起不到有效的市场约束作用。因此，当商业银行经营出现危机时，银行业监管机构可依法对问题银行予以接管。

（三）接管的程序

当监管者认为商业银行出现信用危机或者即将出现信用危机时，可以决定对其接管，并组织实施。接管决定应予以公告，公告应载明下列主要内容：被接管的商业银行的名称、接管的理由、接管组织、接管期限和接管的内容。

（四）接管的法律后果

自接管开始之日起，由接管组织取代银行原管理层，行使商业银行的经营管理职权，接管组织的组成人员由银行业监督管理机构指定,被接管的商业银行的债权债务关系不因接管发生变化。以维持金融行业的稳定,接管期限届满,监管机构可以决定延期,但接管不得超过法定的最长期限,如在我国最长不得超过2年。

(五)接管的终止

作为监管举措,接管因法定事由的发生而终止。终止的事由包括接管期限届满,接管期限届满前该商业银行已恢复正常经营能力,接管期限届满前该商业银行被合并、撤销或者被人民法院裁定受理破产申请等情形。

|案例|

包商银行成立于1998年12月,是一家位于内蒙古自治区的中小型城市商业银行,经营贷款、债券、票据、贴现、产业贷款等多种商业银行业务活动。除内蒙古自治区外,还在北京、宁波、成都以及其他地方设有许多分公司。2019年5月24日,基于其出现严重恶劣的违约风险问题,包商银行被中国人民银行和中国银保监会联合接管。同时,中国人民银行和银保监会新设立蒙商银行,并与徽商银行合作开展接收包商银行的相关业务。另外,由于包商银行的资产难以偿还其债务,有关部门依据《企业破产法》强力推进其进行破产清算,2020年11月23日,包商银行正式进入破产程序。

思考:(1)接管商业银行的法定条件是什么?如何推进接管程序?(2)如何从商业银行内部治理角度进行完善,以避免类似包商银行的案件再次发生?

四、商业银行的终止

(一)因解散而终止

即商业银行因分立、合并或者出现公司章程规定的解散情形而主动申请消灭其主体资格的行为。商业银行可因合并、分立或者因出现公司章程规定的解散事由而依法解散。在法律上,商业银行因分立、合并引起的解散称为相对终止;因公司章程规定的解散事由发生而引起的解散称为绝对终止。商业银行因分立或者合并被解散的,原商业银行被依法终止后,其权利和义务由合并或者分立后的新银行承担。商业银行因出现公司章程规定的事由被解散时,一般没有承受其权利和义务的主体,其权利义务归于消灭。当商业银行出现可以解散的情况时,必须向国务院银行业监督管理机构提出申请,并附解散的理由和支付存款的本金和利息等债务清偿计划,经国务院银行业监督管理机构批准后才能解散。同时,还应当依法成立清算组进行清算,按照清偿计划及时偿还存款本金和利息等债务。由国务院银行业监督管理机构对清算过程进行监督。

(二)因被撤销而终止

因被撤销而终止是指商业银行因实施了严重违反我国法律法规的行为,严重损害国家、集体、社会公众的利益,而依法被国务院银行业监督管理机构强令停业,取消其主体资格的行为。撤销主要是针对商业银行的经营许可证被吊销的情况。商业银行因吊销经营许可证被撤销的,国务院银行业监督管理机构应当依法及时组织成立清算组进行清算,按照清偿计划及时偿还存款本金和利息等债务。

(三)因被宣告破产而终止

因被宣告破产而终止是指商业银行无力清偿到期债务,经债权人和债务人向法院申请宣告破产,并以商业银行的全部资产清偿债务的行为。接管组织采取风险处置措施后,被接管商业银行有《企业破产法》规定情形的,经国务院银行业监督管理机构同意,接管组织可以向人民法院提出该商业银行的破产申请。人民法院裁定受理商业银行破产申请的,由接管组织担任该商业银行的管理人。

商业银行作为公司,其破产一般情况下适用《企业破产法》的相关规定。然而,在破产原因、破产宣告程序及破产财产的分配上,则应优先适用商业银行法律制度所作的特别规定。这主要表现为两个方面:一方面是正当程序原则。商业银行因不能支付到期债务而进入破产程序后,法院不能直接宣告破产,必须经银行业监督管理机构同意后,方可进行破产的宣告。另一方面是对存款人利益的优先保护。商业银行被宣告破产后,法院在组织成立清算组时银行业监督管理机构是法定的成员。出于维护社会秩序的考虑,在支付清算费用、所欠职工工资和劳动保险费用后,应优先支付个人储蓄存款的本金和利息。

第三节　商业银行存款业务法律问题

一、商业银行存款基本范畴问题

(一)存款的概念

存款是指商业银行等具有存款业务经营资质的金融机构接受客户存入的资金,在存款人与商业银行之间建立债权与债务关系,且商业银行承诺在存款人支取存款时支付本息的一种信用业务。此外,在通俗意义上讲,存款也指作为存款人的商业银行客户在其银行账户上存入的货币资金。

(二)存款的种类

1. 根据存款人身份,存款可划分为单位存款(对公存款)与储蓄存款。单位存款是指企业、事业、机关、部队和社会团体等在商业银行机构存入的货币资金。在单位存款业务中,允许存款人在银行开立账户,并且可以申请使用支票,办理托收等业务。该类账户一般被称为往来账户。储蓄存款主要针对的是个人,当存款人将货币存入银行时,银行开具存折作为凭证,储户凭存折支取存款的本金和利息。储蓄客户一般不能开立支票。

2. 根据稳定性,存款可划分为活期存款、定期存款、个人通知存款。活期存款是指存款人可随时存取,且不限定存期的存款。定期存款是指存款人事先约定有偿还期限的存款,存款期限又可分为3个月、6个月、1年、2年、3年、5年等不同期限,存款利率亦动态地根据存期的长短而高低不同。个人通知存款为一种不约定存期,但是支取时须提前通知银行,告知取款金额,约定支取日期才能支取的存款。依存款人提前通知支取存款的期限长短,分为1天通知和7天通知两种,存款利息也按1天通知和7天通知两种利率标准进行结算。个人通知存款最低起存、支取金额均为5万元人民币。存款人须一次存入,可一次或分次支取。另外,根据币种的不同,存款可划分为本币存款与外币存款。

(三)所涉主要规范文件

当下,我国还没有一部统一的存款管理法。有关存款的法律规范散见于以下文件:《民法典》、《商业银行法》、《储蓄管理条例》、《关于执行〈储蓄管理条例〉的若干规定》、《人民币单位存款管理办法》、最高人民法院《关于审理存单纠纷案件的若干规定》、《人民币利率管理规定》、《个人存款账户实名制规定》、《同业拆借管理办法》、最高人民法院《关于审理民间借贷案件适用法律若干问题的规定》等。

(四)存款合同的法律特征

存款合同的法律特征为:(1)格式性,即合同条款由银行事先拟就,存款人一般并不参与合同内容的制定。(2)非典型性,即法律并未将存款合同作为一种合同形式进行规定。(3)实践性,即交付现金是存款合同关系成立的必要条件。(4)要式性,即合同必须以书面形式订立,表现为银行发给的存单(存折)、进账单、银行卡等。

存款合同一旦成立,存款所有权即发生转移,存款人与商业银行之间就形成债权债务关系。商业银行由此就负有在其营业时间内满足存款人债权请求权的义务。

二、存款合同中商业银行的义务

存款合同下商业银行的义务包括法定义务与附随义务。附随义务是指根据诚实信用原则,为保护合同双方当事人的人身、财产安全所应负担的通知、协助、保护、保密等义务。对此,我国《民法典》第509条第1~2款规定:“当事人应当按照约定全面履行自己的义务。当事人应当遵循诚信原则,根据合同的性质、目的和交易习惯履行通知、协助、保密等义务。”

(一)对存款人身份的识别义务

“谁是你的当事人”在金融交易中是一个非常重要的问题。为了预防洗钱和恐怖融资活动,规范金融机构客户身份识别,早在2000年,我国即出台了《个人存款账户实名制规定》。根据该文件的规定,实名是指符合法律、行政法规和国家有关规定的身份证件上使用的姓名。下列证件为实名证件:(1)居住在境内的中国公民,为居民身份证或者临时居民身份证;(2)居住在境内的16周岁以下的中国公民,为户口簿;(3)中国人民解放军军人,为军人身份证件;中国人民武装警察,为武装警察身份证件;(4)中国香港、澳门居民,为港澳居民往来内地通行证;中国台湾居民,为台湾居民来往大陆通行证或者其他有效旅行证件;(5)外国公民,为护照。

除了上述文件之外,2022年1月,中国人民银行、中国银保监会、中国证监会联合印发《金融机构客户尽职调查和客户身份资料及交易记录保存管理办法》。该文件明确规定:(1)金融机构应当勤勉尽责,遵循“了解你的客户”的原则,识别并核实客户及其受益所有人身份,针对具有不同洗钱或者恐怖融资风险特征的客户、业务关系或者交易,采取相应的尽职调查措施。金融机构在与客户业务存续期间,应当采取持续的尽职调查措施。针对洗钱或者恐怖融资风险较高的情形,金融机构应当采取相应的强化尽职调查措施,必要时应当拒绝建立业务关系或者办理业务,或者终止已经建立的业务关系。(2)金融机构应当按照安全、准确、完整、保密的原则,妥善保存客户身份资料及交易记录,确保足以重现每笔交易,以提供客户尽职调查、监测分析交易、调查可疑交易活动以及查处洗钱和恐怖融资案件所需的信息。(3)商业银行、农村合作银行、农村信用合作社、村镇银行等金融机构为自然人客户办理人民币单笔5万元以上或者外币等值1万美元以上现金存取业务的,应当识别并核实客户身份,了解并登记资金的来源或者用途。

虽然上述两文件对于存款实名、识别与确保客户身份的真实性与完善性起到了指引作用,但是在现实操作中,实名如何保证"名副其实"存在两难,这主要表现为在身份识别中对身份证件的审查是作形式审查,还是作实质审查。由于身份证件并非商业银行机构发出,如果一律要求商业银行等金融机构作实质性审查,则必然会增加商业银行等金融机构的合规成本与法律风险。反之,如果只是形式审查,则实名并不必然会得到保障。具体论述如下:

1. 形式审查与实质审查。形式审查,即审查身份证件所用材料和记载的内容在表面上是否符合身份证件管理部门的规定及身份证件的姓名与存单、存折上的姓名是否一致。实质审查即审查身份证件的真假以及是否与持证人一致。银行对身份证件的审查应是形式审查,还是实质审查,在实践中这是一个争议性较大的问题。

2. 争议的相关解释。1997 年中国人民银行发布的《支付结算办法》第 17 条规定,银行以善意且符合规定和正常操作程序审查,对伪造、变造的票据和结算凭证上的签章以及需要交验的个人有效身份证件,未发现异常而支付金额的,对出票人或付款人不再承担受委托付款的责任,对持票人或收款人不再承担付款的责任。此外,中国人民银行在 1999 年 3 月 2 日《关于储蓄存单、存折密码更换手续有关问题的批复》(银复〔1999〕44 号)规定如下:储蓄机构对储户提供的身份证明只进行形式审查,即审查身份证明所用材料和记载的内容在表面上是否符合身份证明管理部门的规定。储蓄机构不负有鉴别身份证明真伪的责任。

根据以上规定,商业银行没有向发证机关核实身份证明的权利和义务。国内的发证机关亦没有答复储蓄机构查询身份证件信函的义务,因而银行在办理储蓄业务时应当履行的只是形式上的审查义务。

除支持形式审查之外,我们亦可以找到有关实质审查的解释,如最高人民法院颁布的《关于审理票据纠纷案件若干问题的规定》第 68 条第 1 款规定:"付款人或者代理付款人未能识别出伪造、变造的票据或者身份证件而错误付款,属于票据法第五十七条规定的'重大过失',给持票人造成损失的,应当依法承担民事责任。付款人或者代理付款人承担责任后有权向伪造者、变造者依法追偿。"据此,商业银行在办理票据业务时,对身份证件、票据以及印章的审核负有实质性审核的义务,即负有审查真假的义务。

3. 审查义务取决于身份证件的种类。在储蓄存款业务中银行应对身份证件进行形式审查还是实质审查一直以来都颇有争议。从公正起见,银行对身份证件的审查义务取决于身份证件的种类:

(1)实质审查义务情形。2007 年 6 月 29 日,联网核查公民身份信息系统建成运行,全国各银行业金融机构都加入了该系统。银行机构可以通过登录联网核查系统,方便、快捷地检验客户出示的居民身份证信息的真实性。同时,修正后的《居民身份证法》于 2012 年 1 月 1 日开始实施。该法规定,依照《居民身份证条例》领取的居民身份证(第一代身份证)自 2013 年 1 月 1 日起停止使用。与第一代身份证相比,第二代身份证在技术上有了较大飞跃,内置了数字防伪系统,采用了密码技术,可防止身份证芯片内存的数据信息被非法写入或篡改,从而可有效防止身份证件被伪造与变造。通过专用的第二代身份证读卡器,银行等金融机构可以直接读取存储在芯片中的居民身份信息,查验身份证的真假。

(2)形式审查义务情形。其他类型的身份证件,由于防伪性差,商业银行等金融机构对其只负形式审查的义务,此类证件包括:军人身份证件、武装警察身份证件、港澳居民往来内地通行证、台湾居民来往大陆通行证或者其他有效旅行证件、外国公民的护照等。另外,根据中国人民银行营业管理部《关于规范军人和武装警察开立个人银行账户有关事项的通知》,从 2013 年 7 月 1 日起,军人和武装警察均应使用居民身份证开立银行账户,这也减少了造假现象的发生。

4. 身份识别的情形有如下几种:

(1)账户开立。《个人存款账户实名制规定》第 7 条明确规定:"在金融机构开立个人存款账户的,金融机构应当要求其出示本人身份证件,进行核对,并登记其身份证件上的姓名和号码。代理他人在金融机构开立个人存款账户的,金融机构应当要求其出示被代理人和代理人的身份证件,进行核对,并登记被代理人和代理人的身份证件上的姓名和号码。不出示本人身份证件或者不使用本人身份证件上的姓名的,金融机构不得为其开立个人存款账户。"

(2)提供现金汇款、现钞兑换、票据兑付等一次性大额金融服务。《金融机构客户身份识别和客户身份资料及交易记录保存管理办法》(已失效)第 7 条第 1 款规定:"政策性银行、商业银行、农村合作银行、城市信用合作社、农村信用合作社等金融机构和从事汇兑业务的机构,在以开立账户等方式与客户建立业务关系,为不在本机构开立账户的客户提供现金汇款、现钞兑换、票据兑付等一次性金融服务且交易金额单笔人民币 1 万元以上或者外币等值 1000 美元以上的,应当识别客户身份,了解实际控制客户的自然人和交易的实际受益人,核对客户的有效身份证件或者其他身份证明文件,登记客户身份基本信息,并留存有效身份证件或者其他身份证明文件的复印件或者影印件。"

(3)提前支取。《关于执行〈储蓄管理条例〉的若干规定》(以下简称《若干规定》)第 34 条规定,储户支取未到期的定期储蓄存款,必须持存单和本人居民身份证明(居民身份证、户口簿、军人证,外籍储户凭护照、居住证)办理。代他人支取未到期定期存款的,代支取人还必须出具其居民身份证明。办理提前支取手续,出具其他身份证明无效,特殊情况的处理,可由储蓄机构业务主管部门自定。《若干规定》第 35 条规定,储蓄机构对于储户要求提前支取定期存款,在具备上述第 34 条的条件下,验证存单开户人姓名与证件姓名一致后,即可支付该笔未到期定期存款。

(4)挂失。《若干规定》第 37 条规定,储户的存单、存折如有遗失,必须立即持本人居民身份证明,并提供姓名、存款时间、种类、金额、账号及住址等有关情况,书面向原储蓄机构正式声明挂失止付。储蓄机构在确认该笔存款未被支取的前提下,方可受理挂失手续。挂失 7 天后,储户需与储蓄机构约定时间,办理补领新存单(折)或支取存款手续。如储户本人不能前往办理,可委托他人代为办理挂失手续,但被委托人要出示其身份证明。如储户不能办理书面挂失手续,而用电话、电报、信函挂失,则必须在挂失 5 天之内补办书面挂失手续,否则挂失不再有效。若存款在挂失前或挂失失效后已被他人支取,储蓄机构不负责任。

(二)安全保障义务

安全保障义务主要体现在《消费者权益保护法》与《民法典》方面。《消费者权益保护法》规定:(1)消费者因购买、使用商品或者接受服务受到人身、财产损害的,享有依法获得赔偿的权利。(2)宾馆、商场、餐馆、银行、机场、车站、港口、影剧院等经营场所的经营者,应当对消费者尽到安全保障义务。后者规定,宾馆、商场、银行、车站、机场、体育场馆、娱乐场所等经营场所、公共场所的经营者、管理者或者群众性活动的组织者,未尽到安全保障义务,造成他人损害的,应当承担侵权责任。因第三人的行为造成他人损害的,由第三人承担侵权责任;经营者、管理者或者组织者未尽到安全保障义务的,承担相应的补充责任。经营者、管理者或者组织者承担补充责任后,可以向第三人追偿。

(三)通知义务

通知义务,是指商业银行对涉及存款人利益的重大事项负有告知的义务。根据我国《商业银行法》《民法典》《储蓄管理条例》等规定,商业银行的告知义务主要包括以下几种情形:(1)在缔结存款合同时,商业银行应将存款合同有关条款的具体含义告知存款人。若商业银行未向存款人履行这一义务,则在对存款合同相关条款的解释产生歧义时,应当按照一般社会生活常识和普遍认知对所涉事项进行解读。(2)商业银行应将其营业时间告知存款人。(3)应告知存款人存款利率的变动情况。(4)其他依据诚实信用原则应当履行的附随义务。

(四)保密义务

商业银行办理个人存款业务,应当遵循存款自愿、取款自由、存款有息、为存款人保密的原则。对个人存款和个人在银行的其他金融资产,商业银行有权拒绝任何单位或者个人查询、冻结、扣划,但法律另有规定的除外。对单位存款和单位在银行的其他金融资产,商业银行有权拒绝任何单位或者个人查询,但法律、行政法规另有规定的除外;有权拒绝任何单位或者个人冻结、扣划,但法律另有规定的除外。

三、存款业务关系中的密码法律问题

(一)密码的概念及特点

随着电子商务的迅速发展,密码是识别存款人身份的一种重要手段。一般认为,密码相当于纸面交易中的签名,故名为“电子签名”,对此,学界基本认同。我国《电子签名法》第2条规定:“本法所称电子签名,是指数据电文中以电子形式所含、所附用于识别签名人身份并表明签名人认可其中内容的数据。本法所称数据电文,是指以电子、光学、磁或者类似手段生成、发送、接收或者储存的信息。”密码具有唯一性、独占性、秘密性等特点,是在存取款业务关系中识别当事人身份的重要手段之一。

(二)密码的基本功能及法律效力

密码的独占性、唯一性、秘密性对交易者身份的鉴别具有重大意义,起到了数字签名(电子签名)的功能。在实践中,对密码的使用效力规则多采取“本人行为原则”,即只要客观上在电子银行交易中使用了私人密码,如无免责事由,则一律视为本人使用密码从事了交易行为,由此所产生的后果由本人承担。在使用密码作为身份鉴别的场合,银行的义务在于确认临柜客户提供的密码与存款人预设的密码相符合。在密码一致的情况下,若银行遵照指令对外付款,则视为银行已履行其义务。

《银行卡业务管理办法》第52条第6项规定,发卡银行应当在有关卡的章程或使用说明中向持卡人说明密码的重要性及丢失的责任。

《中国工商银行借记卡章程》(已失效)第7条规定:“申请借记卡必须设定密码。持卡人使用借记卡办理消费结算、取款、转账汇款等业务须凭密码进行(芯片卡电子现金交易除外)。凡使用密码进行的交易,发卡银行均视为持卡人本人所为。依据密码等电子信息办理的各类交易所产生的电子信息记录均为该项交易的有效凭据。持卡人须妥善保管借记卡和密码。因持卡人保管不当而造成的损失,发卡银行不承担责任。借记卡只限经发卡银行批准的持卡人本人使用。持卡人委托他人代为办理业务的,须符合发卡银行相关业务的代办规定。"但在下列情形下,本人行为原则不予适用,包括私人密码使用涉及的软件密级程度过低;失窃、失密后及时向银行挂失;操作系统受到黑客攻击。《电子银行业务管理办法》第89条规定:"金融机构在提供电子银行服务时,因电子银行系统存在安全隐患、金融机构内部违规操作和其他非客户原因等造成损失的,金融机构应当承担相应责任。因客户有意泄漏交易密码,或者未按照服务协议尽到应尽的安全防范与保密义务造成损失的,金融机构可以根据服务协议的约定免于承担相应责任,但法律法规另有规定的除外。"

(三)密码挂失

密码挂失,是指持卡人因遗忘密码或密码信息泄露等,为了保护其资产安全,或减少资产损失,或为了相关业务的正常办理等原因,到原发卡银行对密码办理挂失手续进行确权的一种救济方式。

对密码挂失问题,在实践中人们对以下两个问题存在争议:一是普遍存在的"7天冻结期";二是挂失密码收费。对于前一问题,由于当下假证现象比较猖獗,从公平合理原则出发,是有利于存款人与银行两方利益的;对于后者,2011年3月,中国人民银行、原中国银监会、国家发展和改革委员会联合印发的《关于银行业金融机构免除部分服务收费的通知》已解决了这一问题,该文件要求各大银行自2011年7月1日起免除人民币个人账户的11类34项收费,其中包括开户与销户的手续费、工资卡医保卡等特殊种类卡的年费、密码重置费等。

四、存单纠纷案件的法律适用问题

(一)关于法律适用的观点

关于因存单发生法律纠纷时,究竟应适用什么法律,目前我国存在以下几种观点:适用票据法说、适用合同法说、适用银行法说。适用票据法说认为,美国《统一商法典》商业票据篇中规定,存单为存款凭证,是流通票据的一种,因而我国亦应将存单当作票据对待。适用合同法说认为,由于存单在性质上为合同凭证,其是存款人与金融机构之间存款关系的重要证据。我国司法解释一方面采用了适用合同法说,另一方面由于存款业务是银行的主要业务,所以对该类案件的审理也应适用《商业银行法》的相关规定。

(二)关于审理存单纠纷案件的司法解释

2020年12月最高人民法院修正的《关于审理存单纠纷案件的若干规定》(法释〔2020〕18号)。该规定第1条规定,存单纠纷案件的范围包括:(1)存单持有人以存单为重要证据向人民法院提起诉讼的纠纷案件;(2)当事人以进账单、对账单、存款合同等凭证为主要证据向人民法院提起诉讼的纠纷案件;(3)金融机构向人民法院起诉要求确认存单、进账单、对账单、存款合同等凭证无效的纠纷案件;(4)以存单为表现形式的借贷纠纷案件。同时,该规定第5条对一般存单纠纷案件的认定和处理作了如下规定:

1. 认定。当事人以存单或进账单、对账单、存款合同等凭证为主要证据向人民法院提起诉讼的存单纠纷案件和金融机构向人民法院提起的确认存单或进账单、对账单、存款合同等凭证无效的存单纠纷案件,为一般存单纠纷案件。

2. 处理。人民法院在审理一般存单纠纷案件中,除应审查存单、进账单、对账单、存款合同等凭证的真实性外,还应审查持有人与金融机构间存款关系的真实性,并以存单、进账单、对账单、存款合同等凭证的真实性以及存款关系的真实性为依据,作出正确处理,具体如下:

(1)持有人以上述真实凭证为证据提起诉讼的,金融机构应当对持有人与金融机构间是否存在存款关系负举证责任。如金融机构有充分证据证明持有人未向金融机构交付上述凭证所记载的款项的，人民法院应当认定持有人与金融机构间不存在存款关系，并判决驳回原告的诉讼请求。

(2)持有人以上述真实凭证为证据提起诉讼的，如金融机构不能提供证明存款关系不真实的证据，或仅以金融机构底单的记载内容与上述凭证记载内容不符为由进行抗辩的，人民法院应认定持有人与金融机构间存款关系成立，金融机构应当承担兑付款项的义务。

(3)持有人以在样式、印鉴、记载事项上有别于真实凭证，但无充分证据证明系伪造或变造的瑕疵凭证提起诉讼的，持有人应对瑕疵凭证的取得提供合理的陈述。如持有人对瑕疵凭证的取得提供了合理陈述，而金融机构否认存款关系存在的，金融机构应当对持有人与金融机构间是否存在存款关系负举证责任。如金融机构有充分证据证明持有人未向金融机构交付上述凭证所记载的款项的，人民法院应当认定持有人与金融机构间不存在存款关系，判决驳回原告的诉讼请求；如金融机构不能提供证明存款关系不真实的证据，或仅以金融机构底单的记载内容与上述凭证记载内容不符为由进行抗辩的，人民法院应认定持有人与金融机构间存款关系成立，金融机构应当承担兑付款项的义务。

(4)存单纠纷案件的审理中，如有充足证据证明存单、进账单、对账单、存款合同等凭证系伪造、变造，人民法院应在查明案件事实的基础上，依法确认上述凭证无效，并可驳回持上述凭证起诉的原告的诉讼请求或根据实际存款数额进行判决。

第四节　商业银行贷款业务法律问题

贷款法律制度是各种旨在调整贷款关系的法律规范的总称。贷款法律制度通过明确贷款主体、规范贷款流程和明晰所涉各方责任等方面进行一系列的规定，从而达到调节信贷关系、增进经济交往和最终促进经济的有序发展。

一、贷款的基本范畴

贷款是商业银行或其他具有资质的金融机构或类金融机构按一定利率和本金归还等条件出借货币资金的一种信用活动。广义上，贷款是透支、贴现等出借资金的总称。

(一)所涉当事人

1. 借款人。借款人应当是经市场监督管理局核准登记的企业、事业单位法人、其他经济组织、个体工商户或者是具有我国国籍，并具有完全民事行为能力的自然人。

2. 贷款人。贷款人是指依法设立的具有经营贷款业务资质的金融机构。我国《贷款通则》[6]第21条规定，贷款人必须经中国人民银行批准经营贷款业务，持有中国人民银行颁

---

〔6〕 在实践中，《贷款通则》一直被诟病。其原因在于：(1)其时间比较久远，该文件发布于1996年，许多规定已完全落后于时代的发展，如贷款人经营外币贷款必须持有国家外汇管理局颁发的《经营外汇业务许可证》，但当下中央银行已将经营人民币业务和外币业务实行两证合一；(2)其存在抑制了金融创新，如对银行资金入市的严格限制制约了金融业务的综合化发展；(3)商业银行的经营与监管环境已经发生了很大变化，《贷款通则》的很多规定已经落后于这种变化。

发的《金融机构法人许可证》或《金融机构营业许可证》,并经工商行政管理部门核准登记。

3. 担保人。第三人和作为债权人的贷款者约定,当作为借款人的债务人不能依约履行其还本付息的债务时,按照约定代替借款人履行债务或者承担责任的当事主体。

4. 监督管理机构。中国人民银行和中国银保监会对商业银行的贷款业务是否违反平等、自愿、公平和诚实信用的原则,是否违反禁止性或限制性的规定,是否有不正当竞争行为作出认定等行为拥有一定程度的监控权。

(二)贷款的种类

1. 依贷款方式划分,包括自营贷款、委托贷款和特定贷款三种方式。自营贷款是指贷款人以合法方式筹集的资金自主发放的贷款,其风险由贷款人承担并由贷款人收回本金和利息。委托贷款是指由政府部门、企事业单位及个人等(委托人)提供资金,由贷款人(受托人)根据委托人确定的贷款对象、期限、用途、利率、金额等代为发放、监督使用并协助回收的贷款。在该类贷款中,贷款人(受托人)只收取手续费而不承担贷款风险。特定贷款是指经国务院批准,并对贷款可能造成的损失采取相应补救措施后责成国有独资商业银行发放的贷款,如救济扶贫贷款。

2. 依贷款期限划分,可分为短期贷款、中期贷款和长期贷款三种期限。短期贷款是指贷款期限在1年以内(含1年)的贷款。中期贷款是指贷款期限在1年以上(不含1年)5年以下(含5年)的贷款。长期贷款是指贷款期限在5年(不含5年)以上的贷款。

3. 依担保方式划分,可分为信用贷款、担保贷款和票据贴现三种贷款担保方式。信用贷款是指以借款人的信誉发放的贷款。担保贷款是指以担保为基础所发放的贷款,一般包括保证贷款、抵押贷款、质押贷款。保证贷款是指按《民法典》规定的保证方式以第三人承诺在借款人不能偿还贷款时按约定承担一般保证责任或者连带责任而发放的贷款;抵押贷款是指按《民法典》规定的抵押方式以借款人或第三人的财产作为抵押物发放的贷款;质押贷款是指按我国《民法典》规定的质押方式以借款人或第三人的动产或权利作为质物所发放的贷款。票据贴现是指贷款人以购买借款人未到期商业票据的方式所发放的贷款。

(三)贷款合同的特点

贷款合同的标的物为货币,而不能是其他消耗品或不可消耗物;贷款合同将导致货币所有权转让。与存款合同一样,贷款合同是转移标的货币资金占有、使用、收益和处分的合同。其具有以下特点:

1. 合同的诺成性,即只要借款与贷款人之间对于资金的供求条件达成一致,那么贷款人就必须依约向借款人提供约定的资金。

2. 合同的双务性,当贷款合同成立,并生效时,贷款人应依合同的约定向借款人提供资金。同时,借款人则必须依合同约定的用途使用资金,并依约定的期限与条件还本付息。

3. 合同的有偿性,存贷款利差是商业银行的主要利润来源之一,而这也决定了商业银行在出借资金时,除本金外必定会收取一定的利息作为放贷的条件。

4. 合同的社会性,贷款合同涉及的是具有资质的金融机构的资金向社会投放,资金运行的安全与稳健直接与金融机构自身的安全、国家的金融安全密切相关。因此,作为民事合同,一方面必然要体现私法自治的特点,但是在另一方面,由于牵涉整体利益,一国的金融法律必然会对贷款人与借款人的作为进行一些限制性或禁止性的规定。

二、借贷双方的权利与义务

(一)借款人的权利与义务

1. 借款人的权利

借款人的权利包括:(1)可以自主地向商业银行机构申请贷款,并根据约定的条件取得贷款。(2)有权按照借款合同的规定取得全部贷款,并在合同规定的使用范围内自主地使用贷款,贷款银行不得以任何理由要求借款人在本行留存一部分贷款资金,也不得将贷款利息提前扣除。(3)有权向贷款人的上级银行、中国人民银行和中国银保监会反映、举报有关不合规的情况。(4)有权拒绝借款合同以外的附加条件,如向借款人索取财物或回扣等。(5)在征得贷款人的同意后,有权向第三人转让返还贷款的债务。

2. 借款人的义务

借款人的义务包括:(1)信息披露的义务,即借款人应当如实地向贷款人提供所要求的各种资料。同时,就涉及贷款的运用和资金的安全情况,应积极地配合银行调查、审查和检查。借款人是自然人的,应提供有效身份证明和有关资信证明。(2)在贷款尚未还清前,借款人应当接受贷款银行对其信贷资金使用情况和有关生产经营、财务活动的审查。(3)借款人应当依借款合同规定的用途使用贷款,未经贷款人的同意,不得擅自改变贷款的用途。(4)借款人应当依照借款合同约定的时间和条件足额还本付息。(5)将偿还贷款义务的一部分或全部转让给第三人前,借款人应当取得贷款人的同意。(6)在发生有危及贷款人债权安全的情形时,借款人应当及时通知贷款人,同时应采取各种必要的措施,以对相关的财产进行保全。

除上述规定之外,根据《贷款通则》第20条的规定,借款人亦不得为下列行为:(1)借款人不得同时向同一辖区的贷款人的不同分支机构分别借款。(2)借款人不得向贷款人提供虚假的或者隐瞒重要事实的资产负债表、损益表等有关生产经营的情况。(3)借款人不得利用贷款从事股本权益性的投资。(4)借款人不得将所贷款项做有价证券、期货方面的投机经营。(5)除依法取得经营房地产资格的借款人之外,其他任何机构和个人均不得用贷款从事房地产业务;依法取得房地产经营业务资格的借款人,亦不得将贷款用于房地产投机。(6)借款人不得套取贷款,以用于借贷牟取非法收入。(7)不得违反国家外汇管理的规定使用外币贷款。(8)不得采取欺诈手段骗取贷款。

(二)贷款人的权利与义务

1. 贷款人的主要权利

贷款人的主要权利包括:(1)贷款人可以要求借款人提供担保。(2)贷款人按照约定可以检查、监督借款人使用贷款的情况。(3)若贷款人发现借款人未能按照约定的借款用途使用借款,则可以停止发放借款,并提前收回贷出的款项或者要求解除合同。(4)若贷款期限没有约定或约定不明确的,则可以要求借款人随时返还。(5)若贷款到期后,借款人不能依约还款,则贷款人可以催告借款人在合理期限内还本付息。

2. 贷款人的主要义务

贷款人的主要义务包括:(1)贷款人应按贷款合同约定的日期、金额向借款人发放借款。(2)贷款人不得将借款的利息在本金中预先扣除。若贷款人将借款的利息在本金中预先扣除,则借款人按照实际借款数额返还借款,并计算利息。(3)若贷款人未能按照约定的日期、数额提供借款,则其应当按照约定支付违约金。若当事双方没有约定违约金,则贷款人应当赔偿借款人的损失。(4)贷款业务的利率水平,应当按照中国人民银行规定的贷款利率上下限确定。

除上述规定之外,贷款人亦必须遵守下列规定:(1)不得发放关系贷款。不得向关系人发放信用贷款,向关系人发放担保贷款的条件不得优于其他借款人同类贷款的条件,以维护公平交易和自身的资金安全。(2)不得过度放贷和掠夺性放贷。商业银行向客户提供授信前,应当根据客户的财务、资信状况和还款能力,合理确定授信额度和利率,不得提供明显超出客户还款能力的授信。商业银行向客户催收债务,不得采取违反法律法规、违背公序良俗的方式,不得损害客户或者第三人的合法权益。(3)当发现借款人有如下情况之一,事实上已经构成或即将构成对贷款人资产安全的侵犯或威胁时,不得发放贷款。具体包括:不具备借款人的资格和条件的;借款人生产经营的产品和投资项目是国家明文规定禁止的;借款人违反国家外汇管理规定的;借款人的建设项目应当报经国家有关部门批准而未取得批准文件的;借款人的生产经营或投资项目未取得环保部门许可的;借款人在实行承包、租赁、联营、合并(兼并)、合作、分立、产权有偿转让、股份制改造等体制变更过程中,未清偿原有贷款债务、落实原有贷款债务或提供相应担保的;以及借款人有严重违法行为的。(4)未经中国银保监会批准,不得对自然人发放外币币种的贷款。(5)贷款人不得给借款人垫付资金,在贷款前后都不能以贷款人的自有资金充填贷款资产,但是国家另有规定的除外。(6)符合个人信息保护与数据安全的相关规定。商业银行收集、保存和使用个人信息,应当符合法律、行政法规的规定,遵循合法、正当、必要原则,取得本人同意,并明示收集、保存、使用信息的目的、方式和范围。商业银行不得收集与业务无关的个人信息或者采取不正当方式收集个人信息,不得篡改、倒卖、违法使用个人信息。商业银行应当保障个人信息安全,防止个人信息泄露和滥用。商业银行将个人信息处理外包给第三方的,应当确保第三方遵守个人信息保护的规定,并采取有效措施保障个人信息安全。商业银行为处理跨境业务向境外传输境内个人信息和重要数据的,应当遵守法律、行政法规的规定,并采取有效措施,确保个人信息和重要数据的受保护水平不因出境而降低。(7)金融机构的自营贷款和特定贷款,除按中国人民银行的规定计收利息之外,不得收取其他任何费用;委托贷款,除了按照中国人民银行的规定收取手续费之外,不得收取其他任何费用。

三、贷款的期限与利率

(一)贷款的期限

贷款期限本应是借贷双方之间议定的事情,但是考虑到资金的回收、贷款期限的配置与金融安全深度关联,《贷款通则》第 11 条对贷款期限问题进行了如下规定,即自营贷款的期限最长不能超过 10 年,贷款用途有必要超过 10 年的,应当报中国人民银行备案。票据贴现的期限最长不得超过 6 个月,贴现期限为从贴现之日起至票据到期之日止。

(二)贷款展期

借贷合同具有当事人之间意思自治的特点。然而,它必须受社会整体安全规则的约束。贷款到期后,是否展期依据借款双方之间的意思表示。对此,《贷款通则》第 12 条规定,借款人不能按期归还贷款的,应当在期满之日前,向贷款人申请贷款展期。借款人的贷款属于保证贷款、抵押贷款或质押贷款的,应当由保证人、抵押人和质押人出具同意贷款展期的书面证明,在原借款合同中对此情况已有约定的,按照约定执行。短期贷款的展期期限累计不得超过原贷款期限;中期贷款展期期限累计不得超过原贷款期限的一半;长期贷款的展期期限累计不得超过3年,但国家对某些重大项目另有规定的除外。

不能展期的情况,如借款人未申请展期或展期申请未被批准的,其贷款从到期日次日起,转入逾期贷款账户。

(三)贷款的利率及利息的计收

商业银行按照中国人民银行有关规定,可以与客户自主协商确定存贷款利率。

四、贷款流程与合同的履行

(一)贷款流程

1. 贷款申请。借款人需要贷款时,应当向主办银行或其他银行的经办机构直接提出申请,申请书中应当包括借款金额、借款用途、偿还能力及还款方式等基本内容。

2. 信用评估。贷款人应当根据借款人的经济实力、履约情况、资金结构、经济效益和发展前景等进行项目评估,以评定借款人的信用等级。

3. 贷款调查及审批。受理借款人的申请后,贷款人应当对借款人的信用等级以及借款的合法性、安全性、效益性等进行尽职调查,并核实抵押物、质物、保证人的情况,以测定贷款的风险度。在经过上述的调查之后,贷款人根据审贷分离、分级审批的原则,对调查人员提供的资料进行核实、评定,复测贷款风险度,提出审查意见,按规定的程序和权限对贷款申请进行审批。

(二)合同的履行

借贷双方就贷款事项达成一致后,双方当事人应依合同的约定严格、全面地履行合同。若贷款人不按合同约定的金额与期限等发放贷款,则应向非违约方支付违约金及赔偿相关损失;若借款人不按合同约定的条件使用贷款的,也应承担相应的违约责任。关于合同的履行,应注意以下问题:

1. 借款合同。贷款人所有贷出的款项均应签订借款合同,合同中至少应当包括借款种类、借款用途、借款金额、利率、还款方式、还款期限、双方的权利与义务、违约责任、争议解决方式等核心内容。

2. 担保合同。保证贷款应当由保证人与贷款人签订保证合同,或保证人在借款合同上载明与贷款人协商一致的保证条款,并由保证人或其法定代表人、授权代理人签章。抵押贷款、质押贷款应当由抵押人、出质人与贷款人签订抵押合同或质押合同,依法需要办理登记的,必须办理登记,以保证合同的效力。

3. 贷后检查及贷款收回。商业银行在发放贷款后,应当对借款人执行借款合同的情况及借款人的经营状况进行动态跟踪。在贷款期限届满时,及时收回贷款本金和利息。借款人应当按照借款合同的规定,足额还本付息。

| 案例 |

A装修公司是一家注册资本为50万元,有十多名职工的小型私营企业。2018年,公司因资金周转困难,向当地工商银行申请贷款100万元,但是该银行表示只能为其办理担保贷款。该公司欲以公司的办公用房作抵押,但经评估后,该银行认为无足额变现价值,因而拒绝其贷款申请。于是A公司找到在当地中国人民银行分支机构工作的王某,请求其为该公司出具一份担保书,王某在其拟写的"愿担保A装修公司归还贷款"的书面函件上加盖了当地中国人民银行分支机构的行政公章,A公司借此到工商银行取得了100万元的贷款,期限为6个月。贷款到期后,因A公司无力归还款项,贷款行在多次催收无果的情况下,向当地人民法院提起诉讼,并要求当地中国人民银行分支机构履行担保责任。法院经审理查明后,判决认为该担保函无效,中国人民银行不承担保证责任。

思考:(1)法院的判决是否得当?(2)中国人民银行应承担什么责任?

五、不良贷款的监管

(一)贷款质量等级

信用风险是银行业面临的主要风险,完善的风险分类制度是有效防控信用风险的基础。为此,2001年中国人民银行出台的《贷款风险分类指导原则》(已失效)确立了五级分类制度。2007年原中国银监会颁布《贷款风险分类指引》则进一步明确该五级分类治理要求。[7]

1. 正常类:债务人能够履行合同,没有客观证据表明本金、利息或收益不能按时足额偿付,资产未出现信用减值迹象;

2. 关注类:虽然存在一些可能对履行合同产生不利影响的因素,但债务人目前有能力偿付本金、利息或收益,且资产未发生信用减值;

3. 次级类:债务人依靠其正常收入无法足额偿付本金、利息或收益,资产已经发生信用减值;

4. 可疑类:债务人已经无法足额偿付本金、利息或收益,资产已显著信用减值;

5. 损失类:在采取所有可能的措施后,只能收回极少部分金融资产,或损失全部金融资产。

(二)不良贷款

不良贷款是指呆账贷款、呆滞贷款和逾期贷款。呆账贷款是指按财政部有关规定确认为无法偿还,而列为呆账的贷款。呆滞贷款是指按财政部有关规定,逾期(含展期后到期)超过规定年限仍未归还的贷款或虽未逾期或逾期不满规定年限但生产经营已经终止、项目已经停建的贷款(不含呆账贷款)。逾期贷款是指借款合同约定到期(含展期后到期)未归还的贷款(不含呆滞贷款和呆账贷款)。

(三)不良贷款的登记

不良贷款由会计、信贷部门提供数据,由稽核部门负责审核并按规定的权限认定,贷款人应当按季度填报不良贷款情况表,在报送上级部门的同时,报送中国银保监会和中国人民银行当地的分支机构。

(四)不良贷款的考核

商业银行的呆滞贷款、呆账贷款、逾期贷款不得超过中国银保监会和中国人民银行规定的比例,商业银行应当对所属的分支机构下达考核呆账贷款、呆滞贷款和逾期贷款的具体指

---

〔7〕 中国银保监会于2019年4月发布的《商业银行金融资产风险分类暂行办法(征求意见稿)》,也将金融资产按照风险程度分为五类,分别为:正常类、关注类、次级类、可疑类、损失类。后三类合称不良资产。

标，以督促各部门防范贷款风险。

（五）催收和呆账冲销

商业银行的信贷部门负责对不良贷款进行催收，稽核部门负责对催收情况进行检查。商业银行必须按照有关金融法规的规定提取呆账准备金，并按照呆账冲销的条件和程序冲销呆账贷款。未经国务院批准，金融机构不得豁免借款人偿还贷款的义务；未经国务院批准，任何单位和个人不得强令贷款人豁免借款人偿还贷款的义务。

第五节 商业银行中间业务法律问题

一、商业银行中间业务的概念

中间业务，是指商业银行不需要动用自己的资金，凭借自身的业务、技术、机构、信誉和人才等优势，接受客户的委托，以中间人的身份依法为客户提供收付、咨询等，并收取佣金的金融服务。

商业银行中间业务包括两大类：一类是不形成或有资产、或有负债的业务，即一般意义上的金融服务类业务；另一类是形成或有资产、或有负债的中间业务，即一般意义上的表外业务。

金融服务类业务，是指商业银行以代理人的身份为客户办理的各种业务，以获取手续费收入，其主要包括银行卡业务、支付结算类业务、代理类中间业务、基金托管类业务和咨询顾问类业务。

表外业务，是指那些未列入资产负债表，但是与表内业务和负债业务联系密切，并在一定条件下可转化为表内资产业务和负债业务的经营活动，其主要包括担保或类似的或有负债、承诺类业务和金融衍生产品业务三大类。

二、商业银行中间业务的分类

（一）支付结算类中间业务

支付结算类业务是指由商业银行为客户办理因债权债务关系而发生的与货币支付、资金划拨有关的收费业务。主要包括汇款业务、托收业务、信用证业务等。

1. 结算工具主要包括银行汇票、银行本票、支票和商业汇票。银行汇票是由出票银行签发，在见票时按照实际结算金额无条件支付给收款人或者持票人的票据。商业汇票是由出票人签发，委托付款人在指定日期无条件支付确定的金额给收款人或持票人的票据，其又可分为银行承兑汇票和商业承兑汇票。银行本票是银行签发，并承诺自己在见票时无条件支付确定的金额给收款人或者持票人的票据。支票是由出票人签发，并委托办理支票存款业务的银行在见票时无条件支付确定的金额给收款人或持票人的票据。

2. 结算方式主要包括同城结算和异地结算。

3. 结算业务主要包括汇款业务、托收业务、信用证业务以及其他业务。汇款业务，是由付款人委托银行将一定的款项汇给某收款人的结算业务。汇款分为电汇、信汇和票汇三种形式。托收业务指债权人或卖方为向外地债务人或买方收取贷款而向其开出汇票，并委托银行代为收款的一种结算方式。信用证业务,是指商业银行根据申请人的申请,向受益人开立的载有一定金额,并承诺在一定的期限内凭约定的单证,根据单单相符的原则代申请人付款的一种结算业务。

其他业务包括利用现代支付系统实现的资金划拨、结算,利用银行内外部网络实现的资金流转等,如非银行机构的第三方支付业务。

(二)银行卡与银行卡收单业务

银行卡是由经授权的金融机构向社会发行的具有消费信用、转账结算、存取现金等全部或部分功能的信用支付工具。

银行卡可作如下分类:(1)根据清偿方式,银行卡业务可分为贷记卡业务、准贷记卡业务及借记卡业务,而借记卡可进一步分为转账卡、专用卡及储值卡。(2)根据币种不同,银行卡可分为人民币卡和外币卡。(3)根据使用对象不同,银行卡可以分为单位卡和个人卡。(4)根据载体材料的不同,银行卡可以分为磁性卡和智能卡(IC卡)。(5)根据使用对象的信誉等级不同,银行卡可分为金卡和普通卡。(6)根据流通范围不同,银行卡还可分为国际卡和地区卡。

银行卡收单,是指签约银行向商户提供的本外币资金结算服务,它包括POS机收单与ATM收单。收单业务的参与当事方情况如下:

1. 发卡机构:向持卡人发行银行卡,并通过提供相关的银行卡服务收取一定费用,为银行卡市场的发起者、组织者及银行卡市场的卖方。

2. 收单机构:负责特约商户的开拓与管理、授权请求、账单结算等,其收益主要来源于特约商户交易手续费的分成。

3. 持卡人:在银行卡市场中处于中心地位,是银行卡产品及其衍生产品需求的市场基础,是银行卡的使用者和发卡机构、特约商户及银行卡组织利益的创造者,是市场营销的主要对象。

4. 特约商户:与收单机构签有协议,受理银行卡结算的零售商、个人、公司或其他组织。

5. 银行卡组织:其关键职能在于建立、维护和扩大跨行信息交换网络,通过公共信息网络和统一的操作平台,为会员提供信息交换、清算和结算、品牌营销、统一授权及协助成员机构进行风险控制及反欺诈等服务。

6. 第三方服务供应商:包括除银行卡组织以外的信息交换和转接业务机构、支付处理支撑机构等。

(三)担保类中间业务

担保类中间业务,是指商业银行为客户债务清偿能力提供担保,承担客户违约风险的业务,包括银行承兑汇票、各类银行保函及备用信用证等。具体如下:

1. 银行承兑汇票,是由收款人或付款人(或承兑申请人)签发,并由承兑申请人向开户银行申请,经银行审查同意付款的商业汇票。

2. 备用信用证,是指开证行应申请人的申请,以债权人作为信用证的收益人而开立的一种特殊用途的信用证,以保证在申请人发生破产或不能依约履行义务等情形时,由开证行向收益人履行的一种担保方式。

3. 银行保函,包括投标保函、借款保函、还款保函及承包保函等。

（四）代理类中间业务

代理类中间业务，是指商业银行接受客户委托，为客户提供金融服务并收取一定费用的业务。其主要包括以下几种类型：

1. 代理政策性银行业务，是指商业银行接受政策性银行的委托，代为办理政策性银行因服务功能和网点设置等方面的限制而无法办理的业务，如代管贷款项目等。

2. 代理商业银行业务，是指商业银行相互之间的代理业务。

3. 代理中国人民银行业务，是指根据政策、法规本应由中国人民银行承担，但是由于机构设置、专业优势等方面的原因，由中国人民银行指定或委托商业银行处理的业务，主要包括财政性存款代理、国库代理、发行库代理及金银代理等业务。

4. 代理证券业务，是指银行接受委托办理的代理发行、兑付、买卖各类有价证券的业务，还包括接受委托办理债券还本付息、证券资金清算、股票红利代发等业务。

5. 代收代付业务，是指商业银行利用自身的结算便利，接受客户的委托代为办理指定款项的收付事宜的业务，如各项公用事业性收费代理、行政事业性收费代理、财政性收费及工资代发等。

6. 代理保险业务，是指商业银行接受保险公司委托代其办理保险业务。

7. 其他代理业务，包括代理财政委托业务、银行卡收单等。

（五）承诺类中间业务

承诺类中间业务，是指商业银行在未来某一日期按照事前协商的条件向客户提供约定信用的业务，可分为以下两类：一类是贷款承诺、透支额度等可撤销承诺；另一类是备用信用额度、回购协议、票据发行便利等不可撤销承诺。可撤销承诺载有客户在取得贷款前必须履行的特定义务。在银行承诺期内，若客户没有履行约定事项，则银行可撤销该项承诺，如对透支额度的承诺进行撤销。不可撤销承诺是银行未经客户同意而不能随意取消的约定，包括备用信用额度、票据发行便利、回购协议等。

（六）咨询顾问类业务

咨询顾问类业务，是指商业银行依据自身的信息、人才等方面的优势，收集和整理相关信息，结合银行和客户资金运动的特点，应客户的要求向其提供系统的运行方案，以满足其经营管理需要的服务活动。其主要包括：

1. 企业信息咨询业务，包括项目评估、企业注册资金验证、资信证明、企业信用等级评估、企业管理咨询等。

2. 资产管理顾问业务，是指应客户的要求为其提供全面的资产管理服务，包括投资组合建议、投资分析、风险控制和税务建议等。

3. 财务顾问业务，包括企业并购顾问和建设项目财务顾问业务，前者指为企业的购并双方提供财务建议的业务，后者指为大型建设项目的融资安排与融资结构等提供建议方案的服务。

4. 现金管理业务，是指商业银行协助客户管理现金账户头寸及活期存款余额，以提高其资金流动性和使用效率。

（七）交易类中间业务

交易类中间业务，是指商业银行为满足客户保值或风险管理的需要，利用各种可行的金融工具进行的交易活动，包括期货、期权等各类金融衍生品业务。

1. 远期合约,是指交易双方约定在未来某个特定时间以约定的价格和约定的数量买卖资产的合约,包括远期外汇合约和利率远期合约等。

2. 金融期货,是指交易双方在金融市场上,以约定的时间和价格,买卖某种金融产品的标准化合约。

3. 互换,是指交易双方基于各自的比较利益,对各自的现金流量进行交换,一般包括利率互换和货币互换。

4. 期权,是指期权的买方支付给卖方一笔对价性的权利金,取得可于期权的存续期内或到期日当天,以执行价格与期权卖方根据约定数量和特定标的所进行的交易。按交易标的,期权可分为外汇期权、期货期权、利率期权、股票指数期权、债券期权等。

(八)基金托管类业务

基金托管类业务,是指具有托管资质的商业银行接受基金管理公司委托,对所托管的基金的全部资产进行保管,为所托管的基金办理清算资金划拨、会计核算、基金估值、监督管理人的投资运作等。

|案例|

新化房地产有限责任公司(以下简称新化公司)从海螺公司购进水泥2000吨,总价50万元。水泥运抵后,新化公司为海螺公司签发了一张以新化公司为出票人和付款人,以海螺公司为收款人,3月后到期的商业承兑汇票。1个月后,海螺公司从吉祥公司购进木材一批,总价值为45.5万元。海螺公司将新化公司所开具的汇票背书给吉祥公司,余下的4.5万元以支票方式结算。汇票到期后,吉祥公司向新化公司出示汇票,新化公司拒绝付款,理由是海螺公司所交付的水泥不符合合同规定。

思考:新化公司是否可拒付?为什么?商业汇票的风险何在?

三、商业银行中间业务的特点

虽然和商业银行表内业务相比,其中间业务风险较低,但是这并不能表明其没有风险。与表内资产负债业务相比,商业银行中间业务具有以下特点:

1. 自由度较大。中间业务不像传统的资产负债业务那样受到严格的金融监管。一般情况下,只要交易双方认可,就可达成协议。中间业务可以在场内交易,也可以在场外交易。由于绝大多数中间业务不需要相应的资本金准备,导致部分商业银行委托性和自营性的中间业务过度膨胀,滋生了或然性风险。

2. 透明程度差。中间业务大多不反映在银行的资产负债表上,导致财务报表的外部使用者如股东、债权人和金融监管当局很难了解到银行的全部业务范围与经营情况,并对其进行绩效评价。经营透明度的下降,不仅影响了市场对银行潜在风险的合理判断,同时也不利于有效监管。

3. 风险较分散。中间业务涉及多个环节,分散于银行的各个不同的业务部门,其风险具有牵一发而动全身的效应,所以其防范风险难度较大。

4. 高杠杆性。商业银行中间业务具有衍生性的特点。衍生金融产品头寸结构的复杂性极大地制约了商业银行的风险防控能力与效果。同时,由于衍生金融工具的高杠杆性,在经营失败的情况下,也会导致风险成倍扩大与传导。

5. 风险暴露的滞后性。商业银行中间业务在会计核算上主要表现为表外业务,由于所涉银行不运用自己的资金,所以可能出现的操作风险与信用风险等不会及时得到暴露,从而形成风险时滞现象。

6. 所涉法律关系复杂。商业银行中间业务的复杂性已在事实上导致金融分业经营模式的失败或使其受到挑战。这种跨业性也使得商业银行中间业务所涉法律多元化,不仅涉及票据法、担保法、合同法等,而且涉及证券投资基金法、证券法、保险法等。

| 案例 |

A 商业银行决定推出一批新型理财产品,但该业务品种在已获批准的业务范围之外。A 银行在报批的同时要求下属各分行开展试销。(2013 年司法考试案例)

思考:(1)该业务品种是否需要获得银行业监督管理机构审批? (2)该业务品种是否需要获得中国人民银行审批? (3)该业务品种在批准前进行试销,有关部门是否有权对 A 银行进行处罚? (4)该业务品种在批准前进行的试销交易是否为效力待定的民事行为?

第六节　违反商业银行法的法律责任

"徒法不足以自行,徒善不足以为政。"强制是法律概念中一个基本的不可分割的元素。法律是一种有关人的行为的强制性秩序。法律责任的有无及与违法行为适配的程度是评价某一部法律规范文件良劣的重要标准之一。对违反商业银行法法律责任的配置也是该法必不可少的环节。对此,我国《商业银行法》从民事责任、行政责任、刑事责任三个层面进行了厘定。

一、民事责任

(一)商业银行的民事责任

商业银行无故拖延、拒绝支付存款本金和利息;违反票据承兑等结算业务规定,不予兑现,不予收付入账,压单、压票或者违反规定退票;非法查询、冻结、扣划个人储蓄存款或者单位存款;违反《商业银行法》规定对存款人或者其他客户造成损害的其他行为。给存款人或者其他客户造成财产损害的,除应支付存款及利息、兑现票据外,非法冻结存款的,应当恢复原状,解除冻结;非法扣划存款的,应当返还财产;给存款人或者其他客户造成财产损害的,应当承担相应民事责任。

| 案例 |

甲公司从乙公司处经背书转让获得一张远期银行承兑汇票,承兑金额为 20 万元。甲公司于付款到期日,前往该承兑银行要求付款,被银行拒绝。银行方面辩称,因该汇票的前手,即 H 公司涉嫌犯罪,公安机关已发出冻结止付通知。

思考:公安机关是否有权冻结该承兑汇票?如无权冻结,银行应否付款?

(二)商业银行工作人员的赔偿责任

商业银行工作人员利用职务上的便利,索取、收受贿赂或者违反国家规定收受各种名义的回扣、手续费,违规发放贷款或者提供担保;利用职务便利,贪污、挪用、侵占本银行或者客户资金;玩忽职守造成损失;泄露在任职期间知悉的国家秘密、商业秘密;为客户出具有虚假记载、误导性陈述或者重大遗漏的证明材料;违反规定徇私向亲属、朋友发放贷款或者提供担保造成损失的,应当承担全部或者部分赔偿责任。商业银行的工作人员对单位或者个人强令其发放贷款或者提供担保未予拒绝造成损失的,应当承担相应的赔偿责任。

(三)有关单位、个人的赔偿责任

《商业银行法》第88条第1款规定,单位或者个人强令商业银行发放贷款或者提供担保造成损失的,直接负责的主管人员和其他直接责任人员或者个人应当承担全部或者部分赔偿责任。

二、行政责任

《商业银行法》第74条规定,商业银行有下列情形之一,由国务院银行业监督管理机构责令改正,有违法所得的,没收违法所得,违法所得50万元以上的,并处违法所得1倍以上5倍以下罚款;没有违法所得或者违法所得不足50万元的,处50万元以上200万元以下罚款;情节特别严重或者逾期不改正的,可以责令停业整顿或者吊销其经营许可证:(1)未经批准设立分支机构的;(2)未经批准分立、合并或者违反规定对变更事项不报批的;(3)违反规定提高或者降低利率以及采用其他不正当手段,吸收存款,发放贷款的;(4)出租、出借经营许可证的;(5)未经批准买卖、代理买卖外汇的;(6)未经批准买卖政府债券或者发行、买卖金融债券的;(7)违反国家规定从事信托投资和证券经营业务、向非自用不动产投资或者向非银行金融机构和企业投资的;(8)向关系人发放信用贷款或者发放担保贷款的条件优于其他借款人同类贷款的条件的。[8]

根据《商业银行法》第75条之规定,商业银行有下列情形之一,由国务院银行业监督管理机构责令改正,并处20万元以上50万元以下罚款;情节特别严重或者逾期不改正的,可以责令停业整顿或者吊销其经营许可证:(1)拒绝或者阻碍国务院银行业监督管理机构检查监督的;(2)提供虚假的或者隐瞒重要事实的财务会计报告、报表和统计报表的;(3)未遵守资本充足率、资产流动性比例、同一借款人贷款比例和国务院银行业监督管理机构有关资产负债比例管理的其他规定的。

根据《商业银行法》第76条之规定,商业银行有下列情形之一,由中国人民银行责令改正,有违法所得的,没收违法所得,违法所得50万元以上的,并处违法所得1倍以上5倍以下罚款;没有违法所得或者违法所得不足50万元的,处50万元以上200万元以下罚款;情节特别严重或者逾期不改正的,中国人民银行可以建议国务院银行业监督管理机构责令停

---

〔8〕《商业银行法(修改建议稿)》扩充了违规的处罚情形,增设对商业银行股东、实际控制人以及风险事件直接责任人员的罚则;引入限制股东权利、薪酬追索扣回等措施,强化问责追责;提高罚款上限,增强立法执行力和监管有效性。

业整顿或者吊销其经营许可证:(1)未经批准办理结汇、售汇的;(2)未经批准在银行间债券市场发行、买卖金融债券或者到境外借款的;(3)违反规定同业拆借的。

《商业银行法》第79条规定,有下列情形之一,由国务院银行业监督管理机构责令改正,有违法所得的,没收违法所得,违法所得5万元以上的,并处违法所得1倍以上5倍以下罚款;没有违法所得或者违法所得不足5万元的,处5万元以上50万元以下罚款:(1)未经批准在名称中使用"银行"字样的;(2)未经批准购买商业银行股份总额5%以上的;(3)将单位的资金以个人名义开立账户存储的。

《商业银行法》第80条规定,商业银行不按照规定向国务院银行业监督管理机构报送有关文件、资料的,由国务院银行业监督管理机构责令改正,逾期不改正的,处10万元以上30万元以下罚款。

商业银行不按照规定向中国人民银行报送有关文件、资料的,由中国人民银行责令改正,逾期不改正的,处10万元以上30万元以下罚款。

三、刑事责任

《商业银行法》第74~87条规定,存在以下情形,构成犯罪的,应该追究刑事责任:(1)未经批准设立分支机构的;(2)未经批准分立、合并或者违反规定对变更事项不报批的;(3)违反规定提高或者降低利率以及采用其他不正当手段,吸收存款,发放贷款的;(4)出租、出借经营许可证的;(5)未经批准买卖、代理买卖外汇的;(6)未经批准买卖政府债券或者发行、买卖金融债券的;(7)违反国家规定从事信托投资和证券经营业务、向非自用不动产投资或者向非银行金融机构和企业投资的;(8)向关系人发放信用贷款或者发放担保贷款的条件优于其他借款人同类贷款的条件的;(9)拒绝或者阻碍国务院银行业监督管理机构检查监督的;(10)提供虚假的或者隐瞒重要事实的财务会计报告、报表和统计报表的;(11)未遵守资本充足率、资产流动性比例、同一借款人贷款比例和国务院银行业监督管理机构有关资产负债比例管理的其他规定的;(12)未经批准办理结汇、售汇的;(13)未经批准在银行间债券市场发行、买卖金融债券或者到境外借款的;(14)违反规定同业拆借的;(15)拒绝或者阻碍中国人民银行检查监督的;(16)未按照中国人民银行规定的比例交存存款准备金的;(17)未经国务院银行业监督管理机构批准,擅自设立商业银行,或者非法吸收公众存款、变相吸收公众存款的;(18)伪造、变造、转让商业银行经营许可证的;(19)借款人采取欺诈手段骗取贷款的;(20)商业银行工作人员利用职务上的便利,索取、收受贿赂或者违反国家规定收受各种名义的回扣、手续费的;(21)商业银行工作人员利用职务上的便利,贪污、挪用、侵占本行或者客户资金的;(22)商业银行工作人员违反本法规定玩忽职守造成损失的;(23)商业银行工作人员泄露在任职期间知悉的国家秘密、商业秘密的。

|案例|

2003年12月8日和2004年2月5日,B股份公司业务经理部经理唐某以公司名义先后与A农业银行某分行签订了两笔贷款合同。第一份合同贷款150万元,2004年5月2日偿还;第二份合同贷款200万元,2005年8月7日偿还。A农业银行按合同规定将两笔款项汇入B公司银行账户后,B公司即将这两笔贷款作为流动资金统一开支使用,并且有总经理、董事长的签章。2005年3月,B公司向A农业银行偿还了150万元贷款和第一季度的利息4.65万元,并由唐某于月底又归还了贷款100万元。2005年4月,唐某离职,B公司遂以"唐某贷款未经公司同意,总经理、董事长刘某的章放在财务部门,系由别人代盖的,盖章未经刘某同意;未加盖单位公章;唐某擅自借款等"为由,不再归还贷款本息。因此,A银行向法院起诉。

思考:该案的责任该如何配置?

思考题

1. 如何解读现代商业银行的社会功能?
2. 除了经济功能和经济效益,商业银行还有哪些社会价值?如何实现?
3. 商业银行已经从传统业务已发展为金融的百货公司,如何理解这种现象?
4. 商业银行的组织形式有哪些?该如何评价?
5. 我国商业银行的组织形式与普通公司有何异同?
6. 存款合同具有哪些法律特点?在我国涉及哪些法律规范文件?
7. 对存款人的身份该如何识别?
8. 商业银行贷款业务涉及哪些当事人?借贷双方的权利与义务如何界定?
9. 商业银行贷款业务中的担保有哪些?该如何选择?
10. 中间业务具有哪些特点及其业务该如何分类?

扩展阅读

1. 黎四奇:《我国银行法律制度改革与完善研究》,武汉大学出版社2013年版。

   本书作为具有极强实用性的实体法的研究范式,不是一种"言必称西洋"的从理论到理论的研究,而是脚踏实地后再具体问题具体分析,并以借鉴为基础的先看后做的研究。内容包括对我国银行法静态与动态之思考,我国商业银行市场准入法律制度研究,金融自由化下我国金融监管法律体制的调整分析,我国银行信息监管法律制度之反思与完善等。

2. 张春子、张晓东:《数字时代商业银行转型》,中信出版集团股份有限公司社2021年版。

   本书从宏观到微观,从战略管理到业务经营,从传统银行到数字化转型等多维视角,对百年未有之大变局和新技术革命背景下的银行经营发展进行了思考。包括未来10年商业银行发展的经济环境、金融环境和市场竞争格局的演变趋势,商业银行转型发展战略、数字化转型战略框架、业务数字化转型的策略,数字时代银行的集团化管理、财富管理高级化、国际化经营的对策,以及商业银行防范和化解系统性金融风险,应对国际金融危机挑战的建议等内容。

3. 卜振兴:《资管新规:银行业的变革与挑战》,中国商务出版社2021年版。

   全书详细解读了资管新规下商业银行业面临的时代转型之需,内容包括资管新规发布的背景、资管新规的核心要点、资管新规与防范风险的关系、资管新规下非标业务的转型和发展,资管新规对银行资管机构带来的挑战,尤其是机构的变革和调整等问题。

4. 刘红林:《商业银行内部管理法治化》,中国金融出版社2021年版。

   本书着眼于商业银行内部管理模式的现代化和实效化,在回顾法治建设和商业银行内部管理模式演变的基础上,冷静回答了商业银行选择法治化管理模式的必然性和可行性;介绍了商业银行法治管理文化、管理体系、管理机制、管理评价的内容和要求。

5. 孙亚楠:《商业银行法律实务及风险控制》,人民法院出版社 2014 年版。

本书重点解决商业银行实际应用问题,内容涵盖合同审查、担保、票据、银行卡、关联企业授信、新兴银行业务、债权的保全和执行等银行常见法律事务。

6. 张炜主编:《银行业务法律合规风险分析与控制》(第 2 版),法律出版社 2015 年版。

本书涉及银行业务法律合规风险控制的主要方面。包括公司信贷业务、公司融资担保业务、信贷资产转让业务、关联企业信贷业务、个人信贷业务、信用卡业务、储蓄业务、个人电子银行业务、个人理财业务、土地储备和房地产开发贷款业务、个人住房信贷业务、住房抵押贷款证券化业务等。

7. 张斌主编、上海市浦东新区人民法院编:《金融案件法律适用关键词与典型案例指导》(第 2 版),法律出版社 2015 年版。

本书以“法律适用关键词”为切入点,结合典型案例针对金融审判实践中的重点、疑难、新型问题进行了深入的分析。主要涉及银行、保险、证券、典当、票据五种主要的金融案件类型,以关键词的解析为中心将法律条文与经典案例相串联,为读者提供了丰富详尽的理论和实践参考。

第五章 政策性银行法律制度

政策性银行，顾名思义，是承担政策性金融业务的银行。政策性银行法是规定政策性银行设立宗旨、经营目标、业务领域、业务方式、组织体制等法律规范的总称。依据国务院于1993年12月25日发布的《关于金融体制改革的决定》，我国相继组建了国家开发银行、中国进出口银行、中国农业发展银行三家政策性银行，并开展了相应的政策性银行业务。目前，我国关于政策性银行的专门立法工作尚未完成。各政策性银行的组织、业务活动仍主要依据各自的银行章程和相关法律、法规、规章。

第一节 政策性银行概述

一、政策性银行的概念与特征

政策性银行，是由政府创立、参股或保证的，不以营利为目的，专门为贯彻、配合政府社会经济政策或计划，在特定的业务领域内，直接或间接地从事政策性融资活动，充当政府发展经济、促进社会进步、进行宏观调控工具的金融机构。[1] 政策性银行既不同于“政府的银行”——中央银行，也不同于以营利为目的的商业银行。它具有以下五个方面的特征：

采取PPP模式融资的日本商工组合中央金库

1. 政策性银行多由政府创立、参股或保证，在注册资本、资信保证等方面与政府保持密切关系。政府通常主导政策性银行的资金来源，绝大多数国家的政策性银行由政府全部或部分出资设立[2]，这是其开展政策性金融业务的前提与基础。但是，随着社会的发展和经济的进步，一些国家的政策性银行逐渐弱化了自身政策性融资的功能，并逐渐市场化。例如，美国于1933年成立的农业合作银行，原本是由联邦政府出资设立的政策性银行，却在1960年将其全部股份私有化。

2. 政策性银行保本经营，不以营利为目的。作为一种追求社会公益的特殊金融机构，政策性银行在经营时往往需要考虑到国家的整体利益和社会利益，贯彻配合政府的经济政策

---

〔1〕 杨明基主编：《新编经济金融词典》，中国金融出版社2015年版，第1057页。

〔2〕 政策性银行大多是由政府直接全资创立，如我国的三大政策性银行，日本的“二行九库”（日本开发银行、日本输出入银行、国民金融公库、中小企业金融公库、中小企业信用保险公库、环境卫生金融公库、农林渔业金融公库、住宅金融公库、公营企业金融公库、北海道东北开发金融公库、冲绳振兴开发金融公库），以及美国的进出口银行、韩国的开发银行等。另外，也有一些国家的政策性银行是由政府参与部分股本，联合商业银行和其他金融机构共同设立，如法国的对外贸易银行，即由法国的中央银行——法兰西银行、信托储蓄银行以及若干大型商业银行、其他金融机构投资组建。

与产业政策,因而在性质上与商业银行存在显著差异。

3. 政策性银行具有特定的业务领域和服务对象,一般都是专业性或开发性的金融机构。它一般不吸收公众存款,业务往往涉及地区开发、农业、住房、进出口贸易、中小企业、经济技术开发等基础部门或领域。这些部门或领域有的对国民经济发展具有较大的现实意义,需要通过相关措施予以鼓励;有的是国民经济的薄弱环节,若无特殊支持与保护,将会停滞不前甚至萎缩;有的对社会稳定、经济均衡协调发展具有重要作用,需要政府通过特殊政策进行重点扶持。这些领域的共同特点是不易得到商业性金融机构的资金融通,因而需要由政府设置专门金融机构,给予其特殊的资金支持,以形成最优的资源配置。虽然,政策性银行的扶持重点会随着国家经济产业政策的变化而变化,但银行本身所服务的领域并不会发生根本变化。

4. 政策性银行有不同于商业银行的特殊融资原则:(1)融资对象必须是在不易从其他金融机构获得所需资金的条件下,才有从政策性银行获得资金的资格;(2)政策性银行提供的中长期信贷资金,贷款利率明显低于商业银行的同类贷款利率;(3)融资具有引导性,政策性银行通过给予偿付保证、利息补贴或者再融资,支持、引导和鼓励更多其他金融机构按照国家政策意图开展融资活动;(4)政策性银行并不吸收公众存款,融资方式通常比较固定,资金融入主要依靠财政拨款和发行政策性金融债券,资金融出主要为提供贷款利率低于商业银行同期利率的中长期信贷资金,当出现偿还困难时则由国家财政支持。

5. 政策性银行一般实行单独立法,绝大多数国家以单独的法律、条例规定每一家政策性银行的宗旨、经营目标、业务领域与方式、组织体制等。例如,日本《输出入银行法》即为日本输出入银行的专门法规,日本普通银行法的规定对其不适用。

二、政策性银行的产生和发展

政策性银行是在市场经济发展到一定阶段后,适应国家干预需要而产生的金融机构。20世纪30年代以前,古典自由主义盛行,国家干预的经济政策尚未登上西方国家的舞台。尽管部分国家已经出现了带有政策性金融特征的银行,但总体来说,政策性银行在这一时期并不普遍。

随着1929~1933年世界经济危机的爆发,市场机制的内在缺陷开始暴露,而凯恩斯主义的兴起,进一步带动了国家干预经济的热潮。政府作为一国经济最高层级的调节者和干预者,不宜直接介入纷繁的经济生活,因而需要借助专门机构来实现国家干预的目标。在此背景下,能够贯彻政府政策和计划的专业化金融机构——政策性银行大量地产生。经济危机之后,政策性银行主要活跃于长期投资、农业、进出口贸易和住房金融领域。这一阶段诞生的政策性银行主要有:美国依据1932年的《住房贷款银行法》建立的美国联邦住房贷款银行和联邦住房抵押贷款管理局,依据1933年的《农业信贷法》建立的合作社银行体系,于1934年成立的华盛顿进出口银行(1968年改名为美国进出口银行);法国依据1936年8月19日的法令建立的法国国家市场金库等。

"二战"结束至20世纪90年代,是政策性银行在世界范围内广泛建立与深入发展的时期。该时期还可进一步分为两个阶段,第一个阶段是从"二战"结束到20世纪50年代末,政策性银行在西方工业国家和部分发展中国家大量涌现。当时,除美国以外的资本主义国家经济都遭受了严重的破坏,为了重建、恢复经济,各国纷纷建立起政策性银行。例如,日本的政策性银行——“二行九库”中,有 9 家是在这一时期建立的。与此同时,社会上还出现了许多专门解决中小企业融资问题的政策性银行。第二个阶段是在 20 世纪 60 年代以后,随着帝国主义殖民体系的瓦解,发达国家政策性银行的发展逐渐停滞,而广大发展中国家却纷纷开始建立政策性银行。新兴独立国家为了缩短与发达国家的国力差距,迫切需要发展经济,但是自身不健全的金融体系难以满足各生产部门的资金需求。政策性银行的建立,弥补了新兴国家金融体系的不足,成为政府实现经济发展战略目标的有效工具,如印度成立工业开发银行、进出口银行等。

21 世纪以来,世界上许多国家的政策性银行出现了业务收缩、向商业化或开发性金融机构转型的现象。其中,政策性银行向综合性开发金融机构转型,是其未来发展的主流趋势,我国国家开发银行的改革历程即为典型例证。

三、政策性银行的职能

政策性银行既有商业银行的一般职能,也有商业银行所不具备的特殊职能。一般职能使政策性银行获得了银行的性质,特殊职能则使其具备了贯彻、配合政府政策或计划的基本条件。

(一)政策性银行的一般职能

政策性银行与商业银行一样,也具有金融中介职能。政策性银行通过负债业务吸收资金,再通过资产业务将资金投入相应单位或项目之中,从而实现贷出者与借入者之间的资金融通。

不过,政策性银行一般不吸收社会公众的活期存款,资金多源于国家财政或者金融市场。资金运用多为中长期放款或长期投资,极少发放短期贷款。因此,政策性银行一般不具备信用创造职能,这与商业银行有着极大的不同。商业银行在信用中介职能和支付中介职能的基础上产生了信用创造职能,能够利用吸收的存款发放贷款,在转账结算和支票流通的基础上,又将贷款转化为存款。这种存款在不提现或不完全提现的条件下,可以增加商业银行的资金来源,最终在整个商业银行系统形成数倍于原始存款的派生存款。商业银行正是通过这种信贷活动,创造或收缩活期存款,传递货币政策,调节货币流通量。而政策性银行不吸收社会上的活期存款,其所吸收的特定存款也非供转账结算使用,贷出款项一般按政策要求专款使用,所以不具备派生存款或创造信用的职能。正因如此,政策性银行被视为“特殊银行”,通常不在中央银行的货币政策和金融管制约束之列,不必由中央银行直接监管。

(二)政策性银行的特殊职能

在特殊职能方面,政策性银行主动、积极地贯彻实施政府的宏观经济政策,尤其是产业政策。其特殊职能可以概括为补充性职能、倡导性职能和服务性职能。

1. 补充性职能

补充性职能又称弥补性职能,是指为了弥补商业银行金融活动的不足,政策性银行通过金融活动,补充和完善以商业银行为主体的金融体系。从经济法视角来看,由于市场配置手段存在局限性,对于难以依靠市场有效配置金融资源的领域,政府应当进行干预,即通过政策性银行配置金融资源,引领资金流向,落实培育、扶持特定产业的计划。当然,在特定产业相对成熟后,政策性银行也应当适时退出,并引导营利性资本进入。通过这种方式,可以解决特定产业资本投入不足、时间错配等问题。例如,对投资回收期限过长、投资回报率低的项目进行融资补充;对成长中的扶持性产业给予利率优惠。又如,在全球新冠肺炎疫情暴发之后,中小微企业、农业企业受疫情影响较大,容易陷入经营困境。各国政策性银行为这些企业提供政策性金融支持,或开辟特别通道提供专门低息贷款,或允许延期还款并减免利息,以帮助企业走出困境,如我国三大政策性银行在2020年2月发行了巨额的"抗疫"主题金融债券,筹集资金支持疫情防控,并通过捐款、发放疫情防控应急贷款等方式,全力支持企业"一手抓疫情防控、一手抓安全生产"。此外,政策性银行以间接的融资活动或提供担保来引导商业银行的资金流向,并针对商业银行偏重短期资金融通的缺点,向市场主体提供长期资金,有时甚至发放超长期贷款。例如,美国联邦土地银行的贷款期限最长达40年,法国农业信贷银行贷款期限最长达50年,远远超过了一般商业银行的放款期限。

政策性银行并不能任意融资,对其服务对象、服务领域应当有所选择。从表象上看,政策性银行的服务对象、服务领域是由政府选定的,但本质却是市场选择的结果。只有在市场机制不予选择,致使某些企业得不到正常的资金支持、某些重要基础产业得不到应有发展之时,才能由政府通过政策性金融予以补充。所以,尊重市场机制是前提,在市场失灵时通过政策性银行进行政府干预是结果。各国政策性银行的活动领域,如中小企业、住房、农业、地区开发等,都是商业银行不予选择或不愿意选择的领域。政策性银行选择这些"被遗忘的角落",体现了它们的特殊性质。也正是由于政策性银行的选择以商业银行的选择为基础,所以,随着客观形势变迁(如融资领域资金已供过于求,落后地区经过开发已发达起来),商业银行的选择也在不断变化,这便要求政策性银行对其活动领域适时作出调整。

2. 倡导性职能

倡导性职能,指政策性银行以直接资金投放或者间接吸引其他金融机构从事特定放款业务的方式,引导资金的流向。因为,政策性银行一旦决定对某些产业提供贷款,就反映了国家经济发展的长远目标,表明了政府的扶持意愿,从而能够增强市场参与者的投资信心,降低这些产业的潜在投资风险,引导其他金融机构放宽投资审查。只要某一产业的投资热情高涨,政策性银行就可以减少对该行业的投资额度,转而扶持其他行业的发展,由此体现它在政策意图上的倡导性,形成对民间资金运用方向的诱导机制,促成政府政策目标的实现。例如,为了实现全球经济可持续发展,政策性银行需要发挥倡导绿色金融的功能。英国在2012年成立了全球第一家专门从事绿色投资的国家级政策性银行——英国绿色投资银行。该银行起初由英国政府设立,业务领域严格限定为离岸海上风电、能效产业、废物处理和生物能源、在岸可再生能源几个方面。为扩展绿色投资银行融资渠道,吸引更多私人资本进入绿色投资领域,2016年3月3日,英国政府启动"绿投行"私有化进程。2017年8月18日,麦格理集团完成收购绿色投资银行。又如,德国复兴信贷银行作为德国最大的政策性银行,是该国绿色资金的最主要提供者。它在碳排放交易、海上风电项目等绿色经济领域为德国企业提供了大量的资金,有助于德国能源转型、环境保护和气候改善。

3. 服务性职能

政策性银行一般是专业性银行,在其服务的领域内拥有丰富的实践经验和专业技能,聚集了一大批精通业务的技术人才,可以为企业提供各类金融服务或非金融服务,也可以充当政府经济政策或产业政策的参谋,从而彰显其服务性职能。例如,中小企业银行为企业分析财务结构,诊断经营情况,提供经济信息,沟通外部联系;农业发展银行提供涉农金融服务,并为农业提供技术服务;进出口银行为进出口信用提供偿付保证,提供国际商情,分析汇率风险;开发银行充当国有企业投资计划的金融经纪人,并为各种重大投资项目提供经济及社会效益的评估。在实践中,中国农业发展银行新疆维吾尔自治区分行推出"购销企业+加工企业"产销衔接的供应链金融模式,为粮农产品供应链企业提供信贷服务,支持粮食全产业链发展。同时,政策性银行因长期在某一领域开展业务,已成为政府在该领域事务中的助手或顾问,也会参与政府有关计划的制订,甚至代表政府组织实施该方面的政策计划。

四、政策性银行的法律地位

政策性银行的法律地位取决于其功能定位。经济学理论一般认为,政策性银行是为了克服本国经济运行中的市场失灵、满足政府对经济调控的需要而设立的金融机构。"市场失灵"与"政府干预"理论、准公共产品理论、资源配置理论、强位弱势群体理论及金融约束理论等均可以为本国政府设立政策性银行提供依据。此外,"双缺口"理论、"赶超战略理论"为政策性银行研究提供新的视角。发展中国家通过设立政策性银行,发挥政策性银行的特殊功能,克服资本和外汇"双缺口"的矛盾,快速提高本国经济发展水平,最终帮助自身实现"赶超战略"。由上可见,政策性银行是一国银行体系中与商业银行并存且互补的特殊类型金融机构。它们基于政府的特定政策目标或计划而设立,经营行为会受到政府部门宏观决策与管理行为的影响,因而与政府之间保持某种依存关系。这就决定了政策性银行不能如商业银行那样成为自主经营、自负盈亏、自担风险、自求发展的企业法人,而只能是为政府特定经济政策、产业政策服务的特殊金融机构,带有公益(事业)法人的性质。

为了进一步理解政策性银行的法律地位,有必要分析其与政府部门、中央银行、商业银行、政策性非银行金融机构以及服务对象之间的关系。

(一)政策性银行与政府的关系

政策性银行与政府之间存在密切联系,具体表现在:

1. 政策性银行由政府全部或部分出资设立,政府是政策性银行的坚强后盾,并依法对其进行监督管理和行政领导。政策性银行具有鲜明的财政投融资属性,依托国家信用,通过财政注资或者发行国家主权级金融债券,向全社会各阶层筹集资金。

2. 政策性银行为政府经济政策、产业政策、社会政策服务,是政府发展经济、进行宏观管理、干预经济活动的有力工具。政策性银行按照其服务的不同产业领域、经济领域,受到相应政府部门的管理。政策性银行与政府的关系,集中表现在它与财政部门的关系上。实际上,政策性金融是财政与金融相互渗透、互为利用的一种形式,政策性银行的业务活动本质就是一种财政投融资活动。

(二)政策性银行与中央银行的关系

相较于商业银行,政策性银行与中央银行的关系更为松散。政策性银行不具备派生存款或信用创造功能,通常不在货币政策管制之列,所以一般不受中央银行直接管理。例如,日本的"二行九库"直接由大藏省领导,不受日本银行(中央银行)直接管理;美国联邦土地银行、联邦中期信贷银行和合作银行由联邦农业信贷管理局和联邦农业信贷委员会共同管理,而后者隶属于农业部。但是,政策性银行毕竟是银行,中央银行仍给予其必要的资金支持与业务指导,政策性银行金融业务的开展,也要尽量同中央银行的政策目标保持一致。

政策性银行与中央银行的关系可以归纳为以下几点:

1. 资金方面,中央银行向政策性银行提供的再贴现、再贷款或专项基金,构成了政策性银行的一部分资金来源。泰国的农业合作银行就属此类。

2. 人事管理方面，中央银行和政策性银行实行人事结合。政策性银行的董事会或其他决策机构、监事机构中有中央银行的代表，中央银行的决策机构中也有政策性银行的代表，这样便于两者的协调与配合。

3. 法定存款准备金方面，一些国家的政策性银行仍需向中央银行缴纳存款准备金。例如，比利时的国家工业信贷银行、国民职业信贷银行等政策性银行都应在比利时国家银行存款，并保持一定比例的存款准备金。

（三）政策性银行与商业银行的关系

政策性银行与商业银行的关系可以归纳如下：

1. 平等关系。政策性银行与商业银行在法律地位上是平等的。前者依法享有某些政策性优惠待遇，但并无凌驾于商业银行之上的权利。

2. 互补关系。商业银行构成一国金融体系的主体，承办绝大部分的金融业务，而政策性银行承办商业银行不愿或不能办理的金融业务，在商业性金融业务活动薄弱或遗漏的领域开展活动。两者之间形成主辅、互补而非替代、竞争的关系。

3. 配合关系。许多政策性银行因缺少分支机构而受到限制，其政策性业务的开展是间接的，即通过商业银行转贷给最后借款人。另外，政策性银行向商业银行从事的符合政府政策要求的业务活动提供再贷款、利息补贴、偿还担保等支持，在业务上进行监督，故两者之间又有一定程度的配合。

（四）政策性银行与政策性非银行金融机构之间的关系

政策性非银行金融机构与政策性银行都属于政策性金融机构，其主要区别在于是否从事信贷这一传统银行业务。我国金融市场存在两类政策性非银行金融机构：一类是三大政策性银行通过参股、控股等方式设立的综合性政策性金融服务机构。例如，国家开发银行设立了国开金融有限责任公司、中非发展基金有限责任公司、国开证券股份有限公司、国银金融租赁股份有限公司等控股子公司；中国农业发展银行参与设立了中国农业产业发展基金有限公司、现代种业发展基金有限公司等子公司；中国进出口银行控股设立了中国—东盟投资合作基金（以下简称东盟基金）。其中东盟基金是经国务院批准、国家发展改革委核准的离岸美元股权投资基金，由中国进出口银行作为主发行人。该基金主要投资于基础设施、能源和自然资源等领域，为中国及东盟地区的优秀企业提供资本支持，并且动用丰富资源帮助合作企业提升价值。其已成为东盟地区声誉卓越、业绩优秀的私募股权基金，为东盟地区经济和社会的可持续发展作出了贡献。[3] 这类政策性非银行金融机构，通过运用股权融资、租赁融资、担保融资等多种金融工具，为政策性金融机构发挥政策性职能提供多样化的实践路径。另一类是以处理不良资产为主业的资产管理公司（Asset Management Companies，AMC）及以市场化债转股为主业的金融资产投资公司（Asset Investment Companies，AIC）。从理论上分析，AMC 或 AIC 都可以处理政策性银行的不良资产。

（五）政策性银行与服务对象之间的关系

政策性银行的服务（业务）对象局限于某些领域，有的具备长期稳定的业务对象，如农

---

〔3〕 资料来源于中国进出口银行官方网站有关“中国—东盟合作基金”的介绍（具体网址可参见 http://www.eximbank.gov.cn/aboutExim/organization/ckfjj/whkgjj/ckfjjxq/）。

业发展银行;有的则须不断调整其服务对象,如开发性的政策性银行。政策性银行与服务对象之间的关系主要体现为:

1. 信贷关系。各国政策性银行一般都以直接或间接的方式向其业务对象提供贷款。

2. 投资关系。政策性银行认购投资对象的公司债券或参与股本,与投资对象直接形成投资关系,并通过这种投资关系体现政府的政策意图和产业方向。例如,根据韩国《开发银行拥有股份管理法》的规定,韩国开发银行既可以认购为实现主要工业计划而发行的公司债券,又可以购买公司股票,参与公司的资本运作。

(六)政策性银行之间的关系

根据不同行业或领域的需要而设立的不同政策性银行,为了实现政府经济政策与产业政策的目标,各自侧重服务于特定的行业或领域,彼此之间既有分工又有合作。它们共同构成了政府对国民经济进行政策性金融支持的完整体系,彼此之间存在共同使用资金总量和协调处理边际性业务的问题。

一方面,由于政策性银行的资金大多直接从财政预算中列支,因而其在一定程度上受制于政府的财政状况。政策性金融筹资的总规模,必须与国家财政的承受能力相适应,不能随意扩大。另一方面,虽然政策性银行在设立之初都规定了具体的职能和业务领域,但不同政策性银行之间难免存在业务交叉。因此,必须注重政策性银行之间的协商,发挥政府部门的协调作用。

第二节　我国政策性银行的发展概况

一、我国组建政策性银行的原因

国务院于 1993 年 12 月 25 日发布了《关于金融体制改革的决定》,规定自 1994 年起在我国开始推行金融体制的全面改革。其中一项极为重要的举措是组建三家政策性银行,具体包括国家开发银行、中国农业发展银行和中国进出口银行。组建政策性银行的原因可分析如下:

1. 成立政策性银行,可以实现财政资金投资的间接化与高效化,改善经济结构调整中的滞后性,增强社会协调性,从而确保国家经济结构调整政策的落实。在社会主义市场经济体制中,市场在国家宏观经济政策指导下,对资源配置起到决定性作用。市场配置资源通过利润平均化来实现,通常较缓慢,且具有盲目性。因此,政府常常需要主动介入,通过国家的力量在短时期内注入大量资金。一般而言,国家投资有两种可供选择的方法:一种是直接投资,但受国家财政能力的限制,这种投入也是有限的;另一种是政策性金融投入,这种投入资金来源于全社会(并非仅来源于国家财政),财政在此仅解决利差补贴的问题,从而实现财政“四两拨千斤”的杠杆作用。

在一个国家的经济发展过程中,政策性金融是必不可少的。但有政策性金融并不一定非要有政策性银行,商业银行也可以办理政策性金融。不过,当时我国以大型国有独资银行为主体,单独成立政策性银行,更有利于形成不同的利益主体及制约机制。

2. 成立政策性银行,可以实现政策性金融和商业性金融的分立,解决国有专业银行身兼二任的问题,使其成为真正的国有商业银行。1994 年以前,我国没有专门的政策性银行,国家的政策性贷款业务都由中国人民银行和国有专业银行承担,后者既办理商业性信贷,又大量办理按国家政策给予优惠的信贷业务。其所带来的不良后果不容忽视:(1)这会形成资金上对中央银行的倒逼机制,专业银行为了利润往往更倾向于发放商业性贷款,留下政策性贷款的资金缺口,以便进一步向中央银行要钱;(2)专业银行的经营成果难以准确考核,一些经营性亏损往往被政策性亏损掩盖。因此,专业银行身兼二任,必然导致职责不清,业务界限不清,风险责任不明,使国有专业银行难以实现自主经营、自负盈亏、资金平衡、自担风险及自我发展,难以办成真正的商业银行。成立政策性银行,使政策性银行业务从专业银行中分离出来,有利于解决上述问题。

3. 成立政策性银行,可以割断政策性贷款与基础货币之间的直接联系,确保中国人民银行调控基础货币的主动权与独立性,使财政资金的融通与信用资金的融通相分离,使中国人民银行成为真正的中央银行,有效调控基础货币、实施货币政策。

总之,政策性银行的组建,有利于国家控制固定资产投资规模、调整产业结构,有利于国有专业银行向现代商业银行的转变,也有利于中国人民银行对货币信用总量的调控。

二、我国政策性银行概况

下面依据有关规定和实务情况对三家政策性银行作简要介绍。

(一)中国农业发展银行

1. 中国农业发展银行的设立宗旨与性质

1994 年 4 月 19 日,国务院发布了《关于组建中国农业发展银行的通知》,并于同年 11 月 18 日正式成立了中国农业发展银行。中国农业发展银行是国家出资设立、直属国务院领导、支持农业农村持续健康发展、具有独立法人地位的国有政策性银行。其主要任务是以国家信用为基础,以市场为依托,筹集支农资金,支持“三农”事业发展,发挥国家战略支撑作用。其经营宗旨是紧紧围绕服务国家战略,建设定位明确、功能突出、业务清晰、资本充足、治理规范、内控严密、运营安全、服务良好、具备可持续发展能力的农业政策性银行。

2. 中国农业发展银行的发展概况

中国农业发展银行是我国建立社会主义市场经济体制、深化金融体制改革的产物。党的十一届三中全会以后,我国的农业和农村经济得到了迅速发展,1979 年恢复建立的中国农业银行及其管理的农村信用社为支持农业和农村经济发展作出了重要贡献。但是,随着城乡经济的迅速发展和社会主义市场经济体制的确立,农业银行同时承担政策性和商业性两种金融业务的弊端日益凸显:既难以保证政策性信贷资金的专款专用,农产品收购资金“打白条”现象严重,不利于支持农业和农村经济发展;又影响了农业银行集中精力向国有商业银行转变。为解决这一问题,党的十四届三中全会通过《关于建立社会主义市场经济体制若干问题的决定》,要求加快金融体制改革步伐,建立政策性银行,实行政策性业务与商业性业务分离。1993 年 12 月,国务院《关于金融体制改革的决定》提出组建中国农业发展银行并把中国农业银行尽快转变为国有商业银行的要求。1994 年 4 月 19 日,国务院发出《关于组建中国农业发展银行的通知》,批准了中国农业发展银行的章程和组建方案。1994 年 11 月 18 日,中国农业银行正式挂牌成立。到 1995 年 3 月,中国农业发展银行基本完成了省级分行的组建任务,并根据国务院的指示和中国人民银行的决定,暂时未建立省以下分支机构,其业务仍由中国农业银行全面代理。但是,实践表明,代理制很难达到国家组建中国农业发展银行的预期效果。

为此,国务院决定增设中国农业发展银行分支机构。1996 年 8 月 22 日,国务院发布了《关于农村金融体制改革的决定》,要求"增设中国农业发展银行的分支机构,加强农产品收购资金管理";"按照精简、高效原则适当增设中国农业发展银行的分支机构,基本实现业务自营"。其也明确指出:"中国农业发展银行要坚持商品库存值和贷款挂钩的原则,切实改进和加强粮棉油政策性贷款管理。""保证收购资金的封闭运行,防止收购资金被挤占挪用。"到 1997 年 3 月末,中国农业发展银行基本完成了总行营业部、省级分行营业部和计划单列市分行、各地(市)二级分行及农业政策性金融业务量大的县(市、区)支行的增设工作。从此,中国农业发展银行形成了以自营为主、比较完善的业务经营体系。1998 年 3 月,为使中国农业发展银行集中精力做好粮棉油收购资金供应和管理工作,适应以"三项政策,一项改革"为主要内容的粮食流通体制改革的需要,国务院作出了调整中国农业发展银行业务范围的决定,将农业开发、扶贫等专项贷款以及粮棉企业加工和附营业务贷款划转到有关商业银行。至此,中国农业发展银行开始专司粮棉油收购、调销、储备贷款业务,集中精力加强粮棉油收购资金的封闭管理。

中国农业发展银行自 1994 年组建以来,特别是 1998 年国务院决定深化粮食流通体制改革以后,认真贯彻国务院关于粮食、棉花流通体制改革的一系列政策措施和国务院关于加强收购资金管理的指示精神,坚持以收购资金封闭管理为中心,紧紧抓住贷款投放、库存监管和收贷收息等关键环节,初步建立了一套符合收购资金封闭管理要求的规章制度和管理办法,切实加强了粮棉油收购资金的供应与管理工作,保证了政策性收购资金的及时足额供应,有力地支持了粮棉油收购工作,基本实现了当期收购资金的封闭运行。

2004 年后,中国农业发展银行业务范围逐步拓展。2004 年 5 月,根据国务院《关于进一步深化粮食流通体制改革的意见》,将农业发展银行传统贷款业务的支持对象由国有粮棉油购销企业扩大到各种所有制的粮棉油购销企业。2004 年 9 月,原银监会批准中国农业发展银行开办粮棉油产业化龙头企业和加工企业贷款业务。2006 年 7 月,原银监会批准中国农业发展银行扩大产业化龙头企业贷款业务范围和开办农业科技贷款业务。2007 年 1 月,原银监会批准中国农业发展银行开办农村基础设施建设贷款、农业综合开发贷款和农业生产资料贷款业务。目前,中国农业发展银行已形成了以粮棉油收购信贷为主体,以农业产业化信贷为一翼,以农业和农村中长期信贷为另一翼的"一体两翼"业务发展格局。

3. 中国农业发展银行的资金来源和业务范围

(1)注册资本。根据国务院《中国农业发展银行组建方案》、《关于金融体制改革的决定》和《中国农业发展银行章程》的规定,中国农业发展银行的注册资本为 570 亿元人民币。[4] 其资本金从当时的中国农业银行资本金中拨出一部分解决,中国农业发展银行接管原中国农业银行和中国工商银行的农业政策性贷款(债权),并接受相应的人民银行的贷款(债务)。

(2)运营资金来源。除注册资本外,中国农业发展银行的运营资金来源有:业务范围内

〔4〕 数据截至 2020 年年底。参见中国农业发展银行官网(http://www.adbc.com.cn/pdfToJpg/2020ndbg/2020ndbg/mobile/index.html#p=1)发布的《2020 年度报告》。

开户企事业单位的存款；发行金融债券；财政支农资金；向中国人民银行申请再贷款；同业存款；协议存款；境外筹资。中国农业发展银行目前的运营资金来源主要依靠中国人民银行的再贷款，也有通过发行境外人民币债券筹资的尝试。

(3)业务范围。包括办理粮食、棉花、油料、食糖、猪肉、化肥等重要农产品收购、储备、调控和调销贷款，办理农业农村基础设施和水利建设、流通体系建设贷款，办理农业综合开发、生产资料和农业科技贷款，办理棚户区改造和农民集中住房建设贷款，办理易地扶贫搬迁、贫困地区基础设施、特色产业发展及专项扶贫贷款，办理县域城镇建设、土地收储类贷款，办理农业小企业、产业化龙头企业贷款，组织或参加银团贷款，办理票据承兑和贴现等信贷业务；吸收业务范围内开户企事业单位的存款，吸收居民储蓄存款以外的县域公众存款，吸收财政存款，发行金融债券；办理结算、结售汇和代客外汇买卖业务，按规定设立财政支农资金专户并代理拨付有关财政支农资金，买卖、代理买卖和承销债券，从事同业拆借、存放，代理收付款项及代理保险，资产证券化，企业财务顾问服务，经批准后可与租赁公司、涉农担保公司和涉农股权投资公司合作开展涉农业务；经国务院银行业监督管理机构批准的其他业务。

4. 中国农业发展银行的组织结构

按照国务院《关于金融体制改革的决定》《关于农村金融体制改革的决定》《中国农业发展银行章程》等的规定，中国农业发展银行在机构设置上实行总行、省级分行、地(市)分行、县(市)支行制。全系统共有31个省级分行、308个地(市)分行和1693个县(市)支行，服务网络遍布中国。[5] 为了加强党的领导和公司治理，中国农业发展银行将党的领导融入公司治理各个环节，董事会、监事会、高级管理层等在党的领导下依法履行职责。中国农业发展银行董事会对经营和管理承担最终责任，董事会在党的领导下，在落实国家政策、制定经营战略、完善公司治理、制定风险管理及资本管理战略、决策重大项目等方面发挥战略决策作用，领导并监督高管层有效履行经营管理职责。中国农业发展银行监事会由国务院根据《国有重点金融机构监事会暂行条例》等法律法规委任派出并对国务院负责，代表国家对中国农业发展银行资产质量及国有资产保值增值情况实施监督，对董事和高管人员履职行为和尽责情况进行监督和评价，对中国农业发展银行经营决策、风险管理和内部控制等进行检查监督。高级管理层接受党委领导，对董事会负责，同时接受监事会的监督。高级管理层在经营管理活动中，坚决贯彻落实党中央、国务院的决策部署，认真执行党委决定，按照中国农业发展银行章程及董事会授权开展经营管理活动，依法合规经营，确保中国农业发展银行经营发展与董事会审议批准的发展战略、风险偏好及其他政策相一致，确保董事会决议落地生效。[6]

(二)中国进出口银行

1. 中国进出口银行的发展概况

1994年4月26日，中国进出口银行经国务院批准后成立，同年7月1日正式开业。作为一家国有全资政策性金融机构，中国进出口银行依法具有法人资格，实行自主、保本经营，企业化管理，直属国务院领导，在业务上接受财政部、商务部、中国人民银行、银保监会的指导和监督。其设立的最初宗旨是为机电产品和成套设备等资本性货物的进出口提供政策性金融支持。随着国内外经济形势的变化，中国进出口银行的经营宗旨发生了变化。

---

[5] 参见中国农业发展银行官方网站(http://adbc.com.cn/n4/n11/index.html)有关“组织架构”的介绍。

[6] 参见中国农业发展银行官方网站(http://www.adbc.com.cn/n1296/n1297/index.html)有关“治理架构”的介绍。

2. 中国进出口银行的经营宗旨

其经营宗旨是紧紧围绕服务国家战略,建设定位明确、业务清晰、功能突出、资本充足、治理规范、内控严密、运营安全、服务良好、具备可持续发展能力的政策性银行。

中国进出口银行支持外经贸发展和跨境投资,"一带一路"倡议,国际产能和装备制造合作,科技、文化以及中小企业"走出去"和开放型经济建设等领域。

3. 中国进出口银行的资金来源与业务范围

(1)资金来源。中国进出口银行的注册资本为1500亿元人民币,资本金全部由财政部拨付。根据《中国进出口银行章程》等文件的规定,中国进出口银行主要通过在境内外发行金融债券及其他有价证券,同业拆借、同业存款、回购业务,吸收授信客户项下存款等方式筹集资金。进出口银行发行的债券为政策性金融债券,由国家给予信用支持。[7]

(2)业务范围。中国进出口银行的主要业务范围如下:经批准办理配合国家对外贸易和"走出去"领域的短期、中期和长期贷款,含出口信贷、进口信贷、对外承包工程贷款、境外投资贷款、中国政府援外优惠贷款和优惠出口买方信贷等;办理国务院指定的特种贷款;办理外国政府和国际金融机构转贷款(转赠款)业务中的三类项目及人民币配套贷款;吸收授信客户项下存款;发行金融债券;办理国内外结算和结售汇业务;办理保函、信用证、福费廷等其他方式的贸易融资业务;办理与对外贸易相关的委托贷款业务;办理与对外贸易相关的担保业务;办理经批准的外汇业务;买卖、代理买卖和承销债券;从事同业拆借、存放业务;办理与金融业务相关的资信调查、咨询、评估、见证业务;办理票据承兑与贴现;代理收付款项及代理保险业务;买卖、代理买卖金融衍生产品;资产证券化业务;企业财务顾问服务;组织或参加银团贷款;海外分支机构在进出口银行授权范围内经营当地法律许可的银行业务;按程序经批准后以子公司形式开展股权投资及租赁业务;经国务院银行业监督管理机构批准的其他业务。

4. 中国进出口银行的组织结构

中国进出口银行总行设在北京,不普遍设立分支机构。目前,中国进出口银行设有北京分行、上海分行、深圳分行、南京分行、广东省分行等32家营业性分支机构,并设立了5家境外分行和代表处,分别是巴黎分行、东南非代表处、西北非代表处、圣彼得堡代表处、中国香港特别行政区代表处。[8] 代表处负责调查统计,监督代理业务等事宜。

中国进出口银行设董事会,董事会由13名董事组成,包括3名执行董事(含董事长)、10名非执行董事。[9] 中国进出口银行设监事会。监事会由国务院根据《国有重点金融机构监事会暂行条例》等法律、法规委任派出并对国务院负责。中国进出口银行高级管理人员由行长、副行长、行长助理、董事会秘书及其他高级管理人员构成。

(三)国家开发银行

1. 国家开发银行的设立与发展

国家开发银行成立于1994年3月17日,直属于国务院,是一家以国家重点建设为主要

〔7〕《章程(摘要)》,载中国进出口银行官网,http://www.eximbank.gov.cn/aboutExim/profile/zczy/201902/t20190225_8813.html。

〔8〕参见中国进出口银行官方网站(http://eximbank.gov.cn/aboutExim/organization/struct/)。

〔9〕《章程(摘要)》,载中国进出口银行官网,http://www.eximbank.gov.cn/aboutExim/profile/zczy/201902/t20190225_8813.html。

融资对象的政策性投资开发银行，主要办理国家重点建设（包括基础设施、基础产业和支柱产业）的政策性贷款及贴息业务。国务院于1994年3月发布的《关于组建国家开发银行的通知》规定，国家开发银行的主要任务是：建立长期稳定的资金来源，筹集和引导社会资金用于重点建设，办理政策性重点建设贷款和贴息业务，投资项目不留资金缺口，从资金来源上对固定资产投资总量及结构进行控制和调节，按照社会主义市场经济的原则，逐步建立投资约束和风险责任机制，提高投资效益，促进国民经济的持续、快速、健康发展。2008年12月，其改制为国家开发银行股份有限公司。2015年3月，国务院明确，国家开发银行定位为开发性金融机构。2017年4月，“国家开发银行股份有限公司”变更名称为“国家开发银行”，组织形式由股份有限公司变更为有限责任公司。

2. 国家开发银行的资金来源与业务范围

国家开发银行设立时注册资本为人民币500亿元，全部由财政部拨付。2007年12月31日，经国务院批准，中央汇金公司向国家开发银行注资200亿美元，显著提高了国家开发银行的资本充足率。2008年12月16日，经原中国银监会批准，在承继原国家开发银行全部资产、负债、业务、机构网点和员工的基础上，国家开发银行股份有限公司在北京成立，注册资本为3000亿元人民币。2011年，全国社会保障基金理事会出资100亿元入股国家开发银行。[10] 目前，国开行注册资本4212.48亿元，股东是中华人民共和国财政部、中央汇金投资有限责任公司、梧桐树投资平台有限公司和全国社会保障基金理事会，持股比例分别为36.54%、34.68%、27.19%、1.59%。[11]

长期以来，国家开发银行主要通过开展中长期信贷与投资等金融业务，为国民经济重大中长期发展战略服务。国家开发银行贯彻国家宏观经济政策，筹集和引导社会资金，突破经济社会发展的“瓶颈”制约，致力于以融资推动市场建设和规划，支持国家基础设施、基础产业、支柱产业以及高新技术等领域的发展和国家重点项目建设；支持城镇化、中小企业、“三农”、教育、医疗卫生以及环境保护等“瓶颈”领域的发展；支持国家“走出去”战略与“一带一路”倡议，积极拓展国际合作业务。

国家开发银行建立了符合国际惯例的管理体制和运行机制，主要经营指标已达到国际先进水平。国家开发银行是全球最大的开发性金融机构，中国最大的对外投融资合作银行、中长期信贷银行和债券银行。国家开发银行目前在中国内地设有37家一级分行和4家二级分行，境外设有中国香港分行和开罗、莫斯科、里约热内卢等10家代表处。国家开发银行旗下拥有国开金融、国开证券、国银租赁、中非基金和国开发展基金等子公司。国家开发银行主要通过开展中长期信贷与投资等金融业务，为国民经济重大中长期发展战略服务。截至2019年年末，资产总额16.5万亿元，贷款余额12.2万亿元；净利润1185亿元，资产回报率0.73%，净资产收益率8.80%，资本充足率11.71%，可持续发展能力和抗风险能力进一步增强。[12]

---

〔10〕 参见国家开发银行官方网站（http://www.cdb.com.cn/gykh/fzlc/）的《发展历程》内容。

〔11〕 参见国家开发银行官方网站（http://www.cdb.com.cn/gykh/khjj/）有关“开行简介”。

〔12〕 参见国家开发银行官方网站（http://www.cdb.com.cn/gykh/khjj/）有关“开行简介”。

第三节 我国政策性银行面临的问题与改革趋势

一、我国政策性银行面临的问题

当年组建三家政策性银行,是为了适应我国经济体制转轨的需要。在社会主义市场经济建设初期,市场化基础薄弱,国家财力不足,政策性银行在实现经济快速起步、突破发展"瓶颈"、延伸预算外财政职能、支持弱小产业和落后地区发展等方面,发挥了积极的作用。但随着时间的推移,我国政策性银行在发展中也逐渐暴露出一些问题。

1. 立法相对滞后于政策性银行实践。与国外先制定有关的政策性银行法,再依法设立和运作政策性银行的做法不同,我国三家政策性银行的建立及运营,一直未能开展相应的专门性立法,"一行一例"或"一行一策"推进缓慢,且立法层级较低。总体而言,政策性银行立法相对滞后。

《关于金融体制改革的决定》是我国三家政策性银行成立的主要依据。随后,国务院通过下发组建通知的形式,对三家政策性银行的性质、任务、资金来源、资金运用、经营管理、人事任免等事项进行了规范。政策性银行的组织管理与开展业务更多依赖的是国务院批准的组建方案和政策性银行各自的章程与内部规定。这些文件具体包括《国家开发银行组建和运行方案》《国家开发银行章程》《中国农业发展银行组建方案》《中国农业发展银行章程》《中国进出口银行组建方案》《中国进出口银行章程》等。在部门规章层面,中国人民银行、财政部、审计署等部门制定了涉及政策性银行组织机构、业务运行、人事任职资格、财务会计报表制度、财务准则、审计制度等方面的规则文件,如原银监会于2006年12月28日发布的《支持国家重大科技项目政策性金融政策实施细则》等,但上述决定和通知的立法层次较低。时至今日,我国专门的政策性银行立法仍未完成,《中国人民银行法》《银行业监督管理法》也仅仅规定了银行业监督管理机构和中国人民银行对政策性银行金融业务的指导、监督职责。但是,实务操作与上述规定多有不同。因而,政策性银行在创新业务的同时,存在较多的非规范性做法、潜伏着较大的经营风险,这种状况亟待改变。

根据"一行一法"的国际惯例,我国三家政策性银行应分别制定相应的法律法规,但立法进程较为缓慢。近年,监管层面推行"一行一策""一行一例",取得了一定成效,然而也受到了上位法缺失的掣肘。2018年1月1日,《中国进出口银行监督管理办法》《中国农业发展银行监督管理办法》《国家开发银行监督管理办法》(以下简称"三个办法")开始实施,三家政策性银行有了专门性的监管制度。三部专门性的监管办法出台,从监管层面上明确了政策性银行的市场定位,并从公司治理、风险管理、内部控制、资本管理、激励约束等维度,加强了对政策性银行的监管。虽然"三个办法"的出台缓解了监管风险,但由于三个政策性银行均直属国务院领导,而中国银保监会是国务院直属事业单位。同时,虽然政策性银行在业务上接受中国人民银行和银保监会的指导和监督,中国人民银行和银保监会监管职权如何分配,以及银保监会是否能对政策性银行实施有效监管,尚存疑窦。因此,目前监管立法位阶较低,政策性银行法迟迟未能出台,客观上弱化了监管力度,并在某种程度上对三家政策性银行的经营活动产生了不利影响。此外,国家开发银行虽然已由传统的政策性金融机构转型为开发性金融机构，但其在市场化筹资、风险管理、贷款项目评审、基金管理、投资业务等方面的经验和做法，仍需要国家通过专门立法，来进一步明确与巩固。

2. 自身定位不明，引发不公平竞争。长期以来，我国政策性银行的经营运作模式既不是传统意义上的政策性银行，也有别于真正的商业银行，经常出现政策性业务与商业性业务混合的情况。随着国内金融业发展水平的提高，政策性银行的传统职能定位已然无法适应新时期经济发展的需要。目前，我国大多数商业银行进入政策性信贷领域，如“两基一支”、机电产品出口等。同时，三家政策性银行也不同程度地增加了市场化新业务，导致政策性银行与商业银行业务领域的重叠现象越来越多，业务边界难以划清。无疑，政策性银行定位的不明晰会诱发政策性银行与商业银行的不公平竞争。政策性银行没有预算硬约束，依靠国家补贴兜底，而商业银行则必须接受市场约束，这显然不利于商业银行与政策性银行开展公平竞争，也违背了组建政策性银行的初衷。

3. 业务领域未能按经济发展需要作出相应动态调整。随着经济水平发展、经济结构变迁，政策性银行的旧有业务模式与新型经济结构难以匹配，在实践中产生诸多冲突。例如，国家开发银行在“两基一支”领域的传统业务已经遭遇商业银行的挑战，经济社会形势对其又提出了新的融资需求。近年来，随着机电产品出口竞争力的提高，中国进出口银行的传统政策性业务已不能适应我国对外贸易及其自身发展的需要，以支持“走出去”为主的自主经营业务迅速上升。中国农业发展银行虽然已经开展了一些与其职能相关的商业性业务，但在业务管理制度上未对政策性业务和商业性业务作出明确区分，这无疑增加了两种业务混合经营的道德风险。

4. 尚未建立健全的内部治理结构，资产质量差，潜在风险严重。政策性银行因担负提供政策性金融的任务，常常需要扶持那些商业性银行不愿贷款、经济效益差但社会效益好、贷款回收期较长的项目，但资金来源与运用存在着较大成本，这大大减弱了政策性银行的营利能力。从三家政策性银行发展历史来看，经过几十年发展，我国三家政策性银行在治理结构与治理能力上有了长足进步，但是依旧存在一些问题，如激励约束机制有效性不足、内控机制与风控机制有待进一步完善。当然，除了加强政策性银行内部治理，还应当加强政策性银行外部监管。但由于没有统一的政策性银行法，政策性银行与部分政府部门的关系尚未厘清，政策性银行业务监管存在真空现象，容易造成政策性银行资产负债情况恶化，进而引发金融风险。

5. 缺乏健全的资本金补充机制，资本充足率偏低。在中央财力有限、资本金迟迟不能到位的情况下，政策性银行主要通过向中国人民银行融资和发行金融债券来满足其资金需求。我国政府并没有建立起向政策性银行动态注入资本金的制度。与国外同行相比，我国政策性银行的资本充足率普遍偏低，其中中国农业发展银行的资本充足率最低。融资渠道单一，也将加大对中国人民银行发行基础货币的倒逼效应，影响货币政策的独立性和有效性。同时，金融债券的大规模发行，不但增加了筹资成本，也严重制约了资金的长期使用，最终使政策性银行陷入“发新债还旧债”的境地。

二、我国政策性银行的改革进程与趋势

（一）我国政策性银行改革的原因

1. 根本原因——政府失灵。我国政策性银行设立的时代背景，是商业银行市场机制的

失灵使特定行业或领域的金融资源配置不足,通过设立政策性银行以政府干预克服市场失灵。然而,一方面,政策性银行在相关领域的主要资金来源是国家财政,如果国家财政实力不足,很有可能出现资金短缺,财务缺乏可持续性。另一方面,对国家财政的依赖,会导致严重的政府干预,政策性银行容易失去应有的独立性。同时,政府实行补贴,政策性银行容易出现道德风险,造成政府失灵。由此可见,事实上,“政府失灵”一直是困扰我国政策性银行发展的重大难题,具体表现在:财政支持影响政策性银行的财力,财务的可持续性差;政府的强行干预破坏政策性银行的经营自主性;政府补贴引发政策性银行道德风险。如何克服“市场失灵”与“政府失灵”,已成为我国政策性银行改革迫切需要解决的现实问题。

2. 现实原因——发展现状。我国政策性银行转型的现实原因不仅在于政策性银行内部经营的不良状况,也在于外部经营环境的改变。

一方面,从世界范围来看,政策性银行呈萎缩趋势,1/3 的政策性银行出现亏损并存在大量不良资产,导致了业务和经营的不可持续性,这也是世界各国政策性银行进行商业化转型的重要动因。再看国内,三家政策性银行多年来累积形成的大量不良资产,已令原有模式难以维系,使得它们亟需向符合市场经济需要的、财务上可持续的、具有一定竞争性的开发性金融机构转变。

另一方面,我国市场经济的发展已经进入一个新的阶段,政策性金融业务的外部环境也已发生变化:第一,价格机制逐步走向正轨,价格扭曲的情况有所好转,真正需要给予明确补贴的领域越来越小,政策性银行所承担的目标和任务已经发生重大的、实质性的变化。同时,在 2001 年中国“入世”以后,WTO 系列规范性文件在中国的适用,尤其是《补贴与反补贴措施协议》的适用,已使政策性银行所承担的补贴功能的作用空间越来越小。第二,随着市场经济的发展,政策性银行与商业性银行之间的分工已经越来越不明显。例如,在农业信贷方面,无论是农村商业银行,还是农村合作银行,抑或是近些年来发展很快的村镇银行,都在日益蚕食中国农业发展银行原有的业务空间。第三,随着资本市场的发展,过去需要政策性金融大力支持的基础产业、基础设施等领域,已经很容易募集到来源多元化的资本。

总而言之,无论是从内部经营状况,还是外部经营环境来看,国内政策性银行市场化经营的时机与条件都已成熟。

(二)我国政策性银行改革的实践

2007 年的全国金融工作会议确立了三大政策性银行的改革原则,即“分类指导、一行一策”。国家开发银行由于在开发性金融的运作上实现了良好的经济效益和社会效益,市场化程度相对较高,改革阻力相对较小,因而成为向商业银行转型的第一家试点银行。中国进出口银行和中国农业发展银行也在积极探索有中国特色的政策性银行发展道路。

国家开发银行已成功实现了由完全的政策性金融向开发性金融的第一次转型。经国务院批准,国家开发银行于 2008 年 12 月 11 日整体改制为国家开发银行股份有限公司。这次转型成功实现了国家开发银行在融资和投资方式上的破题,完成了两个转变:一是在资金来源上,从完全由行政性摊派转变为以市场化的债券融资为主;二是在资产运用上,由政策性指定转变为开发性金融。

国家开发银行向开发性金融转型的措施包括:国家开发银行以建设市场的方法,打通融资“瓶颈”;把政府组织协调优势和国家开发银行融资推动优势结合起来,形成建设市场的巨大力量;引导社会资金投向,主动贯彻国家战略和政府意图;实行公众参与、公众监督,发挥系统整体的作用以控制风险；坚持国家信用和市场业绩的统一。

目前，国家开发银行正面临由开发性金融向全面商业化运营的第二次转型。在改制过程中，国家开发银行必须逐渐接受与适应商业银行的竞争机制，完善公司治理与业务创新，并处理好政府信用退出的时机与程度。2015年3月20日，国务院批复同意了国家开发银行深化改革方案，指出国家开发银行要坚持开发性金融机构定位，"通过深化改革，合理界定业务范围，不断完善组织架构和治理结构，明确资金来源支持政策，合理补充资本金，强化资本约束机制，加强内部管控和外部监管，将国家开发银行建设成为资本充足、治理规范、内控严密、运营安全、服务优质、资产优良的开发性金融机构。"〔13〕

2014年12月8日，国务院批复同意了中国农业发展银行的改革实施总体方案，指出："中国农业发展银行改革要坚持以政策性业务为主体。通过对政策性业务和自营性业务实施分账管理、分类核算，明确责任和风险补偿机制，确立以资本充足率为核心的约束机制，建立规范的治理结构和决策机制，把中国农业发展银行建设成为具备可持续发展能力的农业政策性银行。"〔14〕2015年3月20日，国务院批复同意了中国进出口银行改革总体实施方案，指出中国进出口银行改革的总体思路与目标是"强化政策性职能定位，坚持以政策性业务为主体，合理界定业务范围，明确风险补偿机制，提升资本实力，建立资本充足率约束机制，强化内部管控和外部监管，建立规范的治理结构和决策机制，把中国进出口银行建设成为定位明确、业务清晰、功能突出、资本充足、治理规范、内控严密、运营安全、服务良好、具备可持续发展能力的政策性银行"〔15〕。

另外，在早期实践中，三家政策性银行只是根据国务院有关组建政策性银行的通知设立，并按照自己拟定的章程运作，缺乏行政法规以上的专门性立法约束。然而，运作10余年后，外部环境已经发生了很大变化，设立之初所依据的国务院文件和自身章程，早已与三家政策性银行目前的发展状况不相适应。在立法和制度建设处于几乎空白的状态下，政策性银行的发展必然受到制约。

同时，政策性银行长期无法可依的状态导致其内部控制体系缺失，业务经营总是在无"刚性"制度约束的情况下运行。例如，原中国银监会有关资本充足率的规定对商业银行具有刚性约束，但对于政策性银行仅仅是一个软性约束的监测指标。虽然国家每年下达信贷计划控制政策性银行的贷款总规模，但对于政策性银行的担保、承诺等表外风险资产却没有约束。又如，政策性银行常常与商业银行争利，将贷款投到了低风险、高收益的领域，而那些高风险、低收益、商业银行不愿进入的领域，政策性银行却不想进入，这严重影响了政策性金融职能的发挥。

为了贯彻落实十九大报告关于深化金融体制改革的精神，增强金融服务实体经济的能力，健全金融监管体系，守住不发生系统性金融风险的底线，原中国银监会在2017年11月15日发布了"三个办法"。"三个办法"的出台是深化我国政策性银行改革的重大措施。

---

〔13〕《国务院关于同意国家开发银行深化改革方案的批复》，载中国政府网，http://www.gov.cn/zhengce/content/2015-04/12/content_9596.htm。

〔14〕《国务院关于同意国家开发银行深化改革方案的批复》，载中国政府网，http://www.gov.cn/zhengce/content/2015-04/12/content_9596.htm。

〔15〕《国务院关于同意国家开发银行深化改革方案的批复》，载中国政府网，http://www.gov.cn/zhengce/content/2015-04/12/content_9596.htm。

2021 年政府工作报告明确指出,要推进政策性银行分类分账改革。2021 年 7 月 6 日召开的国务院金融委第五十三次会议提出推进政策性金融机构的存量业务改革,强化资本约束。

(三)我国政策性银行改革的趋势

1. 趋势之一:向开发性金融机构转型

我国政策银行改革的路径之争

随着经济全球化、金融全球化的不断深入,金融市场的竞争愈演愈烈,许多政策性银行的发展失去了可持续性。在这样的背景之下,很多国家的政策性银行纷纷进行了改革与重组。我国政策性银行也面临着改革与转型的压力。2007 年 7 月 1 日召开的第三次全国金融工作会议,将政策性银行的改革方向确定为:向商业化运作的"综合性开发金融机构"转型。

金融自由化浪潮的冲击使得各国的政策性银行逐渐发生变化:一些政策性银行因经营困难被兼并或关闭,但另一些顺利实施战略调整、业务重组的政策性银行被保留了下来,如日本开发银行和德国复兴开发银行等。在这之中,商业化成为政策性银行发展的主流趋势,典型的开发性金融机构如世界银行、亚洲开发银行、德国复兴信贷银行、美国房贷协会、韩国产业银行、巴西开发银行,都在本国、区域内乃至世界的经济社会发展中承担着重要职能。

开发性金融,是实现政府发展目标,弥补体制落后和市场失灵,维护国家经济金融安全,增强竞争力的一种金融形式,是政策性金融的深化和发展。所谓开发性金融机构,简单地说就是既开展政策性金融业务,也开展商业性金融业务的金融机构。它一般为政府拥有,赋权经营,具有国家信用,体现政府的意志,用建设制度和建设市场的方法来实现政府的发展目标。[16]

综合性开发金融机构与政策性金融机构有着显著的不同。传统意义上的政策性金融机构一般只着眼于社会效应,不追求自身业绩,强调政府的财政性补贴,其实质是财政拨款的延伸。而综合性开发金融机构是对传统政策性金融的继承与超越,它更多地强调商业原则,通过制度与市场的建设保持经营的可持续发展;通过市场化经营,发挥远大于政策性金融的能力与潜力。[17] 开发性金融的特征可以归纳为以下六个方面:(1)以国家信用为基础,以市场业绩为支柱;(2)以市场路径实现政府社会经济的发展目标;(3)以组织增信为基本方法和原理;(4)实行政府机构债券和金融资产管理方式相结合;(5)实行"政府选择项目入口、开发性金融孵化、实现市场出口"的融资机制;(6)实行管理民主的治理结构。在我国的具体实践中,开发性金融发挥着十分重要的作用,它为经济建设提供长期的资金支持,为构建可持续发展制度提供基础,发挥地方政府优势运用"组织增信"控制整体风险,还可以在经济建设中发挥调控作用。[18]

从世界性的发展趋势看,开发性金融一般经历三个发展阶段:第一阶段是政策性金融初级阶段,开发性金融作为政府财政的延伸,以财政性手段弥补市场失灵。第二阶段是制度建设阶段,也是机构拉动阶段。开发性金融以国家信用参与经济运行,推动市场建设和制度建

---

〔16〕 国家开发银行 · 中国人民大学联合课题组:《开发性金融论纲》,中国人民大学出版社 2006 年版,第 74 页。

〔17〕 国家开发银行 · 中国人民大学联合课题组:《开发性金融论纲》,中国人民大学出版社 2006 年版,第 75 页。

〔18〕 国家开发银行 · 中国人民大学联合课题组:《开发性金融论纲》,中国人民大学出版社 2006 年版,第 76 - 79 页。

设。第三阶段是战略性开发性金融阶段。在这一阶段,市场充分发育,各类制度不断完善,国家信用与金融运行相互分离,经济运行完全纳入市场的轨道,开发性金融完成基础制度建设的任务,作为市场主体参与运行。目前,国家开发银行已走完第二阶段,正在向第三阶段发展。

"三个办法"明确,三大政策性银行的改革要坚守开发性、政策性金融定位,要求其依托国家信用、围绕国家战略,服务经济社会发展的重点领域和薄弱环节。《国家开发银行监督管理办法》第6条规定:"开发银行应当坚守开发性金融定位,根据依法确定的服务领域和经营范围开展业务,以开发性业务为主,辅以商业性业务。"《中国进出口银行监督管理办法》第6条规定:"进出口银行应当坚守政策性金融定位,根据依法确定的服务领域和经营范围开展政策性业务和自营性业务。"《中国农业发展银行监督管理办法》第6条规定:"农发行应当坚守政策性金融定位,根据依法确定的服务领域和经营范围开展政策性业务和自营性业务。""三个办法"对三大政策性银行的市场定位表明,三大政策性银行将向开发性金融机构转型。政策性银行转型为开发性金融机构,既可以开展政策性非营利业务来弥补"市场失灵",又可以开展商业性营利业务来避免"政府失灵",最大限度地淡化传统政策性金融的行政化色彩,使银行自身实现可持续发展。

在三大政策性银行向开发性金融机构转型过程中,最显著的变化是,三大政策性银行通过控股、参股等方式,介入证券、基金、融资租赁等行业,打破了信贷融资占绝对主导地位的传统模式,探索出了综合性的政策性金融服务新模式,如上文提到的国开金融有限责任公司、中国农业产业发展基金有限公司、东盟基金等。政策性银行设立非银行金融机构,使得开发性金融机构可以操作更多金融工具,对于实现政策目标、提升金融效率有着积极意义。但同时,开发性金融机构采用混业经营,从"单一的政策性银行"向"多元化的金融控股公司"转型,也可能导致金融风险的多样化、复杂化,对金融监管与风险防范提出新的挑战。

2. 趋势之二:完善公司治理

完善公司治理已经成为我国新一轮政策性银行改革的重点。

一方面,"三个办法"均在第三章专章规定了公司治理的有关事项。其主要内容是:(1)将党的领导融入公司治理的各个环节;(2)构建由董事会、高级管理层和监事会组成的公司治理结构。众所周知,公司治理是现代商业银行的管理基础,公司治理的绩效直接影响着商业银行的竞争力。就此而言,加强和完善政策性银行的公司治理无疑有助于提高政策性银行的竞争力。不过,政策性银行与商业银行存在重大的区别。首先,政策性金融机构具有政府背景、国家信用、公共性等特征,其在治理结构方面与商业性金融有所不同。其次,商业性金融机构以维护股东利益和追求自身利润最大化为宗旨;政策性金融机构则以贯彻执行国家政策意图、实现社会效益为首要目标。由此可见,如何构建出符合政策性银行特征的决策科学、执行有力、监督有效的公司治理机制,是我国政策性银行改革实践中需要继续探索的重大现实问题。

另一方面,随着环境、社会和治理(Environment,Society and Government,ESG)发展理念在全世界范围内兴起,如何对接国家提出的"双碳"目标,建设绿色、低碳、循环的经济体系,发展"绿色金融",受到了政府部门和金融界的高度关注。ESG 理念指出,为实现可持续发展,除了社会、治理维度,环境也应当是企业评价体系中的一部分。在新的经营目标下,如何践行绿色发展理念、创新绿色金融服务、完善"绿色银行"治理体系、助力美丽中国建设,是政策性银行发展过程中需要着重思考的问题。

3. 趋势之三:强化资本约束

强化资本约束也是新一轮政策性银行改革的重点。“三个办法”均在第六章专章规定了资本管理的有关事项。其主要要求是:(1)结合自身的风险管理、业务特征等实际情况,建立资本约束机制,执行资本充足率监管要求;(2)制定资本规划和资本补充计划,明确资本管理目标;(3)建立稳健的内部资本充足评估程序,内部资本充足评估应当至少每年开展一次,评估结果应当作为资本预算与分配、授信决策和战略规划的重要依据;(4)建立动态资本补偿机制,将内源性资本积累与外源性资本补充相结合,采取各种措施确保资本充足率达到监管标准。

要逐渐引导政策性银行向开发性金融机构过渡。一方面,要进一步充实中国农业发展银行与中国进出口银行的资本金,使它们逐渐达到开发性金融机构所需要的资本金水平,并逐步解决政策性银行的资金来源问题,同时强化资本约束。另一方面,实行分账管理、分类核算,即对国家指令的政策性业务与对市场化的自营性业务建立不同的账户,分别核算考核。国家只弥补政策性业务所导致的亏损,对自营业务的经营状况不再承担责任。

4. 趋势之四:加强风险管理与内部控制

“三个办法”均对风险管理与内部控制作了专章规定。这是贯彻落实十九大报告中“守住不发生系统性金融风险底线”之精神的关键举措。“三个办法”所规定的风险管理事项主要包括:(1)结合自身的职能定位、风险状况、业务规模和复杂程度构建相应的全面风险管理体系;(2)建立垂直独立的风险管理架构;(3)实现风险管理全覆盖,同时突出对重点领域的风险管控,特别是要提升对海外业务的风险管理水平。

内部控制与风险管理密切相关,“三个办法”对于内部控制也作了比较详细的规定,足见监管部门的重视程度。内部控制的主要内容包括:(1)建立合理分工、相互制约、职责明确、报告关系清晰的内部控制治理和组织架构,内部控制部门包括董事会、高级管理层、内控管理职能部门、内部审计部门、业务部门;(2)健全内部控制制度体系;(3)强化内部控制管理评价;(4)强化内部控制制度的执行力,强化严格问责和处罚。

另外,金融科技的发展,也为风险管理与内部控制带来了新的机遇与挑战。将“大数据”“云计算”“区块链”“人工智能”等技术,应用于政策性银行运营中,可以提升管理智能化水平,降低信息成本,赋能政策性银行风险管理。与此同时,金融信息泄露、程序算法漏洞等新型风险产生,给政策性银行风险管理带来了新的挑战。

5. 趋势之五:完善法治保障

按照“四个全面”的战略布局,政策性银行改革应当加强和完善法治保障,这是贯彻落实全面依法治国的必然要求。尽管金融监管部门已经针对三大政策性银行制定了监督管理办法,但是我国政策性银行法律制度仍然存在诸多缺陷。其中,最主要的不足是高层次立法缺失,这与国际上通行的政策性银行“一行一法”惯例不相符。因此,在日后的政策性银行改革进程中,应当在立法层面尽快构建一个完善的政策性银行法律体系。该体系主要包括基本法律制度和具体法律制度,前者通过立法明确政策性银行的基本原则、宗旨、目标、性质与法律形态、法律地位、组织形式等重要内容;后者涉及政策性银行的组织机构法律制度和业务经营法律制度两部分。无疑,政策性银行的职能定位和治理结构问题是立法的重点,这不仅要明确政策性银行作为金融企业所具有的法人地位,而且要明确政策性银行的业务范围,并通过立法建立政策性银行的外部监管机制。

思考题

1. 试述政策性银行的概念、特征和定位。
2. 政策性银行与政府的关系表现在哪些方面?
3. 简述政策性银行的法律地位。
4. 政策性银行的特殊职能有哪些?
5. 简述政策性银行与商业银行的关系。
6. 我国政策性银行的发展存在哪些问题?
7. 试论我国政策性银行改革与转型的原因、困境及其破解之道。
8. 简述开发性金融机构的概念、原理以及实践。
9. 如何完善我国政策性银行立法?

扩展阅读

1. 闫江奇:《中国政策性银行市场化路径研究》,经济科学出版社 2015 年版。

   本书的亮点在于探索政策性银行的"市场化"路径。非营利性的政策性银行,可以市场化吗?为什么要市场化?怎么市场化?本书给予了理论回应。由于传统的金融机构观分析范式有较多的局限性,本书吸收金融功能观、金融可持续发展观和开发性金融理论等研究成果,提出政策性银行市场化的系统性内涵。接着,作者以金融功能观为主要的研究范式,提出了政策性银行市场化及其路径之含义。随后,作者从中外政策性银行市场化状况的分析入手,将政策性银行市场化路径分解为基本路径、实际路径和未来路径等问题,分别加以研究。作者的建议是,中国政策性银行市场化路径既要遵循"一行一策"的改革和发展思路,又要在金融功能观的基础上,进一步按照金融可持续发展观进行理性决策。

2. 吴雨珊:《开发性金融创世记》,中信出版集团股份有限公司 2018 年版。

   本书的亮点在于实践案例丰富,内容生动、视角独特。作者通过对数十位国家开发银行高管和专家的深度访谈,全景式刻画了国家开发银行成立 25 年来不平凡的发展历程,记述了开发性金融理论从酝酿、发展、成熟到获得高度认可的过程,也展现了开发性金融转型的困惑、舆论漩涡、挑战与争议。在"投融资体制破题""登陆海外市场""亚洲金融危机冲击""银行业重组第一案""试水资产证券化""引入战略投资者""助力精准扶贫"等历史事件中,见证国家开发银行"如何摸着石头过河"的开发性金融探索历程。

3. [美]克里斯汀·吉诺维斯等:《开发性金融机构问责机制研究报告》,陈渝译,社会科学文献出版社 2021 年版。

   本书的亮点在于,探讨开发性金融机构、政策性银行与 ESG 之间的关系。作者发现,在目前的开发性金融实践过程中,出现了土地权属纠纷、资源丧失、生计掠夺、环境恶化等问题。本书以过去 21 年间,向各开发性金融机构所设 11 个独立问责机制提出的 758 例申诉为研究对象,指出"发展项目"也可能导致社区生活恶化,而不是变得更好。作者写作的目的,一是在现实层面上为受害者发声,呼吁帮助受发展项目损害的人们获得充分救济;二是从观念层面探讨开发性金融的目标重构,开发性金融机构应当追求以人权为基础的发展模式。在对策因应上,作者希望开发性金融机构的问责体系发挥其应有的作用,为受现有发展模式所危害的人群、社区提供虽然不完备但至关重要的支持。

第六章　支付结算法律制度

支付结算法律制度是调整支付结算活动的法律规范的总称。支付结算法律制度对于保障支付结算当事人合法权益、维护交易安全等具有非常重要的意义。在支付结算活动中,票据、银行卡、汇兑、托收承付及委托付款等是主要的结算方式。除票据之外的结算方式均被称为非票据结算。本章依据我国现行有关支付结算的法律法规及部门规章,在概述支付结算的含义、方式、原则及银行结算账户管理规定等基础上,从票据结算和非票据结算两个方面介绍我国的支付结算法律制度。

第一节　支付结算法律制度概述

一、支付结算的含义、方式和原则

(一)支付结算的含义

支付结算,从字面上理解,包含了支付与结算两层含义。支付是指参与商品交易的当事人在获取财产或享受服务时,以一定的支付工具对其债务的清偿。结算是指交易双方对商品买卖、劳务供应以及资金调拨等经济往来引起的资金关系,进行货币收付清算的行为。支付和结算功能是金融体系的最基本与最重要的功能,是金融安身立命之所在。商业银行在金融体系中居于主导地位,是从事支付结算的主要中介机构。近年来,随着现代信息技术尤其是互联网技术在金融领域的广泛运用,支付结算服务的结构和方式正在发生根本性的转变,出现了大量从事网络支付业务的非银行支付机构。

(二)支付结算的方式

依据中国人民银行1997年9月发布的《支付结算办法》第3条的规定,支付结算的方式主要包括票据、信用卡和汇兑、托收承付、委托收款等。此外,根据中国人民银行于2010年发布的《非金融机构支付服务管理办法》的规定,非金融金融机构经中国人民银行的批准,依法取得《支付业务许可证》后,可以在收付款人之间作为中介机构,提供网络支付、预付卡的发行与受理、银行卡收单等货币资金转移服务。在网络支付业务中,收款人或付款人可以通过计算机、移动终端等电子设备,依托公共网络信息系统或者专用网络远程发出支付指令。可见,网络支付是依托公共网络或专用网络在收付款人之间转移货币资金的行为,具体方式包括货币汇兑、互联网支付、移动电话支付、固定电话支付、数字电视支付等。预付卡,是指以营利为目的发行的、在发行机构之外购买商品或服务的预付价值的支付方式,包括采用磁条、芯片等技术以卡片、密码等形式发行的预付卡。银行卡收单,是指通过销售点(POS)终端等为银行卡特约商户代收货币资金的行为。其中,银行在支付体系中处于主导地位,但是非银行支付机构支付业务增长较快。尤其是在金融科技时代,非银行支付机构网络支付业务的交易笔数和交易金额均大幅上升。

（三）支付结算的原则

《支付结算办法》第16条规定了单位、个人和银行在办理支付结算时必须遵守的三个原则。

1. 恪守信用,履约付款原则

诚实信用原则是公认的商业伦理准则,在民法上也被称为"帝王条款"。支付结算活动与一般的市场交易活动相比,既涉及市场主体之间的商业信用,又由于有银行作为中介机构参与进来而与银行信用紧密相连。因此,信用之于支付结算而言具有更加重要的意义。"恪守信用,履约付款原则"要求单位、个人与银行等支付结算的当事人恪守诚实守信的原则,依照约定履行自己的义务、行使自己的权利。对于参与市场交易活动的单位或个人,如果是付款人,应当按照约定履行付款义务;如果是收款人,应当按照约定履行义务、行使权利。对于支付结算业务中的银行,应当依法接受单位或个人的委托,在付款时应当善意地按照规定的正常操作程序审查票据和结算凭证上的签章以及需要交验的个人有效身份证件等,依照约定和法律规定履行付款义务。

2. "谁的钱进谁的账,由谁支配"原则

与现金结算相比,支付结算不是通过货币交付行为完成货币所有权的转移,而是通过银行账户将款项从付款人账户划转到收款人账户。这样有利于消除大额现金交易的安全隐患,也有利于减少现金交易成本,还有利于银行监督各单位或个人的经济活动。由于没有货币交付行为,为了保障收款人的合法权益,银行在支付结算中必须遵循委托人的意愿,将款项支付给委托人确定的收款人,即将款项划转到委托人确定的收款人的银行结算账户。银行结算账户是活期存款账户,收款人在银行结算账户上的钱就是其在银行的活期存款,是其合法的财产,理当由其支配。不过,这并不是绝对的自由支配,如税务、海关及法院等可以依据法律规定查询、冻结、扣划单位或个人的存款。

3. 银行不垫款原则

银行具有信用中介和支付中介等多重职能。在支付结算活动中,银行是作为支付中介机构发挥作用,其角色只是负责银行客户之间的资金转移,不能为客户垫付资金。付款人账户内没有资金或资金不足,或者收款人应收的款项由于付款人的原因不能收回时,银行没有垫付资金的义务。如果银行为客户垫付资金,实质上相当于客户向银行融资。为了保障银行资金的安全,银行对客户的融资要依据规定的条件和程序予以审核。因此,银行不垫款原则的目的在于将银行资金与客户资金严格分开,保障银行资金的安全。不过,银行不垫款原则也有例外,如银行作为承兑汇票的承兑人,由于其承兑行为具有付款义务,如果出票人的账户余额不足,则银行有义务用自己的资金进行支付。

二、银行结算账户管理规定

（一）人民币银行结算账户管理规定

2003年4月10日,中国人民银行公布了《人民币银行结算账户管理办法》(部分失效),以规范人民币银行结算账户(以下简称银行结算账户)的开立与使用,维护经济金融秩序稳定,并于2003年9月1日施行。[1] 根据《人民币银行结算账户管理办法》,银行存款账户有单位银行存款账户与个人银行存款账户之分。单位银行存款账户按用途分为基本存款账户、一般存款账户、专用存款账户、临时存款账户,其中基本存款账户只能开立一个。存款人一般应在注册地或住所地开立银行结算账户,符合《人民币银行结算账户管理办法》第16条规定的条件的,可以在异地开立有关银行结算账户。

单位的几种银行存款账户应当依据其用途分别使用:基本存款账户是主办账户,单位通过基本存款账户办理日常经营活动的资金收付及其工资、奖金与现金的支取;一般存款账户用于办理存款人的借款转存、借款归还和其他结算的资金收付,还可以办理现金缴存,但不得办理现金支取;专用存款账户用于办理财政预算外资金、证券交易结算资金、基本建设资金等各项专用资金的收付,不得办理现金收付业务;临时存款账户用于办理临时机构以及存款人临时经营活动发生的资金收付。

(二)个人银行结算账户管理规定

为保证个人存款账户的真实性,维护存款人的合法权益,依据2000年4月1日起实施的《个人存款账户实名制规定》,个人在中华人民共和国境内的金融机构开立个人存款账户时,应当出示本人身份证件,使用实名;金融机构应当要求其出示本人身份证件,进行核对,并登记其身份证件上的姓名和号码,同时负有为个人存款账户的情况保守秘密的责任。实名,是指符合法律、行政法规和国家有关规定的身份证件上使用的姓名。2000年4月17日,中国人民银行发布了《关于〈个人存款账户实名制规定〉施行后有关问题处置意见的通知》。该通知在《个人存款账户实名制规定》的基础上对于实名身份证件作了补充规定。(如表6-1所示)

表6-1 关于实名证件的规定

开立存款账户的个人	属于实名证件的身份证件
居住在境内的16周岁以上的中国公民	居民身份证、临时居民身份证、户口簿、护照
居住在境内的16周岁以下的中国公民	户口簿
中国人民解放军军人	军人身份证件
中国人民武装警察	武装警察身份证件
军队(武装警察)离退休干部以及在解放军军事院校学习的现役军人	军人身份证件、武装警察身份证件、离休干部荣誉证、军官退休证、文职干部退休证和军事院校学员证
居住在境内或境外的中国籍的华侨	中国护照
中国香港、澳门特区居民	港澳居民来往内地通行证
中国台湾地区居民	台湾居民来往大陆通行证或其他有效旅行证件
外国公民	护照
外国边民	护照、所在国制发的《边民出入境通行证》

[1] 2020年6月2日,中国人民银行《关于修改〈教育储蓄管理办法〉等规章的决定》,删除了《人民币银行结算账户管理办法》中的第23条第1款第1项,即有关"经营地与注册地不在同一行政区域的存款人,在异地开立基本存款账户的,应出具注册地中国人民银行分支行的未开立基本存款账户的证明"的规定。

（三）同业银行结算账户的管理规定

依据中国人民银行于2014年6月发布的《关于加强银行业金融机构人民币同业银行结算账户管理的通知》，同业银行结算账户是指银行业金融机构为境内其他银行开立的、与本银行或者第三方发生资金划转的人民币银行存款账户，按结算用途分为结算性与投融资性两类账户。结算性同业银行结算账户是指用于代理现金解缴、代理支付结算等支付结算业务的账户；投融资性同业银行结算账户是指用于同业存款（结算性存款除外）、同业借款、买入返售（卖出回购）、同业投资等融资和投资业务的账户。同业银行结算账户按照中国人民银行《关于加强银行业金融机构人民币同业银行结算账管理的通知》《人民币银行结算账户管理办法》等银行结算账户制度管理。同业银行结算账户除基本存款账户外，只能开立专用存款账户。

此外，我国近年来在上海、广东、天津、福建、重庆及海南等21地建立了一批自由贸易试验区。[2] 在这些自由贸易试验区内的创新性金融改革措施中，自由贸易账户是一个重大的金融创新，实际上突破了我国长期以来对居民的银行结算账户按照币种分为人民币银行结算账户体系和境内外汇账户体系的账户管理制度。自由贸易试验区通过自由贸易账户实现本外币资金的自由兑换，为自由贸易试验区内的企业提供与国际通行规则相衔接的金融环境。

自由贸易账户的含义、特征及分类

三、支付结算的管理体制

我国支付结算实行集中统一和分级管理相结合的管理体制。中国人民银行总行负责制定统一的支付结算制度，组织、协调、管理、监督全国的支付结算工作，调解、处理银行之间的支付结算纠纷。《支付结算办法》第20条第3款规定：“中国人民银行省、自治区、直辖市分行根据统一的支付结算制度制定实施细则，报总行备案；根据需要可以制定单项支付结算办法，报经中国人民银行总行批准后执行……”然而，为了有效实施货币政策和加强金融监管，我国借鉴美国联邦储备银行模式。1998年，中国人民银行进行大区行体制改革，撤销了省、自治区、直辖市分行，形成了由中国人民银行总行、中国人民银行上海总部、中国人民银行北京营业部、中国人民银行重庆营业部、九个大区分行等所组成的大区行体制。九个大区分行跨省级区域设立，分别设在天津、沈阳、上海、南京、济南、武汉、成都、广州及西安。大区分行之下20个省会（首府）、5个副省级城市成立了中心支行。此外，还在地（市）设立中心支行，在县（市）设立支行。显然，《支付结算办法》的上述规定已经失去了现实基础，原来省级分行的支付结算管理职责由大区分行或中心支行履行。

2011年5月23日，经国务院同意、民政部批准，中国支付清算协会成立。它是中国支付清算服务行业自律组织，实行会员制。具有独立法人资格的银行业金融机构及财务公司、支付清算机构等均可申请加入中国支付清算协会成为会员单位。各省（自治区、直辖市）支付清算类协会，均可申请加入中国支付清算协会成为准会员单位。中国支付清算协会对支付清算服务行业进行自律管理，既要维护会员的合法权益，也要维护支付清算服务市场的竞争秩序，防范支付清算风险。

---

[2] 2020年6月，海南自由贸易试验区升级为海南自由贸易港。

第二节 票据结算的法律制度

一、票据与票据行为

(一)票据的概念

票据有广义和狭义之分。广义的票据是载明一定财产权利或证明一定给付事实的凭证。狭义的票据是《中华人民共和国票据法》(以下简称《票据法》)第2条所规定的票据,包括汇票、支票和本票三种。该条只是对票据范围作出了具体规定,并未对票据这一概念进行定义性解释。汇票是出票人签发的,委托付款人在见票时或者在指定日期无条件支付确定的金额给收款人或者持票人的票据。本票是出票人签发的,承诺自己在见票时无条件支付确定的金额给收款人或者持票人的票据。我国《票据法》所规定的本票是指银行本票,也就是说其出票人只能是银行。支票是出票人签发的,委托办理支票存款业务的银行或者其他金融机构在见票时无条件支付确定的金额给收款人或者持票人的票据。

随着互联网技术和金融科技等新技术在票据业务中的广泛应用,票据市场逐渐脱离"纸票时代",进入"电子票据"时代。这不仅大大提高了票据业务办理效率,也大幅降低了票据业务道德风险和操作风险。不过,尽管2004年制定并于2019年修改的《电子签名法》从法律层面明确了电子签名的法律地位,但电子票据的法律性质和法律适用问题仍未得到解决。司法实践中针对电子票据纠纷,往往采取目的性扩张的解释方法,将其纳入《票据法》的适用范围。但电子票据的法律缺失仍旧需要从立法层面予以回应。此外,金融科技为票据市场带来新的革命同时,还产生了新型票据类型——区块链票据。区块链票据并不同于传统电子票据,其不是无条件支付或委托他人无条件支付一定金额的有价证券,而是依据实际交易,并由智能合约控制的附条件的、有因性的新型有价证券。区块链技术的一大优势是很难篡改,一旦区块链票据的密钥生成后就不能更改,这样就保证了区块链票据交易信息内容不被篡改、伪造。区块链票据的本质和法律特征与电子票据在票据行为、支付方式、安全性、认证监督上都存在较大差别。现行《票据法》没有涉及电子票据、区块链票据的相关规定,因此电子票据,尤其是区块链票据的定义、票据行为、法律责任等一系列问题缺乏明确的法律依据,需要法律修改时作出确认。

(二)票据行为

票据行为是指以发生票据债务、取得或行使票据权利为目的的法律行为。票据行为的当事人必须在票据上进行意思表示。我国《票据法》规定了出票、背书、承兑、保证及付款等一系列票据行为。出票是指出票人签发票据并将其交付给收款人的票据行为。背书是指持票人在将票据权利转让给他人或者将一定权利授予他人行使时,在票据背面或者粘单上记载有关事项并签章的票据行为。承兑是指汇票付款人承诺在汇票到期日支付汇票金额的票据行为。票据保证是指票据债务人以外的人对票据债务承担保证责任的行为。付款是指付款人依据票据文义支付票据金额,以消灭票据关系的行为。

票据是非常重要的支付结算工具,对交易安全与交易效率具有非常重要的意义。为了保障交易安全和提高交易效率,《票据法》对票据当事人的意思自治作了限制,使得票据行为具有如下法律特征：

1. 要式性

以法律行为是否以一定形式为标准，分为要式行为与不要式行为。要式行为，指其意思表示须依一定形式，或在意思表示之外须履行一定形式的法律行为；不要式行为，指无须依一定形式的法律行为。[3] 票据行为的要式性，就是指票据行为是一种要式行为，即票据当事人应当按照《票据法》规定的形式在票据上记载法定的事项，否则该行为不发生票据效力。具言之，票据的制作，必须依《票据法》规定的方式进行；票据上记载的文义，也必须在《票据法》规定的范围内，才发生《票据法》上的文义效力。票据上的记载事项包括两种：绝对记载事项和任意记载事项。就前一类事项，当事人在票据上必须记载，否则其票据归于无效。例如，我国《票据法》规定，汇票必须记载下列事项：表明"汇票"的字样；无条件支付的委托；确定的金额；付款人名称；收款人名称；出票日期；出票人签章。汇票未记载前述事项之一的，汇票无效。就后一类事项，当事人可以自主决定是否记载。如我国《票据法》对支票的记载事项有两个特别规定：一是支票上的金额可以由出票人授权补记，未补记前的支票，不得使用；二是支票上未记载收款人名称的，经出票人授权，可以补记。这就是大陆法系上的空白票据制度。所谓空白票据就是出票人有意识地对票据的法定必要记载事项不记载完全，而是授权持票人补充记载的票据。空白票据是商事交易实际需求的产物，美国《统一商法典》和《日内瓦统一汇票本票公约》都有关于空白票据的规定。我国《票据法》只规定了空白支票制度，但对于汇票空白背书的效力如何认定，理论界和实务界尚存争议。

关于汇票空白背书的法律效力

｜案例｜

如 A 公司签发承兑汇票一份，收款人为 B 公司，付款人为 C 商业银行，B 公司将其背书转让给 D 公司，D 公司背书后又将该汇票交于 E 公司，但是未记载被背书人。E 公司在票据被背书人栏内记载自己的名称，向 C 商业银行请求付款。C 商业银行拒付。

思考：E 公司能否取得票据权利？

2. 文义性

票据行为的文义性，是指在解释票据行为、确定票据权利义务的内容时，必须严格以票据上记载的事项为准，这主要是为了保护善意持票人，以维护交易安全。即是说，票据上记载的文义即使存在错误，也不得用票据以外的其他证明方法变更或补充。在票据上签名的人，根据票据记载事项的文义承担票据义务；票据权利人不得向未在票据上签名的人主张票据权利，不得以未记载事项主张票据权利；票据解释时，只能依据票据文义探求当事人的真实意思。例如，票据上记载的出票日与实际出票日不一致时，以票据上记载的出票日为准；票据上记载的出票地与实际出票地不一致时，以票据上记载的出票地为准；票据记载的金额与出票人原本想要开具的金额不一致的，以票据记载的金额为准。又如，假冒他人名义在票据上签章的票据伪造者不承担票据责任，持票人不能向票据伪造者主张票据权利，因为票据

〔3〕 梁慧星：《民法总论》（第 6 版），法律出版社 2021 年版，第 171 页。

上没有伪造者的签名。持票人也不能向被假冒者主张票据权利,因为票据上的签章是被假冒的,并非被假冒者的真实意思表示。当然,伪造者不承担票据责任,但应当承担其他法律责任。

3. 无因性

以权利与产生权利的原因之间的关系为标准,法律行为可以分为有因行为与无因行为。有因行为,指行为与其原因在法律上相互结合、不可分离的法律行为。无因行为,指行为与其原因可以分离的法律行为。区分之意义在于,无因行为,原因虽不存在,但其行为仍有效;有因行为,如原因不存在,其行为应归于无效。[4] 票据行为的无因性,即指票据行为是无因行为,票据行为的法律效力与作出票据行为的原因相脱离,即使作为票据行为的基础关系无效,票据行为的法律效力也不受影响,票据权利的发生与转移依据票据行为而定,与基础关系无关。显然,票据的无因性是为了保障票据的流通,维护交易安全。但是,票据行为的无因性旨在保护善意第三人而非非法持票人,因此,《票据法》规定了无因性的例外情形,如持票人取得票据的手段不合法时,则不得取得票据权利。

如A公司向B公司签发一张面额为10万元的汇票,以支付二者之间房屋购买的价金。B公司接受汇票后背书转让给第三人C公司。后来,A公司与B公司之间的房屋买卖合同被合意解除。C公司持该汇票到银行办理付款业务。银行不能拒付。因为A公司先前签发的汇票不因为该房屋买卖合同的解除而失去效力,依据《票据法》规定,持票人C公司享有票据权利,银行应当付款。

4. 独立性

在同一票据上往往存在多票据行为,从法律行为的相互关系的角度来看,这些票据行为之间的关系如何?在这一点上,票据行为具有独立性,即各个票据行为各自独立发生法律效力,互不影响。票据行为的独立性主要表现在四个方面:首先,票据行为能力上具有独立性。若无民事行为能力人或者限制民事行为能力人在票据上签章的,其签章无效,但是不影响其他签章的效力。其次,票据行为代理上具有独立性。无代理权而以代理人名义在票据上签章的,应由签章人自己承担票据责任;代理人超越其代理权限的,应当就其超越权限的部分承担票据责任。再次,票据行为瑕疵上具有独立性。例如,票据上有伪造、变造的签章的,不影响票据上其他真实签章的效力;票据上其他记载事项被变造的,在变造之前签章的人,对原记载事项负责;在变造之后签章的人,对变造之后的记载事项负责。最后,票据行为保证上的独立性。被保证人的债务即使无效,保证人仍然要承担担保责任。需要注意的是,票据行为尽管具有独立性,但在责任上却具有连带性。票据行为的独立性与票据行为的无因性的区别在于,前者是指各个票据行为之间的关系,某个票据行为的无效,不影响其他票据行为的效力;后者是指票据行为与作为票据基础关系的原因行为之间的关系。

| 案例 |

A公司签发一张汇票给B,票面记载金额为10万元,B取得汇票后背书转让给C,C取得汇票后又背书转让给D,但将汇票的记载金额由10万元变更为20万元。之后,D又将汇

---

[4] 梁慧星:《民法总论》(第6版),法律出版社2021年版,第176页。

票最终背书转让给E。其中,B的背书签章已不能辨别是在记载金额变更之前,还是变更之后。(2012年司法考试案例)

思考:(1)A、B、C、D是否对E承担10万元的票据责任?(2)A、B、C、D是否对E承担20万元的票据责任?

二、票据权利与票据抗辩

(一)票据权利

1. 票据权利的概念与种类

票据权利,是指持票人向票据债务人请求支付票据金额的权利,包括付款请求权和追索权。付款请求权是票据上的第一次权利,其权利主体是合法的票据持有人,其行使对象是票据主债务人或其他关系人,如汇票的承兑人、本票的出票人和支票的付款人等。追索权是持票人在行使付款请求权被拒绝时,或者因其他法定原因,向其前手请求偿还票据金额的权利。法律规定追索权相当于赋予票据持有人第二次行使票据权利,故又称为第二次请求权。以汇票为例,汇票到期被拒绝付款的,持票人可以对背书人、出票人以及汇票的其他债务人行使追索权。未到期的汇票,若汇票被拒绝承兑,承兑人或者付款人死亡、逃匿的,以及承兑人或者付款人被依法宣告破产的或者因违法被责令终止业务活动的,持票人也可以行使追索权。不过,持票人为出票人的,对其前手无追索权。持票人为背书人的,对其后手无追索权。被追索人在清偿票据债务和收回原票据时,对其前手享有再追索的权利。此即再追索权,也称代位追索权。因此,票据权利是以支付票据金额为目的的请求权,包含双重权利,只有合法持有人才享有票据权利。

2. 票据时效

时效是民法中的一项重要制度,指一定的事实状态在法定期间内持续存在,从而产生与该事实状态相适应的法律效力的法律制度。[5] 前者为取得时效,后者为诉讼时效。票据时效,是指票据持有人不行使票据权利的行为经过一定的时间,就丧失票据权利的制度。不过,持票人因为超过票据权利时效而丧失票据权利的,仍然享有民事权利,可以请求出票人或者承兑人返还其与未支付的票据金额相当的利益,此即利益返还请求权。我国《票据法》第17条详细规定了票据时效。(详见表6-2)

学界关于票据时效性质的争论

表6-2　我国《票据法》规定的票据时效

票据权利	票据时效	起算时间
持票人对出票人和承兑人的权利	2年	自票据到期日起
		见票即付的汇票、本票,自出票日起
持票人对支票出票人的权利	6个月	自出票日起
持票人对前手的追索权	6个月	自被拒绝承兑或被拒绝付款之日起
持票人对前手的再追索权	3个月	自清偿日或被提起诉讼之日起

〔5〕 王利明主编:《民法》(第8版),中国人民大学出版社2020年版,第285页。

学界关于利益返还请求权的性质之争

3. 票据法上的利益返还请求权

利益返还请求权是票据法上的非票据权利。非票据权利是指票据法规定的与票据有关但不是由于票据行为所发生的权利,如出票人要求返还票据的权利、失票人要求补发票据的权利。利益返还请求权是持票人因为超过票据权利时效或者因票据记载事项欠缺而丧失票据权利时,可以请求出票人或者承兑人返还与其未支付的票据金额相当的利益的权利。利益返还请求权的制度目的在于平衡票据当事人之间的利益。依据我国《票据法》的规定,行使利益返还请求权需要具备以下条件:(1)持票人的票据权利曾经有效存在;(2)持票人的票据权利因时效或手续欠缺而丧失;(3)出票人或承兑人必须因为持票人丧失票据权利而实际享有利益。如果仅有持票人丧失票据,而出票人或承兑人并不因此享有利益,持票人不能享有利益返还请求权。

4. 票据的丧失与补救

票据丧失是指票据持有人非因为自己的意思,而丧失对票据的占有。票据丧失分为绝对丧失和相对丧失,如票据灭失与票据遗失。票据灭失是指作为物质形态的票据被消灭或毁损,也称绝对失票。票据遗失是指作为物质形态的票据完好无损,但是合法持票人非出于自己的意思而失去了对票据的实际占有,如票据被盗。由于票据是一种完全有价证券,权利与证券融为一体、不可分离,票据权利的发生、转让与行使均以票据的存在为必要。因此,持票人丧失对票据的占有意味着无法行使票据权利。

为了保护持票人的合法权利,保障票据的流通,维护交易安全,各国票据法无不规定在票据丧失后采取的补救措施。例如,我国《票据法》规定了挂失止付、公示催告和诉讼等三种救济措施。

挂失止付是失票人向付款人通知票据丧失的情况,并请求付款人停止付款,付款人暂时停止付款的一种补救措施。并非所有的票据在失票之后都可以挂失。例如,依据我国《支付结算办法》规定,未填明“现金”字样和代理付款人的银行汇票以及未填明“现金”字样的银行本票丧失,不得挂失止付。不过,挂失止付只是一个临时性的救济手段,其作用是暂时防止被他人(包括善意第三人)冒领票据金额,无法使得失票人恢复其票据权利。故挂失止付不是失票人采取公示催告或提起诉讼的必经前置程序。收到挂失止付通知书的付款人及付款代理人,应当进行核查,如果丧失的票据尚未付款,付款人或付款代理人应当暂停付款。自挂失止付的次日起3日内,失票人未向法院申请公示催告或提起诉讼的,自第4日起挂失止付失效,付款人或付款代理人可以向持票人付款。失票人向法院申请公示催告或提起诉讼后,法院应当向付款人发出止付通知书。付款人或者代理付款人自收到挂失止付通知书之日起12日内没有收到人民法院的止付通知书的,自第13日起,持票人提示付款并依法向持票人付款的,不再承担责任。

公示催告程序,是为了适应我国市场经济的迅速发展以及票据的广泛运用,在票据持有人票据丧失后的一种权利救济和保全措施,是一种票据丧失的最终补救措施,一般依据民事诉讼法确定。《民事诉讼法》在第十八章规定了公示催告程序。2022年4月1日最高人民法院发布了《关于适用〈中华人民共和国民事诉讼法〉的解释》,该司法解释于2022年4月10日实施。依据《民事诉讼法》及其司法解释的规定,公示催告的程序如下:

首先,票据持有人向票据支付地的基层人民法院申请公示催告,并向法院递交申请书,写明票面金额、出票人、持票人、背书人等票据主要内容和申请的理由、事实等。申请公示催告程序的票据持有人，是票据被盗、遗失或者灭失前的最后持有人，而且该票据是可以背书转让的票据。

其次，法院决定是否受理申请及受理之后发出公告。法院应结合票据存根、丧失票据的复印件、出票人关于签发票据的证明、申请人合法取得票据的证明、银行挂失止付通知书、报案证明等证据，决定是否受理公示催告申请。法院决定受理后，应当同时通知付款人停止支付，并在 3 日内发出公告，催促利害关系人申报权利。公告应当在有关报纸或者其他媒体上刊登，并于同日在人民法院公告栏内公布。人民法院所在地有证券交易所的，还应当同日在该交易所公布。公告期间不得少于 60 日，且公示催告期间届满日不得早于票据付款日后 15 日。公告期间，转让票据权利的行为无效。

再次，利害关系人申报权利与法院裁判。在公示催告期间，有利害关系人向法院申报权利的，法院应当通知其向法院出示票据，并通知申请人查看该票据。利害关系人出示的票据与申请公示催告的票据不一致的，法院应当裁定驳回利害关系人的申报。一致的，法院也应当裁定终结公示催告程序，并通知申请人和付款人。在申报权利的期间无人申报权利，或者申报被驳回的，申请人应当自公示催告期间届满之日起 1 个月内申请作出判决。逾期不申请判决的，终结公示催告程序。公示催告期间，无人申报权利的，表明票据上的权利为申请人所有，人民法院可以根据申请人的申请作出判决，宣告票据无效。并将宣告票据无效的判决予以公告，并通知票据付款人。自判决公告之日起，申请人可以请求付款人付款。

最后，利害关系人有正当理由未能在法院作出除权判决前申报权利的，自知道或应当知道判决公告之日起 1 年内，可以向作出判决的法院起诉。依据最高人民法院《关于适用〈中华人民共和国民事诉讼法〉的解释》，利害关系人的正当理由包括：(1)因发生意外事件或者不可抗力致使利害关系人无法知道公告事实的；(2)利害关系人因被限制人身自由而无法知道公告事实，或者虽然知道公告事实，但无法自己或者委托他人代为申报权利的；(3)不属于法定申请公示催告情形的；(4)未予公告或者未按法定方式公告的；(5)其他导致利害关系人在判决作出前未能向人民法院申报权利的客观事由。

此外，失票人可以采取一般的民事诉讼程序予以补救。提起诉讼时，失票人需要确定诉讼的相对当事人、诉讼请求的内容等。出票人、付款人或承兑人等票据债务人、非法持有票据的人等都有可能是票据诉讼案件的当事人。诉讼请求的内容包括请求出票人补发票据、请求债务人付款或者请求非法持有人返还票据等。[6]《全国法院民商事审判工作会议纪要》针对部分票据出卖方在未获得票款情形下，通过伪报票据丧失事实申请公示催告、阻止合法持票人行使票据权利的情形规定，应当区别付款人是否已经付款等情形，作出不同认定：(1)在除权判决作出后，付款人尚未付款的情况下，最后合法持票人可以根据《民事诉讼法》第 223 条的规定，在法定期限内请求撤销除权判决，待票据恢复效力后再依法行使票据权利。最后合法持票人也可以基于基础法律关系向其直接前手退票并请求其直接前手另行给付基础法律关系项下的对价。(2)除权判决作出后，付款人已经付款的，因恶意申请公示催告并持除权判决获得票款的行为损害了最后合法持票人的权利，最后合法持票人请求申请人承担侵权损害赔偿责任的，人民法院依法予以支持。

---

〔6〕 宋炳方：《银行票据业务培训教程》(第 2 版)，经济管理出版社 2012 年版，第 56 页。

｜案例｜

A 公司与 B 公司签订了一份买卖合同,由 A 公司向 B 公司供货;B 公司经连续背书,交付给 A 公司一张已由银行承兑的汇票。A 公司持该汇票请求银行付款时,得知该汇票已经被 B 公司申请公示催告,但法院尚未作出除权判决。(2017 年司法考试案例)

思考:(1)银行对该汇票是否承担付款责任?(2)B 公司能否因公示催告程序行使票据权利?(3)A 公司是否享有该汇票的票据权利?(4)法院是否应当作出宣告票据无效的判决?

(二)票据抗辩

1. 票据抗辩的含义

票据抗辩是票据债务人根据票据法规定对票据债权人拒绝履行义务的行为。从权利视角来看,票据抗辩是票据法为了保护票据债务人的利益,赋予票据债务人对抗票据债权人的一种权利。票据债务人包括所有在票据上签名的人,具体包括付款人、承兑人、出票人、保证人、背书人等全体票据债务人。此种权利的性质,从权利的作用角度来看,属于抗辩权。当票据债权人不依法行使票据权利时,票据债务人可以根据票据法规定的抗辩事由行使票据抗辩权进行自我救济。在立法技术上,票据法关于票据抗辩的事由有积极限制主义与消极限制主义之分。所谓积极限制主义,是指由票据法明文列举可以抗辩的事由,票据抗辩的事由以列举的事由为限。所谓消极限制主义,是指由票据法明文规定票据债务人不得抗辩的事由,除被明文列举的不得抗辩事由之外的情形,票据债务人都可以行使抗辩权。

2. 票据抗辩的种类

票据抗辩有物的抗辩和人的抗辩等两种抗辩事由。物的抗辩是由于票据本身存在的事由而发生的抗辩,可以对一切持票人提出,所以又称绝对抗辩、对物的抗辩或客观抗辩。具体而言,物的抗辩分为一切票据债务人对一切持票人的抗辩和特定票据债务人对一切持票人的抗辩。物的抗辩主要包括三种事由。第一,关于票据记载的抗辩。主要包括有票据要件记载的抗辩、票据尚未到期的抗辩、背书不连续的抗辩、票据债权消灭记载的抗辩、票据时效的抗辩。根据《票据法》第 22 条规定,汇票必须记载的要件有 7 项。同时《票据法》第 75 条、第 84 条也分别规定了本票及支票的绝对记载要件。例如,基于缺少票据金额、票据日期等绝对记载事项使得票据无效的抗辩、票据权利灭失的抗辩等,属于一切票据债务人可以对一切持票人提出的抗辩。第二,关于票据效力的抗辩。票据效力相关的抗辩是指票据债务所赖以成立的实质性要件欠缺、无相应效力所发生的对物抗辩。例如,票据伪造、变造的抗辩以及无权代理的抗辩与欠缺票据行为能力的抗辩等,属于特定债务人可以向一切持票人提出的抗辩。第三,关于票据债务的抗辩。票据债务的抗辩,是指票据债务虽曾存在,但基于某种情况已归于消灭而发生的对物抗辩,主要包括票据债务因时效而消灭的抗辩、票据债务因保全手续欠缺而消灭的抗辩。

人的抗辩是基于票据债务人与特定的票据债权人之间的特定关系所产生的抗辩,又称相对抗辩、主观抗辩。此种抗辩情形下,票据债务人只能向特定的票据债权人进行抗辩。人的抗辩又可以分为两种:任何票据债务人对特定的票据债权人的抗辩与特定的票据债务人对特定的票据债权人的抗辩。前者是由于特定持票人基于自身的原因不具有合法的票据权利而形成的抗辩,如持票人是以欺诈、胁迫、偷盗等非法手段取得票据,或者明知有前列情形仍出于恶意取得票据的,不得享有票据权利,票据债务人可以据此抗辩。后者是基于特定票据债务人与特定的票据债权人之间的特定关系所产生的抗辩,如对不履行约定义务的与自己有直接债权债务关系的持票人,票据债务人可以进行抗辩。

3. 票据抗辩的限制

票据功能是通过票据能够安全地流通而实现的。设立票据抗辩的目的并不是给票据的流通设置障碍,而是从公平的角度保护票据债务人利益。因此,为了平衡票据权利人与票据债务人之间的利益,保障票据的流通,票据法对票据抗辩设置了合理的限制,这就是所谓的"票据抗辩切断制度"。不过,由于票据抗辩中的物的抗辩的客观性与绝对性,票据法对于物的抗辩难以予以限制。换言之,票据抗辩的限制主要是针对人的抗辩。《票据法》第 13 条第 1 款规定了两种票据抗辩的限制:(1)票据债务人不得以自己与出票人之间的抗辩事由对抗持票人;(2)票据债务人不得以自己与持票人的前手之间的抗辩事由对抗持票人,但持票人明知存在抗辩事由而取得票据的除外。

| 案例 |

A 公司为履行与 B 公司的货物买卖合同,签发了一张以 B 公司为收款人、某银行为付款人的汇票,银行也予以承兑。后 B 公司将该汇票背书赠与 C。此时,A 公司发现 B 公司的货物为假冒伪劣商品。(2016 年司法考试案例)

思考:(1)该票据是否有效?(2)A 公司能否拒绝 B 公司的票据权利请求?(3)C 能否享有票据权利?(4)银行是否应当承担票据责任?

三、汇票结算的法律制度

(一)汇票的含义与种类

汇票是由出票人签发的,委托付款人在见票时或者在指定日期无条件支付确定的金额给收款人或者持票人的票据。汇票是一种委托支付证券,即出票人委托他人付款,涉及一系列的出票、背书、承兑行为,具体流程如图 6－1 所示。随着互联网技术的发展和渗透,纸质票据逐渐电子化,电子票据是互联网技术在票据领域的应用。2009 年中国人民银行批准设立了电子商业汇票系统,据上海票据交易所发布的《2019 年票据市场运行情况》报告显示,2019 年我国电子商业汇票系统出票量高达 1990.21 万笔,同比增长 37.19%,电子商业汇票系统出票金额 19.50 万亿元,同比增长 16.11%。据中国人民银行数据显示,2020 年电子商业汇票系统出票笔数 2229.75 万笔,同比增长 12.04%;出票金额 21.36 万亿元,同比增长 1.86%。

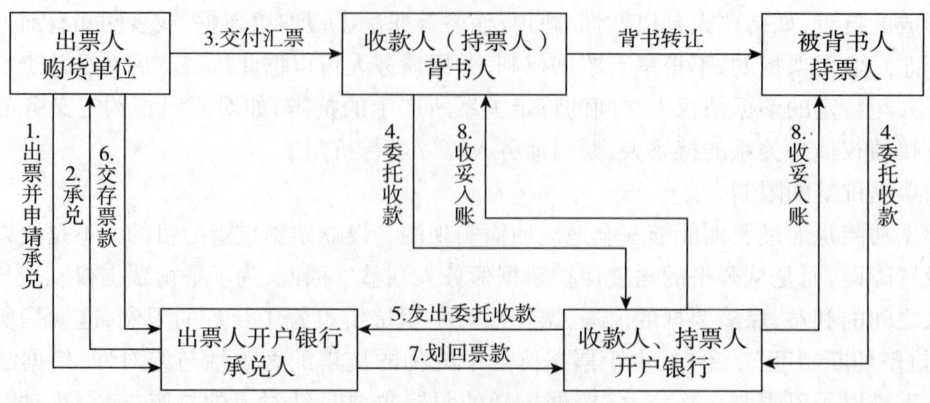

图 6－1 银行承兑汇票流程

依据出票人是否为银行,汇票分为银行汇票和商业汇票。银行汇票的当事人只有出票人和收款人,因为出票银行既是出票人,又是付款人。就此而言,银行汇票是一种变式汇票。银行汇票的出票人,是经过中国人民银行批准办理银行汇票业务的银行,以及经各商业银行及其授权机构批准办理全国联行往来和省辖联行往来业务的营业机构。商业汇票的出票人是除银行外的企业或其他社会组织。商业汇票具有将商业信用票据化和促进商业融资的功能。因此,商业汇票的签发必须以商品交易为前提。商业汇票分为商业承兑汇票和银行承兑汇票。商业承兑汇票由银行以外的付款人承兑,银行承兑汇票由银行承兑。

依据付款人是否在提示或见票时立即付款,汇票分为即期汇票和远期汇票。即期汇票是指在提示或见票时付款人立即付款的汇票。远期汇票是指在一定期限或特定日期付款的汇票,主要包括有定日付款的汇票、出票后定期付款的汇票、见票后定期付款的汇票。比如,在指定日期付款、在出票后若干天付款、在见票后若干天付款或者在提单签发日后若干天付款。

依据汇票记载票据权利人名称的方式之不同,汇票分为记名汇票与无记名汇票。记名汇票要求出票人在出票时必须记载收款人姓名或名称,否则汇票无效;反之,则是无记名汇票。记名汇票还有一种特殊的形式,除了在汇票上记载收款人的姓名或名称之外,还附加"或其指定人"。该种汇票为指示汇票。我国《票据法》规定汇票必须记载收款人名称,否则汇票无效。可见,我国不承认无记名汇票。

(二)汇票的出票与背书

汇票的出票是指出票人签发汇票并将其交付给收款人的票据行为。出票由"签发"和"交付"两个环节构成。出票人在签发汇票时与付款人必须具有真实的委托付款关系,并且具有支付汇票金额的可靠资金来源,不得签发无对价的汇票来骗取银行或其他票据当事人的资金。另外,出票人应当在汇票上记载票据法规定的必要记载事项。例如,依据我国《票据法》规定,应当清楚、明确记载以下事项:表明"汇票"的字样;无条件支付的委托;确定的金额;付款人名称;收款人名称;出票日期;出票人签章。任意记载事项主要包括付款日期、付款地和出票地。如未记载付款日期的汇票,为见票即付;未记载付款地的,付款人的营业场所、住所或者经常居住地为付款地;未记载出票地的,出票人的营业场所、住所或者经常居住地为出票地。

汇票的背书是指汇票持有人在汇票背面或粘单上记载有关事项并签章的一种附属票据

行为。背书涉及票据权利的转让与行使,是一种非常重要的票据行为。我国《票据法》在“汇票”一章设立专门的一节,对背书的相关事项作了规定。依据该节规定:

汇票票据背书时必须记载被背书人名称和背书日期。未记载背书日期的,视为在汇票到期日前背书。背书不得附有条件。背书时附有条件的,所附条件不具有汇票上的效力。将汇票金额的一部分转让的背书或者将汇票金额分别转让给二人以上的背书无效。

背书有转让背书与非转让背书之分。所谓转让背书,是指以转让汇票权利为目的的背书,又可以细分为记名背书、空白背书、回头背书及期后背书。当汇票的背书人在汇票上作“不得转让”的记载时,其后手再背书转让的,原背书人对后手的被背书人不承担保证责任,但是后手对其直接前手背书的真实性负责。在背书连续的情况下,转让背书的背书人承担保证其后手所持汇票承兑和付款的责任。背书连续是指在票据转让中,转让汇票的背书人与受让汇票的被背书人在汇票上的签章依次前后衔接。所谓非转让背书,是指其背书的目的不是转让票据权利,包括委任背书和设质背书。其中委任背书是背书人委托被背书人代为领取票据款项;设质背书是以票据权利设定质押权,背书人是票据质押权的出质人,被背书人是质权人。用汇票设定质押权时,应当以背书记载“质押”字样。

(三)汇票的承兑与保证

汇票的承兑是指汇票付款人承诺在汇票到期日支付汇票金额的票据行为。见票即付的汇票,持票人可以直接请求付款人付款,无须承兑。定日付款的汇票、出票后定期付款的汇票、见票后定期付款的汇票,需要经过付款人的承兑。在付款人承兑之前,持票人应当向付款人出示汇票,并要求付款人承诺付款。此即持票人的提示承兑义务。如果是定日付款或者出票后定期付款的汇票,提示承兑义务的履行期限是汇票到期日前;见票后定期付款的汇票,持票人应当自出票日起 1 个月内向付款人提示承兑。未按照规定期限履行提示承兑义务的,持票人丧失对其前手的追索权。依据我国《票据法》规定,承兑实行自由承兑原则。付款人承兑汇票后,就要承担汇票到期足额付款的绝对义务。付款人对向其提示承兑的汇票,应当在收到提示承兑的汇票之日起 3 日内承兑或拒绝承兑。承兑不得附条件。承兑附有条件的,视为拒绝承兑。若付款人承兑汇票的,应在汇票的正面记载“承兑”字样和承兑日期并签章。如果承兑的是见票后定期付款的汇票,还应当在承兑时记载付款日期。〔7〕

汇票的保证是指汇票债务人以外的他人对汇票的债务承担保证付款的一种担保行为。汇票的保证不同于一般的民事保证。依据我国《票据法》的规定,汇票的保证人必须要在汇票或粘单上记载以下事项:“保证”的字样;保证人名称和住所;被保证人的名称;保证日期及保证人签章。没有记载被保证人名称的,已经承兑的汇票,承兑人为被保证人;未承兑的汇票,出票人为被保证人。汇票的保证是一种连带保证,保证人与被保证人对持票人承担连带责任,保证人对于持票人不享有先诉抗辩权。保证人为二人以上的,保证人之间承担连带责任。此外,汇票的保证不得附条件。附有条件的,不影响对汇票的保证责任。

关于电子商业汇票,2009 年中国人民银行颁布实施的《电子商业汇票业务管理办法》,从部门规章的层面对电子商业汇票的概念、类别、出票、承兑、背书、保证、提示付款和追索等票据行为、信息查询和法律责任加以明确,但对象仅限于电子商业汇票,其他电子票据没有

---

〔7〕 2022 年 1 月 14 日中国人民银行会同银保监会发布的《商业汇票承兑、贴现与再贴现管理办法(征求意见稿)》缩短了最长付款期限,即商业汇票的付款期限自出票日起至到期日止,最长不得超过 6 个月。

相应的规范性文件,缺乏系统性和体系化。2018 年中国人民银行修订了《电子商业汇票系统管理办法》《电子商业汇票系统运行管理办法》《电子商业汇票系统数字证书管理办法》《电子商业汇票系统危机处置预案》,为电子商业汇票的系统性管理提供了配套性的管理规定。但电子商业汇票的相关规定仍然停留于部门规章的效力层面。

案例

A 公司为支付从 B 公司采购货物的款项,向 B 公司开具一张金额为 100 万元的银行承兑汇票,并向 C 银行办理了承兑。2018 年 6 月 B 公司又将该票据背书给 D 公司,2018 年 7 月 D 公司办公楼失火,该票据被烧毁灭失,仅剩其留档复印件。A、B 公司均在该复印件上签章,以证明彼此间的交易情况。

思考:(1)C 银行是否应当承担票据责任?(2)D 公司是否可以凭借票据复印件向 A、B 公司主张票据权利?

四、本票结算的法律制度

(一)本票的含义与特征

本票是出票人签发并承诺自己在见票时无条件支付确定的金额给收款人或持票人的票据。从不同角度,可以将本票分为不同类型。根据本票上是否记载权利人,可以将本票分为记名本票、无记名本票和指示式本票。根据本票票面金额是否固定,可以将本票分为定额本票和不定额本票。根据出票人身份不同,本票分为银行本票与商业本票。银行本票的出票人是银行,商业本票的出票人是除银行以外的企事业单位或其他社会组织。我国《票据法》规定的本票仅限于银行本票。本票与汇票及支票不同,汇票与支票是委付证券,本票是一种自付证券,出票人承诺自己向收款人或持票人支付确定的票据金额,故本票无须承兑。因此本票的基本当事人只有两个,即出票人(付款人)和持票人(收款人)。银行本票的使用范围广,方便灵活,既可以用于转账,也可以支取现金,并能够背书转让。(具体流程如图 6－2 所示)由于银行本票的出票人是银行,而且见票即付,因此,银行本票的信誉度可靠、支付能力强,是广受市场欢迎的一种信用支付工具。

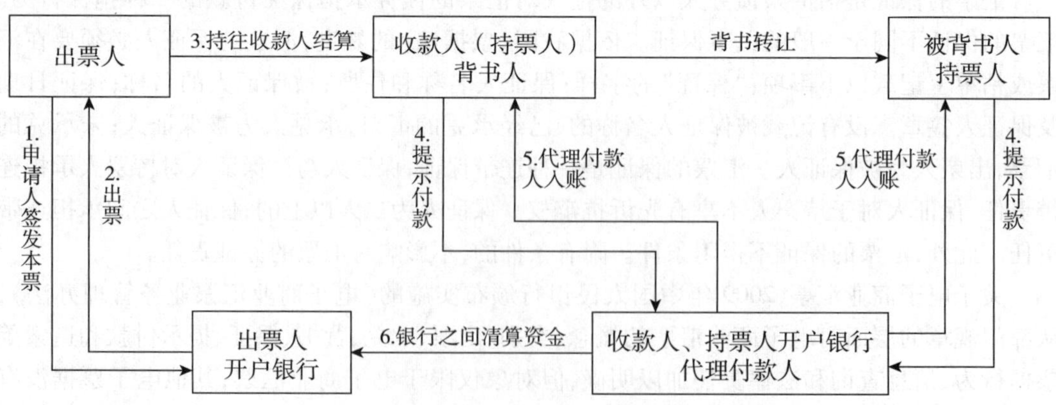

图 6－2　银行承兑本票流程

(二)本票的出票与付款

本票的出票是出票人签发本票并将其交付给收款人的一种票据行为。以银行本票为例,作为出票人的银行往往是应申请人的申请签发银行本票。本票出票行为必须符合《票据法》的强制性规定,申请人应当向银行填写"银行本票申请书",在申请书上清楚、明确地填写收款人名称、申请人名称、支付金额、申请日期等事项并签章。银行受理申请之后,应当审查申请人填写的内容是否齐全、准确,经审查无误之后,依法签发银行本票。由于本票是文义证券和要式证券,出票人在签发本票时应当记载以下事项:"本票"的字样;无条件支付的承诺;确定的金额;收款人名称;出票日期;出票人签章。未记载前述所列事项之一的,本票无效。一旦本票出票行为完成后,即产生出票的效力。就出票人而言,出票行为就意味着出票人成为该项票据债务的主债务人。

由于《票据法》只规定了银行本票,银行本票为见票即付的即期票据,因此本票的出票人在持票人提示见票时,就应当付款。银行本票的提示付款期限最长不超过2个月,自出票之日计算。若本票的持票人未在规定的期限内提示见票的,丧失对出票人以外的其他前手的追索权。

五、支票结算的法律制度

(一)支票的含义与特征

支票是出票人签发的,委托办理支票存款业务的银行或者其他金融机构在见票时无条件支付确定的金额给收款人或者持票人的票据。(具体流程如图6-3所示)与本票相比较,支票是一种委付证券,支票的出票人是在批准办理支票业务的银行开立了支票存款账户的单位或个人,支票的付款人是出票人的开户银行。支票与本票的共同点之一就是见票即付。依据支票当事人的资格是否兼任为标准,支票可以分为一般支票和变式支票。其中变式支票又有对己支票、指己支票、付受支票。根据付款方式的不同,支票分为现金支票、转账支票和普通支票。现金支票的正面印有"现金"字样,只能用来支取现金。转账支票的正面印有"转账"字样,只能用于转账,不能支取现金。普通支票的正面未印有"转账"或"现金"的字样,既可以用来支取现金,也可以用来转账。

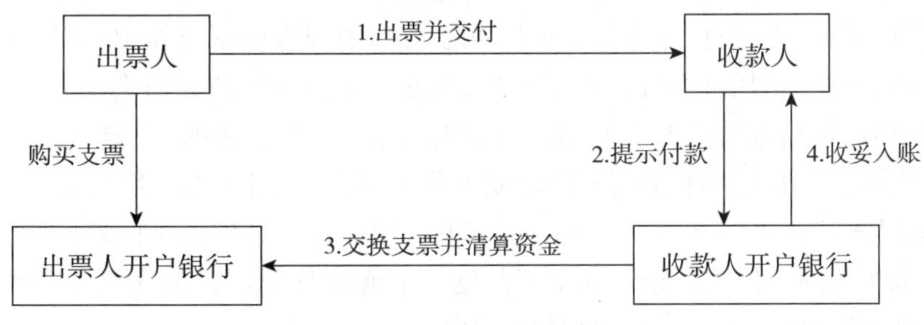

图6-3　支票承兑流程

(二)支票的出票与付款

支票是一种委付证券,支票的出票人与接受委托付款的银行之间在签发支票前应当建立支票存款账户关系,即支票的出票人必须要在受委托的银行开立支票存款账户,预留其本名的签名式样和印鉴,而且有可靠的资信,并且存入一定的资金。支票出票记载事项分为法定绝对必要记载事项和相对必要记载事项。出票人在签发支票时必须记载以下事项:“支票”的字样;无条件支付的委托;确定的金额;付款人名称;出票日期;出票人签章。我国《票据法》规定,支票上的金额与收款人名称,经出票人授权,可以补记。出票人签发的支票金额不得超过其付款时在付款人处实有的存款金额,超过的为空头支票,禁止签发空头支票。此外,出票人不得签发与其预留本名的签名式样或者印鉴不符的支票。

支票出票后,收款人成为支票的持票人,取得票据债权人的地位,获得该支票的票据权利。支票的出票人按照支票记载金额向支票持有人承担保证付款的责任。出票人在付款人处的存款足以支付支票金额时,付款人应当当日足额付款。出票人的存款不足时,付款人可以拒付。支票的持票人应当自出票日起10日内提示付款;超过提示付款期限的,付款人可以不付款;付款人不予付款的,出票人仍应当对持票人承担票据责任。

| 案例 |

A公司向B公司购买了一个元器件,应付价款为960元。A公司为付款开出了一张支票,因金额较小,财务人员不小心将票据金额仅填写了数字的“¥960元”,没有记载票据金额的中文大写。B公司业务员没有细看,拿到支票后就放入文件袋。(2017年司法考试案例)

思考:(1)该支票出票行为是否有效?(2)A公司是否承担票据责任?(3)B公司是否享有票据权利?

第三节　非票据结算的法律制度

一、信用证结算的法律制度

起源于国际贸易结算的信用证,在我国国内贸易活动中得到了广泛的应用,成为国内贸易结算的重要方式之一。为了规范国内贸易中的信用证结算,中国人民银行在1997年颁布了《国内信用证结算办法》与《信用证会计核算手续》。2016年4月27日,中国人民银行与原银监会公布了修订之后的《国内信用证结算办法》,中国人民银行在1997年制定的《国内信用证结算办法》与《信用证会计核算手续》被废止。中国支付清算协会与中国银行业协会依据修订的《国内信用证结算办法》,制定了《国内信用证审单规则》。修订之后的《国内信用证结算办法》与《国内信用证审单规则》成为我国当前规范国内信用证结算的主要规定。此外,最高人民法院在2005年发布了《关于审理信用证纠纷案件若干问题的规定》,该司法解释也是规范我国国内信用证结算的重要制度。下面就从信用证的含义与种类、信用证的业务办理等方面简要介绍以上两个制度的主要内容。

(一)信用证的含义与种类

信用证是开证银行依据申请人的申请向受益人开立的、对相符交单予以付款的书面承诺,只限于转账结算,不能用于支取现金。信用证的开立与转让,应当具有真实的贸易背景。但是,信用证一经开立,就与作为其依据的贸易合同相互独立,即使信用证含有对此类合同的任何援引,银行也与该合同无关,且不受其约束。银行对信用证作出的付款、确认到期付款、议付或履行信用证项下其他义务的承诺,不受申请人与开证行、申请人与受益人之间的关系而产生的任何请求或抗辩的制约,此即信用证的独立性原则。信用证的独立性原则是信用证成为国际、国内贸易重要结算工具的基石,通过以银行信用取代商业信用促进贸易双方的互信。信用证结算方式具有三个特点:一是信用证是一项自足文件。信用证不依附于买卖合同,银行在审单时强调的是信用证与基础贸易相分离的书面形式上的认证。二是信用证是纯单据业务。信用证是凭单付款,不以货物为准,只要单据相符,开证行就应无条件付款。三是开证银行负首要付款责任。信用证是一种银行信用,它是银行的一种担保文件,开证银行对支付具有首要付款的责任。

按照不同的分类标准,信用证可以分为不同的种类:(1)以信用证是否附带货运单据为标准,可以分为跟单信用证与光票信用证。所谓跟单信用证,是指凭借信用证中规定的单据付款的信用证。所跟的单据包括装船提单、商业发票、保险单及检验证书等。光票信用证不需要附单据,受益人凭开立的收据或汇票就可以在通知行领取款项。(2)以有无另一银行加以保证兑付为依据,可以分为保兑信用证和不保兑信用证。(3)以开证行所负的责任为标准,可以分为可撤销信用证和不可撤销信用证。可撤销信用证的开证行可以不事先通知或征得受益人同意,撤销或修改信用证。显然,可撤销信用证对于受益人极为不利。反之,不可撤销信用证的开证行在有效期内,没有征得开证申请人与受益人的同意,不得撤销或修改信用证。不可撤销信用证为受益人利益提供了强有力的保障,但是也意味着银行要承担风险。因此,不可撤销信用证的开证行往往会要求开证申请人提交一定数额的信用证保证金。我国《国内信用证结算办法》规定,只能开立不可撤销信用证。(4)依据受益人是否可以转让信用证,分为可转让信用证与不可转让信用证。(5)依据信用证的付款期限,分为即期信用证、远期信用证与假远期信用证。即期信用证的开证行应在收到相符单据次日起5个营业日内付款。远期信用证的开证行在收到相符单据次日起5个营业日内确认到期付款,并在到期日付款。远期的表示方式包括:单据日后定期付款、见单后定期付款、固定日付款等可确定到期日的方式。假远期信用证是指信用证规定受益人开立远期汇票,由付款行负责贴现,并规定一切利息和费用由开证人承担。这种信用证对受益人来讲,实际上仍属即期收款,在信用证中有"假远期"条款。信用证付款期限最长不超过1年。

(二)信用证的业务办理

参与信用证的当事人包括申请人、受益人、开证行、通知行、交单行、转让行、保兑行、议付行等。信用证的申请人是指开立信用证的开证人,一般是货物购买方或服务接收方。申请人具有申请开证、合理指示开证及最终付款等义务。申请人在申请开证时必须向开证行提交与受益人签订的贸易合同,并按照开证行的要求提供保证金或者抵押、质押及保证等合法有效的担保。申请人具有凭单付款的义务,也享有验单退单的权利。

受益人是接受信用证并享受信用证权益的当事人,一般是货物销售方或服务提供方。受益人应当在收到信用证后及时与合同核对,不符合者尽早要求开证行修改、拒绝接受或要求开证申请人指示开证行修改信用证,如接受则在信用证规定期限内发货,并通知收货人。受益人取得并提交符合合同要求的单据,有权依据单据相符的原则请求议付行付款,或通过银行委托收款。

开证行是依据申请人的申请开立信用证的银行,包括政策性银行、商业银行、农村合作银行、村镇银行和农村信用社等。开证行应当依据申请人的申请要求及时开立信用证,并且按照信用证的规定对受益人承担第一性付款责任。开证行在付款时有权审单验单、收取手续费和押金、拒绝受益人或议付行的不符单据。开证行为降低风险,有权要求申请人提供担保。开证行付款之后,开证申请人向开证行付款,开证行向开证申请人移交单据,此即付款赎单。

通知行是受开证行的委托,向受益人通知信用证的银行,是开证行的代理人,它只证明信用证的真实性,不承担其他义务。交单行是向信用证有效地点提交信用证项下单据的银行。转让行是开证行指定的办理信用证转让的银行。保兑行是根据开证行的授权或要求对信用证加具保兑的银行,即在开证行承诺之外作出对相符交单付款、确认到期付款或议付的确定承诺。议付行是开证行指定的为受益人办理议付的银行。议付是向受益人预付或同意预付资金的行为。议付必须以信用证的明示为依据,没有明示可议付的,任何银行不得办理议付。信用证明示可议付的,如开证行仅指定一家议付行,未被指定为议付行的银行不得办理议付,被指定的银行有权不议付。议付行议付之后,如果开证行拒绝付款的,议付行可以从受益人账户收回议付金额,此即议付行对受益人的追索权。

信用证作为金融工具,涉及的当事人众多,同时存在纸质单证在各方间流转、链条长、流程较为复杂的问题。(如图6-4所示)每家机构在各自的账务系统中完成记录,机构之间信息孤立、不透明。在发生信用证修改、到单、通知等情况时,没有直接信息交互通道,处理效率低且易发生延误。与此同时,传统信用证还存在安全性低、易伪造的风险,信用证伪造造成的诈骗会给当事人带来巨额损失。最后,传统信用证业务费用成本高。正常出口商接收一份信用证需要向银行支付信用证通知费、信用证修改通知费、单据议付费、单据邮寄费、国外银行扣费。[8]

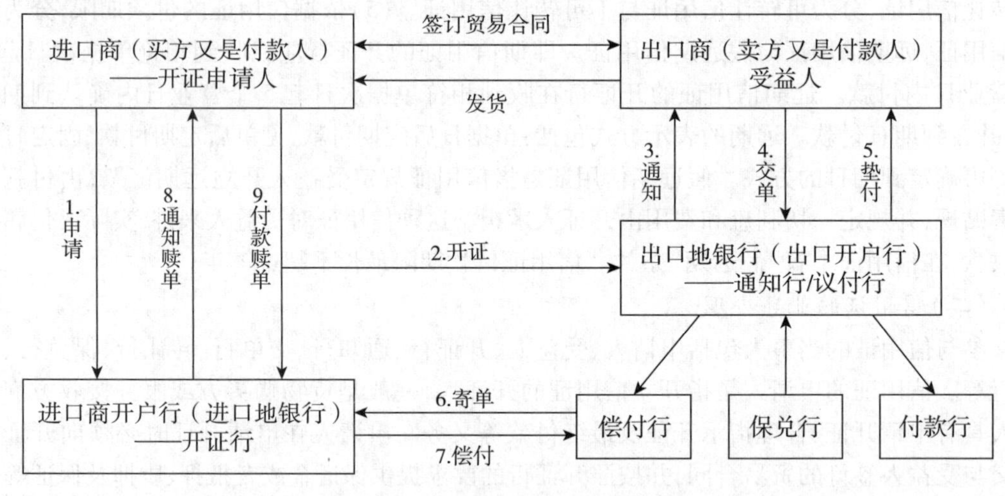

图6-4 信用证结算流程

〔8〕 面对传统信用证所暴露的问题,具备去中心化、数据可靠、实时跟踪等特性的区块链技术下的"区块链信用证"无疑是一种较好的解决方案。据一些银行官网披露,已开始尝试将区块链技术应用到信用证业务上。2017年7月,云象区块链助力中国民生银行推出了基于区块链技术的国内信用证信息传输系统(BCLC)。2017年9月,中信银行与民生银行合作推出首个银行业国内信用证区块链应用,该合作为进一步扩展银行间区块链的合作与应用,提供了可借鉴的模式。2018年4月,交通银行区块链国内信用证项目投产,实现了信息和单据的端到端传输。2018年5月,上海银行与中国建设银行签署了区块链合作协议,并开立基于区块链技术的国内信用证。值得注意的是,目前国内信用证业务中区块链的参与者仅限于部分银行,同时我国相关法律制度尚不完善,因此区块链信用证的应用和规范还需要不断探索。

｜**案例**｜

我国A进出口公司和外国B公司订立了货物进口合同。依据该合同规定,A公司开出以B公司为受益人的不可撤销的跟单信用证,总金额为148万美元。双方约定如发生争议则提交中国国际经济贸易仲裁委员会仲裁。货物装船后,B公司持提单在银行议付了货款。但事后A公司发现货物存在严重的质量问题,并持商检证明要求银行追回已付款项,否则将拒绝向银行支付货款。

思考:(1)银行是否应追回已付货款?为什么?(2)A公司是否有权拒绝向银行付款?(3)A公司应如何保护自己的利益?

二、银行卡结算的法律制度

自1985年中国银行珠海分行发行我国第一张银行卡以来,我国银行卡的发行量迅速增长,银行卡成为人们日常生活中不可或缺的重要支付工具。银行卡在给人们带来便捷金融服务的同时,也带来了新的金融风险。为了防范和化解银行卡业务的风险,保护银行卡当事人的合法权益,保障金融稳定,我国不断加强银行卡结算的法律制度建设。例如,中国人民银行分别在1999年公布了《银行卡业务管理办法》,在2013年制定了《银行卡收单业务管理办法》,在2016年发布了《关于信用卡业务有关事项的通知》;原银监会在2011年制定了《商业银行信用卡业务监督管理办法》。下面就以上述部门规章或规范性文件,结合我国银行卡业务实践中的典型案例,简要介绍我国银行卡结算法律制度的主要内容。

(一)银行卡的含义及分类

银行卡是指商业银行经中国人民银行批准,发行的具有消费信用、转账结算、存取现金等全部或部分功能的信用支付工具。商业银行开办银行卡业务应当具备以下条件:开业3年以上,具备办理零售业务的良好业务基础;符合资产负债比例管理监管指标,经营状况良好;就银行卡业务建立了完善的内部控制制度和明确的内部授权审批程序;合格的管理人员和技术人员以及相应的管理机构;安全高效的计算机处理系统等。

根据《银行卡业务管理办法》第5条规定,银行卡包括信用卡和借记卡。其中信用卡根据是否向发卡银行交存备用金分为贷记卡、准贷记卡两类。借记卡按照功能不同分为转账卡、专用卡、储值卡。借记卡不具备透支功能。不同种类的银行卡各自具有不同的功能。例如,转账卡具有转账结算、存取现金和消费功能;专用卡具有在百货、餐饮、饭店、娱乐行业以外的特定区域使用的专门用途,能够进行转账结算、存取现金等;储值卡是发卡银行根据持卡人要求将其资金转至卡内储存,交易时直接从卡内扣款的预付钱包式借记卡;贷记卡的持卡人可在信用额度内先消费、后还款;准贷记卡的持卡人必须先按发卡银行要求交存一定金额的备用金,当备用金账户余额不足支付时,可在发卡银行规定的信用额度内透支。商务卡按照用途分为商务差旅卡和商务采购卡。商务差旅卡的发卡银行为政府部门、法人机构或其他组织的工作人员提供差旅费用报销等日常商务支出和财务报销服务。商务采购卡的发卡银行为政府部门、法人机构或其他组织等提供办公用品、办公事项等采购支出报销还款等服务。(见表6－3)

表 6－3 银行卡的分类

<table>
<tr><td>分类标准</td><td colspan="5">银行卡类别</td></tr>
<tr><td>币种</td><td colspan="3">人民币卡</td><td colspan="2">外币卡</td></tr>
<tr><td rowspan="2">发行对象</td><td colspan="3">单位卡(商务卡)</td><td colspan="2" rowspan="2">个人卡</td></tr>
<tr><td>商务差旅卡</td><td colspan="2">商务采购卡</td></tr>
<tr><td>信息载体</td><td colspan="3">磁条卡</td><td colspan="2">芯片(IC)卡</td></tr>
<tr><td rowspan="2">功能</td><td colspan="3">借记卡(银行不授信,不能透支)</td><td colspan="2">信用卡(在银行授予信用额度内透支)</td></tr>
<tr><td>转账卡(储蓄卡)</td><td>专用卡</td><td>储值卡</td><td>贷记卡</td><td>准贷记卡</td></tr>
</table>

(二)银行卡的账户及风险管理

银行卡的账户分为个人账户与单位账户。个人申领银行卡的,应向发卡银行提交个人有效身份证件,发卡银行审查合格后为其开立记名账户。单位申领银行卡的,需要在境内金融机构开立基本存款账户,凭借开户许可证申领单位卡。银行卡及其账户只限经发卡银行批准的持卡人本人使用,不得出租和转借。

发卡银行首先应当建立授权审批制度,明确不同级别内部工作人员的授权权限和授权限额;其次应当针对不同类型的银行卡业务采取相应的风险管理措施。例如,对于借记卡业务,银行不得为持卡人或委托单位垫付资金。对于信用卡业务,应当认真审查信用卡申请人的资信状况,依据信用状况确定授信额度;对于信用卡持有人的资信状况定期复查,并根据资信状况的变化调整信用额度;遵守以下风险控制指标,防范信用卡业务风险:同一持卡人单笔透支发生额,个人卡不得超过 2 万元、单位卡不得超过 5 万元;同一账户月透支余额,个人卡不得超过 5 万元,单位卡不得超过发卡银行对该单位综合授信额度的 3%,无综合授信额度可参照的单位,其月透支余额不得超过 10 万元。以上透支金额都包含等值外币。外币卡的透支额度不得超过持卡人保证金(含储蓄存单质押金额)的 80%。

商业银行应当对信用卡风险资产实行分类管理。我国《商业银行信用卡业务监督管理办法》将信用卡风险资产分为五类(如表 6－4 所示),同时在业务系统能够支持、分类操作合法合规、分类方法和数据测算方式已经获得原中国银监会及其相关派出机构审批同意等前提下,鼓励商业银行采用更为审慎的信用卡资产分类标准,持续关注和定期比对与之相关的准备金计提、风险资产计量等环节的重要风险管理指标,并采取相应的风险控制措施。

表 6－4 信用卡风险资产分类

风险资产类别	风险特征
正常类	持卡人能够按照事先约定的还款规则在到期还款日前(含)足额偿还应付款项
关注类	持卡人未按事先约定的还款规则在到期还款日足额偿还应付款项,逾期天数在 1～90 天(含)
次级类	持卡人未按事先约定的还款规则在到期还款日足额偿还应付款项,逾期天数为 91～120 天(含)
可疑类	持卡人未按事先约定的还款规则在到期还款日足额偿还应付款项,逾期天数在 121～180 天(含)
损失类	持卡人未按事先约定的还款规则在到期还款日足额偿还应付款项,逾期天数超过 180 天

（三）银行卡的计息与收费规定

依据《银行卡业务管理办法》的规定，准贷记卡和借记卡（不含储值卡）账户内的存款，按照中央银行规定的同期同档次存款利率及计息办法计付利息；发卡银行对贷记卡账户的存款、储值卡（含IC卡的电子钱包）内的币值不计付利息；贷记卡持卡人的非现金交易享受免息还款期待遇和最低还款额待遇，免息还款期最长为60日。持卡人在到期还款日前偿还所使用全部银行款项有困难的，可按照发卡银行规定的最低还款额还款。在贷记卡持卡人选择最低还款方式或超过发卡银行批准的信用额度用卡后，不再享受免息还款待遇；支取现金、准贷记卡透支时，不享受免息还款期待遇和最低还款额待遇。商业银行应当按照下列标准向商户收取结算手续费：宾馆、餐饮、娱乐、旅游等行业不得低于交易金额的2%；其他行业不得低于交易金额的1%。

在银行卡业务实践中，争议较大的是信用卡的贷款利息、滞纳金及超限费等有关问题。《银行卡业务管理办法》第22条、第23条规定，贷记卡透支按月计收复利，准贷记卡透支按月计收单利，透支利率为日利率0.05%；贷记卡持卡人未偿还最低还款额和超信用额度用卡的，发卡银行可以分别按最低还款额未还部分、超过信用额度部分的5%收取滞纳金和超限费。这两项规定成为我国信用卡纠纷的争议焦点。[9]

2016年4月15日，中国人民银行发布了《关于信用卡业务有关事项的通知》，对于信用卡贷款利息、滞纳金及超限费等事项作出了新的规定。首先，对信用卡透支利率实行上限和下限管理，透支利率上限为日利率0.05%，透支利率下限为日利率0.05%的0.7倍；发卡机构对向持卡人收取的违约金和年费、取现手续费、货币兑换费等服务费用不得计收利息。其次，取消信用卡滞纳金，持卡人违约逾期未还款的，发卡机构应与持卡人通过协议约定是否收取违约金，以及相关收取方式和标准。最后，发卡机构向持卡人提供超过授信额度用卡服务的，不得收取超限费。

此外，在金融科技持续发展的背景下，中国银联企业标准工作范围也从传统支付领域向金融科技创新领域延伸。在开展支付终端、金融IC卡、网上银行、信息安全、密码算法、IT基础设施等标准建设的基础上，银行卡业务积极应用移动支付、人工智能、云计算、大数据、区块链、生物特征识别、开放银行、个人信息保护、分布式数据库等技术。新型技术带来便捷性、及时性等优势时也对传统银行卡业务提出了颠覆性的挑战。以移动支付为例，移动支付过程中往往会存在对持卡人的数据泄露、数据不当使用、数据失真、数据丢失等一系列问题。面对金融科技、互联网技术的挑战，应当借《商业银行法》修改的契机，及时更新现有的银行卡管理制度，同时也需要与其他部门法，如《网络安全法》《刑法》等作出相应衔接，从而在确保技术合规的情况下提升持卡人体验感。

---

〔9〕 在被媒体广为关注的"信用卡滞纳金被否决第一案"中，一审法院认为，贷款需接受利率上限，民间借贷利率因国家贷款政策被限制在年利率24%的限度之内，相关职能部门的规定被原告不加前提条件地误读。辅助理由也表明滞纳金、复利作为合约违约金条款，人民法院有权进行调整，而信用卡业务的特殊性也不足以支持其超越年利率24%的利率。法院由此对原告从2015年6月9日之后的诉讼请求，仅在本金339,659.66元、年利率24%的限度内予以支持。参见四川成都高新技术产业开发区人民法院（2015）高新民初字第6730号判决书。

三、汇兑、托收承付与委托付款的基本规定

(一)汇兑的基本规定

汇兑是汇款人委托银行将其款项支付给收款人的结算方式,一般用于异地之间的结算,同城范围的结算不适用汇兑结算。单位或个人的各种款项结算,均可以采用汇兑方式。汇兑中一般有汇款人、收款人、汇出行及汇入行四个当事人。(具体流程如图6-5所示)以国内贸易结算为例,汇款人一般是货物的买方或者服务接受者;收款人是货物的卖方或者服务提供者。汇出行一般是汇款人所在地银行,接受汇款人的委托办理款项汇出业务。汇入行一般是收款人所在地银行,它接受汇出行的委托向收款人解付汇入的款项,因此也称解付行。在汇兑过程中,参与汇兑的银行只是接受委托负责款项的收付,因此,汇付是一种商业信用活动。汇兑根据划转款项方法以及传递方式的不同可以分为信汇和电汇两种方式。信汇是汇出行根据汇款人的要求,通过邮局信函的方式指示汇入行将一定金额的款项解付给收款人的汇兑方式。电汇则是汇出行通过拍发电报或电传指示汇入行解付一定金额的款项给收款人的一种汇兑方式。

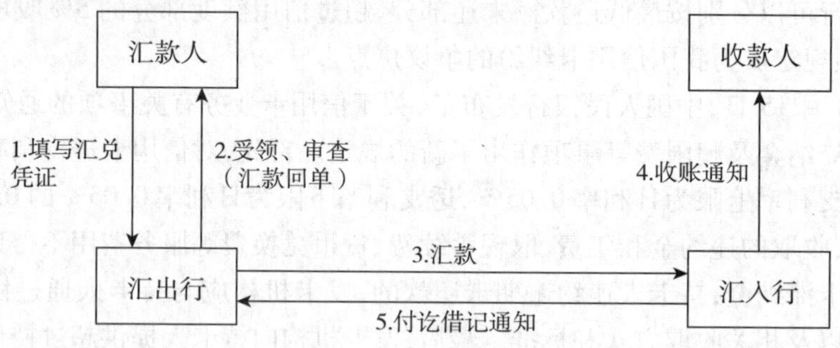

图6-5　汇兑流程

汇款人在签发汇兑凭证时必须记载以下事项:表明“电汇”或“信汇”的字样;无条件支付的委托;确定的金额;收款人与汇款人的名称;汇入地点、汇入行名称;汇出地点、汇出行名称;委托日期及汇款人签章。汇款人对于汇出行尚未汇出的款项可以申请撤销,对已经汇出的款项可以申请退汇。收款人在汇入行开立了存款账户的,汇入行应将款项直接转入收款人账户,并向收款人发出收账通知。收款人在汇入行没有开立存款账户的,收款人凭电汇、信汇的取款通知,向汇入行支取款项。收款人在支取款项时应向汇入行提交本人身份证件供查验,并签章。如果是支取现金的,电汇或信汇的凭证必须要有表明“现金”的字样;未填明“现金”字样,需要支取现金的,由汇入银行按照国家现金管理规定审查支付。如果是转账支付的,原收款人应向银行填制支款凭证,但是只能转入单位或个体工商户的存款账户,不得转入储蓄或信用卡账户。自汇入行向收款人发出取款通知之日起2个月内,收款人应当支取款项。逾期不支取款项的,汇入行应办理退汇。

(二)托收承付的基本规定

托收承付是指根据购销合同由收款人发货后委托银行向异地付款人收取款项,由付款人向银行承认付款的结算方式。从字面意思理解,托收承付包含两个环节:第一,“托收”,即委托收款之含义,具体而言是收款人委托银行收款,收款人是购销合同中的出卖人,收款人在发货之后才能委托银行向异地付款人收取款项。第二,“承付”,即承认付款之意,具体

而言是处在异地的付款人承认付款,付款人是购销合同中的买受人。承付货款有验单付款和验货付款两种方式,交易双方协商选择并在购销合同中明确规定。验单付款的承付期是3天,从付款人开户银行发出承付通知的次日起算,遇法定休假日时顺延。付款人在承付期内未表示拒绝付款的,视为承付。验货付款的承付期为10天,从运输部门发出提货通知的次日算起。双方在合同中明确规定并且在托收凭证上注明了验货付款期限的,从其规定。

参与托收承付的银行仅仅提供服务,不提供任何信用和担保。因此,托收承付本质上是一种商业信用行为,对于处在异地交易的买卖双方都具有较大的风险,故托收承付结算方式只适用于异地订有经济合同的商品交易及相关劳务款项的结算。我国《支付结算办法》对托收承付的适用范围进行了严格的限制性规定,使用托收承付结算方式的收款单位和付款单位,必须是国有企业、供销合作社以及经营管理较好并经开户银行审查同意的城乡集体所有制工业企业;代销、寄销、赊销商品的款项,不得办理托收承付结算。不过,现行《支付结算办法》是中国人民银行在1997年制定的,其中以所有制成分作为评价企业信用状况的做法显然不符合社会经济生活的实际,应当加以修改。

为了防范托收承付的风险,《支付结算办法》对托收承付的适用条件作了如下规定:(1)办理托收的收款人,必须具有商品已经发运的证件,如运输部门签发的运单、邮局包裹回执以及其他能够证明货物已经发出或付款人已经收到货物的有关证件。(2)收款人对同一付款人发货托收累计3次收不回货款的,收款人开户银行应暂停收款人向该付款人办理托收;付款人累计3次提出无理拒付的,付款人开户银行应暂停其向外办理托收。

(三)委托收款的基本规定

委托收款是收款人委托银行向付款人收取款项的一种结算方式。与托收承付相比,委托收款的适用范围更为广泛,如托收承付只能用于异地结算,而委托收款在同城或异地都可以使用;托收承付的款项仅限于因商品交易以及因商品交易而产生的劳务供应的款项,委托收款则适用于单位或个人的所有结算,单位或个人可以凭借已承兑的商业汇票、债券、存单等付款人债务证明办理委托收款;托收承付结算的金额每笔起点为10,000元,新华书店系统每笔的金额起点是1000元,委托收款没有起点要求。

收款人在签发委托收款凭证时应当记载以下事项:"委托收款"的字样;收款人与付款人的名称;确定的金额;委托收款凭据名称及所附单据张数;委托日期及收款人签章。如果付款人是银行以外的单位的,还必须记载付款人的开户银行名称;收款人是银行以外的单位或在银行开立账户的个人的,还必须记载收款人的开户银行名称;收款人是未在银行开立账户的个人,还必须记载被委托银行的名称。以上事项欠缺记载的,银行不予受理。

委托收款分为"委托"与"付款"两个阶段。在委托阶段,收款人应向银行提交委托收款凭证和债务证明。在付款阶段,银行经审查委托收款凭证及债务证明无误后办理付款:以银行为付款人的,银行应在当日将款项主动支付给收款人;以单位为付款人的,银行应及时通知付款人,付款人应当在接到通知的当日书面通知银行付款,如果付款人未在接到通知日的次日起3日内通知银行付款的,视同付款人同意付款,银行应于付款人接到通知日的次日起第4日上午开始营业时,将款项划给收款人。付款人在审查有关债务证明后,对于委托收取的款项认为需要拒绝付款的,可以办理拒绝付款,但应当依据规定期限出具拒绝证明,连同有关债务证明、凭证寄给被委托银行,转交收款人。付款人在付款期满日、银行营业终了前如无足够资金支付全部款项,即为无款支付。银行于次日上午开始营业时,通知付款人将有关单证(单证已作账务处理的,付款人可填制"应付款项证明书")在两天内退回开户银行,银行将有关结算凭证连同单证或应付款项证明单退回收款人开户银行转交收款人。

四、保理

(一)保理的概念与种类

保理是由保理商向卖方提供的基于双方契约关系的一种集贸易融资、销售分户账管理、应收账款催收、信用风险控制与坏账担保为一体的综合性金融服务,又被称为保付代理、托收保付。保理商为卖方提供贸易融资、应收账款相关账户管理、应收账款催收、买方信用风险控制与坏账担保等服务。(具体流程如图 6-6 所示)托收是基于商业信用的结算方式,信用证是以银行信用为基础的结算方式。与托收、信用证这两种传统结算方式不同的是,保理融合了商业信用与银行信用。

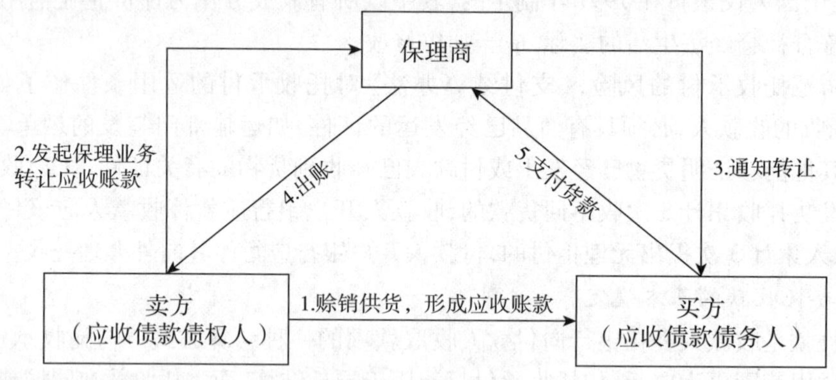

图 6-6 保理流程

按照不同的标准,保理可以分为不同的种类:(1)以保理的适用范围为标准,可以分为国内保理和国际保理,前者适用于国内贸易,后者适用于国际贸易。(2)以是否将应收账款的债权转让通知给债务人为标准,分为公开型保理和隐蔽型保理。公开型保理又称为"明保理",是指在签订保理合同或在保理合同每单发票项下的应收账款转让时立即将债权转让事实通知债务人,通知到达债务人时,应收账款转让即对债务人产生效力的保理。(3)以保理商在收到单据后是否立即付款给供应商为标准,分为融资保理和到期保理,到期保理要等到单据约定的付款到期日才向供应商支付款项。(4)以保理商是否有权向供应商追回已付款项或者拒付约定应付的款项为标准,分为有追索权的保理和无追索权的保理。

(二)保理的国际国内法律渊源

保理的国际法律渊源主要包括两类,分别为国际惯例与国际公约。国际惯例是保理发展过程中,逐渐形成的一些习惯做法,并相对固定下来而称为惯例。其中主要有国际保理商联合会的《国际保理业务惯例规则》和海勒保理组织制定的各成员交易的共同规则。国际保理业务涉及处于不同国家的多方当事人,他们之间的法律关系处于不同法律体系之下。在这种情况下,国内相关的法律渊源因为彼此存在冲突故而不能完全解决此类国际业务中的法律问题,在全球范围内制定统一的规则就显得尤为必要。目前国际上有三个相关的国际公约:(1)国际统一私法协会(International Institute for the Unification of Private Law,简称 UNIDROIT)制定的《国际统一私法协会国际保理公约》(Unidroit Convention on International

Factoring,以下简称《国际保理公约》)。《国际保理公约》是世界上第一部调整国际保理法律关系的国际公约,为国际保理业务制定了一个基本的法律框架。(2)国际保理商联合会颁布制定的《国际保理通则》(General Principles of International Factoring)。(3)联合国国际贸易法委员会制定的《联合国国际贸易应收款转让公约》。

在我国《民法典》的制定过程中,对于是否规定保理合同存在争议。[10] 最后通过的《民法典》在合同编第十六章专章规定了保理合同,构建了保理合同的法律框架,为人民法院依法审理保理合同纠纷提供了有力的法律保障,有助于促进保理业务的健康有序发展。

我国《民法典》具体规定了保理合同的概念、保理合同的内容与形式。保理合同内容一般包括业务类型、服务范围、服务期限、基础交易合同情况、应收账款信息、保理融资款或者服务报酬及其支付方式等条款,其形式应当采用书面形式。《民法典》明确了保理中存在虚构应收账款情形的法律后果,即以虚构应收账款作为转让标的与保理人签订保理合同的,应收账款债务人不得以应收账款不存在为由对抗保理人,但是保理人明知虚构的除外。保理人有向应收账款债务人发出转让通知时表明身份的义务。无正当理由终止或变更基础交易合同,对保理人产生不利影响的,对保理人无效。当事人也可以约定保理人是否有追索权,当事人约定有追索权保理的,保理人可以向应收账款债权人主张返还保理融资款本息或者回购应收账款债权,也可以向应收账款债务人主张应收账款债权。保理人向应收账款债务人主张应收账款债权,在扣除保理融资款本息和相关费用后有剩余的,剩余部分应当返还给应收账款债权人。当事人约定无追索权保理的,保理人应当向应收账款债务人主张应收账款债权,保理人取得超过保理融资款本息和相关费用的部分,无须向应收账款债权人返还。《民法典》规定,应收账款债权人就同一应收账款订立多个保理合同,致使多个保理人主张权利的,已经登记的保理人先于未登记的取得应收账款;均已经登记的,按照登记时间的先后顺序取得应收账款;均未登记的,由最先到达应收账款债务人的转让通知中载明的保理人取得应收账款;既未登记也未通知的,按照保理融资款或者服务报酬的比例取得应收账款。由于保理合同的本质就是以营收账款债权转让为基础的综合性金融服务合同,因此对保理合同未作规定的,适用债权转让规则的规定。

在司法实践中,同一应收账款同时存在保理、应收账款质押和债权转让的,如何确定当事人之间的优先顺位呢?理论上,有合同成立在先的优先、通知债务人在先的优先和登记在先的优先等三种观点。[11] 最高人民法院《关于适用〈中华人民共和国民法典〉有关担保制度的解释》(法释〔2020〕28 号)第 66 条第 1 款规定:"同一应收账款同时存在保理、应收账款质押和债权转让,当事人主张参照民法典第七百六十八条的规定确定优先顺序的,人民法院应予支持。"

---

〔10〕 有意见认为,保理业务可以为实体企业提供综合性金融服务,特别是可以为中小企业拓宽融资渠道。当前我国保理业务发展迅猛、体量庞大,保理合同纠纷在司法实践中亦处于增长态势。但是,也存在一些问题,时常发生纠纷,亟须立法加以规范。另有意见认为,保理业务虽然重要,但《民法典》应当从法理逻辑和法典体系出发,不应仅仅着眼于具体问题的解决。保理业务在交易实践和司法实践中,最急需的规则不止保理合同的特殊规则,而是债权转让的一般规则,而保理所涉及的资金融通、应收账款管理和催收、付款担保等服务均有对应的或者相似的合同类型。因此,无须增设保理合同作为典型合同,而应解决债权转让的一般规则。参见黄薇主编:《中华人民共和国民法典合同编释义》,法律出版社 2020 年版,第 600 页。

〔11〕 高圣平、谢鸿飞、程啸:《最高人民法院民法典担保制度司法解释理解与适用》,中国法制出版社 2021 年版,第 554 页。

| 案例 |

A公司因与C公司订立了《货物买卖合同》对C公司享有总金额为8788万元的货款债权,于2021年3月1日到期。随后,A公司与B银行订立了《国内保理合同》约定:B向A提供8000万元保理融资款,受让A公司基于《货物买卖合同》对C公司享有的8788万元应收账款债权。B银行向A公司提供的保理融资款的到期日为2021年6月1日。并约定保理类型为无追索权保理、明保理。2021年3月2日,C公司收到B银行寄送的《应收账款债权转让通知兼确认函》后,C公司签名确认后回寄给B银行。2021年6月2日,B银行请求C公司支付8788万元到期应收账款时,C公司以合同系A公司、C公司伪造为由拒绝支付。此时,B银行提供的保理融资本金、借期利息及相关必要费用共计8400万元。

思考:(1)B银行是否有权请求C公司支付8788万元?为什么?(2)债务人是否可以根据应收账款不存在或虚构等抗辩理由,拒绝付款?(3)应收账款不存在或虚构的情形下,能否依据《民法典》相关规定请求债权人回购?(4)若债权人破产,保理商受让的应收账款是否属于破产财产?(5)是否存在保理合同相对独立性的例外情形?

思考题

1. 试述支付结算的概念、方式及原则。
2. 票据丧失之后如何补救?
3. 举例说明票据的文义性、无因性及独立性等特征。
4. 比较汇票、本票与支票的异同。
5. 试述非金融机构支付结算的风险与法律规制。
6. 评述我国信用卡滞纳金被否决第一案。
7. 浅析电子票据的法律性质和法律适用。
8. 浅析金融科技给予支付结算带来的创新与风险。

扩展阅读

1. 黎四奇:《互联网时代第三方支付风险治理法律问题研究》,中国大百科全书出版社2021年版。

   第三方支付特别是创新型第三方支付的发展,不仅推动了与工业经济阶段相适应的传统金融生产和服务方式的改变,影响了金融的内涵,更启发了中国管理方式如何加快适应互联网时代的经济转型和发展。本书着眼于经济学、法律学、社会学等学科的交叉发展,本着金融创新鼓励与金融安全维护兼顾的视角,从他律与自律方面切入,并借助审慎治理来深入研讨第三方支付风险系统控制的制度化。

2. 徐连金主编:《商业银行支付结算业务》,上海财经大学出版社2010年版。

   本书从账户管理、票据及其法律规定、汇票业务、本票业务、支票业务、汇兑结算、托收承付结算、委托收款结算、银行卡业务、支付清算等方面入手,系统地介绍了商业银行支付结算业务等各种运作特点。

3. 曹红辉、田海山:《支付结算理论与实务》,中国市场出版社2014年版。

   现代社会中,商品交易总是伴随着货币的转移,即支付结算。支付服务于交易,交易促进交易,支付创造交易。支付结算是金融功能的三大重要功能之一,也是其基础职能。本书旨在以支付体系和支付经济学的视角,从支付概念体系、支付工具、支付系统、支付组织和支付监管等方面全方位讨论支付结算的原理、理论、实务以及支付结算对国民经济对支撑作用。本书不但讨论了国家级和银行间的支付系统,同时研究了银行内支付系统,并将其延展至电子支付、网络支付和移动支付。

4.[美]纪尧姆·罗什托(Guillaume Rocheteau)、埃德·诺塞尔(Ed Nosal):《货币、支付与流动性》,童牧等译,中国金融出版社2019年版。

本书第1版用竞争性的支付手段来描述经济,并因此取得了相当大的进展,包括:以货币和信用解释不同资产上的流动性差异,流动性资产在宏观经济总体上,尤其是劳动力市场上扮演的角色,非集中(场外)资产市场的资产价格动态,以及常规和非常规形式的货币政策。第2版反映了这一进展,并在此基础上增加了失业与流动性、资产价格动以及场外交易市场的崩溃与恢复。

5.李舒、唐青林、赵跃文编著:《商业保理疑难案件精解及胜诉实战指南》,中国法制出版社2021年版。

本书是作者深入整理研究,结合新法律、法规和监管政策,结合多年研究成果形成的实务著作。本书囊括了保理业务中常见的重要法律问题,结合真实案例,对保理业务全流程每个环节可能存在的裁判观点、主要问题、防范策略、规范依据、解决方案建议进行类型化汇总和归纳,是一本精准匹配并满足实操一线不可多得的工具书。

6.段伟常、梁超杰:《供应链金融5.0:自金融+区块链票据》,电子工业出版社2019年版。

本书从分布式记账的原理、票据的基本特性与功能分析出发,系统化阐述了供应链自金融的演化机理,介绍了数字票据的业务逻辑,进而提出风险管控的主要原理与方法。同时总结了自金融的发展背景及核心企业的动力机制,深入阐述了区块链架构下,“自金融”与“数字票据”的基本原理与业务逻辑,结合案例分析多种产业场景下的解决方案,结合金融科技的发展探讨创新模式下的风险管理与控制问题。为供应链金融、中小企业融资、金融科技、互联网金融等领域的从业人员的实践操作提供新视角。

第七章　金融信托与金融租赁法律制度

现代信托业自1979年在国内恢复以来，经历了曲折的发展历程[1]，相关法律制度也在这个过程中不断发展成熟。随着2001年《信托法》的颁布，信托业的准入门槛不断提高，业务定位更加清晰，监管机制日渐成熟，我国初步建立起了符合当前社会发展需要的现代信托法律制度。与此同时，和信托业在业务性质上存在诸多共性的金融租赁行业，自20世纪80年代进入我国，历经多年发展，也已经成为我国多层次金融服务体系的重要组成部分。但在国际比较视角下，我国金融租赁行业总体上仍然处于发展的初级阶段。相应地，金融租赁行业法律制度也处于初步建设时期。

第一节　金融信托法律制度

从国际信托业横向比较来看，我国信托业依然存在发展深度不足、核心业务发展较慢等问题。而上述问题的存在也与我国当前规范信托业发展的法律制度不完善有关，制定于2001年的《信托法》早已滞后于当前信托业的实践，难以满足现实需要。[2] 同时，规范信托机构运营的《信托公司条例》也依然还在起草过程中。[3] 但可以预期的是，《信托法》的修

---

〔1〕 自2012年起，我国信托资产总额连续数年超过保险业，在四大金融业分支中排行第二。2017年年末，信托业管理资产规模达到26.25万亿元，创历史新高。而随着监管机构对信托行业的一系列强监管举措，近年来信托规模持续收缩。截至2021年第三季度末，信托业受托管理的信托资产余额为20.44万亿元，较2017年第四季度末峰值下降22.11%。事实上，自1979年信托业在国内恢复运营以来，信托行业发展曲折，先后经历了6次整顿，第7次整顿正在进行中。参见方妮：《信托业第七次整顿正有序展开》，载《证券时报》2020年10月27日，A004版；中国信托业协会：《2021年3季度中国信托业发展评析》，载中国信托业协会2021年12月1日，http://www.xtxh.net/xtxh/statistics/47299.htm。

〔2〕 现行《信托法》在信托财产登记、非交易性过户制度、信托税收、信托受益权流转、受托人义务与责任等方面都存在较大问题，适应不了信托行业的发展需要，这是理论界与实践部门的共同认识。尤其是在受托人的义务与责任方面，包括有关受托人应尽的亲自管理义务、忠实义务、审慎义务、有效管理义务、保密义务等方面的规定都不完善。同时，《信托法》原有规定跟不上近些年包括家族信托等新兴业务的发展。以上将是《信托法》未来的修改重点。

〔3〕 2015年4月10日，原中国银监会印发了《信托公司条例（征求意见稿）》，但截至2022年3月底，该条例仍然没有正式颁布。

改并不遥远，信托相关的配套法律制度将会不断发展完善。[4] 结合目前已实施的《信托法》《信托公司管理办法》《信托公司行政许可事项实施办法》《信托公司集合资金信托计划管理办法》等法律法规和部门规范性文件，以及正在制定中的相关法规条例的征求意见稿，本节从基本特征、法律关系、信托的设立、变更、终止以及信托业务等方面介绍我国的金融信托法律制度。

一、信托概述

（一）信托的概念与性质

一般认为，现代信托制度起源于英国，是为了克服因普通法的僵化而导致的个案判决的不公，由衡平法发展起来的一种法律制度。[5] 随着商品经济的发展，信托制度在实现委托人特定目的、发挥受托人专业化财务管理优势、满足投融资需求等方面的作用日益显著，使得信托制度开始被移植到英国以外的其他英美法系国家以及部分大陆法系国家和地区。然而，对于大陆法系国家和地区而言，由于缺乏作为信托制度起源基础的英美法中的地产权与衡平法传统，因而在移植信托法律制度的过程中必须将其内化为符合本国法制语境的制度架构。在这一过程中，各国对信托概念的理解往往也随之产生偏差。

比较其他国家中对信托所下的定义，英美法系中具有代表性的英国和美国并没有制定法意义上的信托定义。英国权威的信托法著作将信托定义为一项衡平法义务，它约束受托人为受益人（受托人可能也是其中之一）的利益处分他所控制的财产，任何一位受益人都可以强制实施这项义务。[6] 美国法学会组织编纂的《信托法重述》（第 2 版）第 2 条中将信托定义为一种有关财产的信义关系（fiduciary relationship），产生于一种设立信托的明示意图，一个人享有财产的法定所有权并负有衡平法义务，为另一个人的利益处分该财产。上述两个定义都着重强调了衡平法上的信义义务在信托制度中的重要地位。另外需要注意的是，在英美法系中，信托财产存在两种类型的所有权，即受托人享有普通法所有权或法定所有权，受益人享有衡平法所有权或受益所有权。显然，信托财产的双重所有制是难以与大陆法系民法中的一物一权理论相容的。

而从引入信托制度的大陆法系国家和地区来看，日本《信托法》第 1 条中将信托理解为通过财产权的转移或其他处理，使他人遵从一定的目的，对该财产加以管理或处理的现象。我国台湾地区"信托法"第 1 条视信托为一种委托人将财产权转移或做其他处理，使受托人基于信任为受益人的利益或其他特定目的，管理或者处分财产的关系。

我国《信托法》第 2 条将信托定义为，委托人基于对受托人的信任，将其财产权委托给受托人，由受托人按委托人的意愿以自己的名义，为受益人的利益或者特定目的，进行管理或者处分的行为。从该定义可知，我国将信托视为一种基于信任的委托行为而产生的多方

---

〔4〕 2021 年 2 月，中国人民银行条法司会同中国银保监会法规部、信托部以及中国信托业协会成立了《信托法》立法后评估小组，启动并组织开展立法后评估工作。立法后评估是贯彻落实全国人大和国务院立法工作要求的一项重要工作，对于客观评价现行制度实施效果、深入论证立法的必要性和可行性、提高立法工作质量具有重要意义。后续，评估小组将以《信托法》立法后评估为基础，持续深入研究各方面重点问题，为适时推动修改《信托法》奠定良好基础。参见刘宏华等：《推动〈信托法〉修改与制度完善》，载《中国金融》2021 年第 20 期。

〔5〕 何宝玉：《信托法原理与判例》，中国法制出版社 2013 年版，第 2 – 20 页。

〔6〕 David J. Hayton, *Law of Trusts and Trustees*, 15th edition, Butterworths, 1995, p. 4.

法律关系。

通过对比可知,由于法律制度基础、目的视角等方面的原因,虽然对信托的理解存在一定的差异,但是均涉及了信托如下三个方面的特征:

1. 信托是一种多边关系。信托行为涉及委托人、受托人和受益人三方主体。其中,委托人是信托财产的所有者,是信托产生的起点。受托人基于委托人所表示的信托目的而以自己的名义管理、处分信托财产,可见,受托人是信托目标实现的关键。受益人是信托的归宿,委托人设定信托,受托人管理处分信托财产都是为了受益人的利益,因此,受益人是信托的终点。

2. 维系信托关系的关键在于信任。信托不同于一般的代理行为,委托人需要将财产的处置权转移给受托人,受托人以自己的名义独立对信托财产行使管理处分的权利,且对该财产管理处分而达到的结果最终归结于受益人。如果三方主体缺乏充分的信任,则信托关系难以达成,即便三方达成信托关系,在关系维系过程中也会不可避免地产生争议和纠葛。

3. 信托以财产权利为基础。在信托关系从设定到终止的整个过程中,财产权始终发挥着基础性的作用。委托人设定信托的来源必须是合法所有的财产。设定信托需要以委托人财产的所有权或使用权、支配权的转移为成立要件。受托人基于其在财产管理等方面的比较优势对信托财产进行处理和支配,最终获得的财产性收益归于受益人。

除去上述对于信托理解的共性方面,我国《信托法》中对于信托的定义与其他国家和地区立法中对信托理解的最大差异在于,我国用“委托”来定义委托人与受托人交付财产的关系,而英美法系国家的信托制度内含了受托人和受益人的双重所有权,其他大陆法系国家和地区普遍使用“转移或其他处理”。我国这样处理回避了信托财产权的归属问题,采取回避的方式虽然避免了信托法理和我国大陆法传统的冲突,但是信托财产权的归属问题是信托法中的基础性和关键性问题,财产权归属不清晰,信托关系中三方的权利义务亦无法明确。例如,若不存在信托财产权的转移,那么信托定义中描述的受托人以自己的名义管理和处分财产的权利究竟是一种什么权利?

信托财产权的归属问题,实质上出自信托的受益权的性质问题。信托的目的在于使受益人获益,如果倾向于将物权赋予受益人,而在大陆法系一物一权原则下,只有不赋予受托人对信托财产的所有权才能保证信托法理不与大陆法体系冲突。但与此相对的,如果受托人不享有对信托财产的物权性权利,则受托人以自己名义对信托财产的管理和处分就缺乏相应的法律基础,同时也混淆了信托与代理、行纪的差别。因此,对信托受益权的性质问题长期以来受到学界和实务界的广泛关注,在大陆法系中产生了包括债权说、物权说、特殊法律主体说等几种较为主流的观点。

第一,债权说。受益人的权利为债权。在设定信托时,委托人将信托财产转移给受托人设立信托,这种行为具有物权的效力,受托人享有信托财产的所有权。根据一物一权的理论,受益人享有的是取得信托利益的债的请求权,属于债权,受托人负有按照信托目的和信托文件管理信托财产的义务。债权说的主要问题在于,受托人对信托财产的所有权只是名义的,就所有权所涵盖的占有、使用、收益和处分四项权利来看,受托人不能享有收益权,受托人是为受益人的利益占有管理信托财产。受托人的处分权也受到信托文件的限制。而受益人不仅享有对于受托人的债的请求权,还能够监督受托人实施信托,并且撤销受托人违背信托目的而处分信托财产的行为。因此,受益人的权利范围远大于一般债权。

第二,物权说。受益人的权利为物权。委托人为了实现特定的信托目的从而将财产转移给受托人占有管理,而受托人占有信托财产最终是为了受益人。因而,受托人只在信托目的所限制的范围内享有有限的权利,而受益人将最终占有信托财产的收益,并对受托人的不当行为具有撤销的物权性质的权利。因此,受益人的权利更接近于物权。但物权说存在的问题是受益人的受益权并不是大陆法系民法中完整意义上的物权。而如果承认受益权兼具物权和债权的双重属性,虽然表面上解决了债权说或物权说中无法描述出完整意义的受益人的受益权的问题,但依然无法解决在大陆法系的法律体系中对受益权进行定性的问题。

第三,特殊法律主体说。该学说强调了信托财产的独立性,认为信托财产构成一个独立的、类似于企业组织的法律主体。信托财产虽然由委托人转移给受托人,但信托财产本身具有较强的独立性,既不能认为归属于受托人,也不能认为受益人对信托财产拥有完全的权利。这种观点虽然较为准确地描述了信托的性质,但将信托财产视为权利的主体缺乏现行法学理论的支持,信托财产一般只是被视为权利的客体。同时,信托虽然在某些方面发挥了类似于法人的功能,但在现有的大陆法系框架下,信托并不被视为法人。因而,信托的特殊法律主体说同样与大陆法系的法律理论不兼容。

(二)信托的分类

按照不同的划分标准,可以作以下的分类。[7]

1. 按照信托目的的不同,可分为商事信托和民事信托。商事信托,也称营业信托,是受托人以商法为依据,以营利为目的而承办的信托。民事信托,也称非营业信托。受托人以民法为依据,大多办理的是与个人财产有关的各项事务,如财产管理、医嘱执行、代理买卖等。

2. 按照信托受益对象的不同,可分为私益信托与公益信托。私益信托是为特定的他人或委托人私人利益而设立的信托。公益信托则是以促进社会福利、慈善事业、教育、科技等公共利益为目的而设立的信托,其受益人是非特定的社会公众中符合规定条件的人。

3. 按照信托成立和产生的原因的不同,可分为自由信托和法定信托。自由信托是指信托当事人依照信托法规,基于自身的意愿进行自由协商而成立的信托。自由信托又可分为契约信托和遗嘱信托。契约信托是指根据委托人和受托人之间签订的信托合同而成立的信托。遗嘱信托是指根据委托人的单独行为即遗嘱而成立的信托或者是签署遗嘱性文件而设立的信托。法定信托则是由司法机关依其权力来确定信托关系所成立的信托。

4. 按照信托标的的不同,可分为资金信托、实物财产信托、债权信托与经济事务信托。资金信托、实物财产信托、债权信托与经济事务信托是指委托人分别将自己合法拥有的货币资金、实物财产(动产或不动产)、债权凭证、委托凭证(委托代办各种经济事务)作为标的,

---

〔7〕 在我国,相关监管部门对信托业务的分类不断更迭。这种变化一方面体现了属于“舶来品”的信托在中国的不断本土化和创新化,另一方面也是在信托业转型的背景下,监管层所释放出的引导信托业发展的信号。对于信托的分类存在不同的划分标准,我国第一份关于信托业务的分类标准是中国人民银行在2014年发布的《信托业务分类及编码》,该标准从九个维度对信托业务进行了大类划分,具体包括:资金信托与财产信托;单一信托与集合信托;私益信托、公益信托与目的信托;合同信托、遗嘱信托与其他书面信托;机构信托和个人信托;主动管理信托与被动管理信托;融资信托、投资信托和事务管理信托;固定收益信托与浮动收益信托;境内运用信托与境外运用信托。原中国银监会在2016年又提出了“八大业务”的信托分类标准,并于2017年4月发布的《信托业务监管分类试点工作实施方案》中正式确认,具体包括债权信托、股权信托、标品信托、同业信托、财产信托、资产证券化信托、公益(慈善)信托、事务信托。中国银保监会发布的《信托公司资金信托管理暂行办法(征求意见稿)》中也对信托业务进行了分类。

委托给信托机构进行管理和处分的信托业务。

5. 按照信托是否集合社会公众财产,可分为单一信托和集合信托。单一信托是指信托机构接受单个委托人委托,将接受委托的信托财产分别、独立地予以管理或者处分的信托。集合信托是指受托人受众多委托人的委托,将信托财产集中成一个整体,依特定目的概括地加以运用,实现的收益根据个人的信托金额比例分给受益人。

6. 按照信托所涉及受托人的不同,可分为金融信托与贸易信托。金融信托是指金融机构作为受托人,按照委托人的要求,对委托人的资产进行各种金融业务性质的管理、处理和经营的信托业务,包括资金信托、财产信托以及租赁、代理业务。贸易信托是指委托人将商品委托给经工商行政管理部门批准的企业法人,由其对委托的商品、物资等进行各种商业性质的管理、处理和经营的信托业务。贸易信托的业务范围包括商品交易信托、商品管理信托以及商品租赁信托。

二、金融信托的法律关系

(一)金融信托概述

金融信托是以金融机构作为受托人,按照委托人的要求,对委托人的资产进行各种金融业务性质的管理、处理和经营的信托业务。归纳起来,金融信托具有如下特征:

1. 受托人是金融机构。受托者必须是符合相关法律规定并经有关机构审核批准从事信托业务的金融机构。在我国,其主要是指信托公司。近年来,信托投资公司、证券投资基金管理公司、证券公司、养老金管理公司、保险资产管理公司等都在从事一定范围的信托业务,但商业银行依《商业银行法》规定不得经营信托业务。

2. 金融信托是一种商事信托,是金融机构以营利为目的而开办的金融业务。因此,受托金融机构会根据业务的性质、信托文件的规定和信托业务的绩效获得相应的收益和报酬。

3. 金融信托是一种他主经营行为,受托人要按照委托人的意旨被动地开展具体业务。因此,受托人对信托财产运用产生的风险仅在当受托人违背信托目的、管理职责而造成损失时承担责任。

4. 金融信托具有财务管理、融通资金、协调经济关系的职能。财务管理,是指从事信托业务的金融机构接受财产所有者的委托,对信托财产进行委托投资、委托贷款、出售转让等方面的管理和处理。融通资金,是指从事信托业务的金融机构为建设项目筹措资金,或给予资金融通和调剂的职能。协调经济关系,是指从事信托业务的金融机构通过信托业务,为经济交易各方提供信息和咨询服务,发挥协调和沟通各方的职能。

(二)信托的主体

信托关系是一种多边关系,当事人一般包括委托人、受托人和受益人三方主体。由于移植自英美法系的信托制度同大陆法系的传统理论并不相容,因此,难以简单套用物权和债权理论从一般到具体地理解信托行为中三方当事人的权利义务关系。为此,准确地理解信托当事人的权利和义务,对于在我国有效地运用信托制度,发挥信托制度的功能具有更为重要的价值和意义。

1. 委托人

委托人是信托的设立者,委托人通过将自己的财产转移给受托人管理、处分,使得信托关系成立。凡是具有完全民事行为能力的自然人、法人或者依法成立的其他组织均可以成为委托人。委托人既可以是一人,也可以是数人。两人或两人以上的财产共有人可以作为共同委托人,将其共有物信托给他人。也可以将自己在共有物中的份额信托给他人。

除了在信托文件中自行保留的权利以外,根据我国《信托法》的相关规定,委托人享有以下的权利:(1)知情权。委托人有权了解其信托财产的管理运用、处分及收支情况。有权查阅、抄录或者复制与其信托财产有关的信托账目以及处理信托事务的其他文件。(2)要求受托人调整管理方法权。信托目的的实现必须运用一定的方法,而选择的管理方法可能随着社会发展和法律政策的调整而变得不合时宜。因此,因设立信托时未能预见的特别事由,致使信托财产的管理方法不利于实现信托目的或者不符合受益人的利益时,委托人有权要求受托人调整该信托财产的管理方法。(3)对违反信托目的处分的撤销申请权。受托人违反信托目的处分信托财产或者因违背管理职责、处理信托事务不当致使信托财产受到损失的,委托人有权申请人民法院撤销该处分行为,并有权要求受托人恢复信托财产的原状或者予以赔偿;该信托财产的受让人明知是违反信托目的而接受该财产的,应当予以返还或者予以赔偿。(4)解任权。受托人违反信托目的处分信托财产或者管理运用、处分信托财产有重大过失的,委托人有权依照信托文件的规定解任受托人,或者申请人民法院解任受托人。(5)剩余信托财产的归复权。当出现受益人放弃受益权,又没有其他受益人,或者信托终止后信托财产尚有剩余,且不存在受益人或受益人的继承人,如果信托文件没有规定处理办法,则被放弃的受益权或者剩余的信托财产归属委托人及其继承人。(6)信托解除权。信托设立后,委托人一般不得解除信托。然而,在不存在信托文件关于信托解除的其他规定的情况下,当委托人是唯一受益人,受益人对委托人有重大侵权行为,以及经受益人同意的情况下,委托人可以解除信托。(7)变更受益人或处分受益权的权利。当存在受益人对委托人或其他共同受益人有重大侵权行为,或者经受益人同意,或者存在信托文件规定的其他情形的情况下,委托人可以变更受益人或者处分受益人的信托受益权。

委托人的义务主要包括两个方面:一方面,委托人负有转移信托财产的基本义务。委托人履行该项义务后,信托才能有效成立。另一方面,委托人负有支付报酬的义务。金融信托的受托人作为专门从事信托业务的营利机构,是以取得报酬作为经营的目标。受托人的报酬一般是以信托财产支付。但在特殊情况下,如信托财产是禁止出售的不动产,或者信托财产不足以支付信托报酬的,则信托报酬由受益人或委托人另行支付。

2. 受托人

受托人是基于委托人的信任,对信托财产进行管理和处分的人。受托人应当是具有完全民事行为能力的自然人、法人。在金融信托中,受托人是经有关机构审核批准,具有法人地位的金融机构。

根据我国《信托法》的相关规定,受托人的主要权利有:(1)信托财产的管理和处分权。受托人为履行其职责,按信托文件的规定进行信托财产的管理和处分,这是受托人的基本权利。(2)获得报酬权。受托人有权依照信托文件的约定取得报酬。信托文件未作事先约定的,经信托当事人协商同意,可以作出补充约定;未作事先约定和补充约定的,不得收取报酬。约定的报酬经信托当事人协商同意,可以增减其数额。受托人违反信托目的处分信托财产或者因违背管理职责、处理信托事务不当致使信托财产受到损失的,在未恢复信托财产的原状或者未予赔偿前,不得请求给付报酬。(3)利益偿还请求权。受托人因处理信托事务所支出的费用、对第三人所负债务,以信托财产承担。受托人以其固有财产先行支付的,对信托财产享有优先受偿的权利。受托人违背管理职责或者处理信托事务不当对第三人所负债务或者自己所受到的损失,以其固有财产承担。

受托人的主要义务有:(1)忠实义务。受托人除依照《信托法》规定取得报酬外,不得利用信托财产为自己谋取利益。受托人违反规定利用信托财产为自己谋取利益的,所得利益归入信托财产。受托人不得将信托财产转为其固有财产。受托人将信托财产转为其固有财产的,必须恢复该信托财产的原状;造成信托财产损失的,应当承担赔偿责任。受托人不得将其固有财产与信托财产进行交易或者将不同委托人的信托财产进行相互交易,但信托文件另有规定或者经委托人或者受益人同意,并以公平的市场价格进行交易的除外。受托人违反规定造成信托财产损失的,应当承担赔偿责任。(2)分别管理的义务。受托人必须将信托财产与其固有财产,以及不同委托人的财产分别管理、分别记账。(3)亲自管理的义务。受托人应当自己处理信托事务,但信托文件另有规定或者有不得已事由的,可以委托他人代为处理。受托人依法将信托事务委托他人代理的,应当对他人处理信托事务的行为承担责任。(4)报告与保密的义务。受托人必须保存处理信托事务的完整记录。受托人应当每年定期将信托财产的管理运用、处分及收支情况,报告委托人和受益人。受托人对委托人、受益人以及处理信托事务的情况和资料负有依法保密的义务。(5)支付信托利益的义务。受托人以信托财产为限向受益人承担支付信托利益的义务。

3. 受益人

受益人是在信托中享有信托收益的人,有关信托财产的利益和损失全部归属于受益人。自然人、法人或者依法成立的其他组织都可以成为受益人。除公益信托外,任何信托都必须有指定的受益人。

按照我国《信托法》的相关规定,受益人的主要权利有:(1)信托利益的收益权。受益人自信托生效之日起享有信托受益权。受益人按照信托文件的规定享有信托利益,有权放弃其信托受益权。当存在共同受益人时,全体受益人放弃信托受益权的,信托终止。部分受益人放弃信托受益权的,被放弃的信托受益权按下列顺序确定归属:①信托文件规定的人;②其他受益人;③委托人或者其继承人。除信托文件有限制性规定外,信托受益权可以用于清偿债务、依法转让和继承。(2)对受托人的监督权。受益人可以行使委托人享有的知情权、要求受托人调整管理方法权、对违反信托目的处分的撤销申请权和解任权等权利,当受益人与委托人意见不一致时,可以申请人民法院作出裁定。

4. 委托人、受托人和受益人的关系

通过上述对委托人、受托人和受益人权利与义务的介绍,可以发现我国的《信托法》实际上突破了我国传统上的单一所有权的物权理论,通过赋予受托人对信托财产的管理权、处分权和受益人对信托利益的享有权,在一定程度上承认了名义所有权与实际所有权的分离。此外,委托人既可以是受益人,也可以是同一信托的唯一受益人。受托人可以是受益人,但不得是同一信托的唯一受益人。图 7-1 可以描述我国《信托法》中委托人、受托人和受益人的关系。

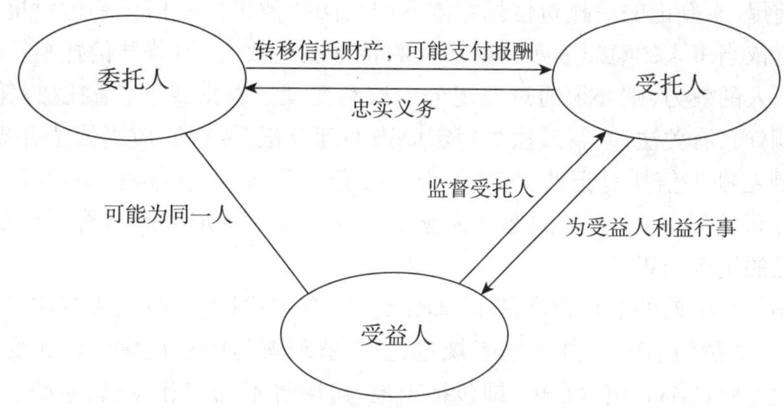

图7-1　委托人、受托人和受益人三方关系图解

(三)金融信托的客体

金融信托的客体,是指金融信托法律关系主体的权利和义务共同指向的对象,即借以产生信托法律关系的信托财产。在信托活动中,信托财产处于中心地位,是信托关系产生的基础。我国《信托法》对信托财产的范围没有具体规定,只是规定法律、行政法规禁止流通的财产,不得作为信托财产。限制流通的财产,依法经有关主管部门批准后,可以作为信托财产。委托人以非法财产或者《信托法》规定不得设立信托的财产设立信托的,信托无效。

一般来说,只要具备财产的价值,都可以作为信托财产,包括有形财产和无形财产。有形财产是具有实物形态的动产和不动产,作为金融信托财产的动产主要包括货币、有价证券、金钱债权等,不动产主要包括房屋、土地等;无形财产是虽不具有实物形态,但通过运用可以带来收益的财产,主要包括知识产权、渔业权、矿业权等。信托财产具有以下几方面的特点:

1. 有可衡量的价值。信托活动是通过对信托财产的运用而产生一定收益的活动,如果财产不具有价值或价值无法确定,如姓名权、人格权,无法计算收益,则不能作为信托财产。

2. 确定性和可转让性。信托的设立必须要有确定的信托财产,即给付标的是确定的,并且该信托财产必须是委托人合法所有的财产。只有委托人具有所有权的财产,才能进行财产的转让,这是信托关系建立的前提。

3. 独立性。信托财产是由委托人转移给受托人,受托人为受益人的利益而以自身名义管理和处分的财产。因此,信托关系一旦设立,信托财产便与委托人的其他财产相独立,信托财产不因委托人的死亡、依法解散、撤销或被宣告破产而终止,除非委托人是唯一受益人的情况。同时,信托财产与受托人的财产相互独立。受托人必须把信托财产和受托人自己的财产,以及不同委托人委托的财产区分开来。信托财产也不因受托人的依法解散、撤销或宣告破产而终止,当出现上述情况时,信托财产应交由新的受托人管理。

4. 形态的可转换性。受托人可以在信托文件规定的范围内,出于为了更好实现信托目的的原因,通过对信托财产的运用,实现信托财产形态的转化。

(四)信托财产的登记

信托财产登记是信托公示制度的内在要求。对于信托登记的效力,从国际范围来看,主要存在信托登记生效主义和信托登记对抗主义两种类型。信托登记生效主义视登记为信托关系成立的前提,未登记的信托对信托主体不产生法律效果。而信托登记对抗主义认为信托关系的成立依当事人的意思表示和财产权的转移发生效力,但若要信托财产权变动产生对抗善意第三人的效力,则必须通过登记公示权利变动。根据我国《信托法》第10条的规定,对于信托财产,有关法律、行政法规规定应当办理登记手续的,应当依法办理信托登记。未按照相关规定办理信托登记的,应当补办信托登记手续,不补办的,该信托不产生效力。由此观之,我国《信托法》对登记的态度为登记生效主义。特定财产是否进行信托登记,直接影响着信托的生效与否。

对于影响信托生效的登记财产范围,即什么是"有关法律、行政法规规定应当办理登记手续"的财产?虽然《信托法》并未明确规定,但一般理解为因登记发生权属变动或因登记形成对抗效力的财产都应包含在内,即包括土地、房屋等不动产和飞机、船舶、车辆等动产,以及有价证券、知识产权等无形财产。

虽然《信托法》规定了对信托采取登记生效主义,但法律本身并未对登记制度进行设计,使得我国信托财产登记制度长期缺位。信托主体甚至不得不通过对信托财产另行签订一份买卖或其他处分合同来办理信托财产的变更,从而满足《信托法》对登记生效的要求。为此,2016年12月26日,经国务院同意,原银监会批准,中国信托登记有限责任公司(以下简称中信登)正式成立,方才建立起全国统一的信托登记平台。2017年8月,原银监会发布《信托登记管理办法》。该办法明确规定,信托产品名称、信托类别、信托目的、信托期限、信托当事人、信托财产、信托利益分配等信托产品及其受益权信息和变动情况需要在中信登进行登记。必须在中信登对信托产品以及受益权信息登记,实质上具有对信托机构公开发行的产品进行监管的意味,但是信托产品登记与《信托法》规定的信托财产登记是存在一定差异的。可以说,我国至今尚未形成完善的信托财产登记体制。[8]

三、信托的设立、变更与终止

(一)金融信托的设立

金融信托作为依据受托人的不同所划分的信托的一个子类,在设立上同样需要遵循信托设立的一般条件。我国主要从事金融信托业务的机构是信托公司,因此,对于我国金融信托设立的条件,主要的法律依据是《信托法》和《信托公司管理办法》。根据上述法律法规的有关规定,信托的有效设立应具备以下几个条件:

1. 有合法、确定的信托当事人。当事人合法、确定是信托设立的一个基本条件,其要求有合法的委托人、受托人和确定的受益人。信托关系中的委托人和受托人合法主要是指其应当具有完全民事行为能力。受益人确定是指受益人以及受益人的信托利益是确定或可以确定的,包括指定了具体的受益人,或者受益人的范围是可以确定的。委托人设立信托的目的是使受益人获益,因此,如果无法确定具体的受益人或者受益人范围,无法确定受益人的具体信托利益,则信托无法有效地实施。对于我国的金融信托来说,受托人一般只能是经银保监会批准并领取金融许可证,采取有限责任公司或者股份有限公司形式所设立的信托

---

〔8〕 现行《信托法》第2条对信托的定义采取了"委托给"而非"转移给"的表述,模糊了信托财产所有权转移的问题。在实践中,信托财产所有权配套登记制度的缺失,更导致了大量信托财产无法登记,制约了信托业务的发展。

公司。

2. 有合法的信托目的。信托目的是委托人将自有财产转移给受托人时确定的，通过受托人对该财产进行管理和处分所要实现的目的。信托目的合法是指信托目的不得违反法律、行政法规或者损害社会公共利益；禁止专以诉讼、讨债为目的设立信托。若委托人设立信托目的违法，则信托无效。委托人设立信托也不得损害其债权人的利益，否则债权人有权申请人民法院撤销该信托。

3. 有合法确定的信托财产。其是信托设立的基本要件。当信托财产不能确定时，信托无效。信托财产的确定性，是指信托财产确实存在并且能够转移给受托人，其价值能够计算，如现金、动产、不动产、股票和有价证券等有形财产。对于无形财产，如著作权、专利权和商标权等知识产权中的财产性权利，根据我国《信托法》第 7 条第 2 款的规定，也可以作为信托财产。但是，人身权利，如身份权、名誉权、姓名权等，因其价值无法估算，而不得作为信托财产。商誉、经营控制权等营业上的利益，由于在性质上属于不确定的财产，一般不能成为信托财产。信托财产的合法性是指委托人用于设立信托的财产应当是委托人合法取得并占有的财产，包括合法的财产权利。委托人以非法财产或者信托法律规定不得设立信托的财产设立信托，则该信托无效。法律、行政法规限制流通的财产，必须依法经有关主管部门批准后，才能作为信托财产。

4. 信托的设立形式合法。信托设立形式合法包括信托文件要采用书面形式，如信托合同、遗嘱或者法律、行政法规规定的其他书面文件。对于采取信托合同的形式设立信托的，信托合同签订时信托成立。如果采取的是其他形式设立信托的，当受托人承诺信托时，信托成立。之所以规定信托设立要采用书面形式，主要原因在于信托关系建立的是委托人、受托人和受益人三方的长期性关系，为了鼓励三方的有效信息披露，维持合作关系的长期稳定。

同时，设立信托时，对于有关法律、行政法规规定应当办理登记手续的信托财产，应当依法办理信托登记。未登记或者不补办登记的，则信托无效。这主要是由于信托财产具有独立性，信托关系一旦设立，信托财产便与委托人的其他财产相独立，信托财产不因委托人的死亡、依法解散、撤销或被宣告破产而终止，也不因受托人的依法解散、撤销或宣告破产而终止。因此，为避免与信托财产进行交易的善意第三人受到损害，则必须采取一定的方式对信托财产进行公示，使第三人知悉。当然，对信托登记采登记生效主义还是登记对抗主义更有利于信托业的发展，是存在争议的。

（二）信托的变更

信托设立后，因为情势变更或者出现信托设立时未能预料到的情况，则势必需要对信托进行变更。一般来说，如果信托文件对信托的变更有规定，则依照信托文件予以变更。信托文件没有规定的，通常允许委托人直接要求受托人变更。实践中常见的信托变更的情况主要包括对信托内容以及信托当事人的变更。

1. 信托关系内容的变更。其主要是对信托财产管理方法的变更。当出现因设立信托时未能预见到的特别事由，致使信托财产的管理方法不利于实现信托目的或者不符合受益人的利益时，委托人或者受益人有权要求受托人调整该信托财产的管理方法。如果出现委托人和受益人意见不一致，可以申请人民法院作出裁定。

2. 受益人的变更。在信托文件没有关于受益人变更的相关规定的情况下，经受益人同意或者依法律授权，可以变更受益人。信托受益权是受益人享有的一项财产性权利，因此，受益人有权自由处分该权利,只要受益人是具有完全民事行为能力的人,经受益人同意,可以将受益人的信托受益权依法转让和继承。而当出现受益人对委托人或其他共同受益人有重大侵权行为时,委托人可以变更受益人或者处分受益人的信托受益权。这里的"重大侵权行为",一般是指行为人故意或过失侵害他人的财产权、人身权或其他合法权益,主观性质或手段比较恶劣,或者给他人的合法权益造成严重损害,后果比较严重。受益人通常只享有信托利益,不需要付出对价,因此,当出现受益人反过来侵害委托人利益的情况时,委托人也可以解除信托,这也符合公平正义的要求。

3. 受托人的变更。其受托人的变更可能是因为受托人个人辞任,也可能是受托人不履行职责或有影响其职责的重大事由,不利于实现信托目的或给委托人、受益人造成损害的,委托人或者受益人终止受托人的职责,选任新的受托人。在多数情形下,受托人变更是因为原受托人职责终止。但是,当受托人死亡、丧失民事行为能力、依法解散、被依法撤销或者被宣告破产时,信托本身并不当然终止,新受托人选任后信托关系继续存在。

4. 委托人的变更。其主要是指委托人地位的继受。委托人的地位可以因继承、转让而发生变更。

(三)信托的撤销

可撤销的信托是指信托行为虽已成立,但因欠缺信托行为生效要件,可以因行为人撤销权的行使,使信托行为自始无效的信托。可撤销的信托又称为相对无效的信托。

设立信托的撤销制度主要是为保护债权人的利益。信托设立后,信托财产由委托人委托给受托人并独立存在,除非委托人是信托的唯一受益人,否则,委托人不能收回信托财产。委托人因为设立信托而使自己财产减少,可能无法清偿其全部债务,从而损害债权人的利益。为防止委托人利用信托转移财产、逃避债务,保护债权人的合法权益,我国《信托法》第12条规定了委托人设立信托损害其债权人利益的,债权人有权申请人民法院撤销该信托。

1. 债权人行使撤销权的条件与期间

信托的撤销主要包括委托人撤销信托、委托人的债权人撤销信托两种情形。但通常所说的撤销信托是指委托人设立信托损害其债权人利益的情形,债权人有权依法申请法院撤销信托。我国《信托法》明确规定了委托人的债权人撤销信托应具备三个条件:(1)委托人设立信托前,债权人的债权已经存在;(2)委托人用自有财产设立信托,导致其无法清偿全部债务,损害债权人利益;(3)债权人在法律规定的期间内向人民法院提出了撤销申请。

为避免信托当事人以及利害关系人之间的权利义务关系久拖不决,保障信托关系的稳定,有必要对债权人行使撤销权规定一定的期限限制。我国《信托法》规定,自债权人知道或者应当知道撤销原因之日起1年内不行使撤销权的,撤销权归于消灭。

2. 债权人行使撤销权的法律后果

被撤销的民事法律行为自始无效。委托人的债权人行使撤销权的法律后果是:信托自成立之时就不产生效力,所有已经发生的行为和事实,均可以依法撤销。但是,由于善意取得人对信托损害债权人利益的事实并不知情,也没有损害债权人利益的恶意,所以对于他已经取得的信托利益,不因信托的撤销而受影响。

(四)信托的终止

1. 信托的终止事由

信托的终止,是指信托关系因法律或者信托文件规定的事由发生而归于消灭。根据我国《信托法》的规定，存在下列情形之一时，信托终止：

(1)信托文件规定的终止事由发生或信托当事人协商同意。委托人设定信托时，可能希望在发生某个事件或出现某种情况时信托终止，或者当事人经过协商就信托的终止达成一致意见。而《信托法》充分尊重当事人的意思自治。因此，如果信托行为当事人约定了信托终止的事由，则应当尊重当事人的意思表示。

(2)信托的存续违反信托目的或者信托目的已经实现或者不能实现。信托目的是委托人通过设立信托所希望达到的目的，是信托成立和存续的基本要素。如果信托的存续违反委托人设立信托的目的，或者信托目的已经达到或者客观上已经变得无法实现，在这种情况下，委托人如无其他意图或者信托文件无其他规定，则信托关系就失去了存在的必要，自然应当归于消灭。

(3)信托被撤销。除前面提到的损害委托人的债权人利益这种情况外，信托的撤销还适用民事法律行为被撤销的有关规定，如当事人主体不适格，或由于欺诈、胁迫而设立的信托等。

(4)信托被解除。根据《信托法》的规定，当委托人是唯一受益人时，委托人或者其继承人可以解除信托。当委托人不是唯一受益人时，在下列三种情况下，委托人有权解除合同：一是受益人对委托人有重大侵权行为；二是经受益人同意；三是信托文件规定的其他情形。

(5)信托无效。根据《信托法》的规定，存在下列情形之一时，信托无效：一是信托目的违反法律、行政法规或者损害社会公共利益；二是信托财产不能确定；三是委托人以非法财产或者本法规定不得设立信托的财产设立信托；四是专以诉讼或者讨债为目的设立信托；五是受益人或者受益人范围不能确定；六是法律、行政法规规定的其他情形。

2. 信托终止的法律后果

根据我国《信托法》的相关规定，信托终止具有如下的法律后果：

(1)原有的信托关系不再存在。信托终止后，信托关系产生的权利与义务均归于消灭。不对之前因信托关系产生的权利义务产生影响，不具有溯及既往的效力。

(2)信托财产的归属。信托关系终止后，信托财产还有剩余的，信托文件如有相应规定，则信托财产归属于信托文件规定的人；信托文件未规定的，按照受益人或者其继承人、委托人或者其继承人的顺序确定归属。按照上述规定确定了信托财产的归属后，在该信托财产转移给权利归属人的过程中，信托视为存续，权利归属人视为受益人。

权利归属人在被视为受益人后，还应承担相应的义务，包括信托终止后，人民法院对原信托财产进行强制执行的，以权利归属人为被执行人。受托人依照《信托法》的规定行使请求给付报酬、从信托财产中获得补偿的权利时，可以留置信托财产或者对信托财产的权利归属人提出请求。

(3)作出信托清算的事务报告。信托终止时，受托人应当作出处理信托事务的清算报告，向受益人或者信托财产的权利归属人说明情况。如果不存在受托人有不正当行为的情形，且受益人或者权利归属人对清算报告无异议的，则受托人的责任随之解除。

| 案例 |

A 公司拟受让 B 公司股票的收益权，C 信托公司设立信托计划，某股份制银行以约 2 亿元认购该信托计划优先受益权;案外第三人和A公司分别投资认购信托计划普通和次级受益权,资金均由A公司支付,合计约1.12亿元。随后,C信托公司与D、E两只有限合伙基金签署《股票收益权转让协议》,以3.1亿元受让两只基金持有的B公司股票收益权,其中包括股票处置收益及股票在约定收益期间所实际取得的股息及红利等孳息。同时设立股票质押。此前,D、E曾与G签署《关于业绩补偿的协议书》,约定B公司在连续四年的每个会计年度中的实际盈利数未能达到约定指标,则G可以人民币1元的价格回购其持有的股份。信托计划运行过程中,因B公司股价持续低于优先级保本价,C信托公司按照优先受益人某银行的指令,解除标的股票质押后变现持仓股票,变现价款尚不足以完全支付优先受益人本金及收益。A公司诉称由于标的股票收益权不具有确定性,案涉信托计划无效。

思考:(1)案件所涉信托财产是什么?(2)以瑕疵财产设立信托的效力如何?(3)"信托财产确定性"应当作何理解?判断"确定性"的时间点为何?所有权不明、财产之上存在质押是否会冲击信托财产的确定性,进而导致信托设立无效?

四、信托公司的设立、变更与监管

(一)信托公司的设立

信托公司是依照《公司法》和《信托公司管理办法》设立的主要经营信托业务的非银行业金融机构。根据《信托法》的规定,受托人采取信托机构形式从事信托活动,从而确立了信托活动是由信托公司专营的。[9]

因此,信托公司的设立首先需要经中国银保监会批准并领取金融许可证。同时,根据2007年《信托公司管理办法》和2020年中国银保监会发布的《信托公司行政许可事项实施办法》的规定,应当具备下列条件:(1)有符合《公司法》和银保监会规定的公司章程;(2)有符合规定条件的出资人,包括境内非金融机构、境内金融机构、境外金融机构和银保监会认可的其他出资人;[10](3)具有最低限额的一次性实缴注册资本,注册资本最低限额为3亿元人民币或等值的可自由兑换货币;[11](4)有符合任职资格条件的董事、高级管理人员和与其业务相适应的合格的信托从业人员;(5)具有健全的组织机构、管理制度和风险控制制度;(6)具有与业务经营相适应的营业场所、安全防范措施和其他设施;(7)建立了与业务经营和监管要求相适应的信息科技架构,具有支撑业务经营的必要、安全且合规的信息系统,具备保障业务持续运营的技术与措施;(8)银保监会规章规定的其他审慎性条件。

达到上述与经营业务范围相适应的信托公司设立条件后,信托公司须经筹建和开业两

---

〔9〕 鼎盛时期我国信托机构多达上千家,然而经过多轮整顿,截至2021年第三季度,我国共有信托公司68家。参见中国信托行业协会:《2021年3季度中国信托业发展评析》,载中国信托业协会2021年2月1日,http://www.xtxh.net/xtxh/statistics/47299.htm。

〔10〕 此外,对于信托公司股东应具有的资质条件,请参阅中国银保监会于2020年颁布的《信托公司股权管理暂行办法》。

〔11〕 如果信托公司申请开办特定业务范围和业务品种,需要满足额外条件。例如,信托公司申请担任特定目的的信托受托机构,即从事信贷资产证券化业务,需要具备注册资本不低于5亿元人民币或等值的可自由兑换货币,且最近2年年末按要求提足全部准备金后,净资产不低于5亿元人民币或等值的可自由兑换货币。同时还要满足其他公司资产、管理、信息披露等方面的更严格的要求。申请企业年金基金管理业务资格、受托境外理财业务资格、股指期货交易等衍生产品交易资格等业务范围资格条件,参见2020年银保监会发布的《信托公司行政许可事项实施办法》。

个阶段方可设立。筹建信托公司,应当由出资比例最大的出资人作为申请人向拟设地银保监局提交申请,由银保监局受理并初步审查、银保监会审查并决定。决定机关自受理之日起4个月内作出批准或不批准的书面决定。信托公司的筹建期为批准决定之日起6个月。未能按期完成筹建的,应当在筹建期限届满前1个月向银保监会和拟设地银保监局提交筹建延期报告。筹建延期不得超过一次,延长期限不得超过3个月。申请人应在筹建期限届满前提交开业申请,由银保监局受理、审查并决定。逾期未提交的,筹建批准文件失效,由决定机关注销筹建许可。申请人应当在收到开业核准文件并领取金融许可证后,办理工商登记,领取营业执照,并在领取营业执照之日起6个月内开业。不能按期开业的最多可延长3个月。

(二)信托公司的变更和终止

1. 信托公司的变更

根据《信托公司管理办法》和银保监会《信托公司行政许可事项实施办法》的规定,我国对信托公司的变更实行行政许可制,信托公司可以在经营过程中出现相关变更事项时,根据具体事项内容的差异向不同的机关进行申请,有权机关作出决定后方可实行变更。(如表7-1所示)获准机构变更事项的,信托公司应当自许可决定之日起6个月内完成有关法定变更手续,并向所在地银保监会派出机构报告。[12] 未在规定期限内变更或到任的,之前行政审批作出的决定失效。

表7-1　信托公司变更事项及审查决定机关

变更事项	审查决定机关
变更名称	银保监分局或所在地银保监局
变更注册资本	
变更公司住所	
修改公司章程	
调整业务范围	银保监分局或所在地银保监局受理并初审,银保监会审查决定
变更股东或者调整股权结构①	
变更董事和高级管理人员	
合并或者分立②	所在地银保监局初审,银保监会审查决定
公开募集和上市交易股份	向中国证监会申请之前,应向银保监会派出机构申请并获得批准;银保监分局或所在地银保监局受理并初步审查,银保监会审查并决定

①根据《信托公司管理办法》的规定,持有上市信托公司流通股份未达到公司总股份的5%的不需要审批。信托公司由于实际控制人变更引起的变更股权或调整股权结构,由所在地银保监局受理并初步审查,银保监会审查并决定。

②对于吸收合并的,由吸收合并方向其所在地银保监局提出申请,并抄报被吸收合并方所在地银保监局,由吸收合并方所在地银保监局受理并初步审查,银保监会审查并决定。对于新设合并的,由其中一方作为主报机构向其所在地银保监局提交申请,同时抄报另一方所在地银保监局,由主报机构所在地银保监局受理并初步审查,银保监会审查并决定。

[12] 变更董事和高级管理人员的,应当在行政许可决定作出之日起3个月内到任。

2. 信托公司的终止

信托公司的终止包括解散和破产两种方式。对于满足下列情形之一的,信托公司可以申请解散:(1)公司章程规定的营业期限届满或者其他应当解散的情形;(2)股东会议决定解散;(3)因公司合并或者分立需要解散;(4)其他法定事由。

信托公司解散,应当向所在地银保监局提交申请,由银保监局受理并初步审查,银保监会审查并决定。银保监会自收到完整申请材料之日起3个月内作出批准或不批准的书面决定。信托公司因分立、合并出现解散情形的,与分立、合并一并进行审批。

信托公司的破产,既可以是在信托公司已解散但未清算或者清算完毕,依法负有清算责任的人发现该机构资产不足以清偿债务时,依法申请信托公司破产;也可以是因为信托公司不能清偿到期债务,并且资产不足以清偿全部债务或者明显缺乏清偿能力,从而自愿或应债权人要求申请破产。信托公司向法院申请破产前,应当向所在地银保监局提交申请,由银保监局受理并初步审查,银保监会审查并决定。

需要注意的是,信托公司出现被依法解散、被宣告破产等事由而被终止后,其管理信托事务的职责同时终止。如果信托文件没有其他约定,清算组应当妥善保管信托财产,作出处理信托事务的报告并向新受托人办理信托财产的移交。

(三)信托公司的监管

1. 监管评级

2008年,原中国银监会就曾颁布《信托公司监管评级与分类监管指引》,后来分别在2010年、2014年进行了两次修订。2016年12月底,原银监会办公厅印发了《信托公司监管评级办法》,并同步配套出台了《信托公司监管评级评分操作表》,监管主线从业务导向转为风险监管。该"评级办法"从定量和定性两方面要素对信托公司进行评价,包括资本要求、资产质量、风险治理、盈利能力、跨业纪律、从属关系、投资者关系和外部评价等内容。其中定量评价指标由监管定量指标和中国信托业协会行业评级指标构成,定性评价由信托业协会、信保基金和中信登的评价共同构成,银保监会可根据需要,对评价要素进行适当调整。最终根据评级结果将信托公司分为创新类(A^+、A^-),发展类(B^+、B^-)和成长类(C^+、C^-)三大类六个级别,以此来决定对不同类别的信托公司在市场准入、监管措施以及监管资源配置等方面实施区别对待的监管政策。

2. 监管措施

信托公司由银保监会及其派出机构实施监管,在具体监管事项方面,根据《信托公司管理办法》和《信托投资公司信息披露管理暂行办法》的相关规定[13],主要从公司治理、风险控制、信息披露和进入检查等四个方面实施。(见表7-2)

表7-2 我国对信托公司的监管措施

公司治理	建立相互独立、有效制衡的现代公司治理架构
	建立健全内部约束机制和风险防范机制
	董事和高级管理人员任职审查和离任审计

〔13〕《信托投资公司信息披露管理暂行办法》是由原银监会于2005年发布,2020年银保监会进行了修改。

续表

风险控制	建立健全各项业务管理制度和内部控制制度，报银保监会备案
	净资本管理①
	设立信托赔偿准备金②，并存放于商业银行或购买低风险高流动证券
	银保监会实行信托从业人员业务资格管理制度
	建立健全财务会计制度，年度会计报表由中介机构审计
信息披露	明确信托公司年度报告和重大事项临时报告需披露的信息内容
	明确信息披露的负责主体、管理人员、披露时间和信息展示场所
进入检查	银保监会定期或不定期对公司经营活动进行检查
	银保监会与董事、高级管理人员进行监管谈话，要求对重大事项作出说明

①对于净资本管理的具体内容参见《信托公司净资本管理办法》。

②根据《信托公司管理办法》第49条规定，信托公司每年应从税后利润中提取5%作为信托赔偿准备金，当累积总额达到公司注册资本的20%时，可不再提取。

3. 风险监管

传统的信托业务由于受到资金募集等方面的限制，一般而言，整体风险是可控的。而随着银信合作的展开以及信托公司业务范围的扩展，信托行业的风险不断增加，也引起了监管部门的重视，陆续出台了一系列意见、规则以加强监管。2014年4月，原中国银监会办公厅《关于信托公司风险监管的指导意见》明确规定，信托公司不得开展非标准化理财资金池等具有影子银行特征的业务。〔14〕对已开展的非标准化理财资金池业务，要查明情况，摸清底数，形成整改方案。2016年3月，原银监会发布了《关于进一步加强信托公司风险监管工作的意见》，再次提出了对于信托公司潜在系统性风险的监管指导，从信托资金池业务、结构化配资、财务拨备计提方式和不良资产检测四个方面提出相应的监管要求。〔15〕2020年5月，银保监会起草了《信托公司资金信托管理暂行办法（征求意见稿）》，进一步加强了对资金信托的业务监管。〔16〕

此外，信托作为一种资产管理方式，受到资产管理领域相关监管规则的约束。2018年4月，中国人民银行、银保监会、证监会和外汇管理局联合印发了《关于规范金融机构资产管理业务的指导意见》（市场俗称的“资管新规”），将银行、信托、证券、基金、期货、保险资产管理机构、金融资产投资公司等接受投资者委托，对受托投资者的财产进行投资和管理的机构纳入统一的资产管理业务监管体系。根据《关于规范金融机构资产管理业务的指导意见》规定，资产管理业务的监管遵循机构监管与功能监管相结合的原则，按照产品类型实施功能监管，同一类型的资产管理产品适用同一监管标准，减少监管真空和套利空间。依照《关于

〔14〕非标准化理财资金池，是指未在银行间市场及证券交易所市场交易的债权性资产，包括但不限于信贷资产、信托贷款、委托债权、承兑汇票、信用证、应收账款、各类受（收）益权、带回购条款的股权性融资等。

〔15〕具体来说主要包括以下四个方面的监管要求：第一，对信托资金池业务穿透管理，重点监测可能出现用资金池项目接盘风险产品的情况，同时强调对非标资金池的清理；第二，规定结构化配资杠杆比例原则上不超过1∶1，最高不超过2∶1，相比之前业内常见的3∶1，有明显的压缩；第三，对信托公司的拨备计提方式提出改变，除了要求信托公司根据资产质量足额计提拨备，还要求对于表外业务以及向表内风险传递的信托业务计提预计负债；第四，要求把接盘固有资产纳入不良资产监测，接盘信托项目纳入全要素报表。

〔16〕截至2022年7月尚未正式出台。

规范金融机构资产管理业务的指导意见》的要求,信托公司的业务开展应严格遵守以下规则:(1)信托公司不得对信托产品承诺或变相承诺保本保收益,严禁刚性兑付。信托产品出现兑付困难时,信托公司不得以任何形式垫资兑付。(2)信托公司在发行信托产品时应按照"固定收益类产品""权益类产品""商品及金融衍生品类产品""混合类产品"的分类标准〔17〕向投资者明示信托产品的类型,并按照确定的产品性质和资金运用范围进行投资。在信托产品成立后至到期日前,不得擅自改变产品类型。(3)每个信托产品应单独管理、单独建账、单独核算。信托公司不得开展或者参与具有滚动发行、集合运作、分离定价特征的资金池业务。(4)信托产品应当实行净值化管理,净值生成应当符合《企业会计准则》的规定,及时反映信托产品投向的基础资产的收益和风险。(5)对于存在分级安排的信托产品〔18〕,产品总资产不得超过该产品净资产的140%。固定收益类信托产品的优先与劣后分级比例不得超过3∶1,权益类信托产品的优先与劣后分级比例不得超过1∶1,商品及金融衍生品类信托产品、混合类信托产品的优先与劣后分级比例不得超过2∶1。(6)信托产品可以再投资一层资产管理产品,但所投资的资产管理产品不得再投资除公募证券投资基金以外的资产管理产品。信托公司应对信托产品实施穿透式核查,对于多层嵌套的信托产品,向上应识别产品的最终投资者,向下应识别产品的底层资产。信托产品不得为其他金融机构的资产管理产品提供规避投资范围、杠杆约束等监管要求的通道服务。

4. 违规处罚

信托公司违反审慎经营规则的,银保监会责令限期改正;逾期未改正的,或者其行为严重危及信托公司的稳健运行、损害受益人合法权益的,银保监会可以区别情形,依据《银行业监督管理法》等法律法规的规定,采取暂停业务、限制股东权利等监管措施。信托公司已经或者可能发生信用危机,严重影响受益人合法权益的,银保监会可以依法对该信托公司实行接管或者督促机构重组。

银保监会在批准信托公司设立、变更、终止后,发现原申请材料有隐瞒、虚假的情形,可以责令补正或者撤销批准。

五、信托公司的主要业务

根据《信托公司管理办法》和2020年中国银保监会《信托公司行政许可事项实施办法》的相关规定,我国对于信托公司的经营范围采取了三种不同的规定:

第一,信托公司一经设立便可经营的业务范围。(见表7-3)

---

〔17〕 根据《关于规范金融机构资产管理业务的指导意见》确定的分类标准,固定收益类信托产品投资于存款、债券等债权类资产的比例不低于80%,权益类信托产品投资于股票、未上市企业股权等权益类资产的比例不低于80%,商品及金融衍生品类信托产品投资于商品及金融衍生品的比例不低于80%,混合类信托产品可投资于债权类资产、权益类资产、商品及金融衍生品类资产,但任一类别资产的投资比例均未达到前三类产品的认定标准。

〔18〕 《关于规范金融机构资产管理业务的指导意见》定义的分级资产管理产品是指存在一级份额以上的份额为其他级份额提供一定的风险补偿,收益分配不按份额比例计算,由资产管理合同另行约定的产品。

表 7－3　我国信托公司的主要业务范围

<table>
<tr><td colspan="2" rowspan="7">主营业务</td><td>资金信托</td></tr>
<tr><td>动产信托</td></tr>
<tr><td>不动产信托</td></tr>
<tr><td>有价证券信托</td></tr>
<tr><td>其他财产或财产权信托</td></tr>
<tr><td>作为投资基金或者基金管理公司的发起人从事投资基金业务①</td></tr>
<tr><td>公益信托</td></tr>
<tr><td rowspan="4">兼营业务</td><td rowspan="2">投资银行业务</td><td>经营企业资产的重组、并购及项目融资、公司理财、财务顾问等业务</td></tr>
<tr><td>受托经营国务院有关部门批准的证券承销业务</td></tr>
<tr><td rowspan="2">中间业务</td><td>办理居间、咨询、资信调查等业务</td></tr>
<tr><td>代保管及保管箱业务</td></tr>
</table>

①根据《证券投资基金管理公司管理办法》的规定，信托公司可以作为基金的发起人。作为基金发起人的信托公司，某种程度上相当于设立了一个集合资金信托计划，通过募集信托资金并加以集合运用，从而获得投资收益。

第二，信托公司达到相应要求，经银保监局审查决定后可以经营的业务范围，具体包括企业年金基金管理业务、特定目的的信托业务、受托境外理财业务、股指期货交易等衍生产品交易业务、以固有资产从事股权投资业务资格。

第三，开展经营业务的禁止性行为，即信托公司业务经营行为的负面清单。[19]（见表7－4）

表 7－4　我国信托公司开展业务的禁止性行为

<table>
<tr><td rowspan="3">固有业务</td><td>向关联方融出资金或转移财产</td></tr>
<tr><td>为关联方提供担保</td></tr>
<tr><td>以股东持有的本公司股权作为质押进行融资</td></tr>
<tr><td rowspan="5">信托业务</td><td>利用受托人地位牟取不当利益</td></tr>
<tr><td>将信托财产挪用于非信托目的的用途</td></tr>
<tr><td>承诺信托财产不受损失或者保证最低收益</td></tr>
<tr><td>以信托财产提供担保</td></tr>
<tr><td>法律法规和原中国银监会禁止的其他行为</td></tr>
</table>

此外，如果考虑到信托公司以固有资产直接或间接设立从事私募股权投资等业务的非金融子公司，则信托公司的业务范围可以说几乎没有任何限制。因此，信托公司非金融子公司的问题也引起了监管部门的重视。2021 年 7 月，银保监会办公厅发布了《关于清理规范

〔19〕 根据《信托公司条例（征求意见稿）》和《信托公司监管评级办法与分类监管指引》的规定，我国拟对信托公司根据财务状况、内部控制和风险管理水平等标准分为成长类、发展类、创新类三类，按分类经营原则开展业务。此外，根据 2020 年银保监会发布的《信托公司资金信托管理暂行办法（征求意见稿）》，信托业务被区分为了资金信托、服务信托和慈善信托三大类。

信托公司非金融子公司业务的通知》,通过清理规范信托公司非金融子公司业务的方式对信托公司业务的无序扩张进行控制。

信托业务的分类随着行业发展一直处于不断演变中,从信托本源功能的角度进行分类已成为当前信托业发展阶段的主要标准,即将信托业务分为资金信托、服务信托和公益信托三大类。当然,由于信托业务的多样性和复杂性,不同分类之间可能也是存在交叉的。

(一)资金信托

资金信托,是指信托公司接受投资者以其合法所有的资金设立信托,按照信托文件的约定对信托财产进行管理、运用或者处分,按照实际投资收益情况支付信托利益,到期分配剩余信托财产的资产管理产品。资金信托业务服务于委托人的财产保值增值目的,也是我国的主要信托业务类型。[20]

信托公司经营的资金信托业务,根据资金运用方式,可以分为投资类资金信托和融资类资金信托。投资类资金信托,是指将受托资金投资于证券市场产品或股权的信托。融资类资金信托是将受托资金以贷款、融资租赁等融资方式借给资金需求方的信托,典型的如信托贷款、收益权类信托等。根据委托人人数进行分类,可以区分为单一资金信托和集合资金信托。可以按照委托人的要求,为其单独管理信托资金,称为单一资金信托业务。集合资金信托是将两个以上(含两个)委托人交付的资金进行集中管理、运用或处分。事实上,信托公司在资金信托业务上主要从事的是集合资金信托业务,该业务便于发挥资金规模优势,从而充分利用货币市场、资本市场和产业投资领域的投资组合优势,提高资金利用效率。但集合资金信托如果管理不善,也会放大资金信托的业务风险,可能产生非法集资、损害受益人利益的问题。因此,原中国银监会于2007年1月发布了《信托公司集合资金信托计划管理办法》,并根据2009年2月原银监会发布的《关于修改〈信托公司集合资金信托计划管理办法〉的决定》,于2009年2月重新修改了该办法。该办法通过一系列规定来约束和规范信托公司的集合资金信托计划。[21]

1. 资金信托的设立

(1)资金信托设立的条件。信托公司设立信托计划,事前应进行尽职调查,就可行性、合法性、风险评估、有无关联方交易等事项出具尽职调查报告。信托公司设立集合资金信托计划,应当符合以下要求:其一,委托人为合格投资者;[22]其二,参与信托计划的委托人为唯一受益人;其三,单个信托计划的自然人人数不得超过50人,但单笔委托金额在300万元以

---

〔20〕 截至2019年年末,全国68家信托公司管理的信托资产合计21.6万亿元,其中管理的资金信托资产合计17.94万亿元。参见杨卓卿:《资金信托新规出炉 非标管控异常严格》,载《证券时报》2020年5月9日,A002版。

〔21〕 2020年5月,为落实《关于规范金融机构资产管理业务的指导意见》,规范信托公司资金信托业务发展,银保监会起草了《信托公司资金信托管理暂行办法(征求意见稿)》,以推动资金信托回归"卖者尽责、买者自负"的私募资管产品本源,发展有直接融资特点的资金信托。至2022年7月,该征求意见稿依然处于征求意见状态。

〔22〕《信托公司集合资金信托计划管理办法》第6条规定,所谓合格投资者,是指符合下列条件之一,能够识别、判断和承担信托计划相应风险的人:(1)投资一个信托计划的最低金额不少于100万元人民币的自然人、法人或者依法成立的其他组织;(2)个人或家庭金融资产总计在其认购时超过100万元人民币,且能提供相关财产证明的自然人;(3)个人收入在最近3年内每年收入超过20万元人民币或者夫妻双方合计收入在最近3年内每年收入超过30万元人民币,且能提供相关收入证明的自然人。上述标准在《信托公司资金信托管理暂行办法(征求意见稿)》中有了进一步提高,同时对于合格投资者的验证要求也更加严格。强调了必须履行合格投资者确定程序,有效识别投资者身份,充分了解投资者的资金来源、个人及家庭金融资产、负债等情况,采取必要手段进行核查验证。

上的自然人投资者和合格的机构投资者数量不受限制；[23]其四，信托期限不少于1年；其五，信托资金有明确的投资方向和投资策略，且符合国家产业政策以及其他有关规定；其六，信托受益权划分为等额份额的信托单位；其七，信托合同应约定受托人报酬，除合理报酬外，信托公司不得以任何名义直接或间接以信托财产为自己或他人谋利。

（2）资金信托计划推介的要求。信托公司推介信托计划，应有规范和详尽的信息披露材料，明示信托计划的风险收益特征，充分揭示参与信托计划的风险及风险承担原则，如实披露专业团队的履历、专业培训及从业经历，不得使用任何可能影响投资者独立进行风险判断的误导性陈述。信托公司异地推介信托计划的，应当在推介前向注册地、推介地的银保监会省级派出机构报告。[24]

信托公司推介信托计划时，不得有以下行为：其一，以任何方式承诺信托资金不受损失，或者以任何方式承诺信托资金的最低收益；其二，进行公开营销宣传；其三，委托非金融机构进行推介；其四，推介材料含有与信托文件不符的内容，或者存在虚假记载、误导性陈述或重大遗漏等情况；其五，对公司过去的经营业绩作夸大介绍，或者恶意贬低同行。

（3）资金信托计划文件要求。信托计划文件应当包含以下内容：其一，认购风险申明书；其二，信托计划说明书；其三，信托合同；其四，银保监会规定的其他内容。

信托公司在办理资金信托业务时，应当于签订信托合同的同时，与委托人签订认购风险申明书。认购风险申明书至少应当包含以下内容：其一，信托计划不承诺保本和最低收益，具有一定的投资风险，适合风险识别、评估、承受能力较强的合格投资者。其二，委托人应当以自己合法所有的资金认购信托单位，不得非法汇集他人资金参与信托计划。其三，信托公司依据信托计划文件管理信托财产所产生的风险，由信托财产承担。信托公司因违背信托计划文件、处理信托事务不当而造成信托财产损失的，由信托公司以固有财产赔偿；不足赔偿时，由投资者自行承担。其四，委托人在认购风险申明书上签字，即表明已认真阅读并理解所有的信托计划文件，并愿意依法承担相应的信托投资风险。同时，还具体规定了信托计划说明书和信托合同中应当包括的内容，具体可参见《信托公司集合资金信托计划管理办法》的规定。

（4）集合信托资金的保管。[25]信托计划的资金实行保管制。信托计划存续期间，信托公司应当选择经营稳健的商业银行担任保管人。信托财产的保管账户和信托财产专户应当为同一账户。信托公司依信托计划文件约定需要运用信托资金时，应当向保管人书面提供信托合同复印件及资金用途说明。遇有信托公司违反法律法规和信托合同、保管协议操作时，保管人应当立即以书面形式通知信托公司纠正；当出现重大违法违规或者发生严重影响

---

〔23〕银保监会在2020年发布的《信托公司资金信托管理暂行办法（征求意见稿）》明确了资金信托面向合格投资者以非公开方式募集，投资者人数不超过200人。任何单位和个人不得以拆分信托份额或者转让份额受益权等方式，变相突破合格投资者标准或者人数限制。

〔24〕与《信托公司集合资金信托计划管理办法》相比，《信托公司资金信托管理暂行办法（征求意见稿）》对信托公司及代销机构履行投资者适当性核查义务、反洗钱义务以及风险揭示等方面作了更加细化的规定，没有要求信托公司异地推介信托计划时应当在推介前向注册地、推介地的原银监会省级派出机构报告，允许通过电子渠道进行资金信托的销售，同时也为非金融机构代理销售资金信托留出制度空间。

〔25〕《信托公司资金信托管理暂行办法（征求意见稿）》将"保管"修改为"托管"，强调集合资金信托计划应当聘请托管人进行托管。单一资金信托可以按照投资者意愿在信托文件中进行约定。单一资金信托约定不聘请托管人的，应当在信托文件中明确保障信托财产安全的措施和纠纷解决机制。

信托财产安全的事件时,保管人应及时报告原银监会(现银保监会)。

2. 资金信托的运营与风险控制

信托公司管理信托计划,应设立为信托计划服务的信托资金运用、信息处理等部门,并指定信托经理及其相关的工作人员。每个信托计划至少配备1名信托经理。担任信托经理的人员,应当符合中国银保监会规定的条件。信托公司对不同的信托计划,应当建立单独的会计账户分别核算、分别管理。

信托公司运用信托资金进行证券投资,应当采用资产组合的方式,事先制定投资比例和投资策略,采取有效措施防范风险。信托公司可以通过债权、股权、物权及其他可行方式运用信托资金。信托公司运用信托资金,应当与信托计划文件约定的投资方向和投资策略相一致。

在运营的限制方面,《信托公司集合资金信托计划管理办法》规定了信托公司管理信托计划,应当遵守以下规定:(1)不得向他人提供担保;(2)向他人提供贷款不得超过其管理的所有信托计划实收余额的30%,但中国银保监会另有规定的除外;(3)不得将信托资金直接或间接运用于信托公司的股东及其关联人,但信托资金全部来源于股东或其关联人的除外;(4)不得以固有财产与信托财产进行交易;(5)不得将不同信托财产进行相互交易;(6)不得将同一公司管理的不同信托计划投资于同一项目。[26]

(二)服务信托

服务信托业务,是指信托公司运用其在账户管理、财产独立、风险隔离等方面的制度优势和服务能力,为委托人提供除资产管理服务以外的资产流转,资金结算,财产监督、保障、传承、分配等受托服务的信托业务。因此,信托公司只提供财产的事务管理服务,不同于资金信托以财产的保值增值为目的。

然而,由于资金信托也可能包含多种服务,服务信托也可以以资金形式设立,因此,必然会遭遇混合型、归类难的信托业务。例如,对于通道类事务管理信托的归类,从信托形式的角度,通道类业务符合资金信托的定义,但从信托目的和内容来看,信托公司提供的主要是财产监督及运用方面的执行性服务,属于服务信托。此时便需要明确分类的首要依据和目的,从而清晰定义业务的边界,提高监管的精细化程度。

服务信托是信托的本源业务,但从过去到现在的很长一段时间都没有成为国内信托公

---

〔26〕《信托公司集合资金信托计划管理办法》对资金信托在投资方向和范围等方面的限制相对有限,这也使得融资类信托业务在之后不断攀升,市场风险持续累积。鉴于此,2020年《信托公司资金信托管理暂行办法(征求意见稿)》针对集合资金信托设置了投资非标准化债权资产的红线,明确全部集合资金信托投资于非标债权资产的合计金额在任何时点均不得超过全部集合资金信托合计实收信托的50%。全部集合资金信托投资于同一融资人及其关联方的非标债权资产的合计金额不得超过信托公司净资产的30%。同时规定:(1)限制期限错配,要求投资非标债权资产的资金信托必须为封闭式,且非标债权类资产的终止日不得晚于资金信托到期日。(2)限制非标债权资产类型,除在经国务院同意设立的交易市场交易的标准化债权类资产之外的其他债权类资产均为非标债权。(3)明确资金信托不得投资商业银行信贷资产,不得投向限制性行业。(4)对于结构化信托业务,结构化资金信托优先级与劣后级的比例应当与基础资产的风险高低相匹配,同时符合固定收益类资金信托优先级与劣后级的比例不得超过3:1,权益类资金信托优先级与劣后级的比例不得超过1:1,商品及金融衍生品类、混合类资金信托优先级与劣后级的比例不得超过2:1。(5)对于资金信托的监管,强化了穿透式监管的要求。一方面,要求向上穿透识别投资者资质。资金信托接受其他资产管理产品参与的,应当识别资产管理产品的实际投资者与最终资金来源;另一方面,要求向下穿透识别底层资产。此外,对于资金信托投资其他资管产品的,信托公司应当按照穿透原则识别底层资产。

司的主流业务。而随着对资金信托严监管时代的到来，间接地也要求信托公司向服务信托方向进行转型。根据信托目的不同，服务信托可以分为两大类：一是为金融活动提供服务的业务，如证券投资服务信托、资产证券化信托和结算清算服务信托等；二是为非金融活动提供服务的业务，如消费信托、土地流转信托、职工持股信托等。目前，市场上常见的服务信托产品类型包括资产证券化、企业年金信托、家族信托等。以下我们简单介绍常见的服务信托类型。

1. 资产证券化

资产证券化，是指将能够产生未来收益的资产，通过结构性重组，转变为可以在金融市场上销售和流动的证券，从而实现融资的目的。资产证券化与传统融资的最大区别在于用资产信用代替了企业信用。因此，资产证券化是一种以资产来融资的“特殊目的”的服务信托，也成为当前信托公司转型发力的重点。[27]

我国的资产证券化主要有三种模式，即银保监会监管的信贷资产证券化、银行间市场交易商协会监管的资产支持票据和证监会监管的证券公司专项资产管理计划。信贷资产证券化是将缺乏流动性但具有未来现金流的信贷资产转换为可流通资本市场证券的过程，最常见的就是抵押贷款证券。根据《信贷资产证券化试点管理办法》和《金融机构信贷资产证券化试点监督管理办法》的规定，经银保监会审核批准，信托公司具有特定目的信托受托机构资格，从而以资产支持证券的形式向投资机构发行受益证券。证券公司专项资产管理计划主要由证券公司以特定基础资产所产生的未来现金流作为偿付支持，通过结构化方式进行信用增级，在此基础上发行资产支持证券，但也没有明确禁止信托公司参与其中。目前，信贷资产证券化和资产支持票据已成为信托公司参与资产证券化的主要领域。

从我国资产证券化主要形式的实质内容可以看出，信托公司主要担当的是受托人。而资产证券化过程中的破产隔离和风险隔离制度，实质上同信托财产的独立性这样一项信托原理是一致的，通过信托公司实质上设立了一个特殊目的机构（special purpose vehicle，SPV），从而使证券化资产的所有权与处分权不再属于原权益人，不受原权益人债权债务等经营状况的影响，保障资产未来现金流的安全。信托公司向投资者发行可分割的信托受益凭证[28]，也同资产证券化中实现融资目的的形式是一致的。

2. 年金信托

理论上，年金除了包括我国的企业年金之外，其他的单位年金、基本养老保险金和个人年金均应被包括在内。其中单位年金具有自愿性，是基本养老金的有益补充。企业年金信托是由企业和职工作为委托人，将企业年金基金财产委托给受托人管理运作，是一种标准化的信托行为。2020 年 12 月，人力资源和社会保障部发布《关于调整年金基金投资范围的通知》，将年金基金投资范围从境内进一步扩大到我国香港市场，并新增资产支持证券和资产支持票据等投资领域。而信托公司作为当前金融市场上完全基于《信托法》开展信托业务的唯一持牌金融机构，开展年金信托具有天然优势。未来，随着政策导向的调整以及信托公

〔27〕 据统计，截至 2020 年 11 月，共有 36 家信托公司参与资产证券化业务。参与的项目规模约为 10,296.76 亿元，占总规模的 51.36%，占据资产证券化市场的半壁江山。参见邢成、邓婷：《三大信托业务分类及未来趋势》，载《金融时报》2021 年 6 月 21 日，A008 版。

〔28〕 我国目前尚未建立信托受益凭证的二级市场，因此信托受益凭证无法流通，这也是目前我国商事信托业务中存在事实上的刚性兑付的原因之一。

司管理能力的不断提升,预计将有更多信托公司参与到年金信托市场。[29]

3. 家族信托

银保监会信托监督管理部在《关于加强规范资产管理业务过渡期内信托监管工作的通知》中把家族信托定义为,信托公司接受单一个人或者家庭的委托,以家族财富的保护、传承和管理为主要信托目的,提供财产规划、风险隔离、资产配置、子女教育、家庭治理、公益(慈善)事业等定制化事务管理和金融服务的信托业务。因此,家族信托是实现客户私人财富保障与传承目的的一种信托业务类型。在当前经济发展和金融市场不确定性提升的情况下,财富传承的重要性和急迫性进一步凸显。对于高净值财富家庭而言,积累的大量财富要实现传承,需要专业的金融机构帮助打理。家族信托具有资产保护、隔离风险、保护隐私、保障生活、维持控制等众多功能,能够有效弥补法定继承、遗嘱继承及生前赠予等方式的缺陷或不足,是家族财富管理和传承的重要工具,也是服务信托的本源。

然而,我国信托登记制度尚不完善,使得家族信托的受托财产范围受到相应限制。同时,对家族信托也没有明确的税收优惠政策,目前税务机关在实践中对于信托财产的转移采取"视同交易"的做法从而予以征税。然而,家族信托中的财产转移并非以市场交易为目的,如果直接适用交易环节的征税标准,既对委托人和受益人显失公平,也不利于家族信托业务的发展。因此,家族信托业务的持续稳定发展,还有赖于未来在相关制度供给方面予以有效的保障。

(三)公益信托

1. 公益信托的含义

不同于资金信托和服务信托属于私益信托,公益信托是以公共利益为目的,以全体或者一部分不特定的社会公众为受益人而设立的信托。具体来说,公益信托的目的包括救济贫困,救助灾民,扶助残疾人,发展教育、科技、文化、艺术、体育事业,发展医疗卫生事业,发展环境保护事业以及其他社会公益事业。我国《信托法》规定,公益信托的设立和确定其受托人,应当经有关公益事业的管理机构批准。而不同领域的公益事业由不同的行政主管部门管理,因而不同的公益信托目的需要由不同的公益事业管理机构审批。分散的管理体制导致的审批难使得公益信托一直没有得到有效的实行,直到2016年9月《慈善法》的施行,将原来分散的管理体制转变为民政部门统一管理,由审批制改为备案制,从制度上为公益信托的设立松绑。2017年7月,《慈善信托管理办法》实施,进一步规范了以慈善信托为代表的公益信托的运作。此外,也从制度层面明确了对慈善信托予以税收优惠,信托公司开展慈善信托业务免计风险资本,免予认购信托业保障基金等促进措施。从而以经济激励的方式鼓励慈善信托的设立和信托公司慈善信托业务的开展。[30]

2. 公益信托的主体

(1)委托人。公益信托的委托人包括自然人和法人,凡出于公益目的希望转让财产或财产权的自然人和营利法人均可以成为公益信托的委托人,但公益法人在部分国家(如日

---

〔29〕 中国银保监会2020年发布的《信托公司资金信托管理暂行办法(征求意见稿)》,明确将企业年金信托纳入服务信托范畴,不受资金信托的监管限制,表现出了监管引导信托公司开展年金信托业务的意愿。

〔30〕 需要注意的是,由于信托公司不属于税法规定的基金会、慈善组织等公益性社会团体,无法开具税前捐赠票据,因此,当信托公司作为公益信托的受托人时,委托人不能享受税前扣除的优惠政策。

本)只有在章程许可时才可以成为公益信托的委托人。

(2)受托人。其主要由信托机构,如信托公司或者基金会作为公益信托的受托人,慈善信托还可以慈善组织作为受托人。受托人除完成一般私益信托共有的事务外,还要完成公益信托特有的事务,如编制事业计划、收支预算和决算,募集赞助人,提供资助金,与信托管理人、经营委员会、主管部门联络,编制信托事务和财产状况的公告等。公益信托的受托人未经公益事业管理机构批准,不得辞任。

(3)受益人。公益信托的受益人根据公益信托契约中规定的具体目的确定,但是信托契约只能规定受益人的范围,不确定具体的受益人。因此公益信托的受益人是一种"既定未定"的情况,既定的是受益人的范围,未定的是具体的受益人。

(4)信托监察人。鉴于公益信托没有特定的受益人去监督受托人活动,为防止受托人滥用权利,侵犯公共利益,我国《信托法》规定,公益信托应当设置信托监察人。信托监察人由信托文件规定;信托文件未规定的,由公益事业管理机构指定。信托监察人有权以自己的名义,为维护受益人的利益,提起诉讼或者实施其他法律行为。

3. 公益信托的变更与终止

公益事业管理机构具有对公益信托的管理权,在公益信托成立后,出现公益信托的受托人违反信托义务或者无能力履行其职责的,由公益事业管理机构变更受托人。如果发生设立信托时不能预见的情形,公益事业管理机构可以根据信托目的,变更信托文件中的有关条款。

公益信托终止的,受托人应当于终止事由发生之日起 15 日内,将终止事由和终止日期报告公益事业管理机构。受托人作出的处理信托事务的清算报告,应当经信托监察人认可后,报公益事业管理机构核准,并由受托人予以公告。没有信托财产权利归属人或者信托财产权利归属人是不特定的社会公众的,经公益事业管理机构批准,受托人应当将信托财产用于与原公益目的相近似的目的,或者将信托财产转移给具有近似目的的公益组织或者其他公益信托。

对于公益事业管理机构可能存在的违反相关法律、法规的行为,我国《信托法》规定了司法救济的方式,即委托人、受托人或者受益人有权向人民法院起诉。

| 案例 |

A 与 B 信托公司设立以国有土地使用权及相应在建工程为基础资产的收益权信托并签订了《资产收益财产权信托合同》,A 因此获得了 2.15 亿元的资金。由于项目的基础资产无法依据合同办理抵押登记手续,为保证信托合同的履行,B 信托公司又与 A 签订了一份《信托贷款合同》,并依据该合同将项目基础资产办理了抵押登记。实际上,A 从 B 信托公司处获得的 2.15 亿元贷款与基于《资产收益财产权信托合同》获得的 2.15 亿元为同一项交易。信托成立后,A 出现未能依约维持信托专户的最低现金余额的情况,B 信托公司在承担了对信托投资人的兑付义务后,依据《信托贷款合同》起诉 A,要求其偿还贷款本息及各种违约金等,并要求对抵押物进行处置以偿还债务。

思考:(1)本案属于信托贷款合同纠纷还是信托纠纷?(2)收益权信托中信托财产如何界定?(3)在设立该信托时,是否存在信托财产所有权的转移?

第二节 金融租赁法律制度

我国的金融租赁行业始于20世纪80年代,经过数十年的发展,金融租赁行业已经成为我国多层次金融服务体系的重要组成部分。据《中国金融租赁行业发展报告(2020)》统计,截至2020年年末,我国共有金融租赁公司71家,金融租赁行业总资产达到3.54万亿元。[31] 在融资租赁市场,我国除金融租赁公司外,还存在上万家融资租赁公司。虽然从业务运作模式来看,金融租赁和融资租赁指向的均是同一类交易活动,但在机构定位、监管主体和资金来源等方面存在差异。在机构定位上,金融租赁公司定位于非银行金融机构,而融资租赁公司属于一般工商企业。[32] 在监管主体上,金融租赁公司是由银保监会实施监管,而融资租赁公司的监管主体虽然已于2018年由商务部划转至银保监会[33],打破了对融资租赁业务多头监管的格局,但是对于融资租赁公司,银保监会还是以制定规则为主,具体监管一般是由地方政府负责。[34] 在资金来源上,金融租赁公司的资金来源于包括资本金、股东存款、同业拆解、发行债券等多个渠道;而融资租赁公司则主要来源于资本金和银行借款。因此,金融租赁公司具有融资成本低的优势。本节主要对规制金融租赁公司及其相关业务的法律制度进行介绍。

一、金融租赁概述

(一)金融租赁的概念与特征

金融租赁,又称为融资租赁,是具有金融和贸易的双重功能,以物为载体,以物的融通实现资金融通的租赁交易活动。对上述交易活动,目前主要依据《民法典》、2014年的《金融租赁公司管理办法》、2014年的《金融租赁公司专业子公司管理暂行规定》、2020年的《关于审理融资租赁合同纠纷案件适用法律问题的解释》等相关法律、法规和司法解释进行规范。依据上述法律法规对金融租赁的定义,金融租赁涉及出租人、承租人和供货人三方。首先,承租人根据自身的需要选择租赁物和供货人;其次,出租人根据承租人的选择从供货人处购买租赁物;最后,出租人将租赁物按合同约定出租给承租人占有、使用,向承租人收取租金。因此,金融租赁法律制度即是规范出租人、承租人和供货人三方在从租赁开始到终止过程中的权利义务关系的相关法律法规。金融租赁主要具有以下特征:

1. 出租人具有特定性。在我国只有金融租赁公司和融资租赁公司,才可以主营融资租

---

〔31〕 中国银行业协会于2021年11月8日在其官网发布《中国金融租赁行业发展报告(2020)》。

〔32〕 《金融租赁公司管理办法》明确规定,只有金融机构的融资租赁公司才可以冠名“金融租赁”公司。

〔33〕 商务部办公厅于2018年发布《关于融资租赁公司、商业保理公司和典当行管理职责调整有关事宜的通知》(商办流通函〔2018〕165号),明确已将制定融资租赁公司、商业保理公司、典当行业务经营和监管规则职责划给银保监会。

〔34〕 2017年全国金融工作会议确定,融资租赁公司等机构由中央制定统一规则,地方负责实施监管,强化属地风险处置责任。在2020年5月,银保监会制定了仅针对融资租赁公司的《融资租赁公司监督管理办法》,并在其中明确该办法所称的融资租赁公司,不含金融租赁公司。

赁业务。其他非银行金融机构经银保监会批准,可以兼营融资租赁业务。

2. 融资租赁包括三方当事人(出租人、承租人和供货人)和两合同(购买合同和租赁合同)。两个合同相互衔接,互为存在条件。购买合同虽然涉及的是出租人和供货人,但购买合同的标的及与承租人相关的条款需经过承租人的认可。租赁合同虽然涉及的是出租人和承租人,但供货人需认可该合同指向的标的物即是之前购买合同的标的物,并由供货人直接向承租人发货。三方当事人的关系如图 7 - 2 所示。

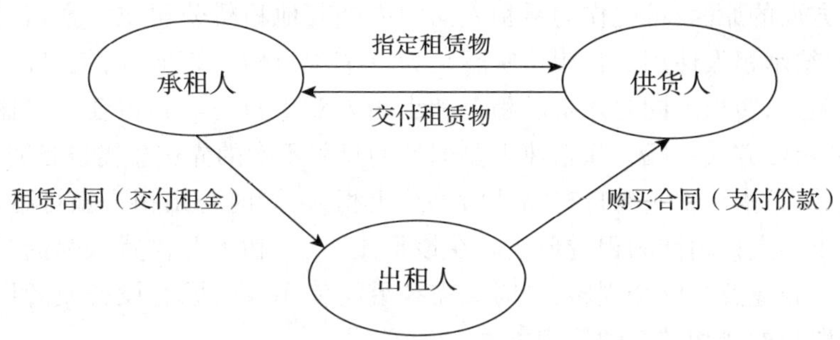

图 7 - 2　融资租赁三方当事人关系图解

3. 融资租赁中的租赁物具有实物形态,使用之后可以保持原有形态,具有相对较长的使用寿命,租赁物的价值随着时间的延续逐渐降低。

4. 租赁期间出租人具有租赁物的所有权,承租人具有租赁物的使用收益权,承租人向出租人支付的租金包括租赁物的购置成本、利息、营业费用和净利润四个部分。即承租人支付的是出租人融资的对价,而不仅是承租人获得租赁物使用权的对价。

5. 不可中途解约,租赁期满,承租人对租赁物有选择权,即承租人可以选择留购、续租或退回出租人。

(二)金融租赁的功能

金融租赁具有融资融物的双重属性,在市场经济活动中具有以下重要作用:

1. 对于承租人的作用。通过以实物方式实现长期融资,从而减少企业为购买设备而造成的资金占用,提高资金的流动性。而且同银行贷款融资相比,融资租赁的方式具有融资门槛低、手续简单、融资比例可到 100% 的优势。同时,由于承租人不需要一次性投入设备购买资金,因而可以帮助企业采用新产品,推动企业的技术革新。

2. 对出租人的作用。除了收取租赁物的租金收入获得融资对价以外,出租人还可以通过租赁享受税收和加速折旧的优惠政策。很多国家都规定了出租人对租赁设备采用加速折旧法计提折旧费用,并将其计入成本,免交所得税。

3. 对供货人的作用。可以促进企业销售。融资租赁对供货人而言是一种营销方式,可以有效地刺激对供货人设备的市场需求。同时,由于租赁不涉及所有权的转移,可以帮助供货人规避贸易壁垒,推动产品进入相关市场。

因此,金融租赁具有帮助解决企业、特别是中小企业的融资困难,扩大内需,推动产业发展的重要功能。

(三)金融租赁的交易模式

金融租赁的交易模式较多,其中直接租赁和售后回租是目前我国金融租赁行业的主导模式。以下我们对主要的金融租赁交易模式进行介绍:

1. 直接租赁,又称为自营租赁。租赁公司以筹集的资金购进承租人选择的设备,租给承租人使用。承租人以设备提取的折旧资金和利润收入分期向租赁公司支付租金,并自行负责设备的安装、保养、维修及支付各种保险和税金。承租期满后,一般都由承租企业折价(名义货价)买下残值的设备。

2. 转租赁,是指同一物件为标的物的多次融资租赁业务。转租赁是转租人同时兼备承租人和出租人双重身份的一种租赁形式,当承租人向租赁公司提出申请时,租赁公司由于资金或者设备等方面的原因,可先作为承租人向国内外其他租赁公司或厂家租进客户所需要的设备,再转租给承租人使用。转租赁实际是为一个项目做两笔业务,签订两份租赁合同,分别建立租赁关系,转租人同时兼备承租人和出租人双重身份。其租金一般比直接租赁更高。因此,该种租赁方式一般只在企业需要国外的只租不卖的先进急需设备时使用。

3. 售后回租,是指承租人将自有物件出卖给出租人,同时与出租人签订融资租赁合同,再将该物件从出租人处租回的租赁形式。在该形式下,承租人和供货人为同一人。这种租赁形式主要是在企业急需资金周转,同时又需要继续使用自己原有设备或者厂房的情况下所采取的集融资与融物相结合的信用方式。

4. 杠杆租赁,又称为衡平租赁或代偿贷款租赁。这种租赁方式适用于大宗设备的租赁。出租人对耗资巨大的设备无力独自承担给付,遂以待购设备为抵押,以出租出去后回收的租金作为保证,从银行、信托公司等其他金融机构拆借资金(一般占货款的60% ~80%)购进设备,出租给用户,从用户手中收回租金以偿还贷款。这种租赁形式涉及多方融资,涉及当事人较多,通常包括出租人、承租人、贷款人、供货人。出租人在某种程度上承担着替承租人进行信用担保的作用,承租人因意外不能支付租金时,贷款人不能向租赁公司索回欠款,只能会同租赁公司停止租赁,索回设备,转租他人。

5. 委托租赁,是指出租人接受委托人的资金或租赁标的物,根据委托人的书面委托,向委托人指定的承租人办理融资租赁业务。在租赁期内租赁标的物的所有权归委托人,出租人只收取手续费,不承担风险。

6. 联合租赁,是指有多家具有融资租赁资质的公司对同一个融资租赁项目提供融资,由其中一家融资租赁公司作为牵头人。该牵头人同供货人和承租人之间的融资租赁关系同其中任何一家融资租赁公司提供的租赁业务并无二致。但是为同一项目提供融资的其他融资租赁公司和牵头人之间关系体现的是资金信托关系,各家租赁公司按照所提供的融资额的比例分担风险和收益。因此,联合租赁体现的是融资租赁和信托的结合。

二、金融租赁的法律关系

(一)金融租赁的主体

金融租赁涉及出租人、承租人和供货人三方当事人,出租人根据承租人对租赁物的要求和选择从供货人处购买租赁物,成为租赁物的所有者。出租人将购买的租赁物提供给承租人使用,承租人获得租赁物的使用权并按照租赁合同的约定向出租人支付一定的费用。在更为复杂的租赁关系中,如在杠杆租赁、委托租赁等租赁活动中还涉及贷款人、委托人等其他当事人。然而,金融租赁中最基本的当事人还是出租人和承租人,供货人在其中发挥的作用和一般的买卖合同并无差别。因此,这里我们主要依据《民法典》、最高人民法院《关于审理融资租赁合同纠纷案件适用法律问题的解释》和《国际融资租赁公约》等相关规定介绍出租人和承租人的权利义务。

1. 出租人

出租人的义务主要有:(1)根据承租人对出卖人、租赁物的选择订立买卖合同,未经承租人同意,出租人不得改变与承租人有关的合同内容。出租人未经承租人同意,擅自变更与承租人有关的买卖合同内容的,其行为构成对融资租赁合同的违反,应向承租人承担违约责任,承租人有权拒收标的物,解除合同,并有权要求出租人赔偿损失。(2)保证承租人对租赁物的占有和使用,包括:保证出卖人将标的物交付给承租人占有;保证承租人在租赁期间对租赁物的占有使用;不得妨碍承租人对租赁物的使用收益并排除他人的妨碍;依照买卖合同的要求及时向出卖人支付货款。(3)协助承租人向出卖人索赔。出租人、出卖人、承租人可以约定,出卖人不履行买卖合同义务的,由承租人行使索赔的权利。承租人行使索赔权利的,出租人应当协助。(4)特定情形下的瑕疵担保责任。由于融资租赁的出租人仅是按照承租人的委托购买标的物,并不对租赁物实际占有、使用、收益,因此,租赁物不符合合同约定或者不符合使用目的的,出租人不承担责任,即出租人对租赁物的瑕疵一般不承担担保责任。但在例外的情形下,出租人承担瑕疵担保责任,例外的情形包括:出租人在承租人选择出卖人、租赁物时,对租赁物的选择起决定作用的;出租人干预或者要求承租人按照出租人意愿选择出卖人或者租赁物的;出租人擅自变更承租人已经选定的出卖人或者租赁物的。

出租人的权利主要有:(1)出租人在整个租赁期内对租赁财产享有所有权。承租人破产时,租赁物不属于破产财产。(2)出租人有权要求承租人按照合同规定的数额支付租金,并要求承租人按照合同规定的时间和方式支付。(3)出租人有权转让其在融资租赁合同项下的部分或者全部权利,受让方以此为由请求解除或者变更融资租赁合同的,人民法院不予支持。(4)出租人发现承租人有严重违约行为时,有权提前终止租赁合同,收回租赁财产,并按照合同要求赔偿。

2. 承租人

承租人的义务主要有:(1)按照合同的约定及时接受供货人交付的租赁物,并按照合同的约定对租赁物进行验收,如果发现供货人交付的租赁物严重不符合约定,或者供货人未在约定的交付期间或者合理期间内交付租赁物,经承租人或者出租人催告,在催告期满后仍未交付的,可以拒绝领受租赁物,但应及时通知出租人。承租人无正当理由拒领租赁物,造成出租人损失的,出租人向承租人主张损害赔偿的,人民法院应予支持。(2)按照约定及时交付租金。在租赁期间,承租人按照约定向出租人支付租金。承租人所支付的租金是出租人提供融资的对价。因此,在租赁物有瑕疵时,承租人不得拒付租金;在租赁物意外损毁、灭失时,承租人仍应付租金,但是法律另有规定或者当事人另有约定的除外。承租人经过催告在合理期限内仍不支付租金的,出租人可以要求承租人支付全部租金,也可以解除合同,收回租赁物。(3)妥善保管、合理使用租赁物。在租赁期间,承租人占有租赁物,因此负有对租赁物的妥善保管和合理使用的义务。租赁物发生故障时,承租人应当履行维修义务。(4)因租赁物致人损害的赔偿责任。承租人占有租赁物期间,租赁物造成第三人的人身伤害或者财产损害的,出租人不承担责任,由承租人作为租赁物的管理人、经营者承担责任。(5)不得未经出租人同意,对租赁物进行转让、转租、抵押、质押、投资入股或者以其他方式处分租赁物。(6)依照合同约定返还标的物。出租人和承租人可以约定租赁期间届满租赁物的归属。对租赁物的归属没有约定或者约定不明确,协商或依据交易习惯依然无法确定的,租赁物的所有权归出租人。当事人约定租赁期间届满租赁物归承租人所有,承租人已经支付大部分租金,但无力支付剩余租金,出租人因此解除合同收回租赁物的,收回的租赁物的价值超过承租人欠付的租金以及其他费用的,承租人可以要求相应返还。

承租人的权利主要是在租赁期间,对租赁物享有排他性的占有权和使用权。

(二)金融租赁的客体

金融租赁的客体即是租赁物,根据《金融租赁公司管理办法》的规定,适用于融资租赁交易的租赁物为固定资产。一般而言,租赁物也可称为设备,这也体现了租赁物的范围。根据《国际会计准则第 17 号——租赁》中的规定,租赁标的不包括开采或利用诸如石油、天然气、木材、金属以及其他矿产权之类的自然资源的租赁协议和涉及诸如电影、录像、戏剧、文稿、专利权和著作权之类的项目。由此可以看出,无形资产、易耗品不能作为租赁物。

由于租赁物的所有权归出租人,但承租人拥有占有之外观,物之所有与物之占有相分离的状态极易导致交易成本的增加以及潜在纠纷的发生。《民法典》时代,针对融资租赁采取了登记对抗主义,即出租人对租赁物享有所有权,未经登记,不得对抗善意第三人。如承租人未经出租人同意转让租赁物或者在租赁物上设立其他物权,第三人可以在融资租赁未进行登记的情况下善意取得租赁物的所有权或者其他物权。此外,《金融租赁公司管理办法》规定,租赁物属于国家法律法规规定所有权转移必须到登记部门进行登记的财产类别,金融租赁公司应当进行相关登记。租赁物不属于需要登记的财产类别,金融租赁公司应当采取有效措施保障对租赁物的合法权益。

三、金融租赁公司的设立与监管

(一)金融租赁公司的设立

申请设立金融租赁公司应当具备下列条件:(1)有符合《公司法》和银保监会规定的公司章程。(2)有符合规定条件的发起人,包括在中国境内外注册的具有独立法人资格的商业银行,在中国境内注册的、主营业务为制造适合融资租赁交易产品的大型企业,在中国境外注册的融资租赁公司以及其他境内法人机构和境外金融机构。其中至少应当有一名符合前述条件之一的发起人,且其出资比例不低于拟设金融租赁公司全部股本的 30%。[35](3)注册资本为一次性实缴货币资本,最低限额为 1 亿元人民币或等值的可自由兑换货币。(4)有符合任职资格条件的董事、高级管理人员,董事、高级管理人员的任职资格由银保监会核准。同时,从业人员中具有金融或融资租赁工作经历 3 年以上的人员应当不低于总人数的 50%。(5)建立了有效的公司治理、内部控制和风险管理体系。(6)建立了与业务经营和监管要求相适应的信息科技架构,具有支撑业务经营的必要、安全且合规的信息系统,具备保障业务持续运营的技术与措施。(7)有与业务经营相适应的营业场所、安全防范措施和其他设施。(8)银保监会规定的其他审慎性条件。

金融租赁公司根据业务发展的需求,在达到关于公司治理、资产负债水平以及银保监会

---

〔35〕 关于上述发起人应当分别具备的条件,《金融租赁公司管理办法》第 9 ~ 14 条作出了具体规定。同时,该办法第 15 条规定,作为金融租赁公司的发起人还不得存在下列禁止性的情况:(1)公司治理结构与机制存在明显缺陷;(2)关联企业过多,股权关系复杂且不透明、关联交易频繁且异常;(3)核心主业不突出且其经营范围涉及行业众多;(4)现金流量波动受经济景气影响较大;(5)资产负债率、财务杠杆率高于行业平均水平;(6)其他对金融租赁公司产生重大不利影响的情况。

规定的相关审慎性条件的情况下[36]，经银保监会批准，可以设立分公司、子公司。根据《金融租赁公司专业子公司管理暂行规定》，金融租赁公司可以在境内自由贸易试验区、保税区或境外设立为从事特定领域融资租赁业务的专业化租赁子公司。从对金融租赁子公司设立区域的规定可以看出，子公司是为金融租赁公司国际化而设定的，通过利用自由贸易试验区、保税区境内关外的特点，减少税费和融资成本，帮助拓展跨国业务；同时，通过将在境外设立的子公司纳入法律规范范围内，可以限制金融租赁公司在境外滥设特殊项目公司，以规避监管的行为。对于申请设立的境外专业子公司，在银保监会批准后，按照拟注册地对于金融租赁公司设立条件的相关规定申请设立。而对于设立在境内的专业子公司，其与母公司在设立条件方面的主要差别在于：(1)注册资本最低限额从1亿元降低到5000万元人民币或等值的可自由兑换货币；(2)取消了从业人员中具有金融或融资租赁工作经历3年以上的人员应当不低于总人数的50%的限制。同时规定金融租赁公司原则上应对境内专业子公司100%控股，有特殊情况需引进其他合格投资者的，金融租赁公司也应保持控股地位。

(二)金融租赁公司的变更与终止

1. 金融租赁公司的变更

我国对金融租赁公司在经营过程中需要进行相关事项的变更采取的是行政许可制，即金融租赁公司对如下事项的变更，须报经银保监会或其派出机构的批准：(1)变更公司名称；(2)变更组织形式；(3)调整业务范围；(4)变更注册资本；(5)变更股权或调整股权结构；(6)修改公司章程；(7)变更公司住所或营业场所；(8)变更董事和高级管理人员；(9)合并或分立；(10)银保监会规定的其他变更事项。

上述变更事项中如果涉及与金融租赁公司设立条件有关事项，则变更应以不违反金融租赁公司设立的基本条件为前提。

对于金融租赁公司境内专业子公司，由于对其组织形式、业务范围、公司住所、合并或分立存在限制，因此，上述事项金融租赁公司专业子公司不得变更，除此之外的其他与母公司类似的事项变更，同样需报经银保监会或其派出机构批准。

2. 金融租赁公司的终止

金融租赁公司的终止包括解散和破产两种情形。

金融租赁公司在满足下列情况之一时，经银保监会批准可以解散：(1)公司章程规定的营业期限届满或者公司章程规定的其他解散事由出现；(2)股东决定或股东(大)会决议解散；(3)因公司合并或者分立需要解散；(4)依法被吊销营业执照、责令关闭或者被撤销；(5)其他法定事由。

金融租赁公司存在不能支付到期债务，或者因解散或被撤销而清算，清算组发现财产不足以清偿债务时，经银保监会批准，可自愿或由债权人要求向法院申请破产。如果金融租赁公司不能清偿到期债务，并且资产不足以清偿全部债务或者明显缺乏清偿能力的，银保监会可以向人民法院提出对该金融租赁公司进行重整或破产清算的申请。

(三)金融租赁公司的业务

金融租赁公司作为非银行金融机构，除作为主业的融资租赁相关业务外，还可以经营固定收益类证券投资业务，吸收非银行股东3个月(含)以上定期存款业务，同业拆借业务，向

---

〔36〕 参见《金融租赁公司专业子公司管理暂行规定》第3条和第11条。

金融机构和境外借款,租赁物变更及处理业务以及经济咨询业务。

对于经营状况良好,符合相应条件的金融租赁公司,经银保监会批准,还可以从事发行债券的业务,在境内保税区设立项目公司开展融资租赁业务、资产证券化业务,以及为控股子公司、项目公司对外融资提供担保。

然而,业务领域的放开也使近年来金融租赁公司业务领域的乱象频发。根据2019年中国银保监会发布的《关于开展"巩固治乱象成果 促进合规建设"工作的通知》,其中列举了金融租赁公司在业务经营方面存在违规开展固定收益类证券投资以外的投资业务,如购买信托计划、资管计划;未做到洁净转让或受让租赁资产,违规以带回购条款的租赁资产转让方式向同业融资,违规通过各类通道(包括券商、信托、资产公司、租赁公司等)实现不良资产非洁净出表或虚假出表,人为调节监管指标;专业子公司、项目公司未在公司授权范围内开展业务。

(四)金融租赁公司的监管

金融租赁公司由银保监会及其派出机构实施监督管理,在金融租赁公司依法设立后,银保监会及其派出机构主要从指标管理、制度建设、信息披露三个方面对金融租赁公司的经营状况进行监管。对于金融租赁公司的专业子公司,银保监会对其实施同母公司一样的并表监管。

1. 指标管理

金融租赁公司应该在下列指标上满足银保监会的相关规定:(1)资本充足率。金融租赁公司资本净额与风险加权资产的比例不得低于银保监会的最低监管要求。(2)单一客户融资集中度。金融租赁公司对单一承租人的全部融资租赁业务余额不得超过资本净额的30%。(3)单一集团客户融资集中度。金融租赁公司对单一集团的全部融资租赁业务余额不得超过资本净额的50%。(4)单一客户关联度。金融租赁公司对一个关联方的全部融资租赁业务余额不得超过资本净额的30%。(5)全部关联度。金融租赁公司对全部关联方的全部融资租赁业务余额不得超过资本净额的50%。(6)单一股东关联度。对单一股东及其全部关联方的融资余额不得超过该股东在金融租赁公司的出资额,且应同时满足《金融租赁公司管理办法》对单一客户关联度的规定。(7)同业拆借比例。金融租赁公司同业拆入资金余额不得超过资本净额的100%。

经银保监会认可,特定行业的单一客户融资集中度和单一集团客户融资集中度要求可以适当调整。银保监会根据监管需要也可以对上述指标作出适当调整。

2. 制度建设

(1)构建资本管理体系,合理评估资本充足状况,建立审慎、规范的资本补充、约束机制;(2)建立资产质量分类制度;(3)建立准备金制度,在准确分类的基础上及时足额计提资产减值损失准备,增强风险抵御能力。未提足准备的,不得进行利润分配。

3. 信息披露

有效的信息披露依赖于健全的会计和审计制度,为此,金融租赁公司应当达到如下要求:(1)建立健全内部审计制度,审查评价并改善经营活动、风险状况、内部控制和公司治理效果,促进合法经营和稳健发展;(2)执行国家统一的会计准则和制度,真实记录并全面反映财务状况和经营成果等信息;(3)按规定报送会计报表及银保监会及其派出机构要求的其他报表,并对所报报表、资料的真实性、准确性和完整性负责;(4)建立定期外部审计制度，并在每个会计年度结束后的 4 个月内，将经法定代表人签名确认的年度审计报告报送银保监会或其派出机构。

4. 违规处罚

金融租赁公司违反《金融租赁公司管理办法》有关规定的，银保监会及其派出机构应当依法责令限期整改；逾期未整改的，或者其行为严重危及该金融租赁公司的稳健运行、损害客户合法权益的，可以区别情形，依照《银行业监督管理法》等法律法规，采取暂停业务、限制股东权利等监管措施。金融租赁公司已经或者可能发生信用危机，严重影响客户合法权益的，银保监会依法对其实行托管或者督促其重组，问题严重的，有权予以撤销。金融租赁公司对上述处罚决定不服的，可以依法申请行政复议或者向人民法院提起行政诉讼。

实践中，近年来相当数量的金融租赁公司由于各类违规行为被监管机构处罚。但从实际处罚措施来看，普遍采取罚金加警告的形式，且处罚金额普遍较低。2019 年 9 月，江苏金融租赁股份有限公司因以公益性资产作为租赁物，违规提供融资被罚款 50 万元，相关责任人被给予警告。〔37〕 2019 年 10 月，由于存在在租赁业务中违规要求地方政府提供担保的问题，严重违反审慎经营规则，天津市银保监局对中信金融租赁有限公司处以 50 万元罚款并对相关责任人员予以警告。〔38〕 同月，建信金融租赁有限公司租赁物不符合监管规定，被北京市银保监局处以 60 万元罚款。〔39〕

| 案例 |

甲、乙、丙三人签订合伙协议并开始经营，但未取字号，未登记，也未推举负责人。其间，合伙人与顺利融资租赁公司签订融资租赁合同，租赁淀粉加工设备一台，约定租赁期限届满后设备归承租人所有。合同签订后，出租人按照承租人的选择和要求向设备生产商丁公司支付了价款，租赁期间因设备自身原因停机，造成承租人损失。（2016 年司法考试案例）

思考：承租人的损失应当由谁承担？

思考题

1. 如何理解信托的属性？
2. 信托法与《民法典》物权编具有什么样的关系？
3. 如何理解信托关系中的信义义务？
4. 我国信托制度对于信托业发展发挥了怎样的作用？
5. 我国公益信托发展存在哪些问题？
6. 金融租赁与信托具有什么样的关系？
7. 金融租赁专业子公司与特殊目的机构（SPV）具有什么样的关系？

---

〔37〕 苏银保监罚决字〔2019〕18 号、19 号。

〔38〕 津银保监罚决字〔2019〕39 号、40 号。

〔39〕 京银保监罚决字〔2019〕42 号。

扩展阅读

1. 何宝玉:《信托法原理研究》(第2版),中国法制出版社2015年版。

本书既从比较法的角度全面介绍英美和大陆法系信托法的基本制度,同时也结合我国实际,融入了国外学者的理论研究成果和中国信托法的实践,是信托法全面、细致的研究成果,在信托法领域有相当的影响。

2. 刘鸣炜:《信托制度的经济结构》,汪其昌译,上海远东出版社2015年版。

本书从经济学角度阐述了信托存在的原因以及信托法应该如何被形塑,进而从所有权的角度对普通法中的信托进行了原创性分析,指出信托法调整的是信托财产和主要当事人与信托财产的关系,并基于财产的方法应用于信托的经济分析,解释了信托作为财产法延伸内容的经济利益。

3. [日]田中和明、田村直史:《信托法:理论与实务入门》,丁相顺等译,中国人民大学出版社2018年版。

本书可以帮助读者全面系统地了解日本信托制度的理论和实务经验。在"理论篇"中,本书详尽介绍了日本信托制度的沿革和信托相关的理论与制度,展现了日本《信托法》的精妙。在"实务篇"中,对各类信托运作模式进行了分析和阐释。该书对中国的信托制度研究具有很好的借鉴意义。

4. 王淑敏、齐佩金主编:《金融信托与租赁》(第5版),中国金融出版社2020年版。

本书是金融信托与租赁领域的经典教材,该书对金融信托、租赁的基本理论和实务进行了系统介绍。新版本紧密结合国内外信托租赁业的发展状况,特别是中国国情,将国内外的业务创新融入其中。此书运用了知识结构图、专栏、重点概念等新形式,有利于读者建立完整的知识体系。

第八章　证券法律制度

证券法律制度是调整与证券发行、证券交易相关的监管活动和市场行为的法律规范的总称，是金融法律体系的重要组成部分。证券市场作为金融市场中最重要的直接融资体系，相对于作为间接融资体系的商业银行市场而言，具有降解金融杠杆、支持实体经济创新和实现财富分配社会化的特征，是实现经济持续发展和繁荣的“国之重器”。证券法律制度的立法目的是规范证券的发行和交易行为，保护投资者的合法权益，维护社会经济秩序和社会公共利益，促进市场经济的健康发展。证券法律制度的发展和完善对于社会主义市场经济制度的全面深化改革具有重要的意义。

第一节　证券与证券法

一、证券概述

（一）证券的概念和特征

证券是一个极其丰富和复杂的概念，对其内涵的界定决定了证券法律制度的调整范围。一旦某种金融产品被界定为证券，就意味着它的发行者要承担证券法上关于证券发行的审核义务和信息披露义务（除非满足法定的豁免条件），而购买和交易它的投资者有权获得证券法上的民事、行政和刑事责任制度的保护。从证券定义的功能上来看，定义证券的作用首先是为市场上的融资主体提供明确、合法的融资途径或手段，以免其落入融资类犯罪等刑事规制范围。

由于金融创新日新月异，各国为了有效维护金融市场的投融资秩序，在立法上对证券的概念大都保持着开放性的界定。典型如美国证券法，其对“证券”的定义采取了十分宽泛的界定，目的是给予投资者尽可能周全的保护，使其不致因某种新型投资工具不属于证券法的调整范围而无法享受到证券法提供的保护和救济措施。其中，美国《1933 年证券法》第 1 部分第 2(a)(1) 节采用“一般列举 + 兜底认定”的方式给出了一个开放式的证券定义。[1] 列举的证券包括：股票，库存股票，债券，公司信用债券，债务凭证，盈利分享协议下的权益证书或参与证书，以证券作抵押的信用证书，组建前证书或认购书，可转让股票，股权信托证，证券存款单，石油、煤气或其他矿产小额利息滚存权，或一般来说被普遍认为是“证券”的任何权益和票据，或上述任一种证券的权益或参与证书、暂时或临时证书、收据、担保证书、认股证书或订购权或购买权。另外，承担“兜底性认定”功能的证券包括两项，分别是“投资合

[1] The Securities Act of 1933, Sec1, at2(a)(1).

同”和“金融票证”。投资合同在美国证券法上是一个相当有弹性的概念,其通过联邦和州法院的一系列判例进行总结和发展,并始终保持开放性特征。其中,判定“投资合同”是否属于证券的主要方法来自美国联邦最高法院审理的美国证券交易委员会(SEC)诉豪伊公司(W. J. Howey Co.)这一经典判例。[2] 该判例后来被总结为认定“投资合同”是否属于证券的“Howey 规则”。根据“Howey 规则”,属于证券的“投资合同”必须同时满足四项构成要件:(1)该项行为包含金钱的投资计划;(2)必须投资于共同事业;(3)目的是获取利润;(4)利润的获取完全依赖于筹资人或者第三人的努力。该四项构成要件使得美国证券法上的“证券”定义始终保持高度开放性,适应了美国高频度创新的金融市场,为美国资本市场的发展和繁荣奠定了坚实的基础。

此外,为解决“Howey 规则”对各项相对抽象表达的构成要件解释的争议,如对“金钱”的解释是否包含非金钱的实物资产、“获取利润”是否包括满足消费或者其他的生活需求、“完全”的解释是否排除投资人的努力或参与、“筹资人”与“第三人”是否要求存在控制与被控制关系等在司法实践中存在的无穷无尽的争议,后来美国联邦法院总结出一套“若排除构成已知的‘家族票证’及与其具有家族相似性的票证,则构成美国《1933 年证券法》第1部分第2(a)(1)节所指的证券”的规则,即另一个著名的“Reves 规则”。[3] “Reves 规则”包含四项要点,且这四项要点各自独立。具体而言,“Reves 规则”的四项要点包括:(1)首先假设所有的票证都是证券,但这一假设是可以被推翻的;(2)如果要推翻前述的假设,当事人需要证明所争议的票证与已经明确的一系列“家族票证”具有较强的相似性,此时所争议的票证属于“家族票证”,反之,所争议的票证就可能被认定为证券,或者进行下一步的判断;(3)在前一步的基础上,如果所争议的票证与已经明确的一系列“家族票证”不存在足够的相似性,法院就应当判断所争议的票证是否应当纳入新的“家族票证”的范畴,即如果被认定为新的“家族票证”,那么所争议的票证就不是证券,反之,则是证券;(4)判断前述所争议的票证与已经明确的一系列“家族票证”是否具有较强的相似性和是否应当纳入新的“家族票证”的方法都是所谓的“家族相似性规则”。

在“Reves 规则”的具体适用过程中,“家族相似性规则”具体应当考量四个方面的因素:(1)买卖双方的动机是否分别包含了盈利和营业的内容,如果是,则很可能被认定为证券,反之,则很可能不被认定为证券;(2)是否存在一个针对票证的共同交易,即相关的票证交易是否发生在公共交易场所或者向广大社会人员发出要约、销售投资工具等,如果是,则很可能被认定为证券,反之,则很可能不被认定为证券;(3)投资者的合理期待是否认为该项票证属于证券,如果是,则很可能被认定为证券,反之,则很可能不被认定为证券;(4)该项票证是否存在其他针对投资者损失的风险防范或救济措施,如果存在其他有效减轻投资者损失的监管措施,就没必要将该项票证认定为证券,而如果不存在其他有效的风险防控措施,则有必要考虑将该项票证认定为证券。

近些年,各国金融业逐渐走向混业经营,原来的机构监管模式也转向功能监管模式。随之而来的是,原来按照证券、银行、信托、保险等细分行业的多头立法模式,也转向金融商品统一立法模式。在这种趋势下,许多国家使用“金融商品”或“集合投资计划”的概念,把证

---

〔2〕 SEC v. W. J. Howey Co.,328 U.S. 293,194 - 302(1946).

〔3〕 Reves v. Ernst & Young,110 S. Ct. 945,945 - 960(1990).

券的概念涵盖进去，如英国、德国、澳大利亚、日本等。欧盟用的是“金融工具”，韩国用的是“金融投资商品”。这些新概念都包含并取代了传统证券法上界定的证券的概念。事实上，以证券来表示投资性财产权利，可以实现权利表示的明确化、权利内容的标准化、权利转让的便捷化、权利实现的简约化和权利主体的规模化，因而证券容易成为大众的投资手段。同时，证券的概念涉及证券法律制度的调整范围，对融资市场监管权力边界的划分也将直接影响金融监管体制的设置和分工。在这种背景下，大多数国家的证券立法对证券的界定都采用“一般列举＋兜底认定”的立法模式。其中，“兜底认定”的功能在于弥补“一般列举”的不周延，以此保持证券概念的开放性，以满足金融市场创新发展的需要。尽管如此，对证券概念界定的方法和立法规则，不管是国内还是国外，一直都存在争议，并且这项争议将伴随着证券市场的发展一直持续。

我国证券法对证券概念的界定一直秉持着“一般列举＋兜底认定”的立法模式。从实践来看，我国证券法上的证券是一个逐渐扩张的概念。1998年《证券法》只规定了股票、公司债券和政府债券三类证券，同时将“国务院依法认定的其他证券”作为兜底性规定；2005年《证券法》将“证券投资基金份额”和“证券衍生品种”纳入其中，实现了《证券法》上证券概念的首次扩容；2014年《证券法》基本沿用了2005年《证券法》对证券概念的界定；2019年《证券法》将“存托凭证”纳入证券的范围，并规定“资产支持证券”和“资产管理产品”的发行和交易的管理办法，由国务院依照《证券法》的原则进行规定，由此实现了中国证券立法上关于证券概念的再次扩容。立足于对证券概念的开放式界定，证券具有以下三个方面的特征：

1. 客观上具有投资功能，主观上具有营利目的。实践中判断某项交易客观上是否具有投资功能的重要区分依据是消费性。对于资金需求者而言，其融资方式可以进行无穷尽的创新设计。通常情况下，融资者为了筹集资金除了向社会公众公开发售证券之外，还可以向作为消费者的社会公众公开发售生产的商品或者提供服务。实际上，消费者与经营者之间与投资者与融资者之间类似，存在产品的涉众性、谈判地位不对等和信息不对称的特点。两组关系的重要差别在于，消费者与经营者之间的消费关系除了受一般民法保护之外，还受到消费者权益保护法的特别保护，而且消费者交易行为的主要目的是满足生产生活需要。投资者与融资者的融资关系除了受一般民法保护之外，投资者的相关权益还受到证券法的保护，而且投资者交易行为的主要目的是获取利润，主观上具有盈利目的。可以说，投资关系与消费关系的重要区别就在于主观上是否具有盈利目的。投资关系中的证券的重要特点在于其单位价值的虚拟性和价值的不确定性。在美国《1933年证券法》判断“投资合同”的“Howey规则”的四项要素中，第一项要素和第三项要素所表达的意思就是“客观上具有投资功能，主观上具有盈利目的”。客观上的投资要求和主观上的盈利目的，可以最大限度地滤除那些非经济活动纳入证券规制的可能性，并为市场经济中的投资活动提供有效的保护。

2. 投资于一项共同的事业，且投资者的投资因为构成一个整体的经营共同体而由所有投资者共负盈亏，投资者持有的利益可以按照标准化的方式进行单位分割和对外转让。投资者投入的资金必须服务于一项共同事业的经营，而这项经营的事业可以划分为若干个标准化的利益份额被一个或者多个投资者持有。在约定的人员范围和交易场所内，这项共同事业的标准化利益份额可以进行转让或流通。对于这项共同事业的不同投资者而言，他们具有横向的共同性特征，这种共同性的基本表现就是他们各自持有的利益份额都是标准化的,除了量方面的差异之外,具有相同的质性特征,但不排除对质性特征进行类别化设计。在纵向关系方面,所有投资者的利润获取都共同依赖于融资者或者他人的努力,此即类似于"Howey 规则"中的第四项要素"利润的获取完全依赖于筹资者或者第三人的努力"。依据这项共同事业的经营效果,所有投资者因为具有横向关系的共同性和纵向关系的共同性而一起共负盈亏。由此,这种横向关系的一致性和纵向关系的协同性决定了证券可以进行标准化分割,并可以在约定的条件下进行自由转让。实际上,基于共同事业的共负盈亏特征决定了证券投资的涉众性和分散化,使得这项经济活动能够发挥普通个人投资者所无法达到的经济能力。

3. 投资者损失的风险未受其他法律法规的有效规制,且投资者有损失本金的风险。为满足金融监管的有效性,大多数国家已经形成了对金融业进行条块式分业监管的传统。实践中,遵循市场经济的基本原理,政府通过法律形式介入任何融资行为的根本目的就是维护市场秩序、防范投资者的非市场损失风险和打击欺诈行为。基于此,如果某项融资活动已经获得了其他法律法规的有效规制,那么其就没有利用证券法进行规制的必要。投资者损失风险未受其他法律法规的有效规制,充分体现了证券法的规制范围应当充分尊重分业监管的金融体制,利用有限的监管资源实现监管效能的最大化。例如,如果某项保险产品的投资已经纳入保险法的监管范围,那么相关投资者利益就能够获得足够的保护,因而证券法就没有对此介入规制的必要。又如,关于银行存款单是否属于证券的争议一直存在。依据"投资者损失的风险未受其他法律法规的有效规制"这项特征,在商业银行已经受到存款准备金、风险拨备率、不良资产统计报告、风险事项检查、存款保险制度和破产重整的特殊监管等法律规制下,银行存款单的投资者显然已经获得了银行业监管方面的全面、充分的保护,那么证券法就没有对此介入规制的必要。另外,属于证券的投资还要求投资者有损失本金的风险。无论何种形式的证券,刚性兑付都不是市场的必然结果;强调投资者有损失本金的特征是在突出证券投资的盈利需求之外,重点突出证券投资具有损失本金风险的另一面。实际上,投资者损失未受其他法律法规的有效规制这一特征,说明了属于证券的投融资活动应当与其他金融业态的融资活动有明显的区分。

(二)证券的分类

我国《证券法》上证券的种类是相对明确、固定的,主要包括股票、债券、存托凭证、证券投资基金等。

股票(Stock),是指股份有限公司发行的,证明股东依其所持股份享受权利和承担义务的凭证。股票包括实物式股票和簿记式股票两种形式。由于交易便利和迅捷的要求,现代公开发行的股份公司基本上都采用簿记式股票形式,都记载于我国证券登记结算公司开设的证券账户上。目前,我国已经完全实现了股票公开发行和交易的无纸化,这得益于我国在证券市场创设之初就采用了国际上最先进的电子化股票交易技术。股票可以划分为不同的种类:依据股票所代表权利的不同,可以区分为普通股、优先股、劣后股和混合股;依据所代表的表决权数量不同,可以区分为超额表决权股、普通表决权股和无表决权股。实践中,最为常见的是,将股票区分为普通股和优先股两大类。普通股是指对公司的经营管理和盈余分配享有普通权利的股份,是股票的基本形式。优先股是相对于普通股而言的,主要指在利润分红及剩余财产分配的权利方面优先于普通股。优先股具有以下主要特征:(1)通常预先定明股息率。股息一般不会根据公司经营情况而增减,而且一般也不能参与公司的分红,但可以先于普通股获得股息;(2)权利范围较小。股东一般不享有表决权,但在法定或者公司章程约定的某些特殊情况下可以享有投票权;(3)在公司因解散或破产清算而分配剩余财产时,索偿权先于普通股,而次于债权人。

债券(Bond),是指政府、金融机构以及公司企业依照法定程序向投资者发行的、约定在一定期限内还本付息的有价证券。依据发行和监管主体的不同,债券可分为政府债券、金融债券、企业债券和公司债券。政府债券是指政府为筹集公共财政资金而发行的债券,包括中央政府债券和地方政府债券,这类债券又称“公债”,由《预算法》等单行的法律法规进行规制。金融债券,是指银行等金融机构为筹措资金而依照法定程序发行的债券,这类债券由中国人民银行管理。企业债券是由国家发改委管理的符合条件的企业,依照法定程序发行并上市交易,约定在一定期限内还本付息的债券。公司债券是由符合条件的公司,依照法定程序发行并在交易所上市交易,约定在一定期限内还本付息的债券。上市公司经股东大会决议,还可以发行可转换为股票的公司债券,这种债券称为可转换公司债券或可转换债券。在法律适用上,公司债券和企业债券一直适用《证券法》。2018 年 11 月 23 日,经国务院同意,中国人民银行、证监会、国家发改委联合发布《关于进一步加强债券市场执法工作有关问题的意见》(银发〔2018〕296 号),开始建立统一的债券市场执法工作机制,由中国证监会依法对银行间债券市场、交易所债券市场的违法违规行为开展统一的执法工作,对涉及金融债券、企业债券、公司债券等各类债券品种的信息披露违法违规行为、内幕交易、操纵市场以及其他违反《证券法》的行为,依据《证券法》的规定进行调查、认定和作出行政处罚。2022 年 1 月 20 日,上海证券交易所、深圳证券交易所、中国外汇交易中心暨全国银行间同业拆借中心、银行间市场清算所股份有限公司、中国证券登记结算有限公司联合发布了《银行间债券市场与交易所债券市场互联互通业务暂行办法》,正式实现了银行间市场债券和交易所市场债券在二级市场交易上的互联互通,为中国证监会依据《证券法》对债券市场进行统一管理做好了相关基础设施方面的准备。目前,各类债券品种的交易开始适用《证券法》,但政府债券、金融债券等归属于中国证监会之外的其他机构管理的债券发行活动仍然不适用《证券法》。随着全面注册制的实施和信息披露制度的完善,通过构建规则统一、高效便捷的债券市场投融资制度来统一我国条块分立的债券市场是我国资本市场改革的重要趋势。

存托凭证(Depositary Receipts),是特定主权区域内的融资者到境外交易所市场进行跨境发行证券融资的重要金融工具。存托凭证是 2019 年《证券法》新纳入的证券种类。对于发行市场所在地的投资者而言,它是由存托人发行的,代表境外公司所有权的一种以本国货币为面值的可转让金融工具。例如,非美国公司在美国境内证券交易所发行上市交易的存托凭证称为美国存托凭证(ADR),而非中国公司在中国境内证券交易所发行上市交易的存托凭证则称为中国存托凭证(CDR)。2018 年,《国务院办公厅转发中国证监会关于开展创新企业境内发行股票或存托凭证试点的若干意见》(国办发〔2018〕21 号),由此开始了中国存托凭证在中国境内证券交易所的试点。2018 年 6 月,中国证监会陆续发布了《存托凭证发行与交易管理办法(试行)》(证监会令第 143 号)和《创新企业境内发行股票或存托凭证上市后持续监管实施办法(试行)》(证监会公告〔2018〕19 号)。在这些监管文件的基础上,中国存托凭证(CDR)的试点业务逐渐展开,为已经在境外上市的中国公司回归中国 A 股市场培育起良好的监管环境。为扩大中国存托凭证(CDR)的适用范围,加强中国境内外证券交易所存托凭证业务监管机制的互联互通,2022 年 2 月 11 日,中国证监会发布了《境内外证券交易所互联互通存托凭证业务监管规定》(证监会公告〔2022〕28 号)。存托凭证制度加速了中国证券市场制度与发达国家市场的接轨,对已经在境外上市的红筹企业而言,发行中国存托凭证使其可以选择保留境外上市主体身份的同时回归中国资本市场,或选择利用 A 股市场筹资并在境外市场实现私有化以完全回归中国资本市场。对于境内市场投资者而言,中国存托凭证制度显著丰富了境内资本市场的“产品链”,优化了中国资本市场的交易环境,加速了中国资本市场的制度变革。

证券投资基金(Securities Investment Fund),是指基金管理人依法向投资者公开或非公开募集的专项资产管理计划或集合资产管理计划。当投资人存在两人以上时,这种基金是一种利益共享、风险共担的集合投资方式,即通过发行基金单位,集中投资者的资金,由基金托管人托管,由基金管理人管理和运用资金,从事证券投资活动。证券投资基金凭证是指基金管理人向投资者公开或者非公开发行的,表示持有人对基金享有资产所有权、收益分配权和其他相关权利,并承担相应义务的凭证。因此,证券投资基金依据发行方式的不同,可以区分为通过公开募集方式设立的基金和通过非公开募集方式设立的基金,即公募基金和私募基金。依据《证券投资基金法》(2015 年修正)第 3 条的规定,基金管理人、基金托管人和基金份额持有人的权利、义务应当依照《证券投资基金法》的规定在基金合同中约定,基金管理人和基金托管人也应当依照《证券投资基金法》和基金合同的约定,履行受托职责。其中,公募基金的份额持有人按其所持有基金份额享有收益和承担风险,而私募基金的收益分配和风险承担问题则由基金合同具体约定。在法律适用问题上,2019 年《证券法》第 2 条第 2 款规定,“证券投资基金份额的上市交易,适用本法;其他法律、行政法规另有规定的,适用其规定”。由此可知,证券投资基金作为一种证券,其基金份额的上市交易行为适用《证券法》的规定,但其发行、管理、分配等其他行为则适用其他法律、行政法规的规定。为此,《证券投资基金法》第 2 条规定:“在中华人民共和国境内,公开或者非公开募集资金设立证券投资基金(以下简称基金),由基金管理人管理,基金托管人托管,为基金份额持有人的利益,进行证券投资活动,适用本法;本法未规定的,适用《中华人民共和国信托法》、《中华人民共和国证券法》和其他有关法律、行政法规的规定。”概括而言,在民法的一般规定之外,证券投资基金的法律适用依据主要是《证券法》、《证券投资基金法》和《信托法》。

二、证券法律体系

我国的证券法律体系是一个由多层次法律法规构成的体系。按照《立法法》规定的效力层级的差异,可以分为几个层次:法律、行政法规、部门规章和其他规范性文件,另外,还有上海证券交易所、深圳证券交易所、北京证券交易所、中国证券业协会、中国基金业协会制定的规定、意见等证券自律性规则。

(一)法律

按照《立法法》的规定,法律是由全国人大及其常委会制定的。规范证券方面的法律主要包括《证券法》和其他相关法律。我国的《证券法》是 1998 年颁布的,后经 2004 年、2005 年、2013 年、2014 年和 2019 年多次修改,其中 2005 年和 2019 年属于比较重大的修改。现行《证券法》共 14 章,226 条。

《证券法》的相关法律主要指《公司法》、《证券投资基金法》、《信托法》和《刑法》。其中,《公司法》与《证券法》关系密切。《证券法》第 2 条规定,“在中华人民共和国境内,股票、公司债券、存托凭证和国务院依法认定的其他证券的发行和交易，适用本法；本法未规定的，适用《中华人民共和国公司法》和其他法律、行政法规的规定”。《公司法》中关于股份有限公司的设立和组织机构、股份发行、股份转让、公司董监高的资格和义务、公司债券、公司的财务和会计等规定，均构成证券法律规则的重要组成部分。根据《立法法》的基本原理，《证券法》是调整《公司法》中关于股份公司的证券发行和交易活动的专门立法，因此，《证券法》应当是《公司法》的特别法。

《证券投资基金法》于 2003 年 10 月发布，2004 年 6 月起施行。现行是 2015 年修正的《证券投资基金法》，共 15 章，154 条。《证券投资基金法》第 2 条规定：“在中华人民共和国境内，公开或者非公开募集资金设立证券投资基金（以下简称基金），由基金管理人管理，基金托管人托管，为基金份额持有人的利益，进行证券投资活动，适用本法；本法未规定的，适用《中华人民共和国信托法》、《中华人民共和国证券法》和其他法律、行政法规的规定。”

《信托法》是调整具有信义关系的私法主体之间关于利益信托行为的法律规范。信托是指委托人基于对受托人的信任，将财产权转让给受托人，由受托人按照委托人的意愿以自己的名义，为受益人的利益或者其他特定目的，从事财产的管理和处分的行为。信托法律制度在“受人之托，代客理财”的金融行业广泛适用。在证券市场领域，上市公司的董事（管理层）与股东（投资者）的关系、上市公司股权激励中的员工持股会与参与的员工之间的关系、证券投资基金的管理人与基金投资者之间的关系等，都适用信托法律关系。在传统的代理理论之外，起源于英美衡平法的信托理论对证券市场中各式各样复杂的利益平衡行为起着重要的规制作用。

《刑法》对于打击证券市场犯罪行为起着重要防线作用。我国《刑法》于 1979 年颁布，历经多次修正，现行的是 2020 年的修正版本。其中，分则第三章“破坏社会主义市场经济秩序罪”的第三节“妨害对公司、企业的管理秩序罪”、第四节“破坏金融管理秩序罪”、第五节“金融诈骗罪”和第八节“扰乱市场秩序罪”都与证券市场有关。相关的罪名主要包括欺诈发行证券罪，违规披露、不披露重要信息罪，隐匿、故意销毁会计凭证、会计账簿、财务会计报告罪，虚假破产罪，背信损害上市公司利益罪，擅自设立金融机构罪，非法吸收公众存款罪，伪造、变造金融票证罪，擅自发行股票、公司债券、企业债券罪，内幕交易、泄露内幕信息罪，利用未公开信息交易罪，编造并传播证券、期货交易虚假信息罪，操纵证券、期货市场罪，挪用资金罪，背信运用受托财产罪，吸收客户资金不入账罪，违规出具金融票证罪，洗钱罪，集资诈骗罪，有价证券诈骗罪，非法经营罪，提供虚假证明文件罪等。《刑法》以刑事手段来调整证券市场，对于严重破坏证券市场秩序或严重侵犯投资者合法权益的违法行为，通过刑事责任加大违法的成本。

此外，《民法典》作为民事一般法也与证券市场存在比较密切的关联。证券市场的大量行为需要适用合同法、物权法、侵权责任法的相关规则，在具体纠纷中有时还需适用《民法典》总则编的相关规则。实践中，时常出现对某一证券市场违法违规行为需要同时运用民事责任、行政责任和刑事责任进行立体化协调规制的现象。因此，如何协调好三种法律责任制度在调整证券市场时的关系是一个重要课题。

（二）行政法规

行政法规是在法律保留事项之外，经过法律的授权或者在法律未作规定的情况下，由国务院制定的行为规则。证券市场事关国民经济的大局，因此国务院有权制定并发布了一系列的行政法规对其进行调整,有的是具体针对某类证券品种进行规制的立法,如《股票发行与交易管理暂行条例》《企业债券管理条例》《国库券条例》《期货交易管理条例》等;有的是针对证券市场的某类主体进行规制的立法,如《证券公司风险处置条例》《证券交易所风险基金管理暂行办法》等。

(三)部门规章和规范性文件

中国证监会是依法对全国证券市场实行集中统一监督管理的政府主管部门,通过单独或联合其他政府部门颁布大量的部门规章和规范性文件,对证券市场进行全面的监督管理。截至 2022 年 4 月 2 日,中国证监会网站公开的部门规则、规范性文件相关栏目显示,中国证监会发布"证监会令"共 194 件,包括《证券交易所管理办法》《证券期货违法行为行政处罚办法》《证券公司股权管理规定》《期货公司监督管理办法》《证券期货经营机构及其工作人员廉洁从业规定》等;发布"证监会公告"共 627 件,包括《上市公司董事、监事和高级管理人员所持本公司股份及其变动管理规则》(2022 年修订)、《上市公司独立董事规则》、《境内外证券交易所互联互通存托凭证业务监管规定》等;发布"监管规则适用指引"共 14 件,包括《监管规则适用指引——关于申请首发上市企业股东信息披露》、《监管规则适用指引——机构类第 1 号》(2021 年 11 月修订)、《监管规则适用指引——会计类第 1 号》、《监管规则适用指引——审计类第 1 号》等。为了方便市场主体办理相关业务,中国证监会还制定了"办事指南",共 95 件,如《基金托管人资格核准》《证券基金经营机构行政许可改备案管理服务指南》《北京证券交易所上市公司向不特定合格投资者公开发行股票》《北京证券交易所上市公司向特定对象发行股票》等,这些"办事指南"在一定程度上也起到了相应的监管作用。由此可见,中国证监会单独或联合其他部门颁布了大量的部门规章和其他规范性文件,但这些部门规章和其他规范性文件的类型显得相当混乱,也没有明确的效力层次区分。值得关注的是,这些文件中存在大量突破现行立法的规定,如限制上市公司对外提供担保、强制要求申请首发上市的保荐人对因信息披露违法和其他重大违法行为受到损失的投资者进行先行赔付、限制上市公司的管理层及大股东的股权转让行为等。这些问题还有待进一步探讨。此外,在全面注册制改革的背景下,中国证监会如何清理这些庞杂的部门规章和其他规范性文件,也是一个需要解决的问题。

(四)证券交易所制定的自律性规则

上海证券交易所、深圳证券交易所、北京证券交易所为满足业务操作和监管的需要,制定了大量的规则、意见等。以上海证券交易所为例,其制定的规则可以分为组织、发行、上市、交易、会员、服务、股票期权七大类。比如,组织类有《上海证券交易所章程》《上海证券交易所纪律处分和监管措施实施办法》等;发行类有《上海证券交易所证券上市审核实施细则》《股票上市公告书内容与格式指引》等;上市类有《上海证券交易所股票上市规则》《上海证券交易所退市公司重新上市实施办法》等;交易类有《上海证券交易所债券交易实施细则》《上海证券交易所融资融券交易实施细则》等;会员类有《上海证券交易所会员自律准则》和《上海证券交易所会员业务规范指引》;服务类有《上海证券交易所证券指数管理细则》《上海证券交易所通信网络技术白皮书》等;股票期权类有《上海证券交易所股票期权试点交易规则》《上海证券交易所股票期权试点做市商业务指引》等。这些规则与实务操作密切相关,在日常业务中应用频繁。

（五）中国证券业协会、中国基金业协会自律性规则

中国证券业协会、中国基金业协会作为证券业的自律性管理组织，也制定了许多自律性规则。法理上，虽然这些自律性规则不具有法律强制力，但因为其他市场治理措施使得这些自律性规则获得了普遍的遵守，对证券市场也产生了重大影响，因此也是广义上的证券法律体系中不可或缺的重要组成部分。有些事项不适宜或不必要由法律调整，或者有些事项虽可由法律调整，但目前出台法律还不成熟，则可由行业协会的自律性规则加以调整，发挥它们的引导和规范作用。实践中，行业协会的自律性规则发挥的作用还很有限，尤其是在证监会的严格管理下，行业自治的功能还没能发挥应有的作用。对此，如何解决行政监管规制与行业自治的关系，还有待进一步的理论探讨与实践检验。

三、证券法的基本原则

证券法的基本原则，是指为实现证券法宗旨而使整个证券法律体系据以建构并指导其他证券法律规则理解和适用的一般规则。它贯穿证券法的始终，体现了证券法的价值取向和基本精神。证券法的基本原则主要包括公开、公平和公正原则，保护投资者合法权益原则，诚实信用原则和适度监管原则。

（一）公开、公平和公正原则

《证券法》第3条规定："证券的发行、交易活动，必须遵循公开、公平、公正的原则。"这就是所谓的证券法的公开、公平和公正原则，通常可以简称为"三公原则"。公开原则系指与证券发行、交易有关的信息应当真实、准确、完整、平等、及时、有效地公开，便利投资者据以作出投资判断和决策，具体包括证券发行和交易信息的公开、上市公司信息的持续公开、上市公司收购信息的公开、证券市场监管信息的公开等诸多方面。信息披露对于证券市场具有决定性意义，构成了证券立法的核心理念，即强制性信息披露要求。公平原则系指证券市场准入的公平、证券市场主体地位平等、机会均等、信息公平、规则公平和利益分配公平，但它并非指结果的平均，投资者因为不同的投资决策自然导致盈亏的不同。公平更追求实质上的公平，而不限于形式上的公平。公正原则系指立法者、证券监管机关、证券自律组织、司法机关在对证券市场制定规则、执行规则和利用规则解决纠纷时，应当平等对待交易各方，适用相同的法律规则。

（二）保护投资者合法权益原则

投资者是证券市场存在和发展的前提和基础。没有广大的投资者，就没有证券市场的繁荣。各国证券法律均将保护投资者合法权益作为证券法律的立法目的和主要任务。中国证监会长期以来始终把保护投资者特别是中小投资者权益作为证券市场监管的核心工作。保护投资者合法权益的核心是保护中小投资者的合法权益。证券市场上，中小投资者处于弱势地位，对弱者进行特别保护是现代法治的一个重要原则。为加强我国证券市场的投资者保护水平，2019年《证券法》将投资者保护规则单独成章，彰显出我国证券市场对投资者保护的决心和价值追求。

（三）诚实信用原则

诚实信用原则被誉为民法的帝王条款，能够有效地填补法律漏洞。诚实信用原则既可以指导当事人适当地行使权利、履行义务，也可以在解释法律、解决纠纷时发挥作用。特别

值得关注的是,现代法治要求政府在对证券市场进行监管的过程中也必须遵循诚实信用原则。

(四)适度监管原则

适度监管原则是让市场在配置资源方面发挥决定性作用和更好地发挥政府作用的具体体现。证券市场与其他市场一样存在市场失灵的现象,而且证券市场的上市公司是国民经济的基本盘,其外部性相当突出,因此政府干预必不可少。然而,政府的有限理性导致其存在信息不足、选择失当、寻租创租、执行不力等问题。许多事项,政府干预无能为力或者政府干预的成本比市场自行恢复成本更高,这时政府就不宜干预。适度监管原则体现了公法上比例原则的要求。监管的适度应当具体体现在监管的目标、范围、方式、手段、程度、效果等都要适当。政府适度监管,就要求将政府的集中统一监管与市场自治、市场主体的自律管理有机结合起来。

|案例|

2017 年 9 月 4 日,中国人民银行等七部委发布《关于防范代币发行融资风险的公告》,要求任何组织和个人不得非法从事代币发行融资活动,指出虚拟代币发行(Initial Coin Offering,ICO,指区块链项目首次发行代币,募集比特币、以太坊等通用数字货币的行为)本质上是一种未经批准的非法公开融资行为,涉嫌非法发售代币票券、非法发行证券、非法集资、金融诈骗、传销等违法犯罪活动。之后,国内的虚拟货币发行活动基本停止,很多项目停止运营,相关交易平台也开始积极寻找新的发展空间。比如,我国最大的两个虚拟货币交易所火币网和 OKCoin,都关闭了国内网站,并开始了国外运营。由于我国监管层目前仅仅是将代币融资定性为非法融资,法律法规并不禁止公民持有比特币等虚拟货币,国内大量投资人、炒币者也跟着到海外参与 ICO 和代币交易。

思考:(1)比特币、以太坊等虚拟货币属于证券吗?(2)根据现有的法律法规、中国人民银行等七部委的《关于防范代币发行融资风险的公告》,直接将所有 ICO 活动定性为非法融资是否合理?(3)ICO 活动应当如何监管?

第二节　证券发行

一、证券发行的概念、分类

(一)证券发行的概念

证券发行是指发行申请人依照法定条件和程序向社会公众或特定对象销售证券的活动。证券发行大致可以分为公布招股说明书等募集文件、投资者认购并缴付款项、发行人核定申购人的申购数量和发行人向投资者交付或划拨证券四个阶段。

在证券发行的不同阶段,证券当事人的行为具有不同的性质:

1. 公告招股说明书等募集文件。发行人公布招股说明书等募集文件的行为属于要约邀请。但招股说明书不同于一般要约邀请,其内容和格式必须符合法律的规定,符合真实、准确、完整的要求。按照《公开发行证券的公司信息披露内容与格式准则第1号——招股说明书》(2015年修订)(证监会公告〔2015〕32号)的要求,招股说明书的表现形式应当有封面、书脊、扉页、目录和释义,具体载明的事项包括:(1)概览;(2)本次发行概况;(3)风险因素;(4)发行人基本情况;(5)业务和技术;(6)同业竞争与关联交易;(7)董事、监事、高级管理人员与核心技术人员;(8)公司治理;(9)财务会计信息;(10)管理层讨论和分析;(11)业务发展目标;(12)募集资金运用;(13)股利分配政策;(14)董事、监事、高级管理人员及有关中介机构声明;(15)其他重要事项;(16)备查文件。

另外,该准则还规定了招股说明书的摘要应该载明的事项包括:(1)重大事项提示;(2)本次发行情况;(3)发行人基本情况;(4)募集资金运用;(5)风险因素和其他重要事项;(6)本次发行各方当事人和发行时间安排;(7)备查文件。

2. 投资者认购证券。投资者通过填写认股书等方式进行认购,表明其购买拟发行的证券的意思表示,并承诺受其约束,其行为性质为要约。实践中,投资者通常是在交易所会员的电子交易系统中进行新股申购。

3. 发行人核定申购人的申购数量。发行人根据证券发行办法核定认购人所认购证券的数量,确定投资者可以实际购买的证券的数量,其行为性质为承诺。

4. 投资者认缴投资款,发行人交付证券,其行为性质为履约。

(二)证券发行的分类

根据不同标准,证券发行有不同的分类:(1)根据证券类型不同,可分为股票发行、公司债券发行和其他证券发行。不同类型证券的发行条件、发行程序和管理体制都不同。(2)根据证券发行的价格与证券票面金额的关系,可将证券发行分为平价发行、溢价发行和折价发行。(3)根据是否借助于电子证券交易系统,可将证券发行分为网上发行和网下发行。(4)根据证券发行地点不同,可将证券发行分为国内发行和境外发行。

立法上必须关注的证券发行区分方式是,根据发行对象不同,区分为公开发行和非公开发行。前者指以非特定投资者为对象公开发行证券,或者人数上没有限制;后者指以少数特定投资者为对象进行的证券发行,且人数不超过200人。当前,关于证券公开发行与非公开发行的区分方式还有大量的争议,其中最大的争议在于是否需要在人数上给予限制。对此,我国是否需要借鉴小额公募发行注册豁免的制度,还有待讨论。

另外,根据发行目的不同,证券发行可分为首次公开发行和再发行。首次公开发行是指发行人在证券市场上首次以筹集资金或者设立股份公司为目的而发行股票。再发行是指已完成首次公开发行的股份公司因生产经营需要,追加资本而发行股份的行为。再发行根据投资者是否缴纳股款可分为有偿增资、无偿增资和部分有偿与部分无偿混合增资。有偿增资指对新股缴付现金的增资,包括向原股东配股以及发行新股等方式。无偿增资指股东不缴付资金就取得新股的增资方法,包括公积金转增为资本以及股票派息。有偿无偿混合增资是指公司对原股东发行新股票时,按一定比例同时进行有偿和无偿增资,增发的新股一部分由公司的公积金转增资本,这部分增资是无偿的,另一部分由原股东以现金认购,这部分增资是有偿的。

| 案例 |

2010 年 8 月至 2014 年 6 月间,张某(A 投资基金管理有限公司法定代表人)伙同他人,通过电话营销、渠道销售、网络宣传等方式,以投资项目为名,并以成立合伙企业吸收有限合伙人,且承诺高额回报为手段,共向 2553 名投资人非法吸收资金共计人民币 28.96 亿余元。在 2013 年之前,我国关于私募股权投资基金的监管基本空白。2012 年修订的《证券投资基金法》仅仅将证券投资类基金纳入监管范畴。直接规范私募股权投资基金的《私募投资基金监督管理暂行办法》是证监会 2014 年 8 月出台的部门规章。

思考:(1)张某的行为是否具有"非法性",是刑法上擅自发行证券的行为,还是非法吸收公众存款的行为?(2)本案的法律适用依据有哪些?

二、证券发行制度

为保护投资者利益,维护证券市场的健康发展,各国政府对证券的发行均实行一定方式的监管。总体上,证券发行制度可区分为三大类,包括审批制、核准制和注册制。

(一)审批制

审批制是指法律规定证券发行的实质性条件,证券发行申请人准备发行证券时,须将证明其具备实质性条件的文件向审批机关申报,由审批机关根据法律的规定以及其内部所掌握的政策或发行计划,决定是否批准发行申请人发行证券。这种制度透明度不高,可预见性不强,人为因素较为浓厚,是证券市场法治水平处于初级阶段所采用的制度。1990 年我国证券市场正式诞生,初期就是实行审批制,根据调控政策目标,对不同行业和地区下发额度或指标。

(二)核准制

2000 年 3 月,中国证监会发布了《关于发布〈中国证监会股票发行核准程序〉的通知》,标志着我国股票发行体制开始由审批制向核准制转变。所谓核准制,系指法律规定证券发行的实质性条件,证券发行人准备发行证券时,须将证明其具备实质性条件的文件向审核机构申报,当申报符合法律规定的实质性条件时,审核机构即应核准发行人发行证券。它是由发行人申请,中介机构推荐,证监会合规性审核,发行审核委员会进行实质性判断,并最终由证监会核准等一整套机制组成。核准制的核心为"合规性审核+强制性信息披露+实质性判断"。与审批制的本质区别在于,在核准制下,发行证券的申请只要符合法定条件即应予以核准,不受监管部门计划指标等的限制。可见,核准制的法治化水平得到了大幅度提升。但审核机构仍然要对证券发行的申请是否符合法律规定的实质性条件,如财务指标和发展前景等,进行实质性判断,即是以审核机关的判断代替了市场的判断,市场化水平不高。在 2019 年《证券法》修订之前,我国证券发行实行核准制。

上海安基生物科技股份有限公司、郑戈擅自发行股票案

(三)注册制

2013 年 11 月,中共中央《关于全面深化改革若干重大问题的决定》提出推进股票发行注册制改革。2019 年 3 月,上海证券交易所推出科创板并正式试点注册制。2019 年 12 月 28 日修订的《证券法》正式将注册制确立为我国的证券发行制度。随着科创板、创业板和北交所试点注册制的成功,2021 年 12 月,中央经济工作会议提出,在资本市场方面,"要抓好

要素市场化配置综合改革试点,全面实行股票发行注册制”。随后,2022 年 1 月 28 日,中国证监会印发了《2022 年度立法工作计划》,提出“落实中央经济工作会议关于全面实行股票发行注册制的决策部署,制定《首次公开发行股票注册管理办法》《上市公司证券发行注册管理办法》等规章”。由此,中国证券市场开始了全面注册制改革。注册制是指证券发行申请人依法将与证券发行有关的信息和资料公开,制作成注册申报文件送交审核机构审查,审核机构只负责审查发行申请人提供的信息和资料是否履行了信息披露义务的一种证券发行制度。其最重要的特征是,证券发行审核机构只对注册文件进行形式审查,不对发行申请人的资质进行实质性审核和价值判断,而是将其留给市场来决定。证券管理机构不得以发行证券价格或其他条件不公平或不可行,或发行人陈述的公司前景不尽合理等为理由而拒绝予以注册。注册制是证券市场法治化、市场化水平发展到较高阶段实行的一种证券发行制度。逐步向注册制过渡是我国证券市场走向市场化的重要标志。

注册制主要有如下法律特征:

1. 监管机构仍需对股票发行进行审核,审核的重心是信息披露,且不对申请发行人和申请发行的股票进行价值判断。审核机构主要是对注册文件是不是符合齐备性、一致性、可理解性的要求进行把握和判断。注册生效不表明审核机构对股票的投资价值或者投资收益作出实质性判断或者保证,也不表明审核机构对注册文件的真实性、准确性、完整性作出保证。对于信息披露可能存在的矛盾、遗漏或误导之处,审核机构有权要求发行申请人进行澄清或者追加披露,甚至要求撤回注册文件或者对注册文件作出不予生效、终止生效的决定。

其中,齐备性,主要是指注册文件披露内容的项目、范围和程度等符合信息披露规则的要求,达到了投资者进行投资决策所要求的充分和必要的水平。一致性,主要是指信息披露内容所反映的股份公司自身生产经营状况合理、财务数据之间的勾稽关系符合逻辑、财务与非财务数据之间能够得到印证等。可理解性,主要是指信息披露文件的语言表述要做到简明清晰,容易被广大投资者准确地理解。

2. 投资者是价值判断的主体。投资者需要通过发行申请人公开披露的信息,最终作出投资决策。投资者是决定发行是否能够成功的关键因素。比如,在实行注册制的美国证券市场,如果投资者对某证券发行缺乏投资兴趣,或与发行人的期望相差较大,发行人即便通过监管机构的注册,也难以发行成功。

3. 发行申请人和中介机构对信息披露的真实性、准确性和完整性负责。发行申请人承担基础诚信责任,无条件地对信息披露的真实性、准确性和完整性依法承担法律责任,属于无过错责任。中介机构承担专业把关责任,在其负责的专业范围内承担责任,适用过错推定的归责原则。发行申请人和中介机构对信息披露义务履行的好坏是注册制成败的关键所在。

4. 股票发行和上市是相互独立的环节。发行环节主要由监管机构把关,审核标准较为统一。而在上市环节,特别是在多层次资本市场环境下,交易所可根据自身的定位和需要设置不同的上市门槛,而不同规模、资质的企业,也可选择适合自身发展的交易场所申请上市。

注册制使股票发行过程更加制度化、透明化和市场化,是一种监管机构对市场更为先进、更为现代化的管理方式。注册制改革本质上也是政府和市场关系的再调整。随着监管机构的简政放权,市场的自我调节和供需的自我平衡机制逐步发挥作用。原本不应由监管机构承担的职责将逐步转向交易所、中介机构、发行申请人和投资者等各类主体,使政府和市场的边界更加分明。注册制的实施与市场的法治体系、惩戒机制以及投资者保护水平高度相关。前端的放松需要后端治理的加强。从境外经验来看,在实施注册制、放松准入环节限制的同时,需要不断健全配套法律法规,不断加强中后端监管执法和保护投资者合法权益的力度,这是注册制得以顺利实施的有力保障。

注册制需要一个良好的市场环境相配套。第一,完善的信息披露。当前最主要的任务就是提高信息披露的有效性,以便利和满足投资者作出投资判断的需求为标准。第二,强有力的监管。扩大监管队伍,强化监管手段,落实监管责任。事前、事中、事后监管实现全覆盖,做到及时发现问题,迅速解决问题,使得监管水平和效果大幅度提升。第三,充分的投资者保护。当前主要任务是使这一精神扎实落地。应当尽快组建中国投资者保护协会,集聚投资者的力量来保护投资者权益,完善群体性诉讼制度。第四,严格的责任追究。在我国,违法违规事件之所以高发频发,一个重要的原因是违法成本太低。这首先归咎于法律规定的处罚标准明显过低,其次归咎于有关部门执法不严。2019年《证券法》在加大证券市场违法违规成本方面作出了大量努力,在严格责任追究的过程中,特别要注重运用刑事制裁的手段。

|案例|

2015年9月至2016年1月间,H公司为偿还公司债务,虚构公司处于盈利状态的事实,以增资扩股的方式,通过线上平台向不特定对象直接融资1800余万元。需要说明的是,股权众筹融资虽在我国早已出现,但从法律上实质界定的是2015年《关于促进互联网金融健康发展的指导意见》。针对通过互联网的公开小额股权融资活动,2018年年底证监会才发布股权众筹试点管理办法的立法工作计划,但该管理办法至今未出台。

思考:(1)案例中的行为是不是证券法上的证券发行行为?法律适用依据有哪些?(2)特定规模的股权众筹融资是否应当适用证券公开发行规则?我国应当如何规制股权众筹融资行为?

第三节　证券上市与交易

一、证券上市法律制度

(一)证券上市的概念

证券上市分为广义的证券上市和狭义的证券上市。[4] 广义的证券上市是指已发行的证券获准在各种证券交易市场进行交易。狭义的证券上市专指已发行的证券获准在证券交易所挂牌进行交易转让。我国《证券法》所规定的证券上市是狭义的,专指已公开发行的证券获准在依法设立的证券交易所或者国务院批准设立的其他全国性证券交易所挂牌进行交易。凡获准上市交易的证券称为上市证券,相应的证券发行人称为上市公司。

---

〔4〕 本节讨论的证券,如果没有另外特指,指的是股票。另外,为了便于讨论,"证券"和"股票"两个词经常交替使用。

(二)证券上市的条件

1. 股票上市的条件

《证券法》规定,证券上市交易,应当向证券交易所提出申请,由证券交易所依法审核同意,并由双方签订上市协议。证券交易所根据国务院授权的部门的决定安排政府债券上市交易。申请股票、可转换为股票的公司债券或者法律、行政法规规定实行保荐制度的其他证券上市交易,应当聘请具有保荐资格的机构担任保荐人。

股份有限公司申请股票上市,按照中国证监会颁布的《首次公开发行股票并上市管理办法》(2022 年修正)(证监会令第 196 号)的规定,应当符合相应的主体资格要求、公司治理规范运行要求、财务与会计基础工作规范,且具有持续盈利能力、符合法定的程序要求以及信息披露合法合规。

2. 公司债券上市的条件

公司申请其发行的公司债券上市交易,由证券交易所负责受理、审核,并报中国证监会注册。按照中国证监会颁布的《公司债券发行与交易管理办法》(2021 年修订)(2021 年证监会令第 180 号修订),公司债券既可以公开发行,也可以非公开发行。其中,公司申请公司债券公开发行并上市交易,应当符合的实质性条件包括:(1)具备健全且运行良好的组织机构;(2)最近三年平均可分配利润足以支付公司债券一年的利息;(3)具有合理的资产负债结构和正常的现金流量;(4)国务院规定的其他条件。另外,《公司债券发行与交易管理办法》第 15 条还规定了不得再次公开发行公司债券的负面清单,包括两项:一是对已公开发行的公司债券或者其他债务有违约或者延迟支付本息的事实,仍处于继续状态;二是违反《证券法》规定,改变公开发行公司债券所募集资金用途。

(三)上市证券的退市制度

上市证券的退市制度是指当上市公司触及证券交易所的证券上市规则所规定的退市情形,证券交易所依照相关退市条件和程序对相关证券实施退市处理的制度。依据《上海证券交易所股票上市规则》(2022 年 1 月修订)第 9.1.1 条、《深圳证券交易所股票上市规则》(2022 年修订)第 9.1.1 条以及《北京证券交易所股票上市规则(试行)》第 10.1.1 条的规定,退市包括强制终止上市(简称强制退市)和主动终止上市(简称主动退市),强制退市可以具体区分为交易类强制退市、财务类强制退市、规范类强制退市和重大违法类强制退市四类情形。对于四种情形的强制退市的条件和程序、主动退市的条件和程序、退市后申请重新上市的条件和程序,三个证券交易所在其股票上市规则中都进行了明确的规定。

二、证券交易概述

(一)证券交易的概念

证券交易即证券买卖,是证券所有者依照交易规则将依法发行的证券转让给其他投资者的民事行为。证券发行与证券交易存在密切的联系,一方面,证券发行是证券交易的前提,证券发行为证券交易提供了交易标的;另一方面,证券交易又会促进证券发行,因为证券交易赋予了证券流通性,提高了证券对投资者的吸引力,有利于证券发行的顺利进行。证券发行市场一般被称为一级市场,证券交易市场被称为二级市场。

(二)证券交易市场

证券交易市场又称证券流通市场、二级市场或次级市场,是指已经发行的证券进行交易转让的场所。根据证券交易的地点和交易规则的不同,证券交易市场可分为场内交易市场和场外交易市场。场内交易市场就是指集中交易市场,即证券交易所。目前,我国已经开设三家全国性证券交易所,分别是上海证券交易所、深圳证券交易所和北京证券交易所。其中,上海证券交易所和深圳证券交易所都是会员制交易所,而北京证券交易所是我国第一家公司制的全国性证券交易所。证券交易所为证券交易提供场所和设施,为上市证券提供充分流通的市场。证券交易所具有以下特点:(1)是经过政府特许设立的证券集中竞价交易的场所;(2)对上市交易的证券、证券发行人和进场交易人员有一定的资质要求;(3)有完善而严格的交易规则;(4)具有强大而完善的交易服务设施。

场外交易市场,系证券交易所以外的证券交易场所的总称,采用一对一的交易磋商机制。目前,我国仅允许有限范围内的场外交易。合法的场外交易通常是由证券交易商设立,依照证券监管机构或地方政府核准或批准的交易品种、交易规则进行交易。场外交易市场主要有柜台交易(又称店头交易)和网络自动报价系统。网络自动报价系统是有组织的、使用现代化通信手段和电脑网络进行交易的新型场外交易市场,如美国的全美证券商协会自动报价系统(NASDAQ,纳斯达克)。场外交易市场的特点是场所分散多样、市场开放自由、品种丰富多彩、成交协商为主、监管特殊、突出自律。

随着证券交易技术的不断改进,尤其是互联网技术的广泛运用,证券的场内交易和场外交易的区分已经越来越不明显了。但是,场内市场和场外市场的差异化监管问题还有待进一步探讨。

(三)证券交易方式

依据证券交易所的场内证券交易和场外证券交易的不同特点,概括而言,证券交易的方式主要包括三种:一是在证券交易所通过集中竞价的交易;二是在证券交易所通过大宗交易系统的大宗交易;三是协议转让。另外,还有科创板和创业板股票的盘后固定价格交易。

1. 集中竞价交易

集中竞价交易是建立在电子交易系统上较为先进的交易技术。我国的三大证券交易所都实现了采用比较先进的电子化自动交易技术。投资者向作为交易所会员的证券经纪商作出交易委托,证券经纪商按照接受客户委托的先后顺序向交易所的交易主机进行交易申报。

我国当前的证券集中竞价交易一般采用电子交易系统上的集合竞价和连续竞价两种交易方式。集合竞价是指对一段时间内接受的买卖申报进行一次性撮合成交的竞价方式;连续竞价是指对买卖双边的申报连续撮合成交的竞价方式。相比较而言,集合竞价市场是一个间断性市场,即投资者在作出买卖委托后,不能立即按照有关规则执行成交,而是在某个规定时间点,由交易组织者将不同时点收到的订单集中起来,按照同一价格进行匹配成交。但在连续竞价市场上,交易是在交易时间段内连续不停地进行的,只要根据“价格优先,时间优先”的交易匹配规则,存在两个相匹配的订单就能够成交。其中,价格优先原则,是指较高价格的买入申报优于较低价格的买入申报和较低价格的卖出申报优于较高价格的卖出申报;时间优先原则,是指买卖订单方向相同且价格相同的,先申报者优于后申报者,而先后顺序按照交易所的主机接受申报的时间确定。

按照现行交易规则,集合竞价由于是间断性的集中成交,其所有交易都是以同一价格成交,成交价格的确定原则为:(1)成交量最大的价位;(2)高于成交价格的买入申报与低于成交价格的卖出申报全部成交;(3)与成交价格相同的买方或卖方,至少有一方的订单全部成交;(4)两个以上价位符合条件的,上海证券交易所取使未成交量最小的申报价格为成交价格,但仍有两个以上使未成交量最小的申报价格符合上述条件的,其中间价为成交价格;深圳证券交易所取在该价格以上的买入申报累计数量与在该价格以下的卖出申报累计数量之差最小的价格为成交价,在买卖申报累计数量之差仍存在相等的情况下,开盘集合竞价时取最接近即时行情显示的前收盘价的价格为成交价,盘中、收盘集合竞价时取最接近最近成交价的价格为成交价;北交所取在该价格以上的买入申报累计数量与在该价格以下的卖出申报累计数量之差最小的价格为成交价,如果在买卖申报累计数量之差仍存在相等的情况下,取最接近最近成交价的价格为成交价,当日无成交的情况下,取最接近前收盘价的价格为成交价。

在连续竞价时,成交价格的确定原则为:(1)最高买入申报与最低卖出申报价格相同,以该价格成交;(2)买入申报价格高于即时揭示的最低卖出申报价格时,以即时揭示的最低卖出申报价格为成交价;(3)卖出申报价格低于即时揭示的最高买入申报价格时,以即时揭示的最高买入申报价格为成交价。

2. 大宗交易

集中竞价交易能够最大限度地发挥证券的价格发现功能。但是,按照匹配成交的规则,集中竞价的价格受到某一时刻股票供求关系的影响。换言之,当单笔交易规模很大的时候,市场上的正常供求关系就会被这个大订单打破,从而使得竞价规则发挥不起应有的作用,这将大幅提高交易者的成本,导致交易目的无法实现。为了改善对具有大宗交易需求的机构投资者的服务,解决大宗交易导致的流动性问题,提高大宗交易撮合效率的同时,减少大宗交易对市场的冲击,以此提高对机构投资者的吸引力,我国的三大证券交易所都建立了专门的大宗交易系统。

在交易所的大宗交易系统中,大宗交易规则对大宗交易的撮合方式、交易价格确定、信息披露等方面作出了特殊的处理。对此,以上海证券交易所为例,简要介绍大宗交易系统的交易程序。

依据《上海证券交易所交易规则》(2020 年第 2 次修订)第 3.7.1 条规定,在上海证券交易所的证券买卖符合以下条件的,可以采用大宗交易的方式:“(一)A 股单笔买卖申报数量应当不低于 30 万股,或者交易金额不低于 200 万元人民币;(二)B 股单笔买卖申报数量应当不低于 30 万股,或者交易金额不低于 20 万元美元;(三)基金大宗交易的单笔买卖申报数量应当不低于 200 万份,或者交易金额不低于 200 万元;(四)债券及债券回购大宗交易的单笔买卖申报数量应当不低于 1000 手,或者交易金额不低于 100 万元人民币”。另外,上海证券交易所可以根据市场情况调整大宗交易的最低限额。

上海证券交易所大宗交易系统接受大宗交易的申报,包括意向申报、成交申报、固定价格申报和上海证券交易所认可的其他大宗交易申报。接受申报的具体时间安排为:(1)每个交易日的 9:30 至 11:30、13:00 至 15:30 接受意向申报;(2)每个交易日的 9:30 至 11:30、13:00 至 15:30、16:00 至 17:00 接受成交申报;(3)每个交易日的 15:00 至 15:30 接受固定价格申报。另外,交易日的 15:00 仍处于停牌状态的证券,上海证券交易所当日不再接受其大宗交易的申报。

每个交易日 9:30 至 15:30 时段确认的成交,于当日进行清算交收。每个交易日 16:00 至 17:00 时段确认的成交,于次一交易日进行清算交收。

意向申报应当真实有效。申报方价格不明确的,视为至少愿以规定的最低价格买入或最高价格卖出;数量不明确的,视为至少愿以大宗交易单笔买卖最低申报数量成交。当意向申报被会员接受(包括其他会员报出比意向申报更优的价格)时,申报方应当至少与一个接受意向申报的会员进行成交申报。买卖双方就大宗交易达成一致后,应当委托会员通过交易业务单元向大宗交易系统提出成交申报。买卖双方达成协议后,向大宗交易系统提出成交申报,申报的交易价格和数量必须一致。一般情况下,大宗交易的成交申报、成交结果一经交易所确认,不得撤销或变更。买卖双方必须承认交易结果、履行清算交收义务。

另外,上海证券交易所在每个交易日结束后通过交易所网站公布以下交易信息:(1)股票和基金的成交申报大宗交易,内容包括:证券代码、证券简称、成交量、成交价格以及买卖双方所在会员证券营业部的名称;(2)债券和债券回购的成交申报大宗交易,内容包括:证券名称、成交价和成交量;(3)单只证券的固定价格申报的成交量、成交金额,以及该证券当日买入、卖出金额最大的五家会员证券营业部的名称和各自的买入、卖出金额。在大宗交易涉及法定信息披露要求的情况下,买卖双方应依照有关法律法规履行信息披露义务。

3. 协议转让

协议转让是股东通过交易所的交易系统之外,经过一对一谈判达成协议的方式转让股权的行为。协议转让不仅包括非上市股份公司的股票的协议转让,也包括上市公司的非上市流通股和上市流通股的协议转让。非上市股份公司的股票的协议转让,包括在全国中小企业股份转让系统(新三板)挂牌的公司的股票的协议转让和在各地方经合法批准设立的区域性股权交易市场(四板市场)挂牌的公司的股票的协议转让,相关的交易规则由市场组织者具体规定。对于上市公司的非上市流通股和上市流通股的协议转让,三个交易所都制定了详细的规则。

《上海证券交易所上市公司股份协议转让业务办理指引》(2021 年修订)第 5 条、《深圳证券交易所上市公司股份协议转让业务办理指引》(2021 年修订)第 6 条、《北京证券交易所上市公司股份协议转让业务办理指引》第 5 条都规定允许实施协议转让的情况包括:(1)转让股份数量不低于上市公司境内外发行股份总数 5% 的协议转让;(2)转让双方存在实际控制关系,或均受同一控制人所控制的协议转让,转让股份数量不受前项不低于 5% 的限制;(3)外国投资者战略投资上市公司涉及的协议转让;(4)法律法规、中国证监会及本所业务规则认定的其他情形。差别在于,上海证券交易所和深圳证券交易所都规定了"涉及国有股东转让所持上市公司股份、收回股权分置改革中的垫付股份等情形的,比照本指引办理"。《北京证券交易所上市公司股份协议转让业务办理指引》第 5 条另外规定了两种情形,包括:第一,按照已披露的通过全国中小企业股份转让系统或本所备案、审查或审核的《公开转让说明书》《股票发行情况报告书》《重大资产重组报告书》《收购报告书》《招股说明书》等文件中股东间业绩承诺及补偿等特殊条款,特定投资者之间以事先约定的价格进行的协议转让;第二,行政划转上市公司股份。

办理协议转让的,应当先由股份持有人向中国证券登记结算机构提出查询拟转让股份持有情况的申请,并打印相关证明材料。在转让协议达成之后,由转让双方向证券交易所申请确认其股份转让的合规性,证券交易所对收到的申请材料进行形式审核。转让双方在获得证券交易所对股份转让合规性的确认文件后,向中国证券登记结算公司申请办理股份转让过户登记。中国证券登记结算公司审核通过后,予以办理。

4. 科创板和创业板股票的盘后固定价格交易

为提高科创板和创业板股票的日交易量和流通性,满足多样化交易的需求,上海证券交易所对科创板股票和深圳证券交易所对创业板股票分别开通了盘后固定价格交易。依据《上海证券交易所科创板股票交易特别规定》(上证发〔2019〕23 号)第 10 条第 2 款和《深圳证券交易所创业板交易特别规定》(深证上〔2020〕515 号)第三章规定,盘后固定价格交易是指在收盘集合竞价结束后,交易所交易系统按照时间优先顺序对收盘定价申报进行撮合,并以当日收盘价成交的交易方式。以科创板股票的盘后固定价格交易为例,简要介绍盘后固定价格交易的交易流程。

依据上海证券交易所发布的《上海证券交易所科创板股票盘后固定价格交易指引》(上证发〔2019〕26 号)的相关规定,每个交易日的 15:05 至 15:30 为盘后固定价格交易时间,当日 15:00 仍处于停牌状态的股票不进行盘后固定价格交易。上海证券交易所接受交易参与人收盘定价申报的时间为每个交易日 9:30 至 11:30、13:00 至 15:30。开市期间停牌的,停牌期间可以继续申报。停牌当日复牌的,已接受的申报参加当日该股票复牌后的盘后固定价格交易。当日 15:00 仍处于停牌状态的,交易所的交易主机后续不再接受收盘定价申报,当日已接受的收盘定价申报无效。接受申报的时间内,未成交的申报可以撤销。撤销指令经交易所交易主机确认方为有效。

通过收盘定价申报买卖科创板股票的,单笔申报数量应当不小于 200 股,且不超过 100 万股。卖出时,余额不足 200 股的部分,应当一次性申报卖出。若收盘价高于收盘定价买入申报指令的限价,则该笔买入申报无效;若收盘价低于收盘定价卖出申报指令的限价,则该笔卖出申报无效。收盘定价申报当日有效。

每个交易日 9:30 至 15:05,收盘定价申报不纳入即时行情;15:05 至 15:30,盘后固定价格交易阶段的申报及成交纳入即时行情。盘后固定价格交易量、成交金额在盘后固定价格交易结束后计入该股票当日总成交量、总成交金额。通过盘后固定价格交易减持股份的,视同竞价交易执行股份减持的相关规定。

三、证券交易程序及强制性规则

(一)证券交易程序

证券交易程序,是指在证券交易市场买进和卖出证券的具体步骤。不同的证券交易场所有不同的交易程序。证券交易所是证券交易市场的核心,由证券经纪公司代理参与的证券交易是进行证券交易的主要形式。我国证券交易所进行股票交易的主要程序如下。

1. 名册登记和开立证券交易账户

为实现无纸化交易,投资者进行证券交易,必须进行客户名册登记,委托证券经纪商开立证券账户,包括股东账户和资金账户。

开立证券交易账户简称开户,是证券交易投资者于从事证券买卖前,在规定的代理机构开设证券账户和资金账户的行为。我国上海、深圳、北京三个证券交易所,都已实现了无纸化交易,证券交易都以电子化的方式进行。因此,投资者应同时开设证券账户和资金账户,券资分离。证券交易完成后,只在两个账户之间进行划拨、增减证券或资金数额。这既为投资人提供了安全和方便,也节省了交易成本。

2. 交易的委托

投资者在证券公司办理开户手续后,即应视为两者间建立了一种概括性的委托关系。在交易中,投资者向证券经纪商发出具体的以某种价格购进或卖出一定数量的某种证券的委托指令后,证券经纪商如接受委托,则双方建立具体的证券买卖委托合同关系。目前,投资者发出委托指令的方式有电话报单、书面报单、口头报单和交易系统报单四种形式。委托指令应包括如下内容:股东账户及密码、委托序号和时间、证券名称和代码、委托数量、交易性质、委托价格、委托期限。

3. 竞价与成交

证券公司在接收投资者作出的证券买卖指令后,应立即通知其场内交易员申报竞价。投资者的交易指令通过证券公司的代理,按时间序号输入证券交易所计算机主机后,将通过证券交易所场内竞价的方式撮合成交。根据现有《证券法》的规定,证券交易所主机系统上的交易采取集中竞价的方式进行。集中竞价包括集合竞价和连续竞价。

集合竞价是指为确定开盘价或收盘价在规定时间段采取的集中竞价方式。以开盘阶段的集合竞价为例,集合竞价是证券交易所在每个营业日正式开市前规定的时间段,由证券交易所主机接受所有证券买卖指令,在正式开市前规定时间点证券交易所主机将所有的买卖指令集中进行处理,以产生该证券的开盘价。每个交易日的上午 9:15 – 9:25,由投资者按照自己所能接受的心理价格自由地进行买卖申请,集合竞价所有交易在 9:25 以同一价格成交,定为开盘价。

连续竞价是在集合竞价并形成开盘价后,在交易日内于证券交易电子盘内通过"价格优先,时间优先"的规则进行买单和卖单撮合成交的技术手段。

4. 清算与过户

证券交易清算,是指买卖双方通过证券交易所进行的证券买卖成交后,通过交易清算系统进行交易资金支付与收讫的过程。

证券过户,是指买卖双方通过证券公司在交易所进行的证券买卖成交后,再通过证券登记结算机构进行证券权利的转移与过户的登记过程。

(二)证券交易的强制性规则

为防范证券交易风险,保证证券交易的安全,我国《证券法》规定了证券交易的一些强制性规则,当事人必须在交易中遵守,而且此类规则应优先于当事人之间的约定得到适用。

1. 证券交易的合法性要求

证券交易的合法性要求,是指证券交易当事人所买卖的证券以及买卖证券的地点、时间和方式必须合法。

(1)交易的证券合法。《证券法》第 35 条规定,证券交易当事人依法买卖的证券,必须是依法发行并交付的证券。非依法发行的证券,不得买卖。

(2)交易的主体及时间合法。依法发行的股票、公司债券及其他证券,法律对其转让期限有限制性规定的,在限定的期限内不得买卖。证券可以自由转让是证券法的基本原则,但对于特殊的当事人,法律对其转让证券的时间期限有一定的要求。其宗旨是保证证券交易的公正,防止内幕交易和操纵市场。在我国,交易时间受到限制的主体主要有:

第一,发起人持有的本公司股份,自公司成立之日起 1 年内不得转让。公司公开发行股份前已发行的股份,自公司股票在证券交易所上市交易之日起 1 年内不得转让。公司董事、监事、高级管理人员应当向公司申报所持有的本公司的股份及其变动情况，在任职期间每年转让的股份不得超过其所持有本公司股份总数的25%；所持本公司股份自公司股票上市交易之日起1年内不得转让。上述人员离职后半年内，不得转让其所持有的本公司股份。公司章程可以对公司董事、监事、高级管理人员转让其所持有的本公司股份作出其他限制性规定。

第二，禁止短线交易。在证券市场上，通常将6个月内先买进后卖出，或是先卖出后买进的股票交易称为短线交易，多数国家法律都禁止公司的董事、监事、高级管理人员以及大股东进行短线交易。我国《证券法》第44条规定，上市公司的董事、监事、高级管理人员、持有上市公司股份5%以上的股东，将其持有的该公司的股票在买入后6个月内卖出，或者在卖出后6个月内又买入，由此所得收益归该公司所有，公司董事会应当收回其所得收益。但是，证券公司因包销购入售后剩余股票而持有5%以上股份的，以及国务院证券监督管理机构规定的其他情形，卖出该股票不受6个月时间限制。另外，如果公司董事会不执行上述规定，股东有权要求董事会在30日内执行。公司董事会未在该期限内执行的，股东有权为了公司的利益以自己的名义直接向人民法院提起诉讼。公司董事会不按照前述规定执行的，负有责任的董事依法承担连带责任。

| 案例 |

2022年3月4日晚间，科创板P上市公司发布公告称，公司实际控制人、董事长刘某收到证券监管机构发布的《立案告知书》，因配偶违规买卖公司股票导致其涉嫌短线交易，证券监管机构决定对其立案。陈某某是刘某的配偶，于2021年1月6日至9月10日，陆续买入公司股票1.22万股，成交金额102.25万元；于2021年1月7日至9月9日，陆续卖出公司股票9605股，成交金额86.66万元。

思考：(1)现行《证券法》规定的禁止短线交易的主体范围有哪些？是否规定过宽或者过窄？相关的处罚责任是否会伤及无辜？(2)证券立法上为什么禁止短线交易行为？(3)禁止短线交易制度与禁止内幕交易制度有什么关系？(4)上市公司的董事、监事、高级管理人员如何在满足日常交易需求的情况下，规避短线交易行为？相关的配套规则如何完善？

(3)交易的地点合法。依法公开发行的股票、公司债券及其他证券，应当在依法设立的证券交易所上市交易或者在国务院批准的其他证券交易场所转让。

(4)交易的方式合法。我国实行交易方式限制制度，证券交易以现货和国务院规定的其他方式进行交易。该规定是为了防范证券市场的投机行为，维护证券市场的稳定，但是又不失灵活性，为新型交易形态预留了空间。

2. 特定人员持股和交易禁止规则

我国《证券法》第40条规定了对特定人员持股和交易禁止的规则，即证券交易所、证券公司和证券登记结算机构的从业人员、证券监督管理机构的工作人员以及法律、行政法规禁止参与股票交易的其他人员，在任期或者法定限期内，不得直接或者以化名、借他人名义持有、买卖股票或者其他具有股权性质的证券，也不得收受他人赠送的股票或者其他具有股权性质的证券。任何人在成为上述人员时,其原已持有的股票或者其他具有股权性质的证券,必须依法转让。

3. 专业机构及其人员交易限制规则

我国《证券法》第42条规定,为证券发行出具审计报告或者法律意见书等文件的证券服务机构和人员,在该证券承销期内和期满后6个月内,不得买卖该证券。除此之外,为发行人及其控股股东、实际控制人,或者收购人、重大资产交易方出具审计报告或者法律意见书等文件的证券服务机构和人员,自实际开展上述有关工作之日起至上述文件公开后5日内,不得买卖该证券。

4. 依法合理收费

我国《证券法》第43条规定:"证券交易的收费必须合理,并公开收费项目、收费标准和收费办法。"证券交易的收费项目、收费标准和管理办法由国务院有关主管部门统一规定。

5. 保密义务

证券交易所、证券公司、证券登记结算机构及其工作人员必须依法为投资者的信息保密,不得非法买卖、提供或者公开投资者的信息。

| **案例** |

某上市公司于2021年6月8日晚间公告,股东E公司违反承诺减持公司股份。据悉,2021年5月11日至6月5日,E公司合计减持1635.93万股,约占公司总股本的0.68%,总金额为27.85亿元。E公司在实施本次减持之前未能遵守其作为委托投票方作出的有关减持公司股份的相关承诺,未提前通知公司,也没有提前15个交易日通过公司披露减持计划履行公告等相关程序。

思考:(1)如何理解上市公司股东作出减持承诺的行为?该案件适用的法律、行政法规、监管规则的依据有哪些?(2)公司上市时,哪些主体以及在哪些情况下应当依法作出减持承诺?

第四节 信息披露

一、信息披露制度概述

(一)信息披露的含义与意义

信息披露,是指证券发行人和国务院证券监督管理机构规定的其他信息披露义务人,按照法定要求将可能对相关证券及衍生品价格有较大影响的财务、经营状况等信息向证券监督管理部门报告,并向社会公众投资者公开的活动。信息披露按照法律属性,可以区分为强制性信息披露和自愿性信息披露。通常情况下,我们所讲的信息披露是强制性信息披露,即法律强制性规定相关主体有信息披露的义务。

信息披露制度具有重要的地位,其原因在于:(1)信息披露是反映证券市场价格的基础,有利于证券发行和交易价格的合理形成;(2)信息披露制度有利于保护投资者利益,防止证券欺诈;(3)信息披露制度是提高证券市场效率的重要手段;(4)信息披露制度有利于上市公司改善自身经营管理;(5)信息披露制度有利于证券监管部门对市场的监管。

(二)信息披露的基本要求

我国《证券法》第78条第2款规定:“信息披露义务人披露的信息,应当真实、准确、完整,简明清晰,通俗易懂,不得有虚假记载、误导性陈述或者重大遗漏。”第3款规定:“证券同时在境内外公开发行、交易的,其信息披露义务人在境外披露的信息,应当在境内同时被披露。”据此,可将证券信息披露的基本要求归纳为以下几点:

1. 真实性

信息披露义务人披露的资料、数据必须真实可靠,不得有虚假性记载和误导性陈述。是否达到真实性的要求,可以从客观性、一致性和规范性三个方面进行判断。客观性是指信息披露义务人所披露的信息必须具有客观性,其反映的事实必须是上市公司经营活动中所发生的,而不是为了影响证券市场价格而编造的。一致性是指上市公司所披露的信息必须符合客观实际,即披露的信息和所反映的事实之间具有一致性。规范性是指上市公司所披露的信息必须符合《证券法》规定的对不同性质信息真实性的判断标准。《证券法》对描述性信息、评价性信息和预测性信息采用了不同的判断标准。

上海超日太阳能科技股份有限公司、倪开禄、陶然等10名责任人信息披露违规案

2. 准确性

所谓准确性,就是要求公司在披露信息时必须确切表明其含义,其内容不得使人产生误解。违背准确性原则的行为是误导性陈述。因此,信息披露的准确性要求不是强调已披露信息与信息所反映的客观事实之间的一致性,而是强调信息发布者与信息接收者通常情况下对同一信息在理解上是一致的。误导性陈述所传递的不准确信息通常具有两个特征:一是多解性,即对上市公司披露的信息内容可以有多种理解和解释,而且各种理解和解释都有其道理;二是非显见性,即公司所披露信息在内容上的不准确并不是显而易见的。

3. 完整性

信息披露的完整性是指凡影响证券市场价格的重大信息必须全面披露,不得故意隐瞒或有重大遗漏,以利于投资者判断证券的投资价值。所披露信息应包括一切与证券投资价值有关的信息。信息披露完整性的要求包括质和量两方面的规定:第一,应披露的信息在性质上必须是重大信息。所谓重大信息,是指能够影响上市证券的市场价格或者交易量的信息。把握重大性标准意味着,上市公司信息披露的完整性并不是要求上市公司不分巨细地将有关经营状况的信息一概都予以披露。第二,应披露的信息在数量上必须能够使投资者有足够的投资判断依据,不得有重大遗漏。

獐子岛公司信息披露违法处罚案

4. 简明清晰和通俗易懂

简明清晰和通俗易懂是对信息披露形式要求高度精练的概括。首先,信息披露义务人的披露行为应当及时,凡是与证券市场价格有关的重大信息都应当依照法定时间及时向投资者作出公告,确保信息作为投资判断依据的价值以及信息利用上的平等性,防止内幕交易。其次,信息披露义务人披露的信息应当简洁明了,围绕着可能对证券及相关衍生品的价格产生较大影响的重大性标准简明制作相关披露文件,不得利用非重大性或者不相关的信息将重大性信息隐藏,故意干扰投资者的判断。最后,披露资料的形式符合法律规定,相关

的表述应当让投资者容易看懂。披露资料的文件名称和类别、记载事项和披露方式应当符合法律法规的要求。信息披露义务人应当按照法律规定或者通常采取的资料分类标准和名称来披露相关信息,并披露文件中依法记载的相关事项。披露义务人应采用法定方式披露应披露的信息,不得以非正当方式进行信息披露。

(三)信息披露的类型

1. 描述性信息披露、评价性信息披露和预测性信息披露

根据信息披露的内容,可将信息披露分为描述性信息披露、评价性信息披露和预测性信息披露。描述性信息反映的是公司在经营管理活动中的现成事实,对描述性信息的披露是对已经发生或正在发生的客观事实的陈述。评价性信息反映的是信息的内容与既成事实的联系,该类信息的披露往往加入了信息发布人的主观判断。预测性信息的内容是指对公司未来经营状况的预测(多是盈利预测),它反映的是公司的既有事实与未来情况的联系。

人们对违背事实真相的描述性信息披露构成虚假陈述没有争议。但评价性信息披露与预测性信息披露加入了评价人、预测人的主观臆测,能否构成虚假陈述是颇为棘手的问题。评价性信息披露的虚假陈述,重点关注评价信息依据是否真实、评价方法是否合理。如果明知评价信息依据不真实、评价方法不合理而为之,则构成虚假陈述。预测性信息披露的虚假陈述,重点关注信息发布人披露预测信息目的的正当性、逻辑上是否存在关联性和合理性、是否进行风险提示,以及如果相关的假设依据变更是否进行及时披露。如果是出于哄抬证券价格,预测性信息披露行为误导或欺骗了投资者,则构成虚假陈述。

为鼓励预测性信息的披露,美国于 1979 年建立了安全港制度,并于 1995 年采用了经过修正的安全港制度。安全港规则是,只要预测性信息披露是建立在合理的基础上并且以诚实信用的方式披露的,便不被视为虚假或误导,即使现实与预测并不相符。修正后的安全港规则强调预测性信息应伴有适当的警示语言,且发行人有合理的理由相信自己的预测。该规则还强调发行人有及时更新先前披露的预测性信息的义务。

2. 发行信息披露与发行上市后的持续性信息披露

根据信息披露时间与目的,可将其划分为发行信息披露与发行上市后的持续性信息披露。发行信息披露又可以区分为首次公开发行时的信息披露和首次公开发行上市后再发行新股的信息披露。对于首次公开发行上市后再发行新股的信息披露要求和披露强度,基本比照持续性信息披露的规定执行。首次公开发行的信息披露又称初始披露,是证券发行时证券发行人依法所承担的信息披露义务,旨在向社会公众募集资本或发行有价证券而披露信息。持续性信息披露,是指证券发行上市后,相关的上市公司、公司主要股东和国务院证券监督管理机构规定的其他信息披露义务人依据法律、行政法规、证监会相关规定等披露要求对外公开披露与证券交易和证券价格有关的一切重大信息。

发行信息披露和持续性信息披露在程序、披露文件以及目的等方面存在差异。发行信息披露旨在为募集资金而向社会公众披露信息,披露信息范围是与所发行证券有关的各种信息。持续性信息披露旨在全面、准确、完整地披露与证券的市场价格有关的各种重大信息,以使投资者合理预见其投资收益和控制投资风险。在信息披露的程序方面,发行信息披露属于事先披露,根据法律规定,信息披露文件须事先报请证券监督管理机构,并在证券监督管理机构指定的信息披露渠道上披露。持续性信息披露中,多数信息无须经过证券监管机构事先许可,而采用报告制,通常是在某种行为发生后才予以披露。

二、发行信息披露制度

证券发行信息披露制度，主要包括股票发行信息披露制度、债券发行信息披露制度和存托凭证发行信息披露制度。这里仅以股票发行信息披露为例加以说明。

首次公开发行股票，须在指定报刊和网站披露一系列文件。其中，最重要的是招股说明书、招股说明书概要和发行公告书。

（一）招股说明书

1. 招股说明书的概念和特点

招股说明书是股份公司公开发行股票时，由发行人制作并向证券监管机构申请注册，同时向社会公众公开披露公司主要事项及招股情况的专门文件。

与一般商业交易中的要约邀请相比，招股说明书具有以下特点：（1）招股说明书是旨在募集资金的法定文件，是向不特定的社会公众投资者发出的；（2）招股说明书的记载事项具有要式性，必须符合法律和监管规则的规定；（3）招股说明书签署人不得对披露事实作出假定前提的陈述，也不得声明免除其法定责任，各中介机构在各自的专业范围内，须对相关文件及表述的真实性、准确性和完整性承担法律责任；（4）招股说明书只能揭示股票发行人向投资者发售的股票总额，而非向特定投资者发出的、出售确定股份数量的意思表示。

2. 招股说明书的内容和格式

《公开发行证券的公司信息披露内容与格式准则第 1 号——招股说明书》（2015 年修订）详细规定了招股说明书的内容和格式，包括总则、招股说明书、招股说明书摘要和附则四章。

招股说明书一章包括：（1）封面、书脊、扉页、目录、释义；（2）概览；（3）本次发行概况；（4）风险因素；（5）发行人基本情况；（6）业务和技术；（7）同业竞争与关联交易；（8）董事、监事、高级管理人员与核心技术人员；（9）公司治理；（10）财务会计信息；（11）管理层讨论与分析；（12）业务发展目标；（13）募集资金运用；（14）股利分配政策；（15）其他重要事项；（16）董事、监事、高级管理人员及有关中介机构声明；（17）备查文件。

招股说明书摘要一章包括：（1）重大事项提示；（2）本次发行概况；（3）发行人基本情况；（4）募集资金运用；（5）风险因素和其他重要事项；（6）本次发行各方当事人和发行时间安排；（7）备查文件。

3. 招股说明书的披露方式

招股说明书是向中国证监会申请注册发行并披露的必备法律文件。在现行注册制下，发行申请人向交易所报送申请文件，交易所受理后即将发行申请人的招股说明书、发行保荐书、上市保荐书、审计报告、法律意见书等文件申报稿全文刊登于交易所网站，供公众下载查阅。

（二）上市公告书

上市公告书，是指证券发行申请获得注册后，发行申请人在交易所上市时按照证券法规披露证券上市有关事宜的文件。签订上市协议的发行人应在其股票上市 5 日前，将上市公告书全文刊登在至少一种由中国证监会指定的报刊及中国证监会指定的网站上，并将上市公告书文本备置于发行人住所、拟上市证券交易所住所、有关证券经营机构住所及其经营网点，以备公众查阅。

由于发行申请人已经在招股说明书中做了相关披露，因此，上市公告书中除了披露基于上市事项的必需信息之外，对于其他相关信息，只需要简要披露或者不披露。另外，发行人应当在上市公告书中提醒公众投资者注意,凡是上市公告书中未涉及的内容,请投资者参阅招股说明书披露的信息。

三、持续性信息披露制度

持续性信息披露是上市公司在其证券发行结束、上市交易之后,依照法律规定向社会公众投资者披露对投资者投资决策有重大影响的信息。在现代证券市场,上市公司的持续性信息披露义务已成为上市公司的法定义务,而且持续信息披露义务的范围也越来越广。持续信息披露主要分为定期报告和临时报告。

(一)定期报告

定期报告是上市公司应当在法定期限内制作并公告的信息披露文件。中国证监会《上市公司信息披露管理办法》(2021 年修订)第 12 条规定的定期报告有年度报告和中期报告,取消了季度报告的强制披露要求。换言之,上市公司的季度报告由上市公司自愿披露。上市公司编制并公告定期报告应在法定期限内完成,并应具有连续性。

1. 年度报告

年度报告是上市公司在每个会计年度结束之日起 4 个月内编制,向证券监管机构提交,并向社会公众披露的定期报告,其中的财务会计报告应当经过满足《证券法》规定的会计师事务所审计。年度报告反映上市公司本会计年度基本经营状况、财务状况等重大信息,是最重要的定期报告。与中期报告、季度报告相比,其披露内容、格式与披露规则更加严格、全面、细致。年度报告包括以下内容:(1)公司基本情况;(2)主要会计数据和财务指标;(3)公司股票、债券发行及变动情况,报告期末股票、债券总额、股东总数,公司前十大股东持股情况;(4)持有 5% 以上股东、控股股东及实际控制人情况;(5)董事、监事、高级管理人员的任职情况、持股变动情况、年度报酬情况;(6)董事会报告;(7)管理层讨论与分析;(8)报告期内重大事件及对公司的影响;(9)财务会计报告和审计报告全文;(10)中国证监会规定的其他事项。另外,《公开发行证券的公司信息披露内容与格式准则第 2 号——年度报告的内容与格式》(2021 年修订)对年度报告的内容、格式、披露方式作出具体规定。其中,值得关注的是年度报告对 ESG 的披露。

2. 中期报告

中期报告,又称半年度报,是上市公司在每个会计年度的前 6 个月结束之日起 2 个月内向证券监管部门提交,并向社会公众公告的定期报告。它应揭示上市公司在一个会计年度的前 6 个月的营业与财务状况,并提供预测该营业年度业绩及状况的资料。

(二)临时报告

临时报告又称重大事件的临时报告,是指上市公司就可能对上市公司股票及相关衍生品价格产生重大影响而投资者尚未得知的重大事件作出说明,并及时向中国证券监督管理机构报送的临时性报告。关于重大事件的范围,除了《证券法》第 80 条第 2 款的规定外,中国证监会《上市公司信息披露管理办法》还作了一些补充规定。临时报告是持续信息披露制度的重要组成部分。

临时报告制度较为困难的问题是披露时点的确定问题,尤其是一些重大事项可能还处于发展过程中,并不属于确定性信息时,是否需要披露以及如何披露问题一直存在争议。临时报告披露义务的法定主体不仅有上市公司,还包括大股东、控股股东、实际控制人等国务院证券监督管理机构规定的其他信息披露义务人。中国证监会《上市公司信息披露管理办法》及其他相关规则详细规定了临时报告的具体要求和执行程序。

第五节　禁止的交易行为

证券法禁止的交易行为包括证券欺诈行为和其他证券违法行为。限于篇幅，这里主要论及证券欺诈行为。证券欺诈行为是指违反证券管理法规，以谋取非法利益为目的，在证券发行、交易等相关活动中，欺诈投资者、客户及其他机构和人员的行为，包括虚假陈述、内幕交易、操纵市场等行为。

一、虚假陈述

(一)虚假陈述的概念、特点及种类

证券市场虚假陈述，是指信息披露义务人违反证券法律规定，在证券发行或者交易过程中，对重大事件作出违背事实真相的虚假记载、误导性陈述、编造并发布虚假信息，或者在披露信息时发生重大遗漏、不正当披露信息的行为。在行为定性上，无论是证券发行时的欺诈发行行为还是证券发行上市后的虚假陈述行为，[5]最高人民法院《关于审理证券市场虚假陈述侵权民事赔偿案件的若干规定》统一将虚假陈述行为定性为民事侵权行为。

虚假陈述的特点是：(1)虚假陈述的责任主体是依照信息披露制度承担信息披露义务的机构和个人，包括发行人、控股股东、实际控制人以及国务院证券监督管理机构规定的其他信息披露义务人，包括为证券发行和交易出具专业文件的中介机构，如保荐人、会计师事务所、律师事务所、资产评估机构等专业中介服务机构，以及上述单位中直接负责的有关人员。(2)虚假陈述是违背信息披露义务的行为。信息披露义务人以外的其他机构和个人在虚假陈述案件中可能构成共同侵权行为。(3)虚假陈述既包括以作为形式表现的虚假记载、误导性陈述和编造并传播虚假信息，也包括以不作为形式表现的重大遗漏行为和某些不正当披露行为。

陈某等诉鲜言证券虚假陈述责任纠纷案

根据虚假陈述表现形态不同，可分为虚假记载、误导性陈述、编造并传播虚假信息、重大遗漏和不正当披露信息。虚假记载，是指信息披露义务人披露的信息中对相关财务数据进行重大不实记载，或者对其他重要信息作出与真实情况不符的描述。误导性陈述，是指信息披露义务人披露的信息隐瞒了与之相关的部分重要事实，或者未及时披露相关更正、确认信息，致使已经披露的信息因不完整、不准确而具有误导性。编造并传播虚假信息是负有消极

新疆亿路万源实业控股股份有限公司(*ST 新亿)虚假陈述案

〔5〕 实际上，按照虚假陈述行为发生的时点不同，可以区分为证券发行时的虚假陈述和证券发行上市后基于持续性信息披露义务的虚假陈述。前者即欺诈发行行为，因为投资者与发行人有合同关系，所以可以适用违约责任。后者的投资者损失发生在匿名市场的交易过程中，因而无法用违约责任进行救济，通说认为适用侵权责任。但是，最高人民法院的司法解释中，并不对这两种行为进行区分，而统一适用侵权责任予以救济。

信息披露义务的主体故意编造并传播影响证券及相关衍生品价格的信息,导致投资者在交易中遭受损害的侵权行为。重大遗漏,是指信息披露义务人违反关于信息披露的规定,对重大事件或者重要事项等应当披露的信息未予披露。不正当披露信息,是指信息披露义务人未在适当期限内或者未以法定方式公开披露应当披露的信息,包括未及时披露信息的行为和披露方式不符合法律要求的行为。

(二)虚假陈述的民事责任

目前,证券市场因虚假陈述引发的民事赔偿案件,主要适用《民法典》、《证券法》、《公司法》与最高人民法院《关于审理证券市场虚假陈述侵权民事赔偿案件的若干规定》(以下简称《虚假陈述司法解释》)等相关规定。

1. 归责原则

虚假陈述的归责原则因为责任主体不同而不同:

(1)无过错原则。发生虚假陈述,致使投资者在证券交易中遭受损失的发行人或者上市公司承担的是无过错责任。

(2)过错推定原则。发生虚假陈述,致使投资者在证券交易中遭受损失的,发行人的控股股东、实际控制人、董事、监事、高级管理人员和其他直接责任人员以及保荐人、承销的证券公司以及其他中介服务机构,应当与发行人承担连带赔偿责任,但是能够证明自己没有过错的除外。对于证券中介服务机构的责任认识,一直存在广泛的争议。按照现行立法规定,证券中介服务机构为证券的发行、上市、交易等证券业务活动制作、出具审计报告、资产评估报告、财务顾问报告、资信评级报告或者法律意见书等文件,应当勤勉尽责,对所依据的文件资料内容的真实性、准确性、完整性进行核查和验证。其制作、出具的文件有虚假记载、误导性陈述或者重大遗漏,给投资者造成损失的,应当与发行人承担连带赔偿责任,但是能够证明自己没有过错的除外。

2. 因果关系认定

虚假陈述行为与损害结果之间的因果关系,可以区分为交易因果关系和损害因果关系,即事实因果关系和法律因果关系。按照《虚假陈述司法解释》第 11 条的规定,法院应当认定虚假陈述与损害结果之间存在因果关系的条件包括:(1)信息披露义务人实施了虚假陈述;(2)原告交易的是与虚假陈述直接关联的证券;(3)原告在虚假陈述实施日之后、揭露日或更正日之前实施了相应的交易行为,即在诱多型虚假陈述中买入了相关证券,或者在诱空型虚假陈述中卖出了相关证券。

另外,《虚假陈述司法解释》第 12 条规定,被告举证证明原告具有以下情形之一的,法院应当认定虚假陈述与损害结果之间不存在因果关系:(1)原告的交易行为发生在虚假陈述实施前,或者是在揭露或更正之后;(2)原告在交易时知道或者应当知道存在虚假陈述,或者虚假陈述已经被证券市场广泛知悉;(3)原告的交易行为是受到虚假陈述实施后发生的上市公司的收购、重大资产重组等其他重大事件的影响;(4)原告的交易行为构成内幕交易、操纵证券市场等证券违法行为的;(5)原告的交易行为与虚假陈述不具有交易因果关系的其他情形。

3. 赔偿范围与赔偿金额

证券虚假陈述侵权责任的赔偿范围和赔偿金额的认定是一个比较困难的问题,相关的争议还比较多。在发行时的信息披露中的虚假陈述导致投资人损失的,投资人有权要求虚假陈述行为人赔偿实际损失;导致证券被停止发行的,投资人有权要求返还或赔偿所缴股款及银行同期活期存款利率的利息。

在持续性信息披露中的虚假陈述,虚假陈述行为人在证券交易市场承担民事赔偿责任的范围,以投资人因虚假陈述而实际发生的损失为限。投资人实际损失包括投资差额损失和投资差额损失部分的佣金及印花税。

在诱多型虚假陈述侵权中,投资者在实施日之后、揭露日或更正日之前买入,在揭露日或更正日之后、基准日之前卖出证券的,其投资差额损失,以买入证券平均价格与实际卖出证券平均价格之差,乘以卖出的证券数量计算;投资者实施日之后、揭露日或更正日之前买入,在基准日之前未卖出的证券,其投资差额损失,以买入证券平均价格与基准价格之间的差额,乘以未卖出的证券数量计算。在投资者于实施日之后、揭露日或更正日之前买入的证券在揭露日或更正日之后、基准日之前部分卖出的情况下,投资者损失的计算就包含两个部分。

其中,按照《虚假陈述司法解释》第 26 条的规定,计算差额损失的基准日,是指在虚假陈述揭露或更正后,为将原告应获赔偿限定在虚假陈述所造成的损失范围内,确定损失计算的合理期间而规定的截止日期。在采用集中竞价的交易市场中,自揭露日或更正日起,被虚假陈述影响的证券集中交易累计成交量达到可流通部分 100% 之日为基准日。自揭露日或更正日起,集中交易累计换手率在 10 个交易日内达到可流通部分 100% 的,以第 10 个交易日为基准日;在 30 个交易日内未达到可流通部分 100% 的,以第 30 个交易日为基准日。虚假陈述揭露日或更正日起至基准日,期间每个交易日收盘价的平均价格,为损失计算的基准价格。无法依前款规定确定基准价格的,人民法院可以根据有专门知识的人的专业意见,参考对相关行业进行投资时的通常估值方法,确定基准价格。

在诱空型虚假陈述侵权中,投资者在实施日之后、揭露日或者更正日之前卖出,在揭露日或者更正日之后、基准日之前买回的证券,其投资损失差额按买回证券的平均价格与卖出证券的平均价格之间的差额,乘以买回的证券数量计算;投资者在实施日之后、揭露日或更正日之前卖出,基准日之前未买回的证券,其投资损失差额按基准价格与卖出股票的平均价格之间的差额,乘以未买回股票的数量计算。在投资者于实施日之后、揭露日或者更正日之前卖出,在揭露日或者更正日之后、基准日之前买回少于前述买入证券数量的情况下,投资者的损失计算就包含两个部分。

《证券法》第 220 条规定:"违反本法规定,应当承担民事赔偿责任和缴纳罚款、罚金、违法所得,违法行为人的财产不足以支付的,优先用于承担民事赔偿责任。"为此,2022 年 3 月 11 日,中国证监会和财政部联合发布了《关于证券违法行为人财产优先用于承担民事赔偿责任有关事项的规定(草案)》,并向社会公开征求意见。该草案中规定,违反《证券法》规定的违法行为人因同一违法行为,需要同时承担民事赔偿责任和缴纳罚没款行政责任,缴纳罚没款后剩余财产不足以承担民事赔偿责任时,向人民法院提起诉讼,获得胜诉判决或者调解书后,经人民法院强制执行或者破产清算程序分配仍未获得足额赔偿的受害投资者可以提出书面申请,将违法行为人已缴纳的行政罚没款作退库处理,用于承担民事赔偿责任。

(三)虚假陈述的行政责任

对于欺诈发行中的行政责任,《证券法》第 181 条规定:"发行人在其公告的证券发行文件中隐瞒重要事实或者编造重大虚假内容,尚未发行证券的,处以二百万元以上二千万元以下的罚款;已经发行证券的,处以非法所募资金金额百分之十以上一倍以下的罚款。对直接负责的主管人员和其他直接责任人员,处以一百万元以上一千万元以下的罚款。发行人的控股股东、实际控制人组织、指使从事前款违法行为的,没收违法所得,并处以违法所得百分之十以上一倍以下的罚款;没有违法所得或者违法所得不足二千万元的,处以二百万元以上二千万元以下的罚款。对直接负责的主管人员和其他直接责任人员,处以一百万元以上一千万元以下的罚款。"另外,《证券法》重点加强了保荐人的行政责任,在第 182 条规定:"保荐人出具有虚假记载、误导性陈述或者重大遗漏的保荐书,或者不履行其他法定职责的,责令改正,给予警告,没收业务收入,并处以业务收入一倍以上十倍以下的罚款;没有业务收入或者业务收入不足一百万元的,处以一百万元以上一千万元以下的罚款;情节严重的,并处暂停或者撤销保荐业务许可。对直接负责的主管人员和其他直接责任人员给予警告,并处以五十万元以上五百万元以下的罚款。"

对于编造并传播虚假信息的行政责任,《证券法》第 193 条规定:"违反本法第五十六条第一款、第三款的规定,编造、传播虚假信息或者误导性信息,扰乱证券市场的,没收违法所得,并处以违法所得一倍以上十倍以下的罚款;没有违法所得或者违法所得不足二十万元的,处以二十万元以上二百万元以下的罚款。违反本法第五十六条第二款的规定,在证券交易活动中作出虚假陈述或者信息误导的,责令改正,处以二十万元以上二百万元以下的罚款;属于国家工作人员的,还应当依法给予处分。传播媒介及其从事证券市场信息报道的工作人员违反本法第五十六条第三款的规定,从事与其工作职责发生利益冲突的证券买卖的,没收违法所得,并处以买卖证券等值以下的罚款。"

对于法定信息披露义务人虚假陈述的行政责任,《证券法》第 197 条规定:"信息披露义务人未按照本法规定报送有关报告或者履行信息披露义务的,责令改正,给予警告,并处以五十万元以上五百万元以下的罚款;对直接负责的主管人员和其他直接责任人员给予警告,并处以二十万元以上二百万元以下的罚款。发行人的控股股东、实际控制人组织、指使从事上述违法行为,或者隐瞒相关事项导致发生上述情形的,处以五十万元以上五百万元以下的罚款;对直接负责的主管人员和其他直接责任人员,处以二十万元以上二百万元以下的罚款。信息披露义务人报送的报告或者披露的信息有虚假记载、误导性陈述或者重大遗漏的,责令改正,给予警告,并处以一百万元以上一千万元以下的罚款;对直接负责的主管人员和其他直接责任人员给予警告,并处以五十万元以上五百万元以下的罚款。发行人的控股股东、实际控制人组织、指使从事上述违法行为,或者隐瞒相关事项导致发生上述情形的,处以一百万元以上一千万元以下的罚款;对直接负责的主管人员和其他直接责任人员,处以五十万元以上五百万元以下的罚款。"

(四)虚假陈述的刑事责任

这方面主要涉及《刑法》方面的规定。

1. 欺诈发行证券罪

《刑法》第 160 条规定:"在招股说明书、认股书、公司、企业债券募集办法等发行文件中隐瞒重要事实或者编造重大虚假内容,发行股票或者公司、企业债券、存托凭证或者国务院依法认定的其他证券,数额巨大、后果严重或者有其他严重情节的,处五年以下有期徒刑或者拘役,并处或者单处罚金;数额特别巨大、后果特别严重或者有其他特别严重情节的,处五年以上有期徒刑,并处罚金。控股股东、实际控制人组织、指使实施前款行为的,处五年以下有期徒刑或者拘役,并处或者单处非法募集资金金额百分之二十以上一倍以下罚金;数额特别巨大、后果特别严重或者有其他特别严重情节的,处五年以上有期徒刑,并处非法募集资金金额百分之二十以上一倍以下罚金。单位犯前两款罪的,对单位判处非法募集资金金额百分之二十以上一倍以下罚金,并对其直接负责的主管人员和其他直接责任人员,依照第一款的规定处罚。"

2. 违规披露、不披露重要信息罪

《刑法》第 161 条规定:"依法负有信息披露义务的公司、企业向股东和社会公众提供虚假的或者隐瞒重要事实的财务会计报告,或者对依法应当披露的其他重要信息不按照规定披露,严重损害股东或者其他人利益,或者有其他严重情节的,对其直接负责的主管人员和其他直接责任人员,处五年以下有期徒刑或者拘役,并处或者单处罚金;情节特别严重的,处五年以上十年以下有期徒刑,并处罚金。前款规定的公司、企业的控股股东、实际控制人实施或者组织、指使实施前款行为的,或者隐瞒相关事项导致前款规定的情形发生的,依照前款的规定处罚。犯前款罪的控股股东、实际控制人是单位的,对单位判处罚金,并对其直接负责的主管人员和其他直接责任人员,依照第一款的规定处罚。"

3. 编造并传播证券、期货交易虚假信息罪及诱骗投资者买卖证券、期货合约罪

《刑法》第 181 条第 1 款规定:"编造并且传播影响证券、期货交易的虚假信息,扰乱证券、期货交易市场,造成严重后果的,处五年以下有期徒刑或者拘役,并处或者单处一万元以上十万元以下罚金。"

《刑法》第 181 条第 2 款规定:"证券交易所、期货交易所、证券公司、期货经纪公司的从业人员,证券业协会、期货业协会或者证券期货监督管理部门的工作人员,故意提供虚假信息或者伪造、变造、销毁交易记录,诱骗投资者买卖证券、期货合约,造成严重后果的,处五年以下有期徒刑或者拘役,并处或者单处一万元以上十万元以下罚金;情节特别恶劣的,处五年以上十年以下有期徒刑,并处二万元以上二十万元以下罚金。"

《刑法》第 181 条第 3 款规定:"单位犯前两款罪的,对单位判处罚金,并对其直接负责的主管人员和其他直接责任人员,处五年以下有期徒刑或者拘役。"

| 案例 |

徐州 Y 集团是上海证券交易所上市公司 Y 公司的控股股东,Y 公司的董事、监事和其他高级管理人员主要由 Y 集团委派。2007 年 4 月 15 日,Y 公司应证券监管机构的指令在《中国证券报》发表了董事会公告,称公司因 2006 年 4 月 1 日公布的《招股说明书》等上市文件存在重大虚假陈述而正在接受调查,当日 Y 公司股票停牌。上述文件载明上海 Z 证券公司是 Y 公司的上市保荐人和主承销商。2007 年 9 月 8 日,证券监管机构的行政处罚决定在《中国证券报》上公布。王某得知此事后,拟就其遭受的损失对 Y 公司和 Z 证券提起诉讼。其在二级市场买卖 Y 公司股票的情况如下:(1)2007 年 1 月 29 日购入 2 万股,股价 28 元/股;(2)2007 年 4 月 14 日卖出 1 万股,股价 30 元/股;(3)2007 年 4 月 27 日卖出 5000 股,股价 8 元/股;(4)2007 年 5 月 18 日卖出 2000 股,股价 12 元/股。经查,从 2007 年 4 月 15 日起,Y 公司股票累计成交量达到可流通部分 100% 的日期是同年 5 月 11 日,当天股价为 15 元/股。

思考:(1)王某应向哪个法院起诉?(2)王某应提交哪些必要的证据?(3)王某提起民事赔偿诉讼的被告有哪些企业或个人?他们承担责任的归责原则分别是什么?(4)王某可以只起诉Y公司和Z证券公司吗?(5)Y公司可否以虚假陈述系Y集团所为而拒绝承担责任?(6)如果Y公司对证券监管机构的处罚决定不服提起行政诉讼,受理虚假陈述案件的法院应怎么处理?(7)如果另有张某等23人已对Y公司和Z证券公司提起诉讼,那么法院对王某对相同被告提起的诉讼可以怎样处理?(8)王某可以诉请的损失包括哪些项目?(9)王某的投资差额损失是多少?请列出算式并说明计算方法。

二、内幕交易

(一)内幕交易的概念

内幕交易,系指内幕信息知情人和非法获取内幕信息的人在内幕信息公开之前进行的自行买卖证券或建议他人买卖证券或者泄露内幕信息的不正当行为。这一概念仅代表本书作者的意见,这也是中国证券执法实践中应用最广的内幕交易概念。关于内幕交易的主体范围和构成要件还有广泛的争议,一直未有共识性认识。

(二)内幕交易的理论之争

关于内幕交易是否应该被依法禁止的问题,已有近一个世纪的理论争论与实践探索。

主张内幕交易不应加以禁止的主要理由是:(1)利用所掌握信息进行交易是任何市场参加者的基本权利,不能唯独在证券市场加以禁止。投资者利用各自拥有的优势进行证券买卖无可非议。(2)内幕交易可以使证券价格更早地反映其真实价值,从而促进市场更有效地定价。(3)交易双方均出于自愿,不存在欺诈。(4)内幕交易的收益是有关人员正当收入的一部分,有利于吸引优秀人才加入证券市场。(5)内幕交易非常隐蔽,调查难度大,禁止内幕交易成本巨大而收效甚微,甚至危及法律的权威性。

主张应当禁止内幕交易的主要理由是:(1)内幕交易损害证券市场的核心规则——公平。内幕信息知悉人滥用信息优势获取不正当利益,损害广大投资者利益,动摇证券市场公平的基石。(2)内幕人因有更多时间从事交易而可能推迟信息披露。因此,禁止内幕交易就会防止推迟信息披露,从而提高市场资源配置和定价的效率。(3)相对于内幕人,广大投资者处于信息劣势地位,如果不禁止内幕交易,广大投资者可能会退出这种不公平的“游戏”。(4)禁止内幕交易会产生吓阻功能,虽然不能完全杜绝,但可以大幅度减少。

(三)禁止内幕交易的法律发展历程

社会对内幕交易的态度经历了一个从羡慕、仿效到容忍、谴责,最后到法律禁止的过程。20世纪20年代,美国内幕交易盛行,极大影响投资者信心。1929年证券市场大崩溃,内幕交易被认为是罪魁祸首之一。1934年美国《证券交易法》首次禁止内幕交易,这是人类历史上首次立法禁止内幕交易。后来,美国于1984年出台了《内幕交易制裁法》,于1988年出台了《内幕交易与证券欺诈执行法》。同一时期,其他国家不够重视。直到20世纪80年代,西方国家出现一系列内幕交易丑闻,才纷纷开始立法禁止内幕交易。

我国对内幕交易的禁止态度基本没有异议,从一开始就在法律上明文禁止。1990年《证券公司债券管理暂行办法》、1993年《股票发行与交易管理暂行条例》和《禁止证券欺诈行为暂行办法》均明文禁止内幕交易。1998年我国《证券法》颁布,明确将内幕交易列为禁止的交易行为。

（四）内幕交易的构成要件

内幕交易的构成要件主要包括内幕信息、内幕主体和内幕交易行为。

1. 内幕信息

按照我国《证券法》第52条的规定，内幕信息是指证券交易活动中，涉及发行人的经营、财务或者对该发行人证券的市场价格有重大影响的尚未公开的信息。在这项概括性定义之外，《证券法》第80条第2款和第81条第2款所列举的重大事件也都属于内幕信息。比照信息披露的基本原理，凡是未公开的可能对相关证券及衍生品价格产生影响的重大事件，都属于内幕信息，即强调内幕信息的重大性标准。

光大证券“乌龙指”内幕交易案

2. 内幕交易主体

我国《证券法》第50条规定：“禁止证券交易内幕信息的知情人和非法获取内幕信息的人利用内幕信息从事证券交易活动。”依据该条规定，内幕交易主体是法律规定的特定主体，包括证券交易内幕信息的知情人和非法获取内幕信息的人两大类。但是，关于内幕交易的主体范围，一直是个争议较大的问题。证券立法对内幕交易究竟应当涵盖多大的打击范围，这实际上是个公共政策问题，与打击内幕交易的执法目的紧密相关。

岳远斌内幕交易案

按照我国《证券法》第51条的规定，证券交易内幕信息的知情人包括：(1)发行人的董事、监事、高级管理人员；(2)持有公司5%以上股份的股东及其董事、监事、高级管理人员，公司的实际控制人及其董事、监事、高级管理人员；(3)发行人控股或实际控制的公司及其董事、监事、高级管理人员；(4)由于所任公司职务或者因与公司业务往来可以获取公司有关内幕信息的人员；(5)上市公司收购人或者重大资产交易方及其控股股东、实际控制人、董事、监事和高级管理人员；(6)因职务、工作可以获取内幕信息的证券交易所、证券公司、证券登记结算机构、证券服务机构的有关人员；(7)因职责、工作可以获取内幕信息的证券监督管理机构工作人员；(8)因法定职责对证券的发行、交易或者对上市公司及其收购、重大资产交易进行管理可以获取内幕信息的有关主管部门、监管机构的工作人员；(9)国务院证券监督管理机构规定的可以获取内幕信息的其他人员。

张泽等人内幕交易鲁商置业股票案

通过总结可知，内幕信息的知情人可以区分为公司内部人员及推定内部人员、在公司外部因与发行人的重大交易产生的信息制造者、证券监管机构的工作人员等。其中，推定内部人员，是指虽然不属于公司的大股东、内部管理人员、内部业务人员，但因为与公司存在业务关系而取得公司的信任，可以获得内幕信息的人员，如公司聘请的会计师事务所、保荐人、资产评估机构、律师事务所及相关的业务执行人。法律禁止上述内幕信息的知情人从事内幕交易，是很容易理解的。但是，这些内幕信息知情人是否可以将内幕信息泄露给其他外部人员从事内幕交易的获利行为，法律并没有明确规定。从打击内幕交易以实现市场公平公正的目的来说，这种行为也是应当禁止的。换言之，接受泄露内幕信息的人也应当纳入内幕信息知情人的范围。

非法获取内幕信息的人包括：(1)利用窃取、骗取、套取、窃听、利诱、刺探或者私下交易等手段获取内幕信息的；(2)内幕信息知情人员的近亲属或者其他与内幕信息知情人员关系密切的人员，在内幕信息敏感期内，从事或者明示、暗示他人从事，或者泄露内幕信息导致他人从事与该内幕信息有关的证券、期货交易,相关交易行为明显异常,且无正当理由或者正当信息来源的;(3)在内幕信息敏感期内,与内幕信息知情人员联络、接触,从事或者明示、暗示他人从事,或者泄露内幕信息导致他人从事与该内幕信息有关的证券、期货交易,相关交易行为明显异常,且无正当理由或者正当信息来源的。

上述"相关交易行为明显异常",要综合以下情形,从时间吻合程度、交易背离程度和利益关联程度等方面予以认定:(1)开户、销户、激活资金账户或者指定交易(托管)、撤销指定交易(转托管)的时间与该内幕信息形成、变化、公开时间基本一致的;(2)资金变化与该内幕信息形成、变化、公开时间基本一致的;(3)买入或者卖出与内幕信息有关的证券、期货合约时间与内幕信息的形成、变化和公开时间基本一致的;(4)买入或者卖出与内幕信息有关的证券、期货合约时间与获悉内幕信息的时间基本一致的;(5)买入或者卖出证券、期货合约行为明显与平时交易习惯不同的;(6)买入或者卖出证券、期货合约行为,或者集中持有证券、期货合约行为与该证券、期货公开信息反映的基本面明显背离的;(7)账户交易资金进出与该内幕信息知情人员或者非法获取内幕信息的人员有关联或者利害关系的;(8)其他交易行为明显异常情形。

3. 内幕交易行为

根据我国《证券法》第 50 条的规定,内幕交易行为的认定有两个构成要件:一是获知内幕信息;二是利用获知的内幕信息从事了证券交易行为。

《证券法》第 50 条和第 53 条第 1 款的规定在解释上存在一定的冲突。《证券法》第 50 条规定:"禁止证券交易内幕信息的知情人和非法获取内幕信息的人利用内幕信息从事证券交易活动。"该条禁止的是行为人利用内幕信息从事证券交易行为,其不仅要符合对内幕信息知情的身份要件,还利用了该内幕信息从事交易。在实践操作中,如何判定行为人利用了内幕信息是一个难题。

而《证券法》第 53 条第 1 款规定:"证券交易内幕信息的知情人和非法获取内幕信息的人,在内幕信息公开前,不得买卖该公司的证券,或者泄露该信息,或者建议他人买卖该证券。"该款明确,只要符合内幕信息知情人和非法获取内幕信息的人的身份,就不得买卖或者建议他人买卖证券、泄露内幕信息。这种内幕信息知情人或者非法获取内幕信息的人的身份就直接构成了内幕交易行为,而不需要证明行为人是否利用了内幕信息从事交易行为。此即身份要件决定的禁止交易规则。

在上述两个要件的具体适用中,需要明确两个推定规则:(1)只要能证明行为人满足内幕信息知情人和非法获取内幕信息的人的身份,就推定其知悉了公司的内幕信息。很显然,这样的推定是可以推翻的。例如,持有 5% 股份的大股东、公司的部分内部管理人员可能对公司的内幕信息并不知情,但他们又符合《证券法》第 51 条规定的内幕信息知情人身份。因此,这些人如果想要避免被指控实施了内幕交易行为,就必须证明他们实际并不知道内幕信息。(2)只要能够证明上述主体实际知悉了内幕信息,就推定其从事的证券交易行为利用了内幕信息。这样的推定在现有执法政策条件下,只有在少数情况下才能够被推翻。例如,行为人能够证明其从事的交易实际是在履行某项在内幕信息知情前已经安排好的计划或者协议,那么就可以推翻这样推定。

(五)内幕交易的法律责任

内幕交易的法律责任包括民事责任、行政责任和刑事责任。

1. 民事责任

按照现有的立法规定，内幕交易属于民事侵权行为，内幕交易主体应当承担侵权的损害赔偿责任。《证券法》第53条第3款规定："内幕交易行为给投资者造成损失的，应当依法承担赔偿责任。"

2. 行政责任

《证券法》第191条规定："证券交易内幕信息的知情人或者非法获取内幕信息的人违反本法第五十三条的规定从事内幕交易的，责令依法处理非法持有的证券，没收违法所得，并处以违法所得一倍以上十倍以下的罚款；没有违法所得或者违法所得不足五十万元的，处以五十万元以上五百万元以下的罚款。单位从事内幕交易的，还应当对直接负责的主管人员和其他直接责任人员给予警告，并处以二十万元以上二百万元以下的罚款。国务院证券监督管理机构工作人员从事内幕交易的，从重处罚。违反本法第五十四条的规定，利用未公开信息进行交易的，依照前款的规定处罚。"

3. 刑事责任

主要罪名包括内幕交易、泄露内幕信息罪和利用未公开信息交易罪。

《刑法》第180条第1～3款规定："证券、期货交易内幕信息的知情人员或者非法获取证券、期货交易内幕信息的人员，在涉及证券的发行，证券、期货交易或者其他对证券、期货交易价格有重大影响的信息尚未公开前，买入或者卖出该证券，或者从事与该内幕信息有关的期货交易，或者泄露该信息，或者明示、暗示他人从事上述交易活动，情节严重的，处五年以下有期徒刑或者拘役，并处或者单处违法所得一倍以上五倍以下罚金；情节特别严重的，处五年以上十年以下有期徒刑，并处违法所得一倍以上五倍以下罚金。单位犯前款罪的，对单位判处罚金，并对其直接负责的主管人员和其他直接责任人员，处五年以下有期徒刑或者拘役。内幕信息、知情人员的范围，依照法律、行政法规的规定确定。"

《刑法》第180条第4款规定："证券交易所、期货交易所、证券公司、期货经纪公司、基金管理公司、商业银行、保险公司等金融机构的从业人员以及有关监管部门或者行业协会的工作人员，利用因职务便利获取的内幕信息以外的其他未公开的信息，违反规定，从事与该信息相关的证券、期货交易活动，或者明示、暗示他人从事相关交易活动，情节严重的，依照第一款的规定处罚。"

三、操纵市场

（一）操纵市场的概念

操纵市场，是指为牟取利益、减少损失或转嫁风险，利用资金优势、持股优势、信息优势或滥用职权，以不正当手段影响证券市场价格或者交易量，诱使投资者在不知真实情况下买卖证券，扰乱证券市场秩序，侵害投资者权益的行为。人为扭曲价格和交易量，会损害证券市场的价格形成秩序和交易秩序，进而损害整个金融体系。禁止操纵市场，既是为维护投资者利益，也是为确保证券交易的公平诚信，维护证券市场的稳定发展。

国际上，各个法域对操纵市场采取了不同的界定方式。美国采取列举法，美国联邦最高法院指出，国会有意不作定义，以涵盖任何精心设计的操纵手法，实现立法目的。美国国会授权证监会制定规制操纵市场的规则，并采取最小干预原则，以避免对市场正常运作和投资者买卖的自由造成不必要的影响。欧盟将其定义为运用交易方法或散布不实消息以影响股价。为提供比较具体的规则,欧盟以附件的形式对典型的四种操纵行为作了例示性说明,并指出此举目的不在于列举所有行为方式,而只是以例示帮助市场人士了解禁止操纵的规定。

(二)操纵市场的行为

我国《证券法》第55条第1款规定:"禁止任何人以下列手段操纵证券市场,影响或者意图影响证券交易价格或者证券交易量:(一)单独或者通过合谋,集中资金优势、持股优势或者利用信息优势联合或者连续买卖;(二)与他人串通,以事先约定的时间、价格和方式相互进行证券交易;(三)在自己实际控制的账户之间进行证券交易;(四)不以成交为目的,频繁或者大量申报并撤销申报;(五)利用虚假或者不确定的重大信息,诱导投资者进行证券交易;(六)对证券、发行人公开作出评价、预测或者投资建议,并进行反向证券交易;(七)利用在其他相关市场的活动操纵证券市场;(八)操纵证券市场的其他手段。"

具体而言,操纵市场的行为方式有六种。

1. 真实交易的连续买卖

厦门北八道操纵市场案

真实交易的连续买卖,是指为影响某种证券的交易价格或交易量,利用了资金优势、持股优势或者信息优势,单独或者合谋,连续高价买入或者连续低价卖出该证券的行为。其中,"资金优势"和"持股优势"相对比较容易理解,但这种所谓的"优势"如何构成操纵行为,还是个值得思考的问题。为防止大股东或者资金大户陷入操纵的指控,其关键在于认定交易者是否存在操纵证券价格的意图。另外,何谓"信息优势"的操纵充满争议。拥有信息优势的投资者抢占先机进行交易,应当是正常的市场行为。但是,如果投资者是获得内幕信息的知情人或者非法获取内幕信息的人员,那么这样的行为则可能构成内幕交易。

2. 约定买卖

约定买卖的操纵一般也称为"对敲",是指与他人串通,以事先约定的时间、价格和方式相互进行证券交易,以影响证券交易价格或者证券交易量的行为。当事人以事先约定的证券价格、交易时间,利用集中竞价中的"价格优先,时间优先"规则,实现精准的交易,以达到影响相关证券实时市场价格的目的。但是,实践中如何证明存在这种约定还是个难题。

3. 自买自卖

东海恒信等四起ETF市场操纵案

自买自卖的操纵行为一般又称为"洗售",是指在行为人自己控制的多个账户之间进行证券交易,以影响证券交易价格或交易量,使他人在对证券交易的数量和价格发生误解的情况下进行交易。我国目前采用证券账户的实名制规则,同一主体被允许开立的证券账户数量是有限的,如果纯粹在单个投资者的个人账户之间进行"洗售"操纵,通常是很难完成的。但是,我国证券立法又禁止证券账户的借用或冒名使用。因此,实践中查处"洗售"操纵的关键就在于认定多个异常交易的账户是否被同一主体控制。由于证监会很难监管证券账户的借用和冒用行为,"洗售"操纵也就成为实践中最为常见的操纵方式。

4. 虚假申报

虚假申报,是指行为人不以成交为目的的频繁申报和撤销申报,制造虚假买卖信息,诱导投资者进行证券交易的行为。在集中竞价系统上,同一时间未成交的买单和卖单的数量及其匹配情况也能影响证券的交易价格。虚假申报的操纵者意图制造买单或卖单的单边申报量行情,影响证券价格往预定的单向走,诱导投资者往意图操纵的价格方向作出交易行为。实践中,虚假申报和价格变动的异常,已经构成了交易异常。

5. 散布谣言

散布谣言,是指为影响证券交易价格或交易量,制造市场假象,恶意散布足以影响证券市场行情的流言或者不实资料,诱导其他投资人作出错误的投资判断,意图获取利益、减少损失或转嫁风险的行为。散布谣言的打击重点是国家工作人员,传播媒介从业人员和有关人员,证券交易所、证券公司、证券登记结算机构等证券服务机构及其从业人员,证券业协会、证券监督管理机构及其工作人员。因为身份的特殊性,他们散布的谣言更具煽动性和破坏性,所以是预防和打击的重点。

6. 抢先买卖

抢先买卖,又称"抢帽子交易",系指证券业的专业机构或人员通过公开对某证券或发行人作出评价、预测或者投资建议,在此前先行买卖,从中牟利的行为。

必须注意的是,操纵市场并不限于上述列举的六种行为方式。凡是符合市场操纵本质特征的行为都属于操纵市场行为。实践中,操纵市场的行为不断花样翻新,但万变不离其宗,只要是为牟取利益、减少损失或转嫁风险,以不正当手段影响证券的市场价格或者交易量的行为,均构成操纵市场行为。

(三)操纵市场的法律责任

操纵市场的法律责任包括民事责任、行政责任和刑事责任。

1. 民事责任

与内幕交易一样,操纵市场也属于侵权行为,行为人应当承担侵权的损害赔偿责任。《证券法》第55条第2款规定"操纵证券市场行为给投资者造成损失的,应当依法承担赔偿责任"。

2. 行政责任

《证券法》第192条规定:"违反本法第五十五条的规定,操纵证券市场的,责令依法处理其非法持有的证券,没收违法所得,并处以违法所得一倍以上十倍以下的罚款;没有违法所得或者违法所得不足一百万元的,处以一百万元以上一千万元以下的罚款。单位操纵证券市场的,还应当对直接负责的主管人员和其他直接责任人员给予警告,并处以五十万元以上五百万元以下的罚款。"值得质疑的是,单位从事操纵证券市场的处罚责任显著低于个人操纵证券市场的处罚责任。

3. 刑事责任

《刑法》第182条规定了操纵证券、期货市场罪。该条第1款规定:"有下列情形之一,操纵证券、期货市场,影响证券、期货交易价格或者证券、期货交易量,情节严重的,处五年以下有期徒刑或者拘役,并处或者单处罚金;情节特别严重的,处五年以上十年以下有期徒刑,并处罚金:(一)单独或者合谋,集中资金优势、持股或者持仓优势或者利用信息优势联合或者连续买卖的;(二)与他人串通,以事先约定的时间、价格和方式相互进行证券、期货交易的;(三)在自己实际控制的帐户之间进行证券交易,或者以自己为交易对象,自买自卖期货合约的;(四)不以成交为目的,频繁或者大量申报买入、卖出证券、期货合约并撤销申报的;(五)利用虚假或者不确定的重大信息,诱导投资者进行证券、期货交易的;(六)对证券、证券发行人、期货交易标的公开作出评价、预测或者投资建议,同时进行反向证券交易或者相关期货交易的;(七)以其他方法操纵证券、期货市场的。"另外,该条第2款规定:"单位犯前款罪的,对单位判处罚金,并对其直接负责的主管人员和其他直接责任人员,依照前款的规定处罚。"

| 案例 |

根据H证券研究所的工作流程，分析师完成研究报告并经审核后，由H证券研究所通过电子邮件方式将研究报告发送给客户。发送对象包括H证券内部人员、国内所有基金公司、保险公司等机构和有关个人客户。2006年9月至2009年4月，在H证券研究所将首席分析师叶某某所撰写的研究报告发送前，叶某某利用本人及所控制的刘某、任某的证券账户，多次买入研究报告所推荐的"G机电""厦工股份""中联重科""华仪电气""云内动力"等多只股票，并在研究报告发送后卖出上述股票，从中获利。

2012年1月，证券监管机构作出行政处罚决定书，认定叶某某的行为违反了《证券法》(2005年修订)第77条第1款第4项关于禁止"以其他手段操纵证券市场"的规定，构成了《证券法》第203条所述"操纵证券市场"的情形。根据当事人违法行为的事实、性质、情节与社会危害程度，依据《证券法》第203条的规定，决定没收叶某某违法所得325,787.19元，并处以100万元罚款。

思考：(1)本案当事人的行为是否构成证券市场操纵行为？(2)如果构成证券市场操纵行为，应该认定为何种行为？

第六节　上市公司收购

一、上市公司收购概述

(一)上市公司收购的概念与特征

上市公司收购，是指投资者依法购买上市公司一定比例的股份或者通过投资关系、协议、其他安排，以获得对该上市公司控制权的行为。收购人包括投资者及与其一致行动的他人。上市公司收购的理论和价值取向，一直存在较大的争议。从我国现有的立法规定来看，我国似乎是鼓励上市公司收购行为，但其应当接受严格的监管。目前，我国涉及上市公司收购的立法文件主要有《证券法》《公司法》《上市公司收购管理办法》《上市公司重大资产重组管理办法》以及其他相关的监管规则。

上市公司收购的本质是获得上市公司的控制权。《上市公司收购管理办法》第84条规定，有下列情形之一的，视为拥有上市公司控制权：(1)投资者为上市公司持股50%以上的控股股东；(2)投资者可以实际支配上市公司股份表决权超过30%；(3)投资者通过实际支配上市公司股份表决权能够决定公司董事会半数以上成员选任；(4)投资者依其可实际支配的上市公司股份表决权足以对公司股东大会的决议产生重大影响；(5)中国证监会认定的其他情形。可以看出，控制权的界定一方面要考虑持股比例，另一方面也要考虑实际控制力。

(二)上市公司收购的分类

1. 部分收购和全面收购

依照预定收购股票数量的不同，可将公司收购分为部分收购和全面收购。部分收购是指收购人计划收购上市公司发行在外的一定比例或数量的股票；全面收购是指收购人收购一家上市公司的全部股份。其区别在于，收购者所取得的目标公司的股份数额或比例不同。

要达到实际控制目标公司的目的，收购人并不一定要持有该公司的全部股份，而只需达到公司股份总数的一定比例即可。因此，部分收购是上市公司收购中通常采取的形式。

2. 要约收购和协议收购

依据所采用的形式，上市公司收购可以分为要约收购和协议收购。

要约收购，系指收购人通过公开向目标公司的所有股东发出要约，收购目标公司全部或部分股份，从而达到控制该公司的目的。根据我国《证券法》第 65 条的规定，通过证券交易所的证券交易，投资者持有或者通过协议、其他安排与他人共同持有一个上市公司已发行的有表决权股份达到 30% 时，继续进行收购的，应当依法向该上市公司所有股东发出收购上市公司全部或者部分股份的要约。收购上市公司部分股份的要约应当约定，被收购公司股东承诺出售的股份数额超过预定收购的股份数额的，收购人按比例进行收购。全面要约，即向目标公司所有股东发出收购其所持有的全部股份的要约。部分要约，是向目标公司所有股东发出收购其所持有的部分或一定比例股份的要约。

协议收购，系指收购人通过与目标公司个别股东协商达成股份转让协议，并按协议约定的条件、价格、期限和其他事项收购目标公司的行为。协议收购相比于要约收购，比较自由，较少进行强制性约束。协议收购多发生在股权较为集中的目标公司。由于协议收购在信息公开、机会均等、交易公平等方面存在一定局限性，有些国家限制或禁止协议收购。从我国的实际来看，我国已确立了协议收购的合法地位，但需要注意加强监管。

3. 友好收购和敌意收购

从目标公司管理层与收购方是否在收购时进行合作来区分，上市公司收购可分为友好收购与敌意收购。友好收购，是指收购方在得到目标公司管理层合作的情况下实施的收购。敌意收购，则是指目标公司管理层拒绝与收购方合作，对收购采取反对和抗拒态度的收购。敌意收购往往因为管理层的对抗而大幅度提高收购的成本。

京基集团敌意收购康达尔案

在敌意收购中，应当特别注意的事项有：收购人是否履行了法定的信息披露义务，是否存在违反强制要约收购的规定，目标公司管理层反收购行为的限度如何明确等。友好收购一般发生在协议收购的情况下，而敌意收购一般发生在市场收购和要约收购的情况下。

4. 自愿收购和强制收购

依照公司收购行为是否属于收购者的法定强制性义务来划分，公司收购分为自愿收购和强制收购。所谓自愿收购，是指由收购人依其自己意愿，选定时间并按照自行确定的收购数量、方式进行的收购。强制收购，是指收购人依照法律规定必须进行或继续进行的收购。

目标公司反收购措施列举

5. 现金收购和换股收购

依据支付收购对价的形式不同，上市公司收购可以分为现金收购和换股收购。现金收购，是指收购方以现金作为对价购买目标公司股份，而换股收购则是收购方以其他公司的股份为对价来交换目标公司的股份。此外，上市公司收购对价还可以是既包括现金，又包括股份。

（三）上市公司收购的立法

上市公司收购作为公司购并的一部分，随着市场经济发展，相关规则逐渐完善。上市公司收购对国民经济的发展既有积极意义,也可能有消极作用。为了兴利除弊,维护证券市场的稳定和有序运作,保护投资者特别是中小投资者的合法利益,各国纷纷采取一系列措施对上市公司收购行为实行法律管制。目前,各国有关上市公司收购的规则大体分为制定法和自律规则两大类,其中制定法又涉及公司法、证券法、公司合并法、外国投资法、反垄断法等。

为规范上市公司的收购行为,我国《证券法》专设第四章“上市公司的收购”对其进行规定。此外,《公司法》等法律、法规也有相关的规定。中国证监会制定的《上市公司收购管理办法》《上市公司重大资产重组管理办法》《上市公司信息披露管理办法》等部门规章也对上市公司收购进行相应的规定。

二、公开市场收购

(一)公开市场收购的概念和特点

公开市场收购,是指投资者依照集中竞价交易的规则,通过证券交易所收购上市公司发行在外股票,实现获得上市公司控制权的目的。

公开市场收购以收购上市公司发行在外股票的5% ~30% 为界限。只有通过证券交易所,依照集中竞价交易规则持有上市公司股票5% 以上的投资者,才适用有关公开市场收购的规则,包括权益公开规则和慢走规则。例如,投资者持有上市公司股票数量低于上市公司发行在外股票的5%,则仅为普通投资者,适用《证券法》第三章“证券交易”所规定的有关规则。如果投资者通过证券交易所持有上市公司30% 的股票后,继续购买该种股票的,应适用有关强制要约收购的规则。

(二)公开市场收购所适用的规则

1. 权益公开规则

权益公开,是指任何人在其直接或间接持有一个上市公司发行的股票达到某一法定比例,或者在其达到该法定比例后又发生一定比例的增减变化时,均需依照法定程序公开披露其持股权益的制度。

投资者通过证券交易所的证券交易,持有一上市公司发行在外股票达到5% 时,应当在该事实发生之日起3 日内,向国务院证券监督管理机构、证券交易所作出书面报告,通知该股份有限公司,并予以公告。在上述期限内不得再行买卖该上市公司的股票,但国务院证券监督管理机构另有规定的情形除外。报告和公告的内容应包括下列内容:(1)持股人的名称、住所;(2)所持有的股票名称、数量;(3)持股达到法定比例或者持股增减变化达到法定比例的日期、增持股份的资金来源;(4)在上市公司中拥有的有表决权的股份变动的时间和方式。

2. 慢走规则

慢走规则,是指投资者在其持有上市公司发行在外股票达到5%、15%、20%、25% 和30% 以后,在法定期限内不得再行买卖该种股票。

投资者及其一致行动人拥有权益的股份达到一个上市公司已发行股份的5% 后,通过证券交易所的证券交易,其拥有权益的股份占该上市公司已发行股份的比例每增加或者减少5%,应当依照前款规定进行报告和公告。在该事实发生之日起至公告后3 日内,不得再行买卖该上市公司的股票,但中国证监会另有规定的情形除外。

投资者及其一致行动人拥有权益的股份达到一个上市公司已发行股份的5% 后,其拥有权益的股份占该上市公司已发行股份的比例每增加或者减少1%，应当在该事实发生的次日通知该上市公司，并予公告。

慢走规则的规定，是为了控制大股东买卖上市股票的节奏，防止大股东滥用其优势地位操纵市场，以保护中小投资者的利益。

三、要约收购

（一）要约收购的特点

我国《证券法》第65条规定，通过证券交易所的证券交易，投资者持有或者通过协议、其他安排与他人共同持有一个上市公司已发行的有表决权股份达到30%时，继续进行收购的，应当依法向该上市公司所有股东发出收购上市公司全部或者部分股份的要约。收购上市公司部分股份的要约应当约定，被收购公司股东承诺出售的股份数额超过预定收购的股份数额的，收购人按比例进行收购。要约收购是上市公司收购的主要方式，其主要特点包括：（1）要约收购是收购人与上市公司其他所有股东之间的特殊交易行为，不适用普通证券交易所内的集中竞价交易规则，而是依据收购人在收购要约中提出的收购价格和条件成交，即采用收购要约的形式进行收购。（2）要约收购的对方当事人是目标公司的所有股东。这是要约收购与协议收购的主要区别。协议收购是收购人与目标公司大股东协商收购其股份的行为。要约收购适合于股权较为分散的股份公司，而协议收购适合于存在绝对或相对控股股东的公司。

南钢联合要约收购南钢股份案

要约收购与其他公司并购方式相比，具有收购时间较快、收购易保密、收购失败损失较少的优点。但要约收购也存在其缺点，如收购者与受要约人地位往往不平等，可能损害目标公司股东的利益，加剧收购人与目标公司少数股东之间冲突。因此，各国立法在允许或鼓励要约收购的前提下，均对目标公司中小股东的保护作出规定。有关要约收购的法律规则多数属于强行性法律规则，如收购要约必须记载的内容、要约收购的披露义务、要约收购的程序、要约收购的结果等。

（二）收购要约

收购要约，是指要约收购人向被收购公司股东发出的，愿意按照要约条件购买被收购公司股东所持有的被收购公司股份的意思表示。收购要约作为特殊的民事要约，应遵守我国《证券法》《公司法》《上市公司收购管理办法》等具体规定。

要约收购的要约与一般民商事合同的要约相比，具有如下特点：第一，它是一种向不特定对象公开发出的要约，或者说要约的对象是目标公司的全体股东，而非仅仅针对公司的特定或部分股东。第二，要约的内容有法律上强制性规定的限制，包括形式和内容上的限制性规定。比如，以要约方式收购一个上市公司股份的，其预定收购的股份比例不得低于该上市公司已发行股份的5%，而且收购人应当编制要约收购报告书，聘请财务顾问，通知被收购公司，同时对要约收购报告书摘要作出提示性公告。收购报告书应当载明法律规定的事项。

1. 有关收购要约的强制性规则

（1）收购要约的生效时间。以要约方式收购上市公司股份的，收购人应当编制要约收购报告书，聘请财务顾问，通知被收购公司，同时对要约收购报告书摘要作出提示性公告。本次收购依法应当取得相关部门批准的，收购人应当在要约收购报告书摘要中作出特别提示,并在取得批准后公告要约收购报告书。收购人自作出要约收购提示性公告起60日内,未公告要约收购报告书的,收购人应当在期满后次一个工作日通知被收购公司,并予公告;此后每30日应当公告一次,直至公告要约收购报告书。收购人作出要约收购提示性公告后,在公告要约收购报告书之前,拟自行取消收购计划的,应当公告原因;自公告之日起12个月内,该收购人不得再次对同一上市公司进行收购。

(2)收购要约的有效期限。为合理分担风险,保护收购人与其他股东利益,避免无期限地滥用收购规则,法律规定,收购要约约定的收购期限不得少于30日,并不得超过60日,但是出现竞争要约的除外。

在收购要约约定的承诺期限内,收购人不得撤销其收购要约。

(3)收购要约的内容变更。收购人需要变更收购要约的,必须及时公告,载明具体变更事项,并通知被收购公司。变更收购要约不得存在下列情形:①降低收购价格;②减少预定收购股份数额;③缩短收购期限;④中国证监会规定的其他情形。

另外,收购要约期限届满前15日内,收购人不得变更收购要约;但是出现竞争要约的除外。出现竞争要约时,发出初始要约的收购人变更收购要约距初始要约收购期限届满不足15日的,应当延长收购期限,延长后的要约期应当不少于15日,不得超过最后一个竞争要约的期满日,并按规定追加履约保证金。发出竞争要约的收购人最迟不得晚于初始要约收购期限届满前15日发出要约收购的提示性公告,并应当根据《上市公司收购管理办法》第28条和第29条的规定履行要约收购报告书摘要和要约收购报告书的公告义务。

(4)要约收购提示性公告的约束力。收购人自作出要约收购提示性公告起60日内,未公告要约收购报告书的,收购人应当在期满后次一个工作日通知被收购公司,并予公告;此后每30日应当公告一次,直至公告要约收购报告书。收购人作出要约收购提示性公告后,在公告要约收购报告书之前,拟自行取消收购计划的,应当公告原因;自公告之日起12个月内,该收购人不得再次对同一上市公司进行收购。

收购人作出提示性公告后至要约收购完成前,被收购公司除继续从事正常的经营活动或者执行股东大会已经作出的决议外,未经股东大会批准,被收购公司董事会不得通过处置公司资产、对外投资、调整公司主要业务、担保、贷款等方式,对公司的资产、负债、权益或者经营成果造成重大影响。

(5)收购要约应当平等对待所有股东。以要约方式进行上市公司收购的,收购人应当平等对待被收购公司的所有股东。持有同一种类股份的股东应当得到同等对待。

收购要约提出的各项收购条件,适用于被收购公司的所有股东。上市公司发行不同种类股份的,收购人可以针对持有不同种类股份的股东提出不同的收购条件。

2. 收购要约的发出程序

(1)收购决定。收购人应作出进行上市公司收购的决定,确定有关收购的具体事项,如被收购上市公司的名称、收购目的、收购股份的详细名称、预定收购的股份数额、收购期限、收购价格、收购资金及保证金等。

(2)编制要约收购报告书,聘请财务顾问,通知被收购公司,同时对要约收购报告书摘要作出提示性公告。以要约方式收购上市公司股份的,收购人应当编制要约收购报告书,聘请财务顾问,通知被收购公司,同时对要约收购报告书摘要作出提示性公告。收购行为依法应当取得相关部门批准的,收购人应当在要约收购报告书摘要中作出特别提示,并在取得批准后公告要约收购报告书。

《上市公司收购管理办法》第29条规定，要约报告书应该载明下列事项：①收购人的姓名、住所；收购人为法人的，其名称、注册地及法定代表人，与其控股股东、实际控制人之间的股权控制关系结构图。②收购人关于收购的决定及收购目的，是否拟在未来12个月内继续增持。③上市公司的名称、收购股份的种类。④预定收购股份的数量和比例。⑤收购价格。⑥收购所需资金额、资金来源及资金保证，或者其他支付安排。⑦收购要约约定的条件。⑧收购期限。⑨公告收购报告书时持有目标公司的股份数量、比例。⑩本次收购对上市公司的影响分析，包括收购人及其关联方所从事的业务与上市公司的业务是否存在同业竞争或者潜在的同业竞争，是否存在持续关联交易；存在同业竞争或者持续关联交易的，收购人是否已作出相应的安排，确保收购人及其关联方与上市公司之间避免同业竞争以及保持上市公司的独立性。⑪未来12个月内对上市公司资产、业务、人员、组织结构、公司章程等进行调整的后续计划。⑫前24个月内收购人及其关联方与上市公司之间的重大交易。⑬前6个月内通过证券交易所的证券交易买卖被收购公司股票的情况。⑭中国证监会要求披露的其他内容。

此外，如果收购人发出全面要约，则应当在要约收购报告书中充分披露终止上市的风险、终止上市后收购行为完成的时间，以及仍持有上市公司股份的剩余股东出售其股票的其他后续安排；收购人发出以终止公司上市地位为目的的全面要约，无须披露前述第⑩项规定的内容。

（3）公告要约收购报告书。收购人自作出要约收购提示性公告起60日内，未公告要约收购报告书的，收购人应当在期满后次一个工作日通知被收购公司，并予公告；此后每30日应当公告一次，直至公告要约收购报告书。

（三）要约收购的实施

1.要约收购的价格

收购人按照《上市公司收购管理办法》规定进行要约收购的，对同一种类股票的要约价格，不得低于要约收购提示性公告日前6个月内收购人取得该种股票所支付的最高价格。要约价格低于提示性公告日前30个交易日该种股票的每日加权平均价格的算术平均值的，收购人聘请的财务顾问应当就该种股票前6个月的交易情况进行分析，说明是否存在股价被操纵、收购人是否有未披露的一致行动人、收购人前6个月取得公司股份是否存在其他支付安排、要约价格的合理性等。

2.要约收购的保障性措施

（1）被收购公司董事会的建议。被收购公司董事会应当对收购人的主体资格、资信情况及收购意图进行调查，对要约条件进行分析，对股东是否接受要约提出建议，并聘请独立财务顾问提出专业意见。在收购人公告要约收购报告书后20日内，被收购公司董事会应当公告被收购公司董事会报告书与独立财务顾问的专业意见。收购人对收购要约条件作出重大变更的，被收购公司董事会应当在3个工作日内公告董事会及独立财务顾问就要约条件的变更情况所出具的补充意见。

（2）收购人聘请财务顾问对其履约能力的核查。收购人聘请的财务顾问应当对收购人支付收购价款的能力和资金来源进行充分的尽职调查，详细披露核查的过程和依据，说明收购人是否具备要约收购的能力。

(3)收购人履约能力的保障。收购人可以采用现金、证券、现金与证券相结合等合法方式支付收购上市公司的价款。收购人以证券支付收购价款的,应当提供该证券的发行人最近3年经审计的财务会计报告、证券估值报告,并配合被收购公司聘请的独立财务顾问的尽职调查工作。收购人以在证券交易所上市的债券支付收购价款的,该债券的可上市交易时间应当不少于一个月。收购人以未在证券交易所上市交易的证券支付收购价款的,必须同时提供现金方式供被收购公司的股东选择,并详细披露相关证券的保管、送达被收购公司股东的方式和程序安排。

收购人应当在作出要约收购提示性公告的同时,提供以下至少一项安排保证其具备履约能力:其一,以现金支付收购价款的,将不少于收购价款总额的20%作为履约保证金存入证券登记结算机构指定的银行;收购人以在证券交易所上市交易的证券支付收购价款的,将用于支付的全部证券交由证券登记结算机构保管,但上市公司发行新股的除外。其二,银行对要约收购所需价款出具保函。其三,财务顾问出具承担连带保证责任的书面承诺,明确如要约期满收购人不支付收购价款,财务顾问进行支付。

(4)预受股东的股票委托证券登记结算机构临时保管。预受股东,是指被收购公司中同意接受要约,并作出初步意思表示的股东。预受股东在要约收购期限届满的3个交易日前未撤回的,不构成承诺。

预受股东应当委托证券公司办理预受要约的相关手续。收购人应当委托证券公司向证券登记结算机构申请办理预受要约股票的临时保管。证券登记结算机构临时保管的预受要约的股票,在要约收购期间不得转让。

在要约收购期限届满3个交易日前,预受股东可以委托证券公司办理撤回预受要约的手续,证券登记结算机构根据预受要约股东的撤回申请解除对预受要约股票的临时保管。在要约收购期限届满前3个交易日内,预受股东不得撤回其对要约的接受。在要约收购期限内,收购人应当每日在证券交易所网站上公告已预受收购要约的股份数量。

出现竞争要约时,接受初始要约的预受股东撤回全部或者部分预受的股份,并将撤回的股份售予竞争要约人的,应当委托证券公司办理撤回预受初始要约的手续和预受竞争要约的相关手续。

3. 收购要约的结束

收购期限届满,发出部分要约的收购人应当按照收购要约约定的条件购买被收购公司股东预受的股份,预受要约股份的数量超过预定收购数量时,收购人应当按照同等比例收购预受要约的股份;以终止被收购公司上市地位为目的的,收购人应当按照收购要约约定的条件购买被收购公司股东预受的全部股份;因不符合《上市公司收购管理办法》(2020年修正)第六章关于要约收购豁免的规定而发出全面要约的收购人,应当购买被收购公司股东预受的全部股份。

收购期限届满后3个交易日内,接受委托的证券公司应当向证券登记结算机构申请办理股份转让结算、过户登记手续,解除对超过预定收购比例的股票的临时保管;收购人应当公告本次要约收购的结果。

(四)要约收购的法律结果

要约收购结束后,收购人与被收购公司面临的法律结果有以下几种情形:

1. 终止上市交易。收购期限届满,被收购公司股权分布不符合证券交易所规定的上市交易要求,该上市公司的股票由证券交易所依法终止上市交易。在收购行为完成前,其余仍持有被收购公司股票的股东,有权在收购报告书规定的合理期限内向收购人以收购要约的同等条件出售其股票,收购人应当收购。

2. 维持上市资格。收购期限届满,被收购公司股权分布依旧符合证券交易所规定的上市交易要求的,被收购公司维持上市资格,但收购人所持有的被收购的上市公司的股票在收购完成后的18个月内不得转让。

3. 收购失败。一般情况下,如果收购人发起要约收购失败,法律应当禁止其在规定期限内再次针对同一目标公司发起要约收购。但是,我国《证券法》对要约收购失败未作规定,这是一大缺陷。

4. 变更企业组织形式。收购不仅可能导致被收购的公司失去上市资格,还可能致使股份集中,股东人数减少,使公司不再具备股份公司的条件,需变更为有限责任公司。《证券法》规定,收购行为完成后,被收购公司不再具备股份有限公司条件的,应当依法变更企业形式。

四、协议收购

(一)协议收购的概念与特点

协议收购,是收购人通过与特定股份持有人以协议转让的方式获得上市公司控制权的行为。

协议收购的特点是:(1)协议收购属于场外交易方式。协议收购不通过证券交易所的集中竞价交易系统,而由收购人与目标公司的大股东直接通过一对一协议的方式完成收购;(2)协议收购采用个别协议的方式进行。收购人通过与目标公司的大股东之间个别协商确定收购数量、价格及其他交易条件,实行一对一的谈判,无须遵守对股东一律平等的收购条件,对不同的公司股东可采用不同的收购价格和收购条件。

(二)协议收购的主要规则

1. 收购协议的成立

协议收购,在本质上属于收购人与上市公司特定股东就股份转让所达成的协议行为。采取协议收购方式的,收购人可以依照法律、行政法规的规定同目标公司的股东以协议方式进行股份转让。协议收购以双方之间达成收购协议作为成立标志。收购协议应采用书面形式。

2. 收购协议的报告和公告

《证券法》第71条第2款和第3款规定,以协议方式收购上市公司时,达成协议后,收购人必须在3日内将该收购协议向国务院证券监督管理机构及证券交易所作出书面报告,并予公告。在公告前不得履行收购协议。

3. 收购协议的履行

收购协议须在办理公告手续后履行。由于收购协议的订立和履行不同于集中竞价的交易方式,协议从订立到履行的时间较长。为消除和减少收购失败或收购协议无法履行的风险,协议收购的相关当事人应当向证券登记结算机构申请办理拟转让股份的临时保管手续,并将可以用于支付的现金存放于证券登记结算机构指定的银行。

为保护上市公司以及上市公司债权人的利益,上市公司控股股东向收购人协议转让其所持有的上市公司股份的,应当对收购人的主体资格、诚信情况及收购意图进行调查,并在其权益变动报告书中披露有关调查情况。控股股东及其关联方未清偿其对公司的负债,未解除公司为其负债提供的担保,或者存在损害公司利益的其他情形的,目标公司董事会应当对前述情形及时予以披露,并采取有效措施维护公司利益。

收购报告书公告后,相关当事人应当按照证券交易所和证券登记结算机构的业务规则,在证券交易所就本次股份转让予以确认后,凭全部转让款项存放于双方认可的银行账户的证明,向证券登记结算机构申请解除拟协议转让股票的临时保管,并办理过户登记手续。收购人未按规定履行报告、公告义务,或者未按规定提出申请的,证券交易所和证券登记结算机构不予办理股份转让和过户登记手续。收购人在收购报告书公告后30日内仍未完成相关股份过户手续的,应当立即作出公告,说明理由;在未完成相关股份过户期间,应当每隔30日公告相关股份过户办理进展的情况。

第七节　投资者保护制度

一、投资者保护制度概述

投资者保护是证券立法贯穿始终的核心主题之一。证券市场是一个由融资者和投资者组成的资源配置市场,投资者保护犹如在产品或服务市场的消费者保护一样,对市场的维系和发展起着至关重要的作用。投资者保护制度建设不管是对作为资金需求方的融资者而言,还是对作为资金供应方的投资者而言,都具有效益促进和驱动发展的功能。一方面,投资者保护制度能够规范融资者的经营和治理,提升融资者的价值,进而使其所发行证券能够获得一个更高的价格,融资需求因此能够获得更好的满足;另一方面,投资者保护制度能够增进公众投资者对市场的信任程度,吸引更多的投资者和更多的资金进入市场,为市场提供源源不断的资源。一个市场的投资者保护水平与市场的声誉直接相关,直接决定了该市场的发展状况。证券市场发展的历史经验表明,一个投资者保护水平越高的市场,相关的市场制度建设越完善,其市场成熟度和国际排名越居于前,而一个投资者保护水平较差的市场,其融资规模和投资者参与数量都将受到较大的抑制,相应的市场成熟度和国际排名越居于次。整体而言,发达国家证券市场的投资者保护水平高于发展中国家证券市场的投资者保护水平,这是投资者保护制度建设的完善程度决定的。

我国证券市场的投资者保护水平曾受到一些质疑,这同样是中国证券市场发展成熟度低于中国银行业市场发展成熟度的主要原因。中国间接融资市场发达而直接融资市场羸弱,这对中国经济的稳定和持续发展产生了负面作用,这一矛盾在供给侧结构性改革和经济去杠杆的过程中更加凸显。在这样的现实背景下,随着注册制改革的稳步推进,2019年《证券法》第一次将"投资者保护"相关的制度独立成章,充分彰显了我国对证券市场加大投资者保护力度的信心和决心。尽管2019年《证券法》第六章规定的8个条文较为简单,但对投资者保护特殊问题的重要制度都有涉及,特别是其中关于投资者保护纠纷解决机制的制度创新属于本次证券法修改的亮点。

二、证券投资者的分类

除了提供资金这一点共同特征之外，投资者在其他方面可以呈现出各种差异化的特征。由于不同投资者对投资行为所持有的主观期待和客观表现不同，为满足立法上对不同特征的投资者进行普遍性保护的愿景，相应的规制有必要在对投资者进行合理分类的基础上展开差异化保护。按照风险耐受性、资产状况、投资经验、投资知识和主体属性的不同，投资者有不同的分类方法。在现行关于投资者保护制度体系的立法中，需要重点关注两种不同的投资者分类方法。

（一）机构投资者和自然人投资者

按照主体属性不同，可以分为机构投资者和自然人投资者。机构投资者，是指以法人机构、普通合伙、有限合伙、其他非法人组织以及通过契约组成的契约型主体的名义进行证券投资的主体。自然人投资者，顾名思义，就是以自然人的名义进行证券投资的主体。机构投资者和自然人投资者具有不同的风险可承受度、风险偏好和资产规模，因此立法上可以对两者进行差异化制度设计，以达到同等保护的效果。例如，在现行投资者保护制度体系中，主板市场、创业板市场、科创板市场、新三板市场、股指期货市场、其他不同的衍生品、基金市场等，都对机构投资者和自然人投资者设置了不同的准入条件。另外，针对来自境外的资金或者境外投资者，国务院2018年6月10日发布的《关于积极有效利用外资推动经济高质量发展若干措施的通知》和中国证监会、中国人民银行、国家外汇管理局联合发布的《合格境外机构投资者和人民币合格境外机构投资者境内证券期货投资管理办法》，对来自境外的机构投资者和自然人投资者进行了差异化保护的制度设计。

（二）普通投资者和专业投资者的区分

按照资产规模、投资经验、投资知识和专业能力等条件，可以区分为普通投资者和专业投资者。《证券法》第89条第1款规定："根据财产状况、金融资产状况、投资知识和经验、专业能力等因素，投资者可以分为普通投资者和专业投资者。专业投资者的标准由国务院证券监督管理机构规定。"专业投资者与普通投资者的差别在于，前者具有更大的资产规模、更充足的投资知识和经验、更高的专业能力等，因而普通投资者在信息告知、风险警示、适当性匹配等方面享有特别保护。在专业投资者内部，证券经营机构可以根据专业投资者的业务资格、投资实力、投资经历等因素，对专业投资者进行细化分类和管理。在普通投资者与证券公司发生的纠纷中，适用举证责任倒置规则，由证券公司证明其行为符合法律、行政法规以及国务院证券监督管理机构的规定，不存在误导、欺诈等情形。证券公司不能证明的，应当承担相应的赔偿责任。

依据中国证监会颁布的《证券期货投资者适当性管理办法》第8条规定，符合下列条件之一的是专业投资者：（1）经有关金融监管部门批准设立的金融机构，包括证券公司、期货公司、基金管理公司及其子公司、商业银行、保险公司、信托公司、财务公司等；经行业协会备案或者登记的证券公司子公司、期货公司子公司、私募基金管理人。（2）上述机构面向投资者发行的理财产品，包括但不限于证券公司资产管理产品、基金管理公司及其子公司产品、期货公司资产管理产品、银行理财产品、保险产品、信托产品、经行业协会备案的私募基金。（3）社会保障基金、企业年金等养老基金，慈善基金等社会公益基金，合格境外机构投资者、人民币合格境外机构投资者。（4）同时符合下列条件的法人或者其他组织：①最近1年末净资产不低于2000万元；②最近1年末金融资产不低于1000万元；③具有2年以上证券、基金、期货、黄金、外汇等投资经历。(5)同时符合下列条件的自然人:①金融资产不低于500万元,或者最近3年个人年均收入不低于50万元;②具有2年以上证券、基金、期货、黄金、外汇等投资经历,或者具有2年以上金融产品设计、投资、风险管理及相关工作经历,或者属于第(1)项规定的专业投资者的高级管理人员、获得职业资格认证的从事金融相关业务的注册会计师和律师。另外,这里所称的金融资产,是指银行存款、股票、债券、基金份额、资产管理计划、银行理财产品、信托计划、保险产品、期货及其他衍生产品等。

专业投资者之外的投资者为普通投资者。证券经营机构应当按照有效维护投资者合法权益的要求,综合考虑收入来源、资产状况、债务、投资知识和经验、风险偏好、诚信状况等因素,确定普通投资者的风险承受能力,对其进行细化分类和管理。

另外,普通投资者和专业投资者在一定条件下可以互相转化。符合《证券期货投资者适当性管理办法》第8条第1款第(4)(5)项规定的专业投资者,可以书面告知经营机构选择成为普通投资者,经营机构应当对其履行相应的适当性义务。另外,该法还规定,符合下列条件之一的普通投资者可以申请转化成为专业投资者,但经营机构有权自主决定是否同意其转化:(1)最近1年末净资产不低于1000万元,最近1年末金融资产不低于500万元,且具有1年以上证券、基金、期货、黄金、外汇等投资经历的除专业投资者外的法人或其他组织;(2)金融资产不低于300万元或者最近3年个人年均收入不低于30万元,且具有1年以上证券、基金、期货、黄金、外汇等投资经历或者1年以上金融产品设计、投资、风险管理及相关工作经历的自然人投资者。普通投资者要想成为专业投资者,应当以书面形式向经营机构提出申请并确认自主承担可能产生的风险和后果,提供相关证明材料。经营机构应当通过追加了解信息、投资知识测试或者模拟交易等方式对投资者进行谨慎评估,确认其符合前条要求,说明对不同类别投资者履行适当性义务的差别,警示可能承担的投资风险,告知申请的审查结果及其理由。

三、证券经营机构的投资者适当性管理

证券经营机构对投资者实行适当性管理的法定义务,是降低投资风险和减少投资纠纷的必然要求。证券经营机构的投资者适当性管理,对防范系统性金融风险具有重要意义。证券期货投资具有专业性、高风险、高收益的特征,这对投资者在追逐利益过程中的有限理性构成重大的挑战。证券经营机构的投资者适当性管理不仅是为了更大程度上防范投资者的非理性行为,也是为了减少证券市场投资风险的无序积累,守住不发生系统性金融风险的底线,维护健康和稳定的证券市场秩序。

证券经营机构的投资者适当性管理,不仅涉及证券经营机构对投资者适当性进行主动管理的义务,也涉及投资者积极配合证券经营机构进行适当性管理的义务。2019年《证券法》第88条规定,证券公司向投资者销售证券、提供服务时,应当按照规定充分了解投资者的基本情况、财产状况、金融资产状况、投资知识和经验、专业能力等相关信息;如实说明证券、服务的重要内容,充分揭示投资风险;销售、提供与投资者上述状况相匹配的证券、服务。投资者在购买证券或者接受服务时,应当按照证券公司明示的要求提供前款所列真实信息。拒绝提供或者未按照要求提供信息的,证券公司应当告知其后果,并按照规定拒绝向其销售证券、提供服务。证券公司违反投资者适当性管理义务导致投资者损失的,应当承担相应的赔偿责任。

在《证券法》第88条作出基本规定的基础上，中国证监会专门制定了《证券期货投资者适当性管理办法》。证券经营机构投资者适当性管理的基本目标是，让投资者充分了解产品或者服务情况，在听取经营机构适当性意见的基础上，根据自身能力审慎决策，独立承担投资风险，而经营机构的适当性匹配意见不表明其对产品或者服务的风险和收益作出实质性判断或者保证。对证券经营机构而言，在销售产品或者提供服务的过程中，勤勉尽责，审慎履职，全面了解投资者情况，深入调查分析产品或者服务信息，科学有效评估，充分揭示风险，基于投资者的不同风险承受能力以及产品或者服务的不同风险等级等因素，提出明确的适当性匹配意见，将适当的产品或者服务销售或者提供给适合的投资者，并对违法违规行为承担法律责任。

依据《证券期货投资者适当性管理办法》第14条的规定，中国证监会、自律组织在针对特定市场、产品或者服务制定规则时，可以考虑风险性、复杂性以及投资者的认知难度等因素，从资产规模、收入水平、风险识别能力和风险承担能力、投资认购最低金额等方面，规定投资者准入要求。投资者准入要求包含资产指标的，应当规定投资者在购买产品或者接受服务前一定时期内符合该指标。

另外，证券经营机构应当了解所销售产品或者所提供服务的信息，根据风险的特征和程度，对销售的产品或者提供的服务划分风险等级。经营机构应当根据产品或者服务的不同风险等级，对其适合销售产品或者提供服务的投资者类型作出判断，根据投资者的不同分类，对其适合购买的产品或者接受的服务作出判断。经营机构告知投资者不适合购买相关产品或者接受相关服务后，投资者主动要求购买风险等级高于其风险承受能力的产品或者接受相关服务的，经营机构在确认其不属于风险承受能力最低类别的投资者后，应当就产品或者服务风险高于其承受能力进行特别的书面风险警示，投资者仍坚持购买的，可以向其销售相关产品或者提供相关服务。

经营机构向普通投资者销售高风险产品或者提供相关服务，应当履行特别的注意义务，包括制定专门的工作程序，追加了解相关信息，告知特别的风险点，给予普通投资者更多的考虑时间，或者增加回访频次等。《证券期货投资者适当性管理办法》第22条规定："禁止经营机构进行下列销售产品或者提供服务的活动：（一）向不符合准入要求的投资者销售产品或者提供服务；（二）向投资者就不确定事项提供确定性的判断，或者告知投资者有可能使其误认为具有确定性的意见；（三）向普通投资者主动推介风险等级高于其风险承受能力的产品或者服务；（四）向普通投资者主动推介不符合其投资目标的产品或者服务；（五）向风险承受能力最低类别的投资者销售或者提供风险等级高于其风险承受能力的产品或者服务；（六）其他违背适当性要求，损害投资者合法权益的行为。"

在证券经营机构投资者适当性的日常管理活动中，经营机构应当制定适当性内部管理制度，明确投资者分类、产品或者服务分级、适当性匹配的具体依据、方法、流程等，严格按照内部管理制度进行分类、分级，定期汇总分类、分级结果，并对每名投资者提出匹配意见。经营机构应当制定并严格落实与适当性内部管理有关的限制不匹配销售行为、客户回访检查、评估与销售隔离等风控制度，以及培训考核、执业规范、监督问责等制度机制，不得采取鼓励不适当销售的考核激励措施，确保从业人员切实履行适当性义务。经营机构应当每半年开展一次适当性自查，形成自查报告。证券经营机构在日常经营的过程中，发现违反《证券期货投资者适当性管理办法》规定的问题，应当及时处理并主动报告住所地中国证监会派出机构。

四、上市公司现金股利政策的监管

上市公司应当牢固树立回报股东的意识,健全现金分红制度,保持现金分红政策的一致性、合理性和稳定性,保证现金分红信息披露的真实性。随着A股市场的上市公司治理制度逐步完善,我国上市公司的现金分红率已经有了明显的提升。投资者进行投资的根本目的是获取回报,而投资回报除了证券溢价出让之外,还包括现金股利的分配。为了减少投资者炒短线的投机行为,稳定证券市场秩序,鼓励进行长期持有的价值投资,上市公司应当保持较高的现金股利分配水平,以此满足投资者获得回报的现实需求。

实际上,上市公司的现金股利政策属于自主经营管理事项,应当纳入自治范畴。上市公司经营所得扣除经营成本后的净利润,究竟应当留存公司用于扩大生产或者再投资,还是应当向股东分配,属于董事会的商业经营判断事项,公司董事应当对此尽勤勉义务。如果董事会判断,公司有较好的项目,留存公司用于扩大生产或者再投资相比于分配给股东由股东自己投资,能够获得更高的收益,那么董事会应当选择不向股东分配现金,而将净利润留存公司用于扩大生产或者再投资;如果董事会对将净利润留存公司用于扩大生产或者再投资相比于分配给股东由股东自己投资能够获得更高的收益这一事项没有足够的把握,那么董事会就应当向股东分配现金。由此可见,上市公司的现金股利政策极具商业经营判断的属性。但是,在公司董事勤勉义务判断相关制度还很不成熟、上市公司治理水平较低和配套司法裁断的治理水平较低的制度环境下,如果不加以合理的外部监管,上市公司的现金股利政策很容易成为管理层随意拒绝向股东现金分配的“借口”。

为更大限度地保护投资者利益,打击上市公司长期不分红或分红率较低的现象,我国构建了与当前A股市场发展水平相适应的现金股利政策的监管制度。《证券法》第91条规定:“上市公司应当在章程中明确分配现金股利的具体安排和决策程序,依法保障股东的资产收益权。上市公司当年税后利润,在弥补亏损及提取法定公积金后有盈余的,应当按照公司章程的规定分配现金股利。”为了解决上市公司不分红或者分红率较低所带来的投资者保护问题,我国证券立法对上市公司强制性现金分红作出了基本规定。在此基础上,中国证监会发布《上市公司监管指引第3号——上市公司现金分红》(2022年修订),就上市公司现金股利政策的监管作出了系统性规定。

《上市公司监管指引第3号——上市公司现金分红》第3条规定,上市公司制定利润分配政策时,应当履行公司章程规定的决策程序。董事会应当就股东回报事宜进行专项研究论证,制定明确、清晰的股东回报规划,并详细说明规划安排的理由等情况。上市公司应当在公司章程中载明以下内容:(1)公司董事会、股东大会对利润分配尤其是现金分红事项的决策程序和机制,对既定利润分配政策尤其是现金分红政策作出调整的具体条件、决策程序和机制,以及为充分听取独立董事和中小股东意见所采取的措施;(2)公司的利润分配政策尤其是现金分红政策的具体内容,利润分配的形式,利润分配尤其是现金分红的期间间隔,现金分红的具体条件,发放股票股利的条件,各期现金分红最低金额或比例(如有)等。由此可知,上市公司现金股利政策是上市公司章程的必要记载事项。

上市公司在利润分配方案制定时,究竟是选择现金分红还是股票股利,其优先顺序应当在公司章程中明确记载。具备现金分红条件的,应当采用现金分红进行利润分配。采用股票股利进行利润分配的,应当具有公司成长性、每股净资产的摊薄等真实合理因素。对于上市公司应当采取多大比例的现金分红的决策,《上市公司监管指引第3号——上市公司现金分红》第5条规定，上市公司董事会应当综合考虑所处行业特点、发展阶段、自身经营模式、盈利水平以及是否有重大资金支出安排等因素，区分下列情形，并按照公司章程规定的程序，提出差异化的现金分红政策：(1)公司发展阶段属成熟期且无重大资金支出安排的，进行利润分配时，现金分红在本次利润分配中所占比例最低应达到80%；(2)公司发展阶段属成熟期且有重大资金支出安排的，进行利润分配时，现金分红在本次利润分配中所占比例最低应达到40%；(3)公司发展阶段属成长期且有重大资金支出安排的，进行利润分配时，现金分红在本次利润分配中所占比例最低应达到20%。公司发展阶段不易区分但有重大资金支出安排的，可以按照现金分红要求的最低比例处理。其中，现金分红在本次利润分配中所占比例为现金股利除以现金股利与股票股利之和。

对上市公司制定现金股利政策的决策程序的监管，《上市公司监管指引第3号——上市公司现金分红》第6条规定，上市公司在制定现金分红具体方案时，董事会应当认真研究和论证公司现金分红的时机、条件和最低比例、调整的条件及其决策程序要求等事宜，独立董事应当发表明确意见。独立董事可以征集中小股东的意见，提出分红提案，并直接提交董事会审议。股东大会对现金分红具体方案进行审议前，上市公司应当通过多种渠道主动与股东特别是中小股东进行沟通和交流，充分听取中小股东的意见和诉求，及时答复中小股东关心的问题。对于需要调整或变更现金分红政策的程序性事项，《上市公司监管指引第3号——上市公司现金分红》第7条规定，确有必要对公司章程确定的现金分红政策进行调整或者变更的，应当满足公司章程规定的条件，经过详细论证后，履行相应的决策程序，并经出席股东大会的股东所持表决权的2/3以上通过。

在上市公司现金股利政策的披露问题上，中国证监会作出了明确的披露要求。《上市公司监管指引第3号——上市公司现金分红》第8条规定，上市公司应当在年度报告中详细披露现金分红政策的制定及执行情况，并对下列事项进行专项说明：(1)是否符合公司章程的规定或者股东大会决议的要求；(2)分红标准和比例是否明确和清晰；(3)相关的决策程序和机制是否完备；(4)独立董事是否履职尽责并发挥了应有的作用；(5)中小股东是否有充分表达意见和诉求的机会，中小股东的合法权益是否得到了充分保护等。对现金分红政策进行调整或变更的，还应对调整或变更的条件及程序是否合规和透明等进行详细说明。

五、投资者损失的纠纷解决机制

投资者保护除了主体资格和行为能力的适当性管理、参与公司决策事项、利润分配等确权方式的保护之外，当投资者合法权利或利益受到损害时，立法上应当提供救济方式的保护。证券投资者损失的纠纷解决机制，是投资者保护制度的重要组成部分。对投资者而言，当其参与市场投资时，如果合法权利或利益受到损害后能够及时获得有效的救济，其显然能够对证券市场保持更充分的信心。换言之，证券投资者损失的纠纷解决机制能够维持证券市场的可信任度，确保证券市场更加公平和公正，促进证券市场健康发展。为更大程度地快速解决投资者损失纠纷，便利投资者获得及时的补偿或赔偿，维持投资者对证券市场的信心，2019年修改《证券法》时对投资者损失纠纷解决机制进行了大幅的修改和完善。

（一）投资者损失的先行赔付制度

投资者损失的先行赔付制度是我国证券市场立法的创新性制度，在全球证券市场立法中属于特例。《证券法》第93条规定："发行人因欺诈发行、虚假陈述或者其他重大违法行为给投资者造成损失的,发行人的控股股东、实际控制人、相关的证券公司可以委托投资者保护机构,就赔偿事宜与受到损失的投资者达成协议,予以先行赔付。先行赔付后,可以依法向发行人以及其他连带责任人追偿。”由此,先行赔付的主体范围限定于发行人的控股股东、实际控制人和相关的证券公司,赔付原因包括发行人的欺诈发行、虚假陈述或者其他重大违法行为。先行赔付是先于司法裁判并委托投资者保护机构与受损失的投资者达成协议的方式进行的利益救济,因此其具有自愿性、协议性和追偿性的特征。

另外,由于先行赔付是通过司法裁判确定相应责任主体和责任内容之前的协议性赔付。这项制度的责任基础、责任属性、程序中的利益保护以及与司法裁判程序的衔接问题等,都还有大量值得探讨的问题。就实践来看,先行赔付的适用率并不高,目前只发生过少数适用先行赔付的案例。

(二)普通投资者申请强制调解的权利

在对投资者进行合理分类的基础上,证券立法对普通投资者给予了特别的保护。其中,普通投资者最典型的特别保护就是申请强制调解的权利和纠纷解决中适用举证责任倒置规则。《证券法》第 94 条第 1 款规定:“投资者与发行人、证券公司等发生纠纷的,双方可以向投资者保护机构申请调解。普通投资者与证券公司发生证券业务纠纷,普通投资者提出调解请求的,证券公司不得拒绝。”普通投资者与证券公司发生的纠纷,普通投资者有权向投资者保护机构申请强制调解,证券公司没有拒绝调解的权利。调解的有效性应当建立在纠纷双方自愿的基础上,但证券立法对普通投资者提出的调解申请,强制要求证券公司参与调解的规定,还需在基础理论上作出进一步的探讨。

另外,在普通投资者损失的纠纷解决中,适用举证责任倒置规则。《证券法》第 89 条第 2 款规定:“普通投资者与证券公司发生纠纷的,证券公司应当证明其行为符合法律、行政法规以及国务院证券监督管理机构的规定,不存在误导、欺诈等情形。证券公司不能证明的,应当承担相应的赔偿责任。”在普通投资者与证券公司的纠纷中,证券公司应当对其行为不存在违法违规承担举证责任。这是为矫正证券公司与普通投资者之间的地位不平等关系,证券立法对纠纷解决程序中举证责任分配问题作出了特别规定。

(三)投资者保护机构的投资者纠纷解决功能

为加强投资者保护的日常管理和便利投资者纠纷解决程序,减少中小投资者在投资实践中广泛存在的消极行权和“搭便车”现象,中国证监会主导组建了以保护投资者利益为目标的投资者保护机构,即中证中小投资者服务中心有限公司(以下简称投服中心)。投服中心于2014 年12 月5 日成立,注册资本30 亿元人民币,股东包括上海证券交易所(23.33%)、深圳证券交易所(23.33%)、上海期货交易所(23.33%)、中国证券登记结算有限责任公司(15%)和中国金融期货交易所股份有限公司(15%)。投服中心是证券金融公益类机构,由中国证监会直接管理,其主要职责包括:面向投资者开展公益性宣传和教育;公益性持有证券等品种,以股东身份或证券持有人身份行权;受投资者委托,提供调解等纠纷解决服务;为投资者提供公益性诉讼支持及其相关工作;中国投资者网站的建设、管理和运行维护;调查、监测投资者意愿和诉求,开展战略研究与规划;代表投资者,向政府机构、监管部门反映诉求;中国证监会委托的其他业务。概括而言,投服中心的主要职责就是持股行权、纠纷调解、维权服务和投资者教育。目前,投服中心已经完成对 A 股上市的4000 多家上市公司每家持有一手股票的工作。

投服中心的持股行权职责是指，投服中心持有沪、深、北交易所每家上市公司一手股票，行使质询、建议、表决、诉讼等股东权利，通过示范引领中小投资者主动行权、依法维权，规范上市公司治理。投服中心关注的事项包括中小投资者反映强烈的事项；侵害中小投资者合法权益且具有典型性、示范性的事项；舆论关注的重点、难点、热点事项；监管机构、自律组织等建议的事项等。例如，部分上市公司控股股东、实际控制人等相关方在重大重组过程中可能存在高价估值、虚假承诺、贱卖资产、巨额套利等行为，严重损害投资者合法权益；部分上市公司在关联交易过程中，可能存在定价不公允、利益输送等情况；部分上市公司控股股东、实际控制人滥用控制权占用上市公司资金，违规担保致使上市公司承担更多潜在债务和损失；还有部分上市公司长期不分红，甚至利用技术手段规避现金分红义务，损害投资者的分红权。当这些事件发生时，投服中心就会积极行使股东权利，维护中小投资者的合法权益。为便利投服中心的持股行权职责，《证券法》第 90 条规定，投服中心可以作为征集人，自行或者委托证券公司、证券服务机构，公开请求上市公司股东委托其代为出席股东大会，并代为行使提案权、表决权等股东权利。

投服中心的纠纷调解职责，是指投服中心作为证券投资者纠纷中的调解组织者，居中调解涉及投资者利益保护的纠纷。目前，投服中心初步建立了申请便捷、程序简化、专业权威、效力保证的新型纠纷调解机制：(1)构建便捷的纠纷受理承办机制，依托中国投资者网站平台及遍布全国的工作站，为投资者解决纠纷提供便利，有效解决调解“入门难”；(2)创设小额速调、单边承诺调解机制，凡加入该机制的证券期货经营机构、资本市场其他主体等与投资者之间的纠纷，投服中心可组织调解员提出调解建议，在投资者认可的情况下，机构一方应当自觉接受，有效解决纠纷“调成难”；(3)建立诉仲证调对接机制，双方当事人达成调解协议的，可以通过诉仲证调对接机制，赋予调解协议执行效力，有效解决调解“生效难”；(4)依托诚信监管协作机制和强制执行机制，将不履行调解协议的主体纳入资本市场诚信监管范围，依法予以诚信约束，对已经司法确认、公证确认、仲裁确认的调解协议，协助当事人申请强制执行，有效解决调解“履行难”。为明确投服中心的调解功能，《证券法》第 94 条第 1 款规定，投资者与发行人、证券公司等发生纠纷的，双方可以向投资者保护机构申请调解。普通投资者与证券公司发生证券业务纠纷，普通投资者提出调解请求的，证券公司不得拒绝。

投服中心的维权服务职责包括股东诉讼、支持诉讼和特别代表人诉讼。投服中心的股东诉讼是指，作为上市公司的股东为保护上市公司或投资者的合法权益而提起的诉讼，具体包括股东代表诉讼、股东直接诉讼(如公司决议瑕疵诉讼、股东知情权诉讼等)。对此，《证券法》第 94 条第 3 款规定：“发行人的董事、监事、高级管理人员执行公司职务时违反法律、行政法规或者公司章程的规定给公司造成损失，发行人的控股股东、实际控制人等侵犯公司合法权益给公司造成损失，投资者保护机构持有该公司股份的，可以为公司的利益以自己的名义向人民法院提起诉讼，持股比例和持股期限不受《中华人民共和国公司法》规定的限制。”投服中心的支持诉讼是指投服中心作为支持机构，选择案件，委派诉讼代理人，支持权益受损的中小投资者依法诉讼维权。《证券法》第 94 条第 2 款规定：“投资者保护机构对损害投资者利益的行为，可以依法支持投资者向人民法院提起诉讼。”投服中心的特别代表人诉讼是中国版的证券投资者利益损害纠纷的集团诉讼。依据《证券法》第 95 条第 3 款和最高人民法院《关于证券纠纷代表人诉讼若干问题的规定》第 37 条的规定，投服中心受 50 名以上投资者委托,可以作为特别代表人参加证券民事诉讼。目前,投服中心已经发起1件特别代表人诉讼案——康美药业财务造假案,引起了较大的社会效应。

投服中心的投资者教育职责,是指投服中心面向投资者开展公益性宣传和教育。投服中心负责向中小投资者开展"知权、行权、维权"宣传教育,普及证券期货基础知识,引导投资者理性投资。例如,投服中心负责"股东来了"投资者权益知识竞赛活动的组织开展工作,负责举办投资者大讲堂全国巡讲系列活动,负责中国投资者网及配套微信公众平台的内容运维工作,负责投服中心投资者教育产品的开发工作等。

(四)投资者损害赔偿纠纷的代表人诉讼制度

一般情况下,证券市场上因虚假陈述、内幕交易、操纵市场等证券违法行为造成的投资者损害赔偿纠纷涉及的人数较多,涉及的范围较广,舆论影响较大,具有涉众性、规模大、投资者个体利益一致性的特征。为提高对证券违法违规行为的打击力度,避免投资者消极行权和"搭便车"的负面影响,便利投资者提起和参加诉讼,降低投资者的维权成本,2019年《证券法》第95条创设了投资者损害赔偿纠纷的代表人诉讼制度。在此基础上,最高人民法院在2020年7月30日出台了《关于证券纠纷代表人诉讼若干问题的规定》。投资者损害赔偿纠纷的代表人诉讼包括普通代表人诉讼和特别代表人诉讼。

1. 普通代表人诉讼

普通代表人诉讼,可以区分为起诉时人数确定的代表人诉讼和起诉时人数不确定的代表人诉讼。《证券法》第95条第1款和第2款规定:"投资者提起虚假陈述等证券民事赔偿诉讼时,诉讼标的是同一种类,且当事人一方人数众多的,可以依法推选代表人进行诉讼。对按照前款规定提起的诉讼,可能存在有相同诉讼请求的其他众多投资者的,人民法院可以发出公告,说明该诉讼请求的案件情况,通知投资者在一定期间向人民法院登记。人民法院作出的判决、裁定,对参加登记的投资者发生效力。"

对于普通代表人诉讼的适用范围,最高人民法院《关于证券纠纷代表人诉讼若干问题的规定》第5条规定:"符合以下条件的,人民法院应当适用普通代表人诉讼程序进行审理:(一)原告一方人数十人以上,起诉符合民事诉讼法第一百一十九条规定和共同诉讼条件;(二)起诉书中确定二至五名拟任代表人且符合本规定第十二条规定的代表人条件;(三)原告提交有关行政处罚决定、刑事裁判文书、被告自认材料、证券交易所和国务院批准的其他全国性证券交易场所等给予的纪律处分或者采取的自律管理措施等证明证券侵权事实的初步证据。不符合前款规定的,人民法院应当适用非代表人诉讼程序进行审理。"对起诉时当事人人数尚未确定的代表人诉讼,在发出权利登记公告前,人民法院可以通过阅卷、调查、询问和听证等方式对被诉证券侵权行为的性质、侵权事实等进行审查,并在受理后30日内以裁定的方式确定具有相同诉讼请求的权利人范围。当事人对权利人范围有异议的,可以自裁定送达之日起10日内向上一级人民法院申请复议,上一级人民法院应当在15日内作出复议裁定。

对于普通代表人诉讼中的代表人资格,最高人民法院《关于证券纠纷代表人诉讼若干问题的规定》第12条规定:"代表人应当符合以下条件:(一)自愿担任代表人;(二)拥有相当比例的利益诉求份额;(三)本人或者其委托诉讼代理人具备一定的诉讼能力和专业经验;(四)能忠实、勤勉地履行维护全体原告利益的职责。依照法律、行政法规或者国务院证券监督管理机构的规定设立的投资者保护机构作为原告参与诉讼,或者接受投资者的委托指派工作人员或委派诉讼代理人参与案件审理活动的，人民法院可以指定该机构为代表人，或者在被代理的当事人中指定代表人。申请担任代表人的原告存在与被告有关联关系等可能影响其履行职责情形的，人民法院对其申请不予准许。”另外，最高人民法院《关于证券纠纷代表人诉讼若干问题的规定》还对普通代表人诉讼中的代表人选任的程序及相关裁定、判决的效力问题作出了详细的规定。

2. 特别代表人诉讼

特别代表人诉讼，是由投服中心接受50名以上投资者委托，作为代表人参加的证券民事诉讼。《证券法》第95条第3款规定：“投资者保护机构受五十名以上投资者委托，可以作为代表人参加诉讼，并为经证券登记结算机构确认的权利人依照前款规定向人民法院登记，但投资者明确表示不愿意参加该诉讼的除外。”为进一步明确相关的程序规则，在投服中心接受50名以上投资者授权准备发起特别代表人诉讼后，最高人民法院《关于证券纠纷代表人诉讼若干问题的规定》第33条规定：“权利人范围确定后，人民法院应当发出权利登记公告。权利登记公告除本规定第七条的内容外，还应当包括投资者保护机构基本情况、对投资者保护机构的特别授权、投资者声明退出的权利及期间、未声明退出的法律后果等。”投资者明确表示不愿意参加诉讼的，应当在公告期间届满后15日内向人民法院声明退出。未声明退出的，视为同意参加该代表人诉讼。对于声明退出的投资者，人民法院不再将其登记为特别代表人诉讼的原告，该投资者可以另行起诉。

在特别代表人诉讼中，投服中心依据公告确定的权利人范围向证券登记结算机构调取的权利人名单，人民法院应当予以登记，列入代表人诉讼原告名单，并通知全体原告。在诉讼过程中，由于声明退出等原因导致明示授权投资者的数量不足50名的，不影响投资者保护机构的代表人资格。

｜案例｜

2020年5月13日，因康美药业在年报和半年报中存在虚假记载和重大遗漏，中国证监会对该公司和21名责任人作出罚款和市场禁入的行政处罚决定。2021年2月18日，中国证监会又对负责康美药业财务审计的正中珠江会计师事务所和相关责任人员进行了行政处罚。2021年4月8日，中证中小投资者服务中心有限责任公司受部分证券投资者的特别授权，向广州中院申请作为代表人参加诉讼。经最高人民法院指定管辖，广州市中级人民法院适用特别代表人诉讼程序，对这起全国首例证券投资者损失的特别代表人诉讼案进行了公开开庭审理。

法院查明，康美药业披露的年度报告和半年度报告中，存在虚增营业收入、利息收入及营业利润，虚增货币资金和未按规定披露股东及其关联方非经营性占用资金的关联交易情况，正中珠江会计师事务所出具的财务报表审计报告存在虚假记载，均构成证券虚假陈述行为。经专业机构评估，投资者实际损失为24.59亿元。

法院认为，康美药业在上市公司年度报告和半年度报告中进行虚假陈述，造成了证券投资者投资损失，应承担赔偿责任。马兴田、许冬瑾等组织策划财务造假，应对投资者实际损失承担全部连带赔偿责任。正中珠江会计师事务所相关审计人员违反执业准则，导致财务造假未被审计发现，应承担全部连带赔偿责任。部分公司高级管理人员虽未直接参与造假，但签字确认财务报告真实性,应根据过失大小承担部分连带赔偿责任。

根据《证券法》和最高人民法院有关司法解释的规定,中证中小投资者服务中心有限责任公司作为5.5万余名投资者的特别代表人参加集体诉讼。法庭委托中国证券投资者保护基金有限责任公司对原告投资损失及其他风险因素等进行测算,并组织当事人进行质证。部分人大代表、政协委员、证券投资者代表及新闻记者旁听了案件审理和宣判。

2021年11月12日,广州市中级人民法院对全国首例证券投资者损失的特别代表人诉讼案作出一审判决,责令康美药业股份有限公司因年报等虚假陈述侵权赔偿证券投资者损失24.59亿元,原董事长、总经理马兴田及5名直接责任人员、正中珠江会计师事务所及直接责任人员承担全部连带赔偿责任,13名相关责任人员按过错程度承担部分连带赔偿责任。其中,兼职独立董事江镇平、李定安、张弘承担10%的连带责任,兼职独立董事郭崇慧、张平承担5%的连带责任。

思考:(1)康美药业财务造假民事特别代表人诉讼案中,法院对不同的责任人员使用了怎样的归责原则?(2)证券虚假陈述民事赔偿诉讼中,对不同的中介机构如何进行过错、因果关系、损害赔偿范围的认定?不同中介机构之间如何进行责任的差异化认定?(3)上市公司虚假陈述民事责任赔偿诉讼中,如何认定上市公司董事、监事、高级管理人员的责任?如何认定独立董事的责任?独立董事需要承担责任的情况下,是否需要规定责任限额?(4)如何理解中国版的证券特别代表人诉讼?在现行规定的基础上,如何在选案标准、诉讼程序、投资者利益保护方面进一步完善?(5)康美药业财务造假民事特别代表人诉讼案对中国证券市场利用证券民事责任的治理有哪些影响?如何解读该案的社会轰动效应及相关的社会评价?

思考题

1. 如何界定证券?它会对我国相关法律制度产生哪些影响?
2. 如何区分证券的公开发行和非公开发行?
3. 我国当前实施的注册制有哪些特点?
4. 鉴于我国证券市场对投资者保护水平较弱,如何从证券民事责任角度完善证券市场的投资者保护制度?
5. 最高人民法院2022年1月发布的《关于审理证券市场虚假陈述侵权民事赔偿案件的若干规定》有哪些创新、亮点和不足?
6. 利率、税率、汇率等宏观法律政策信息是否应当按照内幕信息进行法律规制?
7. 针对市场上各种新型的操纵证券市场行为,如何使证券法上打击操纵市场的条款保持开放以满足监管实践要求?
8. 在证券侵权民事索赔诉讼中,投资者的损失与证券侵权行为之间的因果关系如何认定?投资者的损失数额如何认定?如何排除市场波动等其他原因导致的损失?
9. 对于现行的证券虚假陈述侵权赔偿诉讼中的投资者代表人诉讼制度,在程序便利和扩大适用范围上,应当作出哪些进一步完善?
10. 在目标公司管理层组织实施反收购措施时,如何在制度构建上完善中小投资者的保护机制?

扩展阅读

1. 邢会强主编:《证券法学》,中国人民大学出版社 2019 年版。

本书是由多位知名专家合作撰写的,是为将来从事金融法律实务和理论研究的本科生而撰写的优质教材。本书涉及的内容比较广,不仅注重对制度的阐述,也兼顾了对证券法学基本理论的介绍。

2. 王建文:《证券法研究》,中国人民大学出版社 2021 年版。

本书结合境外立法例与我国证券市场实践,对证券法基本制度与理论做了梳理与诠释。全书共 16 章,分述了证券法与证券市场、证券发行制度、证券承销和保荐制度、证券交易制度、信息披露制度、上市公司收购制度、上市公司反收购制度、投资者保护制度、证券交易所、证券公司、证券登记结算机构、证券服务机构与证券业协会、证券监管制度、证券法律责任等内容。

3. 缪因知:《中国证券法律实施机制研究》,北京大学出版社 2016 年版。

本书比较研究了政府监管、民事诉讼、交易场所监管等证券法律实施机制的一般性优劣、在中国实际环境下的表现,以及未来的改进之道。通过这一视角,诸多证券法中的精微理论与实务案例得到了细致分析与有机结合,为市场约束和国家权力如何在证券市场治理中实现适当的配置提出了新思考。本书并非关于特定的法律实施机制的专著,也并不试图在深度和细致度上大幅超越研究特定的法律实施机制的专著,而希望在一个较为宏观的证券市场法律环境改善的视角下对比探究不同的法律实施机制在中国具体环境下的成败利钝与发展空间。

4. 沈朝晖:《证券法的权力分配》,北京大学出版社 2015 年版。

本书的主题是证券法执行中的权力分配问题,包括权力聚集、分散、演变和不同结构的权力分配对公司融资的影响。其中特别针对中国的情况,搜集中国证监会发审委审核企业发行上市的数据,并结合历史资料与访谈记录等,研讨中国证券统一集中监管体制对公司融资的长期影响。

5. 李东方:《证券监管法论》,北京大学出版社 2019 年版。

本书以经济学、民商法学、经济法学的基本理论为指导,立足我国证券监管法律制度的发展历史与现状,从宏观理论和具体制度两个层面对证券监管法律制度进行了系统而深入的探讨。本书在理论上为建立较为完备的证券监管法理论体系和制度框架奠定了深厚的基础,在实践中对中国证监会正在制定的“上市公司监管条例”具有重要的参考价值。

6. 练育强:《证券行政处罚与刑事制裁衔接问题研究》,北京大学出版社 2017 年版。

本书从涉及证券行政处罚和刑事制裁的具体法律规范的分析出发,就实体衔接、程序衔接、衔接监督及法律责任等方面进行探讨,并通过实证研究,指出当前证券领域行政处罚与刑事制裁衔接中存在的问题和面临的困境,提出自己的衔接机制方案。本书从立法、执法两个视角就证券领域的行政处罚与刑事制裁的衔接进行重构,对维护市场的公平交易秩序、保障我国证券市场的长远发展具有很强的现实意义。

第九章　证券投资基金法律制度

证券投资基金，是现代金融市场中重要的金融产品、投融资工具和机构投资者。作为一种金融产品和投资工具，证券投资基金大大拓宽了中小投资者的投资渠道，改变着人们分配富余资金的方式；作为重要的融资工具，证券投资基金为企业在资本市场融资提供了重要渠道，提高了直接融资的比例；证券投资基金是成熟的机构投资者，其通过在投资组合管理过程中对所投资证券的深入研究和分析，促进了信息的有效利用和传播，有利于提高市场的有效性，同时对上市公司起到监督和制约作用，有助于推动上市公司完善治理结构。证券投资基金业的健康发展，离不开法律制度的保障和支持。目前，我国已经建立起以《证券投资基金法》及相关法规为主的基金法律制度体系以及政府监管与自律管理相结合的监管体制。

第一节　证券投资基金概述

一、何为证券投资基金

（一）证券投资基金概念

证券投资基金属于投资基金的一种类型，并属于更为广义的“基金”的范畴。因而，欲正确认识证券投资基金，须先从“基金”和“投资基金”这两个概念入手。

“基金”即具有特定用途的资金的集合。根据设立目的或用途的不同，基金可分为三大类：公益基金（慈善基金）、政府基金（专项基金）和投资基金。[1] 其中，公益基金通常由非营利组织向自愿捐赠的单位或个人募捐并用于特定的公益事业，我国2004年起实施的《基金会管理条例》对公益基金进行了规制。政府基金则是政府以行政方式设立并用于特定用途的基金，既包括政府征收的、支持特定公共基础设施建设和公共事业发展的具有专项用途的财政基金[2]，如铁路建设基金、民航发展基金等；也包括政府对特定社会行为进行资助或补偿的基金，如国家社会科学基金、证券投资者保护基金等。

投资基金通过市场化的方式向投资者募集资金，由专业机构进行管理和投资，并为投资者谋求投资收益。投资基金与公益基金、政府基金的主要区别有二：（1）基金的目标：投资基金的主要目标不是某类公益目标或特定的公共政策目标，而是为投资者争取资本增值和

---

〔1〕 参见吴晓灵主编：《投资基金法的理论与实践——兼论投资基金法的修订与完善》，上海三联书店2011年版，第2页。

〔2〕 《政府性基金管理暂行办法》（财综〔2010〕80号）第2条规定：“本办法所称政府性基金，是指各级人民政府及其所属部门根据法律、行政法规和中共中央、国务院文件规定，为支持特定公共基础设施建设和公共事业发展，向公民、法人和其他组织无偿征收的具有专项用途的财政资金。”

投资收益。(2)基金的设立方式:投资基金是通过向期待获得利润的投资者进行市场化募集设立的,而不是通过捐款或财政划拨的方式设立。投资基金的"投资"属性使其份额具有"证券"或"金融产品"的特性。我国《证券法》所调整的范围较窄,就投资基金而言,仅证券投资基金份额的上市交易适用《证券法》[3]。不同论者对投资基金作出了不同的界定,如金融产品、金融工具、投资方法、资本集合体、投融资制度等,这些界定均从某一方面揭示了投资基金的性质和本质。[4]

国外法律对投资基金的界定

证券投资基金是投资于证券的投资基金。[5] 在本质上,证券投资基金属于一种证券组合[6],由股票、债券等集合而成。基金管理人按照确定的比例在市场上购买各种成分证券,组合成基金,并将其分成等额股份出售,每一股份代表对构成组合的所有证券的相等份额。我国将这种股份称为"基金份额"[7]。证券投资基金的主要作用之一即是分散投资风险。通常而言,购买一种股票风险太大,容易大起大落,如果购买多种股票,就可以避免这一问题。因为一种股票跌了,另一种股票可能升了,投资者获得的是一个比较中性的收益。

(二)证券投资基金的特点

1. 集合理财、专业管理。证券投资基金的一大优势在于汇集众多投资者的资金,并交给专业的管理人进行管理。这一集合理财的方式积少成多,有利于发挥资金的规模优势,从而降低投资成本。证券投资基金的专业管理人包括基金管理人和基金托管人,二者均为基金投资者所委托的受托人,分别履行基金的募集、备案、投资管理和安全保管、为基金财产开设账户等职责。基金管理人和托管人应充分利用各自的专业能力,恪尽职守,履行诚实信用、谨慎勤勉的义务。

2. 资产组合投资。证券投资基金主要采用资产组合方式进行投资。所谓资产组合方式,是指根据证券投资基金的投资目的和投资方向,将基金资产投资于按照一定原则选择并按照一定比例进行组合的多种证券。[8] 资产组合投资区别于将资金投资于单一资产,其最大的优势在于分散风险以及保持基金财产的流动性。证券投资基金相对于个人投资而言,具有资金的规模优势和管理人的专业优势,能够更好地运用资产组合投资策略。《证券投资基金法》要求公募基金原则上采用资产组合的方式进行证券投资,资产组合的具体方式

---

[3] 《证券法》(2019 年修订)第 2 条第 2 款规定:"政府债券、证券投资基金份额的上市交易,适用本法;其他法律、行政法规有特别规定的,适用其规定。"

[4] 对投资基金性质的不同看法,参见朱少平主编:《〈证券投资基金法〉解读》,中国金融出版社 2004 年版,第 25-27 页。

[5] 《证券投资基金法》第 2 条将"进行证券投资活动"作为适用该法的前提条件。

[6] 在 1997 年 11 月 14 日国务院证券委员会发布的《证券投资基金管理暂行办法》中,曾将证券投资基金定义为"一种利益共享、风险共担的集合证券方式",但该定义并没有清晰明确地阐释证券投资基金的本质特征。而中国证监会在 2000 年 10 月发布的《开放式证券投资基金试点办法》以及全国人大常委会在 2003 年 10 月通过的《证券投资基金法》(经 2012 年、2015 年两次修改)中,都没有对证券投资基金进行定义。

[7] 1997 年发布的《证券投资基金管理暂行办法》及其后的一些行政规章,将这种股份称为"基金单位",而 2003 年通过的《证券投资基金法》则称为"基金份额",并沿用至今。

[8] 李飞主编:《中华人民共和国证券投资基金法释义》,法律出版社 2013 年版,第 145 页。

和投资比例由基金合同约定。[9]

3. 利益共享、风险共担。证券投资基金遵循利益共享、风险共担的基本原则。《证券投资基金法》第3条要求,公募基金的份额持有人按其所持基金份额享受收益和承担风险,私募基金的收益分配和风险承担由基金合同约定。然而,《证券投资基金法》并未要求公募基金的每一份额的权利义务必须相同。实际上,我国证券市场上的分级基金就是通过结构化安排将基金分为两级或多级不同风险收益特征的份额,同一级份额的持有人按所持份额的比例来分配收益与承担风险。私募基金则可以根据基金合同的约定,不按所持基金份额比例来分配收益和承担风险。例如,基金合同可以约定私募基金由部分份额持有人作为基金管理人,并在基金财产不足以清偿其债务时对基金财产的债务承担无限连带责任。尽管如此,私募基金仍不得违背"利益共享,风险共担"基本原则直接或间接对一部分私募基金的持有人提供保本、保收益安排。[10]

4. 证券投资。顾名思义,证券投资基金从事的是证券投资活动,其所投资的对象是证券,而不是不动产、艺术品等非证券资产。证券是一类特殊的资产,其价值需要通过发行人的信息披露予以揭示,为了促使发行人真实、准确、完整、充分地进行信息披露,保护投资者的利益,各国均通过证券法对证券发行与交易行为予以规范。证券投资基金的份额本身属于证券,同时又投资于证券,其投资者保护问题尤为突出,因而有必要通过专门的《证券投资基金法》对其进行规制。我国公开募集的证券投资基金被允许进行证券投资的范围包括上市交易的股票、债券以及证监会规定的其他证券及其衍生品种,非公开募集基金被允许进行证券投资的范围则包括公开发行的股份有限公司股票、债券、基金份额以及证监会规定的其他证券及其衍生品种。

二、证券投资基金的类型

对证券投资基金的类型化分析,有助于进一步认识证券投资基金的外延。根据不同的标准,可将证券投资基金分为不同类型,这里仅介绍最常见的几种分类。

1. 根据组织形式,可将基金分为契约型基金、公司型基金和合伙型基金。契约型基金,由基金管理人按照基金契约向投资者募集资金设立投资基金,基金管理人和基金托管人分别按照基金契约对基金进行管理和托管,投资者根据基金契约分享基金收益并行使其他权利。契约型基金的制度设计以信托制度为基础,因此又被叫作"信托型基金"。[11] 在契约型基金中,基金财产是区别于管理人和托管人固有财产的信托财产,但并不具有独立的法律主体地位。

公司型基金,由投资者作为股东出资成立具有法人资格的基金公司,公司董事会作为管理人对基金进行投资管理,或由董事会聘请外部的投资顾问对基金进行管理。公司型基金

---

〔9〕《证券投资基金法》第71条规定:"基金管理人运用基金财产进行证券投资,除国务院证券监督管理机构另有规定外,应当采用资产组合的方式。资产组合的具体方式和投资比例,依照本法和国务院证券监督管理机构的规定在基金合同中约定。"

〔10〕参见《私募投资基金合同指引1号(契约型私募基金合同内容与格式指引)》(中国基金业协会2016年4月18日发布)第37条。

〔11〕不过,也有观点认为公司型基金和合伙型基金同样基于信托原理,体现了信托关系。参见吴晓灵主编:《投资基金法的理论与实践——兼论投资基金法的修订与完善》,上海三联书店2011年版,第16-21页。

以美国最为发达,其《1940 年投资公司法》和《1940 年投资顾问法》是规范公司型基金的两部基本法律。

合伙型基金采取有限合伙的形式,基金投资者以有限合伙人身份投入资金并承担有限责任,基金管理人则以普通合伙人身份参与合伙企业,执行和管理合伙企业的事务并对合伙企业的债务承担无限连带责任。我国于 2006 年 8 月 27 日发布的《合伙企业法》专章规定了有限合伙企业,其主要立法目的就是为风险投资基金提供可行的组织形式。

契约型基金是我国《证券投资基金法》所调整的公开募集基金的主要组织形式。《证券投资基金法》也适用于公司型基金和合伙型基金的证券投资活动,前提是公司型基金委托外部的基金管理人管理,合伙型基金由普通合伙人管理。至于公司型基金和合伙型基金的设立以及证券投资以外的管理运作,则适用其他法律、行政法规和规章。[12]

2. 根据投资对象,可将基金分为股票基金、债券基金、货币市场基金、基金中基金、混合基金等。股票基金是 80% 以上的基金资产投资于股票的基金。债券基金是 80% 以上的基金资产投资于债券的基金。货币市场基金是仅投资于货币市场工具的基金。基金中基金是 80% 以上的基金资产投资于其他基金份额的基金。混合基金是指投资于股票、债券、货币市场工具或其他基金份额,并且股票投资、债券投资、基金投资的比例不符合上述基金所要求比例的基金。

3. 根据投资目标,可将基金分为成长型基金、收入型基金和平衡型基金。成长型基金以追求长期资本增值为基本目标,较少考虑当期收入,其主要以具有较大升值潜力的小公司股票和新兴行业股票为投资对象。收入型基金以追求当期收入为基本目标,其主要以大盘蓝筹股、债券、可转让大额存单等收入比较稳定的证券作为投资对象。平衡型基金既注重长期资本增值又注重当期收入,其风险和收益特征介于成长型基金和收入型基金之间,其投资组合比较注重长短期风险和收益的搭配。

4. 根据募集方式,可将基金分为公开募集基金与非公开募集基金。公开募集基金(以下简称公募基金)是指通过公开方式向不特定对象募集资金,或向特定对象募集资金累计超过 200 人的基金。非公开募集基金(以下简称私募基金)是指通过非公开方式向不超过 200 个合格投资者募集的基金。公募基金和私募基金是《证券投资基金法》上的重要分类,其在募集方式、注册备案、基金托管、投资运作等方面的监管均存在巨大差异。本章第三节和第四节将分别对其进行讨论。

5. 根据运作方式,可将基金分为单位投资信托和经营性投资基金。在单位投资信托中,基金的成分证券一旦选定后,不再更改调整,这些成分证券的各种收益都按照对基金单位的持有比例及时地分配给投资者。单位投资信托都是可赎回的,即投资者随时可以将所持单位按照市价卖还给投资信托。单位投资信托大都适用于债券和有期限的优先股。由于在基金的存续期间对成分证券不再增减,因而随着某些证券的到期,还本付息,基金内的证券数量会越来越少,直到最后一种证券到期,基金也就不再存在。

经营性投资基金则与此不同,它由专业人员对市场进行跟踪分析,根据其专业判断,对基金的各种成分股的数量作出适时的更改或调整,以谋取更高的收益。经营性投资基金又

---

〔12〕《证券投资基金法》第 153 条规定:"公开或者非公开募集资金,以进行证券投资活动为目的设立的公司或者合伙企业,资产由基金管理人或者普通合伙人管理的,其证券投资活动适用本法。"

分为开放型和封闭型两种。开放型的经营性投资基金又称共同基金,其特点是股份可以赎回,投资者随时可以将所持有的股份卖还给基金;封闭型的经营性投资基金没有可赎回性,投资者只能通过二级市场变现所持基金股份。

三、我国证券投资基金业的立法与监管

我国证券投资基金业萌芽于20世纪80年代末中资和外资金融机构在境外设立的"中国概念基金",其中最早的是1987年由中国新技术创业投资公司与汇丰集团、渣打集团在中国香港联合设立的中国置业基金。20世纪90年代初,中国人民银行的地方分行和地方政府开始批准设立证券投资基金。1992年11月,中国人民银行总行首次批准的淄博乡镇企业投资基金正式设立,并于1993年8月在上海证券交易所挂牌上市,成为我国首只在证券交易所上市交易的投资基金。到1994年年底,我国成立的证券投资基金已达75只,被称为"老基金"。〔13〕

从立法沿革来看,我国证券投资基金立法始于20世纪90年代。1997年11月,当时的证券监督管理部门国务院证券委员会出台了《证券投资基金管理暂行办法》〔14〕,自此,我国的证券投资基金业从不规范的封闭式基金试点阶段开始转向规范化的开放式基金发展阶段。1999年年初,"投资基金法"正式被纳入国家立法规划,各界对"投资基金法"的制定表现出极大的关注。2000年1月,《投资基金法(草案)》首次公开征求社会意见。由于采取的是三合一的立法架构,也就是将当时基金行业的"三驾马车"——证券投资基金、产业投资基金、风险投资基金在草案中进行统一规范,引发各方激烈争议。为了推进立法,起草小组之后在向全国人大提交最终版草案时将调整范围进行了限缩,将"三驾马车"中的另外两个予以删除,仅保留了证券投资基金这唯一的基金品种。至此,"投资基金法"也改名为"证券投资基金法"。2004年6月1日,《证券投资基金法》正式施行,当时的证券监督主管部门在随后的半年内又陆续发布了相关配套实施细则,大大充实和丰富了我国证券投资基金法律体系。在资本市场不断壮大、私募基金行业快速发展的背景下,行业利益冲突开始逐渐显现,基金监管标准不统一、基金法调整范围过窄等问题又不断被提及,修改《证券投资基金法》的呼声日渐高涨。2009年3月,国务院将《证券投资基金法》纳入立法目录,正式启动修法议程。2013年6月1日,修订后的新法正式实施。与修订前的《证券投资基金法》相比,修订后的法律一方面对管理人、托管人、公募基金、基金关联交易等放松了政府管制,另一方面加强了对基金从业人员的诚实信用要求,并进一步丰富了管理人自律管理的规定。对于法律的调整对象,修订后的《证券投资基金法》以专章形式增设了对私募基金的管理要求,增加了公司型、合伙型基金的基金法律组织形态。同时,修订后的《证券投资基金法》优化了基金持有人的权利行使规则,加强了投资人权益保护。整体来看,其进一步体现了"加强监管、放松管制"的改革思想。延续此种改革思路,2015年4月,我国再次对《证券投资基金法》进行了局部修正,删除了原法关于公募基金管理人高管人员任职的审批规定。

---

〔13〕 所谓"老基金",是指在《证券投资基金管理暂行办法》颁布前设立的基金。这些基金均为封闭式基金,规模较小,由中国人民银行总行、各省人民政府以及各省市人民银行分别批准设立,存在多头管理等诸多问题。在1994年年底以后,已经很少有老基金设立了(参见马庆泉主编:《中国证券史》,中信出版社2003年版,第214-218页)。其审批设立及运作之监管均由中国人民银行作为主管机关。

〔14〕 《证券投资基金管理暂行办法》已于2004年废止。

从《证券投资基金管理暂行办法》到《证券投资基金法》及其修改，立法过程遵循了市场先于立法或者说先发展再规范的基本路径，体现了中国特有的商事法律成长逻辑。另外，根据《证券投资基金法》，中国证监会又陆续发布了《证券投资基金管理公司管理办法》《证券投资基金运作管理办法》《证券投资基金销售管理办法》《证券投资基金信息披露管理办法》《证券投资基金托管业务管理办法》《证券投资基金评价业务暂行管理办法》，以及《证券投资基金信息披露内容与格式准则》第 1 ~7 号[15]等系列管理和要求信息披露的文件。随着法律法规的不断完善，我国证券投资基金业的制度基础正不断被夯实与丰富。另外，2012 年 6 月 7 日，我国基金业的自律组织——中国证券投资基金业协会（以下简称基金业协会）正式成立，其通过制定和实施行业自律规则、制定行业职业标准和业务规范、提供会员服务、推动行业创新以及办理私募基金的登记备案等职责的履行，在投资基金业自律管理中发挥着越来越大的作用。

| 案例 |

2000 年 10 月 5 日，《财经》杂志刊登了《基金黑幕——关于基金行为的研究报告解析》一文，指出基金不仅没有起到稳定市场的作用，而且存在违法操作，如通过“对倒”和“倒仓”来制造虚假的成交量。“基金黑幕”对基金业造成很大影响，之后很长时间内没有发行新基金，也没有成立新的基金公司，基金业发展一度停滞。但“基金黑幕”同时也对基金投资交易规范化发挥了重要作用。监管部门、基金公司更加重视规范经营。监管部门要求基金公司认真自查，进一步完善交易规则，强化内部风险控制。基金公司将交易室从基金后台运作中独立出来，建立不同基金间有效的“防火墙”；对基金投资运作进行实时监控，内部交易规范变得空前严格。

思考：(1)“基金黑幕”事件为何对基金业影响如此重大？(2)监管部门、基金公司、媒体等主体对投资基金业的治理应发挥何种作用？

第二节　证券投资基金的参与主体

基金的整个运作过程，涉及基金的募集、投资管理、托管、份额登记、估值与核算、信息披露等各个环节以及多个主体的参与。根据在基金运作过程中所发挥的作用和承担职责的不同，可将参与主体分为基金当事人、基金市场服务机构以及基金监管机构与自律组织。其中基金当事人包括基金份额持有人、基金管理人与基金托管人。（详见图 9 -1）

---

〔15〕 第 1 号《上市交易公告书的内容与格式》、第 2 号《年度报告的内容与格式》、第 3 号《半年度报告的内容与格式》、第 4 号《季度报告的内容与格式》、第 5 号《招募说明书的内容与格式》、第 6 号《基金合同的内容与格式》、第 7 号《托管协议的内容与格式》。

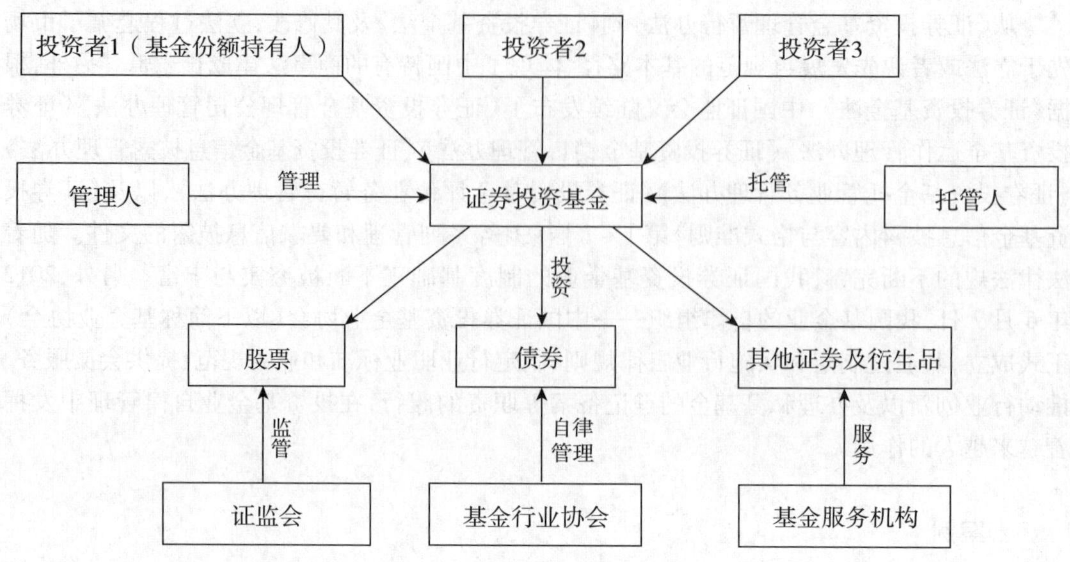

图9-1 证券投资基金法律关系

一、基金份额持有人

基金份额持有人即基金的投资者。证券投资基金以信托原理为基础,基金份额持有人与基金管理人、基金托管人之间的关系属于信托关系。由于证券投资基金活动属于自益信托,基金份额持有人既是信托关系中的委托人,又是受益人。

基金份额持有人的权利和义务应在基金合同中约定。为了更好地保护基金份额持有人的合法利益,《证券投资基金法》第46条对基金份额持有人的权利作出了明确的规定:(1)分享基金财产收益;(2)参与分配清算后的剩余基金财产;(3)依法转让或者申请赎回其持有的基金份额;(4)按照规定要求召开基金份额持有人大会或者召集基金份额持有人大会;(5)对基金份额持有人大会审议事项行使表决权;(6)对基金管理人、基金托管人、基金服务机构损害其合法权益的行为依法提起诉讼;(7)基金合同约定的其他权利。此外,基金份额持有人还拥有基金信息资料的知情权,具体依公募基金和私募基金而有所不同:公募基金的基金份额持有人有权查阅或者复制公开披露的基金信息资料;私募基金的基金份额持有人对涉及自身利益的情况,有权查阅基金的财务会计账簿等财务资料。

基金份额持有人通过基金份额持有人大会,对基金合同的重要内容和基金运作的重大事项进行审议决定,从而维护自身权利。基金份额持有人大会由全体基金份额持有人组成,审议决定的事项包括:(1)基金扩募或者延长基金合同期限;(2)修改基金合同的重要内容或者提前终止基金合同;(3)更换基金管理人、基金托管人;(4)调整基金管理人、基金托管人的报酬标准;(5)基金合同约定的其他事项。〔16〕

然而,基金份额持有人大会仅仅是一个临时性的会议机制,基金份额持有人尤其是公募基金的份额持有人往往人数众多,又高度分散,这使基金份额持有人自身召集基金份额持有人大会的难度很大,从而难以发挥其对基金管理人和托管人的监督和制约作用。为此,《证

〔16〕 参见《证券投资基金法》第47条。

券投资基金法》允许基金份额持有人大会通过基金合同的约定，设立日常机构并行使以下职权：(1)召集基金份额持有人大会；(2)提请更换基金管理人、基金托管人；(3)监督基金管理人的投资运作、基金托管人的托管活动；(4)提请调整基金管理人、基金托管人的报酬标准；(5)基金合同约定的其他职权。[17] 证券投资基金的运作应遵循专业管理的原则，基金的投资管理活动应由基金管理人负责，基金份额持有人大会及其日常机构不得直接参与或者干涉。

《证券投资基金法》对公募基金份额持有人大会的召集人、召开程序、议事程序以及表决方式专章作出规定。基金份额持有人大会的召集人可分为四类：(1)基金份额持有人大会设立日常机构的，由该日常机构召集；(2)若基金份额持有人大会未设立日常机构，或该日常机构未召集的，由基金管理人召集；(3)基金管理人未按规定召集或者不能召集的，由基金托管人召集；(4)代表基金份额 10% 以上的基金份额持有人就同一事项要求召开基金份额持有人大会，而基金份额持有人大会的日常机构、基金管理人、基金托管人都不召集的，代表基金份额 10% 以上的基金份额持有人有权自行召集，并报国务院证券监督管理机构备案。[18]

召开基金份额持有人大会，召集人应当至少提前 30 日公告基金份额持有人大会的召开时间、会议形式、审议事项、议事程序和表决方式等事项。[19] 基金份额持有人大会应当有代表 1/2 以上基金份额的持有人参加，方可召开。考虑到公募基金的份额持有人具有人数多、地处分散、持有基金数量不一的特点，按照上述参会比例要求召集基金份额持有人大会的难度可能较大，《证券投资基金法》在修改时增加了基金份额持有人大会"二次召集"制度，即参加基金份额持有人大会的持有人的基金份额低于上述比例的，召集人可以在原公告的基金份额持有人大会召开时间的 3 个月以后、6 个月以内，就原定审议事项重新召集基金份额持有人大会。重新召集的基金份额持有人大会应当有代表 1/3 以上基金份额的持有人参加，如此方可召开。

基金份额持有人大会就审议事项作出决定，应当经参加大会的基金份额持有人所持表决权的 1/2 以上通过；但是，转换基金的运作方式、更换基金管理人或者基金托管人、提前终止基金合同、与其他基金合并这四类事项往往会对基金份额持有人、基金管理人和基金托管人产生重大影响，关系到基金当事人的重大利益，基金份额持有人大会作出涉及这四个方面问题的决定，应当经特定多数同意，即参加大会的基金份额持有人所持表决权的 2/3 以上通过。[20] 基金份额持有人大会的表决权计算和行使，与《公司法》股东(大)会中股东行使表决权的基本原则一致，即"资本多数决"原则，按照基金份额的数量行使表决权，每一基金份额具有一票表决权，基金份额越多的持有人拥有的表决权也越多。这一原则是公募基金持有人表决权行使的原则，且不准作出例外规定。至于私募基金，《证券投资基金法》并未对其表决权行使的方式作出要求，可由基金合同予以约定。

基金份额持有人大会所决定的事项，往往关系广大基金份额持有人的切身利益，应当依

---

〔17〕 参见《证券投资基金法》第 48 条。

〔18〕 参见《证券投资基金法》第 83 条。

〔19〕 参见《证券投资基金法》第 84 条。

〔20〕 参见《证券投资基金法》第 86 条。

法报证监会备案,并通过公告的方式向基金份额持有人披露大会决定事项的情况。

二、基金管理人

基金管理人在证券投资基金法律关系中处于中心地位,承担着基金募集、设立、投资管理、信息披露等一系列重要职责,因而是法律规制的重点。《证券投资基金法》第二章专章对基金管理人予以规范,其他章节也广泛涉及基金管理人职责的规定。此外,中国证监会、基金业协会还发布了一系列针对基金管理人的规章和自律性规则。根据募集方式的不同,证券投资基金可分为公募基金和私募基金,基金管理人也因此分为公募基金管理人和私募基金管理人,《证券投资基金法》及相关法规重点规制的是公募基金管理人。事实上,《证券投资基金法》第二章的标题虽名为"基金管理人",但除第 12 条第 1 款和第 31 条以外,均专门针对公募基金管理人。《证券投资基金法》授权国务院金融监督管理机构依照第二章的原则制定对私募基金管理人进行规范的具体办法,目前已制定出来的规则仅有中国证监会于 2014 年 8 月 21 日公布实施的《私募投资基金监督管理暂行办法》。[21]

基金管理人只能由依法设立的公司或者合伙企业担任,而不能是自然人,这一规则适用于公募基金和私募基金。公募基金管理人的主体资格受到更为严格的限制。2003 年《证券投资基金法》只允许基金管理公司担任公募基金管理人,2012 年修订的《证券投资基金法》对公募基金管理人的资格予以放宽,证监会允许按照规定核准的其他机构担任公募基金管理人。证监会于 2013 年 2 月 18 日发布了《资产管理机构开展公募证券投资基金管理业务暂行规定》,允许符合条件的证券公司、保险资产管理公司以及专门从事非公开募集证券投资基金管理业务的资产管理机构担任公募基金管理人。

尽管如此,基金管理公司仍然是最主要的公募基金管理人。[22]《证券投资基金法》及相关法规对基金管理公司的设立、公司治理和内部控制均作出了较为严格的要求。设立基金管理公司应具备《证券投资基金法》及相关法规所要求的条件:(1)有符合《证券投资基金法》和《公司法》规定的章程;(2)注册资本不低于 1 亿元人民币,且必须为实缴货币资本;(3)主要股东应当具有经营金融业务或者管理金融机构的良好业绩、良好的财务状况和社会信誉,资产规模达到国务院规定的标准,最近 3 年没有违法记录;(4)取得基金从业资格的人员达到法定人数,证监会 2012 年修订的《证券投资基金管理公司管理办法》要求基金管理公司有符合法律、行政法规和中国证监会规定的拟任高级管理人员以及从事研究、投资、估值、营销等业务的人员,拟任高级管理人员、业务人员不少于 15 人,并应当取得基金从业资格;(5)董事、监事、高级管理人员具备相应的任职条件,包括消极资格和积极资格,《证券投资基金法》第 15 条、第 16 条分别作出规定;(6)有符合要求的营业场所、安全防范设施和与基金管理业务有关的其他设施;(7)有良好的内部治理结构、完善的内部稽核监控制度、风险控制制度;(8)法律、行政法规规定的和经国务院批准的国务院证券监督管理机构规定的其他条件。基金管理公司应建立健全与股东之间的业务和客户关键信息隔离制度、独立董事制度、督察长制度、内部监控体系、投资管理系统、基金财务核算与基金资产估值系

---

〔21〕 关于私募基金管理人的规制,详见本章第四节。

〔22〕 根据中国证监会官网 http://www.csrc.gov.cn/csrc/c101900/c1029657/content.shtml 在 2022 年 2 月公布的《公募基金管理机构名录》,目前我国共有 138 家基金管理公司和 14 家取得公募资格的资产管理机构。

统、信息技术系统、人力资源管理制度、财务管理制度、突发事件处理预案制度等公司治理与内部控制制度。[23]

公募基金管理人承担着基金管理及相关重要职责，具体包括：(1)依法募集资金，办理基金份额的发售和登记事宜；(2)办理基金备案手续；(3)对所管理的不同基金财产分别管理、分别记账，进行证券投资；(4)按照基金合同的约定确定基金收益分配方案，及时向基金份额持有人分配收益；(5)进行基金会计核算并编制基金财务会计报告；(6)编制中期和年度基金报告；(7)计算并公告基金资产净值，确定基金份额申购、赎回价格；(8)办理与基金财产管理业务活动有关的信息披露事项；(9)按照规定召集基金份额持有人大会；(10)保存基金财产管理业务活动的记录、账册、报表和其他相关资料；(11)以基金管理人名义，代表基金份额持有人利益行使诉讼权利或者实施其他法律行为；(12)证监会规定的其他职责。[24]

公募基金管理人的从业人员须符合特定资格。具有下列情形之一的，不得担任公募基金的基金管理人的董事、监事、高级管理人员和其他从业人员：(1)因犯有贪污贿赂、渎职、侵犯财产罪或者破坏社会主义市场经济秩序罪，被判处刑罚的；(2)对所任职的公司、企业因经营不善破产清算或者因违法被吊销营业执照负有个人责任的董事、监事、厂长、高级管理人员，自该公司、企业破产清算终结或者被吊销营业执照之日起未逾5年的；(3)个人所负债务数额较大，到期未清偿的；(4)因违法行为被开除的基金管理人、基金托管人、证券交易所、证券公司、证券登记结算机构、期货交易所、期货公司及其他机构的从业人员和国家机关工作人员；(5)因违法行为被吊销执业证书或者被取消资格的律师、注册会计师和资产评估机构、验证机构的从业人员、投资咨询从业人员；(6)法律、行政法规规定不得从事基金业务的其他人员。公募基金管理人的董事、监事和高级管理人员，应当熟悉证券投资方面的法律、行政法规，具有3年以上与其所任职务相关的工作经历；高级管理人员还应当具备基金从业资格。证券投资基金管理公司高级管理人员的选任或改任，应报经证监会审核。基金管理公司的董事和基金经理的任免，应向证监会报告。[25]

《证券投资基金法》对公募基金管理人的董事、监事、高级管理人员和其他从业人员的证券投资、担任职务以及行为规范均作出了要求。上述人员本人、配偶、利害关系人进行证券投资，应当事先向基金管理人申报，并不得与基金份额持有人发生利益冲突。公募基金管理人应当建立上述规定人员进行证券投资的申报、登记、审查、处置等管理制度，并报国务院证券监督管理机构备案。[26] 公募基金管理人的董事、监事、高级管理人员和其他从业人员，不得担任基金托管人或者其他基金管理人的任何职务，不得从事损害基金财产和基金份额持有人利益的证券交易及其他活动[27]，也不得有下列行为：(1)将其固有财产或者他人财产混同于基金财产从事证券投资；(2)不公平地对待其管理的不同基金财产；(3)利用基金

〔23〕 参见《证券投资基金管理公司管理办法》(中国证监会2012年9月20日修订发布)第39条、第42条、第44条、第49～53条、第55条、第58条。

〔24〕 参见《证券投资基金法》第19条。

〔25〕 参见《证券投资基金管理公司高级管理人员任职管理办法》(中国证监会2004年9月22日发布)第3条、第5条。

〔26〕 参见《证券投资基金法》第17条。

〔27〕 参见《证券投资基金法》第18条。

财产或者职务之便为基金份额持有人以外的人牟取利益;(4)向基金份额持有人违规承诺收益或者承担损失;(5)侵占、挪用基金财产;(6)泄露因职务便利获取的未公开信息、利用该信息从事或者明示、暗示他人从事相关的交易活动;(7)玩忽职守,不按照规定履行职责;(8)法律、行政法规和国务院证券监督管理机构规定禁止的其他行为。[28]

三、基金托管人

基金托管人是负责托管基金财产的金融机构,与基金管理人是基金份额持有人的共同受托人。2003年制定的《证券投资基金法》只允许商业银行担任基金托管人,2012年修订时则将基金托管人的范围扩展到其他金融机构。商业银行担任基金托管人的,由国务院证券监督管理机构会同国务院银行业监督管理机构核准;其他金融机构担任基金托管人的,由国务院证券监督管理机构核准。担任基金托管人,应当具备的条件包括:(1)净资产和风险控制指标符合有关规定;(2)设有专门的基金托管部门;(3)取得基金从业资格的专职人员达到法定人数;(4)有安全保管基金财产的条件;(5)有安全高效的清算、交割系统;(6)有符合要求的营业场所、安全防范设施和与基金托管业务有关的其他设施;(7)有完善的内部稽核监控制度和风险控制制度;(8)法律、行政法规规定的和经国务院批准的国务院证券监督管理机构、国务院银行业监督管理机构规定的其他条件。[29] 金融机构从事基金托管业务,应当首先经过监管机构核准,取得基金托管资格。其中,商业银行从事基金托管业务应当经证监会和原银监会核准,其他金融机构从事基金托管业务应当经证监会核准。证监会与原银监会在2013年4月2日发布了《证券投资基金托管业务管理办法》,对商业银行申请基金托管资格应当具备的条件、程序、托管职责的履行、托管业务的内部控制以及监督管理和法律责任作出了详细规定。证监会于2013年3月15日发布了《非银行金融机构开展证券投资基金托管业务暂行规定》,对非银行金融机构开展基金托管业务的申请条件、程序、职责、业务规范、监管等进行了规定。

证券投资基金托管人的域外立法

基金托管人的职责包括:(1)安全保管基金财产;(2)按照规定开设基金财产的资金账户和证券账户;(3)对所托管的不同基金财产分别设置账户,确保基金财产的完整与独立;(4)保存基金托管业务活动的记录、账册、报表和其他相关资料;(5)按照基金合同的约定,根据基金管理人的投资指令,及时办理清算、交割事宜;(6)办理与基金托管业务活动有关的信息披露事项;(7)对基金财务会计报告、中期和年度基金报告出具意见;(8)复核、审查基金管理人计算的基金资产净值和基金份额申购、赎回价格;(9)按照规定召集基金份额持有人大会;(10)按照规定监督基金管理人的投资运作;(11)国务院证券监督管理机构规定的其他职责。[30] 《证券投资基金法》在规定基金托管人具有执行基金管理人指令权利的同时,也规定了基金托管人对基金管理人指令进行监督和拒绝执行的义务,具体分两种情况:第一,基金托管人发现基金管理人的投资指令违反法律、行政法规和其他有关规定,或者违反基金合同约定的,应当拒绝执行,立即通知基金管理人,并及时向国务院证券监督管理机

〔28〕 参见《证券投资基金法》第20条。
〔29〕 参见《证券投资基金法》第33条。
〔30〕 参见《证券投资基金法》第36条。

构报告;第二,基金托管人发现基金管理人依据交易程序已经生效的投资指令违反法律、行政法规和其他有关规定,或者违反基金合同约定的,应当立即通知基金管理人,并及时向国务院证券监督管理机构报告。[31]

值得注意的是,只有公募基金才被法律要求实行强制托管制度。[32] 私募基金则可通过基金合同的约定排除基金托管制度的适用[33],这充分体现了私募基金的自律管理原则。然而,尽管《证券投资基金法》中规定了托管人对管理人的投资监督义务,但现实中最易产生争议和困惑的是:托管人究竟如何做才能算尽到了投资监督义务?托管人在进行资料复核、审查工作时,其究竟是仅需进行形式性审核还是必须进行真实性审核?……就此类问题,若从信义义务的角度进行问题描述,也可以转换为以下问题:信义义务的衡量标准是什么,达到何种标准才能视作托管人已履行了信义义务?另外,以现有的司法实践来看,在管理人清偿能力明显不足时,资金实力雄厚的银行、券商大概率会被作为被告一起拖入诉讼或仲裁程序之中。分析现有案例中原告或仲裁申请人对托管人的求偿理由,大多系以托管人未尽责为由。[34] 但是,《证券投资基金法》仅笼统地规定了“诚实信用、谨慎勤勉”“监督”“复核”“审查”等义务内容,未就相关义务履行与否的衡量标准进行进一步释明。根据最高人民法院 2019 年的规定,以受托人未勤勉尽责等为由请求受托人承担损害赔偿责任的,举证责任倒置,由受托人举证其已履行了义务。该规定中所提到的受托人,在投资基金业务项下,直接指向的是管理人,因而该规定是否可能扩展至托管人存在疑问。

四、基金服务机构

广义上,基金管理人和基金托管人也属于为基金份额持有人提供服务的机构,但通常所说的基金服务机构是指基金管理人和基金托管人以外的为基金业提供服务的机构。随着基金业的迅速发展和专业化程度的不断提高,各类基金服务业务也迅速发展。《证券投资基金法》第十一章专章对基金服务机构予以规范,并规定为公募基金提供销售、销售支付、份额登记、估值、投资顾问、评价、信息技术系统服务以及律师和会计师服务的机构应当按照证监会的规定进行注册或者备案。证监会在 2013 年 5 月 17 日发布了《证券投资基金服务机构业务管理办法(征求意见稿)》公开征求意见,但之后并未发布正式的管理办法。尽管如此,证监会此前已经发布的《证券投资基金销售管理办法》《证券投资基金销售机构通过第三方电子商务平台开展业务管理暂行规定》《证券投资基金销售结算资金管理暂行规定》《证券投资基金销售机构内部控制指导意见》《证券投资基金评价业务管理暂行办法》《律师事务所证券投资基金法律业务执业细则(试行)》等规章已对基金服务机构进行了一定的规范。基金业协会在 2017 年 3 月 1 日发布了《私募投资基金服务业务管理办法(试行)》,要求为私募基金提供基金募集、投资顾问、份额登记、估值核算、信息技术系统等服务业务的服务机构在基金业协会完成登记并成为协会会员。

---

[31] 参见《证券投资基金法》第 37 条。

[32] 《证券投资基金法》第 50 条第 3 款规定:“公开募集基金应当由基金管理人管理,基金托管人托管。”

[33] 《证券投资基金法》第 88 条规定:“除基金合同另有约定外,非公开募集基金应当由基金托管人托管。”

[34] 参见郑泰安等:《证券投资基金法律制度:立法前沿与理论争议》,社会科学文献出版社 2019 年版,第 58 页。

五、基金监管机构

中国证监会是我国证券投资基金业的法定监管机构,其监管职责包括:(1)制定有关证券投资基金活动监督管理的规章、规则,并行使审批、核准或者注册权;(2)办理基金备案;(3)对基金管理人、基金托管人及其他机构从事证券投资基金活动进行监督管理,对违法行为进行查处,并予以公告;(4)制定基金从业人员的资格标准和行为准则,并监督实施;(5)监督检查基金信息的披露情况;(6)指导和监督基金行业协会的活动;(7)法律、行政法规规定的其他职责。[35]

证监会履行其法定职责,有权采取下列措施:(1)对基金管理人、基金托管人、基金服务机构进行现场检查,并要求其报送有关的业务资料。(2)进入涉嫌违法行为发生场所调查取证。(3)询问当事人和与被调查事件有关的单位和个人,要求其对与被调查事件有关的事项作出说明。(4)查阅、复制与被调查事件有关的财产权登记、通讯记录等资料。(5)查阅、复制当事人和与被调查事件有关的单位和个人的证券交易记录、登记过户记录、财务会计资料及其他相关文件和资料;对可能被转移、隐匿或者毁损的文件和资料,可以予以封存。(6)查询当事人和与被调查事件有关的单位和个人的资金账户、证券账户和银行账户;对有证据证明已经或者可能转移或者隐匿违法资金、证券等涉案财产或者隐匿、伪造、毁损重要证据的,经国务院证券监督管理机构主要负责人批准,可以冻结或者查封。(7)在调查操纵证券市场、内幕交易等重大证券违法行为时,经国务院证券监督管理机构主要负责人批准,可以限制被调查事件当事人的证券买卖,但限制的期限不得超过15个交易日;案情复杂的,可以延长15个交易日。[36]

证监会对公募基金管理人及其董事、监事和高级管理人员,可以根据违法、违规的情形采取特定的监管措施。公募基金管理人违法违规,或者其内部治理结构、稽核监控和风险控制管理不符合规定的,证监会应当责令其限期改正;逾期未改正,或者其行为严重危及该基金管理人的稳健运行、损害基金份额持有人合法权益的,证监会可以区别情形,对其采取下列措施:(1)限制业务活动,责令暂停部分或者全部业务;(2)限制分配红利,限制向董事、监事、高级管理人员支付报酬、提供福利;(3)限制转让固有财产或者在固有财产上设定其他权利;(4)责令更换董事、监事、高级管理人员或者限制其权利;(5)责令有关股东转让股权或者限制有关股东行使股东权利。公募基金管理人整改后,应当向证监会提交报告。证监会经验收,符合有关要求的,应当自验收完毕之日起3日内解除对其采取的有关措施。[37]公募基金管理人的董事、监事、高级管理人员未能勤勉尽责,致使基金管理人存在重大违法违规行为或者重大风险的,证监会可以责令更换。[38] 公募基金管理人违法经营或者出现重大风险,严重危害证券市场秩序、损害基金份额持有人利益的,证监会可以对该基金管理人采取责令停业整顿、指定其他机构托管、接管、取消基金管理资格或者撤销等监管措施。[39]

---

〔35〕 参见《证券投资基金法》第112条。

〔36〕 参见《证券投资基金法》第113条。

〔37〕 参见《证券投资基金法》第24条。

〔38〕 参见《证券投资基金法》第25条。

〔39〕 参见《证券投资基金法》第26条。

六、基金自律组织

成立于2012年6月7日的中国证券投资基金业协会，是我国证券投资基金行业的自律性组织。根据《证券投资基金法》的要求，基金管理人和托管人应加入基金业协会成为会员，基金服务机构则可以选择是否加入基金业协会。不过，基金业协会在2014年11月24日发布的《基金业务外包服务指引（试行）》要求，为基金管理人提供销售、销售支付、份额登记、估值核算、信息技术系统等服务的基金业务外包服务机构也应加入基金业协会并成为会员。

基金业协会履行下列职责：(1)教育和组织会员遵守有关证券投资的法律、行政法规，维护投资人合法权益；(2)依法维护会员的合法权益，反映会员的建议和要求；(3)制定和实施行业自律规则，监督、检查会员及其从业人员的执业行为，对违反自律规则和协会章程的，按照规定给予纪律处分；(4)制定行业执业标准和业务规范，组织基金从业人员的从业考试、资质管理和业务培训；(5)提供会员服务，组织行业交流，推动行业创新，开展行业宣传和投资人教育活动；(6)对会员之间、会员与客户之间发生的基金业务纠纷进行调解；(7)依法办理非公开募集基金的登记、备案；(8)协会章程规定的其他职责。[40]

｜案例｜

H集团是一家集商业地产、资产管理、金融等产业于一体的大型民营集团，通过旗下数家公司作为基金管理人发行私募产品。2018年6月，H集团与旗下私募平台的实际控制人失联，由此造成的直接影响是基金管理人中止正常经营，有关基金产品不能按期支付。2018年7月13日，中国基金业协会对此发布公告，要求相关基金的托管银行切实履行"共同受托职责"以维护投资者权益，并在附件中公布了托管银行的联系方式。据此，部分投资者前往托管银行进行维权。中国银行业协会在其官网刊载了文章进行反驳，认为银行作为托管机构仅根据法律规定与合同约定履行特定的职责，其中并不包括承担共同受托责任。

思考：(1)托管银行是否应当承担共同受托责任？(2)中国基金业协会对涉案基金管理人和托管人可以采取哪些措施？

第三节　公募基金的监管

公募基金在各个国家都受到严格的监管。我国2003年制定的《证券投资基金法》仅仅规制公募基金。2012年修订后虽然增加了"非公开募集基金"一章的内容，但其主要监管对象仍然是公募基金。《证券投资基金法》对公募基金的监管贯穿于基金的设立、募集、交易、申购与赎回、投资运作、信息披露以及变更、终止与清算等整个运作过程。（公募基金的投资运作模式见图9－2）中国证监会和基金业协会还分别针对公募基金制定了数量众多的规章和自律性规则。

---

〔40〕 参见《证券投资基金法》第111条。

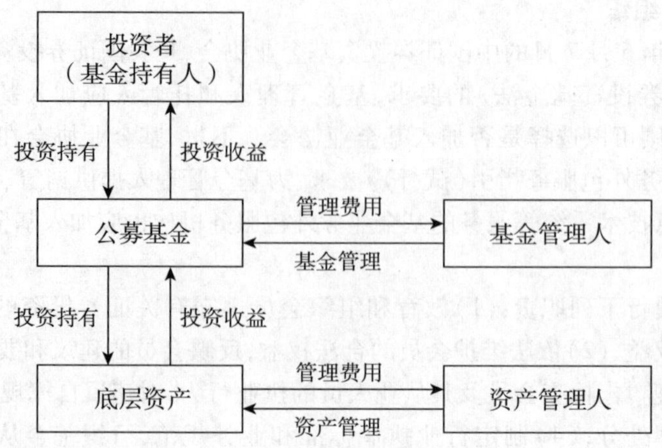

图9-2 公募基金投资运作模式

一、基金的募集与设立

通过募集来设立基金是证券投资基金的特点。政府基金往往通过行政划拨的方式设立,慈善基金则采取募捐的方式,并不向捐赠者支付对价。基金募集和设立是基金管理人的工作职责,也是整个基金运作过程的起点。基金的募集一般要经过申请、注册、发售、基金合同生效四个步骤。

(一)基金募集申请

公开募集基金,应当经证监会注册。未经注册,不得公开或者变相公开募集基金。所谓基金募集申请,就是拟任基金管理人向证监会提交以下文件申请注册:(1)申请报告;(2)基金合同草案;(3)基金托管协议草案;(4)招募说明书草案;(5)律师事务所出具的法律意见书;(6)国务院证券监督管理机构规定提交的其他文件。[41] 上述基金合同、托管协议以及招募说明书均为草案,因为其仅仅是提交给证监会的申请注册文本,尚未正式生效。

其中,基金合同应当包括以下内容:(1)募集基金的目的和基金名称;(2)基金管理人、基金托管人的名称和住所;(3)基金的运作方式;(4)封闭式基金的基金份额总额和基金合同期限,或者开放式基金的最低募集份额总额;(5)确定基金份额发售日期、价格和费用的原则;(6)基金份额持有人、基金管理人和基金托管人的权利、义务;(7)基金份额持有人大会召集、议事及表决的程序和规则;(8)基金份额发售、交易、申购、赎回的程序、时间、地点、费用计算方式,以及给付赎回款项的时间和方式;(9)基金收益分配原则、执行方式;(10)基金管理人、基金托管人报酬的提取、支付方式与比例;(11)与基金财产管理、运用有关的其他费用的提取、支付方式;(12)基金财产的投资方向和投资限制;(13)基金资产净值的计算方法和公告方式;(14)基金募集未达到法定要求的处理方式;(15)基金合同解除和终止的事由、程序以及基金财产清算方式;(16)争议解决方式;(17)当事人约定的其他事项。[42]

基金招募说明书应当包括下列内容:(1)基金募集申请的准予注册文件名称和注册日

---

〔41〕 参见《证券投资基金法》第51条。

〔42〕 参见《证券投资基金法》第52条。

期；（2）基金管理人、基金托管人的基本情况；（3）基金合同和基金托管协议的内容摘要；（4）基金份额的发售日期、价格、费用和期限；（5）基金份额的发售方式、发售机构及登记机构名称；（6）出具法律意见书的律师事务所和审计基金财产的会计师事务所的名称和住所；（7）基金管理人、基金托管人报酬及其他有关费用的提取、支付方式与比例；（8）风险警示内容；（9）国务院证券监督管理机构规定的其他内容。[43]

（二）基金募集申请的注册

证监会应当自受理公募基金的募集注册申请之日起6个月内依照法律、行政法规及国务院证券监督管理机构的规定进行审查，作出注册或者不予注册的决定，并通知申请人；不予注册的，应当说明理由。[44] 证监会对基金募集的注册审查以要件齐备和内容合规为基础，不对基金的投资价值及市场前景等作出实质性判断或者保证，并将注册程序分为简易程序和普通程序。对常规基金产品按简易程序注册，审查时间不超过20个工作日；对其他产品按照普通程序注册，审查时间不超过6个月。

（三）基金份额的发售

基金募集申请经证监会注册后，方可发售基金份额。基金管理人应当自收到准予注册文件之日起6个月内进行基金的发售和募集。超过6个月开始募集，原注册的事项未发生实质性变化的，应当报证监会备案；发生实质性变化的，应当向证监会重新提交注册申请。基金募集不得超过证监会准予注册的基金募集期限。基金募集期限自基金份额发售之日起计算。[45]

基金份额的发售，由基金管理人或者其委托的基金销售机构办理。基金管理人应当在基金份额发售的3日前公布招募说明书、基金合同及其他有关文件，并确保上述文件真实、准确、完整。

（四）基金合同生效

基金募集期限届满，封闭式基金募集的基金份额总额达到准予注册规模的80%以上，开放式基金募集的基金份额总额超过准予注册的最低募集份额总额，并且基金份额持有人人数符合证监会规定的，基金管理人应当自募集期限届满之日起10日内聘请法定验资机构验资，自收到验资报告之日起10日内，向证监会提交验资报告，办理基金备案手续，并予以公告。[46]

投资人交纳认购的基金份额的款项时，基金合同成立；基金管理人依法向证监会办理基金备案手续，基金合同生效。若基金募集期限届满，不能满足前述基金份额和持有人要求的，基金管理人应当承担下列责任：（1）以其固有财产承担因募集行为而产生的债务和费用；（2）在基金募集期限届满后30日内返还投资人已交纳的款项，并加计银行同期存款利息。[47]

二、基金销售

基金销售本属于基金募集的一个环节，但由于基金销售往往涉及基金管理人以外的其

---

〔43〕 参见《证券投资基金法》第53条。

〔44〕 参见《证券投资基金法》第54条。

〔45〕 参见《证券投资基金法》第57条。

〔46〕 参见《证券投资基金法》第58条。

〔47〕 参见《证券投资基金法》第60条。

他基金销售机构,并且基金销售对于投资者保护的意义重大,中国证监会制定了《公开募集证券投资基金销售机构监督管理办法》《证券投资基金销售适用性指导意见》《证券投资基金销售机构内部控制指导意见》《公开募集证券投资基金宣传推介材料管理暂行规定》等一系列规章对基金销售行为予以规范。

除基金管理人可办理募集基金的销售业务外,商业银行、证券公司、期货公司、保险机构、证券投资咨询机构、独立基金销售机构均可从事基金销售业务,但应向工商注册登记所在地的中国证监会派出机构申请注册并取得相应资格。[48] 这些机构申请注册基金销售业务资格,应当具备下列条件:(1)财务状况良好,运作规范。(2)有与基金销售业务相适应的营业场所、安全防范等设施,办理基金销售业务的信息管理平台符合中国证监会的规定。(3)具备健全高效的业务管理和风险管理制度,反洗钱、反恐怖融资及非居民金融账户涉税信息尽职调查等制度符合法律法规要求,基金销售结算资金管理、投资者适当性管理、内部控制等制度符合中国证监会的规定。(4)取得基金从业资格的人员不少于20人。(5)最近3年没有受到刑事处罚或者重大行政处罚;最近1年没有因相近业务被采取重大行政监管措施;没有因重大违法违规行为处于整改期间,或者因涉嫌重大违法违规行为正在被监管机构调查;不存在已经影响或者可能影响公司正常运作的重大变更事项,或者重大诉讼、仲裁等事项。(6)中国证监会规定的其他条件。[49]

基金销售机构及其从业人员从事基金销售业务,应当保证向公众发布的基金宣传推介材料真实、准确,与基金合同、基金招募说明书相符,且不得有下列情形:(1)虚假记载、误导性陈述或者重大遗漏;(2)违规承诺收益、本金不受损失或者限定损失金额、比例;(3)预测基金投资业绩,或者宣传预期收益率;(4)误导投资人购买与其风险承担能力不相匹配的基金产品;(5)未向投资人有效揭示实际承担基金销售业务的主体、所销售的基金产品等重要信息,或者以过度包装服务平台、服务品牌等方式模糊上述重要信息;(6)采取抽奖、回扣或者送实物、保险、基金份额等方式销售基金;(7)在基金募集申请完成注册前,办理基金销售业务,向公众分发、公布基金宣传推介材料或者发售基金份额;(8)未按照法律法规、中国证监会规定、招募说明书和基金份额发售公告规定的时间销售基金,或者未按照规定公告即擅自变更基金份额的发售日期;(9)挪用基金销售结算资金或者基金份额,违规利用基金份额转让等形式规避基金销售结算资金闭环运作要求、损害投资人资金安全;(10)利用或者承诺利用基金资产和基金销售业务进行利益输送或者利益交换;(11)违规泄露投资人相关信息或者基金投资运作相关非公开信息;(12)以低于成本的费用销售基金;(13)实施歧视性、排他性、绑定性销售安排;(14)中国证监会规定禁止的其他情形。[50]

三、基金的交易、申购与赎回

申请基金份额上市交易,基金管理人应当向证券交易所提出申请,证券交易所依法审核同意的,双方应当签订上市协议。基金份额上市交易,应当符合下列条件:(1)基金的募集符合《证券投资基金法》规定;(2)基金合同期限为5年以上;(3)基金募集金额不低于2亿

〔48〕 参见《公开募集证券投资基金销售机构监督管理办法》第6条。

〔49〕 参见《公开募集证券投资基金销售机构监督管理办法》第7条。

〔50〕 参见《公开募集证券投资基金销售机构监督管理办法》第24条。

元人民币;(4)基金份额持有人不少于1000人;(5)基金份额上市交易规则规定的其他条件。[51]

基金份额上市交易后,有下列情形之一的,由证券交易所终止其上市交易,并报证监会备案:(1)不再具备《证券投资基金法》第62条规定的上市交易条件;(2)基金合同期限届满;(3)基金份额持有人大会决定提前终止上市交易;(4)基金合同约定的或者基金份额上市交易规则规定的终止上市交易的其他情形。[52]

开放式基金的基金份额的申购、赎回、登记,由基金管理人或者其委托的基金服务机构办理。基金管理人应当在每个工作日办理基金份额的申购、赎回业务;基金合同另有约定的,从其约定。投资人交付申购款项,申购成立;基金份额登记机构确认基金份额时,申购生效。基金份额持有人递交赎回申请,赎回成立;基金份额登记机构确认赎回时,赎回生效。[53] 基金管理人应当按时支付赎回款项,但是下列情形除外:(1)因不可抗力导致基金管理人不能支付赎回款项;(2)证券交易场所依法决定临时停市,导致基金管理人无法计算当日基金资产净值;(3)基金合同约定的其他特殊情形。发生上述情形之一的,基金管理人应当在当日报证监会备案。上述情形消失后,基金管理人应当及时支付赎回款项。[54]

四、基金的投资运作

基金管理人运用基金财产进行证券投资,除国务院证券监督管理机构另有规定外,应当采用资产组合的方式。资产组合的具体方式和投资比例,应在合法合规的前提下在基金合同中约定。公募基金的投资范围限于上市交易的股票、债券以及证监会规定的其他证券及其衍生品种。

基金管理人运用基金财产进行证券投资,不得有下列情形:(1)一只基金持有一家公司发行的证券,其市值超过基金资产净值的10%;(2)同一基金管理人管理的全部基金持有一家公司发行的证券,超过该证券的10%;(3)基金财产参与股票发行申购,单只基金所申报的金额超过该基金的总资产,单只基金所申报的股票数量超过拟发行股票公司本次发行股票的总量;(4)一只基金持有其他基金(不含货币市场基金),其市值超过基金资产净值的10%,但基金中基金除外;(5)基金中基金持有其他单只基金,其市值超过基金资产净值的20%,或者投资于其他基金中基金;(6)基金总资产超过基金净资产的140%;(7)违反基金合同关于投资范围、投资策略和投资比例等约定;(8)中国证监会规定禁止的其他情形。完全按照有关指数的构成比例进行证券投资的基金品种可以不受(1)(2)两项规定的比例限制。基金管理人运用基金财产投资证券衍生品种的,应当根据风险管理的原则,并制定严格的授权管理制度和投资决策流程。基金管理人运用基金财产投资证券衍生品种的具体比例,应当符合中国证监会的有关规定。中国证监会另行规定的其他特殊基金品种可不受上述比例的限制。[55]

基金管理人运用基金财产买卖基金管理人、基金托管人及其控股股东、实际控制人或者

---

〔51〕 参见《证券投资基金法》第62条。
〔52〕 参见《证券投资基金法》第64条。
〔53〕 参见《证券投资基金法》第65~66条。
〔54〕 参见《证券投资基金法》第67条。
〔55〕 参见《公开募集证券投资基金运作管理办法》第32条。

与其有重大利害关系的公司发行的证券或者承销期内承销的证券,或者从事其他重大关联交易的,应当符合基金的投资目标和投资策略,遵循持有人利益优先原则,防范利益冲突,建立健全内部审批机制和评估机制,按照市场公平合理价格执行。相关交易必须事先得到基金托管人的同意,并按法律法规予以披露。重大关联交易应提交基金管理人董事会审议,并经过2/3以上的独立董事通过。基金管理人董事会应至少每半年对关联交易事项进行审查。[56]

基金管理人应当自基金合同生效之日起6个月内使基金的投资组合比例符合基金合同的有关约定。其间,基金的投资范围、投资策略应当符合基金合同的约定。[57] 因证券市场波动、上市公司合并、基金规模变动等基金管理人之外的因素致使基金投资不符合《公开募集证券投资基金运作管理办法》第32条规定的比例或者基金合同约定的投资比例的,基金管理人应当在10个交易日内进行调整,但中国证监会规定的特殊情形除外。[58]

五、基金信息披露

强制信息披露是《证券投资基金法》的重要规制工具,证监会先后发布了《证券投资基金信息披露管理办法》(2004年6月8日发布)、《证券投资基金信息披露编报规则》(第1~5号)[59]、《证券投资基金信息披露内容与格式准则》(第1~7号)、《证券投资基金信息披露XBRL模板》(第1~4号)[60]等规章对公募基金的信息披露作出要求。

基金管理人、基金托管人和其他基金信息披露义务人应当依法披露基金信息,并保证所披露信息的真实性、准确性和完整性。[61] 基金信息披露义务人应当确保应予披露的基金信息在国务院证券监督管理机构规定时间内披露,并保证投资人能够按照基金合同约定的时间和方式查阅或者复制公开披露的信息资料。[62]

公开披露的基金信息包括:(1)基金招募说明书、基金合同、基金托管协议;(2)基金募集情况;(3)基金份额上市交易公告书;(4)基金资产净值、基金份额净值;(5)基金份额申购、赎回价格;(6)基金财产的资产组合季度报告、财务会计报告及中期和年度基金报告;(7)临时报告;(8)基金份额持有人大会决议;(9)基金管理人、基金托管人的专门基金托管部门的重大人事变动;(10)涉及基金财产、基金管理业务、基金托管业务的诉讼或者仲裁;(11)国务院证券监督管理机构规定应予披露的其他信息。[63]

公开披露基金信息,不得有下列行为:(1)虚假记载、误导性陈述或者重大遗漏;(2)对

---

〔56〕 参见《公开募集证券投资基金运作管理办法》第33条。

〔57〕 参见《公开募集证券投资基金运作管理办法》第34条。

〔58〕 参见《公开募集证券投资基金运作管理办法》第35条。

〔59〕 分别为:《主要财务指标的计算及披露》《基金净值表现的编制及披露》《会计报表附注的编制及披露》《基金投资组合报告的编制及披露》《货币市场基金信息披露特别规定》。

〔60〕 分别为:《季度报告》《净值公告》《年度报告和半年度报告》《基金合同生效公告及十一类临时公告试行》。XBRL(可扩展商业报告语言,eXtensible Business Reporting Language),是XML(可扩展的标记语言,eXtensible Markup Language)于财务报告信息交换的一种应用,是目前应用于非结构化信息处理尤其是财务信息处理的最新标准和技术。它对财务数据进行特定的识别和分类,并对财务信息提供更加强大的解释和分析平台。

〔61〕 参见《证券投资基金法》第74条。

〔62〕 参见《证券投资基金法》第75条。

〔63〕 参见《证券投资基金法》第76条。

证券投资业绩进行预测;(3)违规承诺收益或者承担损失;(4)诋毁其他基金管理人、基金托管人或者基金销售机构;(5)法律、行政法规和国务院证券监督管理机构规定禁止的其他行为。[64]

六、基金合同的变更、终止与基金财产清算

(一)基金合同的变更

广义的合同变更,既包括合同主体的变更也包括合同内容的变更。[65] 基金合同的变更,自然也包括合同主体和内容的变更。实践中,一般根据是否会对基金份额持有人的利益造成不利影响的标准,将基金合同的变更分为实质性变更与非实质性变更。基金合同主体的变更,如更换基金管理人和基金托管人,显然属于实质性变更。基金合同内容的变更则须进行具体的判断。区分的意义在于,非实质性变更通常只需基金管理人公告即可,而实质性变更则需召开基金份额持有人大会进行表决。如表决通过,同意变更基金合同,还应为不同意变更合同的投资者提供退出渠道。

基金运作过程中转换运作方式或者与其他基金合并,属于基金合同的实质性变更,基金合同对此有事先约定的,按约定执行;如未约定,则应通过基金份额持有人大会决议作出变更。基金份额持有人大会应有代表1/2以上基金份额的持有人参加,并经参加大会的基金份额持有人所持表决权的2/3以上通过。

封闭式基金扩募或者延长基金合同期限,属于基金合同的实质性变更,除了须经基金份额持有人大会决议通过以外,还应当符合下列条件,并报证监会备案:(1)基金运营业绩良好;(2)基金管理人最近2年内没有因违法违规行为受到行政处罚或者刑事处罚;(3)法律规定的其他条件。[66]

(二)基金合同的终止

存在下列情形之一的,基金合同终止:(1)基金合同期限届满而未延期;(2)基金份额持有人大会决定终止;(3)基金管理人、基金托管人职责终止,在6个月内没有新基金管理人、新基金托管人承接;(4)基金合同约定的其他情形。[67]

(三)基金财产的清算

基金合同终止时,基金管理人应当组织清算组对基金财产进行清算。清算组由基金管理人、基金托管人以及相关的中介服务机构组成。清算组作出的清算报告经会计师事务所审计,律师事务所出具法律意见书后,报证监会备案并公告。[68] 清算后的剩余基金财产,应当按照基金份额持有人所持份额比例进行分配。[69]

---

〔64〕 参见《证券投资基金法》第77条。

〔65〕 韩世远:《合同法总论》(第4版),法律出版社2018年版,第583页。

〔66〕 参见《证券投资基金法》第79条。

〔67〕 参见《证券投资基金法》第80条。

〔68〕 参见《证券投资基金法》第81条。

〔69〕 参见《证券投资基金法》第82条。

第四节 私募基金的监管

一、私募基金的界定

对“私募基金”的监管是2012年《证券投资基金法》修订时新增的内容。该法第十章专章对“私募基金”进行规范。根据现行《证券投资基金法》,私募基金是以非公开方式向累计不超过200个合格投资者募集的投资基金。其中,非公开方式是指“不得通过报刊、电台、电视台、互联网等公众传播媒体或者讲座、报告会、分析会等方式向不特定对象宣传推介。”[70]《证券投资基金法》将“合格投资者”界定为“达到规定资产规模或者收入水平,并且具备相应的风险识别能力和风险承担能力、其基金份额认购金额不低于规定限额的单位和个人”,并授权证监会制定合格投资者的具体标准。[71] 证监会列举了四类当然的合格投资者:(1)社会保障基金、企业年金等养老基金,慈善基金等社会公益基金;(2)依法设立并在基金业协会备案的投资计划;(3)投资于所管理私募基金的私募基金管理人及其从业人员;(4)中国证监会规定的其他投资者。[72]

《证券投资基金法》所规范的是进行证券投资的基金,具体到私募基金的证券投资范围,包括“公开发行的股份有限公司股票、债券、基金份额,以及国务院证券监督管理机构规定的其他证券及其衍生品种”[73]。然而,实践中除了私募证券基金以外,还存在投资于未上市公司股权的私募股权基金。这类基金长期以来并未纳入政府监管。在《证券投资基金法》的修改过程中,曾拟将投资于未上市交易的股票或者股权的投资基金纳入其监管范围,然而修订时未能保留该条款。2013年6月,中央机构编制委员会办公室发布《关于私募股权基金管理职责分工的通知》,明确由证监会负责私募股权基金的监管。自此,证监会全面负责私募股权基金和私募证券基金的监管。证监会在2014年8月21日发布的《私募投资基金监督管理暂行办法》亦针对各种类型的私募基金。

二、私募基金管理人的监管

私募基金管理人是监管的重点,主要的监管方式是向基金业协会进行管理人和基金的备案。各类私募基金管理人应根据基金业协会的规定,向基金业协会申请登记,报送以下基本信息:(1)工商登记和营业执照正副本复印件;(2)公司章程或者合伙协议;(3)主要股东或者合伙人名单;(4)高级管理人员的基本信息;(5)基金业协会规定的其他信息。基金业协会应当在私募基金管理人登记材料齐备后的20个工作日内,通过网站公告私募基金管理人名单及其基本情况的方式,为私募基金管理人办结登记手续。[74]

各类私募基金募集完毕,私募基金管理人应当根据基金业协会的规定,办理基金备案手

〔70〕 参见《证券投资基金法》第91条。
〔71〕 参见《证券投资基金法》第87条第2款。
〔72〕 参见《私募投资基金监督管理暂行办法》第13条。
〔73〕 参见《证券投资基金法》第94条第2款。
〔74〕 参见《私募投资基金监督管理暂行办法》第7条。

续,报送以下基本信息:(1)主要投资方向及根据主要投资方向注明的基金类别。(2)基金合同、公司章程或者合伙协议。资金募集过程中向投资者提供基金招募说明书的,应当报送基金招募说明书。以公司、合伙等企业形式设立的私募基金,还应当报送工商登记和营业执照正副本复印件。(3)采取委托管理方式的,应当报送委托管理协议。委托托管机构托管基金财产的,还应当报送托管协议。(4)基金业协会规定的其他信息。基金业协会应当在私募基金备案材料齐备后的20个工作日内,通过网站公告私募基金名单及其基本情况的方式,为私募基金办结备案手续。[75]

基金业协会为私募基金管理人和私募基金办理登记备案不构成对私募基金管理人投资能力、持续合规情况的认可;不作为对基金财产安全的保证。[76]

三、私募基金合同的监管

《证券投资基金法》要求私募基金合同包括以下内容:(1)基金份额持有人、基金管理人、基金托管人的权利、义务;(2)基金的运作方式;(3)基金的出资方式、数额和认缴期限;(4)基金的投资范围、投资策略和投资限制;(5)基金收益分配原则、执行方式;(6)基金承担的有关费用;(7)基金信息提供的内容、方式;(8)基金份额的认购、赎回或者转让的程序和方式;(9)基金合同变更、解除和终止的事由、程序;(10)基金财产清算方式;(11)当事人约定的其他事项。[77]

中国基金业协会分别制定了《私募投资基金合同指引1号——契约型私募基金合同内容与格式指引》《私募投资基金合同指引2号——公司章程必备条款指引》《私募投资基金合同指引3号——合伙协议必备条款指引》。其中,《契约型私募投资基金合同内容与格式指引》适用于契约型基金,即指未成立法律实体,而是通过契约的形式设立私募基金,基金管理人、投资者和其他基金参与主体按照契约约定行使相应权利,承担相应义务和责任。鉴于证券与股权相区分的原则,对于契约型私募证券投资基金,应当按照《契约型私募投资基金合同内容与格式指引》制定基金合同,而对于契约型私募股权或其他类型投资基金,应当参考《契约型私募投资基金合同内容与格式指引》制定基金合同。《公司章程必备条款指引》适用于公司型基金,即指投资者依据《公司法》,通过出资形成一个独立的公司法人实体,由公司自行或者通过委托专门的基金管理人机构进行管理,投资者既是基金份额持有者又是基金公司股东,按照公司章程行使相应权利,承担相应义务和责任。《合伙协议必备条款指引》适用于合伙型基金,即指投资者依据《合伙企业法》成立投资基金有限合伙企业,由普通合伙人对合伙企业的债务承担无限连带责任,由基金管理人具体负责投资运作(普通合伙人可以自任基金管理人,也可以另行委托专业机构作为受托人具体负责投资运作)。

四、私募基金募集行为的监管

私募基金的募集应采取非公开方式,并面向合格投资者进行。《私募投资基金监督管理暂行办法》将非公开方式细化为"不得通过报刊、电台、电视、互联网等公众传播媒体或者

〔75〕 参见《私募投资基金监督管理暂行办法》第8条。
〔76〕 参见《私募投资基金监督管理暂行办法》第9条。
〔77〕 参见《证券投资基金法》第92条。

讲座、报告会、分析会和布告、传单、手机短信、微信、博客和电子邮件等方式,向不特定对象宣传推介”[78],并对合格投资者作了具体界定。中国基金业协会于2016年4月15日发布了《私募投资基金募集行为管理办法》、《私募投资基金投资者风险问卷调查内容与格式指引》以及《私募投资基金风险揭示书内容与格式指引》,对私募基金的募集行为作出更为详尽的规制。有关私募基金的募集流程详见图9-3。

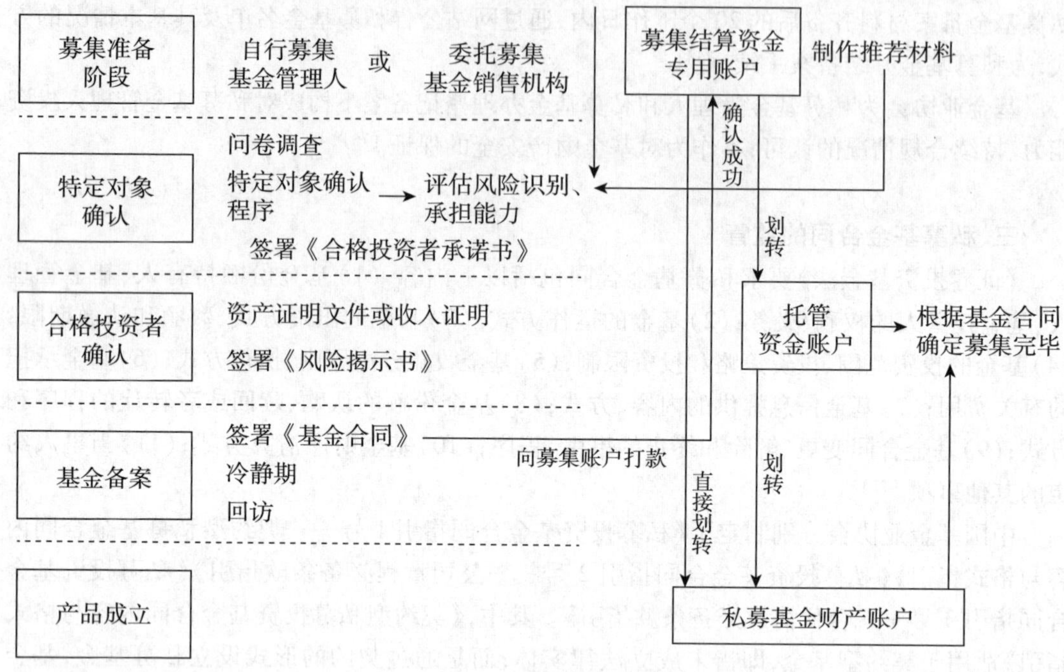

图9-3 私募基金募集流程

如图9-3所示,私募基金管理人可以自行募集私募基金,也可以委托基金销售机构募集私募基金。委托基金销售机构募集私募基金的,不得因委托募集免除私募基金管理人依法承担的责任。私募基金募集应当履行下列程序:

1. 特定对象确定。在向投资者推介私募基金之前,募集机构应当采取问卷调查等方式履行特定对象确定程序,对投资者风险识别能力和风险承担能力进行评估。投资者应当以书面形式承诺其符合合格投资者标准。

2. 投资者适当性匹配。募集机构应当自行或者委托第三方机构对私募基金进行风险评级,建立科学有效的私募基金风险评级标准和方法。募集机构应当根据私募基金的风险类型和评级结果,向投资者推介与其风险识别能力和风险承担能力相匹配的私募基金。

3. 基金风险揭示。在投资者签署基金合同之前,募集机构应当向投资者说明有关法律法规,说明投资冷静期、回访确认等程序性安排以及投资者的相关权利,重点揭示私募基金风险,并与投资者签署风险揭示书。

4. 合格投资者确认。完成私募基金风险揭示后,募集机构应当要求投资者提供必要的资产证明文件或收入证明。募集机构应当合理审慎地审查投资者是否符合私募基金合格投

〔78〕 参见《私募投资基金监督管理暂行办法》第14条。

资者标准。目前,关于合格投资者的认定还存在一定争议,在不同规范文件中的标准不一。例如,根据证监会制定的《私募投资基金监督管理暂行办法》第 12 条,机构投资者的净资产应当不低于 1000 万元,个人合格投资者的资产不低于 300 万元,或者最近 3 年个人年均收入不低于 50 万元,而在《证券期货投资者适当性管理办法》第 8 条中则要求专业投资者具有 2 年以上投资经历且个人金融资产不低于 500 万元或者最近 3 年个人年均收入不低于 50 万元。另外,根据《关于规范金融机构资产管理业务的指导意见》第五部分,个人合格投资者需要具有 2 年以上投资经历且满足家庭金融净资产不低于 300 万元,或者家庭金融资产不低于 500 万元,或者近 3 年个人年均收入不低于 40 万元,机构合格投资者要求最近 1 年净资产不低于 1000 万元。规范层面的差异导致我国在实践中认定合格投资者的标准不一,有待于未来进一步完善相关制度。

5. 投资冷静期。各方应当在完成合格投资者确认程序后签署私募基金合同。基金合同应当约定为投资者设置不少于 24 小时的投资冷静期,募集机构在投资冷静期内不得主动联系投资者。

6. 回访确认。募集机构应当在投资冷静期期满后,指令本机构从事基金销售推介业务以外的人员以录音电话、电邮、信函等适当方式进行投资回访。

｜案例｜

2014 年 10 月,某基金管理公司向投资者销售该基金管理公司担任普通合伙人的有限合伙型基金,投资者王某实缴出资金额共人民币 30 万元整。证监会认定该基金管理公司违反了《私募投资基金监督管理暂行办法》第 11 条“私募基金应当向合格投资者募集”的规定,对其作出责令改正、给予警告、并处罚款 3 万元的行政处罚。

思考:(1)何为合格投资者?(2)私募基金为何只能向合格投资者募集?

五、私募基金信息披露的监管

中国基金业协会于 2016 年 2 月 4 日发布了《私募投资基金信息披露管理办法》和《私募投资基金信息披露内容与格式指引 1 号——适用于私募证券投资基金》,并于 2016 年 11 月 14 日发布了《私募投资基金信息披露内容与格式指引 2 号——适用于私募股权(含创业)投资基金》。

私募基金的信息披露义务人包括私募基金管理人、私募基金托管人以及法律、行政法规、中国证监会和中国基金业协会规定的具有信息披露义务的法人和其他组织。私募基金管理人应当按照规定通过中国基金业协会指定的私募基金信息披露备份平台报送信息。[79]投资者可以登录中国基金业协会指定的私募基金信息披露备份平台进行信息查询。[80] 信息披露义务人、投资者及其他相关机构应当依法对所获取的私募基金非公开披露的全部信息、商业秘密、个人隐私等信息负有保密义务。中国基金业协会应当对私募基金管理人和私募基金信息严格保密。除法律法规另有规定外,不得对外披露。[81] (具体监管关系见图 9－4)

---

〔79〕 参见《私募投资基金信息披露管理办法》第 5 条第 1 款。

〔80〕 参见《私募投资基金信息披露管理办法》第 6 条。

〔81〕 参见《私募投资基金信息披露管理办法》第 7 条。

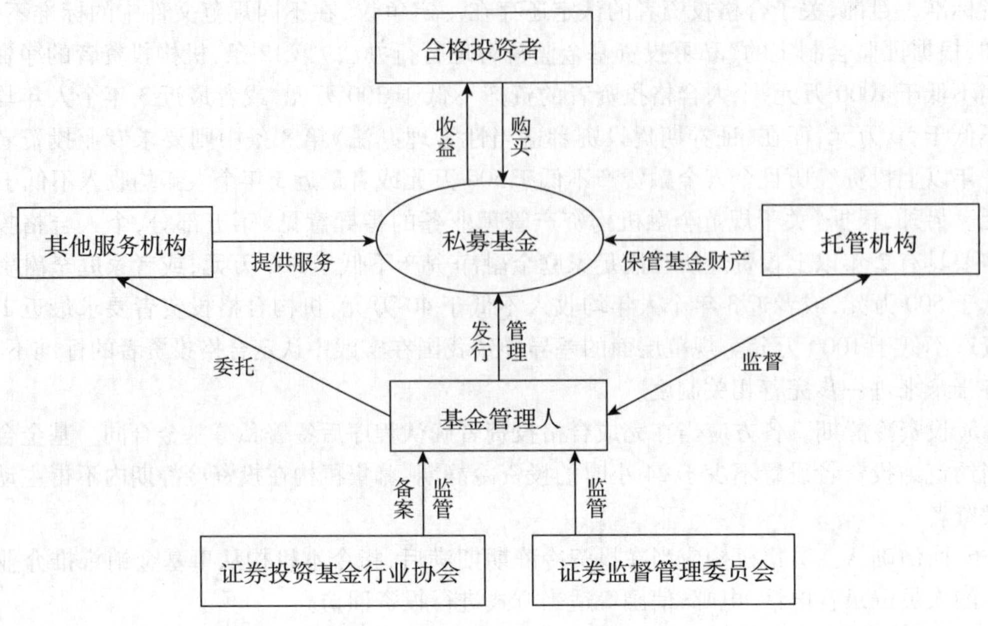

图9-4 私募基金监管关系

信息披露义务人应当向投资者披露的信息包括:(1)基金合同;(2)招募说明书等宣传推介文件;(3)基金销售协议中的主要权利义务条款(如有);(4)基金的投资情况;(5)基金的资产负债情况;(6)基金的投资收益分配情况;(7)基金承担的费用和业绩报酬安排;(8)可能存在的利益冲突;(9)涉及私募基金管理业务、基金财产、基金托管业务的重大诉讼、仲裁;(10)中国证监会以及中国基金业协会规定的影响投资者合法权益的其他重大信息。[82]

信息披露义务人披露基金信息,不得存在以下行为:(1)公开披露或者变相公开披露;(2)虚假记载、误导性陈述或者重大遗漏;(3)对投资业绩进行预测;(4)违规承诺收益或者承担损失;(5)诋毁其他基金管理人、基金托管人或者基金销售机构;(6)登载任何自然人、法人或者其他组织的祝贺性、恭维性或推荐性的文字;(7)采用不具有可比性、公平性、准确性、权威性的数据来源和方法进行业绩比较,任意使用"业绩最佳""规模最大"等相关措辞;(8)法律、行政法规、中国证监会和中国基金业协会禁止的其他行为。[83]

| 案例 |

2018年至2020年,某私募基金管理人在基金净值披露环节,篡改其管理的35只基金产品的估值数据,共虚增基金财产18.27亿元,净值虚增比例均值为111.09%;未按基金合同约定的投资范围,将其管理的"××投资基金"的财产份额,通过委托他人代持、将投资收益款划转至公司员工及其他公司账户、向关联方提供借款等方式,挪用基金财产5.64亿元;与投资者约定由其境外关联方作为担保人,以基金年化率的净收益对基金予以现金补偿,实际

---

〔82〕 参见《私募投资基金信息披露管理办法》第9条。

〔83〕 参见《私募投资基金信息披露管理办法》第11条。

构成向投资者承诺最低收益。

思考:(1)该私募基金管理人存在哪些违法行为,法律依据为何?(2)私募基金管理人如何履行信息披露义务?

思考题

1. 如何界定证券投资基金?
2. 证券投资基金与大资产管理行业的关系是什么?
3. 比较我国公募基金与私募基金在监管思路和监管方法上的差异。

扩展阅读

1. 吴晓灵主编:《投资基金法的理论与实践——兼论投资基金法的修订与完善》,上海三联书店 2011 年版。

   本书借鉴吸收国际先进理论和实践,结合我国国情,对修订完善投资基金法提出理论观点和方案建议,具体包括完善投资基金法的指导思想,投资基金的法理基础,我国投资基金与基金法发展史,投资基金的立法,投资基金组织形式,我国引入公司型基金的法律探讨,基金托管人的法律地位,基金管理人的管理等内容;对投资基金法的各个要素进行了全面介绍,适合作为本领域的入门读物。
2. 李飞主编:《中华人民共和国证券投资基金法释义》,法律出版社 2013 年版。

   本书由全国人大常委会法制工作委员会组织编辑,有关专家、学者和部分参与立法的同志编著,其内容由一系列法律释义组成。本书坚持以准确地反映立法宗旨和法律条款内容为最基本要求,在法律释义中努力做到观点的权威性和内容解释的准确性,有助于为读者进一步学习与理解《证券投资基金法》提供有益的帮助。
3. 秦子甲:《私募基金法律合规风险管理》,法律出版社 2017 年版。

   本书以内部法务人员的视角,建构了私募基金法律合规风险管理的框架,覆盖法律风险与合规风险、私募证券基金和私募股权基金,包括基金募集、运作以及专项工作等各方面,阐释了法律合规风险管理的方法论,厘清了不同人员的法律责任。全书对现有私募基金法规进行了解释论上的梳理和解读,并配合大量的实务案例,通俗易懂;同时,也对特定事项进行了立法论上的探讨,增加了学术趣旨。
4. 中国证券投资基金业协会组编:《证券投资基金》(第 2 版),高等教育出版社 2017 年版。

   本书是基金从业资格考试专用教材,在第 1 版的基础上,补充了环保、绿色、社会责任投资、养老金及长期投资理念、投资者适当性等行业发展新趋势,并根据监管和行业发展情况加入大量的统计数据,理论联系实际,以提高本书的可读性,方便读者更好地理解证券投资基金的相关问题。另外,本书的知识拓展性较强,且通俗易懂,也可以作为金融领域的入门读物。
5. 牛国良、张蓓主编:《证券投资基金实务》,北京交通大学出版社 2015 年版。

   本书以职业能力培养为目标,以金融业务流程为导向,以专业技能为基础,打破原有课程的学科式体系,按实践岗位任务的模块来编写。每个教学单元都有多种形式的实训设计,包括访谈问卷、风险测试、头脑风暴、模拟账户注册与交易、专业网站信息收集与分析、营销对话训练等,实践性与趣味性十足,有助于调动学习积极性、提高学习效果。
6. 郑泰安等:《证券投资基金法律制度:立法前沿与理论争议》,社会科学文献出版社 2019 年版。

   本书并未严格遵循《证券投资基金法》的立法体例来设计章节,而是选择了先宏观、后微观的问题排序为线索,通过对不同时期的立法发展、理论及学说梳理,试图提炼证券投资基金法的立法理念,并分别针对证券投资基金治理机制、私募投资基金监管、基金服务机构、投资者适当性制度、互联网基金以及投资基金的刑民交叉等基金法领域的热难点进行深入研究,具有很强的问题导向性,适合作为课外法律实务拓展读物。

第十章　金融科技法律制度

科技与金融的融合,造就了金融市场的颠覆性发展。金融科技不仅包含了对互联网技术的利用,还深度融合了人工智能、大数据、云计算、区块链等新型技术。金融科技蕴含的诸多科技元素,深刻改变了金融业的商业模式、交易主体、风险来源和监管范式。作为一种新型金融业态,金融科技在业务模式、法律关系及监管体制等方面具有不同于传统金融的特征和风险,它所引发的数字鸿沟、算法黑箱、长尾效应、金融风险外溢等现象又会反过来影响金融科技法律制度的发展。本章将全面介绍当前我国金融科技法律制度,在此基础上,重点对数字人民币、股权众筹、第三方支付和互联网保险等金融科技的典型业态进行详细分析,并介绍我国监管沙盒的最新发展。

第一节　金融科技法律制度概述

一、金融科技的基本概念与特点

当前,全球新一轮科技革命和产业变革蓬勃发展,新的金融产品和业态大量涌现,金融创新与技术变革的融合程度不断加深,金融数字化转型成为行业发展的主流趋势。金融科技作为技术驱动的金融创新,是深化金融供给侧结构性改革、增强金融服务实体经济能力的重要引擎。为了高质量发展我国金融科技,近年来,中国人民银行先后印发《金融科技发展规划(2019—2021 年)》《金融科技发展规划(2022—2025 年)》两份顶层设计文件,从顶层设计与制度建构、科技创新与风险防范、监管科技与保障措施等方面进行了深入规划,为我国金融科技有序发展创设了良好的制度环境。

根据《金融科技发展规划(2019—2021 年)》的定义,金融科技是"技术驱动的金融创新,旨在运用现代科技成果改造或创新金融产品、经营模式、业务流程等,推动金融发展提质增效"。金融科技在本质上是一种数字化、智能化的金融解决方案,其核心在于将数字技术广泛应用于金融产品与金融服务之中,利用数字技术提升金融效率。金融科技是金融领域一场影响深远的"破坏性创新",是未来金融市场发展的核心驱动力量。它具有如下特点:

1. 数字驱动性。金融科技高度重视数据要素的关键性作用,将数字元素融入金融产品与金融业务的各项流程,加快金融机构的数字化转型,运用数字化手段不断增强风险识别监测、分析预警能力,切实防范算法、数据和网络衍生的安全风险,构建金融科技的数字安全生态。

2. 公平普惠性。金融科技重视技术的创新和效率的提高,金融科技创新的最终目的是提升金融产品和服务的社会性效益。金融科技以公平为准则,以普惠为目标,合理运用金融科技手段丰富金融市场层次,优化金融产品供给,不断拓展金融服务的辐射范围,弥合地域间、群体间、机构间的数字鸿沟,让金融科技发展成果更广泛、更深入、更公平地惠及人民群众,助力实现共同富裕,增强人民群众的金融获得感和幸福感。

3. 开放共赢性。金融科技以促进金融开放共赢为基调,加强跨地区、跨部门、跨层级的金融与数据资源的融合应用,推动金融与民生服务系统互联互通,将金融服务融入实体经济的各项领域,从而降低金融服务门槛和壁垒,拓宽金融生态边界,形成包容开放、互利共赢的发展格局。

4. 安全可控性。金融科技将安全作为金融科技创新不可逾越的红线,以创新促发展,以安全保发展。金融科技借助数字科技提升防控金融风险的能力,以监管科技的有效运用来提升金融监管效能,从而完善金融安全防线和风险应急处置机制,提高金融体系抵御风险的能力,守住不发生系统性金融风险的底线。

二、金融科技的业务模式

金融科技应用领域十分广泛,主要包括金融机构的科技应用与科技公司的金融业务,并进一步发展出高度融合金融业务与科技开发的金融科技公司。金融科技的业务模式主要包括互联网支付、网络借贷、股权众筹融资、互联网基金销售、互联网保险、互联网信托、互联网消费金融、供应链金融、数字货币和互联网银行等。

1. 互联网支付。其是指通过计算机、手机等设备,依托互联网发起支付指令、转移货币资金的服务。互联网支付的运作原理可以表述为:支付机构为客户提供互联网访问渠道,客户通过注册并向互联网支付账户转入资金,可以向其他持有同样账户的个人或企业转移资金。互联网支付的主要表现形式为网络银行支付、第三方支付和移动支付。

2. 网络借贷。其包括个体网络借贷(P2P 网络借贷)和网络小额贷款。个体网络借贷是指个体和个体之间通过互联网平台实现的直接借贷,具体指贷款人和借款人通过 P2P 网络借贷平台订立电子借贷合同,对借贷资金的金额、利率、期限等因素进行匹配,从而实现借贷双方需求的新型小额借贷模式。P2P 网络借贷平台在其中起到信息中介的作用。网络小额贷款,是指互联网企业通过其控制的小额贷款公司,利用互联网向客户提供小额贷款。网络小额贷款实际上是小额贷款公司业务的互联网化。2007 年我国首家 P2P 网贷平台——拍拍贷在上海成立,随后 P2P 网贷行业迎来了持续多年的高速发展。但 P2P 网贷行业在急速扩张中出现了非法自融、违规搭建资金池、暴力催收等现象,引发了一系列金融风险和社会问题。自 2016 年起,中国人民银行联合多部委开展持续性的“互联网金融风险专项整治行动”。2021 年年底,中国人民银行宣布 P2P 网贷平台在我国境内已全部清零。

3. 股权众筹融资。其主要是指通过互联网形式进行公开小额股权融资的活动,具体而言,是指创新创业者或小微企业通过股权众筹融资中介机构在互联网平台进行公开募集股本的活动。在股权众筹中,投资者通过股权众筹平台将资金投入初创公司,取得目标公司的相应股权,承担目标公司的风险并分享目标公司的盈利。

4. 互联网基金销售。其是指基金公司以互联网平台为渠道销售基金产品,具体包括宣传推介基金,发售基金份额,办理基金份额申购、赎回等业务。互联网基金销售是传统金融模式采取网络技术的创新成果,其主要模式包括基金公司自建网络平台销售与第三方平台合作销售两种类型。

5. 互联网保险。其是指保险机构依托互联网和移动通信等技术，通过自营网络平台、第三方网络平台等订立保险合同和提供保险服务。互联网保险的投保人将通过第三方支付平台实现保险费用的电子化支付。互联网保险实现了网上投保、承保、核保、保全和理赔等，具有网络化、高效便捷的特征。

6. 互联网信托。其是指运用互联网技术并结合信托法律工具，实现信托财产转移与管理的互联网金融服务模式。互联网信托依托互联网技术创新成果，推动了信托产品创新与经营模式变革。从互联网技术对信托业影响的角度对互联网信托进行分类，可将其分为信托业的互联网化和互联网企业的信托金融业务，其中互联网企业的信托金融业务按照产品和商业模式的不同，可以分为收益权转让模式、信托小额贷款模式、金融资产增信模式和消费信托模式等。

7. 互联网消费金融。消费金融是为满足个人、家庭对商品和服务的消费需求而提供消费贷款的金融产品和服务模式。互联网消费金融，是指消费金融公司、互联网企业和商业银行等市场主体依托互联网信息技术和网络平台，提供满足个人或家庭日常生活消费需要而发放的贷款，具有线上办理、申请手续灵活、还款方式多样等特点。

8. 供应链金融。其是一种旨在降低供应链融资成本以解决供应链节点资金供给的金融资源整合模式。供应链金融具有通过整合资金、信息、物流等资源来提高资金使用效率并为各方创造价值、降低风险的作用。从供应链金融市场来看，供应链金融属于短期货币市场，货币供求双方主要是商业银行和工商业企业，以及供应链中的上下游企业。

9. 数字货币。广义上的数字货币，是指所有基于区块链技术而发展出的数字资产，包括支付领域中的数字货币和融资领域中的数字代币。根据发行主体的不同，数字货币可以分为法定数字货币和私人数字货币。

10. 互联网银行。其是基于大数据、人工智能、云计算、人脸识别、生物探针、移动互联网等技术，不设物理营业网点，全部业务均通过互联网和移动终端来实现的银行机构。互联网银行不设线下实体网点，它的业务采取在线运营的方式，将云计算、大数据技术与人脸识别、声纹识别等生物技术相结合，进行在线开户、授信和风险控制。互联网银行服务对象主要是中小微企业、个人消费者、“三农”群体等长尾客户群体。互联网银行贷款呈现出单笔金额小、期限短、客户群体年轻化和投向区域（行业）分散化的特征。

三、金融科技监管原则与模式

（一）金融科技监管原则

金融科技的数字化、技术化与混业化趋势，对传统金融监管的理念、手段与法制构成了重大挑战。金融科技监管的核心在于构建一个既能促进金融创新，又能确保金融稳定和维护消费者权益的技术驱动型金融科技监管法治框架。金融监管机构应深刻洞察金融科技的本质与风险，坚持以下监管原则：

1. 依法监管。其要求金融监管机构的监管行为必须依据法律的规定并遵守相应的程序，监管行为应受到法律监督，监管者的违法监管行为应承担法律责任。立法机关应加强立法工作，尽快制定覆盖金融科技各领域的监管规则，为金融监管机构的依法监管创造有法可依的前提条件。金融监管机构应树立依法监管的理念，提高依法行政能力，以服务金融科技的发展与创新作为依法监管的重要目标。

2. 适度监管。其要求监管机构应尊重市场的自身调节作用,尊重金融科技行业发展的客观规律,监管行为不干涉市场主体的自主权和企业的微观经营活动。针对目前我国金融科技行业处于发展初期的法制不健全的阶段,适度监管原则要求行政监管与市场约束相结合。行政监管侧重于强化金融科技的市场准入制度,市场约束应发挥市场机制对金融科技企业的优胜劣汰功能。

3. 分类监管。其是指监管机构在对监管对象进行评价分类的基础上,针对不同类型的监管对象,采取差异化的监管措施。需要注意的是,分类监管是手段,差异化监管是目的。分类监管的首要前提是对金融科技产品与服务设置科学化、标准化、可操作化、动态化的监管评价指标,评价指标既要符合金融科技市场的实际情况,又要有利于监管工作的开展。分类监管应以风险监管为导向,突出监管措施的差异性,对于风险较低的金融科技产品与服务应立足于市场自治,强化监管的正向激励;对于风险较高的金融科技产品与服务,应当科学评估由其衍生的技术风险与金融风险,坚持防控结合、综合治理。

4. 协同监管。从金融科技产品的性质上看,不同金融科技业态之间的边界流动性空前增强,金融科技业务呈现交叉发展的趋势。例如,蚂蚁金服股份有限公司握有几乎所有的金融牌照,各种余额宝、招财宝等货币基金类产品在互联网和支付工具扩张的背景下,具备链接传统存、贷、结算等不同金融机构所具备的功能。在这种情况下,传统的金融分业监管模式对存在交叉现象的金融科技创新产品的监管机构划分缺乏科学的标准,会导致因重复监管而增加监管成本,或者因存在监管真空而导致监管失败。当前我国在金融科技领域实行的是分业监管体制,金融监管机构应构建国内统一的金融监管信息交换平台,强化在部级层面的监管协作,完善协同监管机制的顶层设计,从而提高在分业监管体制下的金融科技监管全面性和有效性。

5. 创新监管。其是指建立更加科学、有效的监管体制,以更加适应金融科技创新的发展。创新监管包括监管手段创新和监管思维创新。监管手段创新要求监管机构针对不同性质的金融科技产品实施差异化的创新监管手段,并建立与金融科技企业之间的沟通机制,加强企业内部风险控制与监管规则要求的匹配性与适应性,降低企业合规成本。监管思维创新要求监管机构改变过去"被动式监管"的传统思维,树立"实验性"监管和"包容性"监管等新理念,提升行业协会与金融科技企业在金融科技行业规范治理中的主动性与积极性,注重市场约束与信息披露的力量。

(二)金融科技监管模式

我国金融科技市场实行分业监管体制,并积极探索监管沙盒(Regulatory Sandbox)与监管科技的创新应用。

我国金融科技实行的分业监管体制,根据不同金融科技业务的风险特征,确定相应的对口监管机构。具体而言,工业和信息化部负责对金融科技业务涉及的电信业务进行监管;互联网支付由中国人民银行负责监管;网络借贷、互联网保险、互联网信托、互联网消费金融由银保监会负责监管;股权众筹融资、互联网基金销售由证监会负责监管。此外,公安部、地方人民政府金融管理部门和工商行政管理部门也是金融科技监管体制的重要参与机构。

针对金融科技混合营业的特征与趋势,协同监管成为金融科技监管的必然发展方向。2015 年中国人民银行等十部门联合发布的《关于促进互联网金融健康发展的指导意见》规定,各监管部门要相互协作、形成合力,充分发挥金融监管协调部际联席会议制度的作用。

中国人民银行、银保监会、证监会应当密切关注互联网金融业务发展及相关风险，对监管政策进行跟踪评估，适时提出调整建议，不断总结监管经验。财政部负责互联网金融从业机构财务监管政策。中国人民银行会同有关部门，负责建立和完善互联网金融数据统计监测体系，相关部门按照监管职责分工负责相关互联网金融数据统计和监测工作，并实现统计数据和信息共享。此外，工业和信息化部积极推动互联网基础设施的普及应用和保障互联网金融信息安全；公安部门与其他部门密切配合，集中开展互联网金融风险专项整治工作，牵头负责打击互联网金融犯罪。"按业务分机构监管 + 机构间协同监管"这一模式将成为今后我国金融科技监管的基本模式。

监管沙盒最早起源于英国，是在确保消费者权益得到保障的前提下，对具有创新性的金融科技企业给予一定条件、一定范围、一定时期内实施金融创新的权利，创新企业在指定的时空环境中不必担心其创新活动引发不利的监管后果。在监管沙盒测试中，入围沙盒测试的金融科技企业，可以在一个"缩小版"的真实市场环境中测试金融创新产品和服务；监管机构对处于测试中的金融科技产品与服务实施相对宽松的监管标准和政策，在沙盒中了解金融科技创新的过程、风险和收益。中国版监管沙盒——金融科技创新监管工具由中国人民银行主导设计，通过安全管理机制、创新服务机制、信息披露机制和权益保护机制等构建了涵盖全流程的金融科技创新应用测试规范。

第二节　数字人民币法律制度

一、法定数字货币的概念与内涵

（一）法定数字货币的概念

从货币发展史来看，货币起源于人类商品交换过程，货币形态的演进正是在不断满足交换过程便捷性的需要中，逐渐从实物货币转向了依靠国家信用担保的无内在价值的信用货币。数字货币（Digital Currency）并非凭空出现，其最早源自电子支付，并由电子货币（Electronic Money）和虚拟货币（Virtual Currency）演化而来，最终与电子货币和虚拟货币相分离。

前已述及，根据发行主体的不同，数字货币可以分为法定数字货币和私人数字货币：法定数字货币是由各国中央银行发行，采用特定数字密码技术实现且由国家信用背书的货币形态，如我国的数字人民币；私人数字货币是由非主权个体发行或不存在特定发行主体所发行的货币形态，如比特币、以太币及各类稳定币。

法定数字货币在使用中具有"类现金"功能，具备广泛的认可度和便捷性，并具备即时结算、全天候可用性和离线使用能力。法定数字货币可以降低社会对第三方支付中介机构的依赖，从而以更低的支付成本提高市场的支付效率。在跨境支付中，如果一国发行的法定数字货币与外国法定数字货币或支付系统兼容（根据双边或多边法定数字货币安排），那么零售支付将不再依赖国际资金清算系统而可以更直接地进行结算。

（二）法定数字货币的内涵

法定数字货币在价值维度上是法定货币，在技术维度上是加密货币。

1. 法定数字货币在价值维度上是法定货币。法定数字货币是中央银行发行的法定货币,具备货币的价值尺度、交易手段、价值贮藏等基本功能,与实物法币一样是法定货币。从货币发展和演进历史看,货币形态随着科技进步、经济活动发展而不断演变,实物、金属铸币、纸币均是相应历史时期社会发展进步的产物。法定数字货币的发行、流通管理机制依托于实物货币,但以数字形式实现了价值转移。法定数字货币是中央银行对公众的负债,以国家信用做支撑,具有法偿性。

2. 法定数字货币在技术维度上是加密货币。法定数字货币的设计运用了密码学知识来保障数字货币的可流通性、不可伪造性、不可重复交易性和不可抵赖性。在法定数字货币的交易过程中,需要运用加密技术、分布式账本技术(Distributed Ledger Technology, DLT)、可信云技术和安全芯片技术来保障端到端的安全,防止数字货币被窃取、篡改、冒充。法定数字货币在为用户提供不同于传统电子支付的点对点支付体验时,还通过隐私保护技术确保用户个人信息的安全,避免敏感信息的泄露。法定数字货币具有"前台自愿,后台实名"的特性,通过支持可控匿名技术,实现用户隐私保护和国家有效监管之间的平衡。

二、数字人民币法律制度

随着网络技术和数字经济的高速发展,社会公众对数字支付手段的便捷性、安全性、普惠性、隐私性等方面的需求日益提高。不少国家和地区的中央银行或货币主管当局积极探索法定货币的数字化转型,法定数字货币正从理论走向现实。

中国人民银行于2014年成立法定数字货币研究小组,开始对发行框架、关键技术、发行流通环境以及国际相关经验进行专项研究。2016年,中国人民银行成立数字货币研究所,完成法定数字货币第一代原型系统搭建。2017年年末,中国人民银行开始组织商业机构共同开展法定数字货币研发试验。随着数字人民币研发的逐步成熟,中国人民银行陆续开始数字人民币的试点测试。[1]

(一)数字人民币的定义与功能

1. 数字人民币的定义

数字人民币是中国人民银行发行的数字形式的法定货币,它由指定运营机构参与运营,以广义账户体系为基础,支持银行账户松耦合功能[2],与实物人民币等价,具有价值特征和法偿性。数字人民币是中国人民银行发行的法定货币,采取中心化管理和双层运营。数字人民币的发行权属于国家,中国人民银行在数字人民币运营体系中处于中心地位,负责向作为指定运营机构的商业银行发行数字人民币并进行全生命周期的管理活动。指定运营机构及相关商业机构负责向社会公众提供数字人民币兑换和流通服务。

数字人民币定位于现金类支付凭证,将与实物人民币长期共存,它们具有同等法律地位和经济价值。数字人民币是一种零售型央行数字货币,主要用于满足国内零售支付需求。在未来的数字化零售支付体系中,数字人民币与指定运营机构的电子账户资金具有通用性,共同构成现金类支付工具。

---

〔1〕 中国人民银行在2021年7月发布的《中国数字人民币的研发进展白皮书》显示,截至2021年6月30日,数字人民币试点场景已超132万个,覆盖生活缴费、餐饮服务、交通出行、购物消费、政务服务等领域。开立个人钱包2087万余个、对公钱包351万余个,累计交易笔数7075万余笔、金额约345亿元。

〔2〕 所谓"账户松耦合"是指不要求数字人民币的用户在商业银行开设账户,用户可以在银行账户外通过数字钱包实现资金转移。"账户紧耦合"是指数字人民币的用户需要绑定银行账户,通过银行账户实现资金转移。

数字人民币与以比特币为代表的虚拟货币（私人数字货币）存在根本不同，因为后者仅可定性为既非物权、也非债权的财产性权利，不具有法定支付手段的功能。数字人民币也不是电子货币，因为后者代表了对特定经营者基于货币价值的债权，也不具备法偿性。

数字人民币与第三方支付（如微信、支付宝）存在根本区别。数字人民币是中央银行发行的具有法偿性的货币，微信和支付宝等第三方支付是用来支付货币的一种具体手段。日常消费时，社会公众可以直接使用数字人民币进行支付，数字人民币是支付工具本身，并依靠数字钱包完成支付过程；而微信、支付宝等第三方支付在进行支付时需要与商业银行账户对接才能完成支付，第三方支付起到的是"管道"作用。

2. 数字人民币的功能

第一，数字人民币可以丰富社会现金形态，满足社会对数字形态现金的需求。数字人民币可以进一步降低普惠金融服务的门槛，保持金融科技时代的足量法定货币供应。没有银行账户的个人可以通过数字人民币钱包享受基础金融服务，境外个人短期来华可在不开立中国内地银行账户的情况下开立数字人民币钱包，满足日常支付需求。数字人民币"支付即结算"的特性有利于企业提高资金周转效率。

第二，数字人民币可以提升零售支付的效率和安全。数字人民币基于现金类支付凭证的定位，主要用于零售支付。数字人民币虽然与电子支付功能相似，但也存在一定差异：一是数字人民币是法定货币，具有最高的安全等级；二是数字人民币可在不依赖银行账户的前提下进行价值转移并支持离线交易，可实现"支付即结算"；三是数字人民币具有"可控匿名"特性，有利于用户隐私保护和个人信息安全。[3]

（二）数字人民币的设计特性

数字人民币既有实物人民币的支付即结算、匿名性等特点，又具有电子支付的高效、低成本、不易伪造等特点，兼顾了实物人民币和电子支付工具的双重优势。

1. 兼具账户和价值特征。数字人民币兼容基于账户（account - based）、基于准账户（quasi - account - based）和基于价值（value - based）等三种方式，采用可变面额设计，以加密币串形式实现价值转移。

2. 不计付利息。数字人民币与实物人民币一样，不计付利息。

3. 支付即结算。数字人民币与银行账户松耦合，可以利用数字人民币钱包进行资金转移，实现支付即结算。

4. 可控匿名。依照"小额匿名、大额依法可溯"的原则，数字人民币一方面可以实现小额支付的匿名处理；另一方面为防范数字人民币被用于电信诈骗、洗钱、网络赌博等违法犯罪行为，除法律法规有明确规定外，中国人民银行内部对数字人民币相关信息设置"防火墙"，严格保护用户个人信息安全与隐私，禁止任意查询、使用。

5. 可编程性。数字人民币使用了智能合约技术，在确保安全与合规的前提下，可根据交易双方约定的规则和条件进行自动支付交易，实现业务模式创新和交易自动化。

6. 高度安全性。数字人民币综合使用了数字证书、数字签名、安全加密存储等技术，具备了不可重复花费、不可非法复制伪造、交易不可篡改、抗抵赖等特点。

---

〔3〕 参见中国人民银行 2021 年 7 月发布的《中国数字人民币的研发进展白皮书》。

(三)数字人民币的运营体系

数字人民币的运营体系可总结为"一币、两库、三中心"模式。(见图10-1)"一币"系指数字人民币。"两库"系指数字人民币发行库和数字人民币商业银行库。数字人民币发行库是中国人民银行在数字人民币私有云上存储数字人民币发行基金的数据库;数字人民币商业银行库是商业银行存放数字人民币的数据库。"三中心"包括了认证中心、登记中心和大数据分析中心。认证中心负责对数字人民币用户身份信息进行集中管理,是系统安全和可控匿名设计的重要环节;登记中心用于记录数字人民币及对应用户身份,进行权属登记、记录流水,完成数字人民币产生、流通、清点核对及消亡全过程登记;大数据分析中心履行反洗钱、支付行为分析、监管调控指标分析等职能。

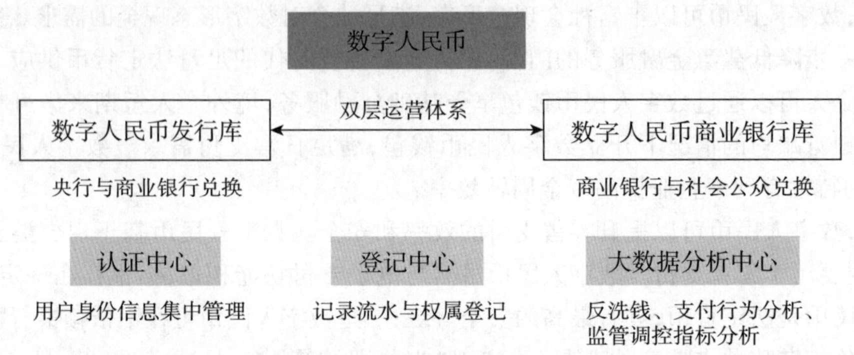

图10-1 数字人民币的运营体系

数字人民币采用"央行+商业银行"的双层运营模式,中国人民银行负责数字人民币发行、注销、跨机构联营、钱包管理等,同时优选具备一定实力的商业银行作为指定运营机构,向社会公众提供数字人民币兑换服务。在双层运营模式中,商业银行在中国人民银行的指导和额度管理下,承担数字人民币的流通服务并负责零售环节管理,包括支付产品设计创新、应用场景拓展、日常业务处理及维护等。双层运营模式的优势在于可以充分利用商业银行处理金融业务的丰富经验、人才优势和技术优势;在中国人民银行的指导下,商业银行对数字货币的运营将提升社会各界对数字人民币的接受度。

数字人民币依托数字钱包实现与用户的连接,数字钱包是数字人民币的携带方式和存储载体。数字人民币按照开立主体分为个人钱包和对公钱包。个人钱包由自然人和个体工商户开立,根据客户身份识别强度采取分类交易和余额限额管理。对公钱包由法人和非法人机构开立,钱包功能可根据用户需求定制。此外,数字钱包可以根据客户身份识别强度划分不同等级,即根据实名强弱程度赋予各类钱包不同的单笔、单日交易及余额限额。用户在默认情况下开立的是最低权限的匿名钱包,并可根据需要升级为实名制的高权限钱包。

(四)数字人民币的发展方向

在技术路线上,数字人民币采取了集中式与分布式融合发展的混合技术架构,综合应用人工智能、大数据、可信计算、软硬件一体化专用加密等技术,确保系统可靠性和稳健性,设计多点多活数据中心解决方案。

在监管框架上,《中国人民银行法》规定中国人民银行有权发行人民币且具有唯一发行权。2020年10月公布的《中国人民银行法(修订草案征求意见稿)》第19条进一步明确了

"人民币包括实物形式和数字形式"。针对数字人民币的加密性和智能性，未来对数字人民币的监管应以确保法定货币属性为基础，以严守风险底线与促进创新发展之平衡为目标，进一步落实数字人民币反洗钱规则，强化用户个人信息保护。

数字人民币的研发历程

在服务国家战略需求上，与其他国家的数字货币相比，我国的数字人民币在技术水平和实践应用中具有"先发优势"；数字人民币的特点决定了其在跨境支付中具有安全、快捷、成本低廉等优势，可以利用其跨境支付结算来继续推进人民币国际化进程。

第三节 股权众筹法律制度

一、股权众筹的概念与运作流程

（一）众筹的概念与类型

"众筹"一词源于英文"crowdfunding"，意为面向公众筹集资金。一般来说，众筹项目发起者利用互联网平台向投资人公开发出融资申请，并承诺项目成功后向投资者提供产品、服务、股权或债权等作为回报。根据回报方式的不同，众筹可以划分为以下四种类型：

1. 捐赠式众筹。其也称为公益众筹，是指投资人通过众筹平台对特定项目捐赠款项或物品，不以取得回报或收益为目的的融资制度。捐赠式众筹多为非政府组织（NGO）所采用，为教育、医疗、环境、社会扶助等公益项目募捐。捐赠式众筹以小额募捐为主，具有公益性、无偿性的特点。

2. 奖励式众筹。其也称为回报式众筹或预购式众筹，是指融资人筹集款项，投资人可获得非金融性奖励。在奖励式众筹中，投资人不取得财务性收益，而是获得一定的产品作为回报。奖励式众筹常用于创新技术产品、电影、音乐的融资，其预购性特征体现为融资人通过众筹平台发布新产品或服务的信息；投资人如果对该产品或服务有兴趣，可以事先支付或预订，融资人因此将取得投资人的众筹款项并投入生产。

3. 债权式众筹。其是指融资人通过众筹平台发布有融资需求的项目，投资人在向融资人出借资金后获得一定比例的债权，融资人承诺在一定期限内给予投资人相应利息，并到期归还借款本金。在我国，债权式众筹的表现形式包括个体网络借贷（P2P 网贷）和网络小额贷款。

4. 股权式众筹。即股权众筹，是指融资人向不特定的投资人出让融资项目一定比例的股份（份额），投资人支付对价后取得股权（份额）并享有相应权益的一种以非公开发行方式进行的股权融资模式。股权式众筹常见于初创企业或者中小企业的起步阶段，尤其在 IT、通信、媒体等企业中应用广泛。

（二）股权众筹的运作流程

股权众筹平台目前主要存在"快速合投"与"领投 + 跟投"两种融资模式。"快速合投"模式的特点是为合投设置了时间期限，即对每个融资项目都设置了一定的投资周期。"领投 + 跟投"模式的特点在于拥有一定领域投资经验和风险承担能力的投资人通过股权众筹平台审核后,成为该融资项目的"领投人";"领投人"利用自身的投资经验和投资知识,带领"跟投人"进行合投,领投人因此获得跟投人的利益分成以及项目方的股份奖励。无论是"快速合投"模式还是"领投+跟投"模式,都需要遵循以下基本的运作流程:

1.投资者审核。平台审核投资人的真实身份和投资资质。其中,领投人不仅需要符合一般投资人的认证标准,还要求在某个领域具有丰富的投资经验和较强的风险承担能力。领投人负责对融资项目进行前期尽职调查和协助完成跟投融资。

2.项目审核。平台通过项目基本介绍、商业计划书和项目团队信息,对融资项目进行线上审核。

3.投资人和融资人达成投融资协议。平台通过线下活动,组织投资人和融资人进行线下项目展示和交流,促成投融资协议的达成。

4.有限合伙企业的成立。平台在项目融资成功后,依据领投人和跟投人的委托,代办有限合伙企业成立所需要的工商登记、税务登记、银行开户注资等相关手续。

二、股权众筹的法律关系

股权众筹涉及投资人、融资人和股权众筹平台等多个法律主体,构成投资人与融资人、投资人与股权众筹平台、融资人与股权众筹平台、领投人与跟投人等多个不同的法律关系。

(一)投资人与融资人

在股权众筹融资中,依据设立的商事主体性质的不同,投资人与融资人之间分别成立股东法律关系和合伙法律关系——当投资人与融资人设立的商事主体为有限责任公司或股份有限公司时,投资人通过让渡财产给融资人以换取公司股权,投资人与融资人之间成立股东法律关系;当投资人与融资人设立的商事主体为合伙企业时,投资人让渡财产给融资人而取得的是合伙企业的权益份额,投资人与融资人之间成立合伙法律关系。在实践中,目前我国股权众筹融资项目在落地时,多采用有限合伙企业的形式。

(二)投资人与股权众筹平台

股权众筹平台通过在平台上发布项目融资信息,为投资人提供订立合同的机会,促成投资人和融资人之间投融资协议的达成,并收取一定比例的服务费。股权众筹平台为投融资协议的签订提供了中介服务,起到居间人的作用。因此,投资人与股权众筹平台成立居间合同法律关系。在实践中,部分股权众筹平台在项目融资成功后会继续跟进,为投资人创立有限合伙企业(股份公司)提供服务。在这一阶段,股权众筹平台接受投资人的委托,作为受托人为实现有限合伙企业(股份公司)成立所需要的工商登记、税务登记、银行开户注资等相关手续提供服务。因而,投资人与股权众筹平台成立委托合同关系。

(三)融资人与股权众筹平台

股权众筹平台依据融资人的委托,将融资人的融资项目发布于平台上,为融资项目提供宣传并寻找投资人。平台承担了为投融资双方提供订立合同机会的义务,并从中收取一定比例的服务费。平台仅作为居间人促成投融资双方投资意向的达成,不直接参与双方的交易过程。融资人与股权众筹平台成立居间合同法律关系。

(四)领投人与跟投人

领投人是存在于股权众筹融资中合伙众筹模式下的特定主体,作为对某一领域具有丰富投资经验和较强风险承担能力的投资者，负责对融资人发布的项目进行可行性分析、尽职调查、估值定价以及投后管理等工作，并向跟投人介绍融资项目，由跟投人自行决定跟投与否。当项目融资成功后，由股权众筹平台线下代理投资人办理有限合伙企业的设立手续，依法成立有限合伙企业。其中，领投人作为普通合伙人直接参与合伙企业的经营管理，并对合伙企业的债务承担无限连带责任；跟投人作为有限合伙人，不负责投资管理，也不参与合伙企业的重大决策，仅以其出资额为限对合伙企业债务承担责任。因此，领投人与跟投人根据合伙协议，成立合伙法律关系。

三、股权众筹的法律风险

股权众筹融资具有公开、小额、参与主体广泛的特征，涉及社会公共利益与经济金融安全。由于股权众筹融资属于新兴的社会融资形式，现行的法律法规存在立法的滞后性以及规制的模糊性，[4]导致股权众筹融资在发展过程中积累了不容忽视的法律风险。具言之，一是股权众筹与非法发行证券之间的界限较为模糊；二是股权众筹融资存在合同诈骗风险；三是入资形式风险。

（一）股权众筹与非法发行证券的界限

股权众筹通过互联网平台实现投资人与融资人之间股份交易的过程，类似于发行证券。因此，股权众筹融资是否违反《证券法》，取决于是否涉嫌公开发行，即是否面向“不特定对象”发行，或面向的特定对象的累计人数是否超过200人。[5]

1. 关于“不特定对象”的认定。“不特定”意味着投资人与融资人是没有联系的个人或单位。股权众筹通过互联网平台撮合投资人与融资人，由于互联网平台的公开性、开放性与交互性，股权众筹必然面临着不特定的投资人。为了不违反《证券法》的规定，股权众筹通过实名认证等方式将不特定的投资人转化为特定的投资人。但特定性与不特定性仍是个模糊的划分，这种形式意义上的身份转换具有一定取巧性，并未彻底解决投资人来源于不特定多数人的现实问题。

全国首例众筹融资案

2. 关于发行对象的人数限制。即便股权众筹面向的是特定对象，累计人数也不得超过200人。因此，股权众筹融资过程中还应严格限制投资人的人数。而股权众筹的实际投资人往往人数众多，为了规避200人的人数上限限制，出现了股权代持的做法。股权代持就可能面临隐名股东的权益保护以及隐名股东投资目的合法性认定等风险。

（二）合同诈骗风险

由于在股权众筹融资中，投资人与融资人的资质审核都是由股权众筹平台按照平台设定的标准来单独完成，其直接后果就是造成投资人与融资人关于融资项目的信息不对称。

---

〔4〕截至2021年12月，我国专门针对股权众筹融资的规范性文件仅有2015年7月中国人民银行联合十部委公布的《关于促进互联网金融健康发展的指导意见》和2016年4月中国证监会联合十五部门公布的《股权众筹风险专项整治工作实施方案》，尚未出台针对众筹融资的行政法规和部门规章。前述两项规范性文件存在效力层级低、规定较为模糊等不足，且多为应急性文件，难以满足全面规范股权众筹融资发展的要求。

〔5〕《证券法》第9条规定：“……有下列情形之一的，为公开发行：（一）向不特定对象发行证券；（二）向特定对象发行证券累计超过二百人，但依法实施员工持股计划的员工人数不计算在内；（三）法律、行政法规规定的其他发行行为。非公开发行证券，不得采用广告、公开劝诱和变相公开方式。”

投资人很难真实、全面地了解融资项目(有限合伙企业)的运营情况,或者投资人支付的信息搜集成本过高。在目前通行的"领投+跟投"模式下,如果领投人与融资人之间存在某种利益输送或者其他关联关系,二者达成某种损害跟投人利益的协议,此类行为将严重损害跟投人的合法权益。而跟投人发现领投人与融资人之间的非法协议是非常困难的,跟投人利益受损后往往只能自认倒霉,将损失归于不可预期的投资风险。与此同时,平台往往会在其服务合同中设置某些免责条款,不对融资项目的真实性、可靠性负责,以此降低平台的审核责任,这亦加大了投资人面临的合同诈骗风险。

(三)入资形式风险

为了规避《证券法》第9条规定的"未经核准的单位和个人向特定对象发行证券累计不得超过200人"的人数限制,实务中股权众筹项目落地时多采用有限合伙企业的形式,平台通过对领投人和跟投人设置最低投资限额,将有限合伙企业的合伙人人数控制在50人以下,以此满足法律规定。领投人作为普通合伙人,参与企业的日常经营管理;跟投人作为有限合伙人,一般不参与日常经营事务的管理。这种制度设计天然地造成了领投人与跟投人对于有限合伙企业的信息不对称,最终影响跟投人的利益。同时,由于股权众筹融资主要通过平台的线上操作进行,投资人退出合伙企业时存在通知其他合伙人的及时性、合伙份额转让价格的认定等方面的困难。

四、股权众筹的法律规制

(一)投资者适当性制度

股权众筹的显著特点在于投资门槛较低和普通投资者的广泛参与,小规模投资者成为股权众筹的投资主力群体。但广大普通投资者往往缺乏对股权众筹融资风险的必要的识别能力和承受能力。为保护投资者,必须在股权众筹中建立投资者适当性制度。如果不加区分地、机械性地对投资者进行分类并限制低水平投资者进入,则与股权众筹的小额普惠和广泛融资的性质相背离。因此,在构建股权众筹模式的投资者适当性制度时,应区分一般投资者与专业投资者,对投资者进行分类管理。参考国外股权众筹监管经验,各国的通行做法不是规定投资者的准入门槛,而是根据收入或者资产净额对投资者进行分类,限定一般投资者的投资限额,对专业投资者不作限制。例如,英国采用资产比例计算,将非成熟投资者的投资额限定在其净资产总额的10%以内。国外投资者适当性制度主要有两种类型:第一种类型是采用绝对数额标准,如加拿大几个省联合发布的众筹监管规则规定,投资者的单笔投资不得高于2500美元,年度投资总额不得超过10,000美元。第二种类型是美国采用的综合标准,将投资绝对数额和与收入比例相结合。美国法律规定,股权众筹投资者年收入少于10万美元的,其投资额不得超过2000美元或者年收入的5%(取两者中较大者);若投资者年收入等于或高于10万美元的,其投资额不得超过10万美元或者年收入的10%。

我国在构建股权众筹的投资者适当性制度时,可根据投资水平、资金实力、风险识别能力、风险承受能力等指标,将投资者划分为一般投资者和专业投资者,对于一般投资者应设立相应的投资限额,对于专业投资者可以豁免相应的投资限额。在投资限额的设置上,可参考美国股权众筹投资者标准的经验,采取绝对数额与收入比例相结合的方式,规定一般投资者的最高投资额度。针对我国各地经济发展水平差异较大的现状,在投资限额的设置上,应结合各地区平均工资水平、消费水平、物价水平等因素,制定符合我国国情的股权众筹投资者适当性制度。

（二）融资人信息披露制度

信息披露的范围在本质上体现的是一国对股权众筹监管的宽严程度，监管部门必须在平衡投资者保护与资本形成的原则下，合理谨慎地确定信息披露义务的范围。一方面，股权众筹中的广大普通投资者缺乏有效的信息获取和分析能力，加之初创企业普遍缺少透明的信息披露，这就加剧了投资者和融资人之间的信息不对称以及投资者遭受欺诈的风险；另一方面，若信息披露要求过高，则又增加了实力薄弱的初创企业的合规成本，给本就资金紧张的初创企业造成更大的困难。过高的信息披露义务会加大融资人的成本，不利于初创企业的资本形成；过低的信息披露义务则会降低投资者对融资人的信任感，影响股权众筹融资的成功率。因此，股权众筹中的融资人信息披露义务应保持合理限度。

2012 年 4 月美国通过了《创业企业扶助法》（Jumpstart Our Business Startups Act，以下简称《JOBS 法案》），其第三部分（Title Ⅲ）是直接针对股权众筹的立法。《JOBS 法案》对发行人基于融资规模的不同，规定了差异化的财务信息披露要求：融资规模在 10 万美元以下的（包括 10 万美元），发行人需要提供被执行官确认无误的上一会计年度的所得税申报表和未审计财务报表；融资规模在 10 万美元到 50 万美元（包括 50 万美元）的，发行人需要提供由独立会计师审核过的财务报表；融资规模在 50 万美元到 100 万美元（包括 100 万美元）的，应提供经审核的财务报表。此外，发行人还需向美国证券交易委员会、特定中介机构和投资人提供发行人信息、融资项目信息以及发行人财务报表。[6]

在参考域外经验的基础上，就我国股权众筹的融资人信息披露而言，可将披露信息分为强制披露信息和补充披露信息。其中，强制披露信息包括公司及项目基本情况、融资用途和资金使用计划，以及每月定期披露的公司经营情况，从而为投资人了解股权众筹项目的投资价值、作出正确投资决定打下基础。补充披露信息是融资人为了增进投资人对融资项目的了解而自愿披露的信息，包括但不限于可能影响投资人权益的经营变动信息、股权结构信息、公司董事和高管信息，以及其他投资人要求披露的信息。

（三）股权众筹平台的规范运作

1. 投融资人审查制度。股权众筹平台通过建立投资人适当性制度，甄选合格的一般投资人和专业投资人进入股权众筹融资项目，确保投资人的收入水平、风险识别能力、风险承受能力和投资金额符合相应要求。对于融资人和融资项目的审核，股权众筹平台的审核范围包括但不限于融资人的基本信息核实、项目背景、公司高管和大股东信息、主营业务、公司财务状况等。平台对投融资人的审核为形式审查，并对审核标准进行严格把握。如果因为平台的主观过错导致投资人遭受不必要的损失，则应当追究平台的责任。

2. 平台中立性。股权众筹平台作为中介机构，应保持自身的独立性，不得与投资人或融资人存在利益关系。平台不得为自身或关联方融资，不得对众筹项目提供对外担保或进行股份代持，不得对融资人进行广告宣传。平台应当通过建立内控制度等风险控制制度，防止

---

〔6〕 发行人信息包括：发行人名称、法律状况、实体地址以及网址；董事人员、职员、大额投资者的名称；发行人的业务描述、商业计划和财务状况。融资项目信息包括：融资意图和对融资款项用途的描述、发行数量、融资截止日期、融资过程中的定期信息更新、发行证券的价格以及发行人的所有权和资本结构等信息。在每一轮众筹融资中，发行人必须每年都向证券交易委员会备案，为投资者提供财务报告和经营报告。此外，发行人发行证券后，必须在 120 天内向证券交易委员会提交上一年度的财务报表。

内部员工与融资人形成利益关系或进行利益输送,确保股权众筹平台的中立性。

3. 资金第三方存管。股权众筹平台应当选择符合条件的银行业金融机构作为资金存管机构,对客户资金进行管理和监督,实现客户资金与平台自身资金分账管理。客户资金存管账户应接受独立审计并向客户公开审计结果。

第四节 其他金融科技典型业态及法律制度

一、金融科技法律制度中的典型新技术

(一)区块链

区块链(Blockchain)是一种按照时间顺序将数据区块以链条的方式组合成特定数据结构,并以密码学方式保证的不可篡改和不可伪造的去中心化共享总账。区块链具有去中心化、集体维护、时序数据、不可篡改等特点。去中心化和不可篡改是区块链最显著的特征。去中心化是指区块链数据的记账、存储、验证和传输等过程均是基于分布式系统结构,并采用纯数学方式而非中心机构来建立分布式节点间的信任关系。不可篡改是指区块链技术采用了非对称的密码学技术对数据进行加密,借助分布式系统各节点的工作量证明等共识算法来抵御外部攻击,保证了区块链数据不可篡改和不可伪造。

区块链技术是一种具有广泛适用性的底层技术框架,可以给政务服务、海关贸易、贸易支付、供应链金融、数据资产交易、金融基础设施等领域带来深刻变革。以区块链技术在政务服务中的应用为例,区块链可以优化电子印章、电子证照、电子档案、数字身份等基础应用,推动重点监管对象的标识信息、过程信息、检测信息等数据信息上"链",实现数据的"链"上存储、流转和验证。

(二)智能合约

智能合约(Smart Contract)是由事件驱动的、具有状态的、运行在区块链之上的且能够根据预设条件自动处理资产的不可篡改程序。智能合约具有如下特点:(1)外观形式上表现为运行在区块链上的计算机代码;(2)依赖于可信的外部数据源作为触发智能合约的条件;(3)通过私钥代替签字、盖章;(4)以区块链为技术基础,不可篡改。智能合约作为一种嵌入式程序化合约,可以内置在任何区块链数据、交易、有形或无形资产上,形成可编程控制的软件定义的系统、市场和资产。

智能合约的应用范围十分广泛,不仅为金融资产的发行、交易、管理提供了创新解决方案,而且能够在行政执法、合同管理等场景中得到应用。智能合约的运行原理如下:智能合约经参与缔约的各方签署后,通过网络传播和节点验证等环节被记入区块链的特定区块中;智能合约封装了预定义的若干状态、转换规则、触发合约执行的情景和特定情景下的应对行动;当区块链监控到外部数据源满足特定触发条件后,智能合约会被激活并自动执行合约。

二、第三方支付法律制度

(一)第三方支付的概念与模式

互联网支付,是指通过计算机、手机等设备,依托互联网发起支付指令、转移货币资金的

服务。互联网支付的主要表现形式为第三方支付、网络银行支付和移动支付。其中，第三方支付通过多元化的支付方式满足了电子商务的发展要求，极大地推动了金融科技的资金流通效率和规模，成为金融科技的重要基础设施。

第三方支付，是指非金融机构在收付款人之间作为中介机构提供货币资金转移服务。2010年中国人民银行颁布的《非金融机构支付服务管理办法》将第三方支付服务主要分为网络支付、预付卡的发行与受理和银行卡收单三种类型。其中，网络支付是指依托公共网络或专用网络在收付款人之间转移货币资金的行为，包括货币汇兑、互联网支付、移动电话支付、固定电话支付、数字电视支付等；预付卡是指以营利为目的而发行的、在发行机构之外购买商品或服务的预付价值，包括采取磁条、芯片等技术，以卡片、密码等形式发行的预付卡；银行卡收单，是指通过销售点（POS）终端等为银行卡特约商户代收货币资金的行为。〔7〕

除了《非金融机构支付服务管理办法》对第三方支付的分类外，根据第三方支付的业务特点，它还可以作出以下不同的分类：

1. 根据是否依附于电商交易平台，可以将第三方支付分为独立型第三方支付与非独立型第三方支付。独立型第三方支付不依附于任何电商交易平台，仅仅为用户提供支付服务和支付系统解决方案，典型代表如快钱。非独立型第三方支付依托于电子商务网站，为特定电商服务，典型代表是支付宝和财付通。

2. 根据是否存在虚拟账户，可以将第三方支付分为通道型第三方支付和账户型第三方支付。通道型第三方支付是指第三方支付平台为客户提供统一的支付网关，但不为客户建立虚拟账户，买方的付款直接进入支付平台的银行账户，由支付平台与卖方的银行账户进行结算。典型代表是银联支付。在账户型第三方支付中，买卖双方须各自在平台内开设一个虚拟账户，该账户与银行账户相关联，可以通过网上银行、现金、汇款等方式对虚拟账户充值。客户既可以通过支付网关在银行账户转账结算从而完成收付款，也可以仅在支付平台的虚拟账户之间转账而完成收付款。典型代表是支付宝。

3. 根据第三方支付提供的功能种类的不同，可以将第三方支付分为银行网关型第三方支付与信用担保型第三方支付。银行网关型第三方支付是指第三方支付服务商与各大银行签约，集成统一的银行支付网关，网络交易各方通过支付网关与网上银行联通而完成网上支付。信用担保型第三方支付是指在提供统一银行支付网关的同时，还承担信用担保的功能。

（二）第三方支付的法律关系——以支付宝为代表

第三方支付主要涉及三类主体：一是交易的买卖双方，即付款方与收款方；二是第三方支付平台；三是商业银行，包括客户的签约银行和客户备付金的存管银行两大类。第三方支付的法律关系主要涉及第三方支付平台与买卖双方之间、第三方支付平台与商业银行之间的法律关系。为简洁明了地介绍第三方支付的法律关系，本书以国内领先的第三方支付平台——支付宝的典型的第三方交易模式为例，分析第三方支付的法律关系。

支付宝的业务流程一般涉及四个主体，即商品交易的买卖双方、第三方支付平台和商业银行。具体的业务流程结构如图10－2所示。

---

〔7〕 参见《非金融机构支付服务管理办法》第2条。

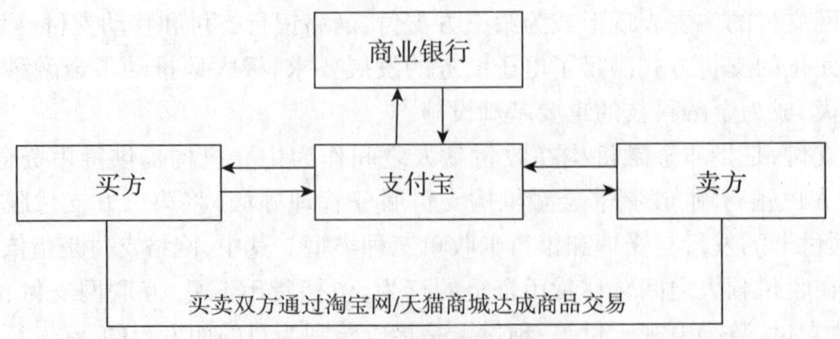

图 10-2 支付宝业务流程

典型的支付宝交易流程主要包括如下几个步骤:(1)买方、卖方均注册并开通支付宝账户;(2)买卖双方通过淘宝网/天猫商城进行交易,如果交易达成,买方将货款打入支付宝账户;(3)支付宝确认收到买方货款后,通知卖方买方已付款,可以发货;(4)卖方发货,买方收到货物并验货合格后,买方确认付款,支付宝接到买方指示后将之前暂时冻结的货款打入卖方账户,交易完成。

通过图 10-2 和交易步骤可以看出,支付宝在其中起到了担保交易的作用。用户在网上购物担保交易的流程是:选择商品—付款到支付宝—卖家发货—买家收货确认—支付宝付款给卖家—交易完成。在支付宝担保交易的过程中,交易不是"一手交钱、一手交货"的同时履行的合同关系,而是一种先下单再发货,随后确认,然后由支付宝进行付款清算的非即时履行的合同关系。以下具体论述。

1. 支付宝与买卖双方的法律关系

在使用第三方支付平台的过程中,第三方支付平台向买卖双方提供了基本的资金转移与管账户、根据买方的验货合资金保管服务。在资金转移服务中,支付宝为买方提供了将货款从买方账户划转到支付宝托格指令将货款从支付宝托管账户划转到卖方账户的服务。与此同时,支付宝为卖方提供了代为收取买方支付的货款的服务。因此,支付宝与买方成立以代付货款为委托事项的委托合同法律关系,与卖方成立以代收货款为委托事项的委托合同法律关系。

支付宝的资金保管服务源于第三方支付系统中支付账务处理与支付处理指令的不同步所产生的资金沉淀。中国人民银行发布的《非金融机构支付服务管理办法》将第三方支付中的沉淀资金定义为客户备付金,并规定"支付机构接受的客户备付金不属于支付机构的自有财产。支付机构只能根据客户发起的支付指令转移备付金。禁止支付机构以任何形式挪用客户备付金"。[8] 由此可知,在法律法规禁止第三方支付机构挪用客户备付金且客户也未约定第三方支付机构可以使用沉淀资金的情况下,支付宝与客户之间就沉淀资金成立保管合同法律关系。

2. 支付宝与商业银行的法律关系

在我国,第三方支付平台的定位是非金融机构,不得为客户办理或者变相办理现金存取、信贷、融资、理财、担保、货币兑换等业务,即第三方支付的功能应定位为单纯的"支付通道"。支付宝通过接入银行网关,为网络交易的买卖双方提供资金转移服务。在这一过程

---

〔8〕 参见《非金融机构支付服务管理办法》第 24 条。

中，货款从买方的开户银行账户移转至支付宝的银行账户，交易成功后再从支付宝的银行账户转移至卖方账户。在整个过程中，支付宝是前台，商业银行是后台，商业银行通过接收支付宝发出的资金转移指令，利用商业银行自身的支付结算系统实现第三方支付交易模式中的资金转移。因此，支付宝与商业银行就发出及接收资金转移指令形成相应的服务合同法律关系。

(三)第三方支付的法律规制——以支付宝为样本

第三方支付具有浓厚的技术先行特点，导致第三方支付案件情况新颖，在司法实践中常常面临无明确法律规定的困境。第三方支付的法律规制应适用《民法典》《电子签名法》《消费者权益保护法》等法律，并参照援引中国人民银行颁布的《非金融机构支付服务管理办法》《电子支付指引(第一号)》，银保监会与中国人民银行颁布的《关于加强商业银行与第三方支付机构合作业务管理的通知》等部门规章和规范性文件。本书结合现有的司法实践经验，以支付宝为样本，从以下三个方面论述第三方支付的法律规制。

合理界定支付宝担保交易的性质和义务范围。支付宝的担保交易功能，并不是担保法意义上的担保，其主要是指支付宝为淘宝网等电子商务平台上的交易双方乃至线下交易者提供代收代付的中介服务，它类似于债务清偿的提存，解决了网上交易卖家先发货还是买家先付款的信任问题。关于支付宝担保交易的义务范围，根据我国现有法律法规以及支付宝服务协议，支付宝平台并不承担对交易详情进行实质审核、担保交易安全的义务，即支付宝仅通过账户名和密码识别用户的指示，对授权的支付指令和所提供的数据进行处理，而不考虑支付行为本身的有效性、支付主体与交易主体的一致性。

阻断基础交易的抗辩延伸风险。支付行为相对独立于基础交易关系，支付业务本身要求处理及时、准确和安全，故担保交易中应遵从商法的形式主义和外观主义。我国《电子签名法》第 3 条第 2 款规定："当事人约定使用电子签名、数据电文的文书，不得仅因为其采用电子签名、数据电文的形式而否定其法律效力。"《支付宝服务协议》中约定：支付宝通过用户的账户名和密码识别用户的指示，对交易的标的物不提供任何形式的鉴定证明服务。因此，支付行为本身的有效性以及相关信息的真实性、合法性，应由基础交易法律关系来解决。与谁建立交易，交易如何达成，具体交易详情如何等交易关系，应由交易方自行选择、自行判断、自负其责，不能以基础法律关系的因素否定支付宝的受托行为。

谨慎分析格式条款效力。网络具有天然地适用格式合同的条件及优势。商家与支付宝平台之间的《支付宝服务协议》《线上支付服务协议》以及买家用户与支付宝平台之间的《信用卡快捷支付服务协议》等，均系当事人通过点击"确认""我同意"网络页面格式协议而订立，它们属于网络点击形成的格式合同。作为一种新型的电子格式合同，其具有高效、便捷、节约成本、明确和预测法律责任、减少风险等诸多优势，但合同条款较高的隐蔽性令作为合同相对人的消费者往往忽略其中的不公平。在司法实践中，应当从区分用户主体是消费者还是商家、格式条款内容是否公平、是否以合理的方式提醒对方注意等角度对电子格式合同进行综合审查。

| 案例 |

A 在 B 不知情的情况下，猜对密码后使用 B 绑定在 QQ 上的建设银行信用卡，通过 QQ

钱包、深圳财付通支付的方式多次进行手机充值、网上购物等日常消费,合计金额人民币8800余元。

思考:A通过第三方支付平台直接窃取绑定的信用卡内钱款,其行为是否构成盗窃罪或信用卡诈骗罪?

三、互联网保险法律制度

(一)互联网保险的概念与模式

互联网保险,是指保险公司或保险中介机构通过互联网为客户提供产品和服务信息,实现网上投保、承保、核保、保全和理赔等业务流程,并通过第三方机构实现保险相关费用的电子支付的一种新型保险业务模式。银保监会颁布的《互联网保险业务监管办法》(以下简称《监管办法》)第2条规定,互联网保险业务,是指保险机构依托互联网订立保险合同、提供保险服务的保险经营活动。其中,保险机构是指经保险监督管理机构批准设立,并依法登记注册的保险公司(含相互保险组织和互联网保险公司)和保险中介机构;保险中介机构包括保险代理人(不含个人保险代理人)、保险经纪人、保险公估人;保险代理人(不含个人保险代理人)包括保险专业代理机构、银行类保险兼业代理机构和依法获得保险代理业务许可的互联网企业;保险专业中介机构包括保险专业代理机构、保险经纪人和保险公估人。[9]

自1997年11月新华人寿保险公司承保了国内第一份网络保单以来,互联网保险在实践中迎来了飞速发展。结合《监管办法》的相关规定,根据经营主体的不同,互联网保险的业务模式分为两种类型。

1. 保险机构自营保险业务

《监管办法》中规定的保险机构包括保险公司和保险中介机构,与此相对应,保险机构自营网络平台模式可分为保险公司自营和保险中介机构自营两种模式。保险公司自营网络平台,是一般意义上的保险公司自建的网站直销模式。在这种模式下,保险公司利用互联网技术和网站平台,直接在线与投保人订立保险合同,其保险产品主要是传统的财产保险产品和人身保险产品。保险公司自营网络平台的优势在于,可以利用网站平台、电子合同等技术手段,突破传统线下保险销售渠道的物理空间、时间限制,有效节约营销和服务成本。此模式的典型代表有平安保险商城和泰康在线。保险中介机构自营网络平台,是指保险中介机构自建网站平台,从事保险的代理、经纪和公估等业务。此时,保险中介机构充当保险公司的代理人,代为销售保险产品,并在保险公司的授权范围内代为办理保险业务或者为投保人与保险人订立保险合同提供中介服务。中民保险网、慧择保险网是这种模式的典型代表。

在保险机构自营保险业务中,互联网保险公司的业务活动具有一定的特殊性。互联网保险公司是指为促进保险业务与互联网、大数据等新技术融合创新,经保险监督管理机构专门批准设立并依法登记注册,不设分支机构,在全国范围内专门开展互联网保险业务的保险公司。互联网保险公司不得线下销售保险产品,不得通过其他保险机构线下销售保险产品。[10]

---

[9] 参见《互联网保险业务监管办法》第2条。

[10] 参见《互联网保险业务监管办法》第47条。

2. 互联网企业代理保险业务

互联网企业代理保险业务，是指互联网企业利用自营网络平台代理销售互联网保险产品、提供保险服务的经营活动。互联网企业代理保险业务应获得经营保险代理业务许可。互联网企业可根据保险公司或保险专业中介机构的委托代理保险业务，不得将互联网保险业务委托给其他机构或个人。互联网企业代理保险业务，应进行有效的业务隔离：规范开展营销宣传，清晰提示保险产品与其他产品和服务的区别；建立支持互联网保险业务运营的信息管理系统和核心业务系统，并与其他无关的信息系统有效隔离；具有完善的边界防护、入侵检测、数据保护以及灾难恢复等网络安全防护手段和管理体系；符合银保监会规定的其他要求。[11]

（二）互联网保险的法律关系

当前国内互联网保险业务模式，主要涉及投保人、保险公司、保险专业中介机构、第三方网络平台和第三方支付平台。各主体间主要通过合同、协议的方式建立法律关系。其中，互联网保险参与主体间最主要的是以下几种法律关系：投保人与保险公司之间的保险合同法律关系，保险公司与保险专业中介机构之间的委托代理法律关系，投保人、保险公司与第三方网络平台之间的居间合同法律关系，投保人、保险机构、第三方网络平台与第三方支付平台之间的服务合同法律关系。

1. 投保人与保险公司之间的保险合同法律关系

无论互联网保险的业务模式如何创新，投保人与保险公司之间的保险合同关系永远是互联网保险业务中最基本的法律关系。互联网保险合同是投保人与保险公司约定保险权利义务关系的协议。投保人通过履行支付保费的义务获得保险合同的保障，在保险事故发生时被保险人享有请求支付保险金的权利。保险公司作为保险人，享有收取保费的权利，在保险事故发生时须履行给付保险金的义务。

2. 保险公司与保险专业中介机构之间的委托代理法律关系

保险专业中介机构，是指经营区域不限于注册地所在省、自治区、直辖市的保险专业代理公司、保险经纪公司和保险公估机构，它扮演着保险公司的保险代理人和保险经纪人的角色。[12] 作为中介机构，其根据保险公司的委托代为办理保险业务，并向保险公司收取佣金。因此，两者构成委托代理法律关系。

3. 投保人、保险公司与第三方网络平台之间的居间合同法律关系

居间合同是居间人向委托人报告订立合同的机会或者提供订立合同的媒介服务，委托人支付报酬的合同。在实践中，第三方网络平台并没有直接参与投保人与保险公司订立保险合同的法律关系，第三方网络平台主要提供“网络技术支持辅助服务”，即对互联网保险的销售、承保、核保、理赔、退保、投诉处理等提供了介绍、协助性的中介服务。第三方网络平台促成投保人与保险公司签订保险合同，可向保险公司收取佣金。虽然大多数第三方网络平台仅向保险公司收取佣金而未向投保人收取佣金，但从本质上看，第三方网络平台只是将其本应向投保人收取的佣金转嫁到保险公司身上，即保险公司为投保人进行了代付。因此，

---

〔11〕 参见《互联网保险业务监管办法》第70条。

〔12〕 《保险法》第117条规定：“保险代理人是根据保险人的委托，向保险人收取佣金，并在保险人授权的范围内代为办理保险业务的机构或者个人。保险代理机构包括专门从事保险代理业务的保险专业代理机构和兼营保险代理业务的保险兼业代理机构。”《保险法》第118条规定：“保险经纪人是基于投保人的利益，为投保人与保险人订立保险合同提供中介服务，并依法收取佣金的机构。”

此处成立投保人与第三方网络平台之间的居间合同法律关系,以及保险公司与第三方网络平台的居间合同法律关系。

4. 投保人、保险机构、第三方网络平台与第三方支付平台之间的服务合同法律关系

投保人交付的保险费应直接转账支付至保险机构的保费收入专用账户,第三方网络平台不得代收保险费并进行转支付。保费收入专用账户包括保险机构依法在第三方支付平台开设的专用账户。第三方支付平台通过接入银行网关支付,为投保人、保险机构和第三方网络平台提供了资金流转的服务,并收取相应的支付费用。因此,投保人、保险机构、第三方网络平台与第三方支付平台之间成立服务合同法律关系。

(三)互联网保险合同的特殊性

1. 保险合同成立与生效的法律标准

互联网保险通过线上无纸化的电子合同取代传统的纸质文本,在提高保险销售效率、便利消费者购买保险产品的同时,也给保险实务带来了相应的问题,即互联网保险能否适用合同成立与生效的一般性标准来认定保险合同的成立与生效?对此,学界现有观点包括:一是保险合同应当自保险公司收到保费之时成立和生效的收费说;二是投保人按照签约步骤和操作流程完成操作过程,直到最终点击“同意”键或者将自助保险卡在互联网系统上激活是保险合同成立和生效标志的激活说;三是主要针对电子保单范围内适用的自助保险卡模式,提出预约与本约说和买卖说。

互联网保险合同成立与生效的法律标准,应以《民法典》有关合同成立与生效的一般法律标准为基础。其中,保险公司将写有格式化条款的标准格式合同通过互联网向不特定社会公众予以公开宣传、销售的行为,属于保险公司向社会公众发出订立互联网保险合同的要约;投保人在经过自主比较、选择后,按照保险公司投保系统的操作流程进行操作的行为,则构成订立互联网保险合同的承诺;当投保人提交的投保单进入保险公司的接收系统之时,便为该承诺的生效,此时保险合同成立并生效。

2. 投保人身份认定的法律标准

互联网保险的一大特点在于投保人和保险人无须经过传统保险合同“面对面”订立的环节,而是利用网络操作即可完成合同的订立。因此,在互联网终端上进行投保操作的人与实际的投保人有可能不是同一人,这给投保人和被保险人的身份认定带来了不确定性。例如,某单位以其名义代替赴外地出差的员工通过网上操作系统投保航空意外险,并由员工支付保险费。此时,认定投保人和被保险人身份存在争议,即一种观点认为单位是投保人,员工是被保险人;另一种观点认为单位是代理人,员工是投保人和被保险人。根据保险法的基本原理,投保人应是表达真实投保的意思,实施投保行为并履行缴纳保险费义务的人。投保行为不能简单等同于实施了网络操作,而应理解为真实表达投保的意思表示。因此在互联网保险中,当网络实际操作人和表达投保意思的人不是同一人时,此时的投保人只能是表达真实投保意思的人,网络实际操作人应当认定为代理人或协助人。在上例中,员工是投保人和被保险人,单位则应认定为代理人。

| 案例 |

2018年10月18日,A通过电子投保的方式,以其母亲B为被保险人投保某个人医疗

保险。《电子投保单》对被保险人的就医行为、部分疾病或症状以及保险情况进行了列举式询问,A选择“确认无以上问题”。后A支付相应保费,F保险公司承保,保险期间为2018年10月19日00时至2019年10月18日24时。2018年11月13日,被保险人B因纵隔肿物、肺占位性病变入院治疗,因手术中出现大出血而转入外科监护室,直至2019年4月29日出院。经多次协商,F保险公司以被保险人B在投保前就已通过体检知晓右上肺及前上纵膈有结节为由,进而声称投保人A未尽到如实告知义务,且此次保险事故属于首次投保保单签发日前24个月内已经存在的疾病,属于责任免除情形,拒不承担保险责任。

思考:(1)投保人A是否履行了如实告知义务?(2)被保险人B是否有权向F保险公司主张赔付保险金?

四、监管沙盒法律制度

(一)监管沙盒的内涵

沙盒的本意是指一个装满沙子的盒子,人们可以在沙盒里随意写字、画画或者做模型,最后把沙子铺平,沙盒又会恢复到最初的平整状态而不会对沙盒之外的环境造成破坏。沙盒原理在计算机技术中得到广泛应用。计算机系统通过限制应用程序的代码访问权限,为某些来源不可信、可能会造成系统损坏或者无法判定意图的程序提供试验环境(虚拟的沙盒),让这些可疑的程序在沙盒里充分运行,沙盒通过记录这些程序的运行状态和结果来判断程序是否有害。如果遇到有害程序(如计算机病毒),沙盒将把该程序清除,而不会对计算机系统造成损害。

监管沙盒(Regulatory Sandbox)最早由英国金融行为监管局在2015年提出。根据英国金融行为监管局的政策,监管沙盒是指允许企业在一个监管政策适度松绑的安全环境中进行产品和服务的创新,并且不会因为实施创新行为而承受不利的监管后果。监管沙盒是金融科技时代的监管创新,通过设置一个内嵌于真实市场的“安全空间”,在申请测试主体的要求、测试项目的要求、测试流程等方面作出特殊规定,对那些具有良好发展潜力但现阶段无法完全满足合规要求的金融创新产品(业务)进行试验,进而根据测试结果决定是否将测试项目推向市场。目前监管沙盒得到了全球主流监管机构的普遍认可,英国、美国、澳大利亚、新加坡等国家和地区已开展具有各自特色的应用实践。我国于2019年12月在北京进行监管沙盒试点。截至2020年年底,监管沙盒试点范围已扩大到上海、广州、深圳、重庆、杭州、苏州等9个试点城市,合计达70个创新应用。

监管沙盒在制度设计上为金融科技创新在特定时空范围内降低准入门槛以及减少监管限制。在这样一个可控范围内,金融科技导致的创新活动不会对现有金融监管制度造成冲击,相反还可以作为试验田,为克服相关法律的滞后性提供合适的制度安排。在监管沙盒中,监管部门可以在风险可控的前提下甄选真正的金融创新科技,深入了解金融科技公司的创新需求,并与金融科技公司保持全程沟通交流,在沙盒测试中接受金融消费者对金融科技创新的反馈,实现公私主体平等协商的良性互动。与管制性的监管手段相比,监管沙盒更加注重各参与主体利益的平衡,它建立在平等沟通、充分协调的基础之上,对测试规则和科技创新展开微观层面的试验。

(二)我国监管沙盒的运行机制

中国版监管沙盒——金融科技创新监管工具由中国人民银行主导设计,通过安全管理机制、创新服务机制、信息披露机制和权益保护机制等构建了涵盖全流程的金融科技创新应用测试规范,囊括了对交易主体身份识别、行为监管、压力测试、数据合规等内容。2020年10月,中国人民银行正式发布《金融科技创新应用测试规范》(JR/T 0198—2020)、《金融科技创新安全通用规范》(JR/T 0199—2020)、《金融科技创新风险监控规范》(JR/T 0200—2020)3项行业标准,为金融科技创新应用的测试提供了依据。

1.安全管理机制

(1)事前审核。监管沙盒对创新应用的事前审核以业务合规为前提,以技术安全为保障。其中,以业务合规为前提是指监管沙盒通过内部机构审计、外部专业评估、征求管理部门意见等方式,确保金融创新不突破法律法规、部门规章、规范性文件的红线要求,严防以"创新"为名突破行业规则的虚假创新。以技术安全为保障是指监管沙盒对照创新安全通用规范、个人金融信息保护规范等金融行业标准进行评估,严防存在技术漏洞和风险隐患的应用参与测试。

(2)事中监控。监管沙盒通过提取风险特征信息,将风险归类分级,形成风险数据仓库,并利用模型分析、专家评议等方式,准确评估风险影响范围和危害程度,及时发现风险趋势与潜在隐患。

(3)事后评价。监管沙盒采用自测自评、外部评估、第三方审计、专家论证等方式,从创新价值、服务质量、合法合规、数据安全、风险防控等方面,对提出申请结束测试的创新应用进行综合评价,评估创新应用是否履行声明书承诺和落实监管要求。

2.创新服务机制

(1)金融科技创新辅导。金融监管机构的辅导团队与申请机构保持深度交流,从合规性、风险防控、消费者权益保护等方面进行辅导。对于基础较好的,辅导其完善申报材料;对存在重大问题的,支持其更换选题。申请周期视项目自身情况存在差异,符合条件的项目最终均可进入沙盒进行测试。

(2)构建创新试错容错空间。监管沙盒构建具有"容错"能力的测试空间,在严防创新风险外溢的基础上,支持市场主体在真实市场环境中对创新应用的理论原理、技术模型、业务模式进行完整业务链条实践与测试。监管沙盒与传统金融监管最大的不同之处就在于它构建了必要的容错空间,在这一范围内,创新企业可以大胆地结合金融科技的最新成果对金融产品和服务进行改造。

(3)搭建政产用对接平台。监管沙盒发挥缩小版真实场景的优势,形成"一端连市场、一端连政府、一端连用户"的对接平台。在产用对接方面,通过经验交流、案例分享、联合攻关、同业合作等方式推动金融机构与科技公司加强对接协作,实现金融机构应用需求与科技公司产品供给的匹配。在政企协同方面,金融监管机构与市场主体之间通过会议研讨、辅导交流、窗口指导等方式进行互动,引导金融科技的安全应用。在供需撮合方面,监管沙盒通过信息披露、投诉监督等措施,帮助金融消费者提出意见建议;创新主体也能更好地掌握用户需求。

3.信息披露机制

(1)信息披露载体。第一,声明书。其主要包含创新应用基本信息、服务信息、创新性说明、评估报告、风险防控、投诉响应等要素。第二,服务协议书。作为用户明示的载体,主要包含创新应用功能服务、权责关系、风险补偿、数据授权等信息。金融消费者可通过服务协议书全面了解创新应用的功能实质,在充分知情的前提下接受金融服务。

(2)信息披露方法。第一,公示。通过声明书向社会公众公开创新应用要素信息,使用户及时了解创新真实情况,识别潜在风险并提出改进意见。第二,登记。申请机构按要求向金融监管部门登记创新应用信息。第三,自声明。申请机构通过官方网站、实体网点等线上线下渠道对创新应用进行自声明,并就自声明内容的真实性、准确性和完整性向社会公众作出承诺。四是用户明示。在用户使用金融服务前,申请机构通过服务协议书明确告知用户创新应用的相关要素信息。

4. 权益保护机制

(1)知情与自主选择权。申请机构应通过公示、自声明、用户明示等多种方式进行创新声明,提升披露信息的可得性。申请机构需要确保声明内容的真实性与完整性,如果申请机构自我披露的信息不实或含有不当的误导性内容,申请机构应当就其内容承担相应的法律责任。

(2)信息安全权。申请机构在采集数据时,应通过授权协议等方式明示采集用户数据的行为、使用目的、方式以及范围,获取用户授权后方可采集。在数据存储时,申请机构应当综合运用加密存储、访问控制、安全审计等措施,强化数据安全与隐私保护能力,降低数据泄露风险。在数据使用时,建立数据可信共享与融合应用机制,在不归集、不共享原始数据前提下,仅向外提供脱敏后计算结果。在服务退出时,申请机构应按照国家及金融行业相关规范要求做好数据清理与隐私保护的后续工作。

(3)财产安全和依法求偿权。在财产保护方面,申请机构应完善资金安全管理机制,丰富风险防范手段;在依法求偿方面,申请机构应明确风险责任认定方式,设立消费者快速赔付渠道,配套风险拨备资金、保险计划等补偿措施。

(4)监督建议权。第一,机构投诉。申请主体作为处理投诉建议的责任主体,通过线上线下渠道向公众公开投诉方式和处理机制,在时限内对社会公众投诉建议进行处理反馈。第二,自律投诉。行业自律组织建立健全自律投诉机制,密切跟进被投诉机构的投诉意见处理进展,并视情况组织调解。第三,落实政府监督。对行业自律组织调解失败的,金融消费者可向金融监管部门提出申诉,金融监管部门应及时进行调查、核实和反馈。

(三)我国监管沙盒的测试流程

我国监管沙盒的测试流程主要包括测试声明、测试运行、测试评估和测试退出等阶段。

在测试声明阶段,申请机构应采用公示、登记、自声明、用户明示等声明形式,对创新应用的基本信息、服务信息、合法合规性评估、技术安全性评估、风险防控措施和投诉响应机制等内容进行真实准确、简洁易懂的公开声明。

在测试运行中,金融科技自律组织按照中国人民银行发布的《金融科技创新风险监控规范》(JR/T 0200—2020)的要求,利用金融科技创新管理服务平台持续动态监测创新应用的运行状况,并定期向测试管理部门报告风险监控情况。同时,申请机构应将创新测试期间的重要事件、操作记录、系统日记等及时报送自律组织。

在测试评估阶段,测试机构采取自测自评、外部安全评估、第三方审计、专家论证等手段对创新应用进行评估。若测试成功,涉及金融服务的创新应用在报测试管理部门后,由出台管理细则的金融管理部门负责日常管理;创新应用涉及的科技产品在报测试管理部门后,可视情况在金融领域推广

英国监管沙盒制度

应用。

在测试退出阶段,申请机构应在停止服务前,至少提前 15 个工作日提出创新应用的退出申请。金融科技自律组织从保护金融消费者合法权益和维护金融稳定等方面进行综合评估之后,将评估结果报测试管理部门反馈给申请机构。申请机构应按照测试声明中的退出方案执行退出程序。(详见图 10－3)

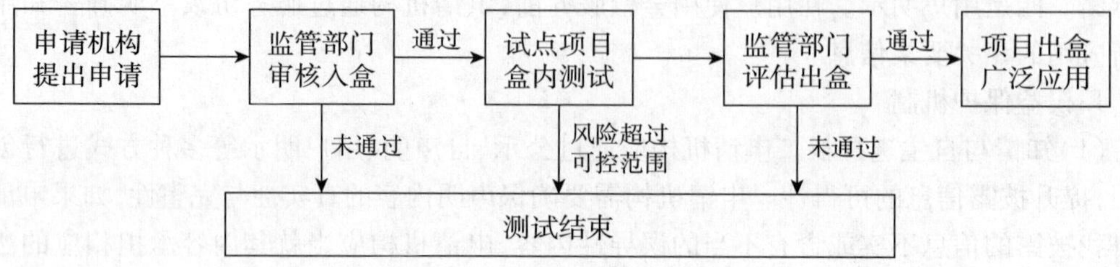

图 10－3　监管沙盒测试流程

思考题

1. 怎样理解金融科技的内涵?
2. 互联网金融与金融科技有何异同?
3. 简述我国金融科技监管的模式与特点。
4. 如何理解监管科技与金融科技的关系?
5. 简述数字人民币的设计特性。
6. 简述数字人民币的运营体系。
7. 谈谈股权众筹信息披露与证券市场信息披露的内在关联。
8. 第三方支付存在哪些法律风险?
9. 简述区块链技术和智能合约的基本原理。
10. 简述互联网保险合同与传统保险合同的区别。
11. 谈谈对互联网保险合同特殊性的理解。
12. 简述监管沙盒的测试流程。

扩展阅读

1. 张永亮:《金融科技监管法律制度构建研究》,法律出版社 2020 年版。

本书以“突破性创新理论”作为金融科技监管的分析框架,对金融科技监管理念和模式、监管科技应用路径、监管沙盒等问题进行了深入分析,并最终提出中国金融科技监管法制框架的建构路径。

2. 徐忠、邹传伟:《金融科技:前沿与趋势》,中信出版集团股份有限公司 2021 年版。

本书从身份、账户、数据、货币、风险等基本概念出发,深入探讨了金融科技的内在逻辑,对金融科技发展趋势、金融科技的基础设施与核心要素、金融科技与普惠金融的关系、区块链、数字货币、监管科技等六方面内容进行了研究。

3. 武长海、涂晟:《互联网金融监管基础理论研究》,中国政法大学出版社 2016 年版。

本书对互联网金融监管的基础理论问题进行了详尽的研究,具体包括互联网金融模式、互联网金融投资者准入制度、互联网金融对传统金融监管理念的变革、互联网金融风险等。

4. 李爱君:《互联网金融法律与实务》,机械工业出版社 2015 年版。

本书对各类互联网金融交易模式所涉及的法律制度与法律问题进行深入剖析,配有相应的实务案例,具有体系完整、案例翔实的特点。

第十一章　涉外金融法律制度

改革开放以来,我国金融对外开放程度日益提高。为了规范对外金融交往,维护本国的国际信誉和金融安全,促进公平竞争,保护金融交易当事人的合法权益,我国先后颁布了一批重要的涉外金融法律法规。尤其是加入世界贸易组织以后,基于《服务贸易总协定》(General Agreement on Trade in Services,GATS)及所作的承诺,我国对相关涉外金融法律法规进行了必要的增补与修改,有力地推动着金融业的对外开放。近些年,我国进入社会主义市场经济体制全面深化改革阶段,推动新一轮高水平对外开放是重要任务之一。在这种背景下,涉外金融法律制度也迎来了进一步的发展与提升。

第一节　“入世”以来中国金融业对外开放的进展

一、《服务贸易总协定》的总体结构与特点

金融服务隶属于服务贸易的范畴。中国“入世”以后,即须接受 WTO 规则的约束,其中与金融业直接相关的是《服务贸易总协定》。

1994 年 4 月签署于摩洛哥马拉喀什的《服务贸易总协定》是世界贸易组织管辖下的“一揽子”协议之一,它是乌拉圭回合多边贸易谈判的结果。《服务贸易总协定》由两大部分构成:第一部分为框架协定,包括序言、正文和 8 个附录(其中有 2 个是关于金融服务的附录);第二部分为成员方承担特定义务的计划表。根据《服务贸易总协定》第 20 条的规定,每一成员方都应制订其承担特定义务的计划表,详细说明市场准入和国民待遇的范围、条件、限制及适用时间等,并附于《服务贸易总协定》之后,作为其整体组成部分之一。此外,乌拉圭回合“一揽子”协议中还有若干文件与《服务贸易总协定》有关。

《服务贸易总协定》对“服务贸易”作了统一界定,其第 1 条第 2 款将服务贸易定义为通过以下四种方式提供的服务:(1)跨境提供(cross - border supply),即从一成员境内向任何其他成员境内提供服务;(2)境外消费(consumption abroad),即在一成员境内向任何其他成员的服务消费者提供服务;(3)商业实体(commercial presence),即一成员的服务提供者通过在任何其他成员境内的商业实体提供服务;(4)自然人形式(presence of natural persons),即一成员的服务提供者以自然人的形式,在任何其他成员境内提供服务。上述四种方式,国际金融服务贸易均可采用。

世界贸易组织根据服务的性质,将服务业划分为:商业服务、通信服务、建筑及有关工程服务、销售服务、教育服务、环境服务、金融服务、健康与社会服务、与旅游有关的服务、文化与体育服务、运输服务以及其他服务。其中,金融服务是指由一成员方的金融服务提供者所

提供的具有金融性质的任何服务,包括所有保险及与保险相关的服务、所有银行和其他金融服务(不包括保险)。《服务贸易总协定》适用的服务范围,包括除“政府当局为实施职能所提供的服务”以外的所有部门的一切服务。而“政府当局为实施职能所提供的服务”,如中央银行业务、社会保险等,必须符合两个条件,一是不具有商业性质,二是不与任何一种或多种服务相竞争。

对于一般义务,各成员方在各服务部门均应统一予以实施,遵循以下原则:

1. 最惠国待遇原则。《服务贸易总协定》第 2 条第 1 款规定:“在本协定项下的任何措施,各成员应立即和无条件地给予任何其他成员的服务和服务提供者以不低于其给予任何其他国家相同的服务和服务提供者的待遇。”最惠国待遇原则的实质,是要求成员方平等地对待其他所有的成员方。与货物贸易中的最惠国待遇不同,服务贸易中的最惠国待遇不仅给予服务本身,而且给予服务提供者。因为,服务与服务提供者往往是密不可分的,服务的质量、效果与服务提供者的经营方式、规模等直接相关。为了求得广泛接受,《服务贸易总协定》在规定最惠国待遇原则的同时,规定了若干例外:(1)根据“关于免除第 2 条义务的附录”,成员方可列出不愿承担最惠国待遇的措施清单;(2)成员方与其毗邻国家或地区为方便边境服务交换而彼此提供的优惠;(3)经济一体化组织内部成员方彼此给予的优惠待遇;(4)政府采购,即政府机构为政治目的而非为商业转销目的的采购服务。

2. 透明度原则。除非在紧急情况下,每一成员方应迅速将所有涉及或影响协定实施的有关措施,最迟在它们生效之前予以公布;如果它是涉及或影响服务贸易的国际协定的签字国,则该项协定也必须予以公布。但其并不要求任何成员方提供那些一旦披露会阻碍法律的实施或有害于公众利益,或损害公营或私营企业的合法商业利益的机密资料。每一成员方如果实施新的法律法规、行政规定,或者修改现行的法律法规、行政规定,将严重影响其在协定项下有关服务贸易的特定义务时,应立即或至少每年一次向服务贸易理事会提出报告。每一成员方应建立一个或多个咨询机构,以满足其他成员方对有关资料的需求。任何成员方认为其他成员方采取的措施影响协定的实施时,可以将该种状况通知服务贸易理事会。

3. 发展中国家成员更多参与原则。在乌拉圭回合服务贸易谈判中,由于发展中国家的努力争取,不仅将“推动发展中国家成员的更多参与”列为《服务贸易总协定》的一大宗旨,而且专设一条进行了具体规定。各成员方应通过承担特定义务的协商,促使发展中国家成员在世界服务贸易中有更多的参与。此外,应对最不发达国家成员给予特别优先考虑。

所谓特定义务,是指成员方在市场准入和国民待遇方面,根据它们的具体承诺(包括部门、条件、限制)所承担的义务。具体包括:

1. 市场准入。每一成员方在市场准入方面给予其他成员方的服务和服务提供者的待遇,应不低于其承担特定义务计划表中所同意和规定的期限、限制和条件。关于市场准入,值得注意的是,除承担特定义务计划表中已确定者外,成员方不得以某一地区分部门为基础或以整个国境为基础,维持或采用下列措施:(1)以数量配额、垄断和专营服务提供者、经济需求测试方式限制服务提供者的数量;(2)以数量配额或经济需求测试等方式限制服务交易或资产的总金额;(3)以配额或经济需求测试方式限制服务交易的总数或以数量单位表示的服务产出总量;(4)以数量配额或经济需求测试方式,对某一服务部门可雇佣的自然人的总数、一个服务提供者可以雇佣的自然人的总数、对提供某一特定服务必须雇佣的人数进行限制;(5)限制或要求服务提供者提供某种服务必须通过特定的法人或合营企业形式;

(6)通过外资持股的最大比例限制,或者单个或累计的外国投资总额,限制外国资本的参与。

2. 国民待遇。每一成员方在其承担特定义务计划表所列的部门,依照表内所述各种条件和限制,给予其他成员方的服务和服务提供者的待遇,就影响服务提供的所有措施而言,应不低于它给予本国相同的服务和服务提供者的待遇。在乌拉圭回合谈判结束时,共有71个成员(当时欧盟的12个成员计为1个)在其承担特定义务计划表中列出了金融服务的内容,但总体开放水平较低。之后,各成员方继续就金融服务进行磋商,以期进一步改善各成员方开放各自金融市场的承诺。1995年7月,各成员达成《临时金融服务协议》,即第二协议;1997年12月,达成《金融服务协议》,即第五协议。

另外,《服务贸易总协定》还规定了"成员方可援引的例外"。《服务贸易总协定》允许成员方在其国际收支或金融状况严重恶化的情况下,就其承诺开放市场的服务贸易采取限制性措施,对与这种服务贸易有关的支付或货币转移作出限制,尤其是对金融状况比较脆弱的发展中国家成员为了实现发展目标而维持其外汇储备的要求,应给予充分的考虑。这被称为"确保国际收支平衡的例外措施"。此外,《服务贸易总协定》还规定了一般例外、安全例外。

二、"入世"以来中国涉外金融法律制度的发展

2001年12月,中国加入世界贸易组织,《服务贸易总协定》在中国正式生效,为了兑现入世承诺,中国颁布或修改了一系列的涉外金融法律制度。

(一)中国银行业涉外法律制度的发展

2001年12月,国务院颁布新的《外资金融机构管理条例》。2002年1月,中国人民银行颁布《外资金融机构管理条例实施细则》,履行"入世"承诺。对于1994年《外资金融机构管理条例》中未包括而我国在WTO谈判中已承诺的内容,按照承诺增加;对于1994年《外资金融机构管理条例》已涉及但与WTO谈判承诺不一致的内容,按照承诺进行修改。2003年12月,原中国银监会颁布《境外金融机构投资入股中资金融机构管理办法》,规定了境外金融机构向已依法设立的中资金融机构投资入股的资格条件和持股比例,以制度化和透明度建设为宗旨,促进和规范境外金融机构对中资金融机构的投资入股行为。2006年11月,国务院颁布《外资银行管理条例》。随即,原中国银监会颁布《外资银行管理条例实施细则》,全面履行扩大开放的承诺,提高中国银行业对外开放水平。自此,取消了对外资银行的一切非审慎性市场准入限制,向在中国注册的外资法人银行全面开放人民币业务,对于在中国注册的外资法人银行,实行与中资银行统一的监管标准。

2014年11月,国务院发布《关于修改〈中华人民共和国外资银行管理条例〉的决定》。这是在全面深化改革的形势下,对外资银行主动实施进一步的开放措施。其重点是根据外资银行在我国设立运营的实际情况,在确保有效监管的前提下,适当放宽外资银行准入和经营人民币业务的条件,为外资银行设立运营提供更加宽松、自主的制度环境。2015年2月,原中国银监会办公厅印发《关于外资银行在银行间债券市场投资和交易企业债券有关事项的通知》,允许外资银行参与银行间债券市场企业债券的投资和交易。2014年7月和11月,国务院接连两次修订《外资银行管理条例》,2015年7月,原中国银监会修订印发《外资银行管理条例实施细则》,在加强有效监管前提下,为外资银行设立营运提供更加宽松便利

的政策环境。2017 年 3 月,原中国银监会办公厅发布《关于外资银行开展部分业务有关事项的通知》。2018 年 2 月,原中国银监会办公厅发布《关于〈中国银监会外资银行行政许可事项实施办法〉修订施行有关事项的通知》。2018 年 4 月,中国银保监会办公厅发布《关于进一步放宽外资银行市场准入有关事项的通知》。以上通知陆续放宽了多项外资银行市场准入事项。2018 年 8 月,中国银保监会发布《关于废止和修改部分规章的决定》。一方面废止《境外金融机构投资入股中资金融机构管理办法》,不对外资入股中资金融机构作单独规定;另一方面取消《中资商业银行行政许可事项实施办法》、《农村中小金融机构行政许可事项实施办法》和《非银行金融机构行政许可事项实施办法》对外资入股中资银行的股比限制。

(二)中国证券业涉外法律制度的发展

2002 年 6 月,中国证监会颁布《外资参股证券公司设立规则》和《外资参股基金管理公司设立规则》,明确了外资参股证券公司和基金公司的设立条件和程序,设定外资最高持股比例分别为 1/3 和 33%,并于当年 7 月 1 日起正式实施。2006 年 9 月,中国证监会在《〈证券公司设立审批〉行政许可项目特别说明》中,明确暂停批准新设证券公司(含外资参股证券公司)及营业性分支机构。2007 年 12 月,中国证监会修改《外资参股证券公司设立规则》,放宽外资参股内资证券公司的准入条件,拓展参股渠道,审批合资证券公司的工作也同时重启。2012 年 12 月,为进一步扩大证券公司对外开放,落实第四次中美战略与经济对话成果,中国证监会发布《修改〈外资参股证券公司设立规则〉和〈证券公司设立子公司试行规定〉的决定》。此次修改将外资在合资证券公司的持股比例上限提高到 49%,合资证券公司申请扩大业务范围的年限从 5 年缩短至 2 年。2018 年 4 月,中国证监会颁布《外商投资证券公司管理办法》,允许外资控股合资证券公司,逐步放开合资证券公司业务范围等,进一步扩大了证券业对外开放。

(三)中国保险业涉外法律制度的发展

2001 年 12 月,国务院颁布《外资保险公司管理条例》,规定外资保险公司的外方股东仅有外国保险公司。与此同时,《外商投资产业指导目录》(2002 年修订)规定合资寿险公司外资比例不超过 50%,非寿险保险公司外资比例不超过 51%。2004 年 5 月,原中国保监会发布《关于外国财产保险分公司改建为独资财产保险公司有关问题的通知》,允许此前已经设立的外国财产保险分公司在符合一定条件的前提下,改建为独资保险公司。2004 年年底,对外资保险公司取消地域限制,外资保险公司可在任何城市申请设立机构,经营保险业务。同时,除有关法定保险业务外,向外资寿险公司放开所有业务。2005 年 12 月,时任中国保监会主席吴定富代表原中国保监会当选国际养老金监督官协会(IOPS)的执行委员。

(四)中国涉外金融法律制度的发展与提升

2019 年 3 月《外商投资法》的出台,是中国新一轮高水平对外开放战略推进中的标志性事件。《外商投资法》坚持"一视同仁、平等对待"的原则,对外资企业的知识产权和技术保护、准入前国民待遇加负面清单管理制度、外国投资者在中国境内的投资、收益和其他合法权益等问题都作出了明确规定,成为中国历史上第一个全面系统的外资立法。2019 年 11 月,国务院颁布《关于进一步做好利用外资工作的意见》,持续深化"放管服"改革,打造公开、透明、可预期的外商投资环境,激发市场活力、提振投资信心,保障外商投资企业国民待遇。2020 年 1 月 1 日,《外商投资法实施条例》、《优化营商环境条例》、最高人民法院《关于适用〈中华人民共和国外商投资法〉若干问题的解释》与《外商投资法》同步实施,各地接连出台外商投资相关配套规则,以《外商投资法》为核心的中国外商投资法治体系初步形成。中国外商投资法治体系确立了以制度为保障、以规则为基础的投资环境,将推动我国在全面开放新格局中实现更高水平、更高质量的发展。

与此同时,为了完成围绕《外商投资法》建设中国涉外投资法的新制度框架体系之目标,国务院以及金融业各监管部门修改或出台了一系列涉外金融领域的配套法规政策。2019 年 9 月,国务院发布第三次修订的《外资银行管理条例》,2019 年 12 月,中国银保监会发布新修订的《外资银行管理条例实施细则》。此次修订进一步放宽了外资银行准入门槛,继续落实银行业对外开放政策,激发外资参与中国银行业发展的活力,促进提升银行业竞争力与服务实体经济的质效。2019 年 7 月,国务院金融委办公室发布《关于进一步扩大金融业对外开放的有关举措》,将原定于 2021 年取消证券公司、基金管理公司和期货公司外资股比限制的时点提前到 2020 年。紧接着证监会决定,自 2020 年 1 月 1 日起,取消期货公司外资股比限制,自 2020 年 4 月 1 日起,取消证券公司、基金管理公司外资股比限制,坚定落实我国对外开放的总体部署,积极推进资本市场对外开放进程。2019 年 10 月,国务院颁布第三次修订的《外资保险公司管理条例》,放宽了外资保险公司准入限制,允许外国保险集团公司和境外金融机构成为外资保险公司股东,外资保险公司的投资主体更加多元化。2019 年 12 月,中国银保监会办公厅印发《关于明确取消合资寿险公司外资股比限制时点的通知》,规定自 2020 年 1 月 1 日起,取消合资寿险公司的外资比例限制,支持更多符合条件的境外机构参与保险业对外开放进程。2021 年 3 月,中国银保监会颁布第四次修改的《外资保险公司管理条例实施细则》,参照外国保险公司的准入标准设定外国保险集团公司的准入条件,同时就外商投资安全审查作出原则性规定。

自 2020 年 7 月 23 日起施行的《外商投资准入特别管理措施(负面清单)》中,金融业准入的负面清单已经正式清零,更多的外资和外资机构正在有序地进入我国金融市场,呈现百花齐放的新格局。无疑,在新一轮的高水平对外开放的战略下,中国涉外金融法律制度已经并将继续进一步的发展与提升。

第二节　涉外金融机构监管法律制度

改革开放以来,我国的金融业对外开放程度不断提高,尤其是加入 WTO 之后,逐步确立了普适性金融开放制度。一批外资金融机构进入我国拓展市场,国内各大金融机构也相继在海外设立分支机构,推行国际化经营战略。中国作为它们的东道国或者母国,在扩大金融开放的同时,如何科学有效地对它们实施监管,完善金融风险防控体系,从而维护国家金融稳定和安全,是金融法治建设的一个重大课题。

一、营业性外资金融机构的监管

根据我国的"入世"承诺,我国金融领域的对外开放,全方位涉及银行业、证券业和保险业。因此,营业性外资金融机构的种类在我国将进一步多元化。下面以国务院《外资银行管理条例》、原中国银监会《外资银行管理条例实施细则》、中国证监会《外商投资证券公司管理办法》、中国证监会《公开募集证券投资基金管理人监督管理办法》、国务院《外资保险公司管理条例》和原中国保监会《外资保险公司管理条例实施细则》等为基础,概括介绍我国对营业性外资金融机构的法律监管。

(一)外资银行营业性机构的监管

1. 外资银行的范围界定

根据《外资银行管理条例》第 2 条的规定,外资银行是指依照中华人民共和国有关法律、法规,经批准在中华人民共和国境内设立的下列机构:(1)1 家外国银行单独出资或者 1 家外国银行与其他外国金融机构共同出资设立的外商独资银行;(2)外国金融机构与中国的公司、企业共同出资设立的中外合资银行;(3)外国银行分行;(4)外国银行代表处。其中第(1)~(3)项所列机构,统称外资银行营业性机构。

2. 设立条件

设立外资银行及其分支机构,应当经银行业监督管理机构审查批准。《外资银行管理条例》第 8 条规定了设立外资银行的条件,包括:(1)外商独资银行、中外合资银行的注册资本最低限额为 10 亿元人民币或者等值的自由兑换货币,注册资本应当是实缴资本;(2)外商独资银行、中外合资银行在中华人民共和国境内设立的分行,应当由其总行无偿拨给人民币或者自由兑换货币的营运资金,外商独资银行、中外合资银行拨给各分支机构营运资金的总和,不得超过总行资本金总额的 60%;(3)外国银行分行应当由其总行无偿拨给不少于 2 亿元人民币或者等值的自由兑换货币的营运资金。另外,国务院银行业监督管理机构根据外资银行营业性机构的业务范围和审慎监管的需要,可以提高注册资本或者营运资金的最低限额,并规定其中的人民币份额。

同时,《外资银行管理条例》第 9 条对拟设外商独资银行、中外合资银行的股东或者拟设分行、代表处的外国银行也提出了以下要求:(1)具有持续盈利能力,信誉良好,无重大违法违规记录;(2)拟设外商独资银行的股东、中外合资银行的外方股东或者拟设分行、代表处的外国银行具有从事国际金融活动的经验;(3)具有有效的反洗钱制度;(4)拟设外商独资银行的股东、中外合资银行的外方股东或者拟设分行、代表处的外国银行受到所在国家或者地区金融监管当局的有效监管,并且其申请经所在国家或者地区金融监管当局同意;(5)国务院银行业监督管理机构规定的其他审慎性条件。而且,拟设外商独资银行的股东、中外合资银行的外方股东或者拟设分行、代表处的外国银行所在国家或者地区应当具有完善的金融监督管理制度,并且其金融监管当局已经与国务院银行业监督管理机构建立良好的监督管理合作机制。

《外资银行管理条例》第 10~12 条规定,拟设外商独资银行的股东应当为金融机构,除应当具备《外资银行管理条例》第 9 条规定的条件外,其中唯一或者控股股东还应当具备下列条件:(1)为商业银行;(2)资本充足率符合所在国家或者地区金融监管当局以及国务院银行业监督管理机构的规定。拟设中外合资银行的股东除应当具备《外资银行管理条例》第 9 条规定的条件外,其中外方股东应当为金融机构,且外方唯一或者主要股东还应当具备下列条件:(1)为商业银行;(2)资本充足率符合所在国家或者地区金融监管当局以及国务院银行业监督管理机构的规定。拟设分行的外国银行除应当具备《外资银行管理条例》第 9 条规定的条件外,其资本充足率还应当符合所在国家或者地区金融监管当局以及国务院银行业监督管理机构的规定。

有下列情形之一的,不得作为拟设外商独资银行、中外合资银行的股东:(1)公司治理结构与机制存在明显缺陷;(2)股权关系复杂或者透明度低;(3)关联企业众多,关联交易频繁或者异常;(4)核心业务不突出或者经营范围涉及行业过多;(5)现金流量波动,受经济环境影响较大;(6)资产负债率、财务杠杆率高于行业平均水平;(7)以不符合法律、行政法规及监管规定的资金入股;(8)代他人持有外商独资银行、中外合资银行股权;(9)其他对拟设银行产生重大不利影响的情形。

此外,外国银行在中华人民共和国境内设立营业性机构的,除已设立的代表处外,不得增设代表处,但符合国家区域经济发展战略及相关政策的地区除外。代表处经批准改制为营业性机构的,应当依法办理原代表处的注销登记手续。

3. 业务范围

外商独资银行、中外合资银行按照国务院银行业监督管理机构批准的业务范围,可以经营下列部分或者全部外汇业务和人民币业务:(1)吸收公众存款;(2)发放短期、中期和长期贷款;(3)办理票据承兑与贴现;(4)代理发行、代理兑付、承销政府债券;(5)买卖政府债券、金融债券,买卖股票以外的其他外币有价证券;(6)提供信用证服务及担保;(7)办理国内外结算;(8)买卖、代理买卖外汇;(9)代理收付款项及代理保险业务;(10)从事同业拆借;(11)从事银行卡业务;(12)提供保管箱服务;(13)提供资信调查和咨询服务;(14)经国务院银行业监督管理机构批准的其他业务。外商独资银行、中外合资银行经中国人民银行批准,也可以经营结汇、售汇业务。另外,外商独资银行、中外合资银行的分支机构在总行授权范围内开展业务,其民事责任由总行承担。

外国银行分行按照国务院银行业监督管理机构批准的业务范围,可以经营下列部分或者全部外汇业务以及对除中国境内公民以外客户的人民币业务:(1)吸收公众存款;(2)发放短期、中期和长期贷款;(3)办理票据承兑与贴现;(4)代理发行、代理兑付、承销政府债券;(5)买卖政府债券、金融债券,买卖股票以外的其他外币有价证券;(6)提供信用证服务及担保;(7)办理国内外结算;(8)买卖、代理买卖外汇;(9)代理收付款项及代理保险业务;(10)从事同业拆借;(11)提供保管箱服务;(12)提供资信调查和咨询服务;(13)经国务院银行业监督管理机构批准的其他业务。外国银行分行可以吸收中国境内公民每笔不少于50万元人民币的定期存款,经中国人民银行批准,也可以经营结汇、售汇业务。此外,外国银行分行及其分支机构的民事责任由其总行承担。

外资银行营业性机构经营《外资银行管理条例》规定业务范围内的人民币业务的,应当符合国务院银行业监督管理机构规定的审慎性要求。

4. 外资银行相关事项的变更登记

外资银行有下列情形之一的,应当经国务院银行业监督管理机构批准,并按照规定提交申请资料,依法向市场监督管理部门办理有关登记:(1)变更注册资本或者营运资金;(2)变更机构名称、营业场所或者办公场所;(3)调整业务范围;(4)变更股东或者调整股东持股比例;(5)修改章程;(6)国务院银行业监督管理机构规定的其他情形。此外,外资银行更换董事、高级管理人员、首席代表,应当报经国务院银行业监督管理机构核准其任职资格。

5. 监管要求

外资银行营业性机构应当按照有关规定,制定本行的业务规则,建立、健全风险管理和内部控制制度，并遵照执行；应当遵守国家统一的会计制度和国务院银行业监督管理机构有关信息披露的规定；举借外债应当按照国家有关规定执行；应当按照有关规定确定存款、贷款利率及各种手续费率；经营存款业务，应当按照中国人民银行的规定交存存款准备金；应当按照规定计提呆账准备金。

6. 终止与清算

外资银行营业性机构自行终止业务活动的，应当在终止业务活动30日前以书面形式向国务院银行业监督管理机构提出申请，经审查批准予以解散或者关闭并进行清算。外资银行营业性机构已经或者可能发生信用危机，严重影响存款人和其他客户合法权益的，国务院银行业监督管理机构可以依法对该外资银行营业性机构实行接管或者促成机构重组。外资银行营业性机构因解散、关闭、依法被撤销或者宣告破产而终止的，其清算的具体事宜，依照中华人民共和国有关法律、法规的规定办理。外资银行营业性机构清算终结，应当在法定期限内向原登记机关办理注销登记。

（二）外商投资证券公司的监管

1. 外商投资证券公司的范围界定

根据《外商投资证券公司管理办法》第2条的规定，外商投资证券公司是指：(1)境外股东与境内股东依法共同出资设立的证券公司；(2)境外投资者依法受让、认购内资证券公司股权，内资证券公司依法变更的证券公司；(3)内资证券公司股东的实际控制人变更为境外投资者，内资证券公司依法变更的证券公司。

2. 设立条件

设立外商投资证券公司除应当符合《公司法》、《证券法》、《证券公司监督管理条例》和经国务院批准的中国证监会规定的证券公司设立条件外，还应当符合下列条件：(1)境外股东具备《外商投资证券公司管理办法》规定的资格条件，其出资比例、出资方式符合《外商投资证券公司管理办法》的规定；(2)初始业务范围与控股股东或者第一大股东的经营证券业务经验相匹配；(3)中国证监会规定的其他审慎性条件。

外商投资证券公司的境外股东应当具备下列条件：(1)所在国家或者地区具有完善的证券法律和监管制度，相关金融监管机构已与中国证监会或者中国证监会认可的机构签定证券监管合作谅解备忘录，并保持着有效的监管合作关系；(2)为在所在国家或者地区合法成立的金融机构，近3年各项财务指标符合所在国家或者地区法律的规定和监管机构的要求；(3)持续经营证券业务5年以上，近3年未受到所在国家或者地区监管机构或者行政、司法机关的重大处罚，无因涉嫌重大违法违规正受到有关机关调查的情形；(4)具有完善的内部控制制度；(5)具有良好的国际声誉和经营业绩，近3年业务规模、收入、利润居于国际前列，近3年长期信用均保持在高水平；(6)中国证监会规定的其他审慎性条件。

外商投资证券公司合并或者外商投资证券公司与内资证券公司合并后新设或者存续的证券公司，应当具备《外商投资证券公司管理办法》规定的外商投资证券公司的设立条件；其境外股东持股比例应当符合《外商投资证券公司管理办法》的规定。外商投资证券公司分立后设立的证券公司，股东中有境外股东的，其境外股东持股比例应当符合《外商投资证券公司管理办法》的规定。

境外投资者可以依法通过证券交易所的证券交易持有上市内资证券公司股份，或者与上市内资证券公司建立战略合作关系并经中国证监会批准持有上市内资证券公司股份。

3. 业务范围

外商投资证券公司的初始业务范围需与控股股东或第一大股东的经营证券业务经验相匹配。

(三)外商投资基金管理公司的监管

中国证监会于2022年5月20日发布了《公开募集证券投资基金管理人监督管理办法》(以下简称《管理办法》)及其《关于实施〈公开募集证券投资基金管理人监督管理办法〉有关问题的规定》(以下简称配套规则),并于2022年6月20日生效。根据《管理办法》以及配套规则,外商投资基金管理公司是指境外股东独资设立的基金管理公司、境外股东与境内股东共同出资设立的基金管理公司以及境外股东受让或者认购境内基金管理公司股权的基金管理公司。外商投资基金管理公司应当按照有关规定开设外汇资本金账户,其注册资本不低于1亿元人民币,且股东必须以来源合法的自有货币资金实缴,境外股东应当以可自由兑换货币出资。

除相关法律文件规定的一般性条件外,外商投资基金管理公司的境外股东还应当符合下列条件:(1)依所在国家或者地区法律设立、合法存续的具有金融资产管理经验的金融机构或者管理金融机构的机构,具有完善的内部控制机制,最近3年主要监管指标符合所在国家或者地区法律的规定和监管机构的要求;(2)所在国家或者地区具有完善的证券法律和监管制度,其证券监管机构已与中国证监会或者中国证监会认可的其他机构签订证券监管合作谅解备忘录,并保持有效的监管合作关系;(3)具备良好的国际声誉和经营业绩,最近3年金融资产管理业务规模、收入、利润、市场占有率等指标居于国际前列,最近3年长期信用均保持在高水平;(4)累计持股比例或者拥有权益的比例(包括直接持有和间接持有)符合国家关于证券业对外开放的安排;(5)法律、行政法规及经国务院批准的中国证监会规定的其他条件。中国香港特别行政区、澳门特别行政区和台湾地区的机构比照适用前款规定。基金管理公司股东的实际控制人为境外机构或者自然人的,适用本条规定。

外商投资基金管理公司境外股东的主管当局对境外投资有备案要求的,该境外股东在依法取得中国证监会的批准文件后,如向其主管当局提交有关备案材料,应当同时将副本报送中国证监会。

(四)外资保险公司的监管

1. 外资保险公司的范围界定

根据《外资保险公司管理条例》第2条的规定,外资保险公司是指依照中华人民共和国有关法律、行政法规的规定,经批准在中国境内设立和营业的下列保险公司:(1)合资保险公司,指外国保险公司同中国的公司、企业在中国境内合资经营的保险公司;(2)独资保险公司,指外国保险公司在中国境内投资经营的外国资本保险公司;(3)外国保险公司分公司,指外国保险公司在中国境内的分公司。

2. 设立条件

设立外资保险公司,应当经国务院保险监督管理机构批准。设立外资保险公司的地区,由国务院保险监督管理机构按照有关规定确定。设立经营人身保险业务的外资保险公司和经营财产保险业务的外资保险公司,其设立形式、外资比例由国务院保险监督管理机构按照有关规定确定。合资保险公司、独资保险公司的注册资本最低限额为2亿元人民币或者等值的自由兑换货币;其注册资本最低限额必须为实缴货币资本。外国保险公司分公司应当由其总公司无偿拨给不少于2亿元人民币或者等值的自由兑换货币的营运资金。国务院保险监督管理机构根据外资保险公司业务范围、经营规模，可以提高前两款规定的外资保险公司注册资本或者营运资金的最低限额。

申请设立外资保险公司的外国保险公司，应当具备下列条件：(1)提出设立申请前1年年末总资产不少于50亿美元；(2)所在国家或者地区有完善的保险监管制度，并且该外国保险公司已经受到所在国家或者地区有关主管当局的有效监管；(3)符合所在国家或者地区偿付能力标准；(4)所在国家或者地区有关主管当局同意其申请；(5)国务院保险监督管理机构规定的其他审慎性条件。

外资保险公司的注册资本或者营运资金应当为实缴货币。外国保险公司分公司成立后，外国保险公司不得以任何形式抽回营运资金。

此外，外资保险公司可以根据业务发展需要申请设立分支机构。外国保险公司分公司只能在其所在省、自治区或者直辖市的行政辖区内开展业务，中国银保监会另有规定的除外。合资保险公司、独资保险公司在其住所地以外的各省、自治区、直辖市开展业务的，应当设立分支机构。分支机构的设立和管理适用中国银保监会的有关规定。

3. 业务范围

外资保险公司按照国务院保险监督管理机构核定的业务范围，可以全部或者部分依法经营下列种类的保险业务：(1)财产保险业务，包括财产损失保险、责任保险、信用保险等保险业务；(2)人身保险业务，包括人寿保险、健康保险、意外伤害保险等保险业务。外资保险公司可以依法经营《外资保险公司管理条例》规定的保险业务的下列再保险业务：(1)分出保险；(2)分入保险。

外资保险公司经国务院保险监督管理机构按照有关规定核定，可以在核定的范围内经营大型商业风险保险业务、统括保单保险业务。同一外资保险公司不得同时兼营财产保险业务和人身保险业务。外资保险公司的具体业务范围、业务地域范围和服务对象范围，由国务院保险监督管理机构按照有关规定核定。外资保险公司只能在核定的范围内从事保险业务活动。

4. 监管要求

国务院保险监督管理机构有权检查外资保险公司的业务状况、财务状况及资金运用状况，有权要求外资保险公司在规定的期限内提供有关文件、资料和书面报告，有权对违法违规行为依法进行处罚、处理。外资保险公司应当接受国务院保险监督管理机构依法进行的监督检查，如实提供有关文件、资料和书面报告，不得拒绝、阻碍、隐瞒。除经国务院保险监督管理机构批准外，外资保险公司不得与其关联企业进行资产买卖或者其他交易。这里的关联企业是指与外资保险公司有下列关系之一的企业：(1)在股份、出资方面存在控制关系；(2)在股份、出资方面同为第三人所控制；(3)在利益上具有其他相关联的关系。

外国保险公司分公司的总公司有下列情形之一的，该分公司应当自该情形发生之日起10日内，将有关情况向国务院保险监督管理机构提交书面报告：(1)变更名称、主要负责人或者注册地；(2)变更资本金；(3)变更持有资本总额或者股份总额10%以上的股东；(4)调整业务范围；(5)受到所在国家或者地区有关主管当局处罚；(6)发生重大亏损；(7)分立、合并、解散、依法被撤销或者被宣告破产；(8)国务院保险监督管理机构规定的其他情形。

外国保险公司分公司的总公司解散、依法被撤销或者被宣告破产的，国务院保险监督管理机构应当停止该分公司开展新业务。

外资保险公司经营外汇保险业务的,应当遵守国家有关外汇管理的规定。除经国家外汇管理机关批准外,外资保险公司在中国境内经营保险业务的,应当以人民币计价结算。

5. 终止与清算

外资保险公司因分立、合并或者公司章程规定的解散事由出现,经国务院保险监督管理机构批准后解散。外资保险公司解散的,应当依法成立清算组,进行清算。经营人寿保险业务的外资保险公司,除分立、合并外,不得解散。外资保险公司违反法律、行政法规,被国务院保险监督管理机构吊销经营保险业务许可证的,依法撤销,由国务院保险监督管理机构依法及时组织成立清算组进行清算。外资保险公司因解散、依法被撤销而清算的,应当自清算组成立之日起60日内在报纸上至少公告3次。公告内容应当经国务院保险监督管理机构核准。

外资保险公司不能支付到期债务,经国务院保险监督管理机构同意,由人民法院依法宣告破产。外资保险公司被宣告破产的,由人民法院组织国务院保险监督管理机构等有关部门和有关人员成立清算组,进行清算。外资保险公司解散、依法被撤销或者被宣告破产的,未清偿债务前,不得将其财产转移至中国境外。

| 案例 |

江泰再保险经纪公司(以下简称江泰再保经纪)由总部位于北京的江泰保险经纪股份有限公司和美国 Arthur J. Gallagher & Co. 以及北京江泰天地投资管理中心三方共同投资成立,注册地在中国(上海)自由贸易试验区,注册资本金为5000万元人民币。三方股东投资协议于2014年12月8日在北京签署。随着中国金融保险法律、法规和制度的改革,作为第一家享受先照后证的保险经纪公司,江泰再保经纪于2015年7月2日取得上海市工商行政管理局颁发的营业执照,并于12月16日取得上海保监局颁发的“经营保险经纪业务许可证”。江泰再保经纪的成立,标志着“入世”以来我国保险业对外开放水平再上新台阶。

思考:(1)江泰再保经纪的法律性质是什么?其设立对我国保险业对外开放的“入世”承诺有何意义?(2)中国(上海)自由贸易试验区对于江泰再保经纪设立在市场准入监管方面有何创新?其意义何在?(3)江泰再保经纪的设立对我国再保险经纪行业发展有何影响?

二、外国金融机构驻华代表机构的监管

(一)外国银行驻华代表处的监管

目前,对外国银行驻华代表处(以下简称外国银行代表处)的监管主要体现在《外资银行管理条例》、《外资银行管理条例实施细则》和《外资银行行政许可事项实施办法》方面。其中,《外资银行行政许可事项实施办法》是规范外国银行代表处的主要法律文件。

1. 设立条件

设立外国银行代表处,申请人应当具备下列条件:(1)具有持续盈利能力,信誉良好,无重大违法违规记录;(2)具有从事国际金融活动的经验;(3)具有有效的反洗钱制度;(4)受到所在国家或者地区金融监管机构的有效监管,并且其申请经所在国家或者地区金融监管机构同意;(5)《外资银行行政许可事项实施办法》第5条规定的审慎性条件。拟设代表处的外国银行所在国家或者地区应当经济状况良好,具有完善的金融监督管理制度,并且其金融监管机构已经与中国银保监会建立良好的监督管理合作机制。

2. 设立申请时提交的材料

申请设立外国银行代表处，申请人应当向拟设机构所在地银保监局提交下列申请资料，同时抄送拟设机构所在地银保监分局：(1)申请人董事长或者行长（首席执行官、总经理）签署的申请书，内容包括拟设代表处的名称、所在地、拟任首席代表姓名等；(2)代表处设立申请表；(3)可行性研究报告，内容包括申请人的基本情况、拟设代表处的目的和计划等；(4)申请人章程；(5)申请人及其所在集团的组织结构图，主要股东及其控股股东、实际控制人、最终受益人名单及其无故意或者重大过失犯罪记录的声明，海外分支机构和关联企业名单；(6)申请人最近 3 年年报；(7)申请人反洗钱制度；(8)申请人所在国家或者地区金融监管机构核发的营业执照或者经营金融业务许可文件的复印件及对其申请的意见书；(9)拟任首席代表任职资格核准所需的相关资料；(10)初次设立代表处的，申请人应当报送由在中国境内注册的银行业金融机构出具的与该外国银行已经建立代理行关系的证明，以及申请人所在国家或者地区金融体系情况和有关金融监管法规的摘要；(11)中国银保监会要求的其他资料。

拟设机构所在地银保监局应当自受理之日起 6 个月内作出批准或者不批准设立的决定，并书面通知申请人，同时抄报中国银保监会。决定不批准的，应当说明理由。

3. 外国银行代表处的监督管理

外国银行代表处及其工作人员，不得从事任何形式的经营性活动。外国银行代表处可以从事与其代表的外国银行业务相关的联络、市场调查、咨询等非经营性活动。外国银行代表处的行为所产生的民事责任，由其所代表的外国银行承担。外国银行代表处自行终止活动的，应当经国务院银行业监督管理机构批准予以关闭，并在法定期限内向原登记机关办理注销登记。

（二）外国证券类机构和境外证券期货交易所驻华代表处的监管

《外国证券类机构驻华代表机构管理办法》《【行政许可事项服务指南】外国证券类机构设立驻华代表机构核准》《境外证券期货交易所驻华代表机构管理办法》对外国证券类机构和境外证券期货交易所驻华代表处的监管作出了详细规定。

1. 外国证券类机构驻华代表处的监管

申请设立代表处，应当具备下列条件：(1)申请者所在国家或地区有完善的金融监督管理法律、法规；(2)申请者是由其所在国或地区金融监管当局批准设立的从事证券类业务的金融机构；(3)申请者合法经营、享有良好信誉并在过去 3 年内连续盈利。

申请设立代表处，申请者应当提交下列文件：(1)由董事长或总经理签署的致证监会主席的申请书；(2)所在国或地区有关主管当局核发的营业执照（复印件）或合法开业证明；(3)公司章程；(4)董事会成员或主要合伙人名单；(5)最近 3 年的年报；(6)由所在国或地区监管当局出具的同意其在中国境内设立代表处的批准书或其他有关文件；(7)中国证监会要求提交的其他文件。

担任代表处的总代表、首席代表应熟悉中国金融管理的法律、法规，品行良好，无不良记录。总代表应具有从事金融工作 10 年以上，并在最近 5 年内有 2 年以上从事中国业务的经历；担任代表处的首席代表应具有 5 年以上金融工作或相关工作经历；聘请中国公民担任代表处的首席代表、总代表应符合中华人民共和国的有关法律、法规和规章。担任代表处的总代表或首席代表须报证监会审批。

代表处及其工作人员，不得与任何法人或自然人签定可能给代表处或所代表的机构带来收入的协议或契约，也不得从事其他经营性活动。首席代表不得由其总管理机构或地区总部有关部门负责人兼任,也不得在中国境内任何机构兼职;首席代表应当常驻代表处主持日常工作,离境时间超过 1 个月,应当指定专人代行其职,并报所在地证监会派出机构备案。代表处应当于每年 2 月底前向所在地证监会派出机构报送上一年度的工作报告,由所在地证监会派出机构转报证监会;工作报告应当按证监会规定的格式用中文填写。

撤销代表处,应向市场监督管理部门申请注销登记,并到有关部门办理相关手续。代表处升格为总代表处的,原代表处自行撤销,并向市场监督管理部门申请注销登记。代表处撤销后,凡设总代表处的,由其总代表处负责未了事宜;未设总代表处的,一切未了事宜由其外国证券类机构承担责任。

2. 境外证券期货交易所驻华代表处的监管

2019 年 7 月 25 日,中国证监会修订了《境外证券交易所驻华代表机构管理办法》,并在此基础上发布《境外证券期货交易所驻华代表机构管理办法》,将境外期货交易所代表处也纳入监管,代表处设立从审批改为事后备案,强化事中事后监管。

根据《境外证券期货交易所驻华代表机构管理办法》第 2 条的规定,境外交易所包括境外证券交易所、期货交易所、证券期货自动报价或者电子交易系统或者市场,以及中国证监会认定的其他境外交易所。境外交易所代表处,是指境外交易所在中国境内依法设立并专门从事联络、调研等非营利性活动的常驻代表机构,以及中国证监会认定的其他代表机构。

境外交易所应当在代表处完成登记注册后 5 个工作日内向其所在地中国证监会派出机构提交下列备案材料,并对材料真实、准确与完整负责:(1)境外交易所出具的致中国证监会的备案申请书;(2)所在国家或者地区有关主管当局核发的、经中国驻该国使(领)馆认证的营业执照或者合法开业证明等复印件,中国缔结或者参加的国际条约另有规定的除外;(3)境外交易所章程、管理架构、股权结构图、业务范围、主要业务规则、管理制度、内控机制等说明以及董事会(理事会)成员、管理层人员名单及简介;(4)境外交易所提交备案材料之日起过往 3 年的年报;(5)境外交易所出具的首席代表授权书;(6)就拟任首席代表最近 3 年是否存在重大违法违规行为受到处罚情形的声明;(7)拟任首席代表的身份证明、简历、联系方式及家庭住址等信息;(8)由拟任首席代表签署的致中国证监会的承诺书;(9)代表处登记证复印件;(10)代表处基本信息,包括但不限于名称、住所地、办公场所的电话和传真、业务范围、管理制度、内部机构设置及工作人员信息;(11)中国证监会要求提交的其他文件。以上材料除第(4)项外,凡用外文书写的文件,均需附中文译本。

备案材料齐备的,境外交易所代表处所在地中国证监会派出机构应当将备案材料及时报送中国证监会,中国证监会应当在 5 个工作日内对备案代表处的名称、变更、撤销及相关材料等信息予以公示;备案材料不齐备的,代表处所在地中国证监会派出机构应当要求境外交易所补充齐备。

境外交易所代表处及其工作人员不得与法人或者自然人签订可能给代表处或者其境外交易所带来收入的协议或者合同,不得从事或者变相从事任何营利性活动,不得向境内单位或者个人提供交易直接接入服务,不得通过境外交易所会员等机构以任何形式向境内单位或者个人提供交易服务以及其他法律、法规规定的禁止性活动。

境外交易所代表处及其工作人员只可面向机构或者企业进行市场介绍。市场介绍指境外交易所代表处及其工作人员对机构或者企业举办的培训、会议、座谈等非营利性活动。境外交易所代表处举办面向机构或者企业的市场介绍,应当在活动结束后 5 个工作日内将有关情况报送代表处所在地中国证监会派出机构。境外交易所代表处及其工作人员进行市场介绍时,不得涉及具体产品;不得介绍开户、交易方式、交易费用等具有交易导向的内容;不得提出或者接受买卖任何证券、期货合约和其他金融产品的要约。

中国证监会根据审慎监管的原则,依法对境外交易所代表处进行监管。中国证监会派出机构在中国证监会授权范围内对本辖区的境外交易所代表处进行监管。境外交易所代表处自愿加入证券、期货行业组织,接受自律管理。

(三)外国保险机构驻华代表处的监管

目前,规范外国保险机构驻华代表处的法律文件主要是《外国保险机构驻华代表机构管理办法》、《中国保监会行政许可事项实施规程》和原中国保监会《关于适用〈外国保险机构驻华代表机构管理办法〉若干问题的解释》。

1. 设立条件和设立申请时提交的材料

申请设立代表处的外国保险机构应当具备下列条件:(1)经营状况良好;(2)外国保险机构经营有保险业务的,应当经营保险业务 20 年以上,没有经营保险业务的,应当成立 20 年以上;(3)申请之日前 3 年内无重大违法违规记录;(4)中国(银)保监会规定的其他审慎性条件。[1]

申请设立代表处的外国保险机构应当提交下列材料:(1)正式申请表;(2)由董事长或者总经理签署的致中国(银)保监会主席的申请书;(3)所在国家或者地区有关主管当局核发的营业执照或者合法开业证明或者注册登记证明的复印件;(4)机构章程,董事会成员名单、管理层人员名单或者主要合伙人名单;(5)申请之日前 3 年的年报;(6)所在国家或者地区有关主管当局出具的对申请者在中国境内设立代表处的意见书,或者由所在行业协会出具的推荐信,意见书或者推荐信应当陈述申请者在出具意见书或者推荐信之日前 3 年受处罚的记录;(7)代表机构设立的可行性和必要性研究报告;(8)由董事长或者总经理签署的首席代表授权书;(9)申请者就拟任首席代表在申请日前 3 年没有因重大违法违规行为受到所在国家或者地区处罚的声明;(10)拟任首席代表的简历;(11)中国(银)保监会规定提交的其他资料。

2. 外国保险机构驻华代表处的监督管理

代表机构工作人员应当遵守中国的法律法规,品行良好,无重大违法违规记录。总代表和首席代表应当具备履行职责所需的学历、从业经历和工作能力。总代表应当具备 8 年以上工作经历、大学专科以上学历;首席代表应当具备 5 年以上工作经历、大学专科以上学历。总代表和首席代表不具备大学专科以上学历的,应当具备 10 年以上保险从业经历。

代表机构及其工作人员不得以任何方式从事或者参与经营性活动。代表机构应当有独立、固定的办公场所和专职的工作人员。每个代表机构的外籍工作人员最多不得超过 3 人。总代表或首席代表不得在 2 个以上代表机构中任职;也不得在中国境内任何经营性机构中任职。总代表或首席代表应当常驻代表机构主持日常工作,并且常驻时间每年累计不得少

---

[1] 根据原中国保监会《关于适用〈外国保险机构驻华代表机构管理办法〉若干问题的解释》第 2 条的规定,“其他审慎性条件”包括但不限于:(1)提出申请的前一年年末总资产应超过 20 亿美元;(2)设立代表机构必要性充分,并具备可行性;(3)拟任首席代表对保险知识及代表机构运行的相关法规掌握情况良好;(4)所在国政治经济形势稳定、相关金融监管制度完备有效;(5)申请者自身及其关联公司治理结构完善、内控制度有效、经营合规、发展稳健。其中第(1)项、第(5)项规定的条件不适用于外国非营利性保险机构。

于240日。总代表或者首席代表离开代表机构的时间每次不得连续超过30日;离开代表机构连续超过14日的,应当指定专人代行其职,并向当地中国(银)保监会派出机构书面报告。此外,代表机构更换总代表或者首席代表的,应当向中国(银)保监会申请,并提交下列材料:(1)由其代表的外国保险机构董事长或者总经理签署的致中国(银)保监会主席的申请书;(2)由其代表的外国保险机构董事长或者总经理签署的拟任总代表或者首席代表的授权书;(3)拟任总代表或者首席代表的身份证明、学历证明和简历;(4)中国(银)保监会规定的其他材料。

外国保险机构的代表处撤销后,总代表处是其唯一驻华代表机构的,总代表处应当按照《外国保险机构驻华代表机构管理办法》第23条的规定,向中国(银)保监会申请将总代表处名称变更为代表处。总代表处经批准变更为代表处的,代表处应当自中国(银)保监会批准变更之日起1个月内依法办理工商变更登记。代表处撤销后,其代表的外国保险机构设有总代表处的,由总代表处负责未了事宜;没有设立总代表处的,由其代表的外国保险机构的其他代表处负责未了事宜;其代表的外国保险机构的所有代表机构均已撤销的,由其代表的外国保险机构负责未了事宜。

三、境外金融机构的监管

境外金融机构,是指境内金融机构和非金融机构、境外中资金融机构和非金融机构在境外设立或收购的从事存款、贷款、票据贴现、结算、信托投资、金融租赁、担保、保险、证券经营等金融业务的机构。境外金融机构可以是中资独资或中外合资的东道国法人,也可以是境内金融机构在境外设立的不具有法人资格的分公司(分行)和代表机构。改革开放以前,我国仅有中国银行和中国人民保险公司在海外设有分支机构。随着改革开放政策的推进和经济、金融事业的发展,为适应金融国际化的大趋势,满足日益增多的国际经贸往来的需求,我国有计划、有步骤地批准了一些金融机构到境外设立分支机构。目前,涉及境外金融机构监管的主要文件有全国人大常委会颁布的《银行业监督管理法》、中国银保监会颁布的《中资商业银行行政许可事项实施办法》、中国证监会颁布的《证券公司监督管理条例》、中国证监会颁布的《证券公司和证券投资基金管理公司境外设立、收购、参股经营机构管理办法》、原中国保监会颁布的《保险公司设立境外保险类机构管理办法》等。由于我国金融业实行分业经营、分业监管为主的架构,因此下文将依据上述法律文件分别从银行业、证券业和保险业三个方面介绍我国境外金融机构监管的主要法律制度。

(一)中资银行境外机构的监管

《银行业监督管理法》第2条第4款规定,国务院银行业监督管理机构依照本法有关规定,对经其批准在境外设立的金融机构以及前两款金融机构在境外的业务活动实施监督管理。该规定明确了银行业境外金融机构的监管主体,即国务院银行业监督管理机构,但是具体监管要求则主要体现于《中资商业银行行政许可事项实施办法》。

1. 设立条件

中资商业银行申请设立、参股、收购境外机构,申请人应当符合以下条件:(1)具有良好的公司治理结构,内部控制健全有效,业务条线管理和风险管控能力与境外业务发展相适应;(2)具有清晰的海外发展战略;(3)具有良好的并表管理能力;(4)主要审慎监管指标符合监管要求;(5)权益性投资余额原则上不超过其净资产的50%(合并会计报表口径);

(6)最近3个会计年度连续盈利；(7)申请前1年年末资产余额达到1000亿元人民币以上；(8)具备与境外经营环境相适应的专业人才队伍；(9)中国银保监会规章规定的其他审慎性条件。境外机构是指中资商业银行境外一级分行、全资附属或控股金融机构、代表机构，以及境外一级分行、全资子公司跨国(境)设立的机构。

2. 设立申请程序

国有商业银行、邮政储蓄银行、股份制商业银行申请投资设立、参股、收购境外机构由中国银保监会受理、审查并决定。中国银保监会自受理之日起6个月内作出批准或不批准的书面决定。城市商业银行申请投资设立、参股、收购境外机构，由申请人所在地省级派出机构受理、审查并决定。所在地省级派出机构自受理之日起6个月内作出批准或不批准的书面决定。

3. 机构变更与终止

中资商业银行境外机构升格、变更营运资金或注册资本、变更名称、重大投资事项、变更股权、分立、合并以及中国银保监会规定的其他事项，须经银行业监督管理机构许可。重大投资事项，指中资商业银行境外机构拟从事的投资额为1亿元人民币以上或者投资额占其注册资本或营运资金5%以上的股权投资事项。国有商业银行、邮政储蓄银行、股份制商业银行境外机构变更事项应当向中国银保监会申请，由中国银保监会受理、审查并决定。中国银保监会自受理之日起3个月内作出批准或不批准的书面决定。城市商业银行境外机构变更事项应当由城市商业银行总行向总行所在地省级派出机构申请，由省级派出机构受理、审查并决定。省级派出机构自受理之日起3个月内作出批准或不批准的书面决定。国有商业银行、邮政储蓄银行、股份制商业银行境外机构的终止营业申请，由中国银保监会受理、审查并决定。中国银保监会自受理之日起3个月内作出批准或不批准的书面决定。城市商业银行境外机构的终止营业申请，由城市商业银行总行所在地省级派出机构受理、审查并决定。省级派出机构自受理之日起3个月内作出批准或不批准的书面决定。

(二)证券基金经营机构境外机构的监管

中国证监会于2008年4月23日发布的《证券公司监督管理条例》(2014年7月29日修订)和2018年9月25日发布的《证券公司和证券投资基金管理公司境外设立、收购、参股经营机构管理办法》(2021年1月15日修正)，确立了一系列监管要求，是证券基金经营机构境外机构监管的基本规范。

1. 设立条件与设立申请程序

证券基金经营机构在境外设立、收购子公司或者参股经营机构开展业务活动，应当与其治理结构、内部控制、合规管理、风险管理以及风险控制指标、从业人员构成等情况相适应，符合审慎监管和保护投资者合法权益的要求。存在下列情形之一的，不得在境外设立、收购子公司或者参股经营机构：(1)最近3年因重大违法违规行为受到行政或刑事处罚，最近1年被采取重大监管措施或因风险控制指标不符合规定被采取监管措施，因涉嫌重大违法违规行为正在被立案调查或者正处于整改期间；(2)拟设立、收购子公司和参股经营机构所在国家或者地区未建立完善的证券法律和监管制度，或者该国家或者地区相关金融监管机构未与中国证监会或者中国证监会认可的机构签定监管合作谅解备忘录，并保持有效的监管合作关系；(3)中国证监会规定的其他情形。证券投资基金管理公司在境外设立、收购子公司或者参股经营机构的，净资产应当不低于6亿元，持续经营应当原则上满2年。

证券公司在境外设立、收购子公司或者参股经营机构,应当向中国证监会备案;证券投资基金管理公司在境外设立、收购子公司或者参股经营机构,应当经中国证监会批准。

2. 设立申请材料

证券投资基金管理公司在境外设立、收购子公司或者参股经营机构,应当向中国证监会提交下列申请材料:(1)法定代表人签署的申请报告;(2)在境外设立、收购子公司或者参股经营机构的相关决议文件;(3)拟设立、收购子公司或者参股经营机构的章程(草案);(4)符合在境外设立、收购子公司和参股经营机构条件的说明;(5)与境外子公司、参股经营机构之间防范风险传递、利益冲突和利益输送的相关措施安排及说明;(6)能够对境外子公司和参股经营机构有效管理的说明,内容应当包括对现有境内子公司的风险管理和内部控制安排及实施效果,拟对境外子公司的管控安排,拟对境外参股经营机构相关表决权的实施机制等;(7)在境外设立、收购子公司或者参股经营机构的协议(如适用);(8)可行性研究报告,内容至少包括:在境外设立、收购子公司或者参股经营机构的必要性及可行性,外汇资金来源的说明,境外子公司或者参股经营机构的名称、组织形式、管理架构、股权结构图、业务范围、业务发展规划的说明,主要人员简历等;(9)与境外监督管理机构沟通情况的说明;(10)中国证监会要求的其他材料。

证券公司在境外设立、收购子公司或者参股经营机构应当自公司董事会决议或其他相关决议通过后5个工作日内向中国证监会提交备案情况说明,关于公司资本充足情况、风险控制指标模拟测算情况说明及上述第2项至第9项文件。中国证监会发现证券公司在境外设立、收购子公司或者参股经营机构不符合《证券公司和证券投资基金管理公司境外设立、收购、参股经营机构管理办法》相关规定的,应当责令改正。

3. 机构变更与终止

境外子公司和参股经营机构在境外的注册登记、变更、终止以及开展业务活动等事项,应当遵守所在国家或者地区的法律法规和监管要求。

(三)保险公司境外机构的监管

为了加强管理保险公司设立境外保险类机构的活动,防范风险,保障被保险人的利益,原中国保监会于2006年7月31日颁布了《保险公司设立境外保险类机构管理办法》(2015年10月19日修订),确立了保险公司设立境外保险类机构的监管制度。

1. 设立条件与设立申请程序

保险公司设立境外保险类机构的,应当具备下列条件:(1)开业2年以上;(2)上年末总资产不低于50亿元人民币;(3)上年末外汇资金不低于1500万美元或者其等值的自由兑换货币;(4)偿付能力额度符合中国(银)保监会有关规定;(5)内部控制制度和风险管理制度符合中国(银)保监会有关规定;(6)最近2年内无受重大处罚的记录;(7)拟设立境外保险类机构所在的国家或者地区金融监管制度完善,并与中国保险监管机构保持有效的监管合作关系;(8)中国(银)保监会规定的其他条件。

中国(银)保监会应当依法对设立境外保险类机构的申请进行审查,并自受理申请之日起20日内作出批准或者不予批准的决定。决定不予批准的,应当书面通知申请人并说明理由。

2. 管理要求

保险公司应当对其设立的境外保险类机构进行有效的风险管理,并督促该类机构按照所在国法律和监管部门的相关规定，建立健全风险管理制度；严格控制其设立的境外保险类机构对外提供担保；在境外设立的分支机构确需对外提供担保的，应当取得被担保人的资信证明，并签署具有法律效力的反担保协议书；以财产抵押、质押等方式提供反担保协议的，提供担保的金额不得超过抵押、质押财产重估价值的60%。

此外，保险公司在境外设立的分支机构，除保单质押贷款外，不得对外贷款；对派往其设立的境外保险类机构的董事长和高级管理人员应当建立绩效考核制度、期中审计制度和离任审计制度；设立的境外保险类机构清算完毕后，应当将清算机构出具的经当地注册会计师验证的清算报告，报送中国（银）保监会。

3. 监督检查

保险公司应当按照中国会计制度及中国银保监会的规定，在财务报告和偿付能力报告中单独披露其设立的境外保险类机构的经营成果、财务状况和偿付能力状况；保险公司设立的境外保险类机构按照所在地保险监管机构要求编制偿付能力报告的，保险公司应当抄送中国银保监会；应当在其设立的境外保险类机构每一会计年度结束后5个月内，将该境外保险类机构上一年度的财务报表报送中国银保监会；应当在每年1月底之前，将其境外代表机构、联络机构或者办事处等非营业性机构的年度工作报告，报送中国银保监会。境外代表机构、联络机构或者办事处等非营业性机构的年度工作报告应当包括该机构的主要工作和机构变更情况。此外，《保险公司设立境外保险类机构管理办法》还确立了保险公司的书面报告义务。[2]

4. 法律责任

未经中国银保监会批准，擅自设立境外保险类机构的，由中国银保监会责令改正，并处5万元以上30万元以下的罚款；情节严重的，可以限制业务范围、责令停止接受新业务或者吊销经营保险业务许可证；未按照《保险公司设立境外保险类机构管理办法》规定报送有关报告、报表、文件和资料的，由中国银保监会责令改正，逾期不改正的，处以1万元以上10万元以下的罚款。提供虚假的报告、报表、文件和资料的，由中国银保监会责令改正，处以10万元以上50万元以下的罚款；情节严重的，可以限制业务范围、责令停止接受新业务或者吊销经营保险业务许可证。

四、中外金融监管合作

金融领域的国际合作，对于我国完善金融立法、改善金融监管具有重大意义。通过国际合作，有助于我们更深入、更全面地了解国际金融立法和监管经验，了解外资金融机构的背景资料以及其母国的监管状况，了解境外中资金融机构的经营状况以及东道国的监管状况，这无疑是我们提高外资金融机构和境外中资金融机构监管质量的必要条件。

目前，我国金融监管机构通过与其他国家的金融监管机构签署"双边监管谅解备忘录"

---

〔2〕《保险公司设立境外保险类机构管理办法》第24条规定："保险公司设立的境外保险类机构发生下列事项的，保险公司应当在事项发生之日起20日内书面报告中国保监会：（一）投资、设立公司的；（二）分立、合并、解散、撤销或者破产的；（三）机构名称或者注册地变更的；（四）董事长和高级管理人员变动的；（五）注册资本和股东结构发生重大变化的；（六）调整业务范围的；（七）出现重大经营或者财务问题的；（八）涉及重大诉讼、受到重大处罚的；（九）所在地保险监管部门出具监管报告或者检查报告的；（十）中国保监会认为有必要报告的其他事项。"

以及监管对话等方式,建立了密切的双边合作关系。此外,我国还通过多种多边途径参与跨境金融监管合作,我国已成为主要国际金融机构和监管组织的成员。我国已加入巴塞尔银行监管委员会,先后参与了《有效银行监管核心原则》的起草和修订工作,并作出了实施承诺。中国证监会和原中国保监会分别是国际证监会组织与国际保险监督官协会的成员,中国财政部、中国人民银行、中国银保监会已加入金融稳定委员会。

2008 年国际金融危机后,加强对系统重要性金融机构的监管成为共识。在系统重要性金融机构国际监管中,系统性金融风险的国际负外部性、跨境破产时母国与东道国之间的利益冲突以及母国与东道国对国际金融秩序主导权的争夺等问题较为突出。解决这些问题需要中外金融监管机构密切合作。一方面,需要由国际金融监管组织进行国际协调。2009 年,金融稳定理事会、国际货币基金组织及国际清算银行等共同发布了《系统重要性机构、市场和工具的评估指南》。2011 年,巴塞尔银行监管委员会发布了《全球系统重要性银行:评估方法以及额外的吸收损失要求的暂行规定》。2015 年,二十国集团领导人批准了金融稳定理事会提交的《全球系统重要性银行总损失吸收能力条款》。这些规范构成当前系统重要性金融机构监管国际协调的重要国际金融软法。另一方面,还需要变革国内法中的国际协调条款。2018 年 11 月,中国人民银行、中国银保监会、中国证监会联合颁布《关于完善系统重要性金融机构监管的指导意见》,强调要不断提升与境外监管部门的合作水平,加强对系统重要性金融机构境外分支机构的监管,必要时与东道国相关部门签订跨境合作协议,强化监管和处置过程中的协调合作。中国人民银行、中国财政部、中国银保监会、中国证监会不断加强与金融稳定理事会、巴塞尔银行监管委员会、国际证监会组织和国际保险监督官协会等国际组织的交流合作,结合我国国情稳妥推进国内系统重要性金融机构监管框架与国际准则接轨。2020 年 12 月,中国人民银行、中国银保监会联合颁布《系统重要性银行评估办法》,2021 年 9 月联合颁布《系统重要性银行附加监管规定(试行)》。2021 年 10 月,中国人民银行、中国银保监会、中国财政部联合颁布《全球系统重要性银行总损失吸收能力管理办法》。

无疑,随着中国新一轮的高水平对外开放的持续推进,未来中外金融监管机构将进行更加广泛而深入的合作,以解决金融机构跨境监管中存在的诸多问题。

第三节 涉外融资法律制度

涉外融资是资本项目外汇收入或支出的重要渠道,涉外融资管理实际上属于资本项目外汇管理的范畴。由于长期以来我国主要是资本输入,因此涉外融资管理相对集中于对资金融入的管理。不过,近年对资本输出的管制呈放松之势,合格境内机构投资者和人民币合格境内机构投资者投资境外证券市场就是这种趋势的反映之一。

一、国际债务融资

根据原国家计委、财政部与国家外汇管理局于 2003 年 1 月 8 日联合颁布的《外债管理暂行办法》第 5 条的规定,按照债务类型划分,外债分为国际金融组织贷款、外国政府贷款和国际商业贷款。

（一）国际金融组织贷款

国际金融组织贷款，主要是指国际货币基金组织、世界银行、国际农业发展基金会、亚洲开发银行等国际性或区域性金融组织提供的贷款。国际金融组织贷款的对象，一般限于成员方政府，其贷款条件比较优惠，期限长、金额大、利率低。中国财政部作为政府外债的统一管理部门，负责全国国际金融组织贷款的统一管理工作，统一对外筹借贷款、接受赠款，对外磋商谈判，签署相关法律文件，办理生效手续等。地方财政部门作为地方政府性债务归口管理部门，负责本地区国际金融组织贷款的管理工作。

现行管理法规主要包括原国家计委、中国财政部与国家外汇管理局联合颁布的《外债管理暂行办法》、中国财政部颁布的《国际金融组织和外国政府贷款赠款管理办法》和《国际金融组织和外国政府贷款项目前期管理规程（试行）》，以及 2017 年 5 月 2 日颁布的《国际金融组织和外国政府贷款赠款项目财务管理办法》。

1. 国际货币基金组织贷款

国际货币基金组织成立于 1945 年 12 月 27 日，1947 年成为联合国专门机构之一。1980 年，我国恢复在国际货币基金组织的合法席位。国际货币基金组织对其成员的贷款，主要用于调整成员国际收支状况和经济结构。

2. 世界银行（集团）贷款

世界银行集团由国际复兴开发银行、国际开发协会、国际金融公司、多边投资担保机构及国际投资争端解决中心等组成。国际复兴开发银行又称世界银行，正式成立于 1945 年 12 月，1946 年 6 月开始营业，1947 年成为联合国专门机构之一。我国于 1980 年恢复了在世界银行的席位。世界银行的宗旨是向发展中国家提供长期生产性资金，以促进其经济的发展和生产率的提高，其贷款对象为低收入成员国的政府或由政府担保的公私企业。国际开发协会成立于 1960 年 9 月，专门向符合条件的低收入国家提供比世界银行更为优惠的长期贷款。国际金融公司成立于 1956 年 7 月，其宗旨是向发展中国家的私人和公私合营企业提供贷款和投资，以促进成员国的经济发展。我国主要利用世界银行的贷款。世界银行贷款原则上用于其批准的项目，主要是能源、交通、农业、文教卫生、工业、环保等方面，其贷款通常只占项目总投资的 30% ~40%；贷款分为软贷款和硬贷款，软贷款条件优惠，期限长、无息且只收手续费，硬贷款期限一般为 15 ~20 年，有 3 ~5 年的宽限期（宽限期是贷款发放与首次还款之间的时间间隔，在此期间借款人只付息不还本），利率相对较高。

3. 国际农业发展基金会贷款

国际农业发展基金会是 1977 年 12 月成立的联合国专门机构，其宗旨是以筹集的资金为发展中国家发展粮食生产以及加强有关的政策项目和计划提供优惠贷款。贷款利率 2% ~4%，期限较长，多在 15 年以上，最长的可达 50 年。我国 1980 年 1 月加入国际农业发展基金会。

4. 亚洲开发银行贷款

亚洲开发银行创立于 1966 年，属区域性政府间金融开发机构，其宗旨是通过筹集本地区内外的资金为本地区发展中国家的开发项目提供贷款和技术援助。亚洲开发银行的贷款对象为成员国的政府和公私企业。贷款分为普通贷款和特别基金贷款。普通贷款期限为 10 ~30 年，利率随国际市场利率变化；特别基金贷款期限为 25 ~30 年，甚至可达 40 年，利率为1% ~3%。我国于1986年3月恢复在亚洲开发银行的合法席位。

5. 亚洲基础设施投资银行贷款

亚洲基础设施投资银行(以下简称亚投行)是一个政府间性质的亚洲区域多边开发机构,重点支持基础设施建设,成立宗旨是促进亚洲区域的建设互联互通化和经济一体化的进程,并且加强中国及其他亚洲国家和地区的合作。亚投行总部设在北京,法定资本1000亿美元,其业务定位为准商业性。初期,亚投行主要向主权国家的基础设施项目提供主权贷款,近年亚投行也考虑设立信托基金,针对不能提供主权信用担保的项目,引入公私合作伙伴关系模式(PPP),通过亚投行和所在国政府出资,与私营部门合理分担风险和回报,动员主权财富基金、养老金以及私营部门等更多社会资本投入亚洲发展中国家的基础设施建设。亚投行成立后的第一个目标就是投入"丝绸之路经济带"的建设,其中第一个项目就是从北京到巴格达的铁路建设。

(二)外国政府贷款

政府贷款是政府间提供的、具有双边经济援助性质的长期低息优惠贷款。政府贷款分为政府间借贷和政府混合贷款。政府间借贷是一国政府利用国库资金向另一国政府提供的优惠贷款。政府间借贷可以是低息的,也可以无息,偿还期一般在10~30年,并含有5~10年的宽限期,其赠与成分一般在25%以上。所谓"赠与成分",是根据贷款的利率、偿还期限、每年偿还次数、宽限期和综合贴现率等数据计算出来、用以衡量贷款优惠程度的综合性指标。政府混合贷款是外国政府提供的低息优惠贷款或赠款与出口信贷结合使用的贷款形式。其出口信贷一般占60%左右,综合利率低于国际商业贷款利率,一般要求借贷国购买贷款国或其指定国家的物资设备。

根据我国财政部《国际金融组织和外国政府贷款赠款管理办法》第4条的规定,财政部作为政府外债的统一管理部门,负责全国外国政府贷款的统一管理工作,地方财政部门作为地方政府性债务归口管理部门,负责本地区外国政府贷款的管理工作。

(三)国际商业贷款

随着我国改革开放的深入和国民经济建设的发展,国际商业贷款已成为境内机构对外筹资的重要渠道。现行管理法规主要包括:《外债统计监测暂行规定》、《境内机构借用国际商业贷款管理办法》、《关于进一步加强对外发债管理的意见》、《外债管理暂行办法》、《外债登记管理办法》、《外债登记管理操作指引》、《关于推进企业发行外债备案登记制管理改革的通知》和《关于全口径跨境融资宏观审慎管理有关事宜的通知》等。

1. 国际商业贷款的概念和范围

国际商业贷款,是指境内机构向境外的金融机构、企业、个人或者其他经济组织以及在中国境内的外资金融机构筹借的,以外国货币承担契约性偿还义务的款项。具体包括:向境外银行和其他金融机构借款;向境外企业、其他机构和自然人借款;境外发行中长期债券(含可转换债券)和短期债券(含商业票据、大额可转让存单等);买方信贷、延期付款和其他形式的贸易融资;国际融资租赁;非居民外币存款;补偿贸易中用现汇偿还的债务;其他种类国际商业贷款。

构成国际商业贷款必须具备三个要点:(1)借款人是境内机构;(2)贷款人为境外金融机构、企业、个人或其他经济组织,以及境内外资金融机构,因此,境内借款单位向境内外资金融机构借款,也视为外债,作为借用国际商业贷款管理;(3)借款人根据贷款合同承担以外国货币偿还的义务，因此，以实物和本币偿还的借款，不构成国际商业贷款。出口信贷、国际融资租赁、以外汇方式偿还的补偿贸易、境外机构和个人外汇存款（不包括在经批准经营离岸业务银行中的外汇存款）、项目融资、90 天以上的贸易项下融资以及其他形式的外汇贷款，视同国际商业贷款进行管理。

2. 国际商业贷款的一般性管理规定

（1）中国人民银行是国际商业贷款的审批机关，由它授权国家外汇管理局及其分局具体负责对境内机构借用国际商业贷款的审批、监督和管理。

（2）能够对外借用国际商业贷款的境内机构，限于经国家外汇管理局批准经营外汇借款业务的金融机构和经国务院授权部门批准的非金融企业法人。其中，金融机构借用国际商业贷款应当符合中国人民银行关于金融机构外汇资产负债比例管理的规定。对外直接借用国际商业贷款的非金融企业法人应当具备以下条件：其一，最近 3 年连续盈利，有进出口业务许可，并属国家鼓励行业；其二，具有完善的财务管理制度；其三，贸易型非金融企业法人的净资产与总资产的比例不得低于 15%；非贸易型的非金融企业法人的净资产与总资产的比例不得低于 30%；其四，借用国际商业贷款与对外担保余额之和不得超过其净资产等值外汇的 50%；其五，外汇借款与外汇担保余额之和不得超过其上年度的创汇额。

（3）境内机构应当凭自身信用对外借用国际商业贷款，并自行承担对外偿还责任。

（4）境内机构借用国际商业贷款应当经国家外汇管理部门批准。未经批准擅自对外签订的国际商业贷款协议无效，国家外汇管理部门不予办理外债登记，银行不得为其开立外债专用账户，借款本息不准擅自汇出。

（5）借用国际商业贷款的境内机构应当按照国家外汇管理局的规定，于每季初 10 日内报送上季度对外借款情况报表和国际商业贷款使用情况报告。国家外汇管理局及其分局有权检查境内机构筹借、使用和偿还国际商业贷款的情况。借款机构应当予以配合，提交有关文件和资料。

（6）未经国家外汇管理局批准，境内机构不得将借用的国际商业贷款存放境外、在境外直接支付或者转换成人民币使用。

（7）境内机构签订国际商业贷款协议后，应当根据外债统计监测规定向国家外汇管理部门办理外债登记，并按照有关规定办理还款手续。

3. 中长期国际商业贷款的管理

（1）根据《关于推进企业发行外债备案登记制管理改革的通知》的规定，企业发行外债，即境内企业及其控制的境外企业或分支机构向境外举借、以本币或外币计价、按约定还本付息的 1 年期以上债务工具，包括境外发行债券、中长期国际商业贷款等，取消额度审批，改革创新管理方式，实行备案登记制管理。通过企业发行外债的备案登记和信息报送，在宏观上实现对借用外债规模的监督管理。企业发行外债，须事前向国家发改委（现国家发展改革委）申请办理备案登记手续，并在每期发行结束后 10 个工作日内，向国家发改委报送发行信息。对于实施外债规模切块管理改革试点的省市，企业和金融机构向试点省市发展改革委提出备案登记申请。中央管理企业和金融机构，以及试点省市以外的地方企业和金融机构直接向国家发改委提出备案登记申请。

（2）发行外债的企业应当信用记录良好，已发行债券或其他债务未处于违约状态；具有良好的公司治理和外债风险防控机制；资信情况良好，具有较强的偿债能力。

（3）发行外债的申请报告与发行方案，包括外债币种、规模、利率、期限、募集资金用途及资金回流情况等。申请人应对申请材料及信息的真实性、合法性和完整性负责。国家发改委在收到备案登记申请后5个工作日决定是否予以受理，自受理之日起7个工作日内，在外债总规模限额内出具《企业发行外债备案登记证明》。外债发行人凭备案登记证明按规定办理外债资金流出流入等有关手续。当外债总规模超出限额时，国家发改委将向社会公告，同时不再受理备案登记申请。

（4）地方国有企业发行外债申请备案登记需持续经营不少于3年；承担地方政府融资职能的地方国有企业发行外债仅限用于偿还未来1年内到期的中长期外债；地方国有企业发行外债应加强信息披露，在债券募集说明书等文件中，严禁掺杂可能与政府信用挂钩的误导性宣传信息。房地产企业发行外债只能用于置换未来1年内到期的中长期境外债务。

（5）根据国际资本市场动态和我国经济社会发展需要及外债承受能力，按照"控制总量、优化结构、服务实体"的原则，国家发改委对企业发行外债实行规模控制，合理确定总量和结构调控目标，引导资金投向国家鼓励的重点行业、重点领域、重大项目，有效支持实体经济发展。为应对经济下行压力，有效利用境外低成本资金，鼓励资信状况好、偿债能力强的企业发行外债，募集资金根据实际需要自主在境内外使用，优先用于支持"一带一路"、京津冀协同发展、长江经济带与国际产能和装备制造合作等重大工程建设和重点领域投资。

4. 短期国际商业贷款的管理

国家外汇管理局对境内机构借用短期（1年期以内，含1年）国际商业贷款（包括同业外汇拆借、出口押汇、打包放款、90天以上365天以下的远期信用证等）实行余额管理。境内机构的短期国际商业贷款余额控制指标（以下简称短贷指标）由国家外汇管理部门按年度进行核定。其中，全国性金融机构和非金融企业法人的短贷指标，由国家外汇管理局核定下达；地方性金融机构和非金融企业法人的短贷指标，由所在地国家外汇管理局分局在国家外汇管理局核定下达的短贷指标内进行审批。不实行短贷指标余额管理的非金融企业法人借用短期国际商业贷款，应当逐笔报批，并占用所在地的短贷指标。短期国际商业贷款不得用于长期项目投资、固定资产贷款和其他不正当用途。

5. 项目融资的管理

项目融资是以境内建设项目的名义在境外筹措外汇资金，并仅以项目自身预期收入和资产对外承担债务偿还责任的融资方式。项目融资不需要境内机构以建设项目以外的资产、权益和收入进行抵押、质押，也不需要提供任何形式的其他融资担保，债权人对于建设项目以外的资产和收入没有追索权。

项目融资的对外融资规模纳入国家借用国际商业贷款指导性计划。项目融资条件应当具有竞争性，并应当经国家外汇管理局审批或者审核，其中地方上报的项目融资的融资条件由所在地外汇管理局分局初审后，报国家外汇管理局审批或者审核。

6. 境内机构海外分支机构国际商业贷款管理

国家外汇管理局《关于取消部分资本项目外汇管理行政审批后过渡政策措施的通知》取消了境内中资金融机构海外分支机构大额融资的审批。境内中资金融机构海外分支机构大额融资的审批取消后，不再要求到国家外汇管理局办理事前审批手续，但应事前报国家外汇管理局备案，即中资金融机构海外分行一次性举借等值5000万美元以上（含5000万美元）的商业贷款，应当由其总行提前10个工作日报国家外汇管理局备案。中资企业在境外设立的分公司及其他经营机构，经总（母）公司授权，以总（母）公司名义对外借款，视为总（母）公司的对外借款，应由总（母）公司按规定在境内办理有关的报批手续。需要强调的是，中资企业在境外设立的非经营性质的办事处或代表处等机构不得在境外融资。境内机构海外分支机构的中长期国际商业贷款，还适用国家发改委《关于推进企业发行外债备案登记制管理改革的通知》的相关规定。

二、国际证券融资

20 世纪 80 年代以来，国际资本市场出现了融资证券化的趋势。近年来我国在利用证券引进外资方面也有了很大发展，主要包括国际债券融资、国际股本融资等。

（一）国际债券融资

国际债券，是指一国政府、金融机构、企业以及国际组织等，为筹措资金，在国际金融市场上发行的证明债权债务关系的有价证券。近年来，随着我国债券市场对外开放程度逐渐提高，不仅有越来越多的境内机构境外发行债券，境外机构境内发行债券的规模也逐渐增多。

1. 境内机构境外发行债券

国家外汇管理局于 1997 年 9 月 24 日发布的《境内机构发行外币债券管理办法》已经依法废止，目前管理境内机构境外发行债券的主要依据是国务院《外债统计监测暂行规定》，原国家计委、中国人民银行《关于进一步加强对外发债管理意见的通知》，原国家计委、中国财政部与国家外汇管理局《外债管理暂行办法》，国家外汇管理局《外债登记管理办法》，《外债登记管理操作指引》，《关于推进企业发行外债备案登记制管理改革的通知》以及《关于全口径跨境融资宏观审慎管理有关事宜的通知》。

根据原国家计委、中国人民银行《关于进一步加强对外发债管理意见的通知》第 1 条的规定，对外发债是指我国境内机构，包括国家机关、金融机构及境内其他企事业单位和外商投资企业，在境外金融市场上发行的，以外币表示的，构成债权债务关系的有价证券。此外，在中国债券市场有序开放、人民币资产价值凸显、金融基础设施不断完善等背景下，离岸人民币债券市场正迎来新的发展契机，近年来境内机构在离岸市场发行人民币债券取得了突破性发展。

按照发债主体的不同，境内机构境外发行债券主要分为政府境外发行债券和企业境外发行债券。2017 年 10 月 26 日，中央政府时隔 13 年再次面向国际投资者发行主权外币债券，目前中央政府已在境外多次发行美元主权债券和欧元主权债券。此外，自 2009 年起，中央政府持续在香港等地发行离岸人民币国债。美元主权债券、欧元主权债券和离岸人民币国债的发行，改善了中国主权债券的币种结构和外债期限结构，降低了融资成本，加大了我国金融市场对外开放的广度和深度，对扩大金融业双向开放具有重要意义。〔3〕

企业境外发行债券的相关规定在上文“国际商业贷款”部分进行了介绍。此外，企业境

---

〔3〕 2021 年 10 月 12 日，广东省政府在我国澳门成功发行 22 亿元离岸人民币地方政府债券，同日，深圳市政府在我国香港成功发行 50 亿元离岸人民币地方政府债券。广东省及深圳市为中国内地首批离岸市场人民币地方政府债，发挥了示范作用，将加快我国地方债市场与国际接轨，丰富海外人民币投资标的，完善人民币回流机制，实现以内外双循环加速人民币国际化进程的改革目标。

外发行债券还需要遵守中国人民银行《关于全口径跨境融资宏观审慎管理有关事宜的通知》的相关规定。

2. 境外机构境内发行债券

中国人民银行、中国财政部、国家发展改革委、中国证监会于2005年2月18日联合发布了《国际开发机构人民币债券发行管理暂行办法》,正式允许国际开发机构在境内债券市场发行人民币债券,即“熊猫债券”,随后国际金融公司和亚洲开发银行分别获准发行人民币债券各20亿元。2018年9月8日,中国人民银行会同中国财政部颁布了《全国银行间债券市场境外机构债券发行管理暂行办法》,发行主体从最早的国际开发机构拓展到外国政府、境外金融机构和非金融企业。中国证监会《公司债券发行与交易管理办法》也将境外注册公司在中国证监会监管的债券交易场所的债券发行、交易或转让纳入监管。两个办法分别规定了银行间市场熊猫债和交易所市场熊猫债的发债申请、登记托管、交易结算、信息披露等管理要求,但在资金账户、资金汇兑及使用、跨境收付等涉及资金管理方面,没有统一的规定,缺乏操作性规范。2021年12月2日,中国人民银行和国家外汇管理局就《境外机构境内发行债券资金管理规定(征求意见稿)》公开征求意见,旨在统一规范熊猫债资金管理,促进熊猫债市场健康发展。在我国债券市场双向开放步伐不断加快的背景下,熊猫债市场的发展将进一步丰富我国债券市场境外发行人和投资人群体,提高国际债券发行中人民币债券规模和占比,进一步提升我国债券市场广度和深度,增强金融市场韧性和抵御风险能力,促进我国金融市场与国际债券市场的广泛交融。

(二)国际股本融资

在我国资本市场开放初期,曾设立B股市场,以吸引外资。境内上市外资股(B股)采取记名股票形式,以人民币标明面值,以外币认购、买卖,在境内证券交易所上市交易。1991年,第一只B股上海电真空发行。但随着H股、红筹股等境外融资渠道的拓展,B股的作用日渐微弱,从长期来看,A股市场和B股市场的整合将是必然的趋势。随着中国经济的发展壮大,为了满足企业境外发行上市融资的需求,国务院于1994年8月4日颁布的《关于股份有限公司境外募集股份及上市的特别规定》以及1997年6月20日发布的《关于进一步加强在境外发行股票和上市管理的通知》,为规范企业境外发行上市提供了制度基础。2018年3月22日,国务院办公厅发布《转发〈证监会关于开展创新企业境内发行股票或存托凭证试点若干意见〉的通知》,支持境外注册的红筹企业在境内发行股票或存托凭证。2018年10月12日,中国证监会颁布《关于上海证券交易所与伦敦证券交易所互联互通存托凭证业务的监管规定(试行)》,沪伦通存托凭证业务启动,推动中国资本市场高水平双向开放。

1. 境内企业境外发行上市

境内企业境外发行上市是中国资本市场双向开放的重要组成部分,目前,境内企业境外发行上市包含境外直接发行上市和境外间接发行上市两种方式。

为了协调我国与境外有关国家或地区在证券法律制度上的差异,充分保护境外投资者的利益,1994年8月4日国务院颁布《关于股份有限公司境外募集股份及上市的特别规定》(自1994年8月4日起施行)。该规定在《公司法》的基础上,就境外直接上市外资股及其相关方面做了具体或变通规定。境外直接上市外资股是股份有限公司向境外投资者募集并在境外公开的证券交易场所流通转让的股份。采取记名股票形式,以人民币标明面值,以外币认购。境外直接上市外资股在境外上市时,可以采取境外存股证形式或者股票的其他派生形式。境外直接上市外资股主要由 H 股、N 股、S 股等构成。股份有限公司向境外投资人募集股份并在境外上市,应当按照中国证监会的要求提出书面申请并附有关材料,报经中国证监会批准。境外直接上市外资股除了应符合我国的有关法规外,还需符合上市所在地国家或者地区证券交易所制定的上市条件。对于境外直接上市外资股,中国证监会可以与境外证券监督管理机构达成谅解协议,对股份有限公司向境外投资人募集股份并在境外上市及相关活动进行合作监督管理。

境外间接发行上市,指主要业务经营活动在境内的企业,以境外企业的名义,基于境内企业的股权、资产、收益或其他类似权益在境外发行证券或者将其证券在境外上市交易。1997 年 6 月 20 日国务院发布的《关于进一步加强在境外发行股票和上市管理的通知》和中国证监会于 1998 年 2 月 27 日发布的《关于落实国务院〈关于进一步加强在境外发行股票和上市管理的通知〉若干问题的通知》,对境外间接发行上市做了如下规定:(1)明确在境外注册、中资控股(包括中资为最大股东,下同)的境外上市公司,进行分拆上市、增发股份等活动,受当地证券监管机构监管,但其中资控股股东的境内股权持有单位应当事后将有关情况报中国证监会备案,并加强对股权的监督管理。(2)在境外注册的中资非上市公司和中资控股的上市公司,以其拥有的境外资产和由其境外资产在境内投资形成并实际拥有 3 年以上的境内资产,在境外申请发行股票和上市,依照当地法律进行,但其境内股权持有单位应当按照隶属关系事先征得省级人民政府或者国务院有关主管部门同意;其不满 3 年的境内资产,不得在境外申请发行股票和上市,如有特殊需要的,报中国证监会审核,上市活动结束后,境内股权持有单位应当将有关情况报中国证监会备案。(3)凡将境内企业资产通过收购、换股、划转以及其他任何形式转移到境外中资非上市公司或者境外中资控股上市公司在境外上市,以及将境内资产通过先转移到境外中资非上市公司再注入境外中资控股上市公司在境外上市,境内企业或者中资控股股东的境内股权持有单位应当按照隶属关系事先经省级人民政府或者国务院有关主管部门同意,并报中国证监会审核。(4)禁止境内机构和企业通过购买境外上市公司控股股权的方式,进行买壳上市。中国商务部等部委联合颁布的《关于外国投资者并购境内企业的规定》对特殊目的公司境外上市作出了规定。这里的特殊目的公司系指中国境内公司或自然人为实现以其实际拥有的境内公司权益在境外上市而直接或间接控制的境外公司。特殊目的公司为实现在境外上市,其股东以其所持公司股权,或者特殊目的公司以其增发的股份,作为支付手段,购买境内公司股东的股权或者境内公司增发的股份的,该特殊目的公司境外上市交易,应经国务院证券监督管理机构批准。特殊目的公司境外上市所在国家或者地区应有完善的法律和监管制度,其证券监管机构已与国务院证券监督管理机构签订监管合作谅解备忘录,并保持着有效的监管合作关系。

近些年来,资本市场对外开放进展迅速,以直接和间接形式在境外上市的企业数不断增多,遍及纽约、伦敦等多个境外市场。境外上市在支持我国企业利用外资、提高公司治理水平、深度融入世界经济等方面发挥了积极作用,境外上市企业为国家经济社会繁荣发展作出了积极贡献,境内外投资者也通过投资上市企业分享了中国经济长期稳定发展的红利。但与此同时,我国对跨境上市的中概股监管不足也逐渐显现。个别境外上市企业出现财务造假等严重违法违规行为,损害了中国企业的整体国际形象,对中国企业境外融资产生了不利影响。为此,2020 年 7 月 6 日,中共中央办公厅、国务院办公厅印发《关于依法从严打击证券违法活动的意见》,强调加强中概股监管,切实采取措施做好中概股公司风险及突发情况应对，推进相关监管制度体系建设。2021 年 12 月 24 日，为了支持企业依法合规利用境外资本市场融资发展，推进制度型高水平对外开放，深化境外上市监管“放管服”改革，国务院《关于境内企业境外发行证券和上市的管理规定（草案征求意见稿）》以及《境内企业境外发行证券和上市备案管理办法（草案征求意见稿）》向社会公开征求意见，对境内企业直接和间接境外上市活动统一实施备案管理，完善企业境外上市监管制度，加强境内外监管协同。与此同时，美国于 2020 年颁布的《外国公司问责法案》，旨在强化跨境审计监管，并对在美中概股实施长臂管辖。中国的三大电信运营商已因《外国公司问责法案》的实施被迫从纽约证券交易所退市，部分中概股也被纳入“预摘牌”名单。中美双方就中概股跨境监管中的审计底稿矛盾等问题进行监管沟通后，2022 年 4 月 2 日，中国证监会就《关于加强境内企业境外发行证券和上市相关保密和档案管理工作的规定（征求意见稿）》向社会公开征求意见。该规定支持企业根据自身意愿自主选择上市地，要求进一步加强境内企业直接或间接境外发行上市相关保密和档案管理工作，明确上市公司信息安全责任，维护国家信息安全，减少不必要的涉密敏感信息进入工作底稿，提高跨境监管合作的效率，进一步提升境外上市企业的合规水平。未来，中概股的跨境监管问题需中美双方监管机构更深入的沟通，以期尽快解决跨境审计监管合作中的遗留问题。

2. 红筹企业境内发行上市

为了支持创新企业在境内资本市场发行证券上市，助力我国高新技术产业和战略性新兴产业发展提升，推动经济发展质量变革、效率变革、动力变革，2018 年 3 月 22 日，国务院办公厅发布《转发〈证监会关于开展创新企业境内发行股票或存托凭证试点若干意见〉的通知》，对支持创新企业在境内发行上市作了系统制度安排。主要内容包括：（1）明确境外注册的红筹企业可以在境内发行股票；（2）推出存托凭证这一新的证券品种，并对发行存托凭证的基础制度作出安排；（3）进一步优化证券发行条件，解决部分创新企业具有持续盈利能力，但可能存在尚未盈利或未弥补亏损的情形；（4）充分考虑部分创新企业存在的 VIE 架构、投票权差异等特殊的公司治理问题，作出有针对性的安排。

2018 年 6 月 6 日，中国证监会颁布《存托凭证发行与交易管理办法（试行）》，对存托凭证作出了详细规定。存托凭证指由存托人签发、以境外证券为基础在中国境内发行、代表境外基础证券权益的证券。存托凭证的境外基础证券发行人应当参与存托凭证发行，依法履行发行人、上市公司的义务，承担相应的法律责任。中国证监会依照上市公司监管的相关规定，对发行存托凭证的境外基础证券发行人进行持续监督管理。法律、行政法规或者中国证监会另有规定的除外。证券交易所依据章程、协议和业务规则，对存托凭证上市、交易活动、境外基础证券发行人及其他信息披露义务人的信息披露行为等进行自律监管。

公开发行以股票为基础证券的存托凭证的，境外基础证券发行人应当符合下列条件：（1）《证券法》第 13 条第 1 项至第 3 项关于股票公开发行的基本条件；（2）为依法设立且持续经营 3 年以上的公司，公司的主要资产不存在重大权属纠纷；（3）最近 3 年内实际控制人未发生变更，且控股股东和受控股股东、实际控制人支配的股东持有的境外基础证券发行人股份不存在重大权属纠纷；（4）境外基础证券发行人及其控股股东、实际控制人最近 3 年内不存在损害投资者合法权益和社会公共利益的重大违法行为；（5）会计基础工作规范、内部控制制度健全；（6）董事、监事和高级管理人员应当信誉良好，符合公司注册地法律规定的任职要求，近期无重大违法失信记录；（7）中国证监会规定的其他条件。

3. 互联互通存托凭证

2018 年 10 月 12 日，中国证监会颁布《关于上海证券交易所与伦敦证券交易所互联互通存托凭证业务的监管规定（试行）》，沪伦通存托凭证业务启动。沪伦通存托凭证业务是指符合条件的在伦敦证券交易所上市的境外基础证券发行人在境内公开发行存托凭证并在上海证券交易所上市，以及符合条件的在上海证券交易所上市的境内上市公司在境外发行存托凭证并在伦敦证券交易所上市。2019 年 6 月 17 日，中国证监会发布《关于上海证券交易所和伦敦证券交易所开展互联互通存托凭证业务的联合公告》，同日，上海证券交易所上市公司华泰证券股份有限公司发行的沪伦通下首只全球存托凭证（GDR）产品在伦敦证券交易所挂牌交易。沪伦通机制的实施，有利于鼓励国外业绩优秀的公司来中国发行存托凭证，通过竞争促进中国市场制度的完善，深化我国证券市场的对外开放；同时，支持境内实体经济开展跨国融资和并购，使中国公司得以在境外融资和本国投资者得以自由投资境外证券；此外，有利于实现人民币国际化和发展伦敦人民币离岸市场的双赢。

2022 年 2 月 11 日，中国证监会修订《关于上海证券交易所与伦敦证券交易所互联互通存托凭证业务的监管规定（试行）》，在此基础上颁布了《境内外证券交易所互联互通存托凭证业务监管规定》。此次修订拓展了参与互联互通存托凭证业务境内外证券交易所的范围。境内方面，从上海证券交易所拓展至深圳证券交易所，符合条件的沪深交易所上市公司可申请到证监会认可的境外市场发行全球存托凭证。境外方面，从英国拓展至瑞士、德国市场。此外，允许境外基础证券发行人以新增股票为基础证券在境内公开发行上市中国存托凭证，允许境外基础证券发行人采用市场化询价机制确定发行价格。此次修订还明确募集资金原则上应当用于主业，发行人可根据募集资金用途将资金汇出境外或留存境内使用。拓展优化境内外资本市场互联互通机制，是推进制度型开放的务实举措，有利于拓宽双向融资渠道，支持企业依法依规用好国内国际“两个市场、两种资源”融资发展，提高中国资本市场服务实体经济的能力和国际竞争力，为境内外投资者提供更为丰富的投资品种。

根据《境内外证券交易所互联互通存托凭证业务监管规定》的规定，互联互通存托凭证业务，指符合条件的在境外证券交易所上市的境外基础证券发行人在境内发行存托凭证并在境内证券交易所主板上市，以及符合条件的在境内证券交易所上市的境内上市公司在境外发行存托凭证并在境外证券交易所上市。在境内公开发行上市存托凭证的，境外基础证券发行人应当通过境内证券交易所报送申请文件。境内证券交易所对境外基础证券发行人是否符合存托凭证上市条件等事宜进行审核，并将相关材料报中国证监会。中国证监会依法对境外基础证券发行人的申请实施行政许可，无须提交发行审核委员会审核。

随着中国金融市场高水平双向开放的持续推进，未来跨境融资方式和路径将进一步拓宽，从而促进中国实体经济和金融业的高质量发展。与此同时，跨境融资活动的跨境监管合作也将进一步深化，以保障金融市场的高水平开放。

第四节　涉外金融投资法律制度

在我国资本市场开放初期，境外投资者主要通过 B 股市场进入中国股市。我国加入

WTO 后,金融市场开放程度不断提升,境外投资者境内金融投资主要通过合格境外投资者机制和互联互通机制等。境内投资者境外金融投资的渠道也日渐丰富,主要包括合格境内机构投资者和人民币合格境内机构投资者机制以及互联互通机制等。

一、合格境外投资者投资境内证券期货市场

(一)概况

合格境外投资者包含合格境外机构投资者(QFII)和人民币合格境外机构投资者(RQFII),是指经中国证监会批准,使用来自境外的资金进行境内证券期货投资的境外机构投资者,包括境外基金管理公司、商业银行、保险公司、证券公司、期货公司、信托公司、政府投资机构、主权基金、养老基金、慈善基金、捐赠基金、国际组织等中国证监会认可的机构。截至 2022 年 2 月底,中国证监会已核准 680 家合格境外投资者。[4]

长期以来,我国资本市场一直存在机构投资者比例偏小而散户居多的问题,这在一定程度上造成了市场投机气氛浓厚,不利于资本市场的稳定。因此,近年来监管当局不遗余力地培育机构投资者,合格境外投资者制度的引入就是重要举措之一,我国先后于 2002 年和 2011 年分别实施 QFII 制度和 RQFII 制度。合格境外投资者制度,是境外投资者投资境内金融市场的主要渠道之一,是提升人民币资本项目可兑换程度的一项重要制度安排,为我国金融市场稳步开放和深化发展发挥了积极作用。近年来,国家外汇管理局深化合格境外投资者制度改革,完善审慎管理,取消汇出比例限制,取消有关锁定期要求,允许合格境外投资者就其所持有的证券资产在境内开展外汇套期保值等,极大地便利了境外投资者投资境内金融市场。随后,明晟(MSCI)、富时罗素、标普道琼斯以及彭博巴克莱等国际主流指数相继将我国股票和债券纳入其指数体系,并稳步提高纳入权重,境外投资者对我国金融市场的投资需求相应增加。2019 年 9 月 10 日,国家外汇管理局决定全面取消合格境外投资者投资额度限制,进一步满足境外投资者对我国金融市场投资需求。

为切实提高资本市场对外开放水平,中国证监会、中国人民银行和国家外汇管理局在 2020 年 9 月 25 日联合颁布了《合格境外机构投资者和人民币合格境外机构投资者境内证券期货投资管理办法》(以下简称《合格境外投资者管理办法》)。中国证监会同步颁布配套规则《关于实施〈合格境外机构投资者和人民币合格境外机构投资者境内证券期货投资管理办法〉有关问题的规定》(自 2020 年 11 月 1 日起施行),《合格境外机构投资者境内证券投资管理办法》和《人民币合格境外机构投资者境内证券投资试点办法》同时废止。《合格境外投资者管理办法》及配套规则修改内容主要涉及以下三个方面:(1)降低准入门槛,便利投资运作,将 QFII、RQFII 资格和制度规则合二为一,放宽准入条件,简化申请文件,缩短审批时限,实施行政许可简易程序,取消委托中介机构数量限制,优化备案事项管理,减少数据报送要求;(2)稳步有序扩大投资范围,新增允许 QFII、RQFII 投资全国中小企业股份转让系统挂牌证券、私募投资基金、金融期货、商品期货、期权等,允许参与债券回购、证券交易所融资融券、转融通证券出借交易,QFII、RQFII 可参与金融衍生品等的具体交易品种和交易方式,将本着稳妥有序的原则逐步开放,由中国证监会商中国人民银行、国家外汇管理局

---

〔4〕 参见中国证券监督管理委员会官网(http://www.csrc.gov.cn/csrc/c101900/c1029652/content.shtml)发布的《合格境外投资者名录》(截至 2022 年 2 月)。

同意后公布;(3)加强持续监管,加强跨市场监管、跨境监管和穿透式监管,强化违规惩处,细化具体违规情形适用的监管措施等。

(二)合格境外投资者的法律监管

目前,我国涉及合格境外投资者法律监管的规范性法律文件主要有:《合格境外投资者管理办法》《关于实施〈合格境外机构投资者和人民币合格境外机构投资者境内证券期货投资管理办法〉有关问题的规定》《境外机构投资者境内证券期货投资资金管理规定》《关于合格境外机构投资者和人民币合格境外机构投资者参与金融衍生品交易的公告》等。

1. 资格条件和审批程序

申请合格境外投资者资格,应当具备下列条件:(1)财务稳健,资信良好,具备证券期货投资经验;(2)境内投资业务主要负责人员符合申请人所在境外国家或者地区有关从业资格的要求(如有);(3)治理结构、内部控制和合规管理制度健全有效,按照规定指定督察员负责对申请人境内投资行为的合法合规性进行监督;(4)经营行为规范,近3年或者自成立以来未受到监管机构的重大处罚;(5)不存在对境内资本市场运行产生重大影响的情形。

申请人应当通过托管人向中国证监会报送合格境外投资者资格申请文件。中国证监会自受理申请文件之日起10个工作日内,对申请材料进行审核,并作出批准或者不予批准的决定。决定批准的,作出书面批复,并颁发经营证券期货业务许可证;决定不予批准的,书面通知申请人。

2. 托管规则

关于托管人资格确定。托管人应当持续符合下列要求:(1)有专门的资产托管部门和符合托管业务需要的人员、系统、制度;(2)具有经营外汇业务和人民币业务的资格;(3)未发生影响托管业务的重大违法违规行为;(4)中国证监会、人民银行和国家外汇管理局根据审慎监管原则规定的其他要求。托管人首次开展合格境外投资者资产托管业务的,应当自签订托管协议之日起5个工作日内,报中国证监会备案。中国证监会通过网站公告合格境外投资者托管人名录的方式,为托管人办结备案手续。

关于托管人职责。托管人应当履行下列职责:(1)安全保管合格境外投资者托管的全部资产;(2)办理合格境外投资者的有关交易清算、交收、结汇、售汇、收汇、付汇和人民币资金结算业务;(3)监督合格境外投资者的投资运作,发现其投资指令违法、违规的,及时向中国证监会、中国人民银行和国家外汇管理局报告;(4)根据中国证监会、中国人民银行和国家外汇管理局的要求,报送合格境外投资者的开销户信息、资金跨境收付信息、境内证券期货投资资产配置情况信息等相关业务报告和报表,并进行国际收支统计申报;(5)保存合格境外投资者的资金汇入、汇出、兑换、收汇、付汇和资金往来记录等相关资料,保存期限不少于20年;(6)中国证监会、中国人民银行和国家外汇管理局根据审慎监管原则规定的其他职责。

3. 投资运作

合格境外投资者的投资本金及在境内的投资收益可以投资于符合规定的金融工具。合格境外投资者投资银行间债券市场,参与境内外汇市场业务,应当根据中国人民银行、国家外汇管理局相关规定办理。合格境外投资者可以投资的金融工具的具体范围如下:(1)在证券交易所交易或转让的股票、存托凭证、债券、债券回购、资产支持证券;(2)在全国中小企业股份转让系统(以下简称全国股转系统)转让的股票等证券;(3)中国人民银行允许合格境外投资者投资的在银行间债券市场交易的产品以及债券类、利率类、外汇类衍生品;(4)公募证券投资基金;(5)在中国金融期货交易所上市交易的金融期货合约;(6)中国证监会批准设立的期货交易场所上市交易的商品期货合约;(7)在国务院或中国证监会批准设立的交易场所上市交易的期权;(8)国家外汇管理局允许合格境外投资者交易基于套期保值目的的外汇衍生品;(9)中国证监会允许的其他金融工具。合格境外投资者可以参与证券交易所和全国股转系统新股发行、债券发行、资产支持证券发行、股票增发和配股的申购,可以参与证券交易所融资融券、转融通证券出借交易;可以投资证券期货经营机构以及中国证券投资基金业协会登记的私募投资基金管理人依法设立的私募投资基金,相关私募投资基金的最终投资范围应当符合前述(1)(2)的规定;可以交易国务院或中国证监会批准设立的期货交易场所上市交易的商品期货、商品期权、股指期权合约,参与股指期权的交易目的限于套期保值交易;可以委托其控制或在同一控制下的境内私募投资基金管理人提供投资建议服务。

合格境外投资者及其他境外投资者的境内证券投资,应当遵循下列持股比例限制:(1)单个合格境外投资者或其他境外投资者持有单个上市公司或者挂牌公司的股份,不得超过该公司股份总数的10%;(2)全部合格境外投资者及其他境外投资者持有单个公司A股或者境内挂牌股份的总和,不得超过该公司股份总数的30%。合格境外投资者及其他境外投资者依法对上市公司战略投资的,其战略投资的持股不受前款规定的比例限制。境内有关法律、行政法规、产业政策对合格境外投资者及其他境外投资者的持股比例有更严格规定的,从其规定。

合格境外投资者履行信息披露义务时,应当依法合并计算其拥有的同一公司境内上市或者挂牌股票和境外上市外资股的权益,并遵守信息披露有关规则。合格境外投资者应当按照信息披露规则合并披露一致行动人的相关证券投资信息。证券公司、期货公司等机构保存合格境外投资者的委托记录、交易记录等资料的期限应当不少于20年。合格境外投资者的境内证券期货投资活动,应当遵守证券期货交易场所、证券登记结算机构、证券期货市场监测监控机构的有关规定。

4. 监督管理

托管人在为合格投资者办理资金汇出入时,应对相应的资金收付进行真实性与合规性审查,并切实履行反洗钱和反恐怖融资等义务。合格投资者应配合托管人履行以上义务,并向托管人提供真实完整的资料和信息。合格投资者因机构解散、进入破产程序、由接管人接管或自身原因等导致证监会注销其业务许可的,合格投资者应通过主报告人及时向中国人民银行和国家外汇管理局报告,且原则上应在30个工作日内变现资产并关闭合格投资者专用账户。

中国证监会、中国人民银行和国家外汇管理局依法可以要求合格境外投资者、托管人、证券公司、期货公司等机构提供合格境外投资者的有关资料,并进行必要的询问、检查。合格境外投资者在开展境内证券期货投资过程中发生重大违法违规行为的,中国证监会可以依法采取限制相关证券期货账户交易等措施。

二、合格境内机构投资者和人民币合格境内机构投资者投资境外证券市场

(一)概况

合格境内机构投资者(QDII),是指符合《合格境内机构投资者境外证券投资管理试行

办法》规定的条件，经中国证监会批准在中华人民共和国境内募集资金，运用所募集的部分或者全部资金以资产组合方式进行境外证券投资管理的境内基金管理公司和证券公司等证券经营机构。QDII 产品主要可分为银行类 QDII、证券类 QDII、保险类 QDII 及信托类 QDII。截至 2022 年 3 月 31 日，共有 174 家 QDII，累计获得 1575.19 亿美元投资额度。[5]《人民币合格境内机构投资者境外证券投资有关事项的通知》（自 2014 年 11 月 5 日起施行），正式推出了人民币合格境内机构投资者（RQDII）制度。人民币合格境内机构投资者，是指取得国务院金融监督管理机构许可并以人民币开展境外证券投资的境内金融机构。人民币合格境内机构投资者境外投资，是指取得国务院金融监督管理机构许可的境内金融机构，以自有人民币资金或募集境内机构和个人人民币资金，投资于境外金融市场的人民币计价产品（银行自有资金境外运用除外）。

与合格境外投资者制度相似，QDII 和 RQDII 制度也是在我国资本市场没有充分开放的前提下所做的一项过渡性制度安排，不同的是，前者引入国外资金投资我国资本市场，后者是组织国内资金投资海外资本市场。客观地讲，我国资本市场的发展必须坚持“引进来”和“走出去”相结合的路径。

（二）合格境内机构投资者的法律监管

为了规范合格境内机构投资者境外证券投资行为，保护投资人合法权益，中国证监会于 2007 年 6 月 18 日颁布了《合格境内机构投资者境外证券投资管理试行办法》（自 2007 年 7 月 5 日起施行），国家外汇管理局于 2013 年 8 月 21 日颁布了《合格境内机构投资者境外证券投资外汇管理规定》（自 2013 年 8 月 21 日起施行）。

1. 合格境内机构投资者资格条件和审批程序

申请合格境内机构投资者资格，应当具备下列条件：（1）申请人的财务稳健，资信良好，资产管理规模、经营年限等符合中国证监会的规定；（2）拥有符合规定的具有境外投资管理相关经验的人员；（3）具有健全的治理结构和完善的内控制度，经营行为规范；（4）最近 3 年没有受到监管机构的重大处罚，没有重大事项正在接受司法部门、监管机构的立案调查；（5）中国证监会根据审慎监管原则规定的其他条件。上述第（1）项所指的条件是，基金管理公司：净资产不少于 2 亿元人民币；经营证券投资基金管理业务达 2 年以上；在最近一个季度末资产管理规模不少于 200 亿元人民币或等值外汇资产。证券公司：各项风险控制指标符合规定标准；净资本不低于 8 亿元人民币；净资本与净资产比例不低于 70%；经营集合资产管理计划业务达 1 年以上；在最近一个季度末资产管理规模不少于 20 亿元人民币或等值外汇资产。第（2）项是指具有 5 年以上境外证券市场投资管理经验和相关专业资质的中级以上管理人员不少于 1 名，具有 3 年以上境外证券市场投资管理相关经验的人员不少于 3 名。

获得合格境内机构投资者资格，应当依法向中国证监会提出申请。中国证监会收到完整的资格申请文件后对申请材料进行审核，作出批准或者不批准的决定。决定批准的，颁发境外证券投资业务许可文件；决定不批准的，书面通知申请人。申请人可在取得合格境内机构投资者资格后，向中国证监会报送产品募集申请文件。中国证监会自收到完整的产品募

---

〔5〕 参见国家外汇管理局官网（https://www.safe.gov.cn/safe/2018/0425/16849.html）发布的《合格境内机构投资者（QDII）投资额度审批情况表》（截至 2022 年 3 月 31 日）。

集申请文件后对申请材料进行审核,作出批准或者不批准的决定,并书面通知申请人。

2. 境外投资顾问资格

境外投资顾问,是指符合《合格境内机构投资者境外证券投资管理试行办法》规定的条件,根据合同为合格境内机构投资者境外证券投资提供证券买卖建议或投资组合管理等服务并取得收入的境外金融机构。合格境内机构投资者可以委托符合下列条件的投资顾问进行境外证券投资:(1)在境外设立,经所在国家或地区监管机构批准从事投资管理业务;(2)所在国家或地区证券监管机构已与中国证监会签订双边监管合作谅解备忘录,并保持着有效的监管合作关系;(3)经营投资管理业务达5年以上,最近一个会计年度管理的证券资产不少于100亿美元或等值货币;(4)有健全的治理结构和完善的内控制度,经营行为规范,最近5年没有受到所在国家或地区监管机构的重大处罚,没有重大事项正在接受司法部门、监管机构的立案调查。境内证券公司在境外设立的分支机构担任投资顾问的,可以不受前款第(3)项规定的限制。

3. 资产托管规则

合格境内机构投资者开展境外证券投资业务时,应当由具有证券投资基金托管资格的银行负责资产托管业务。托管人可以委托符合下列条件的境外资产托管人负责境外资产托管业务:(1)在中国大陆以外的国家或地区设立,受当地政府、金融或证券监管机构的监管;(2)最近一个会计年度实收资本不少于10亿美元或等值货币或托管资产规模不少于1000亿美元或等值货币;(3)有足够的熟悉境外托管业务的专职人员;(4)具备安全保管资产的条件;(5)具备安全、高效的清算、交割能力;(6)最近3年没有受到监管机构的重大处罚,没有重大事项正在接受司法部门、监管机构的立案调查。

托管人应当按照有关法律法规履行下列受托人职责:(1)保护持有人利益,按照规定对基金、集合计划日常投资行为和资金汇出入情况实施监督,如发现投资指令或资金汇出入违法、违规,应当及时向中国证监会、国家外汇管理局报告;(2)安全保护基金、集合计划财产,准时将公司行为信息通知合格境内机构投资者,确保基金、集合计划及时收取所有应得收入;(3)确保基金、集合计划按照有关法律法规、基金合同和集合资产管理合同约定的投资目标和限制进行管理;(4)按照有关法律法规、基金合同和集合资产管理合同的约定执行合格境内机构投资者、投资顾问的指令,及时办理清算、交割事宜;(5)确保基金、集合计划的份额净值按照有关法律法规、基金合同和集合资产管理合同规定的方法进行计算;(6)确保基金、集合计划按照有关法律法规、基金合同和集合资产管理合同的规定进行申购、认购、赎回等日常交易;(7)确保基金、集合计划根据有关法律法规、基金合同和集合资产管理合同确定并实施收益分配方案;(8)按照有关法律法规、基金合同和集合资产管理合同的规定以受托人名义或其指定的代理人名义登记资产;(9)每月结束后7个工作日内,向中国证监会和国家外汇管理局报告合格境内机构投资者境外投资情况,并按相关规定进行国际收支申报;(10)中国证监会和国家外汇管理局根据审慎监管原则规定的其他职责。

除此之外,托管人应当按照有关法律法规履行下列托管职责:(1)安全保管基金、集合计划资产,开设资金账户和证券账户;(2)办理合格境内机构投资者的有关结汇、售汇、收汇、付汇和人民币资金结算业务;(3)保存合格境内机构投资者的资金汇出、汇入、兑换、收汇、付汇、资金往来、委托及成交记录等相关资料,其保存的时间应当不少于20年;(4)中国证监会和国家外汇管理局根据审慎监管原则规定的其他职责。

4. 资金募集与投资运作

取得合格境内机构投资者资格的基金管理公司可以根据有关法律法规通过公开发售基金份额募集基金，运用基金财产投资于境外证券市场。基金管理公司申请募集基金，应当根据有关法律法规规定提交申请材料。取得合格境内机构投资者资格的证券公司可以通过设立集合计划等方式募集资金，运用所募集的资金投资于境外证券市场。设立集合计划的，应当按照有关规定提交申请材料，进行资金募集和投资运作。基金、集合计划应当投资于中国证监会规定的金融产品或工具，同时应当遵守有关投资比例限制的规定。

5. 额度与资金管理

合格境内机构投资者应当根据市场情况、产品特性等在募集方案中设定合理的额度规模上限，向国家外汇管理局备案，并按照有关规定到国家外汇管理局办理相关手续。基金、集合计划存续期内的额度规模管理应当按照有关规定进行。合格境内机构投资者应当在托管人处开立托管账户，托管基金、集合计划的全部资产。托管人应当为基金、集合计划开立结算账户和证券托管账户，用于与证券登记结算等机构之间的资金结算业务和证券托管业务。托管账户、结算账户和证券托管账户的收入、支出范围应当符合有关规定，账户内的资金不得向他人贷款或提供担保。合格境内机构投资者应当定期向国家外汇管理局报告其额度使用及资金汇出入情况。

6. 监督管理

中国证监会和国家外汇管理局可以要求合格境内机构投资者、托管人提供合格境内机构投资者境外投资活动有关资料；必要时，可以进行现场检查。合格境内机构投资者运用基金、集合计划财产进行证券投资，发生重大违法、违规行为的，中国证监会可以依法采取限制交易行为等措施，国家外汇管理局可以依法采取限制其资金汇出入等措施。托管人违法、违规严重的，中国证监会可以依法作出限制其托管业务的决定。合格境内机构投资者、托管人等违反《合格境内机构投资者境外证券投资管理试行办法》的，由中国证监会、国家外汇管理局依法进行相应的行政处罚。

（三）人民币合格境内机构投资者的法律监管

为拓宽境内外人民币资金双向流动渠道，便利和规范人民币合格境内机构投资者境外证券投资活动，中国人民银行于2014年11月5日发布《人民币合格境内机构投资者境外证券投资有关事项的通知》，中国人民银行办公厅于2018年4月20日发布《关于进一步明确人民币合格境内机构投资者境外证券投资管理有关事项的通知》，中国人民银行上海总部于2018年5月2日发布《人民币合格境内机构投资者境外证券投资信息报送流程》。

1. 人民币合格境内机构投资者资格条件和审批程序

人民币合格境内机构投资者开展境外证券投资业务，应事前向相关国务院金融监督管理机构报告。人民币合格境内机构投资者的准入资格、产品设立和发行、投资活动等，应当遵守国务院金融监督管理机构的相关规定。人民币合格境内机构投资者发行产品，应当明确产品最大发行规模并将有关信息以适当方式报送国务院金融监督管理机构。人民币合格境内机构投资者可根据实际募资情况上调产品最大发行规模，并应当将有关信息报送国务院金融监督管理机构。人民币合格境内机构投资者可以自有人民币资金或募集境内机构和个人人民币资金，投资于境外金融市场的以人民币计价产品（银行自有资金境外运用除外），不得将人民币资金汇出境外购汇。

2. 产品托管

人民币合格境内机构投资者开展境外证券投资,应当凭国务院金融监督管理机构对合格投资者境外证券投资资格的许可文件,在具有相应托管业务资格的境内托管银行处开立境内人民币托管账户。境内托管银行可为人民币合格境内机构投资者每只产品分别开立境内人民币托管账户。境内托管银行应当在境外托管人处为人民币合格境内机构投资者相关产品开立境外人民币托管账户。人民币合格境内机构投资者应当通过境内人民币托管账户向境外人民币托管账户划转人民币资金。人民币合格境内机构投资者境外证券投资本金及收益,应当通过境外人民币托管账户以人民币形式汇回境内人民币托管账户。人民币合格境内机构投资者境外证券投资资金汇出规模应以实际募资规模为准,并不得超过其向国务院金融监督管理机构报送的产品最大发行规模。境内托管银行应当按照相关规定和展业原则,加强对人民币合格境内机构投资者境外证券投资行为的真实性、合规性审核,确保相关业务依法依规开展,并按照要求通过人民币跨境收付信息管理系统向中国人民银行报送相关信息。

3. 监督管理

中国人民银行及其分支机构依法对人民币合格境内机构投资者和境内托管银行的人民币账户管理、人民币资金汇出入和信息报送等实施监督管理。人民币合格境内机构投资者、境内托管银行在开展相关业务时,应当按照反洗钱法律法规的有关规定,切实履行反洗钱和反恐怖融资义务,防范洗钱、恐怖融资等违法犯罪活动。对违反业务办理、信息报送相关规定的人民币合格境内机构投资者及其境内托管银行,中国人民银行采取通报、限期整改等监管措施。

三、股票市场交易互联互通

(一)概况

内地与香港股票市场交易互联互通机制,是指上海证券交易所、深圳证券交易所分别和香港联合交易所建立技术连接,使内地和香港投资者可以通过当地证券公司或经纪商买卖规定范围内的对方交易所上市的股票。内地与香港股票市场交易互联互通机制(以下简称沪深港通)包括沪港股票市场交易互联互通机制(以下简称沪港通)和深港股票市场交易互联互通机制(以下简称深港通)。沪深港通与(R)QFII、(R)QDII 制度具有一定共同之处,都是在我国资本账户尚未完全开放的背景下,为进一步丰富跨境投资方式,加强资本市场对外开放程度而作出的特殊安排,可以与(R)QFII、(R)QDII 制度优势互补,为投资者跨境投资提供更加灵活的选择,促进我国资本市场的双向开放。

2014 年 6 月 13 日,中国证监会颁布《沪港股票市场交易互联互通机制试点若干规定》(自 2014 年 6 月 13 日起施行),启动沪港通试点。2016 年 9 月 30 日,中国证监会修订《沪港股票市场交易互联互通机制试点若干规定》,并颁布《内地与香港股票市场交易互联互通机制若干规定》,将适用范围由沪港通扩展至沪港通和深港通,并明确沪港通和深港通投资者的适当性管理遵循属地管理原则,同时为未来货币兑换机制的完善预留了制度空间。沪深港通机制开通以来整体运行平稳,在扩大资本市场双向开放,引入境外长期资金,增加内地居民境外投资渠道方面发挥了积极作用,但也还存在一些问题。2021 年 12 月 17 日,中国证监会就修改《内地与香港股票市场交易互联互通机制若干规定》公开征求意见,拟对“假外资”从严监管。

（二）股票市场交易互联互通的法律监管

目前，沪深港通机制的监管规则包括《内地与香港股票市场交易互联互通机制若干规定》和《证券基金经营机构参与内地与香港股票市场交易互联互通指引》等。

1. 投资规范

投资者依法享有通过内地与香港股票市场交易互联互通机制买入的股票的权益。上海证券交易所、深圳证券交易所和香港联合交易所开展内地与香港股票市场交易互联互通机制相关业务，限于规定范围内的股票交易业务和中国证监会认可的其他业务。投资者通过内地与香港股票市场交易互联互通机制买卖股票，应当以人民币与证券公司或经纪商进行交收。使用其他币种进行交收的，以中国人民银行规定为准。

境外投资者的境内股票投资，应当遵循下列持股比例限制：(1)单个境外投资者对单个上市公司的持股比例，不得超过该上市公司股份总数的10%；(2)所有境外投资者对单个上市公司A股的持股比例总和，不得超过该上市公司股份总数的30%。境外投资者依法对上市公司战略投资的，其战略投资的持股不受上述比例限制。境内有关法律法规和其他有关监管规则对持股比例的最高限额有更严格规定的，从其规定。

2. 交易所职责

上海证券交易所、深圳证券交易所和香港联合交易所开展内地与香港股票市场交易互联互通机制相关业务，应当履行下列职责：(1)提供必要的场所和设施；(2)上海证券交易所、深圳证券交易所分别在香港设立证券交易服务公司，香港联合交易所分别在上海和深圳设立证券交易服务公司；对证券交易服务公司业务活动进行管理，督促并协助其履行本规定所赋予的职责；(3)制定相关业务规则，对市场主体的相关交易及其他活动进行自律管理，并开展跨市场监管合作；(4)制定证券交易服务公司开展相关业务的技术标准；(5)对相关交易进行实时监控，并建立相应的信息交换制度和联合监控制度，共同监控跨境的不正当交易行为，防范市场风险；(6)管理和发布相关市场信息；(7)中国证监会规定的其他职责。

上海证券交易所、深圳证券交易所应当按照有关监管要求，分别制定港股通投资者适当性管理的具体标准和实施指引，并报中国证监会备案。上海证券交易所、深圳证券交易所应当制定相关业务规则，要求香港联合交易所及其证券交易服务公司提供有关交易申报涉及的投资者信息。

3. 证券交易服务公司职责

证券交易服务公司应当按照证券交易所的相关业务规则或通过证券交易所的相关业务安排履行下列职责：(1)上海证券交易所证券交易服务公司提供沪港通下的港股通相关服务，深圳证券交易所证券交易服务公司提供深港通下的港股通相关服务；香港联合交易所在上海设立的证券交易服务公司提供沪股通相关服务；香港联合交易所在深圳设立的证券交易服务公司提供深股通相关服务；(2)提供必要的设施和技术服务；(3)履行沪股通、深股通或港股通额度管理相关职责；(4)制定沪股通、深股通或港股通业务的操作流程和风险控制措施，加强内部控制，防范风险；(5)上海证券交易所、深圳证券交易所设立的证券交易服务公司应当分别制定内地证券公司开展港股通业务的技术标准，并对拟开展业务公司的技术系统进行测试评估；香港联合交易所在上海和深圳设立的证券交易服务公司应当分别制定香港经纪商开展沪股通、深股通业务的技术标准，并对拟开展业务公司的技术系统进行测试评估;(6)为证券公司或经纪商提供技术服务,并对其接入沪股通、深股通或港股通的技术系统运行情况进行监控;(7)中国证监会规定的其他职责。

4. 登记结算公司职责

中国证券登记结算有限责任公司、香港中央结算有限公司开展内地与香港股票市场交易互联互通机制相关业务,应当履行下列职责:(1)提供必要的场所和设施;(2)提供登记、存管、结算服务;(3)制定相关业务规则;(4)依法提供名义持有人服务;(5)对登记结算参与机构的相关活动进行自律管理;(6)中国证监会规定的其他职责。

5. 监督管理

中国证监会对内地与香港股票市场交易互联互通机制相关业务进行监督管理,并通过监管合作安排与香港证券及期货事务监察委员会和其他有关国家或地区的证券监督管理机构,按照公平、公正、对等的原则,维护投资者跨境投资的合法权益。

对违反法律法规、本规定以及中国证监会其他有关规定的,中国证监会依法采取监督管理措施;依法应予行政处罚的,依照《证券法》《行政处罚法》等法律法规进行处罚;涉嫌犯罪的,依法移送司法机关,追究刑事责任。中国证监会与香港证券及期货事务监察委员会和其他有关国家或地区的证券监督管理机构,通过跨境监管合作机制,依法查处内地与香港股票市场交易互联互通机制相关跨境违法违规活动。

四、债券市场互联互通

2017 年 6 月 21 日,中国人民银行颁布《内地与香港债券市场互联互通合作管理暂行办法》(自 2017 年 6 月 21 日起施行),正式推出“债券通”,境内外投资者通过香港与内地债券市场基础设施机构连接,买卖香港与内地债券市场交易流通债券,分为“北向通”和“南向通”。该办法明确“北向通”境外投资者既可以通过参与银行间债券市场发行认购方式,也可以通过二级市场买卖方式,投资于标的债券。2021 年 9 月 14 日,中国人民银行发布《关于开展内地与香港债券市场互联互通南向合作的通知》(自 2021 年 9 月 24 日起施行),“南向通”正式落地。与此同时,随着我国银行间债券市场与交易所债券市场从割裂走向互联互通,我国债券市场高水平双向开放将更上一个台阶。

(一)“北向通”的法律监管

“北向通”是指我国香港特区及其他国家与地区的境外投资者(以下统称境外投资者)经由我国香港与内地基础设施机构之间在交易、托管、结算等方面互联互通的机制安排,投资于我国内地银行间债券市场。“北向通”遵循香港与内地市场现行法律法规,相关交易结算活动遵守交易结算发生地的监管规定及业务规则。《内地与香港债券市场互联互通合作管理暂行办法》另有规定的除外。

符合中国人民银行要求的境外投资者可通过“北向通”投资内地银行间债券市场,标的债券为可在内地银行间债券市场交易流通的所有券种。中国人民银行认可的电子交易平台和其他机构可代境外投资者向中国人民银行上海总部备案。境外投资者可使用自有人民币或外汇投资。使用外汇投资的,可通过债券持有人在我国香港人民币业务清算行及香港地区经批准可进入境内银行间外汇市场进行交易的境外人民币业务参加行(以下统称香港结算行)办理外汇资金兑换。香港结算行由此所产生的头寸可到境内银行间外汇市场平盘。使用外汇投资的,其投资的债券到期或卖出后不再投资的,原则上应兑换回外汇汇出,并通过我国香港结算行办理。境外投资者通过“北向通”买入的债券应当登记在境外托管机构名下，并依法享有证券权益。境内外托管机构应做好衔接，确保在确认债权债务关系后，及时为债券持有人办理登记托管。

中国人民银行依法对“北向通”进行监督管理，并与我国香港金融管理局及其他有关国家或地区的相关监督管理机构建立监管合作安排，共同维护投资者跨境投资的合法权益，加强反洗钱监管。中国人民银行会同国家外汇管理部门依法对“北向通”下人民币购售业务、资金汇出入、外汇风险对冲、信息统计和报送等实施监督管理，并与我国香港金融管理局及其他有关国家或地区的相关监督管理机构加强跨境监管合作，防范利用“北向通”进行违法违规套利套汇等活动。中国人民银行及相关监管部门有权及时调取“北向通”境外投资者数据。

对违反法律法规、本办法以及内地银行间债券市场、银行间外汇市场等有关规定的，中国人民银行会同国家外汇管理部门依法采取监督管理措施；依法应予行政处罚的，依照《中国人民银行法》《行政处罚法》《外汇管理条例》等法律法规进行处罚；涉嫌犯罪的，移送司法机关依法追究刑事责任。

（二）“南向通”的法律监管

“南向通”，是指境内投资者经由内地与我国香港特区相关基础服务机构在债券交易、托管、结算等方面互联互通的机制安排，投资我国香港债券市场交易流通的债券。“南向通”遵循内地与我国香港现行法律法规，相关交易结算活动遵守交易结算发生地的监管规定及业务规则。中国人民银行《关于开展内地与香港债券市场互联互通南向合作的通知》另有规定的除外。

符合中国人民银行要求的境内投资者可通过“南向通”开展债券投资，标的债券为境外发行并在我国香港债券市场交易流通的所有券种。交易对手暂定为香港金融管理局指定的做市商。境内投资者范围暂定为经中国人民银行认可的部分公开市场业务一级交易商。QDII 和 RQDII 也可通过“南向通”开展境外债券投资。境内投资者可使用人民币或外汇参与“南向通”，相关资金只可用于债券投资。境内投资者不得通过“南向通”非法套汇。使用人民币投资外币债券的境内投资者，可通过银行间外汇市场办理外汇资金兑换和外汇风险对冲业务，投资的债券到期或卖出后境内投资者不再继续投资的，相关资金应汇回境内并兑换回人民币。“南向通”跨境资金净流出额上限不超过年度总额度和每日额度。近年来，“南向通”年度总额度为 5000 亿元等值人民币，每日额度为 200 亿元等值人民币。

中国人民银行依法对境内投资者参与“南向通”进行监督管理，并会同香港金融管理局持续健全内地与香港债券市场互联互通的监管合作安排，共同维护境内外投资者跨境投资的合法权益。中国人民银行会同外汇管理部门依法对境内投资者开展“南向通”业务的资金汇兑、资金汇出汇入、信息报送等进行监督管理，防范境内投资者通过“南向通”进行违法违规活动。

近年来，我国持续扩大金融业高水平开放，出台了一系列重大金融开放举措，优化外资投资境内金融市场和内资投资境外金融市场的渠道，为中国经济高质量发展提供了坚实支撑。目前，我国跨境金融投资方式除了以上几种主要方式外，近年来还相继试点和推出了银行间债券市场直接交易（CIBM）、CIBM－Direct 直接交易、中港基金互认、沪伦通、跨境理财通、合格境内投资企业（QDIE）/合格境内有限合伙人（QDLP）、合格境外有限合伙人

(QFLP)等方式。未来,跨境金融投资的渠道将进一步拓宽,推动跨境金融投资进一步便利化。

第五节 涉外支付法律制度

涉外支付法律制度是规范包括汇款、托收、信用证、保理等在内的涉外支付方式的法律制度的总称。[6]

一、汇款

汇款是使用银行汇票,由汇款人通过银行将款项主动汇交收款人的支付方式。在国际贸易中,根据交货与付款的时间先后,汇款可以分为“预付货款”和“货到付款”两种。对于前者,出口商可得到提前收回货款的好处,但进口商需承担付款后出口商违约的风险;对于后者,进口商可得到延迟支付货款的好处,但出口商却可能在发货后因进口商拒不付款而蒙受损失。

二、托收

托收在国际贸易中被广泛运用。其债权人(出口商)为向债务人(进口商)收取货款,出具以进口商为付款人的汇票,委托银行代为收款的支付方式。托收一般涉及四方当事人,即委托人(出口商)、托收行(通常为出口地银行)、代收行(通常为进口地银行)和付款人(进口商)。各当事人之间的关系,受有关国家票据法和国际惯例调整。

托收按汇票是否附带货运单据,可分为光票托收和跟单托收。光票托收,是指汇票不附带货运单据的托收,通常用于收取各种贸易从属费用。光票托收的汇票,可以为即期,也可以为远期。对即期汇票,代收银行收到汇票后,立即向付款人提示付款,付款人如无拒付理由,即应付款赎票;对远期汇票,代收银行收到汇票后,应提示付款人承兑,并于汇票到期日提示付款。跟单托收则是汇票附带货运单据的托收。跟单托收按照交单方式可以分为:(1)即期付款交单。代收行向进口商提示出口商开具的即期汇票,进口商见票后即须付款,在付清款项后才能领取货运单据。(2)远期付款交单。代收行将出口商开具的远期汇票提示进口商承兑;进口商立即承兑,并于汇票到期日付清款项后领取货运单据。(3)承兑交单。代收行将出口商开具的远期汇票提示进口商承兑后,即将货运单据交付进口商;进口商于汇票到期日履行付款义务。

统一托收业务的做法,有助于减少托收业务各有关当事人可能产生的矛盾和纠纷,国际商会曾于 1958 年草拟《商业单据托收统一规则》。1967 年,国际商会制定《跟单托收统一规则》;1978 年修改后改称《托收统一规则》(URC 322,第 322 号出版物,自 1979 年 1 月 1 日起实施);1995 年再次修订,称为《托收统一规则》(URC 522,第 522 号出版物,自 1996 年 1 月

---

〔6〕 对于这几种支付方式,在第六章中已有涉及。为避免重复,以下主要是针对国际贸易领域涉外支付中的一些特殊情况与法律规定作简单介绍。

1日起实施)。《托收统一规则》(URC 522)共7部分,26条。具体包括:总则及定义,托收的形式和结构,提示方式,义务与责任,付款,利息、手续费及其他费用,其他规定。尽管《托收统一规则》作为任意性国际惯例,本身不是法律,但自公布实施以来,其被各国银行普遍采用,现已成为托收业务的国际惯例。其要点如下:

1. 所有送往托收的单据必须附有一项托收指示,注明该项托收将遵循《托收统一规则》第522号文件并且列出完整和明确的指示。银行只准允根据该托收指示中的命令和本规则行事。

2. 附有商业单据必须在付款时交出的托收指示,不应包含远期付款的汇票。如果托收包含有远期付款的汇票,托收指示应列明商业单据是凭承兑不是凭付款交给付款人。如果没有说明,商业单据只能是付款交单,而代收行对由于交付单据的任何延误所产生的任何后果将不承担责任。如果托收包含有远期付款的汇票而且托收指示列明应凭付款交出商业单据,则单据只能凭该项付款才能交付,而代收行对由于交单的任何延误所产生的任何结果将不承担责任。

3. 未经银行事先同意,货物不得以银行的地址直接发送给该银行或者以该行作为收货人或者以该行为抬头人。然而,如果未经银行事先同意而将货物以银行的地址直接发送给了该银行,或以该行做了收货人或抬头人,并请该行凭付款或承兑或凭其他条款将货物交付给付款人,该行没有提取货物的义务,其风险和责任仍由发货方承担。

4. 即使接到特别指示,银行也没有义务对与跟单托收有关的货物采取任何行动,包括对货物进行仓储和保险;银行只有在个案中、在其同意这样做时才会采取该类行动。即使代收银行对此没有任何特别的通知,也适用本条款。

5. 银行必须确定它所收到的单据应与托收批示中所列表面相符,如果发现任何单据有短缺或非托收指示所列,银行必须以电讯方式,如电讯不可能时,以其他快捷的方式通知从其收到指示的一方,不得延误;银行对此没有更多的责任。如果单据与所列表面不相符,寄单行对代收行收到的单据种类和数量应不得有争议;银行将按所收到的单据办理提示而无须做更多的审核。然而,无论银行是否收到指示,它们为保护货物而采取措施时,银行对有关货物的结局和/或状况和/或对受托保管和/或保护的任何第三方的行为和/或疏漏概不承担责任。但是,代收行必须毫不延误地将其所采取的措施通知对其发出托收指示的银行。银行对货物采取任何保护措施所发生的任何费用和/或花销,将由向其发出托收的一方承担。

6. 银行对任何单据的格式、完整性、准确性、真实性、虚假性或其法律效力,或者对在单据中载明或在其上附加的一般性和/或特殊性的条款不承担责任或对其负责;银行也不对任何单据所表示的货物的描述、数量、重量、质量、状况、包装、交货、价值或存在,或对货物的发运人、承运人、运输行、收货人和保险人或其他任何人的诚信或行为和/或疏忽、清偿力、业绩或信誉承担责任或对其负责。

7. 银行对任何信息、信件或单据在传送中所发生的延误和/或损坏,或对任何电讯在传递中所发生的延误、残损或其他错误,或对技术条款的翻译和/或解释的错误不承担责任或对其负责;银行对由于收到的任何指示需要澄清而引起的延误将不承担责任或对其负责。银行对由于天灾、暴动、骚乱、战争或银行本身不能控制的任何其他原因、任何罢工或停工而使银行营业中断所产生的后果不承担责任或对其负责。

8. 托收指示对当发生不付款或不承兑时的有关拒绝证书应有具体的指示(或代之以其他法律程序)。银行由于办理拒绝证书或其他法律程序所发生的手续费和/或费用将由向其发出托收指示的一方承担。

9. 代收行对向其发出托收指示的银行给予所有通知和信息必须要有相应的详情,在任何情况下都应包括后者在托收指示中列明的银行业务编号。提示行应尽力查明不付款或不承兑的原因,并据以向对其发出托收指示的银行无延误地寄送通知。

10. 提示行应无延误地对向其发出托收指示的银行寄送不付款通知和/或不承兑通知后60天内未收到该项指示,代收行或提示行可将单据退回给向其发出指示的银行,而提示行方面不承担更多的责任。

由于托收是基于付款人的商业信用,故对出口商而言,有较大的风险。为保证托收的安全,目前国际上正兴起一种保付代理即国际保理业务。

|案例|

中国兴盛公司与法国希莱公司签订了出口800吨水果的合同,价格术语为CFR法国马赛,付款方式为银行托收,付款交单(D/P)。货到目的港后,法国公司验收后认为水果质量与合同规定不符,拒绝付款提货。

思考:代收行是否有义务主动提货避免水果腐烂以减少损失并主动制作拒绝证书以便收款人追索?

三、信用证

信用证是国际贸易中最主要的支付方式。汇款和托收方式以商业信用为基础,而信用证方式则是以银行信用为基础。

(一)信用证的概念及其当事人

信用证是银行应进口商申请,向出口商发出的,授权出口商签发以银行为付款人的汇票,保证出口商提交符合条款规定的汇票和单据时,予以承兑和付款的信用函件。

信用证与银行保函不同。在进出口贸易中,进口商可以委托银行向国外出口商出具保函,保证出口商交货后进口商未按约支付货款时由银行负责付款;出口商亦可委托银行向国外进口商出具保函,保证出口商不按约交货时由银行负责赔偿进口商的损失。二者均为对不履约的担保,银行仅在委托人违约时才承担付款责任,而信用证则是开证行向受益人承担首先付款的责任。

信用证方式与托收方式也不同。二者的根本区别在于,托收方式下银行对能否收到货款并不负责,而信用证则是银行向受益人承担首先付款的责任,仅当银行丧失偿付能力或倒闭时,受益人才能转向开证人(进口商)求偿货款。

信用证的当事人通常有:(1)开证人,即进口商或申请人;(2)开证行,即接受开证人的申请开立信用证的银行,通常是进口商所在地的银行;(3)通知行,即受开证行委托将信用证转交受益人的银行,通常是出口商所在地银行;(4)受益人,即信用证指定有权使用该证的出口商;(5)议付行,即愿意买进受益人交来的跟单汇票的银行;议付行由信用证规定,可以与通知行是同一家银行,亦可指定出口商所在地的另一家银行;(6)付款行,即信用证上规定的付款银行，通常以开证行为付款行，亦可指定进口商所在地或其国外的另一家银行为付款行。此外，有的信用证还有保兑行，即开证行以外对受益人所签汇票保证承兑和付款的银行。保兑行通常与通知行是同一家银行。

（二）信用证的内容

关于信用证的内容和格式，目前世界各国并无统一规定。在实践中，各类信用证的内容和格式互不相同，但一般都应包括以下内容：

1. 信用证本身的说明。如信用证的种类，受益人、开证人、开证行、通知行、议付行、付款行等有关当事人的名称，汇票最高金额、有效期和到期地点等。

2. 对货物的要求。如货物名称、品种、规格、数量、包装、价格、生产国别、制造厂商等。

3. 对运输的要求。如装运的最迟日期，起运港和目的港，运输方式，可否分批装运和中途转运等。

4. 对货运单据的要求。货运单据包括货物单据、运输单据和保险单据。货物单据以发票为中心，包括装箱单和明细量单、产地证和商检证明书等；运输单据，如清洁海运提单等；保险单据，如各种保险单等。

5. 特别要求。即根据进口国政治、贸易、运输情况或者每笔具体交易需要作出的规定。

6. 保证责任条款。如开证行对受益人及汇票持有人保证履行付款责任的文字等。

7. 惯例选择适用条款。如在信用证上声明：除另有规定，本证根据国际商会在 2007 年修订的《UCP 600》处理。

（三）《跟单信用证统一惯例》

国际商会 1930 年制定、1933 年公布了《跟单信用证统一惯例》，供当事人自愿采用。该统一惯例的 1974 年修订本称“国际商会第 290 号出版物”，1983 年修订本称“国际商会第 400 号出版物”。1993 年，为了适应国际贸易的新发展，如电子计算机技术的广泛使用，集装箱运输和多式联运的普及，使统一惯例更加明确、可行，国际商会再次对统一惯例进行了修订。此次修订本称“国际商会第 500 号出版物”，于 1994 年 1 月 1 日起实施。而《跟单信用证统一惯例》（1993 年修订本）即第 500 号出版物使用 10 余年后，从 2007 年 7 月起，被《跟单信用证统一惯例》（2007 年修订本）即第 600 号出版物所代替，简称为《UCP 600》。《UCP 600》关于信用证有两项原则规定，内容丰富，可操作性较强。

1. 单证相符原则

单证相符原则，指开证行和付款行只有在“单据严格符合信用证规定”的条件下才履行付款责任。为此，有关银行应合理审核受益人送交的一切有关单据，检查单证是否相符。但银行不对单据内容和交易合同负责，只凭信用证要求的单据承兑付款。为此，《UCP 600》第 14～16 条作出了详细的规定，内容如下：

第 14 条单据审核标准：

a. 按指定行事的指定银行、保兑行（如有的话）及开证行须审核交单，并仅基于单据本身确定其是否在表面上构成相符交单。

b. 按指定行事的指定银行、保兑行（如有的话）及开证行各有从交单次日起至多 5 个银行工作日用以确定交单是否相符。这一期限不因在交单日当天或之后信用证截止日或最迟交单日届至而受到缩减或影响。

c. 如果单据中包含一份或多份受第 19、20、21、22、23、24 条或第 25 条规定的正本运输单据，则须由受益人或其代表在不迟于本惯例所指的发运日之后的 21 个日历日内交单，但是在任何情况下都不得迟于信用证的截止日。

d. 单据中的数据，在与信用证、单据本身以及国际标准银行实务参照解读时，无须与该单据本身中的数据、其他要求的单据或信用证中的数据等同一致，但不得矛盾。

e. 除商业发票外，其他单据中的货物、服务或履约行为的描述，如果有的话，可使用与信用证中的描述不矛盾的概括性用语。

f. 如果信用证要求提交运输单据、保险单据或者商业发票之外的单据，却未规定出单人或其数据内容，则只要提交的单据内容看似满足所要求单据的功能，且其他方面符合第 14 条 d 款，银行将接受该单据。

g. 提交的非信用证所要求的单据将被不予理会，并可被退还给交单人。

h. 如果信用证含有一项条件，但未规定用以表明该条件得到满足的单据，银行将视为未作规定并不予理会。

i. 单据日期可以早于信用证的开立日期，但不得晚于交单日期。

j. 当受益人和申请人的地址出现在任何规定的单据中时，无须与信用证或其他规定单据中所载相同，但必须与信用证中规定的相应地址同在一国。联络细节(传真、电话、电子邮件及类似细节)作为受益人和申请人地址的一部分时将被不予理会。然而，如果申请人的地址和联络细节为第 19、20、21、22、23、24 条或第 25 条规定的运输单据上的收货人或通知方细节的一部分，应与信用证规定的相同。

k. 在任何单据中注明的托运人或发货人无须为信用证的受益人。

l. 运输单据可以由任何人出具，无须为承运人、船东、船长或租船人，只要其符合第 19、20、21、22、23 条或第 24 条的要求。

第 15 条相符交单：

a. 当开证行确定交单相符时，必须承付。

b. 当保兑行确定交单相符时，必须承付或者议付并将单据转递给开证行。

c. 当指定银行确定交单相符并承付或议付时，必须将单据转递给保兑行或开证行。

第 16 条不符单据、放弃及通知：

a. 当按照指定行事的指定银行、保兑行(如有的话)或者开证行确定交单不符时，可以拒绝承付或议付。

b. 当开证行确定交单不符时，可以自行决定联系申请人放弃不符点。然而这并不能延长第 14 条 b 款所指的期限。

c. 当按照指定行事的指定银行、保兑行(如有的话)或开证行决定拒绝承付或议付时，必须给予交单人一份单独的拒付通知。该通知必须声明：i. 银行拒绝承付或议付；及 ii. 银行拒绝承付或者议付所依据的每一个不符点；及 iii. a) 银行留存单据听候交单人的进一步指示；或者 b) 开证行留存单据直到其从申请人处接到放弃不符点的通知并同意接受该放弃，或者其同意接受对不符点的放弃之前从交单人处收到其进一步指示；或者 c) 银行将退回单据；或者 d) 银行将按之前从交单人处获得的指示处理。

d. 第 16 条 c 款要求的通知必须以电讯方式，如不可能，则以其他快捷方式，在不迟于自交单之翌日起第 5 个银行工作日结束前发出。

e. 按照指定行事的指定银行、保兑行(如有的话)或开证行在按照第 16 条 c 款 iii 项 a)或 b)发出了通知后，可以在任何时候将单据退还交单人。

f. 如果开证行或保兑行未能按照本条行事，则无权宣称交单不符。

g. 当开证行拒绝承付或保兑行拒绝承付或者议付，并且按照本条发出了拒付通知后，有权要求返还已偿付的款项及利息。

2. 信用证独立原则

信用证是独立于交易合同之外的另一种合同。银行与交易合同无关，也不受其约束，只按信用证条款行事。对此，《UCP 600》第 4 条专门作出了规定，具体包括：

(1)就其性质而言，信用证与可能作为其开立基础的销售合同或其他合同是相互独立的交易，即使信用证中含有对此类合同的任何援引，银行也与该合同无关，且不受其约束。因此，银行关于承付、议付或履行信用证项下其他义务的承诺，不受申请人基于与开证行或与受益人之间的关系而产生的任何请求或抗辩的影响。受益人在任何情况下不得利用银行之间或申请人与开证行之间的合同关系。

(2)开证行应劝阻申请人试图将基础合同、形式发票等文件作为信用证组成部分的做法。

《跟单信用证统一惯例》对信用证作了全面系统的规定，极具技术性和可操作性，我国银行在办理信用证业务中，也越来越多地自愿采用。

｜案例｜

中国某公司从海外某公司进口橡胶，支付方式为不可撤销即期信用证。中国公司通过中国银行以外国公司为受益人开立了信用证。外国公司收到信用证后装运了货物，并将包括提单在内的信用证所要求的各种单据提交中国银行，要求议付。中国银行在审单时发现，信用证要求的数量检验证“certificate of quantity”被打错成“certificate of quantry”。

思考：就此错误，中国银行可否以单证不符拒付？

思考题

1. 简述 WTO 协议对我国金融立法的影响。
2. 简述《服务贸易总协定》有关金融业开放的内容和意义。
3. 思考我国金融业对外开放的意义。
4. 简述新一轮高水平对外开放战略下涉外金融法律制度的发展与意义。
5. 简述系统重要性金融机构国际监管中存在的问题和解决路径。
6. 简述我国债券市场对外开放的意义和路径。
7. 简述熊猫债券的现状和意义。
8. 简述离岸人民币债券市场的现状和意义。

9. 简述人民币国际化的意义和具体路径。
10. 简述境外发行上市融资的路径和意义。
11. 简述中概股跨境监管中存在的问题和解决路径。
12. 简述我国银行间债券市场与交易所债券市场的互联互通对债券市场开放的意义。
13. 简述跨境金融投资的必要性与意义。
14. 简述跨境金融投资的具体路径。
15. 简述跨境金融监管的必要性与意义。
16. 简述托收的概念与国际商会制定的《托收统一规则》的最新发展。
17. 简述《UCP 600》中规定的"单证相符"和"信用证独立"原则。

扩展阅读

1. 吴晓求等:《中国金融开放:市场导向下的均衡选择》,中国金融出版社 2021 年版。

本书主要围绕中国金融开放的模式定位、开放路径以及战略目标三个核心问题展开研究,并提出了相应的理论观点和政策主张。与此同时,作为中国金融开放的借鉴和参考,本书研究了大国经济(如日本)和一些有代表性的新兴经济体(如韩国等)金融开放的案例。在理论逻辑、案例总结和国情分析的基础上,对中国金融全面开放过程中及之后所可能出现的风险变化做了简要评估。

2. 唐应茂:《国际金融法:跨境融资和法律规制》(第 2 版),北京大学出版社 2020 年版。

本书从企业和律师的视角重新认识国际金融法的功能,强调国际金融法律和国际金融活动的互动,阐释国际金融法律如何影响国际金融活动,以及国际金融活动如何促成国际金融法律的形成;强调从中国视角理解国际金融法律和国际金融活动,既讨论国际金融法律和国际金融活动的一般原则、做法,也讨论相同领域中国企业参与国际金融活动面临的法律约束,以及国际国内金融法律影响中国企业的行为。

3. 朱隽主编:《金融业开放和参与全球治理》,中国金融出版社 2018 年版。

本书深入回顾了 21 世纪以来我国协同推进扩大金融业开放、完善人民币汇率形成机制改革和减少资本管制"三驾马车"的发展历程;展示了中国金融业如何在开放中不断提升竞争力,参与国际金融合作,以及推动国际金融体制变革。全书资料翔实,行文严谨,兼具知识性和思想性,也具有重要的历史参考价值。

4. 李国安主编:《国际金融监管法制现代化研究》,法律出版社 2016 年版。

本书试图从 2008 年的金融危机中总结出国际金融危机爆发与蔓延的一般性规律,并剖析现行国际金融监管法制存在的体制性困境,探寻国际金融监管法制现代化的路径,构建一个全新的国际金融监管法制环境,包括以跨行业、跨市场监管为突破口的综合性金融监管理念,以逆周期监管、系统重要性金融机构监管为核心的宏观审慎监管法制,以《巴塞尔资本协议Ⅲ》和金融衍生品市场监管、私募基金市场监管及信用评级市场监管为中心的微观审慎监管法制,以及以金融消费者保护和金融监管国际合作为核心的新型金融监管法制,从而形成一个较为完整的现代化国际金融监管法制体系。